Herzog / Feller (Hrsg. / Ed.)

Bernische Verwaltungsgerichtsbarkeit in Geschichte und Gegenwart

La justice administrative bernoise, histoire et actualité

Ruth Herzog / Reto Feller (Hrsg. / Ed.)

Bernische Verwaltungsgerichtsbarkeit in Geschichte und Gegenwart

100 Jahre
Verwaltungsgericht des Kantons Bern

La justice administrative bernoise, histoire et actualité

100 ans
du Tribunal administratif du canton de Berne

Geiger AG Bern · 2010

Bibliografische Information der Deutschen Nationalbibliothek
Die Deutsche Nationalbibliothek verzeichnet diese Publikation in der Deutschen Nationalbibliografie; detaillierte bibliografische Daten sind im Internet über http://dnb.d-nb.de abrufbar.

©
Verlag Geiger AG Bern · 2010
Printed in Switzerland

ISBN 978-3-033-02287-4

Inhaltsübersicht / Sommaire

VI

Autorenübersicht / Liste des auteurs

Dr. Arthur Aeschlimann, Fürsprecher
a. Bundesgerichtspräsident, Richter am Verwaltungsgericht des Kantons Bern 1980–1992, Präsident 1987–1989

Dr. Christoph Auer, Fürsprecher, LL.M.
Vorsteher des Rechtsamts der Justiz-, Gemeinde- und Kirchendirektion des Kantons Bern

Eric Brandt, avocat
Juge au Tribunal cantonal du canton de Vaud (Cour de droit administratif et public), président 1999/2000 du Tribunal administratif du canton de Vaud

Christoph Bürki, Fürsprecher
Gerichtsschreiber am Verwaltungsgericht des Kantons Bern (Verwaltungsrechtliche Abteilung)

Heinz Däpp
Journalist und Satiriker

Michel Daum, Fürsprecher
Gerichtsschreiber am Verwaltungsgericht des Kantons Bern (Verwaltungsrechtliche Abteilung)

Dr. Reto Feller, Fürsprecher
Gerichtsschreiber am Verwaltungsgericht des Kantons Bern (Verwaltungsrechtliche Abteilung) und wissenschaftlicher Mitarbeiter am Institut für öffentliches Recht der Universität Bern

Dr. Ueli Friederich
Rechtsanwalt, Bern

Prof. Dr. Thomas Gächter
Extraordinarius für Staats-, Verwaltungs- und Sozialversicherungsrecht an der Universität Zürich

Dr. Susanne Genner
Gerichtsschreiberin am Bundesverwaltungsgericht und wissenschaftliche Mitarbeiterin am Institut für öffentliches Recht der Universität Bern

Dr. Ernst Giger
Steuerexperte und Fürsprecher, Muri bei Bern, Lehrbeauftragter für Unternehmenssteuerrecht an der Universität Bern

Dr. Ruth Herzog, Fürsprecherin
Richterin am Verwaltungsgericht des Kantons Bern (Verwaltungsrechtliche Abteilung), Präsidentin 2007–2009

Prof. Dr. Sibylle Hofer
Ordinaria für Rechtsgeschichte und Privatrecht an der Universität Bern

Prof. Dr. Regina Kiener
Ordinaria für öffentliches Recht an der Universität Zürich

PD Dr. Ueli Kieser
Rechtsanwalt, Zürich, Lehrbeauftragter für Sozialversicherungsrecht an den Universitäten Bern und St. Gallen

Prof. Dr. Jörg Künzli
Ordinarius für Staats- und Völkerrecht an der Universität Bern

Samuel Lemann
Rechtsanwalt, Bern

Prof. Dr. Andreas Lienhard
Extraordinarius für Staats- und Verwaltungsrecht an der Universität Bern

Nathalie Mewes-Kunz, Fürsprecherin
Gerichtsschreiberin am Verwaltungsgericht des Kantons Bern (Sozialversicherungsrechtliche Abteilung)

Prof. Dr. Markus Müller
Ordinarius für Staats- und Verwaltungsrecht an der Universität Bern

Dr. Thomas Müller-Graf, Fürsprecher
Richter am Verwaltungsgericht des Kantons Bern (Verwaltungsrechtliche Abteilung)

Prof. Dr. Kurt Nuspliger
Staatsschreiber des Kantons Bern, Honorarprofessor mit einem Lehrauftrag für bernisches Staatsrecht an der Universität Bern

Prof. Bernard Rolli
Juge au Tribunal administratif du canton de Berne (Cour des affaires de langue française), président 1998–2000, professeur honoraire, chargé de cours en droit administratif bernois et droit fiscal à l'Université de Berne

Prof. Dr. Benjamin Schindler
Nachwuchsdozent für öffentliches Recht an der Universität St. Gallen

Andrea Schnyder, Fürsprecherin
Gerichtsschreiberin am Verwaltungsgericht des Kantons Bern (Verwaltungsrechtliche Abteilung)

Prof. Dr. Pierre Tschannen
Ordinarius für Staats- und Verwaltungsrecht an der Universität Bern

Prof. em. Dr. h.c. Hans Peter Walter
ehemaliger Ordinarius für Privat- und Wirtschaftsrecht an der Universität Bern, a. Bundesgerichtspräsident

Stefan Wyler, Fürsprecher
Redaktor «Der Bund»

Prof. em. Dr. Ulrich Zimmerli
ehemaliger Ordinarius für eidgenössisches und kantonales Staats- und Verwaltungsrecht an der Universität Bern, Richter am Verwaltungsgericht des Kantons Bern 1974–1987, Präsident des damaligen Verwaltungs- und Versicherungsgerichts 1985–1987

Vorwort

Am 31. Oktober 2009 konnte das Verwaltungsgericht des Kantons Bern auf 100 Jahre seines Bestehens zurückblicken. Es hat aus diesem Anlass am 6. November 2009 zu einem Symposium mit Referaten und Podiumsgespräch in die Aula der Universität Bern geladen. Über den Tag hinaus soll dieser Sammelband an das Jubiläum erinnern.

Die hier versammelten Aufsätze richten sich an Interessierte der Verwaltungsgerichtsbarkeit, vorab an Personen aus Justiz, Verwaltung, Anwaltschaft und Politik. Mehrere Beiträge sind der Entstehung und Entwicklung des schweizweit ersten organisatorisch selbständigen Verwaltungsgerichts gewidmet. Sie beleuchten bislang eher unbeachtet gebliebene geschichtliche Etappen der bernischen Verwaltungsgerichtsbarkeit und der während mehreren Jahrzehnten eigenständig verlaufenen Sozialversicherungsgerichtsbarkeit. Der Band gibt so Einblick in einen wesentlichen Teil der bernischen Justizgeschichte und illustriert die Entwicklung kantonaler Verwaltungsgerichtsbarkeit. Die weiteren Beiträge befassen sich mit der vielfältigen Rechtsprechungstätigkeit des Gerichts, reflektieren zentrale verfassungsrechtliche, prozessuale und gerichtsorganisatorische Aspekte und widmen sich institutionellen Grundfragen der Verwaltungsrechtspflege und der Berner Justiz.

Ein grosser Dank geht an die Autorinnen und Autoren, die mit ihren Beiträgen diesen Sammelband ermöglichten, und an Herrn Dr. Christian Kissling, der die Texte sachkundig lektoriert hat. Herr Siegfried F. Geiger, Verlag Geiger AG Bern, hat das Buchprojekt von Beginn an unterstützt und Frau Jasmine Richner hat die Herstellung des Buches tatkräftig befördert. Ihnen sei dafür herzlich gedankt. Unser Dank geht schliesslich an all jene, die das Projekt finanziell unterstützt haben: der Kanton Bern (Lotteriefonds), die Schweizerische Akademie der Geistes- und Sozialwissenschaften, die Burgergemeinde Bern, der Bernische Anwaltsverband, der Verband bernischer Notare und der Verband bernischer Richterinnen und Richter.

Bern, im Frühjahr 2010   Ruth Herzog   Reto Feller

Préface

Le 31 octobre 2009, le Tribunal administratif du canton de Berne a atteint ses 100 ans d'existence. Afin de fêter cet événement, il a organisé, le 6 novembre 2009, à l'aula de l'Université de Berne, un symposium comprenant des exposés et une table ronde. Le présent recueil de textes vise à pérenniser l'événement, au-delà de cette manifestation.

Les contributions réunies dans cet ouvrage sont destinées aux personnes intéressées par la juridiction administrative, en particulier aux personnes actives dans la justice, l'administration, le barreau et la politique. Plusieurs articles sont consacrés à la création et à l'évolution du premier tribunal administratif indépendant de Suisse. Ils mettent en lumière des étapes historiques jusqu'ici souvent ignorées, tant de la juridiction administrative bernoise que de la juridiction en matière d'assurances sociales, deux institutions longtemps séparées. Ce recueil illustre ainsi une partie importante de l'histoire de la justice bernoise et relate l'évolution de la juridiction administrative cantonale. Les autres articles se penchent sur la très vaste jurisprudence du Tribunal administratif, apportent une réflexion sur des aspects constitutionnels, procéduraux et organisationnels et traitent de problèmes institutionnels fondamentaux de la justice administrative et de la justice bernoise.

Nos remerciements vont aux auteurs qui, par leurs contributions, ont tout simplement permis la publication du présent recueil, ainsi qu'au Dr Christian Kissling, qui a assumé un lectorat avisé de ces textes. M. Siegfried F. Geiger, de la maison d'édition Geiger AG Bern, a soutenu le projet dès son lancement et Mme Jasmine Richner a veillé activement à la conception de l'ouvrage. Nos remerciements vont enfin à tous ceux qui ont soutenu financièrement le projet: le canton de Berne (Fonds de loterie), l'Académie suisse des sciences humaines et sociales, la Commune bourgeoise de Berne, l'Association des avocats bernois, l'Association des notaires bernois et l'Association des juges bernois.

Berne, printemps 2010   Ruth Herzog   Reto Feller

Der lange Weg zum bernischen Verwaltungsgericht

Sibylle Hofer

Inhaltsverzeichnis

1. Einleitung

1.1 Begriffsbestimmung für die historische Perspektive

Wann hat die Vorgeschichte des bernischen Verwaltungsgerichts begonnen? Die Antwort auf diese Frage hängt entscheidend davon ab, welche Definition von Verwaltungsgerichtsbarkeit man verwendet. «Verwaltungs-Gerichtsbarkeit» kann sowohl als Gerichtsbarkeit *durch die* als auch *über die* Verwaltung verstanden werden.[1] Bei der zweiten Alternative ist dann weiter zu entscheiden, ob die Beurteilung durch allgemeine oder besondere Gerichte getroffen werden muss, um als Verwaltungsgerichtsbarkeit zu gelten. Den engsten Rahmen für die Vorgeschichte der bernischen Verwaltungsgerichtsbarkeit zieht man, wenn die Errichtung eigener Gerichte als begriffsnotwendig angesehen wird. Dann würde die Darstellung entweder mit den ersten Überlegungen zu einem eigenen Verwaltungsgericht im Jahr 1866[2] oder mit der Verfassung von 1893[3] beginnen, welche erstmals die Errichtung eines besonderen Verwaltungsgerichts festlegte. Fasst man dagegen «Verwaltungsgerichtsbarkeit» weit und versteht darunter allgemein die Kontrolle von Verwaltungshandeln im Rahmen eines streitigen Verfahrens – unabhängig davon, durch welches Gremium diese Kontrolle erfolgt –, dann ist die Geschichte sehr viel länger. Greifbar wird eine solche Überprüfung bereits in einer Berner Ordnung des Jahres 1709.[4] Damals wurde ausdrücklich jedem Untertan «ungehinderter zugang bey seiner oberheit» zugebilligt, wenn er Grund habe, gegen das Verhalten von Amtleuten zu «klagen».[5] Als zulässiger Klagegrund galt, dass «ein underthan wider oberkeitliche ordnungen, auch wider recht und billichkeit wurde gehalten». Die Klage war schriftlich[6]

---

[1] Vgl. *Martin Sellmann,* Der Weg zur neuzeitlichen Verwaltungsgerichtsbarkeit – ihre Vorstufen und dogmatischen Grundlagen, in: Helmut R. Külz / Richard Naumann (Hrsg.), Staatsbürger und Staatsgewalt. Jubiläumsschrift zum hundertjährigen Bestehen der deutschen Verwaltungsgerichtsbarkeit, Karlsruhe 1963, S. 25 ff., hier S. 28.

[2] S. unten Ziff. 5.2.

[3] S. unten Ziff. 6.

[4] «Erneuerte ordnung und einsehen wieder allerhand mißbräuch in verführung deß rechtens, bezeuhung der kösten, bussen und gefellen, gestellt für die statt Bern Teutsche landschafft», erstmals verkündet am 14.9.1709, mit mehrfachen Wiederholungen der Verkündung in den Jahren 1710 und 1711; abgedruckt in: Sammlung Schweizerischer Rechtsquellen Bern, Stadtrechte, Band VII/1, S. 607 ff.

[5] Art. 29 der Ordnung (Anm. 4).

[6] Zur Bedeutung des Schriftlichkeitserfordernisses in anderen Prozessformen dieser Zeit vgl. *Sibylle Hofer,* Richten und strafen: die Justiz, in: André Holenstein (Hrsg.), Berns goldene Zeit. Das 18. Jahrhundert neu entdeckt, Bern 2008, S. 476.

beim Schultheiss, Säckelmeister, Venner oder Heimlicher[7] einzureichen, wobei betont wurde, dass diese Personen verpflichtet sein sollten, «solche seine klägten anzuhören und abzunemmen». Die Klageschrift war sodann dem betroffenen Amtmann zur Stellungnahme zuzusenden. Klage und Stellungnahme bildeten die Grundlage für ein «Urteil». Dieses Urteil konnte der Amtmann – und zwar nach dem Wortlaut der Ordnung nur dieser – mit einem Rekurs an die höchste Gewalt, d.h. den Grossen Rat, ziehen.[8] Wenn in diesem Zusammenhang davon die Rede war, dass dem Amtmann das Rekursrecht «wie biß dato» zustehe, dann deutet dies darauf hin, dass das beschriebene Verfahren im Jahre 1709 keineswegs neu eingeführt wurde, sondern damals nur eine Bestätigung oder eventuelle Neuordnung erhalten hat.

Die Regelung ist in mehrfacher Hinsicht aufschlussreich. Sie belegt zum einen bereits für das frühe 18. Jahrhundert die Vorstellung, dass die Verwaltung bei ihren Entscheidungen nicht frei, sondern an Gesetze gebunden sei.[9] Zum anderen zeigt sich, dass der Berner Bürger in dieser Zeit keineswegs der Verwaltung schutzlos ausgeliefert war, sondern es bestand die Möglichkeit eines Verfahrens, das sogar einen gewissen Instanzenzug aufwies. Dabei handelte es sich um eine verwaltungsinterne Prüfung, bei der das letzte Wort dem Grossen Rat zustand. Dieser war zu dem Zeitpunkt nicht nur oberste Verwaltungs-, sondern auch oberste Rechtsprechungsinstanz. Wenn diese Konzentration von Kompetenzen aus heutiger Sicht bedenklich erscheint, dann wird damit gleichzeitig deutlich, zu welchem Zeitpunkt die Konzeption der Verwaltungskontrolle neu überdacht werden musste. Mit Aufkommen der Idee der Gewaltenteilung war zu entscheiden, ob die Justiz oder die Verwaltung für eine solche Kontrolle zuständig sein sollte. Darüber fanden im 19. Jahrhundert intensive Debatten nicht nur in Bern, sondern an vielen Orten Europas statt. Im Rahmen dieser Debatten entstand dann u.a. die Idee einer eigenen Verwaltungsgerichtsbarkeit.

Für die Frage nach dem Beginn der Vorgeschichte des bernischen Verwaltungsgerichts ergibt sich damit aus dem Blick auf die Ordnung von 1709 zum einen, dass das Aufkommen des Gedankens der Gewaltenteilung einen sinnvollen Anfangspunkt bildet, da die moderne Sicht auf die Verwaltungskontrolle wesentlich mit diesem Grundsatz zusammenhängt. Zum anderen

---

[7] Zur Bedeutung dieser Ämter im alten Bern s. *Hermann Rennefahrt,* Grundzüge der bernischen Rechtsgeschichte, Bd. 1, Bern 1928, S. 99 ff., S. 137.

[8] Der entsprechende Passus endete mit einer Strafandrohung für diejenigen Untertanen, welche einen Amtmann «ungütlich und ungegründet» anklagten.

[9] Vgl. soeben die Ausführungen zum Klagegrund. Unter «oberkeitliche ordnungen» sind dabei Gesetze des Grossen Rates zu verstehen.

3

ist für eine historische Untersuchung der Begriff der Verwaltungsgerichtsbarkeit weit im Sinn einer Entscheidung von Verwaltungsstreitigkeiten[10] aufzufassen, da bei einer Beschränkung auf Stellungnahmen, die für ein besonderes Verwaltungsgericht eintraten, wesentliche Diskussionszusammenhänge abgeschnitten würden.

1.2 Modelle der Verwaltungsrechtspflege im 19. Jahrhundert

Wie schon angedeutet, stand die Berner Debatte um die Verwaltungsgerichtsbarkeit im zeitlichen Kontext mit Diskussionen in anderen Ländern. Das wirft die Frage nach sachlichen Zusammenhängen auf.[11] Explizite Hinweise auf die Rechtslage bzw. wissenschaftliche Auseinandersetzungen in anderen Staaten erfolgten in Bern nur sehr selten.[12] Allerdings weisen die wenigen Andeutungen darauf hin, dass man insbesondere die Situation in Deutschland sehr genau kannte. Um den Hintergrund der Berner Überlegungen zu verdeutlichen, ist daher zunächst ein kurzer Blick auf die Entwicklung in den Nachbarstaaten zu werfen. Die dort im 19. Jahrhundert vertretenen Konzeptionen der Verwaltungsgerichtsbarkeit lassen sich drei Modellen zuordnen:

1.2.1 Administrativjustizmodell

In Frankreich wurde Ende des 18. Jahrhunderts das Modell einer rein verwaltungsinternen Kontrolle entwickelt.[13] Den Gerichten wurde jede Über-

---

[10]   Zu diesem Kriterium vgl. *Ernst Blumenstein,* Die Grundzüge einer Neugestaltung der bernischen Verwaltungsrechtspflege, MBVR 6 (1908) S. 289 ff., hier S. 298.

[11]   Eine genaue Untersuchung der Verbindung der Berner Debatten mit denjenigen in Deutschland und Frankreich würde den Rahmen dieses Beitrags überschreiten, weswegen sich die Ausführungen auf einzelne zentrale Punkte beschränken. Im Zentrum steht die Geschichte des bernischen Verwaltungsgerichts, die bisher kaum erforscht wurde. Nur Überblicke finden sich bei *Gustav Vogt,* Beiträge zur Kritik und Geschichte der Administrativjustiz im Kanton Bern, ZBJV 5 (1869) S. 137 ff., hier S. 154 ff.; *Ernst Blumenstein,* Die Kompetenzfrage in der bernischen Verwaltungsrechtspflege und die Entwürfe zu einem Gesetz betr. die Einführung eines Verwaltungsgerichts, ZBJV 37 (1901) S. 337 ff., hier S. 354 ff. (mit teilweise ungenauen Quellenhinweisen).

[12]   S. unten Ziff. 3.3 und 3.4. In den Berner Debatten wurde im Übrigen genauso selten auf Überlegungen in anderen Schweizer Kantonen Bezug genommen (kurze Hinweise finden sich bei *Johann Jakob Leuenberger,* Bericht über die Administrativjustiz, ZBJV 4 [1867/1868] S. 141 ff., 173 ff., 209 ff., hier S. 142 f.; *Vogt* [Anm. 11], S. 163 Anm. 12).

[13]   Eine genaue gesetzliche Organisation der Verwaltung sowie ihres Rechtsschutzsystems erfolgte dann 1800 unter Napoleon, vgl. dazu *Sellmann* (Anm. 1), S. 50 ff.

prüfung von Verwaltungsentscheidungen entzogen. Dies kam u.a. deutlich im Code pénal (1810) zum Ausdruck, welcher richterliche Einmischungen in Verwaltungsangelegenheiten als Amtsverbrechen wertete.[14] Gerichtliche Kontrollen von Akten der Verwaltung galten als Beschränkungen der Exekutive und damit als Verstoss gegen den Gewaltenteilungsgrundsatz. Im Hintergrund stand ein erhebliches Misstrauen gegenüber den Richtern, die als Vertreter aristokratischer Interessen eingeschätzt wurden.[15] In Deutschland übernahmen die süddeutschen Staaten in der Rheinbundzeit das Administrativjustizmodell.[16]

1.2.2 Justizstaatsmodell

In der ersten Hälfte des 19. Jahrhunderts wurde insbesondere von deutschen Liberalen gefordert, Verletzungen wohlerworbener privater Rechte durch die Verwaltung von Zivilgerichten überprüfen zu lassen. Als Hauptargument diente der Schutz des Privateigentums und der wirtschaftlichen Betätigungsfreiheit der Bürger.[17] Im Hintergrund stand hier eine Skepsis gegenüber der Verwaltung, die als konservativ und vom Regenten bzw. seinen Ministern gelenkt galt. Einen signifikanten Ausdruck fand die Justizstaatsvorstellung in § 182 des Entwurfs für eine Verfassung des deutschen Reichs 1849: «Die Verwaltungsrechtspflege hört auf; über alle Rechtsverletzungen entscheiden die Gerichte». Mit dem Begriff «Verwaltungsrechtspflege» war dabei die Administrativjustiz[18] gemeint. Alle Verwaltungsstreitigkeiten sollten durch Zivilgerichte entschieden werden.[19] Gesetzliche Umsetzungen dieses Mo-

---

[14] Art. 127 ff. Code pénal. Schon 1790 und 1795 waren den französischen Richtern solche Einmischungen bei Strafe untersagt worden, vgl. Sellmann (Anm. 1), S. 51.

[15] S. *Sellmann* (Anm. 1), S. 51; *Georg Christoph von Unruh,* Vom Gesetzesstaat zum Rechtsstaat, DVBl 90 (1975) S. 838 ff., hier S. 840. Vgl. auch die Hinweise von *Unruh,* S. 840 f., auf die geringe Bedeutung, welche der richterlichen Gewalt bei Montesquieu und Rousseau zugemessen wurde. Als zentraler Schutz der Freiheit galt in Frankreich das Gesetz.

[16] Näheres dazu bei *Sellmann* (Anm. 1), S. 52 ff.

[17] Vgl. *Regina Ogorek,* Individueller Rechtsschutz gegenüber der Staatsgewalt. Zur Entwicklung der Verwaltungsgerichtsbarkeit im 19. Jahrhundert, in: Jürgen Kocka (Hrsg.), Bürgertum im 19. Jahrhundert, München 1988, S. 372 ff., hier S. 385 ff.

[18] Wenn in diesem Beitrag von «Administrativjustiz» die Rede ist, dann ist mit dem mehrdeutigen Wort stets das unter Ziff. 1.2.1 beschriebene Modell gemeint. Dieser Sprachgebrauch entspricht demjenigen in Bern im 19. Jahrhundert (vgl. unten Ziff. 2, Gesetz 1818).

[19] Zu dieser Bestimmung des nie in Kraft getretenen Verfassungsentwurfs s. *Sellmann* (Anm. 1), S. 75 ff.

dells hatte es in Deutschland schon zu Beginn des 19. Jahrhunderts gegeben. In Preussen etwa waren 1808 als Reaktion auf den Polizeistaat alle Verwaltungsstreitigkeiten den Zivilgerichten zugewiesen worden. Jedoch wurden in der Folgezeit stetig Beschränkungen dieser Zuständigkeit vorgenommen.[20]

1.2.3 Verwaltungsgerichtsmodell

In der zweiten Hälfte des 19. Jahrhunderts wurde dann in Deutschland der Ruf nach besonderen Verwaltungsgerichten laut.[21] Eine solche Verwaltungsgerichtsbarkeit galt nun als einzig wirksamer Schutz der Grundrechte. Über die Besetzung dieser Gerichte gab es unterschiedliche Auffassungen; ausser Frage stand jedoch, dass die Richter unabhängig sein sollten.[22] Eine Beurteilung durch die Zivilgerichte wurde dabei vor allem mit dem Argument abgelehnt, dass deren Richter aufgrund ihrer Ausbildung nicht in der Lage seien, über Verwaltungsfragen sachgerecht zu entscheiden. Erste gesetzliche Umsetzungen erfolgten in Baden (1863) und Preussen (1872, 1875[23]).[24]

Schon dieser kurze Überblick zeigt, dass die Verwaltungskontrolle ein heftig umstrittenes Thema des 19. Jahrhunderts war. Dies lag nicht zuletzt daran, dass es um nichts weniger als um das Verhältnis zwischen Bürger und Staat sowie um die Gestaltung des «Rechtsstaates» ging.[25] Vor diesem Hin-

---

[20] 1842 war der gerichtliche Privatrechtsschutz im Bereich des Polizeirechts in Preussen fast vollständig aufgehoben worden, vgl. dazu *Sellmann* (Anm. 1), S. 49 f., 69 ff.; *Ogorek* (Anm. 17), S. 392; *Wolfgang Rüfner,* Verwaltungsrechtsschutz in Preussen von 1749 bis 1842, Bonn 1962, S. 124 ff.; *ders.,* Verwaltungsrechtsschutz in Preussen im 18. und in der ersten Hälfte des 19. Jahrhunderts, in: FS Menger, 1989, S. 14 ff.

[21] *Sellmann* (Anm. 1), S. 84 f., mit Hinweisen auf frühere Vertreter dieser Ansicht in der ersten Jahrhunderthälfte.

[22] Vgl. dazu *Ogorek* (Anm. 17), S. 402 ff.

[23] 1875 erfolgte die Errichtung des preussischen Oberverwaltungsgerichts.

[24] Vgl. dazu *Unruh* (Anm. 15), S. 838 ff.; *Wolfgang Rüfner,* Die Entwicklung der Verwaltungsgerichtsbarkeit, in: Deutsche Verwaltungsgeschichte, hrsg. v. Kurt G. A. Jeserich et al., Bd. 3, Stuttgart 1984, S. 915 ff., hier S. 922 ff. In Österreich wurde 1875 ein Verwaltungsgerichtshof errichtet, der schon im Staatsgrundgesetz von 1867 vorgesehen gewesen war (*Unruh* [Anm. 15], S. 843).

[25] Vgl. *Michael Stolleis,* Geschichte des öffentlichen Rechts in Deutschland, Bd. 2, München 1992, S. 240; vgl. auch *ders.,* Rechtsstaat, in: Handwörterbuch zur deutschen Rechtsgeschichte, 1. Aufl., hrsg. v. Adalbert Erler et al., Bd. 4, Berlin 1990, Sp. 367 ff.; *Georg Christoph Unruh,* Die Einrichtung der Verwaltungsrechtspflege als rechtsstaatliches Problem, DÖV 28 (1975) S. 725 ff. Gleichzeitig bildeten diese Diskussionen ein wichtiges Element für die Ausgestaltung des Verwaltungsrechts als juristischer Disziplin, vgl. *Stolleis,* Geschichte (s.o.), S. 243.

tergrund verwundert es nicht, dass auch in Bern eine lange Diskussion um die Verwaltungskontrolle stattfand. Diese führte dazu, dass innerhalb von etwa hundert Jahren alle drei eben erwähnten Modelle praktisch umgesetzt wurden. Diese Entwicklung soll im Folgenden in ihren einzelnen Phasen nachgezeichnet werden.

2. Erste Phase: Ausgestaltung der Administrativjustiz – Die Mediationsverfassung 1803 und das Gesetz über Administrativstreitigkeiten 1818

Die Verfassung des Kantons Bern vom 19. Februar 1803 zeigte erste Spuren des Gedankens einer Gewaltenteilung, indem sie die letztinstanzliche Entscheidung von «Civil- und Criminalsachen» einerseits sowie «Verwaltungsstreitigkeiten» andererseits unterschiedlichen Institutionen übertrug. Während erstere vom Appellationsgericht beurteilt werden sollten,[26] wurde für Verwaltungsstreitigkeiten als letzte Instanz der Kleine Rat benannt.[27] Damit ergab sich die Notwendigkeit einer Abgrenzung der Rechtsbereiche. Diese bereitete allerdings in manchen Fällen Schwierigkeiten. Nachdem es zu Kollisionen zwischen Kleinem Rat und Appellationsgericht gekommen war,[28] erfolgte eine gesetzliche Klärung der Zuständigkeitsfragen. Das Gesetz betreffend die Prozessform für Administrativstreitigkeiten vom 6. Juni 1818[29] legte ausgehend vom Grundsatz der Gewaltenteilung[30] die Kompetenzen folgendermassen fest:

> «Wenn eine persönliche Pflicht oder ein Gegenstand des *Privatinteresses* streitig wird, die mit einer allgemeinen Staatseinrichtung oder einem Zweige der Staatsverwaltung in solcher Verbindung stehen, dass sie *nicht der willkührlichen Verfügung der Parthei* ausschließend überlassen werden können, sondern die *Möglich-*

---

[26] Art. 9 der Mediationsverfassung 1803 des Kantons Bern.

[27] Art. 6 der Mediationsverfassung 1803 des Kantons Bern.

[28] Vgl. Hinweise dazu in der (gedruckten) Begründung des Justizrates «Entwurf einer Prozeß-Form für Administrativ-Streitigkeiten», Bern 1818, S. III f. Erwähnt wurde dort u.a., dass zwischen Rat und Appellationsgericht wegen dieser Fälle eine Korrespondenz stattgefunden hatte.

[29] Ein Gesetzesvorschlag aus dem Jahre 1805, der diese Frage klären sollte, war zurückgewiesen worden, vgl. Begründung (Anm. 28), S. IV. *Blumenstein* (Anm. 11), S. 355, nannte später das Gesetz von 1818 ein «Mustergesetz», das bis ins 20. Jahrhundert nachgewirkt habe.

[30] Vgl. Begründung (Anm. 28), S. IX.

keit der Einwirkung der Staatsgewalt offen bleiben muß; so gehört ein solcher Streit vor den *Administrativgerichtsstand.*»[31]

Als Abgrenzungskriterium sollte somit der Streitgegenstand dienen. Immer, wenn neben Privatinteressen auch das Interesse des Staates betroffen war, erhielt die Verwaltung die Entscheidungskompetenz.[32] Als Begründung wurde angeführt, dass in solchen Fällen nicht allein nach strengem Recht geurteilt werden dürfe, sondern die Entscheidung habe «die Harmonie des Ganzen und den ungestörten Gang der Staatsverwaltung überhaupt» zu berücksichtigen. Daher sei die Erledigung dieser Fälle nicht den Gerichten zu übertragen, sondern einer Behörde, welche ihren Entscheid «auch mit den Forderungen der Zeitumstände und des allgemeinen Bedürfnisses in Uebereinstimmung» setze.[33] Ausser der generellen Zuständigkeitsklausel enthielt das Gesetz noch einzelne Sonderzuweisungen. Als Administrativstreitigkeiten «im weitern Sinn»[34] wurden Klagen gegen Beamte[35], Straffälle der Verwaltungspolizei[36], Streitigkeiten zwischen Beamtungen[37] sowie Streitigkeiten über öffentliche Leistungen[38] bezeichnet. Im Übrigen erfolgten Regelungen zum Gang des Verfahrens sowie zu den Rechtsmitteln.[39]

---

[31] § 23 Prozeß-Form für Administrativstreitigkeiten 1818.

[32] Das Gesetz sprach von «Administrativprozessen» (vgl. Überschrift des 5. Abschnitts: «Von dem ordentlichen Administrativprozess». Vgl. auch § 23 «Administrativgerichtstand»). Damit war (wie in Frankreich) eine quasirichterliche Tätigkeit durch die Verwaltungsbehörden (Oberamtmann bzw. Kleiner Rat) gemeint. Die Abgrenzung zu anderen Aufgaben der Verwaltung wurde bei dem Hinweis deutlich, dass die Entscheidung über Oppositionen im Zusammenhang mit Konzessionserteilungen nicht im Gesetz erwähnt würden, da es sich bei diesem Geschäft des Kleinen Rates nicht um «Rechtspflege» handle (Begründung [Anm. 28], S. V).

[33] Begründung (Anm. 28), S. X f.

[34] Vgl. Begründung (Anm. 28), S. V.

[35] 1. Abschnitt (§§ 1–10). In der Begründung wurde darauf hingewiesen, dass «das Recht, Klagen über willkührliche Handlungen der Beamten aller Classen führen zu dürfen, durch welche die Rechte eines Staatsbürgers verletzt werden können, […] übrigens das erste und heiligste Palladium der bürgerlichen Freyheit, und die einzige Schutzwehr gegen allfälligen Mißbrauch der öffentlichen Gewalt» darstelle (S. VI).

[36] Prozeß-Form für Administrativstreitigkeiten 1818, 2. Abschnitt (§§ 11–15).

[37] Prozeß-Form für Administrativstreitigkeiten 1818, 3. Abschnitt (§ 16).

[38] Prozeß-Form für Administrativstreitigkeiten 1818, 4. Abschnitt (§§ 17–22).

[39] Insbesondere diese Regelungen lobte später *Leuenberger* (Anm. 12), S. 146, als Schutz gegen «administrative Willkür».

3. Zweite Phase: Von der Administrativjustiz zum Justizstaatsmodell – Die Verfassungen 1831 und 1846

3.1 Verfassungsbestimmungen 1831 und 1846

Anlässlich der Verfassungsberatungen des Jahres 1831 zeigte sich noch eine grundsätzliche Zufriedenheit mit der Administrativjustiz.[40] Vor allem für Klagen gegen Beamte oder Streitigkeiten über öffentliche Leistungen sah man einen Entscheid durch die Regierung als zwingend an.[41] Zur Begründung diente der nun in der Verfassung verankerte[42] Grundsatz der Gewaltenteilung, welcher in dem Sinn interpretiert wurde, dass Gerichte nicht über Verwaltungsangelegenheiten entscheiden dürften. Erwähnung fand daneben auch das Argument, Justizbehörden seien nicht mit den Grundsätzen der Verwaltung vertraut.[43] Den Schwierigkeiten einer Abgrenzung zwischen zivilrechtlichen und administrativen Streitigkeiten wurde durch § 50 Ziff. 6 der Verfassung Rechnung getragen, wonach der Grosse Rat für die Beurteilung von «Competenzstreitigkeiten zwischen Vollziehungsbehörden und Gerichtsstellen» zuständig sein sollte.

Genauere Regelungen zu Verwaltungsstreitigkeiten enthielt die Verfassung von 1831 nicht. Es gab jedoch eine Bestimmung, welche in der Folgezeit für die weitere Entwicklung der Verwaltungskontrolle bedeutsam wurde. § 18 legte nach der Gewährleistung des Eigentums sowie der Entschädigungspflichtigkeit von Aufopferungen zum gemeinen Wohl fest, dass die Zivilgerichte «über die Rechtmässigkeit der Entschädigungsforderung und die Ausmittlung des Betrags der Entschädigung» zu entscheiden hätten. Unter Bezugnahme auf diese Bestimmung wurden in der Folgezeit nicht nur bei Enteignungen, sondern auch bei Eigentumsverletzungen durch administrative Tätigkeiten Entschädigungsansprüche geltend gemacht.[44] Das Verhalten der Regierung gegenüber solchen Ansprüchen bestimmte dann in den 1840er Jahren die Diskussion um die Verwaltungskontrolle. Ein immer wieder er-

---

[40] Vgl. den Hinweis in den «Ansichten über das Verfassungswerk» von *Rudolf Wyß,* Tagblatt der Verhandlungen des Verfassungsrates des Kantons Bern 1831, Supplement zu Nr. 58, S. 430 ff., S. 433 (mit Andeutungen zu einer Diskussion im Dezember).

[41] Tagblatt der Verhandlungen des Verfassungsrats des Kantons Bern 1831, S. 384 (Referat Güdel).

[42] § 4 der Verfassung für die Republik Bern 1831: «Das Recht der Gesetzgebung wird durch den Großen Rath einzig ausgeübt. Die Ausübung der vollziehenden und der richterlichen Gewalt soll in allen Stufen der Staatsverwaltung getrennt bleiben.»

[43] *Wyß* (Anm. 40), S. 433.

[44] Zu dieser Fallgruppe vgl. *Ogorek* (Anm. 17), S. 385.

wähntes Beispiel war der sog. Krachpelzhandel:[45] Nachdem die Regierung unter Berufung auf gesundheitspolizeiliche Gründe die Borsten- und Ross-haarfabrik von Krachpelz und Stalder in Biel geschlossen hatte, verlangten die Eigentümer eine Entschädigung und erhoben deswegen Klage vor Gericht. Der Regierungsrat liess sich nicht auf das gerichtliche Verfahren ein, woraufhin im Kontumazialverfahren vom Zivilrichter eine Entschädigungs-summe festgesetzt wurde. Als Reaktion darauf wandte sich die Regierung an den Grossen Rat und beantragte eine Aufhebung des gerichtlichen Urteils. Diesem Antrag wurde mit knapper Mehrheit entsprochen.[46] Dass die Regierung solche Konflikte wagte, erklärt sich aus einem erheblichen politischen Misstrauen gegenüber der Justiz in den 1830er Jahren: «Man hegte die Befürchtung, das Obergericht werde, von politischen Gegnern inspirirt, das Regenerationswerk der Regierung, wo sich ihm Anlaß dazu böte, hemmen».[47]

In den 1840er Jahren änderte sich mit der politischen Stimmung auch die Bewertung des Verhaltens der Regierung im Krachpelzhandel sowie anderen ähnlich gelagerten Fällen. Man empfand dieses Vorgehen nun als willkürlich und ungerecht.[48] In der Verfassung von 1846 wurde deswegen festgelegt, dass kein richterliches Urteil von einer Administrativbehörde für nichtig erklärt werden dürfe.[49] Vor allem aber erfolgte eine neue Abgrenzung zwischen Regierungs- und Justizzuständigkeit:

§ 42: «Er [sc. der Regierungsrat] entscheidet höchstinstanzlich alle reinen Verwaltungsstreitigkeiten, die nicht in die Kompetenz des Regierungsstatthalters fallen.»

§ 83 Abs. 3: «Der Staat ist schuldig, über jede gegen ihn angebrachte Klage, welche einen Gegenstand des Mein und Dein betrifft, vor den Gerichten Recht zu

---

[45] Vgl. die Erwähnungen in den Verfassungsberatungen 1846; Nr. 21, S. 5; Nr. 85, S. 4 (jeweils Votum von Ochsenbein); sowie *Vogt* (Anm. 11), S. 168 f.

[46] Vgl. die Verhandlungen über den Fall am 9.5.1840, Tagblatt des Grossen Rates 1840, Nr. 24, S. 25.

[47] *Vogt* (Anm. 11), S. 173. Auf S. 167 wies Vogt darauf hin, dass die Verfassung 1831 dahingehend verstanden werden konnte, die richterliche Gewalt werde vom Grossen Rat delegiert und die Gerichte ständen somit in einem Unterordnungsverhältnis zum Grossen Rat, welches diesem die Aufhebung von richterlichen Urteilen erlaube.

[48] Vgl. dazu die Hinweise in den Verfassungsberatungen 1846; z.B. Tagblatt der Verhandlungen des Verfassungsrates der Republik Bern 1846, Nr. 41, S. 19: Die Bestimmung von § 83 sei notwendig, «weil sich der Staat früher die allergrößte Willkür» erlaubt habe (Votum Ochsenbein); sowie Nr. 85, S. 4, wo Ochsenbein von «größten Ungerechtigkeiten ab Seite des Staates» sprach.

[49] § 52 der Staatsverfassung des Kantons Bern 1846.

nehmen, der Grund der Klage sei welcher er wolle; mit Ausnahme jedoch des Falles, wo wegen eines verfassungsmäßig erlassenen Gesetzes geklagt wird.» Diese Regelungen enthielten eine grundlegende Neuerung gegenüber der Kompetenzverteilung von 1818. War bisher festgelegt worden, dass der Regierungsrat auch bestimmte zivilrechtliche Streitigkeiten entscheiden sollte,[50] so änderte sich nun nicht nur die Perspektive, sondern auch das Ergebnis der Aufgabenteilung, wie folgende Bemerkung des Berichterstatters Ulrich Ochsenbein[51] zeigt: «In Zukunft werden [...] sämmtliche Administrativprozesse dem Civilrichter überwiesen und von ihm ausgefochten werden, und nur alle reinen Verwaltungsstreitigkeiten wird der Regierungsrath [...] beurtheilen».[52] Das bedeutete nichts anderes, als dass 1846 in Bern ein Wechsel vom Administrativjustiz- zum Justizstaatsmodell[53] vorgenommen wurde.

3.2 Zuständigkeitsfragen

Mit den zitierten Bestimmungen der Staatsverfassung 1846 war die Zuständigkeitsfrage aber keineswegs abschliessend geklärt. Jetzt bestand die Schwierigkeit vielmehr darin, reine und sog. «vermischte»[54] Verwaltungsangelegenheiten abzugrenzen.[55] Hierbei liessen der Verfassungstext ebenso wie die Verfassungsberatungen Interpretationsspielraum.[56] Einerseits gab es

---

[50] S. oben Ziff. 2 – und zwar immer dann, wenn Staatsinteressen unmittelbar berührt waren.

[51] Der Advokat Ulrich Ochsenbein (1811–1890) vertrat einen idealen Radikalismus (Historisch-Biographisches Lexikon der Schweiz, 5. Bd., Neuenburg 1929, S. 329; dort auch weitere Angaben zu Person und Werk); zu Ochsenbeins Auftreten in den Verfassungskämpfen vgl. *Richard Feller,* Berns Verfassungskämpfe 1846, Bern 1948, S. 212 ff.

[52] Tagblatt der Verhandlungen des Verfassungsrates der Republik Bern 1846, Nr. 23, S. 19 (Votum Ochsenbein).

[53] S. oben Ziff. 1.2. Die Distanzierung vom Administrativjustizmodell zeigte sich u.a. daran, dass bei der Bestimmung der Zuständigkeit des Regierungsrates bewusst auf die Formulierung «Urteilen in Verwaltungsstreitigkeiten» verzichtet wurde, s. Tagblatt der Verhandlungen des Verfassungsrates der Republik Bern 1846, Nr. 59, S. 13 (Voten Blösch und Ochsenbein).

[54] Vgl. nur Tagblatt der Verhandlungen des Verfassungsrates der Republik Bern 1846, Nr. 21, S. 5 (Votum Ochsenbein).

[55] Zu dieser allgemein beim Justizstaatsmodell bestehenden Schwierigkeit s. *Sellmann* (Anm. 1), S. 44 ff.

[56] Die Entscheidung über Kompetenzstreitigkeiten zwischen Justiz und Verwaltung wurde dem Grossen Rat übertragen. Ursprünglich hatte die Redaktion ein eigenes Konfliktgericht vorgesehen. Dieser Vorschlag konnte sich jedoch ebenso wenig durch-

Hinweise, dass die Redaktionskommission im Auge gehabt hatte, «der Ab-
urteilung der Regierungsstatthalter und des Regierungsrathes den größten
Theil der Administrativprozesse zu entziehen».[57] Andererseits wurde aber in
den Verfassungsdiskussionen nie in Frage gestellt, dass «reine Verwaltungsstreitigkeiten» weiterhin vom Regierungsrat entschieden werden sollten.[58]
Als ausreichende «Garantie gegen willkürliche Verfügungen» galt in diesen
Fällen die Verpflichtung, eine Motivierung der Entscheidungen zu verlangen.[59] Allerdings blieb bei den Beratungen unklar, wann genau es sich um
eine «reine» Verwaltungsangelegenheit handle. Dabei bestand auch schon
damals keineswegs Gewissheit über diesen Begriff, wie folgende Frage eines Mitglieds des Verfassungsrates belegte: «Ich habe nur einen dunklen
Begriff davon [sc. von dem Ausdruck ‹Verwaltungsstreitigkeiten›] und das
Publikum im Allgemeinen ist gewiß eben so schlimm daran. Ich wünsche
von Herrn Berichterstatter einige Aufhellung; auch das Publikum ist mehr
oder weniger gespannt, zu wissen, was es damit für eine nähere Beschaf-
fenheit hat».[60] Ochsenbein gab darauf die vage Antwort, dass es bei reinen
Verwaltungsstreitigkeiten um Fragen gehe, «welche aus der Vollziehung von
Gesetzen und Beschlüssen entstehen».[61] Auch bei den Beratungen zu § 83
blieb die Abgrenzung undeutlich. Dort wurde nur angedeutet, dass die Zivilgerichte immer dann zuständig sein sollten, wenn «ein Privatrecht in Frage
stehe».[62] Sieht man auf die Beispiele, die 1846 im Laufe der Diskussion

---

setzen wie die Idee einer Vorberatungskommission, an welcher die streitenden Behörden beteiligt sein sollten.

[57] Tagblatt der Verhandlungen des Verfassungsrates der Republik Bern 1846, Nr. 23,
S. 19 (Votum Stockmar).

[58] Zu den Diskussionen über § 42 s. Tagblatt der Verhandlungen des Verfassungsrates
der Republik Bern 1846, Nr. 23, S. 18 f. (Vorberatungskommission); Nr. 57, S. 21
(Verfassungsrat).

[59] § 49 des endgültigen Verfassungstextes lautete: «Alle Entscheidungen in Verwaltungsstreitigkeiten und alle Beschlüsse von Regierungsbehörden, die sich auf einzelne Personen oder Korporationen beziehen, sollen motiviert werden». Vgl. dazu die
Beratungen in: Tagblatt der Verhandlungen des Verfassungsrates der Republik Bern
1846, Nr. 26. S. 5 f. (Vorberatungskommission); Nr. 59, S. 13 (Verfassungsrat). A.a.O.
Nr. 26, S. 5 bezeichnete Kohler Entscheidungen ohne Motivierung als «monar-
chisch».

[60] Tagblatt der Verhandlungen des Verfassungsrates der Republik Bern 1846, Nr. 26, S. 5
(Votum Mani).

[61] Tagblatt der Verhandlungen des Verfassungsrates der Republik Bern 1846, Nr. 26, S. 5
(Votum Ochsenbein).

[62] Tagblatt der Verhandlungen des Verfassungsrates der Republik Bern 1846, Nr. 23,
S. 19 (Votum Stockmar).

erwähnt wurden, dann zeigt sich, dass man bei «Privatrechten» vor allem an Schadensersatzansprüche bei Eigentumsverletzungen durch Verwaltungshandeln – wie etwa im erwähnten Krachpelzhandel – dachte.[63] Für diese Interpretation sprach auch die systematische Stellung der Regelung im unmittelbaren Anschluss an die Bestimmung einer Entschädigungspflicht bei Eigentumsabtretungen aus Gründen des allgemeinen Wohls.[64]

3.3 Verbindungen zur Verfassung des Königreichs Hannover von 1833

Bei den Verfassungsdebatten 1846 erfolgte einer der seltenen[65] ausdrücklichen Hinweise auf die Regelung eines anderen Landes. Und zwar erwähnte Friedrich Sigmund Kohler[66] die Verfassung des Königreichs Hannover von 1833.[67] Dieser Hinweis ist zunächst einmal aufschlussreich für das Verständnis der Zuständigkeitsabgrenzung. Der Vergleich mit der hannoverschen Verfassung zeigt nämlich, dass die für Bern festgestellte Entschädigungsperspektive zu dieser Zeit nicht selten war. In Hannover wurde 1833 die Entscheidungsbefugnis der Ziviljustiz ausdrücklich an die Geltendmachung von Entschädigungsansprüchen geknüpft. Die generelle Kompetenz der Gerichte bei Verletzung von Privatrechten[68] wurde in der Verfassung durch den

---

[63] S. nur Tagblatt der Verhandlungen des Verfassungsrates der Republik Bern 1846, Nr. 85, S. 3 f. (Votum Ochsenbein).

[64] § 83 Abs. 2: «Wenn das gemeine Wohl die Abtretung eines Gegenstandes desselben erfordert, so geschieht es einzig gegen vollständige und wenn möglich vorherige Entschädigung. Die Frage über die Rechtmäßigkeit und die Ausmittlung des Vertrages der Entschädigung gehört vor die Gerichte.»

[65] Vgl. oben bei Anm. 12.

[66] Der Jurist Friedrich Sigmund Kohler (1795–1871) gehörte 1846 zu den führenden Radikalen; er war damals Mitglied der Redaktionskommission des Verfassungsrats (zur Person s. *Christoph Zürcher,* Kohler, in: Historisches Lexikon der Schweiz [HLS] Bd. 7, S. 324).

[67] Tagblatt der Verhandlungen des Verfassungsrates der Republik Bern 1846, Nr. 41, S. 16 f. (Votum Kohler). Dies geschah zunächst indirekt durch ein Zitat aus einem Aufsatz von Mittermaier (dazu sogleich Ziff. 4). Ein Literaturnachweis erfolgte in diesem Zusammenhang nicht. Es handelte sich bei dem Zitat jedoch um Sätze aus *Karl Joseph Anton Mittermaiers* mehrteiligem Aufsatz «Ueber die Ergebnisse der legislativen Thätigkeit in Bezug auf Civilprozeßgesetzgebung und Gerichtsorganisation seit 1830», AcP 17 (1834) S. 122 ff., S. 279 ff.; 18 (1835), S. 119 ff. Die Bemerkung zur hannoverschen Verfassung findet sich in Bd. 17, S. 306 ff. Den Hinweis auf die hannoversche Verfassung griff dann auch Stämpfli auf (Tagblatt a.a.O., S. 17).

[68] § 37 Abs. 1 Verfassung des Königreichs Hannover, abgedruckt bei *Hans Boldt,* Reich und Länder. Texte zur deutschen Verfassungsgeschichte im 19. und 20. Jahrhundert,

Zusatz präzisiert: «Vielmehr kann nur die unrichtige und unbefugte Anwendung von Staatsverträgen oder Gesetzen einen Rechtsanspruch begründen, sobald in einer Überschreitung der Befugnisse der Behörden außerdem die Erfordernisse einer *Entschädigungsverbindlichkeit* nach gemeinrechtlichen Grundsätzen anzutreffen sind.»[69] In Hannover war somit eine Klage gegen Massnahmen der Verwaltung vor Gerichten nur dann möglich, wenn jemandem dadurch ein Schaden entstanden war.[70] An diese Konzeption dachte in Bern zumindest Kohler bei seinen Beiträgen.[71] Allerdings enthielt der Wortlaut von § 83 der Berner Verfassung 1846 keine solche Beschränkung. Danach konnte vielmehr jede Verwaltungsstreitigkeit mit privatrechtlichem Bezug vor die Gerichte gebracht werden.

Kohler hatte das hannoversche Beispiel darüber hinaus bei zwei weiteren Anträgen vor Augen. Der erste[72] nahm die hannoversche Regelung auf, dass die Zivilgerichte nur über diejenigen Rechtsverletzungen zu entscheiden hätten, die durch eine Anwendung von Gesetzen entstanden seien, nicht aber auch über solche, welche sich unmittelbar aus Gesetzen ergäben.[73] Dementsprechend wurde bei der Berner Verfassung in § 83 Abs. 3 der Halbsatz aufgenommen: «mit Ausnahme jedoch des Falles, wo wegen eines verfassungsmäßig erlassenen Gesetzes geklagt wird».

München 1987, S. 338 ff.: «Jedem, der sich von einer Verwaltungsbehörde durch Überschreitung ihrer Befugnisse, in seinem wohlerworbenen Rechte verletzt erachtet, steht nach den nachfolgenden Bestimmungen der ordentliche Gerichtsgang offen.»

[69] § 37 Abs. 3 der Verfassung des Königreichs Hannover 1833.

[70] So zutreffend auch Kohler (Tagblatt der Verhandlungen des Verfassungsrates der Republik Bern 1846, Nr. 41, S. 17) gegen Stämpfli, der behauptet hatte, dass die hannoversche Regelung viel weiter gehe als die bernische, da sich dort die Staatsbehörde bei Reklamationen sowohl zivilrechtlicher als auch administrativer Natur vor Gericht verantworten müsse (Nr. 41, S. 17). Kritisch zu dem Entschädigungskriterium äusserte sich *Karl Joseph Anton Mittermaier,* Beiträge zur Lehre von den Gegenständen des bürgerlichen Processes, AcP 4 (1821) S. 305 ff., hier S. 308 f.

[71] Vgl. Tagblatt der Verhandlungen des Verfassungsrates der Republik Bern 1846, Nr. 41, S. 16 f. (Voten Kohler).

[72] Dazu, dass der Antrag von Kohler stammte, gibt es im Tagblatt keinerlei Hinweise, s. jedoch *Vogt* (Anm. 11), S. 179, mit Bezug auf die Protokolle.

[73] Grundgesetz des Königreiches Hannover vom 26.9.1833, § 37 Abs. 2: «Ist die Verletzung durch einen Staatsvertrag oder durch ein verfassungsmäßig erlassenes Gesetz bewirkt; so kann dieselbe nicht zum Gegenstande eines Rechtsanspruches gegen den Staat oder gegen Verwaltungsbehörden gemacht werden.» Damit war die Frage nach der Möglichkeit einer gerichtlichen Überprüfung der Verfassungsmässigkeit von Gesetzen angesprochen, vgl. dazu *Mittermaier* (Anm. 70), S. 309 ff.

Ein anderer Antrag von Kohler, welcher die hannoversche Verfassung zum Vorbild hatte, blieb dagegen ohne Erfolg. Kohler wollte in § 83 Abs. 3 auch noch den Zusatz aufnehmen, dass sich der Kläger vor Klageerhebung erfolglos an die oberste Vollziehungs- oder Gerichtsbehörde gewendet haben müsse.[74] Zur Begründung dieser Bestimmung führte er an, dass ein solches Vorverfahren helfen könne, überflüssige Prozesse zu vermeiden.[75] Die Gegner dieses Antrags wandten vor allem ein, dass ein solches Vorgehen dem Kläger Kosten verursache.[76] Im Übrigen wurde geltend gemacht, dass der Staat eine besondere Behandlung erfahre, wenn das Vorverfahren auch in Fällen durchgeführt werde, in denen der Staat als Privatperson gehandelt habe.[77]

3.4 Bezugnahmen auf Karl Joseph Anton Mittermaier

Aber nicht nur auf die hannoversche Verfassung wurde 1846 bei den Berner Verfassungsberatungen verwiesen, sondern auch auf die Ansicht eines deutschen Juristen. Um seinem Antrag auf verbindliche Festlegung eines Vorverfahrens Gewicht zu verleihen, zitierte wiederum Kohler ein entsprechendes Votum von Karl Joseph Anton Mittermaier[78]. Diesen pries er dabei als «sehr

---

[74] Tagblatt der Verhandlungen des Verfassungsrates der Republik Bern 1846, Nr. 41, S. 16 (Votum Kohler). Vgl. auch die Fassung des damaligen § 82 in der Beratung am 3.7.1846, abgedruckt a.a.O., Nr. 85, S. 3: «Das Gericht darf jedoch die Klage nicht annehmen, bis der Kläger nachgewiesen, dass er sich diesfalls seit dreißig Tagen erfolglos an die oberste Vollziehungs- oder Gerichtsbehörde gewendet habe». Diese Regelung entsprach § 37 Abs. 4 der Verfassung von Hannover 1833.

[75] Vgl. Tagblatt der Verhandlungen des Verfassungsrates der Republik Bern 1846, Nr. 41, S. 16 f. (Votum Kohler). Kohler wies auch darauf hin, dass ein solches Vorverfahren dem Ansehen der Regierung diene, indem es helfe, unnötige Prozesse zu vermeiden: «Denn ein einzelner Bürger ist nicht immer in Stande zu begreifen, warum die Regierung in so vielen Prozessen steht» (a.a.O., Nr. 85, S. 5 f.).

[76] Vgl. Tagblatt der Verhandlungen des Verfassungsrates der Republik Bern 1846, Nr. 41, S. 17 f. (Votum Stämpfli), S. 19 (Votum Ochsenbein).

[77] Vgl. Tagblatt der Verhandlungen des Verfassungsrates der Republik Bern 1846, Nr. 41, S. 18 (Votum Schneider), Nr. 85, S. 5 (Votum Blösch).

[78] Mittermaier (1787–1867), der als Professor an den Universitäten Landshut, Bonn und Heidelberg tätig war, hatte in seiner Zeit internationale Bekanntheit erreicht durch intensive rechtsvergleichende Forschungen sowie engen Kontakt mit zahlreichen Juristen in Europa. Er war vor allem auf dem Gebiet des Strafprozessrechts wissenschaftlich tätig, verfasste aber auch ein Lehrbuch zum deutschen Privatrecht. Daneben engagierte sich Mittermaier politisch; er war mehrfach badischer Landtagsabgeordneter und 1848 auch Präsident des Frankfurter Vorparlaments (zu Leben und Werk vgl.

bedeutende Autorität», wobei er dessen liberale politische Einstellung erwähnte.[79] Mittermaier hatte sich in der ersten Hälfte des 19. Jahrhunderts in verschiedenen Aufsätzen mit der Abgrenzung zwischen Zivil- und Verwaltungsstreitigkeiten auseinandergesetzt.[80] Dabei vertrat er u.a. die Ansicht, dass die Gerichte immer – aber auch nur dann – zuständig sein sollten, wenn es um Fragen gehe, welche durch die Anwendung einer «festen Norm»[81] entschieden werden könnten.[82] In diesem Zusammenhang betonte Mittermaier immer wieder, dass keine Kompetenz der Zivilgerichte bestehen solle, wenn es um die Beurteilung der Zweckmässigkeit oder Notwendigkeit einer Massnahme gehe.[83] Ähnlicher Ansicht war man offensichtlich auch in Bern. Dort bemerkte Eduard Blösch unwidersprochen, dass die Gerichte allein über Geldansprüche, «nicht jedoch über die Rechtmäßigkeit der Regierungsverhandlungen zu entscheiden» hätten.[84] Mittermaier erwähnte als Beispiele für seine Unterscheidung zwischen Gesetzesanwendung und Zweckmässigkeitsprüfung neben Entschädigungsfragen[85] vor allem auch Steuerstreitigkeiten[86]. Diese Fallgruppe war es dann auch, welche in der Folgezeit in Bern ins Zentrum der Diskussion um die Verwaltungskontrolle trat.

Jan Schröder, Mittermaier, in: Gerd Kleinheyer / Jan Schröder, Deutsche und Europäische Juristen aus neun Jahrhunderten, 5. Aufl. Heidelberg 2008, S. 284–289, mit ausführlichen Literaturhinweisen).

[79] Tagblatt der Verhandlungen des Verfassungsrates der Republik Bern 1846, Nr. 41, S. 16 f. (Votum Kohler). Zumindest bei Stämpfli traf er jedoch auf Kritik. Dieser widersprach nicht nur dem Vorschlag von Kohler, sondern bemerkte auch: «Was sodann der Herr Präopiniant von der Liberalität Mittermayers spricht, so wollen wir da nicht zu weit gehen; als Präsident der badischen Kammer hat er sich immer nur als Juste-Milieu gezeigt, keineswegs als eigentlich liberal» (a.a.O., S. 17).

[80] Vgl. *Mittermaier* (Anm. 70), S. 305 ff.; *ders., Über das Verhältnis der Justiz zu den Verwaltungssachen, über Administrativjustiz und Competenzkonflikte,* AcP 21 (1838) S. 254 ff. und 23 (1839) S. 47 ff. In dem zuletzt genannten Beitrag erfolgten zahlreiche rechtsvergleichende Hinweise, u.a. auch auf das Recht schweizerischer Kantone; Bern wurde jedoch nicht erwähnt.

[81] Vgl. *Mittermaier* (Anm. 70), S. 319.

[82] *Mittermaier* (Anm. 70), S. 312 ff.; *ders.* (Anm. 80), S. 271 ff.

[83] *Mittermaier* (Anm. 70), S. 314, 330; *ders.* (Anm. 80), S. 281 ff. (mit Beispielen).

[84] Tagblatt der Verhandlungen des Verfassungsrates der Republik Bern 1846, Nr. 85, S. 5 (Votum Blösch).

[85] *Mittermaier* (Anm. 70), S. 330: Die Justiz habe nicht zu entscheiden, «ob der Veranlassungsgrund zur Wegnahme des Eigenthums ein gerechter und nothwendiger war, sondern blos darüber entscheidet sie, ob und wie viel Entschädigung der Staat dem Verletzten schuldig sey.»

[86] Vgl. nur *Mittermaier* (Anm. 70), S. 316 f.

4. Dritte Phase: Rückkehr zur Administrativjustiz – Das Gesetz über öffentliche Leistungen 1854

Dass die Verfassung von 1846 mit der Unterscheidung zwischen «reinen Verwaltungsstreitigkeiten» (§ 42) und Klagen, «welche einen Gegenstand des Mein und Dein» betreffen (§ 83), einen weiten Interpretationsspielraum eröffnet hatte, zeigte sich in der Folgezeit. Während in der Gesetzgebung zunächst die Administrativjustiz eingeschränkt wurde, lässt sich in den 1850er Jahren eine gegenläufige Tendenz beobachten. Zwei Beispiele mögen dies verdeutlichen:

4.1 Zivilprozessgesetz 1847

Im Einklang mit den Intentionen der Verfassungsgeber setzte der Grosse Rat 1847 beim Erlass des neuen Zivilprozessgesetzes[87] ein deutliches Zeichen gegen die Administrativjustiz. Im Promulgationsdekret wurden grosse Teile des Gesetzes über die Administrativstreitigkeiten von 1818 aufgehoben.[88] Damit sollten den Zivilgerichten weitgehende Zuständigkeiten bei der Beurteilung von Streitigkeiten aus dem Bereich der Verwaltung übertragen werden. Dies belegen die Regelungen zu einem Interventionsrecht des Staates in Zivilprozessen. Ein solches Recht war vorgesehen, wenn «ein Rechtsstreit über Gegenstände [entstehe], bei welchen das öffentliche Interesse in der Weise betheiligt ist, dass sie nicht der willkürlichen Verfügung der Parteien überlassen werden können, sofern die Einwirkung der Staatsgewalt offen bleiben muß (Administrativsachen)».[89] Die Formulierung wies deutliche Anklänge an die Kompetenzbestimmung von 1818[90] auf, wodurch offensichtlich klargestellt werden sollte, dass diejenigen Fälle, welche damals den Verwaltungsbehörden zugewiesen worden waren, nun durch die Zivilgerichte zu entscheiden seien. Statt von «Administrativgericht» war nun die Rede von «Administrativsachen», bei denen für den Staat nur noch die Möglichkeit bestand, seine Interessen im Rahmen eines Zivilprozesses zu Gehör zu bringen.[91]

---

[87] Gesetzbuch über das gerichtliche Verfahren in bürgerlichen Rechtssachen für den Kanton Bern vom 31.7.1847.

[88] Art. 2 des Dekrets. Aufgehoben wurden die §§ 17–95 des Gesetzes von 1818, d.h. bestehen blieben nur einzelne Sonderregelungen (Klagen gegen Beamte, Straffälle der Verwaltungspolizei sowie Streitigkeiten zwischen Beamtungen).

[89] § 45 des Gesetzbuchs von 1847 (Anm. 87).

[90] S. oben bei Anm. 31.

[91] Das Interventionsrecht beinhaltete insbesondere ein Akteneinsichts- und Antragsrecht sowie die Befugnis zur Einlegung von Rechtsmitteln (§ 46 des Gesetzbuchs von 1847

4.2 Das Gesetz über das Verfahren in Streitigkeiten über öffentliche Leistungen 1854

In den nächsten Jahren erfolgten etliche besondere Zuständigkeitsregelungen in Einzelgesetzen.[92] Von Bedeutung für die spätere Diskussion waren dabei vor allem Kompetenzzuweisungen für die Beurteilung von Streitigkeiten über Steuer- und Abgabefragen. Im Gesetz über die Vermögens- und Einkommenssteuer 1847 entschied man sich für eine Differenzierung: Einsprachen gegen Grundsteuerschatzungen sollte der Richter entscheiden; Einsprachen gegen Einkommenssteuerschatzungen dagegen eine Administrativbehörde.[93] Als Begründung für die unterschiedliche Behandlung wurde angeführt, dass für die Grundsteuer ein greifbares Objekt bestehe, während bei der Einkommenssteuer kein förmlicher Beweis geführt werden könne.[94] Dies entsprach der Ansicht, die Mittermaier zur Überprüfung von Steuerentscheiden geäussert hatte.[95]

Eine Wiedereinführung der Administrativjustiz[96] bedeutete dann das Gesetz über das Verfahren bei Streitigkeiten über öffentliche Leistungen vom 20. März 1854.[97] Darin wurden alle Streitigkeiten über öffentliche Leistungen dem Regierungsstatthalter bzw. in zweiter Instanz dem Regierungsrat überwiesen.[98] Da als öffentliche Leistungen sowohl Unterhaltspflichten für

---

[Anm. 87]). Keine Zuständigkeit der Zivilgerichte wurde damit allerdings für «reine Verwaltungssachen» begründet, «d.h. in allen Fällen, wo die Staatsverwaltung die Gesetze vollzieht, oder Anstalten und Verfügungen anordnet, welche für die Verwirklichung des Staatszwecks zur Sicherheit des Staats, zur Abwendung von Rechtsstörungen der Bürger und zur Erhaltung der öffentlichen Ordnung nach den Bedürfnissen der bürgerlichen Gesellschaft nothwendig sind, oder getroffene Anordnungen und Verfügungen gegen den widerstrebenden Willen der Einzelnen handhabt, oder die Mittel zur Erfüllung der dem Bürger als Staatsunterthan obliegenden Verpflichtung anwendet» (*Karl Friedrich Rheinwald*, Anmerkungen zum Gesetzbuch über das gerichtliche Verfahren in bürgerlichen Rechtssachen für den Kanton Bern, Bern 1848, S. 88, mit Hinweis auf Mittermaier).

[92] Vgl. die Erwähnungen bei *Vogt* (Anm. 11), S. 156 ff.; *Leuenberger* (Anm. 12), S. 148 ff.

[93] Gesetz über die Vermögens- und Einkommensteuer vom 24.4.1847, §§ 12, 33.

[94] S. *Vogt* (Anm. 11), S. 160 f.

[95] *Mittermaier* (Anm. 70), S. 317.

[96] Vgl. *Leuenberger* (Anm. 12), S. 148; *Vogt* (Anm. 11), S. 143 f., mit jeweils unterschiedlicher Bewertung dieses Vorgangs.

[97] Dieses Gesetz schilderte *Ludwig Kurz* eingehend in seinem Werk «Rechtsfreund für den Kanton Bern, 2. Teil. Das Verwaltungswesen», Zürich 1866, S. 116 ff.

[98] Art. 8, 12 des Gesetzes von 1854.

öffentliche Strassen, Brücken etc. als auch alle Staats- und Gemeindeabgaben galten,[99] waren somit zahlreiche Sachverhalte einer gerichtlichen Beurteilung entzogen, bei denen finanzielle Privatinteressen betroffen waren.[100] Insofern erfolgte eine erhebliche Einschränkung von § 83 der Verfassung von 1846. Bei den Beratungen des Gesetzes von 1854 wurde zur Begründung der Zuständigkeit des Regierungsrates auf § 42 der Verfassung verwiesen.[101] Gegen diese Argumentation erhob sich im Grossen Rat von keiner Seite Widerspruch.[102]

5. Vierte Phase: Vergeblicher Kampf gegen die Administrativjustiz – Die Diskussion in den 1860er Jahren

5.1 Leuenbergers Gesetzentwurf

In der Folgezeit mehrten sich allerdings Stimmen, welche behaupteten, das Gesetz von 1854 entspreche nicht den Intentionen der Verfassung.[103] Damit begann erneut eine Diskussion um die Form der Verwaltungskontrolle. Im Jahre 1866 erörterte zunächst der bernische Juristenverein diese Frage;[104] danach wurde von einigen Mitgliedern des Grossen Rates ein Antrag ein-

---

[99] Art. 19 des Gesetzes von 1854.

[100] In Art. 23 enthielt das Gesetz eine Regelung für Kompetenzstreitigkeiten. Danach sollte, wenn geltend gemacht wurde, dass das Verfahren vor die Gerichte gehöre, der Regierungsrat entscheiden. Falls dieser zu dem Schluss kam, dass die Sache nicht an die Gerichte zu überweisen sei, musste eine Anfrage an das Obergericht erfolgen. Bejahte dieses eine Zuständigkeit der Gerichte, wurde die endgültige Entscheidung gem. § 27 Ziff. II Bst. e der Verfassung dem Grossen Rat übertragen. Diese Regelung wurde von der Praxis ausgedehnt und auch bei Verfahren angewendet, bei denen es nicht um öffentliche Leistungen ging; vgl. *Hermann Kistler,* Abgrenzung zwischen der Zivilprozesssache und der Verwaltungsstreitsache nach kantonalbernischem Rechte, MBVR 4 (1906) S. 145 ff., hier S. 150.

[101] S. Tagblatt des Grossen Rates 1853, S. 361 (Votum des Berichterstatters Blösch).

[102] Auch nicht bei der zweiten Beratung, Tagblatt des Grossen Rates 1854, S. 6 ff.; *Vogt* (Anm. 11), S. 156 f., berichtete, dass zu diesem Zeitpunkt auch die öffentliche Meinung diese Entscheidung positiv bewertete, und erwähnte als Begründung das negative Bild der Advokaten, welche bei Zivilgerichtsverfahren tätig waren.

[103] Vgl. Tagblatt des Grossen Rates 1866, S. 466 (Votum Brunner). Vgl. dagegen den Hinweis von *Vogt* (Anm. 11), S. 143, dass der Text der Verfassung und nicht die Absichten der Verfassungsgeber entscheidend sei.

[104] Vgl. Hinweis in ZBJV 3 (1866) S. 165. Ein Bericht über die Verhandlung erfolgte allerdings nicht in dieser Zeitschrift.

gebracht, welcher einen «Gesetzentwurf betreffend die Beschränkung der Administrativjustiz» enthielt.[105] Ausgearbeitet hatte diesen Entwurf Johann Jakob Leuenberger, der seit 1848 als Professor für vaterländisches Recht an der Universität Bern tätig war.[106] Zusammen mit seinen Freunden Jakob Stämpfli und Niklaus Niggeler hatte Leuenberger die Verfassungsbewegung von 1846 unterstützt.[107] Dementsprechend zielte sein Gesetzentwurf darauf ab, den (vermeintlichen) Grundgedanken dieser Verfassung wieder zur Geltung zu bringen. Als solchen sah er eine grundsätzliche Verurteilung der Administrativjustiz an.[108] Als Motiv des Gesetzentwurfs betonte er in der Präambel, «daß die Administrativjustiz in der Ausdehnung, wie sie durch das Gesetz über das Verfahren in Streitigkeiten über öffentliche Leistungen vom 20. März 1854 und in gleichem Geiste auch durch einige andere Gesetze wieder eingeführt worden, weder mit dem verfassungsmäßigen Grundsatz der Gewaltentrennung, noch mit einer freien und unabhängigen Rechtspflege, noch endlich mit dem Ansehen und den eigenen Interessen der Administration vereinbar ist». Als neue Regelung schlug er vor:

> «Die Administrativjustiz, wie sie bis dahin geübt worden, wird in der Weise beschränkt, daß fortan den Verfügungen der Verwaltungsbehörden in Streitfällen des öffentlichen Rechts, die *zugleich das Mein und Dein, d.h. die Geld- und Vermögensinteressen einzelner Personen* berühren, bloß die Bedeutung einer *provisorischen Verfügung* zukömmt, gegen welche der Betheiligte binnen der Nothfrist

---

[105] Text des Entwurfes im Tagblatt des Grossen Rates 1866, S. 464; abgedruckt auch in ZBJV 3 (1866) S. 165 sowie 5 (1869) S. 137 f.

[106] Leuenbergers Berufung als Professor erregte Aufsehen, da er keine Gymnasialausbildung besass. Insofern entsprach er den radikalen Vorstellungen der Anfangszeit der Berner Universität, welche dazu geführt hatten, dass keine Matura als Voraussetzung für die Aufnahme eines Studiums verlangt wurde. Leuenberger hielt in Bern u.a. Vorlesungen über bernisches Zivilrecht, die auch gedruckt vorliegen. Sein Hauptwerk stellten Teilentwürfe für ein bernisches Zivilgesetzbuch dar. Im Auftrag der Regierung erarbeitete er im Übrigen eine neue Sammlung der kantonalen Gesetze. Zu Leben und Werk vgl. Nachruf von *Niklaus Niggeler*, ZBJV 6 (1871) S. 349 ff.; *Friedrich Haag*, Die Sturm- und Drang-Periode der Bernischen Hochschule 1834–1854, 1914, S. 19, 574; *Richard Feller*, Die Universität Bern 1834–1934, S. 165; *Christoph Zürcher*, Leuenberger, in: HLS, Bd. 7, S. 800.

[107] Vgl. Nachruf auf Leuenberger von *Niggeler* (Anm. 106), S. 350.

[108] Vgl. auch *Leuenberger* (Anm. 12), S. 180 f. Allerdings ging auch Leuenberger davon aus, dass es Fälle der «reinen» Administration gebe. Diese kennzeichnete er dahingehend, dass dort keine streitige Entscheidung erfolge. Gleiches nahm er für «rein staatsrechtliche Streitfälle» an, in denen keine Zivilinteressen berührt würden, a.a.O., S. 213, Beispiele S. 222.

von 6 Monaten, von der Eröffnung des Administrativentscheides an gerechnet, die Berufung auf *gerichtlichen* Entscheid ergreifen kann».[109]

Gegen diesen Entwurf regte sich lebhafter Widerspruch. Massgebliche Ablehnungen erfolgten durch den damaligen Regierungspräsidenten Ludwig Kurz[110] sowie durch Leuenbergers damaligen Kollegen an der Universität Bern Gustav Vogt[111]. Dieser wandte sich zunächst gegen Leuenbergers Präzisierung des aus der Verfassung von 1846 entnommenen Kriteriums «Mein und Dein». Vogt wies darauf hin, dass es zu weit gehe, wenn insoweit auf Geld- oder Vermögens-«Interessen» abgestellt werde. Erfasst würden mit dieser Formulierung u.a. auch die Erteilung von Bewilligungen oder die Auswahl von Bewerbern für die Ausführung öffentlicher Bauvorhaben.[112] Ob Leuenberger an eine solche Ausdehnung der gerichtlichen Kontrollmöglichkeit gedacht hatte, lässt sich seiner Entwurfsbegründung nicht entnehmen. Dort erwähnte er im Wesentlichen nur einen Anwendungsfall, und zwar Steuerfragen.[113] Diese standen auch im Mittelpunkt eines weiteren Gesetzentwurfs, welchen Justizdirektor Paul Migy 1868 vorlegte. Dieser Entwurf ging von den gleichen Grundgedanken wie der Vorschlag von Leuenberger aus; er verwendete nur für die Zuständigkeitsbeschreibung die Enumerationsmethode.[114]

---

[109] § 1 des Entwurfs (Anm. 105).

[110] *Ludwig Kurz,* Vortrag an den Regierungsrath des Kantons Bern über den Anzug betreffend Beschränkung der Administrativjustiz, 1870.

[111] *Vogt* (Anm. 11), S. 137 ff. Gustav Vogt (1829–1901) war nach juristischem Studium in Bern seit 1860 Direktor des eidgenössischen statistischen Büros, bis er 1862 einen Ruf als ordentlicher Professor für Staatsrecht an der Berner Hochschule annahm. 1870 wechselte Vogt an die Universität Zürich, wo er auch als Chefredakteur der NZZ tätig war (vgl. *Max Kummer,* Nachruf auf Vogt, Zeitschrift für schweizerische Statistik 38 [1902] S. 199 f.; kurze Würdigung Vogts bei den Verhandlungen des schweizerischen Juristenvereins 1902, ZSR 43 [1902] S. 601 f.)

[112] *Vogt* (Anm. 11), S. 140 f.

[113] Vgl. die Erwähnung von Steuerfällen bei *Leuenberger* (Anm. 12), S. 178, 182, 215, 217 ff., 222. Die öffentlichen Leistungen, insbes. die Steuern erwähnte auch Brunner als Hauptanwendungsfall des Entwurfs in seinem Vortrag vor dem grossen Rat am 23.11.1866 (Tagblatt des Grossen Rates 1866, S. 465).

[114] ZBJV 5 (1869) S. 247 f. (mit kurzer Anmerkung von *Vogt*). § 1 des Entwurfs lautete: «Die Verwaltungsbehörden entscheiden die Streitigkeiten über die Erhebung und Vertheilung von Staats- und Gemeindeabgabe, direkten als indirekten (wie Grund-, Kapital- und Einkommenssteuer, Militärsteuer, Erbschafts- und Schenkungsabgabe, Gemeindetellen u.s.w.), insofern es sich im Allgemeinen um die Art und Weise handelt, wie solche Lasten getragen werden sollen. Dagegen bleibt es dem Einzelnen, sei er eine physische oder moralische Person, unbenommen, die Frage, ob und in wel-

Während der Einwand gegen den Begriff der «Vermögensinteressen» durch eine redaktionelle Änderung leicht hätte beseitigt werden können,[115] betrafen andere Bedenken die grundsätzliche Konzeption des Entwurfs. Umstritten war vor allem, ob der Vorschlag wirklich dem Grundsatz der Gewaltenteilung entspreche, wie dies Leuenberger in der Präambel indirekt behauptete.[116] Kurz wies darauf hin, dass dieser Grundsatz eine administrative und gerichtliche Entscheidung über dieselbe Sache, wie dies im Entwurf vorgesehen sei, verbiete. Die Zivilgerichte dürften nur privatrechtliche Streitigkeiten entscheiden.[117] Solche lägen jedoch nicht vor, wenn eine Partei das öffentliche Interesse vertrete.[118] Habe der Vertreter des öffentlichen Interesses die Position eines Klägers, handle es sich um eine Verwaltungsstreitigkeit, welche nach § 42 der Verfassung ausschliesslich von Administrativbehörden zu entscheiden sei.[119] Noch sehr viel deutlicher sprach Vogt den kritischen Punkt des Entwurfes an: Die bloss provisorische Wirkung der Entscheidung der Regierung bedeute, dass diese vom Gericht kontrolliert werde.[120] Die Regierung sei damit den Gerichten als höherer Instanz untergeordnet.[121] Auch Vogt sah darin einen Verstoss gegen das Gewaltenteilungsprinzip.[122] Demgegenüber interpretierte Leuenberger dieses Prinzip dahingehend, dass eine Administrativbehörde nicht richterliche Funktionen ausüben dürfe.[123] Seine Argumentation vermochte allerdings ebenso wenig

---

chem Maaße er nach den jeweilen bestehenden Vorschriften pflichtig sei, binnen der Nothfrist von einem Monat [...] dem Appellations- und Kassationshofe zur Beurtheilung vorzulegen, der nach einem kontradiktorischen schriftlichen Verfahren erkennt.» Im folgenden Paragraphen erfolgte eine entsprechende Regelung für Streitigkeiten über den Unterhalt öffentlicher Strassen und Sachen sowie über etliche Polizeisachen.

[115] *Vogt* (Anm. 11), S. 141, schlug vor, statt von Vermögens«interessen» von Vermögens«rechten» zu sprechen.
[116] S. oben vor Anm. 109.
[117] Unter Hinweis auf § 50 der Verfassung und § 1 des Gesetzbuchs über das Verfahren in bürgerlichen Rechtssachen.
[118] *Kurz* (Anm. 110), S. 22.
[119] *Kurz* (Anm. 110), S. 23.
[120] *Vogt* (Anm. 11), S. 139.
[121] Vgl. *Vogt* (Anm. 11), S. 141, 144, 146 («unter Vormundschaft gestellte Administrativgerichtsbarkeit»), S. 247.
[122] *Vogt* (Anm. 11), S. 144.
[123] *Leuenberger* (Anm. 12), S. 175 ff., 183 f. Auf S. 184 billigte er Gerichten sogar eine Kompetenz zur Überprüfung von Verfassungsmässigkeit von Gesetzen zu.

zu überzeugen wie der Hinweis auf die Unabhängigkeit der Rechtspflege.[124] Der Regierungsrat beschloss, auf die Entwürfe von Leuenberger und Migy nicht einzutreten.[125]

5.2 Erste Erwähnungen eigener Verwaltungsgerichtshöfe

In ihren wissenschaftlichen Äusserungen zum Entwurf von 1866 verwiesen sowohl Leuenberger als auch Vogt mehrfach auf aktuelle deutsche Literatur zum Thema Verwaltungskontrolle.[126] Erstaunlicherweise erwähnten jedoch beide ein Werk nicht, obwohl es kurz zuvor veröffentlicht worden war und viel Aufsehen erregt hatte: Otto Bährs 1864 erschienenes Buch «Der Rechtsstaat».[127] Berühmt wurde daraus vor allem die Forderung: «Man schaffe Gerichte des öffentlichen Rechts»[128]. Zu dieser Forderung war Bähr durch Rudolf Gneist[129] angeregt worden, der 1860 auf der Grundlage seiner Untersuchungen zur englischen Selbstverwaltung für Deutschland die Errichtung von «Gerichtshöfen für unser öffentliches Recht» angesprochen hatte.[130] Gneist führte dabei als Argument gegen eine Administrativjustiz an, dass bei Entscheidungen durch die Verwaltung diese Richterin in eigener Sache sei und ihre Unparteilichkeit in Frage stehe.[131] Gegen eine Übertragung der Streitigkeiten an die Zivilgerichte wandte er vor allem ein, dass die deutsche Juristenausbildung – anders als die englische – die Richter nicht in die Lage setze, über Verwaltungsfragen zu entscheiden.[132] Bähr, dessen Hal-

---

[124] Vgl. *Leuenberger* (Anm. 12), S. 177 f. Er nannte diesen Grundsatz «eine der mächtigsten Garantien für die bürgerliche Freiheit und die Sicherheit des Einzelnen gegen staatliche Willkür» und betonte, dass aus diesem Grund niemand Richter in eigener Sache sein dürfe.

[125] Zu den verschiedenen Beschlüssen des Regierungsrates über das Nichteintreten s. *Kurz* (Anm. 110), S. 3 f. Darüber berichtete Kurz auch im Grossen Rat (Tagblatt des Grossen Rates 1870, S. 257; s. auch dort S. 295).

[126] Vgl. *Leuenberger* (Anm. 12), S. 142, 210 ff. (insbes. Verweise auf Bluntschli, Stahl, Gönner, Mittermaier, Rotteck); *Vogt* (Anm. 11), S. 152, 164, 181, 183 (insbes. Verweise auf Gerber).

[127] Vgl. dazu *Birgit Binder,* Otto Bähr (1817–1895), Frankfurt/M. 1983, S. 96 ff.

[128] *Otto Bähr,* Der Rechtsstaat, Kassel u. Göttingen 1864, S. 71.

[129] Zu Gneist vgl. *Erwin Forster,* in: Kleinheyer / Schröder (Anm. 78), S. 161 ff.

[130] *Rudolf Gneist,* Das heutige englische Verfassungs- und Verwaltungsrecht, Teil 2, Berlin 1860, S. 897. Bähr (Anm. 128), S. 71 Anm. 17, wies bei seinen Ausführungen ausdrücklich auf Gneist hin.

[131] *Gneist* (Anm. 130), S. 895 f.

[132] *Gneist* (Anm. 130), S. 897.

tung durch ein starkes Misstrauen gegen die Verwaltung geprägt war,[133] wies zusätzlich darauf hin, dass die Möglichkeit, die Verwaltung selbst einer unabhängigen Rechtsprechung zu unterwerfen, eine «wesentliche Bedingung des Rechtsstaats» darstelle.[134]

Die wichtige Frage, wer die Rechtsprechungsaufgabe in Verwaltungsstreitigkeiten wahrnehmen solle, liessen Bähr und Gneist in erstaunlichem Masse offen. Bähr sympathisierte eigentlich mit einer Zuständigkeit der Zivilgerichte. Er beugte sich jedoch der verbreiteten Ansicht,[135] dass Zivilrichter nicht in der Lage seien, über Verwaltungsangelegenheiten zu urteilen.[136] Allerdings wollte er trotzdem keine vollständige Trennung der Gerichtsbarkeiten vornehmen, sondern zumindest in der obersten Instanz eine Vereinigung bestehen lassen.[137] Für die unteren Instanzen der Gerichte des öffentlichen Rechts verlangte er, dass deren Besetzung nicht allein der Staatsregierung überlassen bleiben dürfe, sondern die Volksvertretung daran mitzuwirken habe.[138]

Die Idee einer eigenen Verwaltungsgerichtsbarkeit wurde auch in der Berner Debatte der 60er Jahre des 19. Jahrhunderts angesprochen. Leuenberger erwähnte sie nebenbei, indem er darauf verwies, dass die Beweisführung der Verteidiger der Administrativjustiz keineswegs auf die Rechtfertigung einer Rechtsprechung durch die Regierung, sondern «nur auf die Nothwendigkeit eigener Verwaltungsgerichte» hinauslaufe.[139] Indem er diese Konzeption nicht weiter vertiefte, distanzierte er sich indirekt von dieser.[140] Etwas deutlicher wurde bereits zu diesem Zeitpunkt Gustav Vogt, der später für die Einrichtung einer Verwaltungsgerichtsbarkeit auf Bundesebene eintrat.[141] Er for-

---

[133] Vgl. *Binder* (Anm. 127), S. 107.

[134] *Bähr* (Anm. 128), S. 54.

[135] Vgl. dazu nur *Gneist* (oben bei Anm. 132) und für Bern Ausführungen von *Vogt* (Anm. 11), S. 150 f.

[136] *Bähr* (Anm. 128), S. 68 f.

[137] *Bähr* (Anm. 128), S. 71.

[138] *Bähr* (Anm. 128), S. 72. Gneist forderte erst später deutlich eine eigene Verwaltungsgerichtsbarkeit, bei der er dann für eine Beteiligung von Laienrichtern eintrat (vgl. *Rudolf Gneist,* Der Rechtsstaat, Berlin 1872, S. 167 ff.).

[139] *Leuenberger* (Anm. 12), S. 213.

[140] Insofern ist die Bemerkung von Blumenstein zu modifizieren, die von einem unleugbaren Einfluss von Bährs Theorie auf Leuenbergers Entwurf spricht (*Blumenstein* [Anm. 10], S. 292 Anm. 2). Unklar blieb Leuenbergers Bemerkung, dass er seinen Vorschlag als «das relativ Beste» erachte (*Leuenberger* [Anm. 12], S. 225). Was aus seiner Sicht die beste Lösung wäre, machte er dabei nicht deutlich.

[141] Vgl. nur *Gustav Vogt,* Ein eidgenössischer Verwaltungsgerichtshof, ZBJV 29 (1893)

mulierte 1866 für Bern den Vorschlag: «Namentlich würde die Frage der Aufstellung eigener Verwaltungsgerichtshöfe und ihre Zusammensetzung [...] zu prüfen sein».[142] Dabei lassen Vogts Anspielungen auf die englischen Richter[143] vermuten, dass er das Werk von Gneist kannte.

Vom Regierungspräsidenten Kurz wurde der Gedanke an besondere Verwaltungsgerichte jedoch entschieden abgelehnt. Er berief sich auf den Wortlaut von § 42 der Verfassung 1846, welcher ausschliesslich dem Regierungsstatthalter und Regierungsrat eine Kompetenz zuweise. Im Übrigen betonte er, dass Verwaltungsgerichte weder zweckmässig noch wünschenswert seien. Durch sie würde der Staatsorganismus noch komplizierter und es entstünden zusätzliche Kosten durch die Entschädigung der Gerichtsmitglieder.[144] Mit dieser Zurückweisung verstummte in Bern der vorsichtig geäusserte Gedanke an ein eigenes Verwaltungsgericht zunächst schnell wieder.

6. Fünfte Phase: Die Ausgestaltung einer eigenen Verwaltungsgerichtsbarkeit – Von der Verfassung 1893 bis zum Gesetz 1909

Die strikte Ablehnung einer eigenen Verwaltungsgerichtsbarkeit Ende der 1860er Jahre zeigte jedoch nur vorübergehend Wirkung. Schon in den 1870er Jahren wurde von verschiedenen politischen Seiten die Errichtung einer eigenen Behörde für Administrativstreitigkeiten verlangt.[145] Anlass dazu gab die generelle Unzufriedenheit mit Regierungsentscheiden über Steuerklagen.[146] Als Hauptargument wurde angeführt, dass der Staat bei

---

S. 494 ff., sowie die Thesen, welche er auf der Versammlung des schweizerischen Juristenvereins 1897 vertrat (ZSR 38 [1897] S. 821 ff.). Vogt war der Lehrer Fleiners (s. ZSR 43 [1902] S. 602), welcher später die Ausgestaltung der schweizerischen Verwaltungsgerichtsbarkeit mit seinen Arbeiten massgebend prägte.

[142] *Vogt* (Anm. 11), S. 163.

[143] *Vogt* (Anm. 11), S. 150 ff. Gleichzeitig wandte er sich gegen die insbesondere in Deutschland geäusserte Ansicht, dass nur Zivilgerichte Schutz gegen staatliche Willkür bieten könnten (S. 151 ff.).

[144] *Kurz* (Anm. 110), S. 51.

[145] Vgl. Bericht über den Vortrag von *Rüfenacht* bei der Sitzung des bernischen Anwaltsverbandes vom 1.7.1902 im Protokoll (Staatsarchiv des Kantons Bern, Sign. BB 3/1.542), S. 2 f.; dort wurden Aktivitäten der Berner Männerhelvetia, des Bernischen Volksvereins, des Grütli- und Arbeitervereins, der Volkspartei sowie des Vereins der Unabhängigen erwähnt.

[146] Vgl. nur Verhandlungen des Verfassungsrathes des Kantons Bern 1883/4, S. 40 f. (Voten Eggli, Brunner, Bühlmann), S. 187 (Votum Sahli); Bericht der zur Vorberatung

solchen Verfahren zugleich Partei und Richter sei.[147] Dieser Stimmung trug
der vom Volk verworfene Verfassungsentwurf von 1884 dadurch Rechnung,
dass Verwaltungsstreitigkeiten «besonderen Verwaltungsgerichten» zur Beurteilung übertragen werden sollten.[148] Den Gedanken nahm dann auch die
Verfassung von 1893 auf. Deren Art. 40 lautete:

> «Er [sc. der Regierungsrat] entscheidet oberinstanzlich alle Verwaltungsstreitig-
> keiten, welche nicht durch das *Gesetz* in die endliche Kompetenz des Regie-
> rungsstatthalters gestellt, oder einem *besondern Verwaltungsgericht* zugewiesen
> werden.
> Durch das Gesetz soll ein besonderes Verwaltungsgericht eingeführt und dessen
> Zuständigkeit bestimmt werden.»

Interessant ist der Blick auf die systematische Stellung dieser Vorschrift.
Sie befand sich im Abschnitt «Regierungsbehörden», während die Regelung über Verwaltungsgerichte in der Verfassung von 1884 für den Abschnitt
«Rechtspflege» vorgesehen gewesen war. Dieser Wechsel deutet auf das
grundsätzliche Problem hin, die Verwaltungsgerichtsbarkeit mit dem Grundsatz der Gewaltenteilung in Einklang zu bringen. Wie erwähnt, war schon
in früheren Phasen gegen gerichtliche Überprüfungen der Verwaltung stets
vorgebracht worden, dass damit die Judikative in den Bereich der Exekutive
eingreife. Mit der Verwaltungsgerichtsbarkeit konnte «wenigstens formal»
der Grundsatz der Gewaltenteilung gewahrt werden, wenn diese Gerichtsbarkeit «mehr als einen Teil der Verwaltung als der Justiz» erschien.[149] In
diesem Sinn machte die Verfassung von 1893 durch die erwähnte Systematik deutlich, dass die Verwaltungsgerichtsbarkeit nicht zur Justiz gehöre.
Dass dieser Punkt auch eine praktische Bedeutung hatte, zeigt sich später
bei den Beratungen des Verwaltungsgerichtsgesetzes. Als zu entscheiden

---

einer Verfassungsrevision ernannten Kommission, Tagblatt des Grossen Rates 1892,
Beilage Nr. 7, S. 22.

[147] Verhandlungen des Verfassungsrathes des Kantons Bern 1883/4, S. 187 (Votum Sahli). Dieses Argument wurde auch in der Folgezeit immer wieder bei den Diskussionen
um die Gestaltung der Verwaltungsgerichtsbarkeit vorgebracht, vgl. nur Tagblatt des
Grossen Rates 1900, S. 472 (Votum Kläy).

[148] Art. 48, Satz 1 des Verfassungsentwurfs 1884. Dieser Artikel war bei den Verhandlungen ohne Bemerkung angenommen worden (vgl. Verhandlungen des Verfassungsrathes des Kantons Bern 1883/4, S. 200). Den Antrag dazu hatte in der Vorberatungskommission Eggli gestellt (s. *Rüfenacht* [Anm. 145], S. 2 mit wörtlichem Zitat).
Milliet nannte daher später Eggli den «geistigen Vater des Verwaltungsgerichts» (Tagblatt des Grossen Rates 1900, S. 474).

[149] *Rüfner* (Anm. 24), S. 911.

war, ob für die Verhandlungen dieses Gerichts der verfassungsmässig fest-
gelegte Öffentlichkeitsgrundsatz zu gelten habe, wurde dies vor allem mit
dem Hinweis abgelehnt, durch die Verfassungssystematik komme klar zum
Ausdruck, dass es sich bei dem Verwaltungsgericht nicht um ein «Gericht»
im Sinne von Art. 50 der Verfassung handle.[150]

Keine Regelung enthielt die Verfassung von 1893 hinsichtlich der Besetzung der Richterstellen. Im Entwurf war noch die Bestimmung vorgesehen
gewesen, dass das Verwaltungsgericht aus Mitgliedern der obersten Regie-
rungs- und Gerichtsbehörden zusammengesetzt sein sollte.[151] Man entschied
sich jedoch bei den Beratungen dafür, auf eine Festlegung der Gerichtsbeset-
zung in der Verfassung zu verzichten[152] und die Frage dem zukünftigen Verwaltungsgerichtsgesetz zu überlassen.[153]

6.1 Erste Entwürfe für ein Verwaltungsgerichtsgesetz

Bern war neben Basel-Stadt der erste Kanton, der sich mit der Einführung
eines Verwaltungsgerichtes beschäftigte. Da die Beratungen in Bern zeitlich vor denen in Basel begannen,[154] konnte man sich bei der Abfassung des
Gesetzes zunächst auf kein unmittelbares Vorbild stützen.[155] Zwischen 1898

---

[150] Tagblatt des Grossen Rates 1900, S. 476 (Votum Grieb); vgl. auch 1901, S. 280 (Votum Kläy).

[151] Tagblatt des Grossen Rates 1893, Beilage Nr. 2, Art. 39. S. auch Tagblatt des Grossen
Rates 1893, S. 40, die Befürwortung dieser Bestimmung durch Eggli und Brunner.

[152] Auch die Verfassung von 1884 hatte nicht die Besetzung des Gerichts bestimmen
wollen. Es war dort nur noch einmal eine Ablehnung der Administrativjustiz vorgesehen gewesen: «Als solche [sc. Verwaltungsgerichte] dürfen nicht bezeichnet werden
die Behörden der administrativen Gewalt» (Art. 48 Satz 2).

[153] Vgl. auch die diesbezügliche Offenheit bei *Bähr* und *Gneist*, oben Ziff. 5.2. Bei den
späteren Beratungen des Verwaltungsgerichtsgesetzes in Bern stand dann die Frage im
Vordergrund, wer die Verwaltungsrichter wählen solle. Etliche Redner setzten sich für
eine Volkswahl ein, da das Gericht über das ganze Land interessierende Streitigkeiten
zwischen Regierung und Volk zu entscheiden hätte (vgl. nur Tagblatt des Grossen Rates
1900, S. 476 f. [Votum Reimann]). Mehrheitlich wurde dann aber entschieden, dass der Grosse Rat die Verwaltungsrichter bestimmen solle (1901, S. 285; 1909, S. 50). Zu weiteren
Diskussionspunkten, wie etwa die Fragen einer juristischen Ausbildung oder der Vereinbarkeit einer Mitgliedschaft am Verwaltungsgericht mit Stellen in der administrativen
oder richterlichen Gewalt, s. Tagblatt des Grossen Rates 1901, S. 282 ff.; 1909, S. 44 ff.

[154] In Basel lag ein erster Entwurf erst 1901 vor (vgl. Hinweis in: «Ratschlag und Entwurf zu einem Gesetz über die Verwaltungsrechtspflege», dem Grossen Rat von Basel
vorgelegt am 8.10.1903, S. 3).

[155] Auf diesen erschwerenden Umstand wies Justizdirektor Kläy öfters hin, vgl. Tagblatt
des Grossen Rates 1900, S. 472; vgl. auch seinen Vortrag, Beilage Nr. 32.

und 1900 wurden in Ausführung von Art. 40 der Verfassung 1893 mehrere Gesetzesentwürfe ausgearbeitet,[156] welche insbesondere bei der Zuständigkeitsregelung differierten.[157] Der vom Regierungsrat und der Grossratskommission im Jahr 1900 vorgelegte Entwurf versuchte, die Kompetenz des Gerichts – ähnlich wie beim Zivil- und Strafverfahren – generell zu umschreiben, wobei man diese Umschreibung durch Beispiele konkretisierte:

> «*Art. 10.* Dem Verwaltungsgericht steht die oberinstanzliche Beurteilung derjenigen *öffentlich-rechtlichen Streitigkeiten* zu, welche nach bisherigen Gesetzen vom Regierungsrat entschieden wurden, sofern bei denselben *vermögensrechtliche Interessen des Staates* oder einer staatlichen Anstalt einerseits und vermögensrechtliche Interessen von Korporationen, Gesellschaften oder Einzelpersonen andererseits in Frage stehen, so dass der *Staat* oder die staatliche Anstalt als *Partei* (Kläger oder Beklagter) beteiligt ist.
> Dahin gehören insbesondere:
> 1. Streitigkeiten über die grundsätzliche Pflicht zur Entrichtung und über den Betrag aller derjenigen öffentlichen Leistungen, welche der Staat oder eine staatliche Anstalt gegenüber Korporationen, Gesellschaften oder Einzelpersonen in Anspruch nimmt und welche für den Staat oder die betreffende staatliche Anstalt ein vermögensrechtliches Interesse darbieten, indem sie zugleich das Mein und Dein des Angesprochenen berühren (Steuerstreitigkeiten u. dgl.);
> 2. Streitigkeiten über vermögensrechtliche Ansprüche aus dem öffentlichen Recht, welche gegen den Staat oder eine staatliche Anstalt geltend gemacht werden (Rückforderung bezahlter Steuern u. dgl.).»

Ergänzt wurde diese Bestimmung durch die Zuweisung eines konkreten Falles sowie durch eine Klausel, welche die Übertragung weiterer Fälle an das Verwaltungsgericht ermöglichen sollte:

> «*Art. 11.* Ausserdem beurteilt das Verwaltungsgericht in oberer Instanz Anstände vermögensrechtlicher Natur, welche aus einem Erlasse des Grossen Rates betreffend die Bildung neuer, die Vereinigung, sowie die Veränderung in der Umschreibung bestehender Gemeinden und Kirchgemeinden entstehen (Art. 63, Absatz 2, Staatsverfassung).
>
> *Art. 12.* Der Grosse Rat kann durch Dekret dem Verwaltungsgericht weitere Arten von öffentlich-rechtlichen Streitigkeiten zur Beurteilung überweisen.»[158]

Im Grossen Rat wurde nach einer längeren Eintretensdebatte beschlossen, diesen Entwurf an die Regierung zurückzuweisen. Dies geschah vor allem deswegen, weil sich in der Diskussion grundlegende Meinungsdifferenzen

---

[156] Staatsarchiv des Kantons Bern, Sign. BB 3 / 1.544.
[157] Vgl. Besprechung einiger Entwürfe bei *Blumenstein* (Anm. 11), S. 364 ff.
[158] Art. 10; Tagblatt des Grossen Rates 1900, Beilage Nr. 32.

im Hinblick auf die Frage gezeigt hatten, ob das Gericht auch für Streitigkeiten über Steuertaxationen zuständig sein sollte.[159] Insbesondere Edmund Wilhelm Milliet sprach sich nachdrücklich dagegen aus.[160] Sein Hauptargument war dabei dasjenige, welches schon Mittermaier verwendet hatte: Ein Gericht solle dann nicht zuständig sein, wenn Gesetze der Verwaltung einen Spielraum gäben, um Zweckmässigkeitsgründe oder Gründe des öffentlichen Interesses zur Geltung kommen zu lassen.[161] Diese Frage betraf nun allerdings den «Kardinalpunkt»[162]. Zum einen waren es vor allem die Steuerschatzungsfälle gewesen, die zur Forderung nach der Errichtung eines Verwaltungsgerichts Anlass gegeben hatten. Zum anderen hing die zu erwartende Arbeitsbelastung des Gerichts in ganz erheblichem Masse davon ab, ob ihm auch die Entscheidung in Steuerstreitigkeiten zugewiesen werden würde.[163] In diesem Zusammenhang unternahm Milliet einen letzten Vorstoss gegen die Errichtung eines Verwaltungsgerichts. Er wies darauf hin, dass es bei Ablehnung einer Zuständigkeit für Steuertaxationsstreitigkeiten eigentlich nicht mehr der Errichtung eines besonderen Gerichts bedürfe, sondern dass die geringe Zahl der übrigen Verfahren dem Obergericht übertragen werden könnte.[164] Dabei entgegnete er auf das Argument, dass die Zivilrichter nicht in der Lage seien, Verwaltungsfragen zu beurteilen: «Dieser Einwand mag für Deutschland volle Geltung haben; für uns Schweizer würde er mich nicht erschrecken, denn unsere Oberrichter leben so sehr in der Luft auch des öffentlichen Rechts, sie sind mit so viel demokratischem Oele gesalbt, dass sie gegebenenfalls sicher den civilistischen Rock ausziehen und einen andern Rock anziehen können, den Rock der Verwaltungsgerichtsbarkeit [...]».[165]

---

[159] Über diese Frage hatten schon bei den Verfassungsberatungen erhebliche Meinungsunterschiede bestanden, vgl. Tagblatt des Grossen Rates 1893, S. 40 f. (entgegengesetzte Voten von Bühlmann und Eggli).
[160] Tagblatt des Grossen Rates 1900, S. 472 ff. (vgl. auch derselbe im Bund 1902, Nr. 310/311 [Vortrag von Milliet gehalten an der Versammlung des freisinnig-demokratischen Pressevereins des Kantons Bern v. 9.11.1902]).
[161] Tagblatt des Grossen Rates 1900, S. 473 (Votum Milliet).
[162] Vgl. Tagblatt des Grossen Rates 1900, S. 476 (Votum Grieb).
[163] Erwähnt wurde für das Jahr 1907, dass etwa 5000 Steuerrekurse eingegangen seien, Tagblatt des Grossen Rates 1909, S. 44 (Votum Kunz).
[164] Justizdirektor Kläy fand diese Überlegungen bedenkenswert.
[165] Tagblatt des Grossen Rates 1900, S. 475. Interessant ist dabei die Verwendung des in dieser Zeit berühmten Bildes vom «demokratischen Öl». Der Dichter Johann Ludwig Uhland hatte 1849 bei den Verfassungsberatungen in der Paulskirche davon gesprochen, dass das staatliche Oberhaupt von Deutschland mit einem vollen Tropfen demokratischen Öles gesalbt sein müsse. Weitere Verwendungen bzw. Abwandlungen in

Nach der Zurückweisung wurde dem Grossen Rat 1901 ein neuer Entwurf für ein Verwaltungsgerichtsgesetz vorgelegt. Dieser regelte die Zuständigkeitsfrage ähnlich wie derjenige von 1900. Man verzichtete diesmal nur auf die Aufzählung von Beispielsfällen und ergänzte stattdessen die allgemeine Beschreibung des früheren ersten Absatzes durch die in Klammern gesetzten Worte «Steuerstreitigkeiten und dergleichen»[166]. Erstaunlicherweise erfolgte bei der Beratung der einzelnen Artikel im Grundsatz keine Diskussion mehr über diese Bestimmung.[167] Der Entwurf wurde in erster Lesung angenommen. Zu einer zweiten Lesung kam es dann jedoch nie. Sie war 1902 verschoben worden, weil man zuvor die Verabschiedung des Gesetzes über die direkten Steuern abwarten wollte.[168] Diese Entscheidung erfolgte auf Antrag der Staatswirtschaftskommission, die zur Motivierung wiederum die Frage der Zuständigkeit des Verwaltungsgerichts für Steuerrekurse in den Vordergrund gestellt hatte. Insbesondere wurde unter Hinweis auf die hohe Zahl solcher Rekursverfahren angemerkt, dass das Verwaltungsgericht – anders als bisher immer geplant – eine ständige Behörde sein müsse, wenn es diese Kompetenz erhalten solle.[169]

6.2 Blumenstein und der endgültige Gesetzestext

Allerdings dauerten die Verhandlungen über das Steuergesetz länger, als man dies 1902 erwartet hatte. Nachdem bis 1908 immer noch kein Steuergesetz vorgelegt worden war, begann man erneut mit Verhandlungen über das Gesetz betreffend die Verwaltungsrechtspflege.[170] Grundlage für diese wurde ein Gutachten, welches die Regierung bei Ernst Blumenstein[171] in Auftrag

---

ein sozialpolitisches oder sozialistisches Öl erfolgten in Deutschland durch Bismark sowie die Juristen Brunner (1888) und Gierke (1889), vgl. dazu *Tilman Repgen,* Die soziale Aufgabe des Privatrechts, Tübingen 2001, S. 4 m.w.N.

[166] Vgl. Abdruck im Tagblatt des Grossen Rates 1901, Beilage Nr. 22.

[167] Tagblatt des Grossen Rates 1901, S. 287 f. (Antrag nur auf Ergänzung des Wortes «Gemeinden» hinter Korporationen).

[168] Tagblatt des Grossen Rates 1902, S. 632.

[169] Tagblatt des Grossen Rates 1902, S. 544 f. Dabei wurde vor allem auf die finanziellen Folgen, wie etwa die Richterbesoldung, hingewiesen. Bis dahin war man stets davon ausgegangen, dass das Verwaltungsgericht keine ständige Institution sein werde (vgl. nur Tagblatt des Grossen Rates 1900, S. 476 [Votum Grieb]).

[170] Tagblatt des Grossen Rates 1908, S. 465 ff.

[171] 1876–1951. Blumenstein war 1907–1947 Ordinarius für Verwaltungsrecht, Schuldbetreibungsrecht, Notariatsrecht und Zivilprozessrecht an der Universität Bern; zur Person s. Nachruf von *R. Kellerhals,* MBVR 49 (1951) S. 257 ff. Das Gutachten von

gegeben hatte. Dieser Jurist prägte dann auch massgeblich die endgültige Gestalt des Gesetzes betreffend die Verwaltungsrechtspflege. Dieses beruhte auf einem Gesetzentwurf, den Blumenstein 1909 auf der Grundlage seines früheren Gutachtens verfertigt hatte.

Für den Gesetzentwurf traf Blumenstein wichtige grundsätzliche Entscheidungen im Hinblick auf die Kompetenz des Verwaltungsgerichts. Er ging davon aus, dass durch dieses Gericht nicht die Justizgewalt der Administrativbehörden vollständig abgeschafft werden solle.[172] Unter Berufung auf den Wortlaut von Art. 40 der Verfassung sowie auf die Verfassungsberatungen kam Blumenstein zum Schluss, dass nicht alle Verwaltungsstreitigkeiten dem neuen Gerichtshof zu übertragen seien. Dieser habe vielmehr nur teilweise die Funktionen der bisherigen Verwaltungsjustizbehörden zu übernehmen.[173] Von zentraler Bedeutung war im Übrigen, dass Blumenstein eine «vollständige Unabhängigkeit» als Grundsatz für das Verhältnis zwischen Gericht und Regierungsrat annahm. Als Folge lehnte er die «Überordnung der einen Behörde im Instanzenzug über die andere» ausdrücklich ab.[174] Das Verwaltungsgericht sollte insbesondere nicht die Kompetenz erhalten, Verwaltungsverfügungen des Regierungsrats zu kontrollieren. Blumenstein bezeichnete eine solche Konzeption, welche in der Zwischenzeit im Gesetz von Basel-Stadt 1905 verwendet worden war, für Bern als «rechtlich und praktisch undurchführbar».[175] So stellte denn auch später Art. 1 des Gesetzes betreffend die Verwaltungsrechtspflege vom 31. Oktober 1909 klar, dass das

---

1908 veröffentlichte Blumenstein in der von ihm gegründeten Monatsschrift für Bernisches Verwaltungsrecht und Notariatswesen. Schon 1901 hatte er sich eingehend mit den Entwürfen für das Verwaltungsgerichtsgesetz auseinandergesetzt (ZBJV 36 [1901] S. 337 ff.).

[172] *Blumenstein* (Anm. 11), S. 372.

[173] *Blumenstein* (Anm. 10), S. 343 f. Blumenstein konnte sich dabei u.a. auf Äusserungen in den Verfassungsdebatten von 1893 stützten, wo in etlichen Beiträgen betont worden war, dass dem Verwaltungsgericht nicht alle Verwaltungsstreitigkeiten übertragen werden sollten, vgl. Tagblatt des Grossen Rates 1893, S. 41 (Voten Brunner, Bühlmann).

[174] *Blumenstein* (Anm. 10), S. 344.

[175] *Blumenstein* (Anm. 10), S. 345; vgl. auch S. 353 f., unter Hinweis auf den Grundsatz der Gewaltenteilung. Im Unterschied dazu lautete § 3 des Gesetzes über die Verwaltungsrechtspflege des Kantons Basel-Stadt vom 9.3.1905: «Gegen Entscheidungen des Regierungsrates über Existenz oder Umfang der im öffentlichen Rechte begründeten vermögensrechtlichen Ansprüche des Staates oder einer Gemeinde, insbesondere betreffend: direkte und indirekte Steuern [...], steht der durch die Entscheidung betroffenen Partei ohne Rücksicht auf den Betrag der Rekurs an das Verwaltungsgericht offen.»

Gericht nur eines von mehreren Organen der Verwaltungsrechtspflege sei. Die Aufgabe des Gerichts sah Blumenstein in der Beurteilung von Streitigkeiten, «in welchen pekuniäre und fiskalische Interessen vorwiegen und deren richterliche Erledigung deshalb im Interesse einer vollständig objektiven Entscheidung den Verwaltungsbehörden, welche ihrerseits für Finanzen und Fiskalverhältnisse des Staates verantwortlich sind, entzogen werden soll».[176] In diesen Fällen solle das Gericht als einzige – und nicht als obere – Instanz urteilen.[177]

Bei der Frage, wie die Kompetenzen des Gerichts im Gesetz festzulegen seien, schlug Blumenstein einen anderen Weg ein als die Entwürfe, die eine generelle Umschreibung versucht hatten,[178] indem er für eine Enumeration eintrat.[179] Diese Gestaltung lag auf der Linie der bisherigen Entwicklung in Bern, wo seit den 40er Jahren des 19. Jahrhunderts Zuständigkeitsfragen vor allem in Spezialgesetzen geregelt worden waren.[180] Gegen die Berner Entwürfe um 1900 brachte Blumenstein vor allem vor, dass eine generelle Klausel zu zahlreichen Kompetenzkonflikten[181] und damit zu grosser Rechtsunsicherheit[182] führen würde. Im Übrigen wies er darauf hin, dass die Entwürfe selber das System der Generalklausel durch die ausdrückliche Erwähnung der Zuständigkeit im Zusammenhang mit der Bildung neuer Gemeinden durchbrächen. Auch die Möglichkeit zukünftiger Kompetenzzuweisungen durch den Grossen Rat lehnte Blumenstein ab, weil dadurch die Zuständigkeit des Gerichts ohne Anhörung des Volkes beliebig verändert werden könnte.[183]

Die von Blumenstein vorgeschlagene Enumeration der Zuständigkeiten des Verwaltungsgerichts wurde im Grossen Rat mit nur kleinen Änderungen akzeptiert.[184] Die Zustimmung war dabei nicht zuletzt durch den Umstand erleichtert worden, dass zu diesem Zeitpunkt der in der Vergangenheit um-

---

[176] *Blumenstein* (Anm. 10), S. 346.
[177] *Blumenstein* (Anm. 10), S. 358 f.
[178] Diese Technik hatten auch das Gesetz von 1818 und Leuenbergers Entwurf verwendet.
[179] Dieser Methode hatte man sich auch in Basel-Stadt beim Gesetz über die Verwaltungsrechtspflege vom 9.3.1905 bedient. Erst bei einer Revision des Gesetzes konnte Fleiner 1928 für Basel eine Generalklausel durchsetzen.
[180] Vgl. oben Ziff. 4; s. auch schon Enumeration beim Entwurf Migy 1868 (Anm. 114).
[181] *Blumenstein* (Anm. 10), S. 348.
[182] *Blumenstein* (Anm. 10), S. 349; *ders.* (Anm. 11), S. 369, 371.
[183] *Blumenstein* (Anm. 10), S. 357.
[184] Vgl. dazu Beratungen, Tagblatt des Grossen Rates 1909, S. 58 ff. Zu den einzelnen Zuständigkeiten s. die Beiträge von *Susanne Genner* und *Benjamin Schindler* (Ziff. 6) in diesem Band.

strittene Punkt der Kompetenz für Steuertaxationen entschärft worden war. Inzwischen lag nämlich ein Steuergesetzentwurf vor, welcher für diese Fragen eine unabhängige kantonale Rekurskommission vorsah.[185] Nachdem auch das Volk dem Gesetz zugestimmt hatte,[186] konnte ein Ausführungsdekret erlassen werden, welches am 1. Januar 1910 in Kraft trat[187] und die Grundlage dafür bildete, dass das Gericht seine Tätigkeit aufnehmen konnte. – Damit endete die Vorgeschichte des Berner Verwaltungsgerichts, welche durch intensive und offene Debatten über die Form der Verwaltungskontrolle geprägt war, die im Rahmen einer grossen europäischen Diskussion zu diesem Thema im 19. Jahrhundert stattfand.

---

[185] Vgl. Hinweis im Tagblatt des Grossen Rates 1909, S. 59 (Votum Kunz), Art. 43 des Entwurfs des Regierungsrates für ein Gesetz über die direkten Staats- und Gemeindesteuern 1907/1908 (Tagblatt des Grosser Rates 1909, Beilage Nr. 1).

[186] Ergebnis der Volksabstimmung im Tagblatt des Grossen Rates 1909, S. 601.

[187] Erlassdatum 2.11.1909 (Tagblatt des Grossen Rates 1909, Beilage Nr. 31).

Das Verwaltungsgericht um 1909 – ein Portrait

*Benjamin Schindler**

1. Einleitung

Das nachfolgende Portrait des Berner Verwaltungsgerichts in seinen Anfangsjahren beruht auf einem Referat, welches anlässlich des Festakts am 6. November 2009 in der Aula der Universität Bern gehalten wurde. Ziel des Vortrags war es, mit wenigen Strichen einen groben Eindruck des Jubilars in seinem ersten Lebensjahr zu vermitteln. Der Charakter einer Skizze wurde auch für diese schriftliche Fassung beibehalten.

2. Kurze Entstehungsgeschichte

Will man die Geschichte der Verwaltungsgerichtsbarkeit stark vereinfachend auf einen Punkt bringen, dann lassen sich *drei Urahnen oder Modelle* unterscheiden, von denen die meisten der heutigen Verwaltungsgerichte abstammen oder beeinflusst wurden.[1] Das erste Modell, das meist mit Frankreich in

---

*   Meinem Mitarbeiter lic. phil. Matthias Ruoss danke ich herzlich für die unentbehrlichen Archivrecherchen.

[1]   Vgl. hierzu den Beitrag von *Sibylle Hofer,* Der lange Weg zum bernischen Verwaltungsgericht, in diesem Band, Ziff. 1.2.

Verbindung gebracht wird, ist dasjenige der Administrativjustiz: Wenn der Bürger sich gegen die Verwaltung wehren will, so muss er die Verwaltung selber anrufen. Administrativjustiz ist also nicht in erster Linie Justiz über die Verwaltung, sondern Justiz durch die Verwaltung. Für Frankreich prägend war das geflügelte Wort, wonach das Urteilen über die Verwaltung noch zur Verwaltungstätigkeit selber gehört (*«juger l'administration, c'est encore administrer»*).[2] Das zweite Urmodell der Verwaltungsgerichtsbarkeit ist das Justizstaats-Modell. Für Streitigkeiten zwischen Bürger und Verwaltung sind die ordentlichen Zivil- und Strafgerichte zuständig. Es ist das Modell, das in den Common Law-Ländern bis heute verbreitet ist und für Deutschland in der ersten Hälfte des 19. Jahrhunderts prägend war. Dahinter steht die Überzeugung, der Staat verdiene keinerlei Vorzugsbehandlung: Er müsse sich, wie jeder andere auch, vor den ordentlichen Gerichten verantworten. Prägend für dieses Modell wurde die Aussage des englischen Juristen Albert Venn Dicey (1835–1922): *The Rule of Law means «equal subjection of all to the ordinary law of the land administered by the ordinary Law Courts.»*[3] Das dritte Modell, das sich in der zweiten Hälfte des 19. Jahrhunderts in den deutschen Staaten und Österreich durchsetzen sollte, ist das Verwaltungsgerichtsmodell: Vom Modell der Administrativjustiz wurde der Gedanke übernommen, wonach Spezialisten die besonderen Fragestellungen bei verwaltungsrechtlichen Streitigkeiten am besten beantworten können. Vom Justizstaatsmodell stammte die Idee einer von der Verwaltung unabhängigen Justiz; denn nur sie garantiert eine glaubwürdige und unparteiische Streitschlichtung zwischen Verwaltung und Bürger. So entstand eine spezialisierte und von den «ordentlichen» Gerichten getrennte, gleichzeitig aber auch von der Verwaltung unabhängige Verwaltungsgerichtsbarkeit.

Für die *Schweiz* war bis 1798, also im Ancien Régime, das Modell der Administrativjustiz der Normalfall, auch wenn es noch nicht diesen Namen trug: Für Verwaltungsrechtsstreitigkeiten war etwa in der alten Stadtrepublik Bern der Kleine Rat zuständig.[4] Dieses Modell der verwaltungsinternen

---

[2] Das Diktum geht auf den Juristen und Politiker Henrion de Pansey (1742–1829) zurück. Vgl. *Thibault Blanchard,* Le partage du contentieux administratif entre le juge civil et le juge administratif: étude de droit vaudois, historique et comparée, Diss. Lausanne 2005, S. 24.

[3] *Albert Venn Dicey,* Introduction to the Study of the Law of the Constitution, London 1902 (Nachdruck 2005), S. 198.

[4] *Hofer* (Anm. 1), Ziff. 1.1. Zur Geschichte der Verwaltungsgerichtsbarkeit in der Schweiz auch *Ruth Herzog,* Auswirkungen auf die Staats- und Verwaltungsrechtspflege in den Kantonen, in: Pierre Tschannen (Hrsg.), Neue Bundesrechtspflege –

Rechtspflege sollte die Schweiz lange prägen und ist auch heute noch bei der erstinstanzlichen Überprüfung von Verwaltungsentscheiden in den Kantonen verbreitet. Ab 1803 entstanden dann in den durch die Mediationsakte neu geschaffenen Kantonen erste «Gerichte für streitige Administrationsfälle», die sich – zumindest teilweise – an französischen Vorbildern orientierten und eine beschränkte Unabhängigkeit genossen. Diesen ersten Versuchen einer Verwaltungsgerichtsbarkeit war aber kein langes Leben beschieden. Dasselbe gilt für die ab 1830 zu beobachtenden Versuche, gewisse Verwaltungsstreitigkeiten den Zivilgerichten zu übertragen. Auch dieses Modell verschwand später weitgehend wieder von der Bildfläche. Erste Verwaltungsgerichte im heutigen Sinn schufen dann die Kantone Wallis (1877)[5] und Basel-Stadt (1905)[6], wobei diese Gerichte personell oder organisatorisch noch nicht ganz von der ordentlichen Gerichtsbarkeit getrennt waren. Das 1909 geschaffene Verwaltungsgericht des Kantons Bern kann daher als erstes unabhängiges und von der ordentlichen Gerichtsbarkeit vollständig getrenntes Verwaltungsgericht der Schweiz bezeichnet werden, das heute noch besteht. Nach Schaffung des Berner Verwaltungsgerichts ruhte die Entwicklung der kantonalen Verwaltungsgerichtsbarkeit für ein halbes Jahrhundert. Erst 1959 sollten zwei weitere Kantone (Zürich und Baselland) ein Verwaltungsgericht erhalten.

Dass der Kanton Bern eine Vorreiterrolle bei der Schaffung der Verwaltungsgerichtsbarkeit übernehmen konnte, dürfte drei Umständen zu verdanken sein: Erstens machte sich im damals flächen- wie bevölkerungsmässig grössten Kanton Bern das Bedürfnis nach Rechtsschutz gegenüber einem stark entwickelten Verwaltungsapparat besonders deutlich. Zweitens fanden sich an der Universität Bern bereits früh engagierte Verfechter der Idee eines

---

Auswirkungen der Revision auf den kantonalen und eidgenössischen Rechtsschutz, Berner Tage für die juristische Praxis BTJP 2006, Bern 2007, S. 43 ff.

[5]   Gesetz vom 1.12.1877 betreffend Organisation und Amtsbefugnisse des Gerichtes über Verwaltungsstreitigkeiten. Die verfassungsrechtliche Grundlage wurde mit Art. 53 der Verfassung vom 26.11.1875 gelegt. Hierzu *Peter Alexander Müller,* Die Verwaltungsrechtspflege im Kanton Wallis, Diss. St. Gallen, Winterthur 1969, S. 11 ff.

[6]   Gesetz vom 9.3.1905 über die Verwaltungsrechtspflege. Da das Verwaltungsgericht dem bestehenden Appellationsgericht eingegliedert wurde, erübrigte sich eine Verfassungsänderung. Eine ausdrückliche Erwähnung der verwaltungsgerichtlichen Kompetenzen dieses Gerichts erfolgte erst 1986 im Rahmen einer Partialrevision von § 49 der Verfassung vom 2.12.1889 (vgl. Botschaft zum Gewährleistungsbeschluss, BBl 1987 II 361 S. 364). Hierzu *Max Schultzenstein,* Das Gesetz über die Verwaltungsrechtspflege für den Kanton Basel-Stadt vom 9. März 1905, Verwaltungsarchiv 14 (1906), S. 141 ff.

unabhängigen Gerichtsschutzes gegen die Verwaltung.[7] Und drittens ist es dem «Vater» der Berner Verwaltungsgerichtsbarkeit, Ernst Blumenstein (1876–1951),[8] gelungen, mit einem pragmatisch ausgerichteten Gesetzesentwurf ideologisch-dogmatische Grabenkämpfe und damit ein Scheitern der Vorlage zu vermeiden.

3. Verfassungsrechtlicher Hintergrund

Die Grundlage zur Schaffung des Berner Verwaltungsgerichts bildete die am 1. Juli 1893 in Kraft getretene Staatsverfassung des Kantons Bern vom 4. Juni 1893. Art. 40 Abs. 2 lautete «Durch das Gesetz soll ein besonderes Verwaltungsgericht eingeführt und dessen Zuständigkeit bestimmt werden.» Aus heutiger Sicht erscheint etwas befremdlich, dass sich diese Bestimmung nicht im Abschnitt über die «Gerichtsbehörden» (Art. 49–62), sondern in demjenigen über die «Regierungsbehörden» (Art. 33–48) findet. Diese Stellung in der Systematik des Verfassungstextes macht indes deutlich, dass Ende des 19. Jahrhunderts im Kanton Bern französisches Gedankengut nachwirkte, wonach die Verwaltungsjustiz staatsrechtlich der Exekutive, und nicht der Judikative, zuzurechnen ist.[9] Es war aber nicht nur der Verfassungstext, der das noch junge Verwaltungsgericht in die Nähe der Regierung rückte – Nähe bestand mit der ersten Wirkungsstätte auch in räumlicher Hinsicht.

4. Erste Wirkungsstätte

Die erste Wirkungsstätte des Berner Verwaltungsgerichts war das Berner Rathaus, also der Sitz des Grossen Rats (Kantonsparlament) und der Kan-

---

[7] Zu erwähnen ist insbesondere *Gustav Vogt* (1829–1901), seit 1862 Ordinarius für Staatsrecht an der Universität Bern (seit 1870 an der Universität Zürich). Vgl. seine Beiträge zur Kritik und Geschichte der Administrativjustiz im Kanton Bern, ZBJV 5 (1869), S. 137 ff.

[8] Blumenstein studierte in Bern und war seit 1907 Professor für Verwaltungsrecht, Steuerrecht, Schuldbetreibungs- und Konkursrecht und Notariatsrecht an der Universität Bern; er gilt als Begründer des schweizerischen Steuerrechts (Schweizerisches Steuerrecht, 2 Bände, Tübingen 1926/1929). Vgl. *Paul Blumenstein* (Hrsg.), Ernst Blumenstein zum Gedächtnis: Ansprachen und Nachrufe, Bern 1952.

[9] Vgl. auch *Hofer* (Anm. 1), Ziff. 6.

tonsregierung.[10] Dass das neu geschaffene Berner Verwaltungsgericht im Rathaus Einzug halten konnte, ist dem Umstand zu verdanken, dass das Obergericht 1909 sein neu erstelltes, repräsentatives Gerichtsgebäude in der vorderen Länggasse bezog.[11] Dadurch wurden die bisher vom Obergericht besetzten Räumlichkeiten im Rathaus für das Verwaltungsgericht frei. Wie aus verschiedenen Abrechnungen hervorgeht, wurden die Räume des Verwaltungsgerichts neu tapeziert, mit neuen Teppichen versehen und neuem Büromobiliar und einer neuen Bibliothek ausgestattet. Hinzu kam eine Schreibmaschine zu 658 Franken und 40 Rappen – 100 Jahre später entspräche dies einem Geldwert von etwa 23 000 Franken.[12] Für die gesamte Ausstattung des Gerichts waren ursprünglich 3 000 Franken vorgesehen gewesen; überschritten wurde dieser budgetierte Betrag um mehr als das Doppelte, nämlich um 3 227 Franken und 95 Rappen.[13] Das Verwaltungsgericht versuchte die Budgetüberschreitung zu entschärfen, indem das neu beschaffte Telefon den Mitgliedern des Grossen Rats während der Session zur Verfügung gestellt und im Weibelzimmer «dementsprechend placiert» wurde.[14]

5.   Erste Richter

Gewählt wurden die Verwaltungsrichter vom Grossen Rat auf eine Amtsdauer von 4 Jahren (Art. 2 Abs. 2 VRPG 09[15]). Wählbar war grundsätzlich jeder im Kanton wohnende, stimmberechtigte (und damit männliche) Schweizerbürger, der das 25. Altersjahr zurückgelegt hatte. Die Mehrzahl der Mitglieder und Ersatzmänner mussten sodann im Besitz eines bernischen Fürsprecher- oder Notariatspatentes sein (Art. 3 Abs. 1 VRPG 09). Faktische

---

[10]   Geschäftsbericht des Verwaltungsgerichtes für das Jahr 1910, S. 10; Berner Intelligenzblatt vom 8.1.1910, S. 2.

[11]   Vgl. zum Neubau des Obergerichts *Markus Thome,* Ein Justizpalast «nach alter Berner Art», in: Obergericht des Kantons Bern (Hrsg.), 100 Jahre bernisches Obergericht in der vorderen Länggasse, 1909–2009, Bern 2009, S. 99 ff.

[12]   Umrechnung gemäss den freundlicherweise erteilten Angaben von Prof. Dr. phil. Christian Pfister, Historisches Institut der Universität Bern.

[13]   Gesuch des Verwaltungsgerichts um Überschreitung des bewilligten Kredits vom 8.7.1910 an die Justizdirektion des Kantons Bern (Archiv des Verwaltungsgerichts des Kantons Bern).

[14]   Vgl. Kreditgesuch (Anm. 13).

[15]   Gesetz vom 31.10.1909 betreffend die Verwaltungsrechtspflege, Amtliche Sammlung der Gesetze, Dekrete und Verordnungen des Kantons Bern. Band II: Erlasse aus der Zeit von 1901–1916, S. 372 ff.

Wählbarkeitsvoraussetzung war zudem die Zugehörigkeit zu einer politischen Partei, da bei der Bestellung des Gerichts auf die politischen Parteien angemessen Rücksicht zu nehmen war (Art. 2 Abs. 3 VRPG 09). Unvereinbar war das Amt des Verwaltungsrichters mit dem Amt eines Regierungsrats, eines Regierungsstatthalters oder einer Beamtung in der Finanzverwaltung bzw. der Mitgliedschaft in einer Steuerkommission (Art. 3 Abs. 2 VRPG 09). Andere kantonale Beamte waren somit wählbar, was jedoch in Anbetracht der eng umschriebenen Zuständigkeit des Gerichts nicht als stossend empfunden wurde. Bemerkenswerter scheint aus Sicht der heute oft strikt durchgeführten personellen Gewaltentrennung die Tatsache, dass ein Drittel der nichtständigen Mitglieder des Verwaltungsgerichts dem Grossen Rat angehören durfte (Art. 3 Abs. 3 VRPG 09).[16] Die Besoldung der ständigen Richter und des Gerichtsschreibers war, verglichen mit den heutigen Gehältern, grosszügig und betrug 8 000 bzw. 5 000–6 000 Franken,[17] was heute einem geschätzten Wert von 281 620 bzw. 176 012–211 215 Franken entspricht. Die nichtständigen Mitglieder bezogen ein Sitzungstaggeld von 20 bzw. 25 Franken (umgerechnet etwa 700 bzw. 880 Franken).[18]

Dem ersten Berner Verwaltungsgericht gehörten ein ständiger Präsident, ein nichtständiger Vizepräsident und sieben nichtständige Mitglieder sowie fünf Ersatzmänner an.[19] Betrachtet man die personelle Zusammensetzung, so sticht ins Auge, dass das Gericht – obwohl fast ausschliesslich aus Juristen rekrutiert – ebenso vielfältig wie prominent besetzt war. Neben dem Sohn eines Friedensnobelpreisträgers[20] gehörten dem Gericht ein amtierender Nationalrat[21], zwei künftige Nationalräte[22], ein künftiger Regierungs-

---

[16] Dem ersten Berner Verwaltungsgericht gehörten mit Joseph[-Auguste] Boinay und Jakob Hadorn zwei Grossräte an. Mit der Wahl von Karl Z'graggen in den Grossen Rat (1910) wurde das zulässige Quorum an Grossräten im Verwaltungsgericht überschritten, was Z'graggen zu seinem Rücktritt als Verwaltungsrichter bewog (vgl. Berner Intelligenzblatt vom 27.9.1910, S. 2).

[17] § 5 des Dekrets vom 17.11.1909 betreffend die Ausführung des Gesetzes über die Verwaltungsrechtspflege.

[18] § 6 Ausführungsdekret (Anm. 17).

[19] Geschäftsbericht des Verwaltungsgerichtes für das Jahr 1910, S. 1.

[20] Ernst (Ernest) Gobat, Sohn von Albert Gobat (1843–1914), der 1902 zusammen mit Élie Ducommun (1833–1906) den Friedensnobelpreis erhalten hatte.

[21] Friedrich Bühlmann, Vizepräsident des Gerichts, von 1876–1919 ununterbrochen Mitglied des Nationalrats, den er im Jahr 1900 präsidierte. Vgl. *Erich Gruner*, Die Schweizerische Bundesversammlung 1848–1920, Bern 1966, S. 149.

[22] Jakob Hadorn, 1919–1928 für die BGB Mitglied des Nationalrats und Emil[e] Ryser, 1914–1922 für die SPS Mitglied des Nationalrats.

rat[23] und ein künftiger Bundesrichter[24] an. Auch politisch deckte das Verwaltungsgericht von seiner Zusammensetzung her ein breites Spektrum ab: Die Mitglieder gehörten unter anderem dem Freisinn[25], der katholisch-konservativen Partei[26] und der Sozialdemokratie[27] an. Am besten repräsentieren wohl die Richter Fritz Bühlmann und Karl Z'graggen die schillernde Vielfalt des Gerichts. Ihre Biographien sollen exemplarisch näher dargestellt werden.

Friedrich Ernst (Fritz) Bühlmann (1848–1936),[28] der erste Vizepräsident des bernischen Verwaltungsgerichts, wurde 1848, im Gründungsjahr der modernen Eidgenossenschaft, geboren. Er wuchs in Grosshöchstetten als Sohn eines Fürsprechers und Notars auf. Nach den Schulen studierte er in Bern, Leipzig, Heidelberg und Paris Rechtswissenschaften. Danach übernahm er die väterliche Kanzlei, widmete sich aber vor allem der Politik und dem Militär. Als Mitglied der Freisinnigen wurde er zuerst Gemeindepräsident, Grossrat und 1876 – also mit erst 28 Jahren – Nationalrat. Dem Nationalrat gehörte er dann bis 1919 – und somit 44 Jahre – ununterbrochen an. Im Jahr 1900 bekleidete er zudem das Amt des Nationalratspräsidenten. Im Militär verlief die Karriere nicht weniger fulminant: 1891 wurde er zum Oberst, 1895 zum Oberstdivisionär und 1902 zum Oberstkorpskommandant befördert. Als solcher kommandierte er bis zur Übernahme seines Mandats als Verwaltungsrichter das vierte Armeekorps. In dieser Funktion war er auch direkter Vorgesetzter des gleichaltrigen Oberstdivisionärs Ulrich Wille (1848–1925), des späteren Generals während des 1. Weltkriegs.[29]

Das Erklimmen der obersten Stufen auf der politischen und militärischen Karriereleiter lässt leicht vergessen, dass Fritz Bühlmann auch ein engagier-

---

[23] Fritz (Friedrich) Volmar, 1920–26 für die BGB Mitglied des Berner Regierungsrats.

[24] Karl Z'graggen, seit 1913 für die SPS Ersatzrichter am Bundesgericht, 1920–1929 Bundesrichter.

[25] Fritz Bühlmann und Fritz Volmar (letzterer wechselte 1919 zur BGB).

[26] Joseph Boinay galt als Anführer der Katholisch-Konservativen im Jura und kämpfte mit Erfolg für den Abbau der Kulturkampfmassnahmen der Berner Regierung.

[27] Karl Z'graggen (1895/96 Präsident der SPS) und Emil Ryser (von 1909–1912 auch Präsident des Schweizerischen Gewerkschaftsbunds SGB).

[28] Die nachfolgenden Ausführungen beruhen weitgehend auf den Lebenserinnerungen Bühlmanns (erschienen in der Berner Zeitschrift für Geschichte und Heimatkunde 1963, S. 89 ff.) und den Angaben von *Hans Sommer,* in: Hans Bührer et al. (Hrsg.), Gemeinde Grosshöchstetten, Grosshöchstetten 1985, S. 81 ff.

[29] *Peter Forster,* Fritz Bühlmann – ein gewaltiges Lebenswerk, in: Thomas Sprecher / René Zeller (Hrsg.), Ostschweizer Korpsgeist. Ereignisse und Erlebnisse im Feldarmeekorps 4, 1891–2003, Zürich 2003, S. 75.

ter Kämpfer für Recht und Gerechtigkeit war, was ihn zum Vizepräsidenten des Verwaltungsgerichts prädestinierte. In seinen Lebenserinnerungen erwähnt er als früheste Kindheitserinnerung die öffentliche Hinrichtung von zwei Raubmördern in Schlosswil. Seither engagierte er sich für die Abschaffung der Todesstrafe mit dem Argument, dass «die Justiz nicht unfehlbar ist und ein unschuldig Gerichteter nicht mehr ins Leben zurückgerufen werden kann».[30] Als Gemeindepräsident setzte er sich mit Erfolg für die Abschaffung der Verdinggemeinde ein, an der armengenössige Kinder als Arbeitskräfte an Meistbietende vergeben wurden. Und als Nationalrat engagierte er sich mit grossem Eifer für das neue Zivilgesetzbuch: Er wirkte in der Expertenkommission, der vorberatenden Parlamentskommission und der Redaktionskommission mit. Daneben erarbeitete er selber das bernische Einführungsgesetz zum ZGB und verfasste ein Handbuch hierzu. Für seine Verdienste um die Vereinheitlichung des Zivilrechts verlieh ihm die Universität Bern im Jahr 1909 die Ehrendoktorwürde. Aber auch im Militär konnte Bühlmann nicht verbergen, dass er ein engagierter Jurist war: Bei der Eidgenössischen Intervention im Tessin von 1890 war er Platzkommandant Luganos. Obwohl seine Truppen von der Tessiner Bevölkerung mit Steinen beworfen wurden, untersagte er den Soldaten, von ihrer Schusswaffe Gebrauch zu machen. Hierfür musste er sich später rechtfertigen. Sein Hauptargument war, dass die Rechtsgrundlagen für den Schusswaffeneinsatz der Armee vollkommen ungenügend seien und dringend ein neues Reglement zum verhältnismässigen Schusswaffeneinsatz auszuarbeiten sei.[31] Nach seinem Rücktritt als Verwaltungsrichter engagierte sich Bühlmann mit grosser Vehemenz für die Errichtung des Schweizerischen Nationalparks und damit einem Pionierprojekt des Schweizer Umweltschutzes. Sein besonderes Verdienst ist es, dass er sich für eine langfristige rechtliche und finanzielle Sicherung des Projekts einsetzte.

Die Biographie *Karl Z'graggens* (1861–1929)[32] scheint auf den ersten Blick ein Gegenentwurf zum Lebenslauf Bühlmanns. Z'graggen war Bürger

---

[30] *Bühlmann,* Lebenserinnerungen (Anm. 28), S. 92
[31] *Fritz Bühlmann,* Das Recht zum Waffengebrauch in der schweizerischen Armee. Separatdruck aus der Schweizerischen Monatsschrift für Offiziere aller Waffen, Frauenfeld 1891. Im angehängten Entwurf für einen Anhang zum Dienstreglement (S. 16) kommt exemplarisch das Verhältnismässigkeitsprinzip zum Ausdruck (Art. 2: «Der Waffengebrauch ist nur dann statthaft, wenn andere Mittel zur Erreichung der in Art. 1 aufgeführten Zwecke nicht ausreichen.»).
[32] Die nachfolgenden Ausführungen beruhen auf *Christoph Zürcher,* Karl Z'graggen, (noch unpubulizierter) Artikel im Historischen Lexikon der Schweiz HLS, und ver-

von Altdorf im Kanton Uri, katholisch und Mitglied der noch jungen sozial-demokratischen Partei, der er während zweier Jahre als Präsident vorstand. Innerhalb der SPS wurde er dem klassenkämpferischen, marxistischen Flügel zugerechnet. Wie Bühlmann war auch er anwaltlich tätig. Dabei vertrat er häufig politische Exilanten, wobei sein wohl bekanntester Klient Wladimir Uljanow (1870–1924) – besser bekannt unter dem Namen Lenin – war. Uljanow besass keine gültigen Ausweispapiere, da diese von der russischen Polizei beschlagnahmt worden waren, er war also in der heutigen Umgangssprache ein «sans papier». Als solcher hätte er zur Erlangung einer Aufenthaltsbewilligung eine Kaution von 1160 Franken (nach heutigem Wert 40 000 Franken) hinterlegen müssen – eine Summe, welche die Uljanows nicht aufbringen konnten.[33] Neben seiner Tätigkeit als Anwalt war Z'graggen schon früh in öffentlichen Ämtern tätig. Mit gerade einmal 31 Jahren wurde er 1892 zum Generalprokurator des Kantons Bern gewählt. 1913 erfolgte die Wahl als nebenamtlicher Bundesrichter, 1915 zum Oberrichter und 1920 zum Bundesrichter.

Als Politiker, Jurist – und Vater – engagierte sich Z'graggen zudem für die Gleichstellung von Frau und Mann. Auslöser dieses Engagements war der Wunsch seiner Tochter Lily (1890–1977)[34], in München Rechtswissenschaften zu studieren. Diesen Wunsch konnte Karl Z'graggen seiner Tochter nicht erfüllen. Dafür gelang ihm, dass seine Tochter als erste Frau zum Berner Fürspecherexamen zugelassen wurde. Die Zeitung «Der Bund» veranlasste dies zu einem Artikel mit der süffisanten Überschrift «Fräulein Fürsprech».[35] Bei seinem Kampf um die Zulassung seiner Tochter zum Fürsprecherexamen berief sich Z'graggen mit Erfolg auf die Umschreibung der bürgerlichen Ehrenfähigkeit, wie sie sich im neuen Einführungsgesetz zum Zivilgesetzbuch des Kantons Bern fand – dem Gesetz also, das sein Verwaltungsgerichtskollege Bühlmann entworfen hatte.

---

schiedenen Nachrufen aus der damaligen Tagespresse (Staatsarchiv Bern [StAB] GEN 2204).

[33] Vollmacht (auf dem vorgedruckten Formular des Bernischen Anwaltsverbands) von Wladimir Uljanow an Karl Z'graggen «zur Vertretung in Sachen Aufenthaltsbewilligung», datiert vom 6.10.1914, und Eingabe von Z'graggen an die Polizeidirektion des Kantons Bern in dieser Angelegenheit, datiert vom gleichen Tag (StAB BB 4.1 941 Nr. 3636). Vgl. auch *Willi Gautschi,* Lenin als Emigrant in der Schweiz, Bern 1973, S. 98 f.

[34] Zu Lily Oesch-Z'graggen vgl. *Franziska Rogger,* Der Doktorhut im Besenschrank. Das abenteuerliche Leben der ersten Studentinnen – am Beispiel der Universität Bern, 2. Aufl. Bern 2002, S. 118 ff.

[35] «Der Bund» vom 27. Oktober 1913, S. 3.

Damit kreuzen sich die Wege von Bühlmann und Z'graggen wieder und es werden neben allen Unterschieden auch interessante Gemeinsamkeiten deutlich. Bühlmann und Z'graggen studierten beide in Bern und Leipzig; beide absolvierten sie ihr Praktikum bei demselben Fürsprecher Sahli in Bern. Beide engagierten sich für Anliegen, die aus heutiger Sicht selbstverständlich erscheinen, damals aber erkämpft werden mussten: für die Abschaffung der Todesstrafe, für die Abschaffung der Verdingung von Kindern, für die Gleichstellung von Frau und Mann, für ein einheitliches Zivilrecht und für den Umweltschutz.

Das erste Berner Verwaltungsgericht wurde somit von politisch engagierten, starken Persönlichkeiten geprägt. Begünstigt wurde dies sicher durch eine – verglichen mit dem deutschsprachigen Ausland – stark «politisierte» Richterwahl. Anders als in den deutschen Staaten oder in Österreich wurde das Gericht daher nicht von ehemaligen Beamten bürgerlicher Herkunft dominiert.[36] Vergleicht man die Zusammensetzung mit anderen – oft als Laiengerichten ausgestalteten – kantonalen Verwaltungsgerichten, sticht ins Auge, dass das Berner Verwaltungsgericht von Beginn weg ein praktisch ausschliesslich mit Juristen besetztes Gericht war.

6. Zuständigkeit des Gerichts

Die Diskussion um die Einführung der Verwaltungsgerichtsbarkeit war im deutschsprachigen Raum – und insbesondere auch in der Schweiz – stark von der Frage geprägt, wie weit ein unabhängiges Gericht Entscheidungen der Verwaltung überprüfen darf und soll. Im deutschsprachigen Raum kristallisierten sich zwei Modelle der Kompetenzumschreibung heraus. In Österreich (1875), Württemberg (1876) und Sachsen (1900) wurde den Verwaltungsgerichten mittels *Generalklausel* eine praktisch alle Verwaltungsentscheidungen umfassende Prüfungszuständigkeit übertragen, wobei die Verwaltungsgerichte meist nur eine Rechts- und keine Ermessensprüfung vornehmen durften.[37] Die meisten anderen deutschen Staaten, allen voran Preussen (1875), beschritten einen anderen Weg. Die Kompetenzen der Verwaltungsgerichte wurden einzeln nach Sachgebieten aufgezählt *(Enumerationsmethode)*, eine strikte Trennung nach Rechts- und Ermessensfragen erfolgte

---

[36] Zur personellen Zusammensetzung insb. in den süddeutschen Staaten vgl. *Gernot Sydow,* Die Verwaltungsgerichtsbarkeit des ausgehenden 19. Jahrhunderts. Eine Quellenstudie zu Baden, Württemberg und Bayern, Diss. Freiburg i. Br. 2000, S. 114 ff.

[37] Vgl. *Sydow* (Anm. 36), S. 87 ff.

nicht.[38] In der Schweiz engagierte sich vor allem Fritz Fleiner (1867–1937) für die Generalklausel, ja er stilisierte ihre Einführung geradezu zur «Lebensfrage»[39] der Verwaltungsgerichtsbarkeit. Die Verfasser des bernischen VRPG von 1909 kannten diese Diskussion zweifelsohne.[40] Die Kompetenzfrage wurde aber nicht zur Lebensfrage über Sein oder Nichtsein der Verwaltungsgerichtsbarkeit erhoben; vielmehr wurde pragmatisch danach gefragt, in welchen Bereichen ein besonderes Rechtschutzbedürfnis der Bürger besteht. Das mit der Einführung der Verwaltungsgerichtsbarkeit verfolgte Ziel war weniger, eine umfassend zuständige Kontrollinstanz über die gesamte Verwaltung als vielmehr – in Ergänzung zum Rechtsmittel der staatsrechtlichen Beschwerde ans Bundesgericht – eine unabhängige Steuerjustiz zu schaffen.[41] Dass das Verwaltungsgericht damit nicht zur umfassend zuständigen Kontrollinstanz, sondern eher zu einem spezialisierten Steuergericht wurde, mag man als zögerlichen ersten Schritt betrachten. Durch diesen ersten, noch kleinen Schritt gelang es dem Kanton Bern aber früher als anderen Kantonen, ein unabhängiges Verwaltungsgericht zu schaffen. Damit war eine grundlegende Hürde überwunden und der Weg frei für einen sukzessiven Ausbau der verwaltungsgerichtlichen Zuständigkeit.

7. Schluss

Gegen Ende des 19. Jahrhunderts entstanden in zahlreichen Staaten des deutschsprachigen Raums unabhängige Verwaltungsgerichte. Die Schaffung

---

[38] *Sydow* (Anm. 36), S. 225–229. Eingehend zur Rechtslage in Preussen *Martin Ibler,* Rechtspflegender Rechtsschutz im Verwaltungsrecht. Zur Kontrolldichte bei wertenden Behördenentscheidungen – vom Preussischen Oberverwaltungsgericht bis zum modernen Gerichtsschutz im Prüfungsrecht, Habil. Göttingen 1998, Tübingen 1999, S. 202 ff.

[39] Gutachten *Fleiner* vom 8.11.1918, abgedruckt in: Eidgenössische Verwaltungs- und Disziplinargerichtsbarkeit, II. Band, Gesetzgebungsmaterialien 1917/1918, Bern o.J., S. 125, 127.

[40] Vgl. die Hinweise bei *Hofer* (Anm. 1), Ziff. 3.3 und 3.4. Dass Ernst Blumenstein die im 19. Jahrhundert geführten Diskussionen um die Entstehung der Verwaltungsgerichtsbarkeit genau kannte, belegen auch seine Ausführungen in *Ernst Blumenstein,* Der rechtsstaatliche Ausbau der schweizerischen Demokratien. Rektoratsrede gehalten bei der 95. Stiftungsfeier der Universität Bern am 23.11.1929, Bern 1930, S. 13 ff.

[41] *Blumenstein* (Anm. 40), S. 15. Vgl. auch die Nachweise bei *Michel Daum,* Die bernische Verwaltungsrechtspflege im Jahr 2009 – Ein Rück- und Ausblick, in diesem Band, Ziff. 2.1, und *Hofer* (Anm. 1), Ziff. 6.2.

des Berner Verwaltungsgerichts ist Teil dieser Entwicklung. Das Grundmodell eines spezialisierten, von der ordentlichen Gerichtsbarkeit aber getrennten Verwaltungsgerichts entspricht deutschen Vorbildern. Betrachtet man indes die anfänglich noch bestehende staatsrechtliche Zuordnung zur Exekutive, so werden auch französische Einflüsse deutlich. Dennoch wäre es kaum richtig, im Berner Verwaltungsgericht eine blosse Kopie ausländischer Vorbilder zu erblicken. Zu den Eigentümlichkeiten des Berner Verwaltungsgerichts gehört einerseits die Besetzung der Richterbank mit starken, juristisch qualifizierten und politisch engagierten Persönlichkeiten. In scheinbarem Gegensatz zur prominenten Besetzung des Gerichts steht die zurückhaltende und pragmatisch ausgerichtete Umschreibung der ersten gerichtlichen Zuständigkeitsordnung. Aus der zeitlichen Distanz von 100 Jahren scheint aber gerade diese Kombination möglicherweise der Schlüssel zum Erfolg gewesen zu sein. Einer rechtlich geschulten und politisch sensibilisierten Richterschaft gelang es, sich Respekt und Ansehen zu schaffen und damit die Grundlage für einen weiteren Ausbau der verwaltungsgerichtlichen Zuständigkeitsordnung zu schaffen.

Zuständigkeitsfragen in den Anfängen der bernischen Verwaltungsgerichtsbarkeit

Susanne Genner

1. Absichten des Gesetzgebers

Der Erlass des Gesetzes vom 31. Oktober 1909 betreffend die Verwaltungsrechtspflege (nachfolgend: VRPG 09) ist das Ergebnis einer Justizreform, welche durch Art. 40 der Staatsverfassung des Kantons Bern vom 4. Juni 1893 (nachfolgend: Staatsverfassung 1893) eingeleitet worden war.[1] Die Schaffung eines neuen Gerichts wirft als Erstes die Frage nach dessen sachlicher Zuständigkeit auf. Während Fragen der funktionellen Zuständigkeit und der Kognition eher die Fachleute beschäftigen, spiegeln sich in der Beantwortung der Frage «Welche Materien sollen der Überprüfung durch das Verwaltungsgericht unterliegen?» die Erwartungen der Gesellschaft an die

---

[1] Zum verfassungsrechtlichen Hintergrund des VRPG 09 sowie zu dessen Vorarbeiten vgl. den Beitrag von *Sibylle Hofer* in diesem Band.

Justizreform. Zwar partizipierte nicht die gesamte Gesellschaft am demokratischen Prozess. Aber die Zuständigkeitsregelung gibt Aufschluss über den Umfang, in dem der Gesetzgeber bereit war, das Reformvorhaben umzusetzen.

Jede Justizreform verfolgt einen Zweck, welcher entsprechend dem Bestand der Rechtslage und der Art des politischen Umfelds unterschiedlich definiert wird. Daher wandeln sich die Anforderungen an eine Justizordnung im Lauf der Zeit: Während bei den jüngsten Justizreformen in Bund und Kantonen um das Jahr 2000 die Verwirklichung der Rechtsweggarantie im Zentrum stand, stellte sich die Problematik des Rechtsschutzes zu Beginn des 20. Jahrhunderts um einiges elementarer dar. Gemäss den Mitgliedern der Sachverständigenkommission des Grossen Rates bestand das Hauptanliegen des neuen Gesetzes in der Schaffung eines geregelten Verwaltungsprozesses, der bis anhin gefehlt habe. Das Gesetz vom 20. März 1854 betreffend das Verfahren in Streitigkeiten über öffentliche Leistungen (nachfolgend: Verfahrensgesetz 1854) habe nur den Anspruch des Staates an den Bürger geregelt, nicht aber den Fall, dass dieser eine Leistung anspreche.[2] Und der Redaktor des Entwurfs zum VRPG 09, Ernst Blumenstein, begründete die Notwendigkeit eines Verwaltungsgerichts folgendermassen:

> «Seit den Beratungen der Verfassung von 1831 bis zu denjenigen über den Gesetzesentwurf betreffend Einführung eines Verwaltungsgerichtes ist man stets von dem nämlichen Gesichtspunkte ausgegangen: Der Wahrung vermögensrechtlicher Interessen des Bürgers gegenüber dem Staate.»[3]

Der Grosse Rat stiess in der Gesetzesbotschaft ins gleiche Horn:

> «In allen Debatten betreffend Einführung eines Verwaltungsgerichts ist immer wieder der gleiche Ausgangspunkt zu konstatieren: Wahrung der vermögensrechtlichen Interessen des Bürgers gegenüber dem Staat und Schaffung einer von den Fiskalinteressen des Staates unabhängigen Instanz zur Entscheidung von Streitigkeiten, bei welchen der Staat als solcher finanziell beteiligt ist.»[4]

Mit Blick auf die prozessualen Aspekte des Gesetzesprojekts äusserte sich der Grosse Rat ebenfalls dahingehend, dass «unsere gesamte Administra-

---

[2] Protokoll vom 30. Oktober 1908 über die Verhandlungen der Sachverständigenkommission des Grossen Rates für die Beratung des Entwurfes zu einem Gesetz über die Verwaltungsrechtspflege, S. 2, StAB BB 3.1.545.

[3] *Ernst Blumenstein,* Die Grundlagen einer Neugestaltung der bernischen Verwaltungsrechtspflege, MBVR 1908 S. 289 ff. (Teil 1) und 337 ff. (Teil 2), S. 293.

[4] Botschaft des Grossen Rates des Kantons Bern an das Bernervolk zur Volksabstimmung vom 31. Oktober 1909, S. 2.

tivprozessgesetzgebung in hohem Grade mangelhaft und revisionsbedürftig» sei.[5]

Die zitierten Stellungnahmen zeigen, inwiefern um die Wende zum 20. Jahrhundert die geltende Verwaltungsrechtsordnung als defizitär empfunden wurde: Einerseits wurde «der Verwaltungsprozess» als nicht hinreichend geregelt kritisiert.[6] Andererseits wurde der Hauptzweck des neuen Gerichts darin gesehen, vermögensrechtliche Streitigkeiten zwischen Staat und Privatperson – womit in erster Linie Steuerstreitigkeiten gemeint waren – der internen Verwaltungsjustiz zu entziehen und einer gerichtlichen Überprüfung zuzuführen. Die beiden Ziele stehen an den entgegengesetzten Polen einer «Abstraktheitsskala»: Die grundsätzliche Regelung des Verwaltungsprozesses setzt voraus, dass die gemeinsamen Merkmale der zu regelnden Gegenstände benannt sind, denn nur so kann eine abstrakte Verfahrensregelung formuliert werden. Heute wissen wir, dass Verwaltungsverfahren und Verwaltungsprozess in jener Zeit noch nicht paradigmatisch erfasst waren, sondern als konkrete Einzelfälle in die jeweiligen Sachgesetze Eingang gefunden hatten. Der Anspruch, den Verwaltungsprozess generellabstrakt zu regeln, und das Ansinnen, hauptsächlich Steuerstreitigkeiten zum Gegenstand der neuen Verwaltungsgerichtsbarkeit zu machen, stehen offensichtlich in einem Spannungsfeld zueinander. Im Folgenden wird gezeigt, wie Gesetzgeber und Verwaltungsgericht mit diesem Gegensatz umgegangen sind.

2. Zuständigkeit und Kognition des Verwaltungsgerichts

Dass die Zuständigkeit des VRPG 09 als eine beschränkte konzipiert war, war in Art. 40 Abs. 1 Staatsverfassung 1893 vorgezeichnet: «Er [sc. der Regierungsrat] entscheidet oberinstanzlich alle Verwaltungsstreitigkeiten, welche nicht durch das Gesetz in die endliche Kompetenz des Regierungsstatthalters gestellt, oder einem besondern Verwaltungsgericht zugewiesen werden.»[7] Die Kompetenz des Regierungsrates sollte also – zumindest hinsichtlich der Anzahl Materien – die Regel, jene des Verwaltungsgerichts die

---

[5]   Botschaft (Anm. 4), S. 3.

[6]   Immerhin aber sah das Verfahrensgesetz 1854 einen Instanzenzug vom Staats- oder Gemeindebeamten (Art. 1) über den Regierungsstatthalter als eine Art «Beschwerdeinstanz von Amtes wegen» (Art. 11) bis zum Regierungsrat (Art. 12) vor.

[7]   Zur «Nebenrolle» des Verwaltungsgerichts vgl. auch Ziff. 2.1 des Beitrags von *Michel Daum* in diesem Band.

Ausnahme darstellen. Welche Streitigkeiten aber sollten nun dem «besondern Verwaltungsgericht» zugewiesen werden? Ernst Blumenstein wies eindringlich auf die Schwierigkeit hin, die Zuständigkeit des neuen Gerichts zu bestimmen.[8] Auch in der Sachverständigenkommission wurde die Frage der Zuständigkeit als «der schwierigste Punkt im Gesetz» bezeichnet, über den im Grossen Rat bis anhin keine Einigung erzielt worden sei.[9]

Bevor die zentrale Frage der sachlichen Zuständigkeit diskutiert wird, ist auf die funktionelle Zuständigkeit des Verwaltungsgerichts einzugehen.

2.1 Funktionelle Zuständigkeit

Der Begriff der funktionellen Zuständigkeit kommt in den juristischen Abhandlungen an der Wende zum 20. Jahrhundert nicht vor. Funktionelle Zuständigkeit kann es nur geben, wenn den Behörden durch ein generell-abstraktes System, losgelöst von individualisierenden Merkmalen, Funktionen zugewiesen werden. Ein solches System besteht heute im Grundsatz der Anfechtbarkeit von Verwaltungsverfügungen[10] in Verbindung mit dem Prinzip der Gewaltenteilung. Diese Eckpfeiler des modernen Verwaltungsstaates waren jedoch gerade erst im Entstehen begriffen und daher dogmatisch noch nicht verankert.

Gemäss Art. 1 Abs. 1 VRPG 09 wurde die Verwaltungsrechtspflege ausgeübt durch 1. den Regierungsrat; 2. seine Direktionen; 3. die Regierungsstatthalter; 4. die gesetzlich hierzu vorgesehenen Spezialkommissionen; 5. das Verwaltungsgericht. Zusätzlich nennt Art. 1 Abs. 2 VRPG 09 den Grossen Rat als Rechtspflegeorgan, welches die ihm durch die Verfassung zugewiesenen Funktionen der Verwaltungsrechtspflege wahrnimmt. Zu erwähnen ist in diesem Zusammenhang Art. 26 Ziff. 16 Staatsverfassung 1893, welcher dem Grossen Rat den «Entscheid über Kompetenzstreitigkeiten zwischen den obersten Verwaltungs- und Gerichtsbehörden» überträgt. Ebenfalls dem Grossen Rat oblag gemäss Art. 26 Ziff. 3 Staatsverfassung 1893 die «authentische Auslegung von Gesetzen und Dekreten». Diese «Authentische Interpretation» fand bis ins 20. Jahrhundert hinein noch An-

---

[8] *Blumenstein* (Anm. 3), S. 294.
[9] Protokoll (Anm. 2), S. 4.
[10] Kanton Bern: Art. 60 Abs. 1 Bst. a und Art. 74 Abs. 1 des Gesetzes vom 23. Mai 1989 über die Verwaltungsrechtspflege (VRPG; BSG 155.21); Bund: Art. 44 des Gesetzes vom 20. Dezember 1968 über das Verwaltungsverfahren (VwVG; SR 172.021).

wendung.[11] So wie die Zivilgerichte ein entsprechendes Diktum des Grossen Rates zu akzeptieren hatten, war auch dem Verwaltungsgericht im Grundsatz nicht die integrale Freiheit der Rechtsprechung übertragen.

In den parlamentarischen Beratungen zum VRPG 09 wurde die funktionelle Zuständigkeit des Verwaltungsgerichts in dem Sinn thematisiert, dass dieses nicht anstelle des Regierungsrates, sondern neben Letzterem bestehen solle.[12] Der Regierungsrat sollte also nicht Vorinstanz des Verwaltungsgerichts sein. Auch Blumenstein vertrat diese Meinung:

> «Der Regierungsrat soll nach wie vor im Kreise seiner sachlichen Kompetenz als Verwaltungsjustizbehörde funktionieren, das Verwaltungsgericht dagegen im Umfang der seinigen. Eine Überordnung der einen Behörde im Instanzenzug über die andere ist nicht beabsichtigt. Man will […] der Entscheidungskompetenz des Regierungsrates gewisse Streitsachen entziehen; man will jedoch nicht die von ihm im Rahmen seiner Zuständigkeit gefällten Administrativurteile der oberinstanzlichen Überprüfung durch das Verwaltungsgericht unterwerfen.»[13]

Zur Frage, ob das Verwaltungsgericht die ihm zugewiesenen Streitigkeiten als einzige oder als obere Instanz, nämlich als Nachinstanz des Regierungsstatthalters, beurteilen solle, äusserte er sich folgendermassen:

> «[…] erscheint es aber als gegeben, wenn man die einschlagenden Fälle doch nun einmal der Kognition der Administrativbehörden entziehen will, dies in vollem Umfange zu tun. Und endlich könnte man auf die vorgeschlagene Weise das ganze Verfahren in erheblichem Masse vereinfachen und verkürzen. […] Es empfiehlt sich deshalb, das Verwaltungsgericht über die ihm zugewiesenen Fälle als einzige Instanz urteilen zu lassen.»[14]

In Anbetracht dieser dezidierten Stellungnahme erscheint der in der Sachverständigenkommission einhellig vertretene Standpunkt, das Verwaltungsgericht solle nicht Rekursinstanz, sondern einzige Instanz sein, kaum überraschend. Der Grundsatz wurde in der Grossratskommission bestätigt und die Anregung eines Parlamentariers, die Regierungsstatthalter sollten als Vorin-

---

[11] Vgl. etwa den Beschluss des Grossen Rates vom 22. Dezember 1853 betreffend die authentische Interpretation des § 18 des Konkordats über die Gewähr der Viehhauptmängel und den Beschluss des Grossen Rates vom 20. Mai 1915 betreffend authentische Interpretation des § 5 des Gesetzes vom 4. Mai 1879 betreffend Abänderung des Gesetzes vom 2. Mai 1864 über die Erbschafts- und Schenkungssteuer.

[12] Vgl. Protokoll (Anm. 2), S. 5, StAB BB 3.1.545.

[13] *Blumenstein* (Anm. 3), S. 344.

[14] *Blumenstein* (Anm. 3), S. 358 f.

stanzen des Verwaltungsgerichts fungieren, wurde abgelehnt.[15] Die Auffassung des Grossen Rates, das Gericht solle als einzige Instanz entscheiden, wurde in der schliesslich verabschiedeten Fassung des Gesetzes allerdings auf eine kleine Anzahl Materien beschränkt, während für die Einkommenssteuerstreitigkeiten ein zweistufiger Instanzenzug vorgesehen wurde.

Die Struktur des die Zuständigkeit des Verwaltungsgerichts umschreibenden Art. 11 VRPG 09 ist nicht ohne Weiteres klar (vgl. den Gesetzeswortlaut in Ziff. 2.2 hiernach). Bezogen auf die funktionelle Zuständigkeit des Verwaltungsgerichts enthält die Bestimmung zwei Teile: Der erste Teil regelt die Zuständigkeit als einzige kantonale Instanz; der zweite Teil die Zuständigkeit als Beschwerdeinstanz.[16] Die Bestimmung wird jedoch eingeleitet mit dem Satz «Das Verwaltungsgericht beurteilt als einzige kantonale Instanz» und ist in sechs Ziffern gegliedert. In diesen sind – mit Ausnahme von Art. 11 Ziff. 6 Abs. 2 VRPG 09 – diejenigen Fälle normiert, welche durch das Verwaltungsgericht als einzige kantonale Instanz zu entscheiden waren. Die Rechtshängigkeit dieser Fälle wurde somit durch eine Klage bewirkt, wobei sich die Legitimation teilweise aus dem Normtext ergibt. Die Parallelität zum Zivilprozess ist unübersehbar mit Blick auf die Tatsache, dass in Bezug auf die genannten Streitfälle kein vorinstanzlicher Entscheid vorausgesetzt wird.

Eine andersartige Verfahrensordnung statuiert Art. 11 Ziff. 6 Abs. 2 VRPG 09. In Einkommenssteuersachen hatte das Verwaltungsgericht auf Kantonsebene nicht als einzige Instanz, sondern als zweite Beschwerdeinstanz zu entscheiden: Vorinstanz war die kantonale Steuerrekurskommission, verfügende Behörde die Steuerverwaltung. Beschwerdebefugt waren die steuerpflichtige Person und die Steuerverwaltung. Art. 11 Ziff. 6 Abs. 2 VRPG 09 beschreibt als einzige Bestimmung des Verwaltungsrechtspflege-

---

[15] Protokoll der Grossratskommission für die Beratung des Gesetzes-Entwurfes betreffend die Verwaltungsrechtspflege, Sitzung vom 26. Januar 1909, S. 15, StAB BB 3.1.545.

[16] Dieser Logik zufolge wäre Art. 11 VRPG 09 als Ganzes in zwei Absätze zu unterteilen, wobei das Element «das Verwaltungsgericht beurteilt als einzige kantonale Instanz» als Abs. 1, das Element «entscheidet das Verwaltungsgericht [...] über Beschwerden eines Steuerpflichtigen oder der Steuerverwaltung» als Abs. 2 zu lesen wäre. Der Gesetzgeber unterteilte jedoch Art. 11 Ziff. 6 VRPG 09 in zwei Absätze, indem er die «Einkommenssteuersachen» als Spezialfall der «Streitigkeiten über öffentliche Leistungen an den Staat oder an Gemeinden» gemäss Art. 11 Ziff. 6 Abs. 1 VRPG 09 betrachtete. Vgl. auch *Ernst Blumenstein,* Die Neuordnung des Rekursverfahrens im bernischen Einkommensteuerrecht, MBVR 1910 S. 241 ff. (Teil 1) und 289 ff. (Teil 2), S. 303.

gesetzes einen zweistufigen Instanzenzug. Dass diese «Perfektion» gerade im Einkommenssteuerrecht auftrat, dürfte auf die Unzufriedenheit mit der verwaltungsinternen Steuerjustiz zurückzuführen sein. Deren Unzulänglichkeit war einer der zentralen Gründe für die Schaffung der kantonalen Rekurskommission als erste Beschwerdeinstanz (anstelle der Finanzdirektion) und des Verwaltungsgerichts als zweite Beschwerdeinstanz gewesen.[17]

Zusammenfassend wird deutlich, dass die funktionelle Zuständigkeit im Sinn des heute üblichen Instanzenzugs – von der Verwaltungsbehörde als verfügender Instanz über die erste (gerichtliche oder verwaltungsinterne) bis zur oberen, im Normalfall gerichtlichen Beschwerdeinstanz – noch nicht etabliert war. Dies hängt damit zusammen, dass das Misstrauen gegenüber den unteren Verwaltungsbehörden relativ gross war. Diesen wurde zuweilen vorgeworfen, sie fühlten sich nicht dem Gesetz, sondern den faktischen Gegebenheiten verpflichtet.[18] Eine «moderne» Justizordnung wie diejenige des VRPG 09 war daher bestrebt, den unteren Verwaltungsbehörden die wichtigen Materien von vornherein zu entziehen. Das Gesetz spricht zwar von «Anständen» oder «Streitigkeiten», setzt aber diesbezüglich kein bestehendes Rechtsverhältnis zwischen den Parteien voraus. Die Funktion des Gerichts als Klageinstanz erhellt, dass der Instanzenzug nicht einheitlich, d. h. ausgehend vom nichtstreitigen Verwaltungsverfahren und dessen Abschluss mittels Verfügung, beschrieben werden konnte. So musste die funktionelle Zuständigkeit des Gerichts verschwommen bleiben. Die Frage der Abgrenzung zwischen Regierungsrat und Verwaltungsgericht wurde weniger in der Funktion der beiden Behörden gesehen als vielmehr im Bedürfnis, den Regierungsrat von Entscheidungen zu entbinden, die er als Oberbehörde selbst zu verantworten hatte. Gemeint waren in erster Linie Entscheide, an deren Ausgang die Verwaltung ein finanzielles Interesse hatte. Blumenstein spricht von einer

> «Tendenz [...], die neue Gerichtsinstanz nicht sowohl als Kontrollinstanz der allgemeinen Verwaltung zu bezeichnen, als ihr vielmehr in erster Linie die Beurteilung von Streitigkeiten zu überweisen, in welchen pekuniäre und fiskalische Interessen vorwiegen und deren richterliche Erledigung deshalb im Interesse einer vollständig objektiven Entscheidung den Verwaltungsbehörden, welche ihrerseits für Finanzen und Fiskalverhältnisse des Staates verantwortlich sind, entzogen werden soll.»[19]

---

[17] Zur Neuordnung des Steuerrekursverfahrens vgl. *Blumenstein* (Anm. 16), S. 241 ff.

[18] Zum Thema «Misstrauen in die Fähigkeit der Verwaltung, Recht zu üben» vgl. *Paul Speiser,* Die Verwaltungsrechtspflege in den Kantonen, ZSR 1889 S. 539 ff., S. 546 f.

[19] *Blumenstein* (Anm. 3), S. 346.

Auch gemäss Gesetzesbotschaft entsprach es den

> «Erwartungen, welche im allgemeinen auf die Tätigkeit des Verwaltungsgerich-
> tes gesetzt werden, dass man das letztere in allen denjenigen Streitigkeiten zum
> Richter setzt, in welchen sich finanzielle Interessen des Staates einerseits und
> solche von Gemeinden, Korporationen und Privaten andererseits gegen-
> überstehen.»[20]

So wurde die funktionelle Zuständigkeit nach dem Schema «Streitsache x
gehört vor das Verwaltungsgericht» mit der sachlichen Zuständigkeit begründet. Dieses Vorgehen ist damit zu erklären, dass Gerichte – zumindest
in den Augen des Verfassungs- und Gesetzgebers – traditionell ein hohes
Prestige genossen. Zuweilen waren den Zivilgerichten Konflikte zwischen
Staat und Privatperson zur Entscheidung in erster Instanz übertragen, denen
nach Meinung des Gesetzgebers besondere Wichtigkeit zukam. So lautete
§ 20 des Gesetzes vom 7. November 1849 über das Gewerbswesen: «Die
Zurückziehung eines ertheilten Berufs- oder Gewerbepatentes oder eines
Gewerbscheines kann einzig durch richterlichen Spruch geschehen.» Und
Art. 16 Abs. 1 der Staatsverfassung 1893 statuierte: «Kein Beamter und
Angestellter kann von seinem Amte anders als durch richterliches Urteil
entsetzt oder entfernt werden.» Diese Tradition lebte in der Klage an das
Verwaltungsgericht fort. Es ist daher kaum möglich, dessen funktionelle und
sachliche Zuständigkeit zu trennen. Wenn es hier trotzdem versucht wurde,
dann im Wissen, dass die Unterscheidung im Bewusstsein der Gesetzesre-
daktoren nicht existiert hat.

2.2 Sachliche Zuständigkeit

Zu Beginn der Gesetzgebungsarbeiten war geplant, die sachliche Zuständigkeit des Verwaltungsgerichts mit einer Generalklausel zu umschreiben:

> «Dem Verwaltungsgericht steht die oberinstanzliche Beurteilung derjenigen öf-
> fentlichrechtlichen Streitigkeiten zu, bei welchen vermögensrechtliche Interes-
> sen des Staates oder einer staatlichen Anstalt einerseits und vermögensrechtliche
> Interessen von Gemeinden, Korporationen oder Einzelpersonen andererseits in
> Frage stehen, so dass der Staat oder die staatliche Anstalt als Partei (Kläger oder
> Beklagter) beteiligt ist (Steuerstreitigkeiten und dergl.).»[21]

Die Bestimmung fand keinen Eingang in den Gesetzestext, obwohl der
Grundsatz, dass Streitigkeiten, an denen der Staat mit einem finanziellen

---

[20] Botschaft (Anm. 4), S. 6.
[21] Entwurf des Grossen Rates des Kantons Bern vom 3. Oktober 1901, Art. 10.

Interesse beteiligt sei, vor das Verwaltungsgericht (und nicht vor den Regierungsrat) gehörten, nie bestritten wurde. Wohl unter dem Einfluss Blumensteins, der zahlreiche Gründe gegen das System der Generalklausel anführte, entschied man sich schliesslich für die Enumerationsmethode. Blumenstein wies darauf hin, dass das System der Generalklausel sowohl durch die Verfassung als auch durch bestehende Gesetzesvorschriften durchbrochen würde. Zudem würde die Einführung der Generalklausel eine Reihe schwierig zu lösender Kompetenzfragen und als Folge davon zahlreiche Kompetenzkonflikte nach sich ziehen. Der grösste Nachteil aber bestehe in der Unsicherheit des rechtsuchenden Publikums und der Behörden darüber, was vor das Verwaltungsgericht gebracht werden könne und was nicht.[22]

Das System der Generalklausel (auch mit Ausnahmekatalog) ist dann sinnvoll, wenn dem Gericht eine umfassende sachliche Zuständigkeit zuerkannt werden soll. Gerade dies aber entsprach wie erwähnt nicht dem politischen Willen. Insofern war Blumensteins Empfehlung der Enumerationsmethode sachgerecht.

In Art. 11 VRPG 09 wird die sachliche Zuständigkeit des Verwaltungsgerichts wie folgt umschrieben:

«Das Verwaltungsgericht beurteilt als einzige kantonale Instanz

1. Anstände vermögensrechtlicher Natur, welche sich ergeben aus der Bildung neuer, der Vereinigung, sowie der Veränderung in der Umschreibung bestehender Gemeinden und Kirchgemeinden (Art. 63, Al. 2, der Staatsverfassung);

2. Streitigkeiten aus Art. 31 und 32 des Gesetzes vom 26. Mai 1907 über die Nutzbarmachung der Wasserkräfte;

3. Streitigkeiten und Einsprachen öffentlich-rechtlicher Natur, welche sich anlässlich der Erteilung oder Ausübung einer Bergwerkkonzession erheben (Bergwerkgesetz vom 2. März 1853, § 16);

4. Streitigkeiten zwischen Staat und Gemeinden betreffend die Unterstützungspflicht in Fällen der auswärtigen Armenpflege. Derartige Streitigkeiten sind durch Klage der Armendirektion gegen die Gemeinden einzuleiten (Gesetz vom 28. November 1897 über das Armen- und Niederlassungswesen, § 57);

5. Streitigkeiten betreffend Entschädigungsansprüche gegenüber Staat und Gemeinden gemäss Art. 6, Al. 4, des Gesetzes vom 10. Juni 1906 betreffend die Strassenpolizei;

6. Streitigkeiten über öffentliche Leistungen an den Staat oder an Gemeinden und die den letztern durch bestimmte Gesetzesvorschriften gleichgestellten

---

[22] *Blumenstein* (Anm. 3), S. 347 ff.

Korporationen, wie Schwellengenossenschaften etc., gleichgültig, ob es sich dabei um Einforderung der geschuldeten Leistung durch das Gemeinwesen oder um Rückforderung einer ganz oder teilweise nicht geschuldeten Leistung durch den Leistenden handelt.

In Einkommenssteuersachen entscheidet das Verwaltungsgericht nur dann über Beschwerden eines Steuerpflichtigen oder der Steuerverwaltung gegen einen Entscheid der kantonalen Rekurskommission, wenn es sich um Verletzung oder willkürliche Anwendung einer bestimmten Vorschrift des Steuergesetzes oder der zugehörigen Dekrete und Verordnungen handelt (Art. 42 hiernach). Erklärt das Verwaltungsgericht eine solche Beschwerde als begründet, so trifft es auch zugleich an Stelle der Rekurskommission den Entscheid über die betreffende Steuereinsprache.»

Als «öffentliche Leistungen» im Sinn von Art. 11 Ziff. 6 VRPG 09 waren gemäss Art. 12 «ohne Rücksicht auf ihren Inhalt und auf die Person des Verpflichteten alle Verpflichtungen zu betrachten, deren Grund im öffentlichen Recht und nicht etwa in privatrechtlichen Titeln oder Gesetzesvorschriften dieser Art beruht.»

Art. 11 VRPG 09 statuiert also die sachliche Zuständigkeit des Verwaltungsgerichts zunächst in fünf abschliessend aufgezählten Rechtsgebieten. Sodann wird in einer Teilgeneralklausel die Zuständigkeit in Streitigkeiten über öffentliche Leistungen an den Staat oder an Gemeinden bzw. deren Rückforderung genannt, wovon die Einkommenssteuersachen eine konkrete Materie bilden.[23] Gemäss den Gesetzesmaterialien waren es genau jene «Streitigkeiten über öffentliche Leistungen», um derentwillen das Gesetz erlassen worden war. Daher stellt sich die Frage, ob Art. 11 Ziff. 6 VRPG 09 die Erwartungen erfüllt hat, und wie sich die in Art. 12 VRPG 09 enthaltene Legaldefinition des Begriffs «öffentliche Leistungen» ausgewirkt hat.

Im ersten Tätigkeitsjahr (1910) fällte das Verwaltungsgericht insgesamt 9 Urteile als einzige Instanz und (noch) keine Urteile als Beschwerdeinstanz, wobei auf die 9 Urteile auf Klage hin 2 Nichteintretensentscheide fielen.[24] Im folgenden Jahr (1911) ergingen 19 Urteile auf Klage hin und 25 Beschwerdeentscheide; in 5 Klagefällen wurden Nichteintretensentscheide mangels Kompetenz gefällt.[25] Kann in dieser relativ hohen Quote ein Indiz für eine unklare Zuständigkeitsordnung gesehen werden? Diese Frage ist anhand einiger Nichteintretensentscheide zu vertiefen.

---

[23] Vgl. Art. 11 Ziff. 6 VRPG 09.
[24] Vgl. Geschäftsbericht des Verwaltungsgerichts für das Jahr 1910.
[25] Vgl. Geschäftsbericht des Verwaltungsgerichts für das Jahr 1911.

2.2.1 «*Streitigkeiten über öffentliche Leistungen an den Staat oder an Gemeinden*»

Im Urteil des Verwaltungsgerichts vom 6. Juni 1910[26] i.S. Einwohnergemeinde Biel gegen Bieler Immobiliargesellschaft AG wurde erkannt, der einer Gemeindewasserversorgung aufgrund eines Abonnementsvertrags geschuldete Wasserzins stelle keine öffentliche Leistung dar. Streitigkeiten über derartige Forderungen seien daher nicht durch das Verwaltungsgericht, sondern durch die Zivilgerichte zu beurteilen. Demgemäss trat das Gericht auf die Klage der Einwohnergemeinde Biel mangels Zuständigkeit nicht ein.

Dem Urteil lag folgender Sachverhalt zugrunde: In einem am 1. Januar 1905 geschlossenen Abonnementsvertrag verpflichtete sich die Bieler Immobiliargesellschaft AG (Beklagte) zur Abnahme von Wasser aus der städtischen Wasserleitung «gemäss den Bestimmungen des Reglements für die Wasserversorgung der Stadt Biel vom 10. März 1905». Gemäss Art. 6 und Art. 13 des Reglements wurde für jedes zu versorgende Grundstück ein jährliches Normalquantum bestimmt und zu einem festen Preis berechnet; der über das Normalquantum hinausgehende Mehrverbrauch wurde nach Angabe des Wassermessers ermittelt und pro Kubikmeter in Rechnung gestellt. Für einen Mehrverbrauch an Wasser liess die Einwohnergemeinde Biel (Klägerin) insgesamt drei Mal Rechnung stellen im Gesamtbetrag von Fr. 127.50. Die Bieler Immobiliargesellschaft AG verweigerte die Zahlung. Ein am 12. März 1910 vor dem Regierungsstatthalteramt Biel abgehaltener Aussöhnungsversuch wurde für fruchtlos erklärt und die Einwohnergemeinde Biel stellte mit Klage vom 17. April 1910 das Rechtsbegehren, die Bieler Immobiliargesellschaft AG sei zu verurteilen, der Einwohnergemeinde Biel für bezogenes Mehrwasser Fr. 127.50 zu bezahlen nebst Verzugszins zu 5 % seit dem 15. Juni 1909.

Das Verwaltungsgericht begründete den Nichteintretensentscheid im Wesentlichen damit, das streitige Rechtsverhältnis gründe im Privatrecht, auch wenn die Wasserversorgung der Klägerin als öffentliche Anstalt dazu bestimmt sei, den allgemeinen Interessen zu dienen. Die Auffassung der Klägerin, das Reglement für die Wasserversorgung der Stadt Biel vom 10. März 1905 wirke *unmittelbar*[27] gegenüber den einzelnen Wasserabnehmern, sei mit der Klagebegründung nicht vereinbar, indem die Klägerin sich auf den Vertrag als Basis für das gestellte Rechtsbegehren berufe. Hätte die

---

[26] MBVR 1910 S. 325 ff.
[27] Hervorhebung im Original.

Klägerin das streitige Rechtsverhältnis als dem öffentlichen Rechte angehörend darstellen wollen, so hätte sie auch als rechtliche Grundlage des Klageanspruchs das Reglement als *öffentlich-rechtlichen Gemeindeerlass*[28] anführen müssen. Für das Verhältnis des Abonnenten zur Wasserversorgung seien gemäss Art. 5 des Abonnementsvertrags die Bestimmungen des Reglements für die Wasserversorgung vom 10. März 1905 massgeblich. Der die Wasserversorgung benutzende Abonnent habe somit zu den einzelnen Bestimmungen des Vertrags nichts zu sagen, sondern könne nur abschliessen oder nicht. Allein dies komme in gleicher Weise auch bei Versicherungsverträgen, Bankdarlehen, Bahntransporten usw. vor. Demzufolge sei festzuhalten, dass das streitige Rechtsverhältnis seine Begründung in dem zwischen der Klägerin und der Beklagten am 1. Januar 1905 abgeschlossenen Abonnementsvertrag, also auf dem Boden des Zivilrechts habe. Damit sei das Forum der Zivilgerichte zuständig für die Beurteilung des klägerischen Anspruchs.

Das Verwaltungsgericht kommt zum Schluss, der Rechtsstreit sei zivilrechtlicher Art, weshalb gemäss Art. 12 VRPG 09 die Zuständigkeit des Verwaltungsgerichts nicht gegeben sei. Art. 12 VRPG 09 lautet:

> «Als öffentliche Leistungen im Sinne des Art. 11, Ziffer 6, hiervor sind, ohne Rücksicht auf ihren Inhalt und auf die Person des Verpflichteten, alle Verpflichtungen zu betrachten, deren Grund im öffentlichen Recht und nicht etwa in privatrechtlichen Titeln oder Gesetzesvorschriften dieser Art beruht.»

Zwar stellt das Gericht nicht in Abrede, dass die Einwohnergemeinde Biel als Gemeindebehörde in Erfüllung einer öffentlichen Aufgabe an dem streitigen Rechtsverhältnis beteiligt ist. Dessen Entstehung sieht das Gericht jedoch in der vertraglichen Vereinbarung vom 1. Januar 1905 begründet. Das Element der Verbindlichkeit und Erzwingbarkeit werde durch den (privatrechtlichen) Vertrag gewährleistet. Denn nur so könne der Abonnent auf Erfüllung bzw. auf Schadenersatz bei Nichterfüllung klagen.

Durch die Dominanz des Vertrags wird das öffentliche Recht, im vorliegenden Fall in Gestalt des Reglements für die Wasserversorgung vom 10. März 1905, zum dispositiven Recht: Die Parteien – wobei die Behörde der tonangebende Teil war, wie das Gericht unumwunden einräumt – erklären sich mit der Geltung des Reglements einverstanden. Dieses erhält somit die Funktion von Allgemeinen Geschäftsbedingungen, welche der Abonnent gleich einem Versicherungs- oder Darlehensnehmer zu akzeptieren hat.

---

[28] Hervorhebung im Original.

Mit der starken Präsenz der Vertragslehre und der Ausblendung der Behördeneigenschaft des dem Gemeinwesen angehörigen Vertragspartners hängt die Verteilung der Parteirollen zusammen. Die Einwohnergemeinde Biel vermag ihren Anspruch auf Bezahlung des bezogenen Mehrwassers nicht durchzusetzen, weil sie keine Verfügungsbefugnis hat; sie ist auf den Klageweg verwiesen. Die beiden Parteien erscheinen als ebenbürtige Gegenspielerinnen, deren eine gegen die andere eine Geldforderung hat. Die Qualifizierung eines Rechtsverhältnisses als öffentlich-rechtliches oder privatrechtliches erfolgt somit ohne Rücksicht auf die Frage, ob an dem betreffenden Rechtsverhältnis eine Behörde in Ausübung öffentlicher Aufgaben beteiligt ist. Ein möglicher Weg aus diesem Dilemma besteht in der Einsicht, dass «öffentliche Leistungen an den Staat oder an Gemeinden» gemäss Art. 11 Ziff. 6 VRPG 09 per definitionem ein öffentlich-rechtliches Verhältnis voraussetzen und Art. 12 VRPG 09 daher mit Blick auf die gesetzgeberischen Absichten wenig Sinn macht.

2.2.2 «Streitigkeiten zwischen Staat und Gemeinden betreffend die Unterstützungspflicht in Fällen der auswärtigen Armenpflege»

Im Urteil des Verwaltungsgerichts vom 3. April 1911 i.S. Graber[29] erkannte dieses sinngemäss, es sei funktionell unzuständig. Gegen einen Etatentscheid des Regierungsstatthalters sei ein Rekurs an das Verwaltungsgericht auch dann nicht gegeben, wenn es sich um eine Etataufnahme zu Lasten der auswärtigen Armenpflege handle. Gemäss Art. 11 VRPG 09 sei das Verwaltungsgericht nur zuständig als *einzige Instanz*.[30] Dagegen könne die Armendirektion gegen die beteiligte Gemeinde vor dem Verwaltungsgericht Klage erheben, um die Unterstützungspflicht der Gemeinde feststellen zu lassen. Die (ausserhalb des Kantons Bern gelegene) Gemeinde B. hatte verfügt, dass eine unterstützungsbedürftige Person zu Lasten der auswärtigen Armenpflege des Staates (also des Kantons) auf den Armenetat aufgenommen werde. Die Etataufnahme hatte nicht die Unterstützungspflicht der Gemeinde B., sondern des Kantons zur Folge, da gemäss § 57 des Gesetzes vom 28. November 1897 über das Armen- und Niederlassungswesen (nachfolgend: Armen- und Niederlassungsgesetz 1897) auswärtige Unterstützungsberechtigte nach Ablauf von 2 Jahren dem staatlichen Etat für die auswärtige Armenpflege zufallen. Obwohl der Kanton durch die Verfügung der Gemeinde

---

29 MBVR 1911 S. 275 f.
30 Hervorhebung im Original.

B. direkt betroffen war, war der Regierungsstatthalter auf den Rekurs der Armendirektion gegen diese Verfügung nicht eingetreten, weil § 105 Abs. 3 des Armen- und Niederlassungsgesetzes 1897 im Fall der Aufnahme oder Nichtaufnahme auf den Etat ein Rekursrecht nur für die beteiligten Gemeinden vorsieht, wobei der unterliegenden Partei wiederum der Rekurs an die Armendirektion zusteht. Demgemäss verneinte auch das Verwaltungsgericht seine Zuständigkeit in dieser Angelegenheit, nachdem das Regierungsstatthalteramt den Rekurs zuständigkeitshalber an das Verwaltungsgericht überwiesen hatte.

Dieses Urteil zeigt die Inkohärenz zwischen den Zuständigkeitsnormen des VRPG 09 und den bereits in Kraft stehenden Verfahrensregeln der Sachgesetze: § 105 Abs. 3 des Armen- und Niederlassungsgesetzes 1897 gibt den betroffenen Gemeinden für den Fall der Aufnahme oder Nichtaufnahme auf den Etat (welche die Unterstützungspflicht des Gemeinwesens zur Folge hat) ein Beschwerderecht an den Regierungsstatthalter. Fällt die Unterstützungspflicht dem Kanton zu, muss dieser im Verfahren nach Art. 11 Ziff. 4 VRPG 09 gegen diejenige Gemeinde klagen, die seiner Ansicht nach unterstützungspflichtig ist. Das Verwaltungsgericht erklärt in den Urteilserwägungen § 105 des Armen- und Niederlassungsgesetzes 1897 insoweit als aufgehoben, als dieser Art. 11 Ziff. 4 VRPG 09 widerspreche. Die Problematik liegt jedoch weniger in einem Widerspruch zwischen den beiden Bestimmungen, die je ein Verfahren regeln, als vielmehr darin, dass für die gleiche Rechtsfrage («Welches Gemeinwesen wird unterstützungspflichtig?») zwei verschiedene Verfahren zur Anwendung kommen, je nach Legitimation der Parteien.

2.2.3 «Streitigkeiten aus Art. 31 und 32 des Gesetzes vom 26. Mai 1907 über die Nutzbarmachung der Wasserkräfte»

Mit Urteil vom 3. April 1911 i.S. Grunder c. Einwohnergemeinde Schwadernau[31] trat das Verwaltungsgericht auf eine Schadenersatzklage einer Privatperson gegen eine Gemeinde nicht ein mit der Begründung, die Beklagte habe den Schaden als Privateigentümerin verursacht. Der Schaden bestand in einer Überschwemmung, welche nach Angaben des Klägers aufgrund geschlossener Schleusen am Einfluss des Schwadernaukanals entstanden war. Das Gericht erwog, der Kanal gehöre der Beklagten; diese aber habe die Konzession für die Nutzung der Wasserkraft im Jahr 1886 veräussert. Somit stelle die Stauung des Wassers im Kanal keine Handlung der Beklagten als

---

[31] MBVR 1911 S. 316 ff.

Konzessionärin, sondern die Ausübung des Privateigentums dar, indem die beklagte Gemeinde gar keine Konzession besitze. Richte die Einwohnergemeinde Schwadernau in Ausübung ihres Privateigentums Schaden an, könne sie nur als Eigentümerin auf der Grundlage des Zivilgesetzbuchs ins Recht gefasst werden. Auch die Eventualbegründung des Klägers, die Beklagte hafte aufgrund von § 24 des Gesetzes vom 3. April 1857 über den Unterhalt und die Korrektion der Gewässer und die Austrocknung von Möösern und anderen Ländereien, liess das Gericht nicht gelten, da nach dieser Bestimmung die Gemeinde nur dem Staat gegenüber für die Erfüllung der Schwellen- und Dammpflicht hafte. Auch nach Art. 11 Ziff. 6 Abs. 1 VRPG 09 könnten nur Leistungen an den Staat oder an eine Gemeinde eingeklagt werden; im vorliegenden Fall aber werde eine Leistung an eine Privatperson eingeklagt.

Dieses Urteil offenbart wiederum die Dominanz des Zivilrechts in jener Zeit sowie gewisse Erwartungen, welche das Verwaltungsrechtspflegegesetz nicht erfüllen konnte. Denn Art. 11 Ziff. 4 VRPG 09 regelt einen anderen Gegenstand als vom Kläger vermutet: Streitigkeiten betreffend die Nutzbarmachung der Wasserkräfte schliessen keine Haftungsansprüche ein. Art. 31 des Gesetzes vom 26. Mai 1907 betreffend die Nutzbarmachung der Wasserkräfte handelt von «Streitigkeiten und Einsprachen betreffend die Projektierung und Konzessionierung von Wasserwerkanlagen an öffentlichen Gewässern oder die Ausnützung von konzedierten Wasserkräften». Diese seien durch die Administrativbehörden zu entscheiden, sofern sich die geltend gemachten Ansprüche nicht auf privatrechtliche Titel oder Gesetzesvorschriften dieser Art stützten.

Eine allfällige Haftung des Gemeinwesens gegenüber Privatpersonen war somit in der vorliegend in Frage kommenden Materie nicht als öffentlich-rechtliches Verhältnis konzipiert, so dass entsprechende Ansprüche auf den Zivilprozessweg verwiesen wurden.

2.3 Kognition

Um die Wende zum 20. Jahrhundert war der Begriff «Kognition» in der Bedeutung «Überprüfungsbefugnis» nicht etabliert. In der Literatur jener Zeit wird er zuweilen gleichbedeutend mit «sachliche Zuständigkeit» verwendet.[32] Die Frage der zulässigen Klage- bzw. Beschwerdegründe wird im Gesetz nicht explizit behandelt; dem Gericht oblag einfach die Behandlung

---

[32] So *Blumenstein* (Anm. 3), S. 359 f. (Passage zitiert in Ziff. 2.1); ebenso *Ernst Rosenbusch,* Ein Verwaltungsgericht im Kanton Zürich, Zürich 1929, S. 7.

der in den aufgezählten Rechtsgebieten genannten «Streitigkeiten». Wie verhielt es sich nun, wenn der Streit sich um eine Ermessensfrage drehte? In der Literatur gibt es zur Frage der Kognitionsbeschränkung in Bezug auf das bernische Verwaltungsgericht nur wenige Äusserungen. Grossrat Milliet stellte in einem Vortrag[33] sinngemäss die Beschränkung der Kognition des Verwaltungsgerichts auf Rechtsfragen als letzte Bastion der Gegner der Verwaltungsgerichtsbarkeit überhaupt dar:

> «Immerhin darf die grundsätzliche Gegnerschaft noch soweit Beachtung finden, dass man es bei der Feststellung der Zuständigkeit des Verwaltungsgerichts unterlässt, demselben über den Entscheid von reinen Rechtsverhältnissen hinaus auch noch Fragen zum Austrage zu überbinden, die in hohem Masse durch Zweckmässigkeitsgründe, durch Motive des öffentlichen Interesses beherrscht sind.»

Auch hier wird die Kognitionsfrage unter dem Stichwort der Zuständigkeit abgehandelt. Noch deutlicher wird das Zusammenfallen von Zuständigkeit und Kognition bei dem bereits erwähnten Art. 11 Ziff. 6 Abs. 2 VRPG 09 (vgl. den Gesetzeswortlaut in Ziff. 2.2 hiervor). Im steuerrechtlichen Beschwerdeverfahren vor dem Verwaltungsgericht war also die Ermessensrüge implizit ausgeschlossen. Der Kreis der Ermessensfragen wurde dabei sehr weit gefasst.[34] Auch rund 20 Jahre nach Inkrafttreten des VRPG 09 wurde mit Blick auf die Schaffung eines Verwaltungsgerichts im Kanton Zürich noch dezidiert die Ansicht vertreten, die Tätigkeit des Verwaltungsgerichts sei auf die Rechtskontrolle beschränkt; Akte des freien Ermessens der Verwaltungsbehörden müssten der Kognition[35] des Verwaltungsgerichts entzogen bleiben und könnten niemals Gegenstand eines verwaltungsgerichtlichen Rekurses sein. Darüber, dass das Verwaltungsgericht nur über Rechtsfragen, nicht aber über Ermessensfragen zu befinden habe, herrsche in allen Lagern Einigkeit.[36]

Im Kanton Bern hatte eine wissenschaftliche Auseinandersetzung mit der Frage der Kognition des Verwaltungsgerichts im Zeitpunkt des Inkrafttretens des VRPG 09 noch nicht stattfinden können. Einige Jahrzehnte später unterschied Verwaltungsgerichtspräsident Charles Halbeisen die sachliche Zuständigkeit von der «Zuständigkeit nach der Kognitionsart resp. Prü-

---

[33] *Edmund Wilhelm Milliet,* Bernisches Verwaltungsgericht. Separatdruck eines Vortrags, gehalten an der Versammlung des freisinnig-demokratischen Pressvereins des Kantons Bern am 2. November 1902, Bern 1902, S. 1 f.

[34] *Blumenstein* (Anm. 16), S. 304.

[35] Der Begriff «Kognition» schillert hier zwischen der Bedeutung der Zuständigkeit und jener der Überprüfungsbefugnis.

[36] Vgl. *Rosenbusch* (Anm. 32), S. 13 f.

fungsweise».[37] Zu Beginn des 20. Jahrhunderts stand sowohl für den Gesetzgeber als auch für die Lehre die Bestimmung der sachlichen Zuständigkeit des Verwaltungsgerichts im Zentrum des Interesses. In der Sprache des VRPG 09 bedeutete der Begriff «Zuständigkeit» funktionelle und sachliche Zuständigkeit sowie Kognition in Einem.

3. Schlussbetrachtung

Das hochgesteckte Ziel des Gesetzgebers, einen geregelten Verwaltungsprozess zu schaffen, wurde durch den Erlass des VRPG 09 nicht erreicht. Die verhältnismässig hohe Zahl an Nichteintretensentscheiden in den ersten Jahren zeigt die Unsicherheit in Bezug auf die Zuständigkeit des Verwaltungsgerichts. In prozessualer Hinsicht betraf diese Unsicherheit nicht nur Privatpersonen, sondern auch Behörden, wie das in Ziffer 2.2.2 besprochene Urteil Graber zeigt.

Ein weiteres Problem bestand darin, dass die bis anhin geltenden Regelungen in den Erlassen des «besonderen Verwaltungsrechts» anlässlich der Redaktion des VRPG 09 nicht auf ihre Übereinstimmung mit dem neuen Gesetz überprüft wurden und daher nicht systematisch ausser Kraft gesetzt oder in Geltung belassen wurden.

In sachlicher Hinsicht muss differenziert werden zwischen den Einkommenssteuersachen einerseits und den übrigen «vermögensrechtlichen Interessen des Bürgers gegenüber dem Staat» andererseits. Das in der Sachverständigenkommission des Grossen Rates geäusserte Anliegen, nicht nur Ansprüche des Staates an die Bürger, sondern auch deren Ansprüche an den Staat sollten vor dem Verwaltungsgericht einklagbar sein,[38] wurde im VRPG 09 weitgehend übergangen. Die in Art. 11 Ziff. 1–4 VRPG 09 genannten Streitigkeiten spielten sich überwiegend zwischen Behörden, nicht zwischen Behörde und Privatperson ab. So konnte die Armendirektion im Streit um die Unterstützungspflicht gegen eine Gemeinde klagen, während die betroffene Person überhaupt kein Rechtsmittel hatte, ihren Anspruch zu verfolgen.[39] Einzig die in Art. 11 Ziff. 5 VRPG 09 genannten Entschädigungsansprüche gegenüber Staat und Gemeinden betrafen in der Regel (wenn auch nicht zwingend) Forderungen von Privatpersonen gegenüber

---

[37] *Charles Halbeisen,* Die Zuständigkeit des bernischen Verwaltungsgerichts, MBVR 1946 S. 417 ff., S. 417–419.
[38] Vgl. vorne Ziff. 1.
[39] Vgl. § 81 des Armen- und Niederlassungsgesetzes 1897.

dem Gemeinwesen.[40] So betrachtet präsentierte sich die neue Verwaltungsgerichtsbarkeit eher behörden- als bürgerfreundlich.

Ein Korrektiv erhält diese Beurteilung durch die Zuständigkeit des Verwaltungsgerichts als Beschwerdeinstanz in Einkommenssteuerstreitigkeiten. Die als «Steuergericht» zu behandelnden Beschwerden machten den Grossteil der Fälle aus, und der Anteil der Privatpersonen, welche als beschwerdeführende Partei auftraten, lässt die Zuständigkeit des Verwaltungsgerichts als echten Fortschritt erscheinen.[41] Erfreulich ist auch, dass die Rechtsprechung des Verwaltungsgerichts in der lokalen Presse kontrovers diskutiert wurde,[42] was auf eine gewisse Publizität des Gerichts schliessen lässt.

Die Bilanz fällt somit gemischt aus. Während der Verwaltungsprozess kaum geregelt erscheint und diverse vermögensrechtliche Ansprüche zwischen Behörden und Privaten gestützt auf Art. 12 VRPG 09 auf den Zivilrechtsweg verwiesen werden mussten, ist die Einrichtung eines zweistufigen Instanzenzugs im Bereich der Steuerstreitigkeiten als Erfolg zu verbuchen. Ein erklärtes Ziel des Gesetzesprojekts wurde damit verwirklicht, was mit Blick auf die Wichtigkeit und Häufigkeit dieser Materie nicht hoch genug eingeschätzt werden kann. In Paul Flückigers überschwänglichem Rückblick anlässlich des 50. Jahrestages des Verwaltungsgerichts klingt darüber hinaus dessen Bedeutung als Institution an:

> «Musste auch das Gesetz den Machtbereich des Gerichts einschränken, […] so war doch der Einfluss des Gerichts in seinem ersten halben Jahrhundert segensreich. Es hat unzählige Entscheide, vor allem betreffend Abgaben an Staat und Gemeinde so gefällt, dass die Betroffenen überzeugt sein konnten, dass formell und materiell richtig entschieden worden sei. […] Sein Ansehen und die Autorität, die es ausübt, hat auch in so manchem Fall vorbeugend Unrecht verhütet: wer in der Verwaltung verfügte und gestaltete, wusste, dass seine Verfügung vom Gericht überprüft werden konnte, und er scheute davor zurück, des Unrechts geziehen zu werden. Am Ende der fünfzig Jahre müssen wir bekennen: das Gericht war ein Segen, der aus dem Staatsgefüge nicht mehr wegzudenken ist.»[43]

---

[40] Es handelte sich dabei um eine Entschädigung des Grundstückeigentümers für die Kosten, die sich aus der Pflicht zum Verlassen eines alten Fundaments ergaben; vgl. Art. 6 Abs. 4 des Gesetzes vom 10. Juni 1906 über die Strassenpolizei.

[41] Vgl. dazu die im Geschäftsbericht des Verwaltungsgerichts für das Jahr 1911 niedergelegte «Statistik» sowie die Erläuterungen zu den Ursachen der Beschwerdeführung in Einkommenssteuersachen.

[42] Vgl. *H. F.*, Ein Wort zur neuesten Steuerpraxis des Verwaltungsgerichts, Emmenthaler-Blatt vom 20. April 1912.

[43] *Paul Flückiger*, Fünfzig Jahre Verwaltungsgerichtsbarkeit, MBVR 1959 S. 369 ff., S. 373.

Das Verwaltungsgericht in den Zeitphasen des VRPG 61 und des VRPG 89

Arthur Aeschlimann / Ulrich Zimmerli

Inhaltsverzeichnis

1. Gerichtsverfassung gemäss VRPG 61

1.1 Umfeld

Das Verwaltungsrechtspflegegesetz vom 31. Oktober 1909 (VRPG 09) hat das Verwaltungsgericht hervorgebracht und mehr als 50 wechselvolle Jahre überdauert. Die gesellschaftliche Entwicklung während dieser langen Zeit war gross. Dem Staat (Bund, Kanton und Gemeinden) wurden immer mehr Aufgaben übertragen. Die Berührungspunkte des Einzelnen mit den Gemeinwesen nahmen ständig zu, sei es, dass der Einzelne vom Staat belangt oder in seiner Handlungsfreiheit beschränkt wurde, sei es, dass er selber gegenüber der öffentlichen Hand als Leistungsempfänger auftrat. Diese Entwicklung wirkte sich auch auf die überkommene Verwaltungsrechtspflege im Kanton Bern aus. Sie vermochte ihre Aufgabe nach und nach kaum mehr sachgerecht zu erfüllen, und zwar umso weniger, als der Gesetzgeber im Laufe der Zeit selber unter Missachtung der Vorgaben des VRPG 09 die Zuständigkeitsabgrenzung zwischen den obersten Verwaltungsbehörden und dem Verwaltungsgericht verwischte.[1]

Anstösse zu einer Reform der Verwaltungsrechtspflege gingen in den Jahren 1956/57 vom Bernischen Anwaltsverband (Eingabe an den Regierungsrat), von der Justizdirektion (in deren Auftrag Verwaltungsgerichtspräsident Charles Halbeisen einen Entwurf für die Neuordnung vorlegte) und von einer Motion im Grossen Rat aus. Richtig in Gang kam die Revision freilich erst, als sich eine breit abgestützte ausserparlamentarische Expertenkommission unter dem Vorsitz von Justizdirektor Fritz Moser über die Abgrenzung der justiziellen Zuständigkeiten von Regierungsrat und Verwaltungsgericht geeinigt hatte. Hierauf erarbeiteten der alte und der neue Präsident des Verwaltungsgerichts (Charles Halbeisen und Gottfried Roos; beide waren Mitglied der Expertenkommission) den verfahrensrechtlichen Teil einer Neuordnung. Die Expertenkommission schloss ihre Arbeit im März 1960 ab.[2] Auf dieser Grundlage verabschiedete schliesslich der Grosse Rat am 16. Mai 1961 das neue Gesetz über die Verwaltungsrechtspflege (VRPG 61), welches in der Volksabstimmung vom 22. Oktober 1961 mit grossem Mehr angenommen und am 1. Januar 1962 in Kraft gesetzt worden ist.

1.2   Zuständigkeitsordnung

Noch vor Abschluss der Bemühungen um eine Reform der Verwaltungsrechtspflege gab Paul Flückiger im Jahr 1959 Folgendes zu bedenken:

---

[1]   Vgl. *Charles Halbeisen,* Verwaltungsgerichtsbarkeit (Ein Beitrag zur Verwaltungsjustizreform im Kanton Bern), MBVR 1950 S. 369 ff., insb. S. 417 ff.; *Paul Flückiger,* Fünfzig Jahre Verwaltungsgerichtsbarkeit, MBVR 1959 S. 369 ff., insb. S. 378; *Thomas Merkli / Arthur Aeschlimann / Ruth Herzog,* Kommentar zum Gesetz über die Verwaltungsrechtspflege im Kanton Bern, Bern 1997, Einleitung N. 9; siehe auch den Beitrag von *Michel Daum,* Die bernische Verwaltungsrechtspflege im Jahr 2009 – Ein Rückblick und Ausblick, in diesem Band, Ziff. 2.2. Vgl. ferner die Hinweise auf die Notwendigkeit einer VRPG-Revision im Geschäftsbericht des Verwaltungsgerichts 1956, S. 4 Ziff. IV.

[2]   Vortrag der Justizdirektion vom 19.4.1960 an den Regierungsrat zuhanden des Grossen Rates zum Entwurf eines Gesetzes über die Verwaltungsrechtspflege, Tagblatt des Grossen Rates 1961, Beilage 5, S. 49 f.

«Wenn ein grosser Wurf getan, wenn nicht bloss einige Reiser am Baum gekappt und andere aufgepfropft werden sollen, dann muss man sich entschliessen, Art. 40 der Verfassung[3] abzuändern und den Weg für eine Erneuerung der Verwaltungsrechtspflege freizulegen. Die Vermutung, dass die oberste Verwaltungsbehörde zugleich ordentlicher Träger der Verwaltungsrechtspflege sei, muss in ihr Gegenteil umgekehrt werden. Entweder überträgt man dem Verwaltungsgericht den Entscheid in allen öffentlichen Streitigkeiten, oder man begründet in der Verfassung generell seine Zuständigkeit und nimmt davon die Fälle aus, die man ausdrücklich der Verwaltungsbehörde zum Entscheid vorbehalten will. Dies wäre, was man eine Justizreform nennen könnte. [...] Lehnt man auch heute ab, was man mit der Verfassung von 1846 erstrebt hat, dann verliert eine Erneuerung des Gesetzes vom 31. Oktober 1909 ihren wirklichen Gehalt. Darum ist darauf Bedacht zu nehmen, dass nicht das scheinbar Bessere zum Feind des bestehenden Guten werde.»[4]

Dieser radikale Reformvorschlag wurde nicht umgesetzt. Dazu war die Zeit noch nicht reif. Die Vorstellung, eine umfassende Verwaltungsgerichtsbarkeit sei mit dem Grundsatz der Gewaltenteilung unvereinbar, überwog. Man hielt sich lieber wie im Bund und in den meisten Kantonen an die hergebrachte Methode. Das fiel umso leichter, als man sich gleichsam damit trösten konnte, die gesamte Verwaltung stehe ohnehin unter dem Willkürverbot gemäss Art. 4 BV 1874 und gegen jede kantonale Verfügung oder jeden kantonalen Entscheid könne wegen Verletzung dieses Verfassungsgrundsatzes beim Bundesgericht staatsrechtliche Beschwerde geführt werden.[5]

Art. 40 StV blieb demnach unangetastet.[6] Generalklauselartig legte Art. 14 Abs. 1 VRPG 61 fest, dass der Regierungsrat oberinstanzlich alle Verwaltungsstreitsachen entscheidet, die nicht in die endgültige Zuständigkeit einer seiner Direktionen oder einer anderen Verwaltungsjustizbehörde fallen. Die Zuständigkeit des Verwaltungsgerichts in der nachträglichen Verwaltungsrechtspflege ergab sich somit weiterhin aufgrund einer Aufzählung im Gesetz *(Enumerationsmethode)*. Allerdings verwendete Art. 15 Abs. 1

---

[3]   Staatsverfassung des Kantons Bern vom 4.6.1893 (StV).

[4]   *Paul Flückiger* (Anm. 1), S. 377 f.

[5]   Vgl. Ergänzungsbericht der Justizdirektion vom 30.11.1960 für die Eintretensdebatte der Kommission des Grossen Rates betreffend das Gesetz über die Verwaltungsrechtspflege, Tagblatt des Grossen Rates 1961, Beilage 6, S. 76. Siehe ferner *Michel Daum* (Anm. 1), Ziff. 2.3.

[6]   Art. 40 Abs. 1 StV bestimmt, dass der Regierungsrat oberinstanzlich alle Verwaltungsstreitigkeiten entscheidet, wofür das Gesetz nicht den Regierungsstatthalter endgültig zuständig erklärt und die es nicht einem besonderen Verwaltungsgericht zuweist. Absatz 2 von Art. 40 StV sieht ein besonderes Verwaltungsgericht vor; das Gesetz hat dessen Zuständigkeit zu bestimmen.

VRPG 61 nunmehr für die Umschreibung verwaltungsgerichtlicher Zuständigkeit in einzelnen Bereichen *Teilgeneralklauseln,* so z.B. in Bezug auf «Beschwerden gegen letztinstanzliche Verwaltungsentscheide über die Entrichtung oder Rückerstattung einer staatlichen Abgabe oder die Befreiung von einer solchen»[7] oder betreffend «den Widerruf, den Entzug oder die Beschränkung einer behördlichen Bewilligung oder eines Rechtes.»[8] Ziffer 2 von Art. 15 Abs. 1 VRPG 61 wies dem Verwaltungsgericht sodann eine ganze Reihe von Beschwerdestreitigkeiten über die Erteilung oder Verweigerung von Bewilligungen zu (Berufs- und Gewerbebewilligungen; Bau-, Betriebs-, Einrichtungs- und Reklamebewilligungen; Bewilligung zur Aufnahme eines Pflegekindes oder zur «ausnahmsweisen Lehrlingshaltung»); ferner Streitigkeiten um die Zulassung zu einer Prüfung oder die Erteilung eines Fähigkeitsausweises oder den Erwerb eines Jagd- oder Fischereipatentes sowie die Bewilligung zum Waffenerwerb. Zuständig war das Verwaltungsgericht auch, wenn es um die Pflicht zur Einholung einer Bewilligung oder den Umfang eines kantonalen Regals oder um die zwangsweise Errichtung, Anbringung oder Entfernung von Bauten und Einrichtungen oder Naturobjekten ging.[9] Schliesslich bestimmte Ziffer 6 von Art. 15 Abs. 1 VRPG 61, andere Gesetze oder Dekrete könnten die Beschwerde an das Verwaltungsgericht vorsehen.[10] In genereller Weise blieb sodann in Art. 15 Abs. 2 und 3 VRPG 61 die Gesetzgebung über den Anwalts- und Notariatsberuf vorbehalten, nebst dem Hinweis, dass im Bereich der direkten Staats- und Gemeindesteuern sowie der Erbschafts- und Schenkungssteuer die Vorschriften der Steuergesetzgebung gälten.

Nach Art. 15 Abs. 1 VRPG 61 war unerheblich, welche Behörde den «letztinstanzlichen Verwaltungsentscheid», d.h. das Anfechtungsobjekt gefällt hatte. Damit konnten – anders als nach der alten Verfahrensordnung – auch Entscheide des Regierungsrates vor das Verwaltungsgericht gebracht werden, soweit sie eine Materie aus dem gesetzlichen Katalog betrafen. Dass diese Neuerung seinerzeit nicht selbstverständlich war, zeigt die Aussage von Gottfried Roos, wonach es «dem Regierungsrat des Kantons Bern hoch anzurechnen [sei], dass er seinen Widerstand gegen eine Nachprüfung seiner

---

[7] Ziff. 1.
[8] Ziff. 3.
[9] Ziff. 4 und 5.
[10] Dazu gehörten schon nach der alten Verwaltungsrechtspflegeordnung z.B. Streitigkeiten aus dem Bereich der Sozialversicherung; vgl. Ziff. 1.4. hiernach. Zur Geschichte der Sozialversicherungsgerichtsbarkeit im Kanton Bern siehe auch die Beiträge von *Thomas Gächter* und *Nathalie Mewes-Kunz* in diesem Band.

Entscheide durch das Verwaltungsgericht fallen gelassen und damit die Bahn für eine befriedigende Lösung der Verwaltungsrechtspflege im Kanton Bern freigelegt hat».[11]

Ausdrücklich ausgeschlossen war hingegen die Anfechtung von Beschlüssen des Grossen Rates beim Verwaltungsgericht.[12] Damit entfiel in Kombination mit der Umschreibung des Anfechtungsobjekts in Art. 15 Abs. 1 VRPG 61[13] die abstrakte Normenkontrolle; möglich blieb nur die konkrete, akzessorische Prüfung der anzuwendenden Rechtssätze. Das Verwaltungsgericht konnte auch nicht angerufen werden, wenn ein Rechtsmittel an den Grossen Rat, den Bundesrat oder eine ihm nachgeordnete eidgenössische Behörde oder die verwaltungsgerichtliche Beschwerde an das Bundesgericht zulässig waren.[14]

Wer zur Beschwerde an das Verwaltungsgericht befugt war, ergab sich aus einer zunächst verkannten Umschreibung in Art. 16 Abs. 1 VRPG 61: Erst der Plenarentscheid vom 10. Juni 1974 liess das vom Gesetzeswortlaut her gar nicht in Betracht zu ziehende Erfordernis der Schutzrichtung der als verletzt angerufenen Norm fallen und das Vorhandensein eines bloss faktischen Rechtsschutzinteresses genügen.[15] – Die Verwaltungsgerichtsbeschwerde führte zur Rechtskontrolle des angefochtenen Entscheids.[16]

Besondere Bedeutung kam der Abgrenzung der Zuständigkeiten zwischen Verwaltungsgericht und Regierungsstatthalter zu. Beide hatten Streitigkeiten um geldwerte Leistungen und aus öffentlich-rechtlichen Verträgen zu beurteilen. War der Kanton am Streit beteiligt, so war das Verwaltungsgericht in erster und einziger Instanz zuständig; wo hingegen eine Gemeinde oder eine ihr gleichgestellte öffentlich-rechtliche Körperschaft beteiligt

---

[11] *Gottfried Roos,* Betrachtungen zum neuen Gesetz über die Verwaltungsrechtspflege, MBVR 1963 S. 385 ff., insb. S. 387.

[12] Art. 21 Abs. 2 VRPG 61.

[13] Das Verwaltungsgericht hatte danach Beschwerden gegen «letztinstanzliche Verwaltungsentscheide» zu beurteilen.

[14] Art. 21 Abs. 1 VRPG 61. Der zuletzt genannte Ausschluss wurde mit Gesetzesänderung vom 30.8.1977 aufgehoben. Die alte Ordnung verursachte wegen der zunehmenden Verzahnung von kantonalen und eidgenössischen Vorschriften insbesondere im Bereich des Bau-, Gewässerschutz-, Naturschutz- und Umweltschutzrechts unerwünschte Gabelungen des Rechtswegs. Aufgrund des sog. Sachzusammenhangs erweiterte die Praxis die verwaltungsgerichtliche Zuständigkeit in diesen Fällen, was eine Überprüfung entsprechender Urteile mittels der eidgenössischen Verwaltungsgerichtsbeschwerde möglich machte.

[15] MBVR 1974 S. 269 ff., insb. S. 273 ff.

[16] Art. 16 Abs. 2 VRPG 61.

war, hatte gemäss Art. 24 Abs. 1 Ziff. 1–7 in Verbindung mit Art. 26 Abs. 2 VRPG 61 erstinstanzlich der Regierungsstatthalter unter Vorbehalt der Weiterziehung ans Verwaltungsgericht zu entscheiden.

Auf *Klage* hin hatte das Verwaltungsgericht erst- und letztinstanzlich die in Art. 17 VRPG 61 aufgezählten Materien zu beurteilen.[17]

Mit der sogenannten Weiterziehung nach Art. 19 VRPG 61 (in der ursprünglichen Verwaltungsrechtspflege auch Appellation genannt) konnte beim Verwaltungsgericht oberinstanzlich Rechtsschutz gegenüber vorausgegangenen gerichtlichen Entscheidungen (z.B. der Regierungsstatthalter oder der Steuerrekurskommission) erlangt werden.[18] Die verwaltungsgerichtliche Zuständigkeit blieb indessen auch hier eingespannt in die Materienkataloge der Art. 15, 17 und 24 VRPG 61 bzw. abhängig von der Aufzählung in der Sachgesetzgebung.

Nach dem Gesagten kannte das Verwaltungsgericht Zuständigkeiten sowohl in der nachträglichen wie in der ursprünglichen Verwaltungsrechtspflege.[19] Das VRPG 61 nahm indessen in seinem Aufbau wenig Rücksicht auf diese unterschiedlichen Prozessarten. Immerhin stellte Art. 32 VRPG 61 klar, dass die Beschwerde Vorrang vor der Klage hatte und für Rechtsuchende insoweit keine Wahlmöglichkeit bestand.[20]

1.3 Ausgestaltung des Verwaltungsgerichts

Der Grosse Rat hatte für eine Amtsdauer von vier Jahren den Präsidenten sowie einen oder zwei Vizepräsidenten, neun bis vierzehn weitere Mitglieder sowie fünf bis sieben Ersatzmitglieder des Verwaltungsgerichts zu wählen. Präsident und Vizepräsidenten konnten als ständige Richter gewählt werden.[21] Wählbar waren stimmberechtigte Schweizerbürger ab dem 25.

---

[17] Es ging um Streitigkeiten über Geldforderungen öffentlich-rechtlicher Natur oder um öffentlich-rechtliche Verträge, an denen der Staat beteiligt war; weiter um vermögensrechtliche Streitigkeiten aus der Bildung, Vereinigung oder Veränderung von Gemeinden und Gemeindeverbänden und aus Gemeindegüterausscheidungsverträgen; sodann um Streitigkeiten aus dem Gebiet der öffentlichen Fürsorge, des Konzessionsrechts und der Dienstverhältnisse der Staats- und Gemeindebeamten.

[18] Vgl. zum Verständnis des Rechtsmittels «Weiterziehung» auch Art. 70–74 VRPG 61 und *Arthur Aeschlimann,* Das Anfechtungsstreitverfahren im bernischen Verwaltungsrecht, Diss. Bern 1979, S. 46 ff.

[19] Vgl. auch *Michel Daum* (Anm. 1), Ziff. 5.2.

[20] Vgl. *Fritz Gygi / Rudolf Stucki,* Handkommentar zum bernischen Gesetz über die Verwaltungsrechtspflege, Bern 1962, N. 1–3 zu Art. 32.

[21] Art. 2 Abs. 1 und 2 VRPG 61. Im gemeinsamen Antrag des Regierungsrates und der Kommission vom 19.8.1960, 18.1. und 20.1.1961 zuhanden der ersten Lesung

Altersjahr mit Wohnsitz im Kanton Bern. Sie mussten beider Landessprachen mächtig sein und die Mehrzahl der Mitglieder, Präsident und Vizepräsidenten inbegriffen, mussten das bernische Fürsprecher- oder Notariatspatent besitzen. Höchstens ein Drittel der nichtständigen Verwaltungsrichter durfte dem Grossen Rat angehören.[22] Im Vorfeld der Revision strich die Justizdirektion den Milizgedanken, d.h. die Verbindung von vollamtlichen Mitgliedern mit nicht im Staatsdienst stehenden Personen, Juristen und Laien, wie sie sich schon im VRPG 09 fand, als staatspolitisch wertvoll hervor: Sie gebe, «was bei dem herrschenden Misstrauen gegen die Verwaltung ausserordentlich wichtig erscheint, Leuten aus freien Berufen, Handel, Gewerbe und Landwirtschaft Gelegenheit, Einblick in die Tätigkeit der Verwaltung zu erhalten, diese zu kontrollieren und zu beeinflussen. So wird das Verwaltungsgericht auch zu einer Brücke zwischen Verwaltung und Leben.»[23] Gestartet ist das Gericht am 1. Januar 1962 wie nach alter Ordnung mit einem einzigen vollamtlichen Richter.

Das Plenum des Verwaltungsgerichts – auch Gesamtgericht genannt – hatte den Geschäftsgang des Verwaltungsgerichts in einem Reglement zu ordnen. Das Gericht konnte sich in Kammern einteilen, die als Spruchkörper in der Besetzung von sieben, fünf oder drei Mitgliedern tagten.[24] Der Präsident und der Vizepräsident konnten Beschwerden oder Klagen, die zurückgezogen oder gegenstandslos wurden oder auf die offensichtlich nicht einzutreten war, als Einzelrichter behandeln. Gleiches galt für Geldforderungen mit einem Streitwert von weniger als 1000 Franken.[25]

In der Plenarsitzung vom 19. Juni 1962 hat das Verwaltungsgericht das in Art. 4 VRPG 61 vorgesehene Geschäftsreglement beschlossen und sich in zwei Kammern mit gleicher Sachzuständigkeit geteilt. Die vorgeschlagene

---

standen diesen ständigen Richtern die Rechte und Pflichten eines bernischen Oberrichters zu. Im gemeinsamen Antrag des Regierungsrates und der Kommission vom 14.4. und 21.4.1961 zuhanden der zweiten Lesung findet sich diese Gleichstellung mit den Oberrichtern nicht mehr. Diese Weglassung wurde im Grossen Rat diskussionslos gebilligt (vgl. Tagblatt des Grossen Rates 1961 S. 201). Faktisch blieben die «ständigen» Verwaltungsrichter indessen den Oberrichtern gleichgestellt.

[22] Art. 3 Abs. 1 und 2 VRPG 61.
[23] Ergänzungsbericht der Justizdirektion vom 30.11.1960 für die Eintretensdebatte der Kommission des Grossen Rates betreffend das Gesetz über die Verwaltungsrechtspflege, Tagblatt des Grossen Rates 1961, Beilage 6, S. 76 f.
[24] Art. 4 VRPG 61.
[25] Art. 22 VRPG 61; nach Absatz 4 dieser Bestimmung konnte der an sich zuständige Einzelrichter die Streitsache einer Kammer oder dem Gesamtgericht überweisen, wenn die rechtlichen oder tatsächlichen Verhältnisse es rechtfertigten.

Trennung in eine verwaltungsrechtliche und eine sozialversicherungsrechtliche Kammer fand vorerst keinen Anklang.[26]

1.4 Änderungen von 1971

Schon bald nach Inkrafttreten des VRPG 61 zeigte sich, dass die neue Ordnung den sich rasch ändernden Anforderungen nicht in jeder Hinsicht gewachsen war. Das hatte verschiedene Gründe:

Zunächst lag das an der generellen Zunahme der Geschäfte und deren gesteigerter Komplexität. Bereits für das Jahr 1963 hielt das Verwaltungsgericht fest, die Geschäftslast und die Zahl der Gerichtssitzungen hätten sich gegenüber der Zeit vor Einführung der Invalidenversicherung und des VRPG 61 ungefähr verdoppelt.[27] Im Verlaufe der 1960er Jahre wurden dem Verwaltungsgericht sodann in immer neuen Rechtsgebieten Zuständigkeiten übertragen, so z.B. im Enteignungsrecht, bei Streitigkeiten aus der Baulandumlegung und dem Zivilschutz sowie für Beschwerden gegen vom Regierungsrat angeordnete administrative Versorgungen und im Bereich des Sozialversicherungsrechts bei Streitigkeiten aus der Krankenversicherung und über Ergänzungsleistungen zur AHV und IV. Als erste Folge davon stimmte der Grosse Rat der Umwandlung der Stelle des Vizepräsidenten in ein Vollamt zu und wählte einen zweiten nichtständigen Vizepräsidenten;[28] ab 1966 teilte sich das Verwaltungsgericht intern in zwei Kammern mit je einem ständigen Vorsitzenden.[29]

Neben der gestiegenen Geschäftslast am Verwaltungsgericht machten sich schliesslich auch strukturelle Probleme bei der bernischen Rechtspflege in Sozialversicherungssachen bemerkbar. Damals waren drei verschiedene richterliche Instanzen mit solchen Streitigkeiten befasst: Einmal das sogenannte kantonale Versicherungsgericht als eine aus drei Mitgliedern bestehende Abteilung des Obergerichts für Streitigkeiten aus der Militärversicherung und nach Art. 120 des Kranken- und Unfallversicherungsgesetzes. Sodann das Verwaltungsgericht mit seinen Zuständigkeiten aus der Alters- und Hinterlassenversicherung, der Invalidenversicherung, den Familienzulagen in der Landwirtschaft, den kantonalen Familienzulagen, der Erwerbsersatzordnung, der Krankenversicherung und den Ergänzungsleistungen zur AHV und IV. Als dritte Rechtspflegebehörde in Sozialversiche-

---

[26] Vgl. Geschäftsbericht des Verwaltungsgerichts für das Jahr 1962, S. 2 Ziff. IV.
[27] Vgl. Geschäftsbericht des Verwaltungsgerichts für das Jahr 1963, S. 2 Ziff. IV.
[28] Vgl. Geschäftsbericht des Verwaltungsgerichts für das Jahr 1965, S. 1 Ziff. I.
[29] Vgl. Geschäftsbericht des Verwaltungsgerichts für das Jahr 1966, S. 4 Ziff. IV.

rungssachen war ein kantonales Schiedsgericht für die Beurteilung von Streitigkeiten der Arbeitslosenversicherung eingesetzt. Zunehmend zeigten sich auch Probleme aus der Verschiedenheit der anzuwendenden Verfahrensordnungen.[30]

Unter all diesen Umständen entschied man sich, im Rahmen einer Teilrevision des VRPG 61 die Organisationsstrukturen des Verwaltungsgerichts zu ändern.[31] Neu wurde speziell für sämtliche sozialversicherungsrechtlichen Streitigkeiten neben dem weiter bestehenden Verwaltungsgericht ein kantonales Versicherungsgericht geschaffen. Die beiden Gerichte bildeten zusammen als öffentlich-rechtliches Gegenstück zum Obergericht das «Verwaltungs- und Versicherungsgericht des Kantons Bern» (Gesamtgericht). In personeller Hinsicht erhöhte der Grosse Rat per 1. Januar 1972 die Zahl der vollamtlichen Richter gestützt auf die neuen gesetzlichen Möglichkeiten[32] auf insgesamt vier: eine Stelle für das Verwaltungsgericht, zwei für das Versicherungsgericht sowie den französischsprachigen vollamtlichen Richter für beide Gerichte. Ebenso ordnete er neu bereits auf Gesetzesstufe die Kammerbildung an, nämlich zwei Kammern beim Verwaltungsgericht und drei beim Versicherungsgericht.[33] Der Grosse Rat beschloss ferner ein Dekret[34] zwecks detaillierter Umschreibung der Organisation des Verwaltungs- und Versicherungsgerichts und der eingehenden Regelung der Zuständigkeit des Versicherungsgerichts. Im Weiteren stellte er besondere Vorschriften für das Verfahren vor dem Versicherungsgericht auf.[35]

Mit dieser organisatorischen und verfahrensrechtlichen Neuordnung wollte der Gesetzgeber erklärtermassen dem Umstand Rechnung tragen, dass es sich seiner Meinung nach bei «der Sozialversicherung [...] um ein

---

[30] Vgl. Vortrag der Justizdirektion vom 26.11.1970 / 5.1.1971 an den Regierungsrat zuhanden des Grossen Rates zum Gesetz betreffend die Abänderung des Gesetzes vom 22.11.1961 über die Verwaltungsrechtspflege, Tagblatt des Grossen Rates 1971, Beilage 6, S. 1 Ziff. I; *Wilfried Lüthi*, Vom Walten des Richters in der Sozialversicherung, MBVR 1969 S. 337 ff. und S. 385 ff., insb. S. 391; siehe ferner die Beiträge von *Thomas Gächter* und *Nathalie Mewes-Kunz* in diesem Band.

[31] Diese Teilrevision wurde in der Volksabstimmung vom 12.9.1971 mit grossem Mehr angenommen; sie trat am 1.1.1972 in Kraft.

[32] Art. 2 VRPG 61 in der Fassung vom 12.9.1971.

[33] Art. 4 VRPG 61 in der Fassung vom 12.9.1971. Vgl. zum Ganzen: Vortrag 1970 / 1971 (Anm. 30), Ziff. I. 1. und 2.; *Merkli / Aeschlimann / Herzog* (Anm. 1), Einleitung N. 13 und 65.

[34] Dekret vom 24.5.1971 betreffend die Organisation des Verwaltungs- und Versicherungsgerichts und das Verfahren vor dem Versicherungsgericht.

[35] Art. 13–26 Dekret (Anm. 34).

Spezialgebiet [handelt], das sich in seiner Eigenart sowohl von der gewöhnlichen Verwaltungsgerichtsbarkeit als auch von der Zivilgerichtsbarkeit unterscheidet».[36]

Alle diese organisatorischen und verfahrensrechtlichen Änderungen an der ursprünglichen Ordnung des VRPG 61 wurden auf Stufe Geschäftsreglement erst am 17. Oktober 1978 im Einzelnen nachvollzogen.[37] Als zusätzliche Neuerung fällt auf, dass für beide Gerichte in Art. 13 des Geschäftsreglements das System der schriftlichen Referate eingeführt wurde.[38] Danach hatte der Kammerpräsident selber oder der von ihm bestimmte nebenamtliche Richter als Referent zuhanden der mitwirkenden Kammermitglieder einen schriftlichen Bericht (Antrag und Begründung) zum Fall vorzulegen. Weiter sah das Geschäftsreglement in Art. 18 und 21 vor, dass klare Fälle auf dem Zirkulationsweg beurteilt werden konnten; allerdings hatte jeder mitwirkende Richter das Recht, die Durchführung einer Sitzung zu verlangen.

2.   Gerichtsverfassung gemäss VRPG 89

2.1   Umfeld

Bereits gegen Ende der 1970er Jahre zeigten sich in der knapp zwanzigjährigen Verwaltungsrechtspflegeordnung strukturelle Unzulänglichkeiten. Diese lagen etwa darin, dass die Trennung von Klage- und Beschwerdematerien auf Zufälligkeiten beruhten und es je länger je weniger zeitgemäss erschien, Kanton und Gemeinden in gewissen Bereichen die Verfügungskompetenz zu versagen. Der nachträglichen Verwaltungsrechtspflege (Anfechtungsstreitverfahren) fehlte zudem ein tragfähiger Unterbau, d.h. ein Verfahren auf Erlass von Verfügungen.[39] Der Rechtsmittelordnung des Anfechtungsstreitverfahrens mangelte ein nachvollziehbares Strukturprinzip; oft ging der Rechtsmittelweg über zwei oder noch mehr Instanzen mit

---

[36]   Vortrag 1970 / 1971 (Anm. 30), Ziff. I. 1.

[37]   Geschäftsreglement des Verwaltungs- und Versicherungsgerichts des Kantons Bern vom 17.10.1977.

[38]   Zuvor wurde dies ab 1976 nur am Verwaltungsgericht so gehandhabt (vgl. Geschäftsbericht des Verwaltungs- und Versicherungsgerichts für das Jahr 1976, Ziff. 2.7.). Siehe auch Ziff. 3.1 hiernach.

[39]   Die Art. 1–17 des Gesetzes vom 7.6.1970 über die Grundsätze des verwaltungsinternen Verfahrens sowie die Delegation von Verwaltungsbefugnissen des Regierungsrats waren insoweit nur ein rudimentärer Ansatz zu einer sachgerechten Regelung.

gleicher Überprüfungsbefugnis, was die Prozessdauer verlängerte, ohne den Rechtsschutz zu verbessern. Alte Zweifel an der Eignung des (Gesamt-)Regierungsrates als generell letzte verwaltungsinterne Justizbehörde und an der Enumeration verwaltungsgerichtlicher Zuständigkeit lebten auch nach der VRPG-Revision von 1961 fort. Die Verzahnung von materiellem Bundesverwaltungsrecht mit kantonalem Recht und der sogenannte Vollzugsföderalismus führten dazu, dass die Gemeinden nicht bloss kommunales, sondern mehr und mehr auch kantonales und eidgenössisches Recht anzuwenden hatten. Diese veränderten Umstände riefen nach einer neu ausgestalteten Rechtsmittelordnung, namentlich auch im Verhältnis zwischen kommunalen und kantonalen Behörden.[40]

Der Regierungsrat setzte am 15. Mai 1979 eine ausserparlamentarische Expertenkommission unter dem Vorsitz von Prof. Fritz Gygi ein.[41] Sie erhielt den Auftrag, einen Bericht zur zweckmässigen Abgrenzung der ursprünglichen von der nachträglichen Verwaltungsrechtspflege zu erstatten. Ferner sollten mit Bezug auf die Beschwerdematerien Überlegungen zur sachgerechten Ausgestaltung der verwaltungsinternen und der verwaltungsexternen Rechtspflege angestellt und schliesslich ein Entwurf zu einer neuen Zuständigkeitsordnung unter den verschiedenen Verwaltungsrechtspflegeorganen ausgearbeitet werden.

Im Anschluss an eine einlässliche Analyse der geltenden Verfahrensordnung legte die Expertenkommission im August 1981 dem Regierungsrat einen Bericht mit Anhang vor, welch letzterer den Entwurf einer neuen Zuständigkeitsordnung aller Verwaltungsjustizbehörden enthielt. Ausgehend vom sogenannten Vorrang der Verfügung regte die Expertenkommission an, Art. 40 StV abzuändern[42] und im Rahmen einer Totalrevision des VRPG 61 erstmals im Kanton Bern das nichtstreitige Verwaltungsverfahren (Verfah-

---

[40] Vgl. zum Ganzen: Vortrag der Justizdirektion vom 13.9.1988 an den Regierungsrat zuhanden des Grossen Rates des Kantons Bern betreffend die Totalrevision des Gesetzes über die Verwaltungsrechtspflege, Tagblatt des Grossen Rates 1989, Beilage 5, Ziff. 1.2.

[41] Vgl. hierzu und zum Folgenden *Merkli / Aeschlimann / Herzog* (Anm. 1), Einleitung N. 16–23.

[42] Zu den verfassungsrechtlichen Problemen einer Reform der Verwaltungsrechtspflegeordnung vor dem Hintergrund von Art. 40 StV siehe vorne Ziff. 1.1 und *Merkli / Aeschlimann / Herzog* (Anm. 1), Einleitung N. 19. Wie schon das VRPG 61 gründet auch das VRPG 89 auf dem unrevidierten Art. 40 StV; es erhielt aber mit dem am 1.1.1995 in Kraft getretenen Art. 100 KV eine neue, nunmehr unzweifelhaft tragfähige verfassungsrechtliche Grundlage.

ren auf Erlass einer Verfügung) eingehend zu regeln. Für das Anfechtungsstreitverfahren schlug die Kommission vor, den Instanzenzug wenn immer
möglich zweistufig zu führen. Als erste (verwaltungsinterne) Beschwerdeinstanz wurde die jeweilige Fachdirektion ins Auge gefasst, was eine praktisch durchgehende Delegation der Verfügungsbefugnis von der Direktion
an eine hierarchisch untere Verwaltungseinheit (Amt, Abteilung, Dienst-
stelle) erforderte. Zweite Beschwerdeinstanz sollte grundsätzlich eine verwaltungsexterne Behörde (Verwaltungsgericht) sein und die verwaltungsgerichtliche Zuständigkeit aufgrund einer Generalklausel festgelegt werden.
Der Regierungsrat hingegen sollte als Vorinstanz des Verwaltungsgerichts
ausscheiden und im Rahmen der nachträglichen Verwaltungsrechtspflege
kantonal letztinstanzlich einzig zuständig sein in Angelegenheiten, in denen
sich vorwiegend Ermessensfragen stellen oder die wegen ihres speziell politischen Gehalts wenig justiziabel sind. Schliesslich sollte nach den Vorstellungen der Expertenkommission das Verwaltungsgericht überall dort
zuständig sein, wo der kantonal letztinstanzliche Entscheid unmittelbar mit
Verwaltungsgerichtsbeschwerde an eine öffentlichrechtliche Abteilung des
Bundesgerichts getragen werden konnte.

Diesem Bericht stimmte der Regierungsrat nur mit Vorbehalten zu. Er
lehnte insbesondere seine grundsätzliche Ausschaltung als Verwaltungsjustizbehörde ab. Der Regierungsrat habe als Spitze der Verwaltungshierarchie
und als Kollegialbehörde für eine korrekte und einheitliche Verwaltungstätigkeit zu sorgen, gerade auch dann, wenn ein Beschwerdeverfahren die
Aufgabenbereiche mehrerer Direktionen beschlage. Die Delegation der Verfügungsbefugnis an Ämter oder Abteilungen schaffe in kleinen Direktionen
strukturelle Probleme. Zudem sei der Instanzenzug Amt – Direktion rechtsstaatlich problematisch, weil Vor- und Rechtsmittelinstanz personell und
funktionell stark miteinander verbunden seien. Trotz dieser Vorbehalte erteilte der Regierungsrat der Expertenkommission den Auftrag, einen Entwurf zur Revision des VRPG 61 und – soweit erforderlich – einen Entwurf
zur Revision von Art. 40 StV auszuarbeiten.

Indessen liess die Expertenkommission – in stillschweigender Überein-
kunft mit dem Regierungsrat – ihre Arbeit für eine neue Verwaltungsrechtspflegeordnung mit Blick auf eine anstehende Revision des Baugesetzes
ruhen. Diese Revisionsvorlage sah neu vor, Bauentscheide der Beschwerde
an die kantonale Baudirektion statt an den Regierungsrat zu unterwerfen und
hernach direkt den Weg an das Verwaltungsgericht zu öffnen. Dieser neue
Instanzenzug in einem auch quantitativ wichtigen Verwaltungsbereich deckte sich mit den Vorstellungen, welche die Expertenkommission im VRPG-

Revisionsbericht von 1981 geäussert hatte; er fand schliesslich auch die Zustimmung des Grossen Rates und das Volk nahm das Baugesetz in der Referendumsabstimmung vom 9. Juni 1985 deutlich an. Damit war der Bann auch für die VRPG-Revision gebrochen: Der Regierungsrat nahm am 12. November 1986 formell vorbehaltlos Kenntnis vom VRPG-Revisionsbericht, löste die Expertenkommission auf und erteilte Verwaltungsrichter Arthur Aeschlimann den Auftrag, bis Ende Mai 1987 einen Entwurf für ein neues Gesetz über die Verwaltungsrechtspflege auszuarbeiten.

Der Gesetzesentwurf strebte eine umfassende Ordnung der Verwaltungsrechtspflege in einem einheitlichen Erlass an. Ausgehend von den Erkenntnissen der Expertenkommission anfangs der 1980er Jahre liess er sich von folgenden Zielvorgaben leiten:

– Formulierung elementarer und daher durchwegs zu beachtender Verfahrensgrundsätze;

– Normierung des Verwaltungsverfahrens (Verfahren auf Erlass einer Verfügung);

– sachgerechte Zuteilung der Verwaltungsrechtspflegeaufgaben auf die verschiedenen Verwaltungsjustizbehörden mit besonderem Augenmerk auf das Verhältnis zwischen verwaltungsinterner und verwaltungsexterner Rechtspflege;

– möglichst umfassender Ausschluss der ursprünglichen Verwaltungsrechtspflege zugunsten der nachträglichen Verwaltungsrechtspflege (Vorrang der Verfügung; Beschwerdeweg statt Klageweg);

– Verkürzung des Instanzenzugs (Zweistufigkeit des Verfahrens);

– Abstimmung der kantonalen Verwaltungsrechtspflegeordnung auf das Verwaltungsprozessrecht des Bundes;

– Schaffung ausreichender Strukturen in organisatorischer und personeller Hinsicht beim Verwaltungsgericht (Berufsgericht).[43]

Der Gesetzesentwurf fand eine gute Aufnahme. Von den wenigen Einwänden aus dem Vernehmlassungsverfahren erwies sich im nachfolgenden politischen Prozess jener als erfolgreich, der darauf abzielte, den Regierungsstatthalter als erste Beschwerdeinstanz gegenüber Verfügungen der Gemeindeorgane beizubehalten. Hingegen drang die Opposition gegen die Regelung des Anwaltsmonopols vor Verwaltungsjustizbehörden und gegen den Ausschluss der Parteientschädigung an Verwaltungsbehörden sowie gegen die Bestimmungen über die Einrichtung des Verwaltungsgerichts als

---

[43] Vgl. *Merkli / Aeschlimann / Herzog* (Anm. 1), Einleitung N. 35.

Berufsgericht nicht durch.[44] Der Grosse Rat verabschiedete schliesslich das neue Gesetz über die Verwaltungsrechtspflege (VRPG 89) am 23. Mai 1989.[45] Das Referendum wurde nicht ergriffen, weshalb das VRPG 89 am 1. Januar 1990 in Kraft treten konnte.[46]

2.2 Zuständigkeitsordnung

In der Umschreibung der verwaltungsgerichtlichen Zuständigkeit brachte das VRPG 89 einen Systemwechsel. An die Stelle der Enumeration (verbunden mit Teilgeneralklauseln) des VRPG 61[47] trat die Generalklausel nach Art. 74 Abs. 1 VRPG 89:[48] Vorbehältlich des Ausnahmekatalogs in Art. 75–78 VRPG 89 (ursprüngliche Fassung) konnten alle Verfügungen und Entscheide der Regierungsstatthalter, der Direktionen und des Regierungsrates neu direkt mit Beschwerde beim Verwaltungsgericht angefochten werden, gleichgültig ob dem Anfechtungsobjekt eidgenössisches, kantonales oder kommunales Recht zugrunde lag.[49] Der Zugang zum Gericht bildete somit die Regel, die letztinstanzliche Überprüfung durch eine nichtrichterliche Behörde die Ausnahme.

Mehrere Gründe sprachen für den Wechsel zum System der Zuständigkeitsabgrenzung mittels Generalklausel und Ausnahmen. Einmal war schon während der Arbeit der Expertenkommission deutlich geworden, dass sich ein inhaltlich aussagekräftiger Zuständigkeitskatalog nach der Enumera-

---

[44] Vgl. Vortrag 1988 (Anm. 40), Ziff. 3.

[45] Anträge auf Rückweisung zur Überprüfung des Ausnahmekatalogs bzw. auf ganze oder teilweise Streichung einzelner Ausnahmegründe blieben ohne Erfolg, vgl. Tagblatt des Grossen Rates 1989 S. 218 f., insbesondere Antrag Jenni.

[46] Gestützt auf Art. 142 Abs. 1 VRPG 89 sind die Vorschriften über die (erstmalige) Wahl des Verwaltungsgerichts bereits am 1.10.1989 in Kraft getreten, was die Bestellung des Verwaltungsgerichts (Wiederwahlen bzw. Neuwahlen) nach der neuen Ordnung bereits im Herbst 1989 erlaubte; siehe dazu *Merkli / Aeschlimann / Herzog* (Anm. 1), Art. 133 N. 1 und 2.

[47] Vgl. vorne Ziff. 1.2.

[48] Die Vorschrift lautet wie folgt: «Das Verwaltungsgericht beurteilt als letzte kantonale Instanz Beschwerden gegen Verfügungen und Entscheide, die sich auf öffentliches Recht stützen». Damit blieb im VRPG 89 wie schon nach der alten Ordnung die abstrakte Normenkontrolle vor Verwaltungsgericht ausgeschlossen.

[49] Für die neugeordnete Gemeindebeschwerde als Instrument der Staatsrechtspflege blieb aufgrund des durch das VRPG 89 übergangsrechtlich revidierten Gemeindegesetzes (BSG 170.11) der Regierungsrat letztinstanzlich zuständig. Vgl. zur damaligen Neuordnung der Gemeindebeschwerde *Merkli / Aeschlimann / Herzog* (Anm. 1), Einleitung N. 60–64.

tionsmethode weit unübersichtlicher und komplizierter ausnähme als ein Ausnahmekatalog zur Generalklausel. Sodann war bereits damals absehbar, dass der Bundesgesetzgeber über kurz oder lang den Kantonen vorschreiben würde, überall dort eine verwaltungsgerichtliche Zuständigkeit vorzusehen, wo die eidgenössische Verwaltungsgerichtsbeschwerde gemäss der bundesrechtlichen Generalklausel offenstand.[50] Die Fortführung der Enumerationsmethode hätte sich mit dieser bundesrechtlichen Vorgabe in Widerspruch gesetzt und kaum lösbare Schwierigkeiten verursacht. Solchen Problemen kam die als Gegenausnahme formulierte Klausel von Art. 76 Abs. 2 Satz 2 VRPG 89 (ursprüngliche Fassung) zuvor. Schliesslich half die Generalklausel zugunsten der verwaltungsgerichtlichen Zuständigkeit das Postulat zweckmässig umzusetzen, wonach im grundsätzlich zweistufigen Anfechtungsstreitverfahren die zweite Beschwerdeinstanz eine verwaltungsexterne Behörde sein sollte. Der Ausnahmekatalog zur Generalklausel wurde den Art. 99–102 OG nachgebildet und vierteilig gegliedert: Unzulässigkeit der Verwaltungsgerichtsbeschwerde erstens aufgrund des verfahrensrechtlichen Inhalts des Anfechtungsgegenstands,[51] zweitens wegen der Zuständigkeit anderer Instanzen,[52] drittens nach dem Regelungsgegenstand[53] und viertens nach bestimmten Sach- und Rechtsgebieten[54].

Zugeschnitten auf bernische Verhältnisse umfasste der Ausnahmekatalog in seinem Kern die Triage zwischen den Beschwerdefällen, die letztinstanzlich entweder durch das Verwaltungsgericht oder durch den Regierungsrat beurteilt werden sollten. Wegleitend war dabei die Überlegung, dass die verwaltungsgerichtliche Zuständigkeit zugunsten derjenigen des Regierungsrates entfallen sollte, wenn Angelegenheiten zu beurteilen sind, die wegen ihres speziell politischen Charakters wenig justiziabel erscheinen, oder wenn sich vorwiegend Ermessens- oder fachtechnische Fragen stellen.[55] Bei alledem hat man – wie sich im Nachhinein zeigte – namentlich zu wenig Bedacht auf den dynamischen Gehalt von Art. 6 EMRK genommen. Die gesamte kantonale Verwaltungsrechtspflegeordnung steht nicht nur

---

[50] Formell geschah dies dann auch mit der Revision des Bundesgesetzes vom 16.12.1943 über die Organisation der Bundesrechtspflege (OG) am 4.10.1991 durch die Einfügung von Art. 98a OG.

[51] Art. 75 VRPG 89.

[52] Art. 76 VRPG 89 (ursprüngliche Fassung).

[53] Art. 77 VRPG 89 (ursprüngliche Fassung).

[54] Art. 78 VRPG 89 (ursprüngliche Fassung).

[55] Vgl. zum Ganzen: Vortrag 1988 (Anm. 40), Ziff. 4.5.; *Merkli / Aeschlimann / Herzog* (Anm. 1), Einleitung N. 53–55.

unter dem Vorbehalt abweichenden Bundesrechts, sondern auch unter dem abweichender staatsvertraglicher Abmachungen. Art. 6 Ziff. 1 EMRK gewährleistet für alle Zivil- und Strafsachen im Sinne der Konvention die Entscheidung durch ein unabhängiges und unparteiisches, auf Gesetz beruhendes Gericht. Sämtliche Ausschlüsse von der verwaltungsgerichtlichen Zuständigkeit zugunsten einer verwaltungsinternen Justizbehörde hatten somit nur insoweit Bestand, als eine konkrete Streitsache nicht in den Geltungsbereich von Art. 6 Ziff. 1 EMRK fiel, was – wie die Praxis zeigte – nicht für alle Ausnahmeklauseln zutraf. In diesen Fällen musste auf dem Weg der konventionskonformen Auslegung der Ausnahmeklausel im VRPG 89 die verwaltungsgerichtliche Zuständigkeit zur gerichtlichen Überprüfung von Zivil- oder Strafsachen begründet werden.[56]

Anders als nach der alten Ordnung im VRPG 61 und dessen Revision im Jahre 1971[57] ergab sich aufgrund der Generalklausel gemäss Art. 74 Abs. 1 VRPG 89 auch zwanglos die generelle Zuständigkeit des Verwaltungsgerichts im Bereich des Sozialversicherungsrechts.

In allgemeiner Weise schloss Art. 76 Abs. 1 VRPG 89 (ursprüngliche Fassung) die Beschwerde an das Verwaltungsgericht gegenüber Verfügungen und Entscheiden des Grossen Rates und des Obergerichts aus. Gleiches galt nach Absatz 3 dieser Vorschrift, wenn gegen Verfügungen und Entscheide unmittelbar ein Rechtsmittel an eine eidgenössische Verwaltungs- oder Verwaltungsjustizbehörde offenstand. Zuweilen trat die verwaltungsgerichtliche Zuständigkeit innerkantonal in Konkurrenz mit anderen verwaltungsunabhängigen Justizbehörden.[58] Die Gesetzgebung legte deren Zuständigkeit fest;[59] das konnte auch eine kantonal letztinstanzliche sein. Ansonsten entschied sich das Konkurrenzverhältnis nach der komplizierten Regelung von Ausnahme und Gegenausnahme in Art. 76 Abs. 2 VRPG 89 (ursprüngliche Fassung).

Im Bereich der ursprünglichen Verwaltungsrechtspflege teilte sich das Verwaltungsgericht – wie nach der alten Ordnung im VRPG 61 – vorab mit den Regierungsstatthaltern in die in den Art. 87 und 88 VRPG 89 abschlies-

---

[56] Vgl. zur EMRK-Konformität des Ausnahmekatalogs des VRPG 89 *Merkli / Aeschlimann / Herzog* (Anm. 1), Art. 74 N. 10–13 sowie die Kommentierung bei den einzelnen Ausnahmevorschriften der Art. 76–78.

[57] Vgl. vorne Ziff. 1.4.

[58] Siehe die beispielhafte Aufzählung solcher Behörden bei *Merkli / Aeschlimann / Herzog* (Anm. 1), Art. 85 N. 1.

[59] Art. 85 VRPG 89; vgl. auch *Merkli / Aeschlimann / Herzog* (Anm. 1), Einleitung N. 57.

send aufgezählten Zuständigkeiten.[60] Für (vereinzelte) andere Justizbehörden konnte gemäss Art. 89 VRPG 89 die Spezialgesetzgebung ebenfalls das Klageverfahren vorsehen.[61] Unverändert unterlagen die im Klageverfahren ergangenen Urteile der unteren Verwaltungsjustizbehörden der Appellation an das Verwaltungsgericht.[62]

2.3 Ausgestaltung des Verwaltungsgerichts

Das VRPG 89 brachte neue Strukturen und machte aus dem Verwaltungsgericht ein *Berufsgericht*. Änderungen im Vergleich zur Ordnung aus den Jahren 1961 bzw. 1971 drängten sich auf, weil in den 1980er Jahren die Geschäftslast – namentlich auch im Bereich des Sozialversicherungsrechts – zunahm und sich die Komplexität der Streitigkeiten erhöhte. Hinzu kamen gerichtsbetriebliche Schwierigkeiten. Es war oft kaum mehr möglich, zeitgerecht Spruchbehörden aus voll- und nebenamtlichen Richtern zu bilden. Denn es galt Rücksicht zu nehmen auf die meist starke Belastung der nebenamtlichen Mitglieder des Gerichts durch Beruf, Militär, politische Ämter und dergleichen. Zu beachten waren auch Ausstandsgründe, weil sechs von zehn nebenamtlichen Richtern als Anwälte tätig waren. Bedeutung und Zahl der öffentlich-rechtlichen Streitigkeiten sowie die Behebung der genannten systemimmanenten Mängel der bestehenden Gerichtsverfassung riefen nach einem Berufsgericht. Diese Sicht blieb weithin unbestritten. Auch das Plenum des Verwaltungs- und Versicherungsgerichts stimmte dem Wechsel zu.[63] Diesem standen zunächst einzig die Sozialdemokratische Partei und der Gewerkschaftsbund kritisch gegenüber. Sie forderten die Einführung von Fachrichtern im Bereich des Sozialversicherungsrechts. Die grossrätliche Kommission hielt aber am vorgelegten Konzept der Professionalisierung fest und der Grosse Rat bestätigte das diskussionslos.[64]

Demzufolge legte Art. 119 Abs. 1 VRPG 89 (ursprüngliche Fassung) für das neue Verwaltungsgericht einen Rahmen von mindestens zwölf und höchstens neunzehn vollamtlichen Mitgliedern und acht Ersatzrichtern fest. Im Vergleich zur alten Ordnung änderten auch die Wählbarkeitsvoraussetzungen

---

[60] Vgl. *Merkli / Aeschlimann / Herzog* (Anm. 1), Einleitung N. 58 und 59.

[61] Für Einzelheiten vgl. *Merkli / Aeschlimann / Herzog* (Anm. 1), Art. 89 N. 1–3.

[62] Art. 93 VRPG 89.

[63] Vgl. Geschäftsbericht des Verwaltungs- und Versicherungsgerichts für das Jahr 1988, Ziff. I. 1.2.

[64] Vgl. zum Ganzen: Vortrag 1988 (Anm. 40), Ziff. 4.10; *Merkli / Aeschlimann / Herzog* (Anm. 1), Einleitung N. 66 und 67.

wesentlich. Juristische Laien waren nicht mehr wählbar; alle Mitglieder des Verwaltungsgerichts mussten über eine abgeschlossene juristische Ausbildung verfügen, die zur Berufsausübungsbewilligung als Anwalt beziehungsweise Notar im Kanton Bern berechtigte. Sie durften auch nicht mehr dem Grossen Rat angehören und mussten beide Landessprachen kennen.[65]

Die Teilrevision des VRPG 61 im Jahre 1971 hatte sich nach übereinstimmender Auffassung jedenfalls insoweit bewährt, als sie in gerichtsorganisatorischer Hinsicht grundsätzlich die fachspezifische Trennung des Versicherungsgerichts vom «übrigen» Verwaltungsgericht bewerkstelligt hatte. Die Spezialisierung im Bereich des Sozialversicherungsrechts war derart weit fortgeschritten, dass ihr zweckmässigerweise – gleich wie im Bund – auch bei der Gerichtsorganisation Rechnung zu tragen war. Nicht bewährt hatte sich hingegen die in der Teilrevision von 1971 geschaffene Klammer «Gesamtgericht». Diese Verbindung hatte die administrativen und organisatorischen Belange des Verwaltungs- und des Versicherungsgerichts nicht konsequent vereinheitlicht bzw. zusammengelegt. Aufgrund dieser Erfahrungen setzte der Gesetzgeber in Art. 119 Abs. 1 und 2 VRPG 89 (ursprüngliche Fassung) für alle öffentlich-rechtlichen Streitigkeiten ein einziges Verwaltungsgericht ein,[66] das er gemäss den fach- und sprachspezifischen Gegebenheiten in drei Abteilungen gliederte, nämlich: in je eine verwaltungsrechtliche und sozialversicherungsrechtliche Abteilung sowie in die Abteilung für französischsprachige Geschäfte.[67] Die Mitglieder waren für eine Amtsdauer von acht Jahren direkt in die einzelnen Abteilungen zu wählen, und zwar fünf bis acht Richter und drei Ersatzrichter in die verwaltungsrechtliche Abteilung, sechs bis zehn Richter und drei Ersatzrichter in die sozialversicherungsrechtliche Abteilung sowie ein Richter und zwei Ersatzrichter französischer Muttersprache in die Abteilung für französisch-

---

[65] Art. 121 Abs. 1 und 2 VRPG 89 (ursprüngliche Fassung).

[66] Für Ausnahmen von der grundsätzlich umfassenden Zuständigkeit des Verwaltungsgerichts im öffentlichen Recht siehe vorne Ziff. 2.2.

[67] In Bezug auf die französischsprachige Abteilung konnte die fachspezifische Trennung nicht konsequent durchgezogen werden, weil die Belastung des Verwaltungsgerichts mit französischsprachigen Geschäften relativ klein war und nur die Wahl eines französischsprachigen vollamtlichen Richters rechtfertigte. – Heute, zwanzig Jahre später, ist durchaus offen, ob die fachspezifische Trennung nicht dereinst auch im französischsprachigen Bereich Einzug halten wird. Vgl. dazu den Beitrag *Bernhard Rolli*, Le Tribunal administratif et la minorité francophone du canton de Berne, in diesem Band, Ziff. 2.4.

sprachige Geschäfte.[68] Die Abteilungen konstituierten sich selber; insbesondere hatten sie für jeweils vier Jahre einen Abteilungspräsidenten zu wählen, welcher den ordnungsgemässen Geschäftsgang zu überwachen und die mitwirkenden Richter zu bezeichnen hatte.[69] Ordentlicherweise urteilten die Abteilungen in der Besetzung von drei Mitgliedern; Fünferbesetzung galt für Streitigkeiten von grundsätzlicher Bedeutung, für Kompetenzkonflikte und – vorbehältlich der Plenumszuständigkeit[70] – für Abberufungsbegehren. Klare Fälle konnten bei Einstimmigkeit auf dem Zirkulationsweg erledigt werden. Wie schon nach der Ordnung des VRPG 61 bestand unter gewissen Voraussetzungen eine einzelrichterliche Kompetenz.[71]

Die Schaffung eines einzigen (Verwaltungs-)Gerichts bot namentlich auch unter administrativen Gesichtspunkten Vorteile (eine einzige Kostenstelle in der Staatsrechnung, gemeinsame IT-Infrastruktur und Bibliothek, gemeinsame Materialbewirtschaftung usw.). In administrativer Hinsicht wird das Gericht durch den Verwaltungsgerichtspräsidenten geführt. Er steht sowohl dem Plenum wie auch der Verwaltungskommission vor und vertritt das Gericht nach aussen.[72]

2.4 Teilrevisionen

Das VRPG 89 wurde seit seinem Inkrafttreten am 1. Januar 1990 siebzehn Mal teilrevidiert.[73] Die letzte Teilrevision, jene vom 10. April 2008, war die umfangreichste und inhaltlich bedeutendste. Ausgelöst wurde sie durch neues Bundesrecht, konkret durch die Rechtsweggarantie gemäss Art. 29a BV und durch das Bundesgerichtsgesetz[74]. Zur Hauptsache bezweckte die Teilrevision von 2008 mithin die Anpassung des VRPG 89 an das übergeordnete Bundesrecht. Daneben wurden einzelne Gesetzesänderungen vorgenommen, die nicht bundesrechtlich bedingt waren. So wurden beispielsweise der Rechtsweg bei der Staatshaftung vom Klageverfahren auf den Beschwerdeweg geleitet, der Rechtsschutz in Angelegenheiten der Justizverwaltung neu gefasst, verschiedene redaktionelle Anpassungen wie etwa bei der Umschreibung der Beschwerdebefugnis vorgenommen und

---

[68] Art. 120 Abs. 1 VRPG 89 (ursprüngliche Fassung).
[69] Art. 127 VRPG 89 (ursprüngliche Fassung).
[70] Art. 124 VRPG 89 (ursprüngliche Fassung).
[71] Art. 126 und 128 VRPG 89 (ursprüngliche Fassung).
[72] Art. 129 (ursprüngliche Fassung) bis Art. 131 VRPG 89.
[73] Siehe Anhang zum VRPG 89 in BSG 155.21.
[74] Bundesgesetz vom 17.6.2007 über das Bundesgericht (BGG; SR 173.110).

Vorschriften mit der Absicht geändert, die Effizienz der Justiz zu steigern.[75] Für Einzelheiten zu dieser Teilrevision kann auf neue, einlässliche Monographien verwiesen werden.[76]

Die verschiedenen kleineren Teilrevisionen des VRPG 89 hingen zumeist mit Änderungen in der Sachgesetzgebung zusammen. Hier soll auf drei dieser Teilrevisionen hingewiesen werden:

Am 14. März 1995 wurden im Rahmen der Revision des GOG[77] übergangsrechtlich und in Angleichung an die Verhältnisse beim Obergericht die Amtsdauer der Mitglieder des Verwaltungsgerichts von acht auf sechs Jahre und jene des Präsidiums bzw. Vizepräsidiums von vier auf drei Jahre herabgesetzt, die Ausgestaltung des Schiedsgerichts in Sozialversicherungsstreitigkeiten festgelegt sowie Vorschriften über Ablehnung und Ausstand des Verwaltungsgerichts in seiner Gesamtheit oder Mehrheit erlassen.[78] In zwei neuen Bestimmungen wurden Vorschriften über Nebenbeschäftigungen und die Ausübung öffentlicher Ämter durch Gerichtsmitglieder sowie über die Ermächtigung zu deren strafrechtlichen Verfolgung ins VRPG 89 aufgenommen.[79]

Am 6. Juni 2000 wurden im Rahmen der Revision des EG KUMV[80] übergangsrechtlich verschiedene Bestimmungen im VRPG 89 betreffend das Schiedsgericht in Sozialversicherungsstreitigkeiten neu gefasst.[81]

Ebenfalls am 6. Juni 2000 verabschiedete der Grosse Rat das Gesetz über die Einführung von Teilzeitrichter- und Teilzeitprokuratorenstellen,[82] in welchem er durch übergangsrechtliche Änderung verschiedener Bestimmungen

---

[75] Vgl. zum Ganzen: Vortrag des Regierungsrates vom 12.12.2007 an den Grossen Rat betreffend das Gesetz über die Verwaltungsrechtspflege (Änderung), Tagblatt des Grossen Rates 2008, Beilage 11, Ziff. 2 und 3.

[76] Vgl. den Beitrag von *Michel Daum* (Anm. 1), Ziff. 2.5; *Ruth Herzog / Michel Daum,* Die Umsetzung der Rechtsweggarantie im bernischen Gesetz über die Verwaltungsrechtspflege, BVR 2009 S. 1 ff.; *Christoph Auer,* Die Umsetzung des Bundesgerichtsgesetzes in die bernische Verwaltungsrechtspflege, ZBJV 2009 S. 225 ff.

[77] Gesetz vom 14.3.1995 betreffend die Organisation der Gerichtsbehörden in Zivil- und Strafsachen (BSG 161.1).

[78] Vgl. Art. 120 Abs. 1 und 2, Art. 129 Abs. 2 Bst. a und Art. 9 Abs. 5 VRPG 89.

[79] Art. 132a und 132b VRPG 89.

[80] Gesetz vom 6.6.2000 betreffend die Einführung der Bundesgesetze über die Kranken-, die Unfall- und die Militärversicherung (BSG 842.11).

[81] Vgl. Art. 50 Ziff. 1 im gemeinsamen Antrag des Regierungsrats und der Kommission vom 20.10., 10.12. und 22.12.1999 zuhanden der zweiten Lesung, Tagblatt des Grossen Rates 2000, Beilage 10.

[82] BAG 00-121, nicht in der BSG.

des VRPG 89 die Möglichkeit schuf, auch am Verwaltungsgericht Richter-Teilzeitstellen einzurichten. Danach kann der Grosse Rat freie Stellen in Teilzeitstellen mit einem Beschäftigungsgrad von mindestens 50 Prozent aufteilen und den Beschäftigungsgrad mit der Wahl festlegen. Teilzeitlich tätige Mitglieder gehören dem Plenum mit vollem Stimmrecht an; ihnen ist, nicht anders als den vollamtlichen Richtern, die berufsmässige Vertretung Dritter vor den Gerichten oder Verwaltungsbehörden untersagt.[83]

3. Besondere Aspekte der Gerichtsorganisation

3.1 Öffentlichkeit der Beratungen – Information der Medien

Schon nach Art. 36 Abs. 1 des VRPG 61 waren die Verhandlungen des Verwaltungsgerichts zwar öffentlich. Zum Tragen kam diese Bestimmung allerdings kaum, weil das Gericht unter «Verhandlungen» traditionellerweise bloss die mündlichen Schlussverhandlungen mit Parteivorträgen und anschliessender Urteilsberatung im Sinne von Art. 83 VRGP 61 verstand[84] und solche Schlussverhandlungen nur äusserst selten angesetzt wurden. Die «gewöhnlichen» Urteilsberatungen fanden regelmässig in Abwesenheit der Parteien und Parteivertretern und de facto unter Ausschluss der Öffentlichkeit statt, weil die entsprechenden Termine weder den Parteien noch einer breiteren Öffentlichkeit bekannt gegeben wurden. Nach dem Wechsel im Präsidium auf den 1. Januar 1974 änderte das Verwaltungsgericht seine Praxis. Es liess die Parteien wissen, wann über ihren Fall beraten werde, und gab ihnen Gelegenheit, der Urteilsberatung beizuwohnen. Von dieser Möglichkeit wurde denn auch sofort rege Gebrauch gemacht. Deshalb entschloss sich das Gericht, ausser in Steuersachen auch ausgewählte Medienvertreter zu den Beratungen einzuladen und ihnen die Liste der zu beurteilenden Fälle zugänglich zu machen. Das hatte zur Folge, dass nun regelmässig in der Tagespresse und auch im Radio über die Rechtsprechung des Verwaltungsgerichts berichtet wurde.[85]

Mit Rücksicht auf diese Öffnung erschien es angebracht, am Verwaltungsgericht zum System der schriftlichen Referate überzugehen: Wer als Referent bezeichnet wurde, hatte einen schriftlichen Bericht über das ihm zur Behandlung zugewiesene Geschäft zu erstatten. Dieses Referat wurde

---

[83] Vgl. Art. 120 Abs. 2, Art. 129 Abs. 1 und Abs. 4 sowie Art. 132a Abs. 3 VRPG 89.
[84] *Gygi / Stucki* (Anm. 20), Art. 36 N. 1.
[85] Vgl. dazu den Beitrag von *Stephan Wyler* in diesem Band.

den Mitgliedern der Kammer rund eine Woche vor dem Sitzungstag zugestellt. Von diesem Zeitpunkt an lagen die Akten zuhanden der anderen Richter auf der Verwaltungsgerichtskanzlei zur Einsichtnahme auf. Wer einen Gegenantrag stellen wollte, war eingeladen, dies vor Beginn der Sitzung anzukündigen, damit ihm unmittelbar nach dem Vortrag des Referenten das Wort erteilt und die Beratung sogleich zweckmässig gestaltet werden konnte.[86] Ab 1974 fanden während der Geltung des VRPG 61 jährlich zwischen 20 und 30 öffentliche Kammersitzungen mit je bis zu fünf Geschäften statt. Angesichts der steigenden Geschäftslast und weil das VRPG 89 in Art. 126 die Möglichkeiten für Urteile auf dem Zirkulationsweg erweiterte, ging die Zahl der öffentlichen Urteilsberatungen in der Folge stark zurück. So wurden beispielsweise im Jahre 2001 nur noch sechs öffentliche Urteilsberatungen durchgeführt[87] und im Jahr 2007 fand überhaupt keine öffentliche Urteilsberatung mehr statt.[88]

Im Jahre 1990, d.h. nach dem Inkrafttreten des VRPG 89, wurde die Akkreditierung von Medienschaffenden mit der Verabschiedung einschlägiger Richtlinien formalisiert.[89]

3.2 Urteilspublikationen

Die wichtigsten Urteile des Verwaltungsgerichts werden in der «Bernischen Verwaltungsrechtsprechung» (BVR), der «Neuen Steuerpraxis» (NStP), im «Steuerentscheid» (StE), in der Zeitschrift «Der Bernische Notar» (BN) und im «Umweltrecht in der Praxis» (URP) veröffentlicht. Die «Bernische Verwaltungsrechtsprechung» löste im Jahre 1976 die seinerzeit von Ernst Blumenstein gegründete «Monatsschrift für bernisches Verwaltungsrecht und Notariatswesen» (MBVR) ab. Dem Herausgebergremium gehören seit jeher auch Mitglieder des Verwaltungsgerichts an.

3.3 Dienstleistungen

Seit Mitte der 1970er Jahre bietet das Verwaltungsgericht Studierenden, die sich auf das Anwaltsexamen vorbereiten möchten, Praktikumsstellen an. Mehrere Mitglieder des Verwaltungsgerichts wirkten und wirken als Dozen-

---

[86] Vgl. vorne Anm. 38.
[87] Geschäftsbericht des Verwaltungsgerichts für das Jahr 2001, Ziff. 2.2.1.4.
[88] Geschäftsbericht des Verwaltungsgerichts für das Jahr 2007, Ziff. 1.2.1.3.
[89] Geschäftsbericht des Verwaltungsgerichts für das Jahr 1990, Ziff. 1.2.

ten an der Rechtswissenschaftlichen Fakultät der Universität Bern und als Mitglieder von Prüfungskommissionen für Anwälte und Notare.

Traditionellerweise ist das Verwaltungsgericht auch mit mindestens einem Mitglied in der Redaktionskommission des Grossen Rates vertreten. Diese überprüft die Verfassungs- und Gesetzesvorlagen des Regierungsrates oder eines Ratsorgans, bevor diese dem Grossen Rat unterbreitet werden.[90] Damit eröffnet sich dem Verwaltungsgericht die Möglichkeit, im Rahmen der materiellen Vorprüfung von Gesetzesvorlagen auf allfällige Probleme bei der Anwendung neuer Normen durch die Justiz hinzuweisen. Selbstverständlich wirkt das Verwaltungsgericht auch am Vernehmlassungsverfahren mit, wenn der Erlass von Normen geplant ist, die seinen Zuständigkeitsbereich betreffen.[91]

3.4 Informatik

Erste Schritte zur Verbesserung der Dokumentation wurden im Jahre 1975 unternommen, als eine Urteilskartothek nach Stichworten entsprechend der Kartothek der verwaltungsrechtlichen Kammer des Schweizerischen Bundesgerichts erstellt wurde, und zwar zunächst über sämtliche Urteile aus den Jahres 1974 und 1975 mit rund 250 Karten. Diese Kartothek wurde in der Folge laufend ergänzt und allen Gerichtsmitgliedern und Urteilsredaktoren zur Verfügung gestellt. Auch die Direktionen des Regierungsrats und andere ausgewählte Amtsstellen des Kantons wurden damit bedient.[92] Diese Urteilskartothek wurde rasch zum geschätzten und unentbehrlichen Arbeitsinstrument.

Im Anschluss an den Umzug des Verwaltungsgerichts an die Speichergasse 12 und gestützt auf einen vom Grossen Rat bewilligten Sonderkredit konnte im Jahre 1986 nach aufwendiger Evaluation in Zusammenarbeit mit dem Kantonalen Amt für Informatik ein auf die Bedürfnisse des Verwaltungsgerichts besonders zugeschnittenes Textverarbeitungs- und Informatiksystem bestellt werden. Dank der hohen Bereitschaft aller Mitarbeitenden zur Weiterbildung und dank Spezialkenntnissen eines Kammerschreibers konnte das EDV-System im Jahre 1987 weitgehend in eigener Regie eingeführt werden.

---

[90] Art. 58 f. der Geschäftsordnung vom 9.5.1989 für den Grossen Rat (GO; BSG 151.211.1).

[91] Vgl. dazu etwa die Hinweise im Geschäftsbericht des Verwaltungsgerichts für das Jahr 1998, Ziff. 1.2.1.4.

[92] Näheres dazu im Geschäftsbericht des Verwaltungs- und Versicherungsgerichts für das Jahr 1975, Ziff. 2.7.

Damit war das Verwaltungsgericht eines der ersten schweizerischen Gerichte, die sich anschickten, die elektronische Datenverarbeitung für ihre Tätigkeit zu nutzen.[93] Im Jahre 1988 war die EDV-Anlage (Textverarbeitung, Geschäftskontrolle, Urteilskartothek, Sammlung der Urteile im Volltext mit stichwortbezogenem Suchsystem) voll funktionsfähig.[94] In den Folgejahren wurde das System laufend den Bedürfnissen angepasst. Im Jahre 2000 setzte die Verwaltungskommission des Verwaltungsgerichts eine Informatikkommission ein, die sich vor allem mit den letzten Anpassungen der im Jahre 1998 eingeführten Windows 98-Plattform und dem Anschluss des Verwaltungsgerichts an das E-Mail-System des Kantons Bern, mit der Ermöglichung des Internet-Zugriffs und mit Erneuerungen des Netzwerks zu befassen hatte.

Im Jahre 2006 wurde das Informatik-Netz des Verwaltungsgerichts in jenes der Justiz-, Gemeinde und Kirchendirektion des Kantons überführt.[95] Im April 2008 wurde die Geschäftskontrolle der Informatik-Applikation «Tribuna» eingeführt.[96]

Im Zeitpunkt des Inkrafttretens des am 10. April 2008 revidierten VRPG auf den 1. Januar 2009 verfügte das Verwaltungsgericht über eine moderne EDV-Infrastruktur und über eine benutzerfreundliche Homepage, die alle wesentlichen Informationsbedürfnisse zu befriedigen vermag.

---

[93] Weitere Hinweise in den Geschäftsberichten des Verwaltungs- und Versicherungsgericht für die Jahre 1986, Ziff. 1.1., und 1987, Ziff. 2.3.
[94] Geschäftsbericht des Verwaltungs- und Versicherungsgerichts für das Jahr 1988, Ziff. 2.3.
[95] Geschäftsbericht des Verwaltungsgerichts für das Jahr 2006, Ziff. 1.4.
[96] Geschäftsbericht des Verwaltungsgerichts für das Jahr 2008, Ziff. 1.4.

Entwicklung und Organisation der Sozialversicherungsgerichtsbarkeit im Bund und im Kanton Bern

Thomas Gächter[*]

Inhaltsverzeichnis

Die Sozialversicherungsgerichtsbarkeit im Kanton Bern liegt heute vollständig in den Händen des Berner Verwaltungsgerichts, wo sie umsichtig und

---

[*] Ich danke Herrn Rechtsanwalt Philipp Egli, MLaw (Luzern), sowie Herrn lic. iur. Matthias Kradolfer für ihre wertvollen Vorarbeiten zu diesem Beitrag.

mit einiger Wirkung über den Kanton hinaus betreut wird.[1] Das heute in Bern praktizierte Modell der Sozialversicherungsrechtspflege ist jedoch – historisch betrachtet – keine Selbstverständlichkeit. Einige Grundfragen zur Ausgestaltung des Rechtsschutzes in der Sozialversicherung, zu dessen rechtlicher Natur und zu seiner organisatorischen Ausgestaltung waren lange Zeit ungeklärt oder nur unbefriedigend gelöst. Es bedurfte im Sozialversicherungsrecht eines Entwicklungsprozesses von mehreren Jahrzehnten, um ein Rechtsschutzmodell zu entwickeln, das auf Bundesebene einheitlich geregelt ist und den Kantonen transparente Vorgaben für eine vergleichbare Ausgestaltung der Sozialversicherungsgerichtsbarkeit macht.

Ziel dieses kurzen Überblicks ist es, einige Hauptprobleme aufzuzeigen, die in den letzten bald 100 Jahren für die Sozialversicherungsgerichtsbarkeit zu lösen waren. Wie dabei erkennbar wird, sind einige dieser Fragestellungen unterdessen zwar institutionell bewältigt, dogmatisch jedoch nach wie vor noch nicht vollständig aufgearbeitet.

Im Vordergrund steht bei der nachfolgenden Darstellung die Sozialversicherungsgerichtsbarkeit im engeren Sinn, d.h. die Gerichtsbarkeit mit direktem Rechtsschutzbezug für die Versicherten. Die Geschichte und die institutionelle Ausgestaltung des Verfahrens bei Streitigkeiten zwischen Versicherern und Leistungserbringen, die seit jeher einem Schiedsgericht übertragen waren, werden andernorts erläutert.[2]

1. Hauptprobleme beim Aufbau der Sozialversicherungsgerichtsbarkeit

1.1 Verwaltungsrecht und Sozialversicherungsrecht: grundverschiedene Rechtsgebiete ohne innere Berührungspunkte?[3]

Entscheidend für die Ausgestaltung des Rechtsschutzes in Sozialversicherungsangelegenheiten ist zunächst die Frage, welchen Charakter das Sozialversicherungsrecht aufweist: Ist es besonderes Verwaltungsrecht, das durch

---

[1] Siehe dazu etwa den Beitrag von *Ueli Kieser* in diesem Band.
[2] In diesem Band *Nathalie Mewes-Kunz,* Das bernische Schiedsgericht in Sozialversicherungsstreitigkeiten.
[3] Siehe zu diesem Zitat *Max Wolff,* Eidgenössische Verwaltungsgerichtsbarkeit. Nach dem Vortrag von Prof. F. Fleiner am 56. Schweizerischen Juristentag in St. Gallen, SJZ 1921 S. 145 ff. und S. 172 ff., S. 176.

die allgemeine Verwaltungsgerichtsbarkeit zu beurteilen ist, liegt es näher beim Zivilrecht, was die Beurteilung durch zivilrechtliche Instanzen nahelegen würde,[4] oder ist es gar als eigenes Rechtsgebiet zu qualifizieren, das spezialisierte Rechtsprechungsinstanzen benötigt, die von der Verwaltungs- und Zivilgerichtsbarkeit unabhängig sind?

Die Frage stellte sich akzentuiert, nachdem das Eidgenössische Versicherungsgericht (EVG) in Luzern geschaffen und die Einführung der Bundesverwaltungsgerichtsbarkeit geprüft wurde. Konkret wurde die Frage aufgeworfen, ob sich die übrige Bundesverwaltungsgerichtsbarkeit dem bereits bestehenden EVG übertragen liesse. Die Diskussion dieses Vorschlags provozierte jedoch das Argument, dass «trotz der formellen Zugehörigkeit der Sozialversicherung zum öffentlichen Recht der Inhalt dieser Versicherungsrechtsprechung doch in wesentlich anderer Richtung gehe als die Pflege des Verwaltungsrechts, und dass daher von einer äusseren Vereinigung der grundverschiedenen Rechtsgebiete mangels innerer Berührungspunkte keine befruchtende Wechselwirkung zu erwarten sei.»[5]

Es ist zwar heute weitgehend unbestritten, dass das Sozialversicherungsrecht ganz überwiegend dem Verwaltungsrecht und damit dem öffentlichen Recht zuzurechnen ist,[6] doch sind die Vorbehalte gegenüber der Möglichkeit gegenseitiger Befruchtung von Verwaltungsrecht und Sozialversicherungsrecht bis heute nicht gewichen.[7] Es ist nicht zu bestreiten, dass das Sozialversicherungsrecht eine sehr verzweigte und komplexe Materie darstellt, doch ist es eines jener Rechtsgebiete, das am stärksten auf die allgemeinen Lehren des Verwaltungsrechts zurückgreifen musste und muss, um die vielen systematischen Unzulänglichkeiten, Übergangsfragen und Koordinati-

---

[4] Mit dieser Frage beschäftigte sich etwa kurz nach der Schaffung des EVG die Dissertation von *Walter Elsener,* Die kantonalen Versicherungsgerichte der Schweiz, Zürich 1921, S. 16 ff., wobei der Autor den verwaltungsrechtlichen Charakter der Unfallversicherung klar bejaht.

[5] Die Meinung wurde von *Wolff* (Anm. 3) referiert, der sie jedoch im Ergebnis nicht teilte.

[6] Z.B. *Thomas Locher,* Grundriss des Sozialversicherungsrechts, 3. Aufl. Bern 2003, S. 57 f.; *Alfred Maurer,* Schweizerisches Sozialversicherungsrecht, Band I: Allgemeiner Teil, 2. Aufl. Bern 1983, S. 214 ff.; mit den nötigen Differenzierungen zur Rechtsnatur v.a. der weitergehenden beruflichen Vorsorge *Ulrich Meyer,* Allgemeine Einführung, in: ders. (Hrsg.), Soziale Sicherheit, Schweizerisches Bundesverwaltungsrecht Band XIV, Basel etc. 2007, N. 48.

[7] *Thomas Merkli / Arthur Aeschlimann / Ruth Herzog,* Kommentar zum Gesetz über die Verwaltungsrechtspflege im Kanton Bern, Bern 1997, Einleitung N. 68.

onsprobleme befriedigend zu bewältigen.[8] Dementsprechend sind auch viele dieser im allgemeinen Verwaltungsrecht entwickelten Figuren im Sozialversicherungsrecht weiter ausgeformt und erprobt worden,[9] was jedoch bei der Lösung anderer verwaltungsrechtlicher Probleme nur selten zur Kenntnis genommen wird.

Die spezifisch versicherungsrechtlichen Eigenheiten, die als Unterscheidungsmerkmal des Sozialversicherungsrechts vom übrigen Verwaltungsrecht ins Feld geführt wurden, rechtfertigen aus heutiger Sicht keine Sonderbehandlung: Beitrags- und Leistungsrecht, also die spezifisch versicherungsrechtlichen Fragen, basieren auf gesetzlichen und / oder statutarischen Grundlagen und sind nicht weniger als andere Gebiete des Verwaltungsrechts einer korrekten Beurteilung durch die Verwaltungsgerichtsbarkeit zugänglich.

Im Ergebnis ist es eher die Fülle von Einzelfragen und die Menge der zu berücksichtigenden Judikatur, welche vielen Juristinnen und Juristen das Sozialversicherungsrecht als schwer nachvollziehbare Spezialistenmaterie erscheinen lassen. Gleiches liesse sich indes über andere hoch spezialisierte Verwaltungsrechtsgebiete wie das Umweltrecht, das Vergaberecht oder das Steuerrecht sagen; wobei von diesen nur das letztere Gebiet einen ähnlichen Sonder- oder Ausnahmestatus geniesst wie das Sozialversicherungsrecht, gleichwohl institutionell aber enger in die allgemeine Verwaltungsrechtspflege eingebunden ist.

1.2 Gerichtlicher Rechtsschutz

Der Aufbau der Verwaltungsgerichtsbarkeit in Bund und Kantonen nahm einige Jahrzehnte in Anspruch und fand mit der eidgenössischen Justizreform, dem Inkrafttreten des Bundesgerichtsgesetzes und der Folgegesetzgebung in den Kantonen seinen vorläufigen Abschluss. Der Widerstand der Exekutivbehörden gegen eine unabhängige Überprüfung ihrer Tätigkeit war beharrlich und führte dazu, dass die Verwaltungsgerichtsbarkeit nur in kleinen Schritten und über längere Zeitabschnitte hinweg ausgebaut werden konnte.

---

[8] *Alfred Maurer / Gustavo Scartazzini / Marc Hürzeler,* Bundessozialversicherungsrecht, 3. Aufl. Basel 2009, S. 27 f.

[9] Vgl. *Jean-Daniel Ducommun,* Le cinquantenaire du Tribunal Fédéral des Assurances, Schweizerische Zeitschrift für Sozialversicherung (SZS) 1967 S. 241 ff., S. 250 und 254 f.

Es kann gesagt werden, dass die Verwaltungsgerichtsbarkeit im Bund ihren Anfang mit der Schaffung des EVG genommen hat.[10] Das Bundesgericht beurteilte bis zur (zurückhaltenden) Einführung der eidgenössischen Verwaltungsgerichtsbarkeit im Jahr 1929[11] Fragen des (kantonalen) Verwaltungsrechts nur unter dem Gesichtspunkt der Verfassungsmässigkeit.[12] Den Ausschlag dafür, die Rechtsprechung im Sozialversicherungsrecht in die Hände einer unabhängigen Gerichtsinstanz zu legen, gab die Argumentation, dass aufgrund des Unfallversicherungsrechts und im Rahmen der Militärversicherung «wohlerworbene» Rechte geschaffen würden, die – wie subjektive Privatrechte – einer gerichtlichen Beurteilung zugänglich seien.[13] Auf Bundesebene sollte es noch bis zur Revision der Bundesrechtspflege im Jahr 1968 dauern, bis ein vergleichbares Schutzniveau auch für eine grössere Zahl von verwaltungsrechtlichen Rechtsstreitigkeiten erreicht wurde.

1.3 Rechtsschutz nur durch den Bund?

Mit der Schaffung von Art. 34bis der Bundesverfassung von 1874 (aBV) wurde der Bund ermächtigt, in den Bereichen der Kranken- und der Unfallversicherung zu legiferieren. Für die Gesetzgebung in der Militärversicherung war er bereits aufgrund von Art. 18 Abs. 2 aBV kompetent.[14] Nachdem das gross angelegte Gesamtprojekt der Lex Forrer im Jahr 1900 in der Volksabstimmung gescheitert war, entwickelten sich die darin zusammengefassten Versicherungszweige (Militärversicherung, Krankenversicherung und Unfallversicherung) je unterschiedlich und zeitlich verschoben, doch wurden alle drei Zweige innerhalb eines guten Jahrzehnts bundesrechtlich geregelt.[15] Damit stellte sich die Frage, wer für die Klärung sozialversicherungsrechtlicher Streitigkeiten zuständig sein sollte.

In Bundesstaaten existieren für die Beurteilungszuständigkeit von Bundesrecht drei unterschiedliche Modelle, wobei zwei davon dem Bund die

---

[10] *Ducommun* (Anm. 9), S. 250; *Alfred Kölz / Isabelle Häner,* Verwaltungsverfahren und Verwaltungsrechtspflege des Bundes, 2. Aufl. Zürich 1998, N. 166.

[11] *Kölz / Häner* (Anm. 10), N. 167.

[12] *Walter Haller,* in: Jean-François Aubert et al. (Hrsg.), Kommentar zur Bundesverfassung der Schweizerischen Eidgenossenschaft vom 29. Mai 1874, Basel etc. 1987 ff., Art. 114bis N. 5.

[13] Siehe unten Ziff. 2.1.

[14] *Jürg Maeschi,* Kommentar zum Bundesgesetz über die Militärversicherung (MVG) vom 19.6.1992, Bern 2000, Einleitung N. 2.

[15] *Maurer* (Anm. 6), S. 94 f.

Hauptzuständigkeit zuweisen: Der Bund kann grundsätzlich eigene Bundesgerichte für die Beurteilung bundesrechtlicher Fragen schaffen, wie dies etwa in den USA der Fall ist, er kann die gesamte Gerichtsbarkeit zur Bundesangelegenheit erklären, wie dies etwa in Österreich geschehen ist, oder er kann die Rechtsprechungszuständigkeit zwischen Bund und Gliedstaaten aufteilen, indem die Bundesgerichtsbarkeit als Kontrollinstanz über die Beurteilung bundesrechtlicher Fragen in den Gliedstaaten eingesetzt wird.[16] Wie sogleich zu zeigen sein wird, wurden verschiedene Optionen der Ausgestaltung des Rechtsschutzes und des Instanzenzugs diskutiert,[17] bevor letztlich das Grundmodell der noch heute geltenden Aufteilung der Rechtsprechungszuständigkeiten zwischen Bund und Kantonen etabliert wurde.

Interessant ist noch zu bemerken, dass zum Zeitpunkt, als die entsprechenden Diskussionen betreffend den Rechtsschutz in den Bundessozialversicherungen geführt wurden, noch keine Bundeskompetenz zur Errichtung einer eidgenössischen Verwaltungsgerichtsbarkeit bestand.[18] Eine solche wurde erst im Jahr 1914 in Art. 114bis aBV geschaffen.

1.4 Institutionelle Einbindung in die Verwaltungsgerichtsbarkeit

Auch wenn die oben geschilderte Diskussion um den Charakter des Sozialversicherungsrechts im Wesentlichen zum Konsens geführt hat, dass dieses dem öffentlichen Recht und damit dem Verwaltungsrecht zuzuordnen ist, zeigte und zeigt sich in der institutionellen Ausgestaltung des Rechtsschutzes in Bund und Kantonen nach wie vor die verbliebene Unsicherheit im Hinblick auf die Gleichstellung der beiden Rechtsgebiete: Sollen diese am selben Gericht durch den gleichen Spruchkörper, am selben Gericht durch einen spezialisierten Spruchkörper oder an zwei unterschiedlichen Gerichten gleicher Hierarchiestufe beurteilt werden? Je stärker die Besonderheiten und der Spezialisierungsgrad der Sozialversicherungsgerichtsbarkeit gewichtet werden, desto ausgeprägter wird die institutionelle Trennung betont.

---

[16] Siehe etwa *Walter Haller / Alfred Kölz / Thomas Gächter,* Allgemeines Staatsrecht, 4. Aufl. Basel etc. 2008, S. 279 f.

[17] Unten Ziff. 2.1.

[18] Die Schaffung des EVG wurde gleichwohl als verfassungskonform bewertet, da der Bund ja aufgrund seiner Gesetzgebungskompetenz im Kranken- und Unfallversicherungsrecht auch befugt sei, die entsprechenden (Rechtsschutz-)Organe zu schaffen; *Walther Burckhardt,* Kommentar der schweizerischen Bundesverfassung vom 29. Mai 1874, 3. Aufl. Bern 1931, S. 798 Fn. 3.

Sämtliche skizzierten Modelle der organisatorischen Verbindung zwischen Sozialversicherungsgerichtsbarkeit und übriger Gerichtsbarkeit werden in der Schweiz gegenwärtig praktiziert, wobei bereits hier vorweggenommen werden kann, dass sich der Bund und der Kanton Bern – Letzterer zumindest für die deutschsprachigen Fälle[19] – für das grundsätzlich gleiche Modell (Beurteilung am selben Gericht durch einen separaten Spruchkörper) entschieden haben.[20]

2. Entwicklung der Sozialversicherungsgerichtsbarkeit im Bund[21]

2.1 Vorgeschichte

Die Diskussion über die Frage, wie der Rechtsschutz in der Sozialversicherung ausgestaltet sein sollte, setzte bereits bei der Schaffung der Kompetenzgrundlage für die Kranken- und Unfallversicherungsgesetzgebung ein (Art. 34bis aBV). In der im Rahmen der bundesrätlichen Botschaft zu dieser Vorlage publizierten Denkschrift von Ludwig Forrer über die Einführung einer schweizerischen Unfallversicherung[22] wurde hinsichtlich des Rechtsschutzes auf jede gerichtliche Beurteilung der unfallversicherungsrechtlichen Fragen verzichtet:

> «Das Verfahren bei Feststellung des Entschädigungsrechts sowie der Art und Grösse der Entschädigung ist ausschliesslich Sache der Versicherungsanstalt und ihrer Organe. Die Gerichte haben sich in keiner Beziehung damit zu beschäftigen. Damit erreichen wir eine erhebliche Verfahrensbeschleunigung.»[23]

Bereits im Rahmen der sogenannten «Lex Forrer», die ab 1896 in den Räten behandelt wurde, stand dann aber ausser Zweifel, dass für Streitigkeiten aus der Unfall- und Krankenversicherung (und teilweise auch der Militärver-

---

[19] Unten Ziff. 4.4.

[20] Unten Ziff. 2.4 und 4.3.

[21] Siehe zur Geschichte des Eidgenössischen Versicherungsgerichts auch *Jürg Maeschi*, 75 Jahre Eidgenössisches Versicherungsgericht, in: Sozialversicherungsrecht im Wandel. Festschrift 75 Jahre Eidgenössisches Versicherungsgericht, Bern 1992, S. 639 ff.; *Hans Peter Tschudi*, Entstehung und Entwicklung der schweizerischen Sozialversicherungen, Basel / Frankfurt a.M. 1989, S. 50 ff.; *Eidgenössisches Versicherungsgericht*, Eidgenössisches Versicherungsgericht 1917–2006, Luzern 2006.

[22] BBl 1889 IV S. 857 ff. und S. 960 ff.

[23] BBl 1889 IV S. 951.

sicherung) gerichtlicher Rechtsschutz gewährleistet sein sollte; dies auch deshalb, weil das Versicherungsrecht auch privatrechtliche Aspekte umfasse und auch im Rahmen öffentlich-rechtlicher Versicherungsverhältnisse über «wohlerworbene Rechte» zu urteilen sei, was im Sinn der Gewaltenteilung am besten durch eine unabhängige richterliche Instanz zu geschehen habe.[24] Markant erscheint jedoch, dass für den Rechtsschutz drei unterschiedliche Konzepte im selben Gesetz vorgeschlagen wurden, die je an die Besonderheiten der drei Versicherungszweige angepasst waren:

– In der *Unfallversicherung* schlug der Gesetzesredaktor Ludwig Forrer ein Bundesversicherungsgericht als einzige Instanz vor, was letztlich auch Eingang in die Referendumsvorlage fand.[25] Wie die geplante Versicherungsanstalt sollte dieses den Sitz in der «Centralschweiz» haben.[26] Der Vorschlag des Bundesrates, auf die Schaffung eines Bundesversicherungsgerichts zu verzichten, um die Organisation der Kranken- und Unfallversicherung nicht noch weiter aufzublähen,[27] wurde von den Räten zurückgewiesen. Auch aus heutiger Sicht interessant sind die weiteren Begründungen für die beiden unterschiedlichen Modelle: Der Bundesrat argumentierte, dass es nicht einzusehen sei, weshalb das Bundesgericht die Unfallversicherungsrechtspflege nicht ebenso rasch und nicht ebenso im Sinn und Geist der gesamten Versicherungsidee handhaben werde wie ein besonderes Versicherungsgericht.[28] Die nationalrätliche Kommission dagegen, die für ein Versicherungsgericht votierte, führte ins Feld, dass man mit einem Spezialgericht eine raschere und weniger kostspielige Lösung der Streitfragen erreichen könne. Darüber hinaus würden die meisten vor das Versicherungsgericht gebrachten Streitigkeiten eine Materie eigener Art beschlagen, «über welche mit besserem Verständnis als Juristen und eigentliche Gesetzkundige solche Männer entscheiden können, welche in den gewerblichen Fragen orientiert sind und eine praktische Laufbahn im industriellen Leben hinter sich haben: ehemalige Chefs industrieller Betriebe, erfahrene und tüchtige Arbeiter.»[29]

– Für die *Krankenversicherung* war ein anderes Modell vorgesehen: Der Bundesrat schlug für Streitigkeiten mit öffentlichen Kassen als einzige Instanz ein *Kreisschiedsgericht* vor, das vom Kreisverwalter präsidiert

---

[24]   BBl 1896 I S. 307 ff.
[25]   BBl 1899 IV S. 987 ff.
[26]   BBl 1889 IV S. 951.
[27]   BBl 1896 I S. 309.
[28]   BBl 1896 I S. 309.
[29]   BBl 1897 III S. 778.

und zusätzlich mit einem Arbeitgeber und einem Arbeitnehmervertreter besetzt sein sollte. Bei diesen Kreisschiedsgerichten handelte es sich «um vollständig neue Gebilde» in der Krankenversicherungsrechtspflege. Der Bundesrat, von der Kühnheit seines Vorschlags wohl selbst überrascht, zeigte sich offen für Alternativen, falls in den Räten «etwas Besseres zu Tage tritt und an die Stelle unserer Vorschläge gesetzt wird».[30] In die Referendumsvorlage fand sodann eine Lösung Eingang, in der erstmals die Zweistufigkeit des Rechtsschutzes offiziell postuliert wurde: Erste Instanz in Krankenversicherungsfragen wären demnach Kreisschiedsgerichte als kantonale Behörden gewesen, zweite Instanz das Bundesversicherungsgericht.[31]

– Ein besonderes Rechtsschutzsystem sah sodann die ebenfalls in die Gesamtkodifikation der «Lex Forrer» integrierte *Militärversicherung* vor. Diese unterteilte ihre Leistungen in «Leistungen für vorübergehenden Nachteil» und «Leistungen für dauernden Nachteil». Für die erste Kategorie war in der Regel der Bundesrat letzte Beschwerdeinstanz, für die zweite Kategorie das Bundesversicherungsgericht.

Mit dem deutlichen Scheitern der «Lex Forrer» in der Volksabstimmung vom 20. Mai 1900 wurden alle diese Rechtsschutzkonzepte vorerst Makulatur. Einige der Ideen und Strukturen wurden beim späteren Auf- und Ausbau der Sozialversicherung wieder aufgegriffen. Die Argumente, die für und wider einzelne Konzepte vorgebracht wurden, blieben über rund 100 Jahre hinweg vergleichbar.

2.2 Eidgenössisches Versicherungsgericht (EVG) und Vorinstanzen

Im Militärversicherungsgesetz von 1901, das mit der Regelung der Militärversicherung den nicht umstrittenen Teil der Lex Forrer übernommen hatte, wurde darauf verzichtet, gerichtliche Rechtsschutzinstanzen vorzusehen. Sämtliche Streitigkeiten wurden verwaltungsintern und letztinstanzlich durch Verwaltungsbeschwerde an den Bundesrat beurteilt.

Eine eigentliche Sozialversicherungsgerichtsbarkeit wurde im Bund erst mit dem Bundesgesetz vom 13. Juni 1911 über die Kranken- und Unfallversicherung (KUVG) eingerichtet. Art. 122 KUVG sah für den Bereich der obligatorischen *Unfallversicherung* die Schaffung eines Eidgenössischen

---

30 BBl 1896 I S. 313.
31 BBl 1899 IV S. 932 ff.

Versicherungsgerichts (EVG) mit Sitz in Luzern vor. Während dieses aufgrund des bundesrätlichen Entwurfs als einzige gerichtliche Instanz konzipiert war,[32] wurde es im Rahmen der parlamentarischen Auseinandersetzung zu einer Rechtsmittelinstanz (zweite Instanz, Rechtsmittel «Berufung») in Unfallversicherungsfragen.[33] Die Kantone wurden sodann verpflichtet, für die im KUVG aufgeführten Streitigkeiten «ein einziges Gericht als erste Instanz» zu bezeichnen (Art. 120 KUVG).[34] Mit der Schaffung einer ersten Instanz in den Kantonen sollte mehr Nähe zu den Versicherten und eine leichtere Zugänglichkeit des Rechtsschutzes gewährleistet werden.[35]

Das 1901 geschaffene *Militärversicherungsgesetz* wurde – kurz nach der Annahme des KUVG – ebenfall einer grösseren Revision unterzogen. Dabei wurde die bereits in der «Lex Forrer» angelegte Idee des gerichtlichen Rechtsschutzes im Hinblick auf das aufgrund des KUVG zu schaffenden EVG wieder aufgenommen und ausgebaut. Sowohl gegen Verfügungen des Oberfeldarztes wie auch gegen Entscheidungen der Pensionskommission wurde die Berufung ans EVG zugelassen,[36] wobei in bestimmten Fällen, wie übrigens auch in Unfallversicherungsstreitigkeiten mit einem Grenzbetrag von 300 Franken, eine einzelrichterliche Kompetenz vorgesehen war.[37] Für Streitigkeiten zwischen Unfallversicherungsanstalt und Militärversicherung war zudem ein besonderes Klageverfahren vorgesehen.[38]

Das EVG, das sich im Dezember 1917 konstituierte und anfangs 1918 seinen Betrieb aufnahm, war damit von Anfang an mit Rechtsstreitigkeiten aus zwei verschiedenen Rechtsgebieten befasst, die in unterschiedlichen Verfahrensarten (Berufungen, Klagen) zu beurteilen waren, und amtete in unfallversicherungsrechtlichen Fragen als zweite Gerichtsinstanz, in militärversicherungsrechtlichen Fragen als erste gerichtliche Instanz und war zudem in besonderen Fällen für Klageverfahren zuständig.

Schon rasch gelangte des EVG an seine Kapazitätsgrenzen. Insbesondere die Zahl der militärversicherungsrechtlichen Streitigkeiten lag, im Nach-

---

[32] BBl 1906 VI S. 439.

[33] BBl 1908 III S. 474.

[34] Eingehend dazu die Dissertation von *Walter Elsener* (Anm. 4).

[35] Sten. Bull. SR 1916, S. 48 (Votum Scherrer); Sten. Bull. NR 1916, S. 104 f. (Votum Studer).

[36] Art. 12 und Art. 143 ff. des Bundesbeschlusses vom 28.3.1917 betreffend die Organisation und das Verfahren des Eidgenössischen Versicherungsgerichts, AS (NF) 1917 517.

[37] Art. 16 Bundesbeschluss EVG (Anm. 36).

[38] Art. 158 ff. Bundesbeschluss EVG (Anm. 36).

gang des 1. Weltkriegs, weit über den Erwartungen.[39] Die Zahl der hauptamtlichen Richter wurde deshalb von drei auf fünf erhöht, denen fünf ausserordentliche Richter beigegeben wurden. Die Rechtsprechung des EVG stiess indes nicht überall auf Akzeptanz. So brachte der Bundesrat in seiner Botschaft zum Entwurf eines Bundesgesetzes über die eidgenössische Verwaltungs- und Disziplinarrechtspflege seine Missbilligung der eher grosszügigen Rechtsprechung im Bereich der Militärversicherung ungewohnt deutlich zum Ausdruck:

> «Vor nicht langer Zeit ist das eidgenössische Versicherungsgericht in Luzern geschaffen worden. Heute schon ist die Einsicht weit verbreitet, dass man besser getan hätte, die versicherungsgerichtlichen Funktionen dem Bundesgericht zu übertragen. Es fehlt auch nicht an Stimmen, die den seinerzeit begangenen Fehler jetzt noch korrigieren möchten.»[40]

Es erstaunt deshalb wenig, dass der Bundesrat in der schliesslich gescheiterten Vorlage zu einem Bundesgesetz über die Alters- und Hinterlassenenversicherung aus dem Jahr 1929 («Lex Schulthess») auf Bundesebene nicht das EVG, sondern «eine vom Bundesrat mit Genehmigung der Bundesversammlung zu bezeichnende Behörde» als Rechtsmittelinstanz einsetzen wollte, und dies nur bei einem Streitwert von (damals beachtlich hohen) über 1000 Franken. Die Kantone sollten dagegen eine (einzige) Behörde bezeichnen, die über Beitrags- und Leistungsstreitigkeiten zu entscheiden gehabt hätte. Den Kantonen wäre es freigestellt gewesen, als kantonale Instanz eine Verwaltungs- oder eine Gerichtsbehörde einzusetzen.[41] Auch das Parlament sah in der Folge nicht das EVG als höchstrichterliche Instanz vor: Gegen Entscheide der kantonalen Behörden in Streitigkeiten über Arbeitgeberbeiträge sollte die Verwaltungsgerichtsbeschwerde ans Bundesgericht möglich sein, in Streitigkeiten über andere Angelegenheiten ein Rechtsmittel an eine vom Bundesrat zu bestellende Kommission.[42]

---

[39] *Maeschi* (Anm. 21), S. 644 ff., der die hohe Geschäftslast einerseits mit den Folgen des Weltkriegs und den Folgen der Spanischen Grippe von 1918/1919 erklärt, anderseits aber auch mit dem ausgeprägten Misstrauen der Versicherten gegenüber den Organen der Militärversicherung.

[40] BBl 1925 II S. 212.

[41] BBl 1929 II S. 305 und S. 318.

[42] BBl 1931 I S. 1010 f.

2.3 Ausbau der Sozialversicherungsgerichtsbarkeit

Den eigentlichen Durchbruch für die eidgenössische Sozialversicherungsgerichtsbarkeit bedeutete die Annahme des Bundesgesetzes vom 20. Dezember 1946 über die Alters- und Hinterlassenenversicherung (AHVG). Schlug noch die Expertenkommission auf Bundesebene – wie in der «Lex Schulthess» – eine besondere Kommission vor, so liess sich der Bundesrat von den Argumenten überzeugen, die nicht zuletzt durch eine Eingabe des EVG selbst in das Gesetzgebungsverfahren eingebracht worden waren: Die Zahl der Gerichtsbehörden auf Bundesebene sollte nicht erhöht und die höchstrichterliche Rechtspflege nicht zersplittert werden. Zudem würden am EVG nach dem Ende der Mobilmachung, d.h. mit Abnahme der militärversicherungsrechtlichen Prozesse, wieder Kapazitäten frei.[43] Damit war das EVG definitiv als einzige oberste Gerichtsinstanz im Bund etabliert.

Als Vorinstanzen des Bundesgerichts waren Rekursbehörden für AHV-Fragen vorgesehen, die von den Kantonen einzusetzen waren. Im Gegensatz zum Vorschlag in der «Lex Schulthess» wurde ausdrücklich vorgeschrieben, dass es sich bei diesen Rekursbehörden um *«von der Verwaltung unabhängige»* kantonale Instanzen handeln müsse. Es konnte nach ausdrücklicher gesetzlicher Regelung aber auch eine bereits bestehende Gerichtsbehörde als solche bezeichnet werden.[44] Von dieser Möglichkeit machten bei der ersten Umsetzung des AHVG insgesamt sechs Kantone Gebrauch, unter ihnen auch der *Kanton Bern,* der das Verwaltungsgericht mit der Aufgabe der kantonalen AHV-Rekursbehörde betraute.[45]

Dieses Modell (unabhängige kantonale Gerichtsinstanz, EVG als Rechtsmittelinstanz) setzte sich in der Folge in allen neu geschaffenen oder revidierten Sozialversicherungszweigen durch und hat sich – unter Vorbehalt der Änderungen, die aufgrund des ATSG und des BGG erforderlich waren – bis heute so gehalten. Enge wörtliche Anlehnungen an das Rechtsschutzkonzept der AHV oder direkte Verweise auf dieses enthielten etwa das Bundesgesetz vom 22. Juni 1951 über die *Arbeitslosenversicherung,*[46] aArt. 22 des Bundesgesetzes vom 20. Juni 1952 über die *Familienzulagen in der Landwirt-*

---

[43] BBl 1946 II S. 514 ff.; siehe auch *Ducommun* (Anm. 9), S. 243, und *Eidgenössisches Versicherungsgericht* (Anm. 21), S. 24 f.

[44] Vgl. *Maeschi* (Anm. 21), S. 648 ff.

[45] Unten Ziff. 4.1. Siehe *Peter Binswanger,* Kommentar zum Bundesgesetz über die Alters- und Hinterlassenenversicherung, Zürich 1950, S. 303.

[46] Die Regelung wurde auch in aArt. 101 des Bundesgesetzes vom 25.6.1982 über die Arbeitslosenversicherung und die Insolvenzentschädigung übernommen.

schaft, Art. 24 des Bundesgesetzes vom 25. September 1952 über die *Erwerbsausfallentschädigung* an Wehr- und Zivilschutzpflichtige, aArt. 69 des Bundesgesetzes vom 19. Juni 1959 über die *Invalidenversicherung*, Art. 7 f. des Bundesgesetzes vom 19. März 1965 über *Ergänzungsleistungen* zu AHV und IV und die mit der öffentlich-rechtlichen Ausgestaltung der Krankenversicherung verbundene Revision des KUVG in Art. 30bis und 30ter.[47] Im Bereich der Militärversicherung, für die das EVG seit 1918 letztinstanzlich zuständig war, wurden mit dem Bundesgesetz vom 20. September 1949 über die Militärversicherung neu «kantonale Versicherungsgerichte» als erste Gerichtsinstanz vorgesehen.[48] Schliesslich wurde mit Art. 73 des Bundesgesetzes vom 25. Juni 1982 über die berufliche Alters-, Hinterlassenen- und Invalidenvorsorge (BVG) auch der Rechtsschutz in der beruflichen Vorsorge dem System des übrigen Sozialversicherungsrechts insofern angeglichen, als die Kantone verpflichtet wurden, eine einzige kantonale Gerichtsinstanz vorzusehen, deren Entscheide sodann ans EVG weitergezogen werden konnten. Der massgebliche Unterschied zu den anderen Zweigen der Sozialversicherung bestand und besteht im Wesentlichen darin, dass es sich beim Verfahren vor dem kantonalen Gericht um ursprüngliche Verwaltungsgerichtsbarkeit handelt, d.h. um ein Klageverfahren,[49] in den anderen Zweigen dagegen um nachträgliche Verwaltungsgerichtsbarkeit (Beschwerdeverfahren).

Der am 1. Januar 2003 in Kraft getretene Art. 57 ATSG sieht schliesslich vor, dass jeder Kanton ein Versicherungsgericht als einzige Instanz zur Beurteilung von Beschwerden aus dem Bereich der Sozialversicherung einsetzt, was bis zum Ablauf der entsprechenden Umsetzungsfrist in allen Kantonen geschehen ist.[50] Die Kantone sind trotz des diesbezüglich nicht ganz eindeutigen Wortlauts von Art. 57 ATSG lediglich gehalten, die Sozialversicherungsgerichtsbarkeit bei einem *einzigen* Gericht zusammenzufassen. Es muss sich dabei jedoch *nicht* um ein eigentliches *Fachgericht* handeln. Die Übertragung der Sozialversicherungsrechtspflege an ein anderes Gericht (z.B. Verwaltungs- oder Obergericht) oder an eine Abteilung eines anderen Gerichts ist ebenfalls zulässig.[51] Gegen die Entscheide des kantonalen Versi-

---

[47] Die Regelung wurde auch in aArt. 85 ff. des Bundesgesetzes vom 18.3.1994 über die Krankenversicherung aufgenommen.

[48] Die Regelung des Rechtsschutzes wurde sinngemäss in aArt. 104 ff. des Bundesgesetzes vom 19.6.1992 über die Militärversicherung übernommen.

[49] *Locher* (Anm. 6), S. 500; *Maurer / Scartazzini / Hürzeler* (Anm. 8), S. 272.

[50] Die fünfjährige Übergangsfrist gemäss aArt. 82 Abs. 2 ATSG ist am 31.12.2007 abgelaufen.

[51] *Ueli Kieser*, ATSG-Kommentar, 2. Aufl. Zürich etc. 2009, Art. 57 N. 4 f.

cherungsgerichts ist gemäss Art. 62 ATSG der Weiterzug ans Bundesgericht (bis zum 31. Dezember 2006: ans EVG) möglich.

Das im Rechtsschutzmodell der Unfallversicherung gemäss KUVG angelegte Konzept hat sich demnach – nach rund 90 Jahren Entwicklung – für das ganze Sozialversicherungsrecht durchgesetzt.

2.4 Eidgenössisches Versicherungsgericht und Bundesgericht

Das EVG wurde als unabhängiges Spezialverwaltungsgericht des Bundes geschaffen. Damit stellte sich von Anfang an die Frage nach seinem Verhältnis zum Bundesgericht. Schon Mitte der 20er Jahre des letzten Jahrhunderts gab es einen parlamentarischen Vorstoss, der die Übernahme der Rechtsprechungszuständigkeiten des EVG durch das Bundesgericht forderte. Der Vorstoss war jedoch weniger durch institutionelle Anliegen motiviert als vielmehr durch die Unzufriedenheit des Motionärs mit der als zu grosszügig empfundenen Rechtsprechung des EVG.[52] Die Idee wurde sodann aber nicht weiter verfolgt.[53]

Der kontinuierliche Ausbau der Kompetenzen des EVG sowie dessen hohe Geschäftslast führten im Hinblick auf die Revision des Bundesgesetzes über die Organisation der Bundesrechtspflege (OG)[54] im Jahr 1968 zu einer Annäherung der beiden obersten Gerichte, die auch eine Verstärkung der Einheitlichkeit der höchstrichterlichen Rechtsprechung im Verwaltungsrecht bezweckte.[55] Diskutiert wurden drei unterschiedliche Varianten: der Einbau des EVG ins Bundesgericht, der Ausbau des EVG zu einem Bundesverwaltungsgericht oder die Beibehaltung des Status quo (mit oder ohne Gleichstellung zum Bundesgericht).[56] Am Ende der Debatte stand ein Kompromiss: Art. 122 OG bestimmte, dass das EVG als «organisatorisch selbständige Sozialversicherungsabteilung des Bundesgerichts» galt, was von Fritz Gygi als «organisatorische Eigenschöpfung mehr verbaler Natur» bezeichnet wurde. In Wirklichkeit bestünden zwei selbständige oberste Gerichte neben-

---

[52] Siehe *Maeschi* (Anm. 14), S. 646. Siehe auch vorne bei Anm. 40.

[53] *Eidgenössisches Versicherungsgericht* (Anm. 21), S. 47 f.

[54] Bundesgesetz vom 16.12.1943 über die Organisation der Bundesrechtspflege (Bundesrechtspflegegesetz, OG).

[55] Zum Anliegen einer verstärkten Kohärenz der Rechtsprechung bereits *Ducommun* (Anm. 9), S. 254 f.; siehe auch *ders.*, Le Tribunal Fédéral des Assurances et la loi d'organisation judiciaire: Bilan de cinq années d'expérience, Schweizerische Zeitschrift für Sozialversicherung (SZS) 1975 S. 1 ff., S. 6 ff.

[56] *Maeschi* (Anm. 14), S. 651; *Eidgenössisches Versicherungsgericht* (Anm. 21), S. 48 f.

einander, für welche die gleiche Prozessordnung (OG) gelte und für welche gewisse Ansätze zu einer Koordination der Rechtsprechung existierten (Art. 127 OG).[57] Der Sitz des EVG blieb weiterhin in Luzern (Art. 124 OG).

Mit dem Inkrafttreten des Bundesgerichtsgesetzes (BGG) am 1. Januar 2007 wurde sodann das EVG ins Bundesgericht teilintegriert: Es gibt nur noch *ein* Bundesgericht, das unter einheitlicher Leitung steht, mit *einem* Präsidium und mit *einer* Verwaltung. Sitz des Gerichts ist Lausanne, wobei eine oder mehrere Abteilungen ihren Standort in Luzern haben. Die Richterinnen und Richter werden von der Bundesversammlung ans Bundesgericht – und nicht mehr wie früher ans Bundesgericht oder ans EVG – gewählt. In personeller Hinsicht besteht volle Freizügigkeit.[58] Die Möglichkeiten zur Koordination der Rechtsprechung zwischen den verschiedenen Abteilungen wurden etwas ausgebaut (Art. 23 BGG). Das nähere Zusammenrücken der beiden Gerichte zeigt sich nun auch darin, dass die Rechtsprechungszuständigkeit der beiden sozialrechtlichen Abteilungen in Luzern über das Bundessozialversicherungsrecht hinaus auf das kantonale Sozialversicherungsrecht, das öffentliche Personalrecht und das Sozialhilferecht erweitert worden ist,[59] was zumindest für das kantonale Sozialversicherungsrecht sowie das Sozialhilferecht thematisch sinnvoll erscheint. Der thematische Bezug des öffentlichen Personalrechts zu den übrigen Zuständigkeiten ist weniger offensichtlich, im Hinblick auf die sozialversicherungsrechtlichen Streitigkeiten, die häufig einen Bezug zur unselbständigen Beschäftigung im privaten und im öffentlichen Recht aufweisen, aber zumindest nachvollziehbar. Eher hätte man allerdings erwartet, dass die Opferhilfe, die einen engeren Bezug zu den sozialversicherungsrechtlichen Ausgleichsystemen aufweist, den sozialrechtlichen Abteilungen in Luzern übertragen werde.

---

[57]   *Ducommun* (Anm. 55), S. 8 ff.; *Fritz Gygi,* Bundesverwaltungsrechtspflege, 2. Aufl. Bern 1983, S. 35. Christina Kiss und Heinrich Koller bezeichnen die Regelung im OG denn auch zu Recht als weitgehend formelles Konstrukt (*Christina Kiss / Heinrich Koller,* Art. 188 N. 13, in: Bernhard Ehrenzeller et al. [Hrsg.], St. Galler Kommentar zur Bundesverfassung, 2. Aufl. Zürich / St. Gallen 2008).

[58]   Siehe etwa *Heinrich Koller,* Art. 1 N. 60 f., in: Marcel Alexander Niggli / Peter Uebersax / Hans Wiprächtiger (Hrsg.), Kommentar zum Bundesgerichtsgesetz, Basel 2008.

[59]   Siehe Art. 34 Bst. d, f und h des Reglements des Bundesgerichts vom 20.11.2006 (SR 173.110.131).

3. Besonderheiten der Sozialversicherungsgerichtsbarkeit im Bund

3.1 Verfahrensrechtliche Besonderheiten und deren Abbau

Die Sozialversicherungsgerichtsbarkeit – damals vor allem die Rechtsprechung im Bereich der Unfallversicherung – wurde ursprünglich nicht dem Bundesgericht übertragen, weil das Sozialversicherungsrecht trotz seines öffentlich-rechtlichen Charakters sehr spezielle Züge trage und die Fragen praxisnaher beurteilt werden müssten.[60] Dementsprechend war auch das Verfahren vor dem EVG von Anfang an von einigen Besonderheiten geprägt. Bereits in seiner Anfangszeit führte das EVG umfangreiche Beweisverfahren durch, da es nicht an die Tatsachenfeststellung der Vorinstanzen gebunden war.[61] Auch später, zur Geltungszeit des OG, war das EVG in Leistungsstreitigkeiten aufgrund der Sonderregelung in Art. 132 OG viel freier bezüglich Rügenbeurteilung und Kognition. In diesen Verfahren konnte auch Unangemessenheit gerügt werden, war das EVG in keinem Fall an die vorinstanzliche Feststellung des Sachverhalts gebunden und konnte es zudem zu Gunsten und zu Ungunsten der Parteien über deren Begehren hinausgehen. Diese freiere Kognition trug wesentlich dazu bei, dass die Leistungen in der ganzen Schweiz nach den gleichen Richtlinien zugesprochen und bemessen wurden.[62] Der Zugang zum höchstrichterlichen Rechtsschutz wurde weiter dadurch erleichtert, dass bei Leistungsstreitigkeiten in der Regel keine Verfahrenskosten auferlegt wurden (Art. 134 OG).

Mit Inkrafttreten des BGG am 1. Januar 2007, d.h. mit der Teilintegration des EVG ins Bundesgericht, fand eine weitgehende, aber nicht vollständige Angleichung an die Verfahrensregeln in den anderen Beschwerdeverfahren statt:[63] Die wichtigste Änderung für die letztinstanzliche Sozialrechtspflege bestand darin, dass vor den beiden sozialrechtlichen Abteilungen grundsätzlich nur noch eine Rechtskontrolle stattfindet. Vorbehalten bleiben jedoch – vorläufig noch[64] – die Streitigkeiten betreffend Geldleistungen der Militär- und Unfallversicherung, bei denen aufgrund von Art. 105 Abs. 3 BGG nach

---

[60] Siehe etwa oben bei Anm. 29.

[61] *Maeschi* (Anm. 21), S. 644 f.

[62] *Maurer* (Anm. 6), S. 496.

[63] Hierzu *Ulrich Meyer,* Der Einfluss des BGG auf die Sozialrechtspflege, Schweizerische Zeitschrift für Sozialversicherungsrecht und berufliche Vorsorge (SZS) 2007 S. 222 ff., S. 237 f.

[64] Im Rahmen der laufenden Revision des UVG ist die vollständige Aufhebung von Art. 97 Abs. 2 und Art. 105 Abs. 3 BGG vorgesehen; BBl 2008 S. 5483.

wie vor keine Bindung an die Sachverhaltsfeststellung der Vorinstanz besteht.[65] Ansonsten sind die Tatsachenfeststellungen des kantonalen Sozialversicherungsgerichts nur rüg- und korrigierbar, wenn sie offensichtlich unrichtig sind oder auf einer Rechtsverletzung im Sinne von Art. 95 BGG beruhen. Ermessenskontrolle findet in keinem Falle mehr statt. Weggefallen ist auch die fehlende Bindung an die Parteianträge. Zudem ist auch für sozialversicherungsrechtliche Leistungsstreitigkeiten eine (bescheidene) Gerichtskostenpflicht eingeführt worden (Art. 65 Abs. 4 BGG).

Der Abbau dieser Besonderheiten hat *Rückwirkungen* auf die kantonale Sozialversicherungsgerichtsbarkeit: Mit der Einengung der höchstrichterlichen Kognition steigen faktisch auch die qualitativen Anforderungen an die kantonalen Sozialversicherungsgerichte, da sie den Sachverhalt verbindlich feststellen und als letzte Instanz auch über Ermessenskontrolle verfügen.[66]

3.2 Vorgaben des Bundes an die Kantone für die Ausgestaltung der Sozialversicherungsrechtspflege

Bereits Art. 120 KUVG verpflichtete die Kantone, für die Beurteilung unfallversicherungsrechtlicher Streitigkeiten «unabhängige kantonale Gerichte» einzurichten, ohne dabei zu definieren, ob es sich um Spezialgerichte oder bereits bestehende Gerichte handeln müsse. In der Folge sahen sämtliche neu geschaffenen Sozialversicherungsgesetze für die Streitigkeiten aus ihrem Gebiet ähnliche Verpflichtungen vor, d.h. die Kantone hatten für die Streitigkeiten aus sämtlichen neuen Sozialversicherungsgesetzen neue Gerichtsinstanzen zu schaffen oder aber die Zuständigkeit der bestehenden Gerichte zu erweitern.[67] Für alle Sozialversicherungszweige, die dem ATSG unterstehen, schreibt seit dem Jahr 2003 Art. 57 ATSG vor, dass jeder Kanton ein Versicherungsgericht als einzige Instanz zur Beurteilung von Be-

---

[65] Ursprünglich galt die gleiche Regelung auch für Geldleistungen der Invalidenversicherung, doch wurde diese Ausnahme noch vor Inkrafttreten des BGG durch das Bundesgesetz vom 16.12.2005 über die Verfahrensstraffung in der Invalidenversicherung aus dem BGG gestrichen. Siehe *Ulrich Meyer,* Art. 105 N. 51, in: Niggli et al. (Anm. 58).

[66] Siehe hierzu auch *Robert Hurst,* Art. 18a N. 3, in: Christian Zünd / Brigitte Pfiffner Rauber (Hrsg.), Gesetz über das Sozialversicherungsgericht des Kantons Zürich. Kommentar, 2. Aufl. Zürich etc. 2009, sowie *Hans-Jakob Mosimann,* Die Auswirkungen des BGG auf die kantonalen Versicherungsgerichte, Schweizerische Zeitschrift für Sozialversicherungsrecht und berufliche Vorsorge (SZS) 2007 S. 243 ff., S. 248 ff.

[67] Zur ganzen Entwicklung oben Ziff. 2.3.

schwerden aus dem Bereich der Sozialversicherung vorzusehen hat. Ebenfalls ein unabhängiges Gericht – das jedoch nicht dasselbe sein muss wie das Sozialversicherungsgericht gemäss Art. 57 ATSG – sieht Art. 73 Abs. 1 BVG für Streitigkeiten zwischen Vorsorgeeinrichtungen, Arbeitgebern und Anspruchsberechtigten vor. Wie bereits vorne ausgeführt, wird durch Art. 57 ATSG nur insofern in die kantonale Organisationsautonomie eingegriffen, als ein einziges Gericht für sämtliche Streitigkeiten einzurichten ist. Es ist dabei jedoch zulässig, die Sozialversicherungsgerichtsbarkeit einem bereits bestehenden Gericht oder einer spezialisierten Abteilung eines solchen Gerichts zu übertragen.[68]

Weiter statuierte bereits Art. 121 KUVG Anforderungen an das kantonale Verfahren: Die Kantone hatten für einen möglichst einfachen und raschen Prozessweg zu sorgen sowie dafür, dass einer bedürftigen Prozesspartei die unentgeltliche Rechtspflege gewährt werde. Die späteren Erlasse übernahmen oder erweiterten diese Anforderungen an das kantonale Verfahren. So enthielt etwa die Bestimmung zu den «Verfahrensregeln» im KVG (aArt. 87 KVG), dem letzten Sozialversicherungsgesetz, das vor Inkrafttreten des ATSG erlassen wurde, einen Katalog von nicht weniger als neun Einzelbuchstaben. Art. 61 ATSG, der sich eng an diese – und frühere – Verfahrensregeln anlehnt,[69] übernimmt diesen Anforderungskatalog für sämtliche Sozialversicherungszweige, die das ATSG für anwendbar erklären (Art. 2 ATSG).[70] In der beruflichen Vorsorge, die dem Geltungsbereich des ATSG grundsätzlich nicht untersteht, werden in Art. 73 BVG sinngemässe – wenn auch weniger umfangreiche – Anforderungen formuliert. Die besonderen Anforderungen an die kantonalen Verfahren sind alle im Wesentlichen auf das Bestreben zurückzuführen, die sozial schwächere Partei, d.h. die versicherte Person, zu schützen.[71]

---

[68] *Kieser* (Anm. 51), Art. 57 N. 4.

[69] *Kieser* (Anm. 51), Art. 61 N. 1.

[70] Eine der praktisch wichtigsten Abweichungen von den Verfahrensregeln stellt die spezialgesetzliche Einführung der Kostenpflichtigkeit in kantonalen IV-Streitigkeiten in Abweichung von Art. 61 Bst. a ATSG dar (Art. 69 Abs. 1bis des Bundesgesetzes vom 19.6.1959 über die Invalidenversicherung [IVG], Kostenrahmen von 200 bis 1000 Franken).

[71] *Kieser* (Anm. 51), Art. 61 N. 3.

4. Sozialversicherungsgerichtsbarkeit im Kanton Bern

4.1 Mehrspurigkeit der kantonalen Sozialversicherungsgerichtsbarkeit

Mit dem Ausbau der Bundessozialversicherungen war regelmässig auch der parallele Ausbau der Sozialversicherungsgerichtsbarkeit in den Kantonen verbunden, wobei die organisatorische Ausgestaltung der Gerichte den Kantonen überlassen blieb.[72]

Im Kanton Bern gab es ursprünglich kein einheitliches Sozialversicherungsgericht, d.h. keine Instanz, die für sämtliche Fragen des Sozialversicherungsrechts zuständig war.[73] Noch Ende der 60er Jahre des letzten Jahrhunderts waren drei unterschiedliche gerichtliche Behörden als Vorinstanzen des EVG zuständig,[74] was nicht als ideale Lösung empfunden wurde.[75] Konkret wurde die Sozialversicherungsgerichtsbarkeit vom *Versicherungsgericht,* vom *Verwaltungsgericht* sowie vom *kantonalen Schiedsgericht* bzw. Arbeitslosenversicherungsgericht wahrgenommen. Diese «Mehrspurigkeit» des Rechtsschutzes auf kantonaler Ebene war jedoch alles andere als eine Berner Eigenheit; die Vielfalt der organisatorischen Lösungen, welche die Kantone in der Sozialversicherungsgerichtsbarkeit getroffen hatten, war allgemein sehr gross.[76]

Die drei Gerichte waren sachlich für verschiedene Gebiete zuständig und unterschieden sich auch hinsichtlich ihrer Organisation:
- Mit dem Gesetz über das kantonale Versicherungsgericht vom 10. September 1916 wurde eine aus drei Mitgliedern bestehende Abteilung des Obergerichts als *kantonales Versicherungsgericht* für unfallversiche-

---

[72] Oben Ziff. 2.2 und 2.3.

[73] Siehe zur früheren Geschichte der Sozialversicherungsgerichtsbarkeit *Wilfried Lüthi,* Vom Walten des Richters in der Sozialversicherung, MBVR 1969 S. 337 ff., 385 ff. und 433 ff., v.a. S. 345 ff.

[74] Zudem gab es in jedem Geschworenenbezirk ein Schiedsgericht für die Erledigung von Streitigkeiten zwischen Leistungserbringern und Versicherung im Bereich des KUVG; siehe eingehend dazu Ziff. 2.2 im Beitrag von *Nathalie Mewes-Kunz* in diesem Band.

[75] *Lüthi* (Anm. 73), S. 345 ff., S. 348; siehe auch *ders.,* Zum Ausbau der Verwaltungsrechtspflege im Kanton Bern, MBVR 1971 S. 369 ff., S. 371; Tagblatt des Grossen Rates 1971, Bd. I, S. 209 f.; entsprechende Bedenken äusserte bereits 1950 *Charles Halbeisen,* Verwaltungsgerichtsbarkeit. Ein Beitrag zur Verwaltungsjustizreform im Kanton Bern, MBVR 1950 S. 417 ff., S. 428.

[76] *Maurer* (Anm. 6), S. 484 f.

rungsrechtliche Streitigkeiten eingesetzt.[77] Interessant an dieser Lösung ist vor allem, dass man die Aufgabe der Unfallversicherungsrechtsprechung nicht dem bereits bestehenden Verwaltungsgericht übertragen hat. Dies zeigt, dass man mit der damals vorherrschenden Ansicht die Unfallversicherung, die auch privatrechtliche Züge aufweist, eher als eigenes Rechtsgebiet denn als Verwaltungsrecht verstanden hat,[78] obwohl die Natur der Aufgabe – zumindest nach heutigem Verständnis – von Anfang an verwaltungs- und nicht privatrechtlich war.[79] Dementsprechend verwies das Dekret betreffend das Verfahren vor dem kantonalen Versicherungsgericht vom 22. Mai 1917 denn auch in erster Linie auf das Zivil- und nicht auf das Verwaltungsverfahrensrecht.[80] Die Aufgabe des so organisierten Versicherungsgerichts wurde mit der Verordnung über das Verfahren des kantonalen Versicherungsgerichts vom 20. Dezember 1949 um die Rechtsprechung im Bereich der Militärversicherung erweitert.[81]

– Als folgenschwerer Schritt sollte sich sodann erweisen, dass die kantonale Rechtsprechungszuständigkeit im Bereich der AHV mit dem kantonalen Einführungsgesetz zur AHV vom 13. Juni 1948 nicht etwa dem bereits bestehenden Versicherungsgericht, sondern dem Verwaltungsgericht übertragen wurde.[82] Dadurch wurde eine Aufteilung der Rechtsprechungszuständigkeiten im Sozialversicherungsrecht bewirkt, die sich noch weiterentwickelte: Da der Bund in den späteren Sozialversicherungsgesetzen regelmässig die bereits bestehenden kantonalen Instanzen, namentlich jene der Rechtspflege im Bereich der AHV, mit dem Rechtsschutz betraute, wuchsen die Zuständigkeit und damit die Geschäftslast beim Verwaltungsgericht laufend an. Die Rechtsprechungszuständigkeiten betreffend die Familienzulagen in der Landwirtschaft (1953), die Erwerbsersatzordnung (1954) und die Invalidenversicherung (1960) wuch-

---

[77] Art. 1 Abs. 1 des Gesetzes über das kantonale Versicherungsgericht vom 10.9.1916, GS 1901–1916, S. 840 ff.

[78] Siehe oben Ziff. 1.1.

[79] *Lüthi* (Anm. 73), S. 346.

[80] § 1 Abs. 1 des Dekrets betreffend das Verfahren vor dem kantonalen Versicherungsgericht, GS 1917–1925, S. 19 ff.

[81] § 1 der Verordnung über das Verfahren des kantonalen Versicherungsgerichts in Militärversicherungssachen, GS 1949, S. 145 f.; siehe auch oben bei Anm. 48.

[82] Art. 15 des Einführungsgesetzes zum Bundesgesetz über die Alters- und Hinterlassenenversicherung vom 13.6.1948, GS 1948, S. 71 ff.; siehe die deutliche Präferenz für die verwaltungsgerichtliche Zuständigkeit bei *Halbeisen* (Anm. 75), S. 428.

sen dem Verwaltungsgericht auf diese Weise zu.[83] Zusätzlich übertrug die kantonale Gesetzgebung dem Verwaltungsgericht die Zuständigkeit für die Rechtsprechung zu den kantonalen Kinderzulagen (1962), zur revidierten Krankenversicherung (1965)[84] und zu den Ergänzungsleistungen zu AHV/IV (1966).[85]

– Als dritte Instanz mit sozialversicherungsrechtlicher Rechtsprechungskompetenz wurde 1952 ein *kantonales Schiedsgericht* als Rekursinstanz zur Beurteilung von Beschwerden gegen die Verfügungen der Arbeitslosenkasse und des kantonalen Arbeitsamts eingesetzt. Es bestand aus einem Präsidenten, je einem Vertreter der Arbeitgeber und Arbeitnehmer, des Staates und der Gemeinden sowie den entsprechenden Ersatzleuten.[86]

Das Malaise mit dieser Zersplitterung fasste Wilfried Lüthi im Jahr 1969 treffend wie folgt zusammen: «Der Richter kann nur dann das Seine zur Koordination und Einheit beitragen, wenn einmal die Fäden aller Sozialversicherungsgebiete bei ihm zusammenlaufen.»[87]

4.2 Versicherungsgericht

Die Grundlage dafür, die wesentlichsten Teile der Sozialversicherungsrechtsprechung bei einer einzigen Instanz zusammenzufassen, wurde bereits in Art. 20 Abs. 2 des totalrevidierten Gesetzes vom 31. Oktober 1961 über die Verwaltungsrechtspflege (VRPG 61) geschaffen: Der Grosse Rat wurde ermächtigt, die Aufgaben des kantonalen Versicherungsgerichts dem Verwaltungsgericht zu übertragen und auf dem Dekretsweg die nötigen organisatorischen und Verfahrensbestimmungen zu erlassen. Dem Grossen Rat sollte damit gestattet werden, die Aufsplitterung der sachlichen Zuständigkeit zwi-

---

[83] Siehe *Lüthi* (Anm. 73), S. 347 f.
[84] Siehe oben Anm. 47. Gemäss dem Wortlaut des KUVG wäre an sich das kantonale Versicherungsgericht zuständig gewesen, doch ging man im Kanton Bern davon aus, dass der Bund den Kantonen nicht vorschreibe, dass es das gleiche Gericht sein müsse, das nach Art. 120 KUVG für die obligatorische Unfallversicherung zuständig ist. *Lüthi* (Anm. 73), S. 348.
[85] *Lüthi* (Anm. 73), S. 348.
[86] Art. 27 des Gesetzes vom 5.10.1952 über die Arbeitsvermittlung und die Arbeitslosenversicherung, GS 1952, S. 232 ff.
[87] *Lüthi* (Anm. 73), S. 348.

schen Versicherungsgericht und Verwaltungsgericht zu beenden, ohne den Weg der Gesetzgebung beschreiten zu müssen.[88]

Nicht erfasst von dieser Kompetenz war das kantonale Schiedsgericht in der Arbeitslosenversicherung, das jedoch aufgrund der Konjunkturlage kaum zu tagen hatte und eigentlich selbst «arbeitslos»[89] war. Im Rahmen der Teilrevision des VRPG 61 im Jahr 1971[90] wurde das kantonale Schiedsgericht – mit dessen Zustimmung[91] – aufgelöst und die gesamte kantonale Sozialversicherungsrechtspflege in die Hände des neu geschaffenen Versicherungsgerichts gelegt, das damit neben den sozialversicherungsrechtlichen Funktionen des Schiedsgerichts und des Verwaltungsgerichts auch die Aufgaben des früher beim Obergericht angesiedelten kantonalen Versicherungsgerichts[92] übernahm.[93] Das neue Gericht war organisatorisch, nicht materiell, dem Verwaltungsgericht «beigesellt».[94] Die organisatorische Klammer um das Verwaltungs- und das Versicherungsgericht bildete das «Gesamtgericht».[95] Die Konstruktion war damit nicht unähnlich derjenigen auf Bundesebene: Das EVG war auch formell Teil des Bundesgerichts, wurde organisatorisch aber selbständig geführt.[96] Mit der Zusammenfassung der beiden obersten kantonalen Gerichte unter diesem administrativen Dach sollte ein öffentlichrechtliches Gegenstück zum kantonalen Obergericht geschaffen werden.[97] Mit der Revision von 1971 wurde auch die Bestimmung ins Gesetz aufgenommen, dass bei der Wahl der Richter auf eine angemessene Vertretung beider Landessprachen zu achten ist.[98]

---

[88] *Fritz Gygi,* Handkommentar zum bernischen Gesetz über die Verwaltungsrechtspflege, Bern 1962, S. 49.

[89] Tagblatt des Grossen Rates 1971, Bd. I, S. 211, Votum Strahm.

[90] Gesetz betreffend die Abänderung des Gesetzes vom 22.10.1961 über die Verwaltungsrechtspflege, GS 1971, S. 277 ff.

[91] Tagblatt des Grossen Rates 1971, Bd. I, S. 211, Votum Strahm.

[92] Oben Anm. 77.

[93] Art. 11 des Dekrets vom 24.5.1971 betreffend die Organisation des Verwaltungs- und Versicherungsgerichts und das Verfahren vor dem Versicherungsgericht, GS 1971, S. 172 ff.

[94] Tagblatt des Grossen Rates 1971, Bd. I, S. 210, Votum Rindlisbacher.

[95] Art. 1 des Dekrets betreffend die Organisation des Verwaltungs- und Versicherungsgerichts (Anm. 93).

[96] Siehe oben Ziff. 2.4.

[97] *Merkli / Aeschlimann / Herzog* (Anm. 7), Einleitung N. 65.

[98] Art. 2 Abs. 3 VRPG 61.

4.3 Integration der Sozialversicherungsgerichtsbarkeit ins Verwaltungsgericht

Die Zusammenführung der sozialversicherungsrechtlichen Rechtsprechungskompetenzen bei einer einzigen Instanz hat sich als sachgerecht erwiesen und durchgesetzt. Die etwas gekünstelte Konstruktion des «Gesamtgerichts», die das Verwaltungs- und (Sozial-)Versicherungsgericht umfasste, bewährte sich dagegen weniger, da sie die administrativen und organisatorischen Belange der beiden Gerichte nicht konsequent vereinheitlicht und zusammengelegt hatte.[99] Hingegen hat sich – zumindest nach der Meinung der Kommentatoren des VRPG[100] – auch die fachspezifische Trennung des Sozialversicherungsrechts vom übrigen Verwaltungsrecht als richtig erwiesen, da die Spezialisierung im Sozialversicherungsrecht derart weit fortgeschritten sei, dass diesem Umstand auch bei der Gerichtsorganisation Rechnung getragen werden müsse.

Das VRPG von 1989 führte die Entwicklung, die sich mit der formellen Verbindung des Verwaltungs- und Versicherungsgerichts bereits 1971 abgezeichnet hatte, zum vorläufigen Abschluss: Es wurde ein einziges Gericht geschaffen, das grundsätzlich für alle öffentlich-rechtlichen Streitigkeiten zuständig ist. Nach fach- und sprachspezifischen Gegebenheiten ist dieses in drei Abteilungen gegliedert: eine sozialversicherungsrechtliche, eine verwaltungsrechtliche sowie eine französischsprachige Abteilung, die sowohl sozialversicherungsrechtliche wie auch verwaltungsrechtliche Rechtsstreitigkeiten zu beurteilen hat (Art. 125 VRPG).[101]

Die sozialversicherungsrechtliche Abteilung handelt auch als *Schiedsgericht in Sozialversicherungsstreitigkeiten,* sofern es sich nicht um eine französischsprachige Streitigkeit handelt, für die dann die französischsprachige Abteilung zuständig wäre (Art. 125 Abs. 1 VRPG). Bei diesem Schiedsgericht handelt es sich aber nicht etwa um eine Nachfolgeinstitution des 1971 abgeschafften kantonalen Schiedsgerichts für die Arbeitslosenversicherung.[102] Es wurde vielmehr per 1. Januar 2001 als Nachfolgeorganisation des «Schiedsgerichts KUVG» ins Verwaltungsgericht integriert[103] und beurteilt Streitigkeiten zwischen Versicherern (Kranken- und Unfallversicherer) und

---

[99] *Merkli / Aeschlimann / Herzog* (Anm. 7), Einleitung N. 68.
[100] *Merkli / Aeschlimann / Herzog* (Anm. 7), Einleitung N. 68.
[101] *Merkli / Aeschlimann / Herzog* (Anm. 7), Art. 125 N. 1.
[102] Oben bei Anm. 86.
[103] Siehe zu dieser Entwicklung Ziff. 2.4 des Beitrags von *Nathalie Mewes-Kunz* in diesem Band.

Leistungserbringern (Spitäler, Heilbäder, Ärzte etc.) aus dem Gebiet der Kranken-, Unfall- und Militärversicherung.[104] Es ist mit einem Mitglied einer Abteilung des Verwaltungsgerichts als neutralem Vorsitzenden und je einer Vertreterin oder einem Vertreter der betroffenen Versicherer und Leistungserbringer besetzt.[105] Als juristischer Sekretär oder juristische Sekretärin des Gerichts amtet jeweils ein Kammerschreiber oder eine Kammerschreiberin der sozialversicherungsrechtlichen Abteilung oder der Abteilung für französischsprachige Geschäfte.

Auf die sozialversicherungsrechtliche Abteilung entfallen laut Art. 119 Abs. 4 VRPG sechs bis zehn der maximal 22 Richterstellen, auf die Abteilung für französischsprachige Geschäfte höchstens drei Richterstellen und zwei Ersatzrichterinnen oder Ersatzrichter. Zusätzlich gehören dem Gericht Vertreterinnen und Vertreter der durch das Bundesrecht vorgegebenen Versicherer und Leistungserbringer im Schiedsgericht in Sozialversicherungsstreitigkeiten an.[106] Gegenwärtig verfügt die sozialversicherungsrechtliche Abteilung über zehn Richterinnen und Richter, die französischsprachige Abteilung über einen Richter und eine Richterin sowie über zwei Ersatzrichter. Die sozialversicherungsrechtliche Abteilung hatte im Jahr 2008 1 094 Eingänge und 1 209 Erledigungen zu verzeichnen, die verwaltungsrechtliche Abteilung dagegen 289 Eingänge und 327 Erledigungen. Bei der französischsprachigen Abteilung waren es 37 Eingänge und 36 Erledigungen im Bereich des Verwaltungsrechts und 125 Eingänge bei 139 Erledigungen im Bereich des Sozialversicherungsrechts.[107]

4.4 Besonderheiten der bernischen Sozialversicherungsgerichtsbarkeit

Da das VRPG neben dem Verfahren vor Verwaltungsgericht auch das Verwaltungsverfahren der kantonalen Behörden ausführlich ordnet, wurde in Art. 1 Abs. 2 VRPG ein ausdrücklicher Vorbehalt der Geltung abweichenden Bundesrechts angebracht, insbesondere von Recht aus dem Gebiet der Sozialversicherung. Die Bestimmungen des VRPG haben denn auch in der Tat

---

[104] Die Parteien der allfälligen Schiedsverfahren sowie die zu beurteilenden Gegenstände sind in Art. 36, 38, 39 und 41 des Gesetzes vom 6.6.2000 betreffend die Einführung der Bundesgesetze über die Kranken-, Unfall- und Militärversicherung (BSG 842.11) bezeichnet. Siehe auch *Markus Müller,* Bernische Verwaltungsrechtspflege, Bern 2008, S. 225 f.

[105] Art. 126 Abs. 5 VRPG.

[106] Art. 119 Abs. 3 VRPG.

[107] Verwaltungsgericht des Kantons Bern, Geschäftsbericht 2008, S. 3 ff.

im Verfügungs- und Einspracheverfahren der Sozialversicherungen keine Bedeutung mehr, soweit im entsprechenden Versicherungszweig das ATSG anwendbar ist (Art. 2 ATSG).[108] Dieses ordnet die wesentlichen Teile des sozialversicherungsrechtlichen Verwaltungsverfahrens und verweist auf das VwVG[109], soweit sich im ATSG keine einschlägigen Normen finden.[110]

Da sich – allein schon aufgrund der bundesrechtlichen Vorgaben (Art. 61 ATSG) – einige Besonderheiten im Verfahren vor dem kantonalen Versicherungsgericht ergeben,[111] mussten die entsprechenden Vorgaben auch im VRPG umgesetzt werden. So kann insbesondere auch die Unangemessenheit einer Verfügung oder eines Entscheids gerügt werden (Art. 80 Bst. c Ziff. 1 VRPG), besteht keine Bindung an die Parteibegehren (Art. 84 Abs. 3 VRPG) und sind spezialgesetzliche Vorschriften zur Regelung der Kosten vorbehalten, was im Hinblick auf Art. 61 Bst. a ATSG (Kostenlosigkeit des Verfahrens vor dem kantonalen Versicherungsgericht)[112] von Bedeutung ist.

Als eigentliche Berner Besonderheit kann die Aufteilung der verwaltungsgerichtsinternen Rechtsprechungszuständigkeit nach fach- und sprachspezifischen Gegebenheiten bezeichnet werden, zumal das Element Landes- bzw. Amtssprache «Französisch» dem Fachelement «Sozialversicherungsrecht» vorgeht.[113] Eine französischsprachige Beschwerde mit sozialversicherungsrechtlichem Inhalt wird demnach durch die französischsprachige Abteilung und nicht durch die sozialversicherungsrechtliche Abteilung beurteilt. Innerhalb des Berner Verwaltungsgerichts sind damit gleich zwei mögliche Spielarten der institutionellen Verbindung von Sozialversicherungsgerichtsbarkeit und Verwaltungsgerichtsbarkeit verwirklicht: einerseits die Rechtsprechungszuständigkeit einer spezialisierten Abteilung eines administrativ als Einheit zusammengefassten Gerichts in den deutschsprachigen Fällen und andererseits die generelle Zuständigkeit für sämtliche verwaltungsrechtliche Streitigkeiten, inklusive des Sozialversicherungsrechts, in den französischsprachigen Fällen. Auch wenn diese Zuteilung der Geschäfte historisch vor allem mit den ursprünglich eher geringen französischsprachigen Fallzahlen begründet wur-

---

[108] *Merkli / Aeschlimann / Herzog* (Anm. 7), Art. 1 N. 8.

[109] Bundesgesetz vom 20.12.1968 über das Verwaltungsverfahren (VwVG; SR 172.021).

[110] Art. 27 ff. ATSG; Art. 55 Abs. 1 ATSG.

[111] Oben Ziff. 3.2.

[112] Abgesehen vom Vorbehalt der mutwilligen oder leichtsinnigen Prozessführung, der sich bereits in Art. 61 Bst. a ATSG findet, ist vor allem auf die Spezialregelung in der Invalidenversicherung hinzuweisen (Art. 69 Abs. 1bis IVG). Siehe oben Anm. 70

[113] Oben Ziff. 4.3. *Merkli / Aeschlimann / Herzog* (Anm. 7), Art. 125 N. 1.

de[114] und heute durchaus diskutiert wird, ob nicht auch innerhalb der französischsprachigen Abteilung fachspezifisch differenziert werden soll,[115] erscheint gerade diese Verbindung sämtlicher Materien in einer einzigen Abteilung als besonders reizvoll.

5. Schluss

Die Sozialversicherungsgerichtsbarkeit im Bund und in den Kantonen kann historisch als eigentliche Pionierdisziplin der Verwaltungsgerichtsbarkeit bezeichnet werden. Sie hat sich in den letzten Jahrzehnten zu einem vor allem auch quantitativ bedeutenden Teil der Verwaltungsgerichtsbarkeit entwickelt. Gemessen an den statistisch relevanten Zahlen[116] (Eingänge, Erledigungen, Personalbedarf) erscheint etwa das Berner Verwaltungsgericht eher als ein Sozialversicherungsgericht, das sich auch noch mit Fragen des Verwaltungsrechts befasst, als ein Verwaltungsgericht, das die Sozialversicherungsrechtspflege mitbetreut.[117]

Strukturell hat die Ausformung der Sozialversicherungsgerichtsbarkeit auch die weitere Entwicklung des Rechtsschutzkonzepts im Bundesverwaltungsrecht geprägt: Das Modell der kantonalen gerichtlichen Vorinstanz[118] wurde nicht nur im gesamten Sozialversicherungsrecht (Art. 57 ATSG, Art. 73 BVG), sondern auch in weiten Teilen der übrigen Verwaltungsrechtspflege in Bundesangelegenheiten übernommen.[119]

Auch wenn durchwegs anerkannt wird, dass es sich bei der Sozialversicherungsgerichtsbarkeit im Kern um Verwaltungsgerichtsbarkeit handelt,

---

[114] Siehe hierzu den Beitrag von *Arthur Aeschlimann / Ulrich Zimmerli,* Das Verwaltungsgericht in den Zeitphasen des VRPG 61 und des VRPG 89, in diesem Band, Ziff. 2.3.
[115] *Bernard Rolli,* Le Tribunal administratif et la minorité francophone du canton de Berne, in diesem Band, Ziff. 2.4.
[116] Verwaltungsgericht des Kantons Bern, Geschäftsbericht 2008, S. 3 ff..
[117] Wobei selbstverständlich einzuräumen ist, dass die präjudizielle Tragweite der Entscheide in der Regel geringer ist als jene der verwaltungsrechtlichen Urteile. Auch im Bund bearbeiten die beiden sozialrechtlichen Abteilungen überproportional viele Streitigkeiten: Laut dem Geschäftsbericht des Bundesgerichts für das Jahr 2008, S. 25, entfielen vom Gesamttotal der Eingänge (7 147) und Erledigungen (7 515) insgesamt 2 164 Eingänge (30 %) und 2 547 Erledigungen (34 %) auf die beiden sozialrechtlichen Abteilungen in Luzern.
[118] Oben Ziff. 1.3 und 2.2 f.
[119] Art. 86 Abs. 1 Bst. d und Abs. 2 BGG.

wird das Sozialversicherungsrecht im Bund von zwei spezialisierten Abteilungen am Gerichtsstandort Luzern und in Bern zum ganz überwiegenden Teil von der sozialversicherungsrechtlichen Abteilung des Verwaltungsgerichts betreut. Die Frage sei gestattet, ob diese Trennung, die im Kanton Bern offenbar überwiegend begrüsst wird,[120] in jeder Hinsicht wirklich wünschbar ist. Die Erledigung durch spezialisierte Gerichtseinheiten ist zwar zweifellos rascher und in der Sache kompetenter, die organisatorische Abtrennung der Rechtsprechungszuständigkeiten hat aber negative Auswirkungen auf die Kohärenz der Rechtsprechung. Sie schwächt auch die dogmatisch immer wieder zu betonende Rückkoppelung des Sozialversicherungsrechts mit dem übrigen Verwaltungsrecht. Vielleicht sollte deshalb eher die Verbindung der Rechtsprechungskompetenzen in der französischsprachigen Abteilung des Berner Verwaltungsgerichts als Modell dienen, nicht die fachspezifische Aufgliederung.[121]

Der ausserordentlich reiche Erfahrungs- und Rechtsprechungsschatz der Sozialversicherungsgerichtsbarkeit könnte und sollte vermehrt für die übrige Rechtsprechung nutzbar gemacht werden, was durch eine engere institutionelle Verknüpfung der Rechtsprechungszuständigkeiten allenfalls zu fördern wäre. Der hier postulierte vermehrte Dialog würde allerdings voraussetzen, dass Juristinnen und Juristen wenigstens eine Grundidee davon haben, wie das Sozialversicherungsrecht aufgebaut ist, was entsprechende Anforderungen an die Studienordnungen der rechtswissenschaftlichen Fakultäten und die Prüfungsreglemente für die kantonalen Anwaltsprüfungen stellt.

---

[120] Oben Ziff. 4.3 und 4.4 am Ende.
[121] Die allerdings auch für die genannte Abteilung erwogen wird; oben Anm. 115.

Das bernische Schiedsgericht in Sozialversicherungsstreitigkeiten

Nathalie Mewes-Kunz

1. Einleitung

Als bernisches Schiedsgericht in Sozialversicherungsstreitigkeiten handeln die mit der sozialversicherungsrechtlichen Rechtsprechung betrauten Abteilungen des Verwaltungsgerichts, die Sozialversicherungsrechtliche Abteilung und in französischsprachigen Fällen die Abteilung für französischsprachige Geschäfte. Es dürfte den wenigsten Nicht-Juristen und vielleicht nicht einmal allen Juristen bekannt sein. Dabei kann es auf eine langjährige Tradition zurückblicken, wird es doch auch schon bald sein hundertjähriges Jubiläum feiern.

Die Idee, für gewisse sozialversicherungsrechtliche Streitigkeiten Schiedsgerichte einzusetzen, kam im Jahr 1909 während der parlamentarischen Debatte über das erste Kranken- und Unfallversicherungsgesetz der Schweiz auf. Bereits damals wurden kontroverse Diskussionen über die Wirtschaftlichkeit der medizinischen Versorgung und die Missbrauchsgefahr in der Krankenversicherung geführt.

Auch wenn sich diese Fragen damals wie heute nahezu gleich stellen, hat sich das Schiedsgericht in Sozialversicherungsstreitigkeiten des Kantons Bern im Laufe der Zeit grundlegend verändert. Führte die Schiedsgerichtsbarkeit am Anfang noch ein «Mauerblümchendasein» ausserhalb der ordentlichen Justizbehörden, bildet sie heute einen festen Bestandteil des Verwaltungsgerichts. Die stiefmütterliche Behandlung der ersten bernischen Schiedsgerichte bringt es mit sich, dass die Geschichte dieser Institution von 1914 bis 1977 im Dunkeln liegt und ihr Wirken nicht (mehr) dokumentiert ist.

Der vorliegende Beitrag beleuchtet die Entstehungsgeschichte des Schiedsgerichts und zeigt auf, womit es sich befasst und wie es dabei vorgeht. Schliesslich wird ein Einblick in die Praxis dieser Instanz gewährt. Angesichts des Umfangs der Abhandlung werden dabei einzelne Aspekte herausgegriffen, ein Anspruch auf Vollständigkeit wird nicht erhoben.[1]

2. Entstehungsgeschichte

2.1 Das KUVG vom 13. Juni 1911

2.1.1 Die freie Arztwahl

Die Errichtung der Schiedsgerichte in Sozialversicherungsstreitigkeiten geht zurück auf die Zeit der Entstehung des KUVG.[2] Ein erster Gesetzesentwurf des KUVG war am 20. Mai 1900 in einer Referendumsabstimmung verworfen worden. Im zweiten Anlauf vermied es der Bundesrat – darauf bedacht, einen möglichst einfachen und allgemein verständlichen neuen

---

[1] Ein herzlicher Dank geht an Verwaltungsrichterin Christine Stirnimann, welche mich an ihren persönlichen Erfahrungen als neutrale Vorsitzende des Schiedsgerichts teilhaben liess.

[2] Bundesgesetz vom 13.6.1911 über die Kranken- und Unfallversicherung (AS 1912 353).

Entwurf zu schaffen –, Bestimmungen aufzunehmen, die er nicht als «absolut notwendig» erachtete.[3]

In den parlamentarischen Beratungen zeigte sich jedoch, dass zu viele Punkte ausgeklammert worden waren. So entbrannte namentlich zur offengelassenen Frage der freien Arztwahl eine hitzige Debatte. Mehrere Votanten warnten vor den negativen Folgen der Institution von «Kassenärzten». Im System ohne freie Arztwahl wären diese Mediziner, welche zu Lasten der Krankenkassen abrechnen dürfen, von deren Gunst abhängig, um Versicherte zu behandeln. «Mit dem Begriff der Kassenärzte», wurde ausgeführt, verbinde sich «fast untrennbar der Begriff der Absteigerung» und das heisse nun, «einen Beruf, den alle als edlen Beruf anerkennen, zu einem ordinären Handwerksbetrieb herabzuwürdigen».[4] Der Mediziner Pettavel sprach sich für die Wahlfreiheit aus. Einem erkrankten Versicherten einen anderen Arzt als denjenigen seiner Wahl aufdrängen zu wollen, führte er aus, heisse oftmals, ihm Schaden zuzufügen und seine Genesung aufs Spiel zu setzen. Der günstige Einfluss, welcher das Vertrauen des Patienten in seinen Arzt auf die Behandlung habe, sei allgemein bekannt. Dieser befasse sich oftmals nicht nur mit dem Leiden an sich, sondern übernehme auch die Rolle eines Psychiaters. Ein Arzt, zu dem der Patient Vertrauen habe und der ihm Mut und Hoffnung vermitteln könne, sei die beste Voraussetzung, um den Kampf gegen die Krankheit aufzunehmen.[5] Schliesslich wurde auch argumentiert, dass die freie Arztwahl im System der freiwilligen Versicherung mehr Personen dazu bewegen könnte, sich versichern zu lassen.[6]

Kritische Stimmen wiesen auf die Missbrauchsgefahr hin, welche die freie Arztwahl in sich berge. Es wurde zu bedenken gegeben, dass gewisse Ärzte die Versicherten nicht zur rechten Zeit «gesund schreiben» würden.[7] Die freie Arztwahl «fördere das Simulantentum und steigere die Ausgaben der Kasse im Übermasse. Denn sie veranlasse die Mitglieder, diejenigen Ärzte zu bevorzugen, welche im Verschreiben von Arzneien und Stärkungsmitteln, in der Ausstellung von Bescheinigungen über Krankheit und Erwerbsunfähigkeit, wie in der Zahl der ärztlichen Besuche am weitesten gingen».[8]

---

[3]   BBl 1906 VI 229 S. 250.
[4]   Sten. Bull. SR 1909 S. 274.
[5]   A.a.O. S. 277.
[6]   A.a.O. S. 278.
[7]   A.a.O. S. 272.
[8]   A.a.O. S. 285.

2.1.2 Das Schiedsgericht als Kontrollinstrument für Missbräuche

Zur Milderung dieser Missbrauchsgefahr wurden verschiedene Massnahmen diskutiert, so namentlich die Einführung von verbindlichen Tarifen, der Beizug von Vertrauensärzten bzw. einer Ärztekommission sowie die Anwendung von Disziplinarmitteln bis hin zur Untersagung der Tätigkeit als Kassenarzt.[9]

Nachdem die Einführung der freien Arztwahl im Grundsatz beschlossen worden war, wurde die Idee einer vertrauensärztlichen bzw. administrativen Kontrolle weiterentwickelt. Die ständerätliche Kommission erarbeitete einen neuen Artikel im KUVG, welcher die Einführung einer schiedsgerichtlichen Instanz zum Entscheid über Streitigkeiten zwischen Kassen einerseits und Ärzten sowie Apothekern andererseits vorsah.[10]

Der Berichterstatter der Kommission führte dazu aus, die Bestellung dieser Instanz sowie die Regelung des Verfahrens solle den Kantonsregierungen übertragen werden, damit die Schiedsgerichte auf dem Verordnungsweg eingeführt werden können, ohne den Gesetzgeber bemühen zu müssen. Durch die Bezeichnung der Instanz als schiedsgerichtlich werde ihr der Charakter gegeben, dass die Streitigkeiten zwischen Kassen und Ärzten oder Apothekern «ex aequo et bono» geschlichtet werden.[11]

Auf Anregung von Pettavel hin wurde die paritätische Zusammensetzung des Schiedsgerichts gesetzlich vorgeschrieben.[12] Während der Kommissionsvorschlag die schiedsgerichtliche Zuständigkeit nur für Streitigkeiten betreffend einzelne Anwendungsbereiche des Gesetzes vorsah, enthielt die endgültige Fassung von Art. 25 KUVG keine derartige Beschränkung mehr.[13] Gemäss Art. 24 KUVG war das Schiedsgericht im Weiteren zuständig für den Kassenausschluss von Ärzten oder Leitern von Apotheken sowie dessen Dauer. Ein Ausschluss war aus wichtigen Gründen möglich, die in der Person oder der Art der Berufsausübung lagen.[14]

---

[9] A.a.O. S. 273 und 280.
[10] A.a.O. S. 418.
[11] A.a.O. S. 420 f.
[12] A.a.O. S. 422 und Art. 25 Abs. 3 KUVG, AS 1912 362.
[13] Sten. Bull. SR 1910 S. 84, Art. 12[quinquies] Bst. c, AS 1912 362.
[14] AS 1912 362.

2.2 Umsetzung im Kanton Bern

Am 14. Juli 1914 erliess der Regierungsrat des Kantons Bern eine von der Sanitätsdirektion vorgelegte «Verordnung betreffend die schiedsgerichtliche Erledigung der Streitigkeiten zwischen Ärzten und Apothekern».[15] In jedem Geschworenenbezirk wurde ein Schiedsgericht eingeführt, das in seiner Gesamtheit aus einem Obmann, zwei juristischen Beisitzern, drei Parteivertretern, zwei juristischen Ersatzmännern und drei Ersatzmännern der Parteivertreter bestand. Die juristischen Mitglieder des Schiedsgerichts wurden vom Obergericht aus der Zahl der Gerichtspräsidenten des betreffenden Geschworenenbezirks gewählt. Auch für die Parteivertreter und Ersatzmänner der Krankenkassen, Ärzte und Apotheker bildete das Obergericht das Wahlorgan. Die Krankenkassen und Ärzteverbindungen konnten hierzu unverbindliche Wahlvorschläge einreichen. Wählbar als Parteivertreter waren Kantons- und Schweizerbürger, die in kantonalen Angelegenheiten Stimmrecht hatten. Streitigkeiten über die Anwendung von Verträgen und Tarifen bei einem Fr. 400.– nicht übersteigenden Streitwert beurteilte das Schiedsgericht in Dreierbesetzung (Obmann sowie je ein Parteienvertreter). Bei höherem Streitwert sowie Streitigkeiten über den Beitritt zu Verträgen oder den Ausschluss waren überdies die beiden juristischen Beisitzer beizuziehen, sofern beide Parteien dies spätestens vier Tage vor dem ersten Verhandlungstermin verlangten.[16]

Die Errichtung mehrerer Schiedsgerichte für ein Kantonsgebiet stellte eine bernische Eigenheit dar.[17] In vielen Kantonen gab es sogar im Jahr 1989 noch kein permanentes Schiedsgericht, sondern die Parteivertreter wurden von Fall zu Fall bestimmt.[18]

Die bernischen Schiedsgerichte standen unter der Aufsicht des Appellationshofes und hatten diesem alljährlich einen Bericht und eine tabellarische Übersicht über ihre Verrichtungen einzugeben. Sie waren demnach der Zivil- und nicht der Verwaltungsgerichtsbarkeit angegliedert. Dies ist auf

---

[15] Gesetze, Dekrete und Verordnungen des Kanons Bern, Jahrgang 1914, S. 192 ff., und Bericht über die Staatsverwaltung des Kantons Bern für das Jahr 1914, S. 33; Verwaltungsbericht der Sanitätsdirektion für das Jahr 1914, Ziff. I.

[16] §§ 1 bis 4 der Verordnung vom 14.7.1914 betreffend die schiedsgerichtliche Erledigung der Streitigkeiten zwischen Ärzten und Apothekern (oben Anm. 15).

[17] *Rudolf Schweizer*, Die kantonalen Schiedsgerichte für Streitigkeiten zwischen Ärzten oder Apothekern und Krankenkassen, Zürich 1957, S. 26.

[18] *Ghislaine Frésard-Fellay*, Les tribunaux arbitraux institués par l'Art. 57 LAA, in: SZS 1989 S. 297.

den Umstand zurückzuführen, dass das KUVG vor 1964 im Wesentlichen ein Subventionsgesetz darstellte und dementsprechend zu einem Grossteil dem Privatrecht unterstand.[19]

Eine Appellationsmöglichkeit gegen die Urteile des Schiedsgerichts war nicht vorgesehen. Wegen Pflichtverletzungen konnte gegen die Mitglieder des Schiedsgerichts nach denselben Bestimmungen Beschwerde geführt werden wie gegen die ordentlichen Gerichtsbehörden.[20] Mit der Einführung des Bundesrechtspflegegesetzes wurde immerhin eine Weiterzugsmöglichkeit der kantonalen Schiedsgerichtsurteile an den Bundesrat geschaffen.[21] Die Anfechtung war jedoch damals noch beschränkt auf die Überprüfung grundsätzlicher Fragen der Anwendung des KUVG.[22]

Über die Praxis dieser ersten schiedsgerichtlichen Instanzen im Kanton Bern konnte leider nichts in Erfahrung gebracht werden. Weder werden die in der Verordnung verlangten Berichte an den Appellationshof in den jährlichen Geschäftsberichten des Obergerichts aus jener Zeit erwähnt noch fanden sie Eingang in die Berichte der Sanitätsdirektion. Eine Anfrage am Obergericht selbst ergab, dass auch in dessen Gerichtsarchiv keine Unterlagen über die Schiedsgerichte mehr aufbewahrt werden.

2.3 Revision des KUVG

Anfang der 1960er Jahre erfolgte die erste Revision des KUVG. Im Hinblick auf die Ausdehnung der Pflichtleistungen gemäss revidiertem Gesetz wurde die Kompetenz der Schiedsgerichte auf die Beurteilung von Streitigkeiten zwischen den Kassen und den Hebammen, medizinischen Hilfspersonen, Laboratorien sowie Heilanstalten ausgedehnt. Die Beschwerdemöglichkeit an den Bundesrat wurde durch die Beschwerde an das Eidgenössische Versicherungsgericht ersetzt.[23] Im Zuge der Einführung des gesetzlichen *Tiers garant*-Systems für die freiwillig Versicherten wurde bei Streitigkeiten auch

---

[19] *Jean-Louis Duc,* Le Tribunal fédéral des assurances et l'évolution du droit de l'assurance-maladie (à partir du transfert du contentieux du juge civil au juge des assurances dans ce domaine), in: Eidgenössisches Versicherungsgericht (Hrsg.), Sozialversicherungsrecht im Wandel. Festschrift 75 Jahre Eidgenössisches Versicherungsgericht, Bern 1992, S. 502.

[20] § 10 der Verordnung (oben Anm. 16).

[21] Art. 125 des Bundesgesetzes vom 16.12.1943 über die Organisation der Bundesrechtspflege, AS 1944 306.

[22] Verwaltungsentscheide der Bundesbehörden 1955, Heft 25, Nr. 58.

[23] BBl 1961 I 1462 und AS 1964 978 sowie 980 f.

in diesen Fällen das kantonale Schiedsgericht gemäss Art. 25 KUVG für zuständig erklärt. Das Recht zur selbständigen Prozessführung wurde den Kassen folgerichtig auch dann zugestanden, wenn die Rechnung des Arztes vom Versicherten als Honorarschuldner bereits bezahlt war. Schliesslich wurde die örtliche Zuständigkeit geregelt und die vorgängige Durchführung einer Schlichtungsverhandlung vorgeschrieben. [24]

Eine weitere Neuerung des revidierten KUVG war die Einführung kantonaler Versicherungsgerichte. Diese sollten als einzige kantonale Instanz über Streitigkeiten der Kassen unter sich oder mit ihren Versicherten oder Dritten im Anwendungsbereich des KUVG entscheiden. [25] Das bernische Einführungsgesetz bezeichnete als kantonales Versicherungsgericht das Verwaltungsgericht. [26] Zur Beurteilung von Streitigkeiten zwischen Kassen einerseits und Ärzten, Apothekern, Hebammen, medizinischen Hilfspersonen, Laboratorien oder Heilanstalten andererseits wurde ein für das ganze Kantonsgebiet zuständiges Schiedsgericht eingesetzt. [27] Dieses war auch zuständig für die Beurteilung von Streitigkeiten, an denen die Schweizerische Unfallversicherungsanstalt als Partei beteiligt war. [28] Das Schiedsgericht setzte sich zusammen aus einem Obmann, einem Obmannstellvertreter, je zwei Vertretern der Parteien und der entsprechenden Anzahl Ersatzmitgliedern. Wahlbehörde war nicht mehr das Obergericht, sondern der Regierungsrat, der nach Anhörung der Parteien auch das Sekretariat bestimmte. Neu wurden auch Frauen als des Amtes einer Schiedsrichterin für würdig befunden. [29] An sich wäre es nicht notwendig gewesen, dies ausdrücklich im Gesetz zu erwähnen, da die Frauen bereits aufgrund der Kantonsverfassung als Richterinnen wählbar waren. Gemäss dem grossrätlichen Kommissionspräsidenten Cattin war eine diesbezügliche Präzisierung jedoch nicht überflüssig, da die Neuerung erst kürzlich erfolgt war und sich unter den bereits vom Regierungsrat ernannten Schiedsgerichtsmitgliedern mehrere Frauen befanden. Die Errichtung des Schiedsgerichts und die Ernennung seiner Mitglieder – als Präsident und Vize-Präsident wurden die Oberrichter Erwin Leingruber und Henri Béguelin eingesetzt – war offenbar als derart selbstverständlich

---

[24] BBl 1962 II 1281 und AS 1964 978.
[25] Art. 30bis KUVG, AS 1964 979.
[26] Einführungsgesetz vom 9.4.1967 zum Bundesgesetz vom 13.6.1911/13.3.1964 über die Kranken- und Unfallversicherung (EG KUVG), in: Gesetze, Dekrete und Verordnungen des Kantons Bern, Jahrgang 1967, S. 48 ff.
[27] Art. 5 Abs. 1 EG KUVG.
[28] Art. 9 EG KUVG.
[29] Art. 5 Abs. 2 bis 4 EG KUVG.

angesehen worden, dass sie bereits mit Beschluss des Regierungsrats vom 2. Februar 1966 geschehen war, also noch vor dem Abschluss der parlamentarischen Beratung und Verabschiedung des Gesetzes.[30]

Das Schiedsgericht tagte in Besetzung von drei Mitgliedern. In Streitfällen über den Beitritt zu einem Vertrag oder über den Ausschluss nach Art. 24 KUVG urteilte es in Fünferbesetzung, desgleichen auf Anordnung des Obmannes hin in anderen Fällen, wenn die rechtlichen oder tatsächlichen Verhältnisse es rechtfertigten.[31]

2.4 Weitere Entwicklung

Im Jahr 1977 fand die Tätigkeit des Schiedsgerichts – welches als «Schiedsgericht KUVG» bezeichnet wurde – erstmals Eingang in den Bericht über die Staatsverwaltung des Kantons Bern. Es wurde ausgeführt, von den vier hängigen Verfahren habe trotz dem gesetzlich vorgeschriebenen Vermittlungsverfahren keines gütlich erledigt werden können. «Neben den Begehren der Krankenkassen um zum Teil massive Herabsetzung der Honorare von Medizinalpersonen (in einem Fall habe der Streitwert fast eine Million Franken betragen)», hiess es weiter, «wurde in zwei Fällen auch ein Ausschluss aus der Krankenkassenpraxis beantragt, was einen besonders schweren Eingriff bedeutet». Die anhängig gemachten Prozesse seien komplex und umfangreich, was «vermutlich zum Teil auch auf den Sparaufruf des Bundesrates in Sachen Krankenversicherung zurückzuführen» sei.[32] Bereits zu jener Zeit waren die Krankheitskosten demnach ein Thema, das den Bundesrat beschäftigte. Dem Bericht des Jahres 1983 ist zu entnehmen, dass damals elf Fälle hängig waren, wovon sechs im Jahr 1983 anhängig gemacht worden seien. Wiederum wurde die Komplexität der Schiedsgerichtsfälle hervorgehoben. Die meisten der Verfahren seien «sowohl in tatbeständlicher wie in rechtlicher Hinsicht ausserordentlich kompliziert, und ihre Erledigung erheischt einen beträchtlichen Arbeitsaufwand», wurde darin festgehalten.[33]

Im neuen KVG von 1994 wurden die Berufsgruppen, welche zu Lasten der Krankenversicherung abrechnen dürfen, ausgedehnt und unter dem Begriff «Leistungserbringer» zusammengefasst.[34] Die Umsetzung dieses

---

[30] Tagblatt des Grossen Rates des Kantons Bern 1966, S. 598.
[31] Art. 5 Abs. 6 EG KUVG.
[32] Bericht über die Staatsverwaltung des Kantons Bern für das Jahr 1977, S. 49.
[33] Bericht über die Staatsverwaltung des Kantons Bern für das Jahr 1983, S. 67.
[34] Art. 35 Abs. 2 und Art. 89 des Bundesgesetzes vom 18.3.1994 über die Krankenversicherung (KVG; SR 832.10).

neuen Gesetzes im Kanton Bern erfolgte durch die EV KVG.[35] Danach wurden Streitigkeiten zwischen Versicherern und Leistungserbringern gemäss Art. 89 KVG, Art. 57 UVG und Art. 27 MVG durch ein Schiedsgericht beurteilt, welches in «kantonales Schiedsgericht KVG / UVG / MVG» umbenannt wurde. Dieses setzte sich aus zwei oder mehr Präsidentinnen und Präsidenten sowie zwei oder mehr Vertreterinnen oder Vertretern der verschiedenen Versicherer und Leistungserbringer zusammen. Wählbar als Mitglieder waren alle Schweizerbürgerinnen und Schweizerbürger, die das 18. Altersjahr zurückgelegt hatten. Die Präsidentinnen oder Präsidenten mussten hauptamtliche Richterinnen oder Richter sein. Eine Präsidentin oder ein Präsident musste französischer Muttersprache sein.[36] Das Schiedsgericht urteilte in Dreierbesetzung mit Präsidentin oder Präsident und je einer Vertreterin oder einem Vertreter der Versicherer und Leistungserbringer.[37]

Mit dem neuen EG KUMV, welches die EV KVG ablöste, wurden die Aufgaben des – nun als «Schiedsgericht in Sozialversicherungsstreitigkeiten» bezeichneten – Schiedsgerichts dem Verwaltungsgericht übertragen.[38] Die Eingliederung erfolgte per 1. Januar 2001.[39] Fortan war das Schiedsgericht ein Teil des Verwaltungsgerichts.

Im Zuge der 4. IV-Revision wurden schliesslich auch Streitigkeiten zwischen der Invalidenversicherung und Leistungserbringern dem Schiedsgericht übertragen.[40]

3. Merkmale und Verfahren

3.1 Einordnung

Gemäss Art. 36 EG KUMV beurteilt das Schiedsgericht Streitigkeiten zwischen Versicherern und Leistungserbringern. Es beruht demnach nicht auf einer vertraglichen, sondern auf einer gesetzlichen Grundlage, weshalb es

---

[35] Einführungsverordnung vom 25.10.1995 zum Bundesgesetz über die Krankenversicherung, BAG 1995 II 100.

[36] Art. 6 EV KVG.

[37] Art. 7 Abs. 4 EV KVG.

[38] Art. 40 des Gesetzes vom 6.6.2000 betreffend die Einführung der (das KUVG ersetzenden) Bundesgesetze über die Kranken-, die Unfall- und die Militärversicherung (BSG 842.11).

[39] BAG 2000 II 135.

[40] Art. 27bis IVG; BBl 2001 IV 3261.

als unechtes Schiedsgericht bezeichnet wird.[41] Ein «echtes» öffentlich-rechtliches Schiedsgericht liegt dann vor, wenn ein privates Schiedsgericht an Stelle der nach der Rechtsordnung zuständigen staatlichen Verwaltungs- oder Gerichtsbehörde zur Beurteilung konkreter öffentlich-rechtlicher Ansprüche oder zur Erledigung sämtlicher aus einer bestimmten öffentlich-rechtlichen Rechtsbeziehung entstehenden Streitigkeiten auf Grund entsprechender Parteivereinbarung (Schiedsvertrag oder Schiedsabrede) eingesetzt ist. Die Instanz gemäss Art. 25 KVG trägt deshalb die Bezeichnung «Schiedsgericht» zu Unrecht. Es stellt vielmehr ein in die staatliche Gerichtsorganisation eingeordnetes Sonder- oder Spezialgericht dar.[42]

Ein «echtes» Schiedsgericht wäre für die Beurteilung von Sozialversicherungsstreitigkeiten auch gar nicht zulässig, denn Art. 3 Abs. 2 VRPG verbietet grundsätzlich Schiedsverträge oder -abreden, welche von der gesetzlichen Zuständigkeitsordnung abweichen. Untersagt sind nicht nur Absprachen zwischen Parteien und Behörden, sondern auch Schiedsabreden zwischen Parteien, sofern vertragliche Ansprüche zu beurteilen sind, die nicht der freien Parteidisposition unterliegen.[43] Gemäss Art. 85 VRPG legt die Gesetzgebung die Zuständigkeit anderer verwaltungsunabhängiger Justizbehörden als des Verwaltungsgerichts fest. Das EG KUMV überträgt die Aufgaben des Schiedsgerichts dem Verwaltungsgericht[44] und wird vom Eidgenössischen Versicherungsgericht als genügende gesetzliche Grundlage für das Verfahren nach Art. 89 KVG erachtet.[45] Damit ist die Justizgarantie für die Verfahren vor dem Schiedsgericht – welche von den Beklagten immer wieder in Frage gestellt wird – gewährleistet, und es wäre bundesrechtswidrig, in die schiedsgerichtliche Kompetenz fallende Prozesse vor dem ordentlichen Zivilgericht zu führen.[46]

---

[41] *August Mächler,* Vertrag und Verwaltungsrechtspflege, Zürich / Basel / Genf 2005, S. 569 N. 4 mit Hinweisen.

[42] *Adrian Staehelin,* Das öffentlich-rechtliche Schiedsgericht, in: Juristische Fakultät der Universität Basel (Hrsg.), Privatrecht, Öffentliches Recht, Strafrecht. Festgabe zum Schweizerischen Juristentag 1985, Basel 1985, S. 381 f.

[43] *Thomas Merkli / Arthur Aeschlimann / Ruth Herzog,* Kommentar zum Gesetz über die Verwaltungsrechtspflege im Kanton Bern, Bern 1997, Art. 3 N. 11.

[44] Art. 40 EG KUMV.

[45] EVGE K 9/00 vom 24.4.2003, in RKUV 2003 KV Nr. 250 S. 220 E. 2.3.1 mit Hinweisen.

[46] Vgl. Urteil des Schiedsgerichts vom 10.2.2004, SCHG 63954, 63955 und 63957, E. 1.2.

3.2 Zusammensetzung

Das Schiedsgericht urteilt in Dreierbesetzung. Es besteht aus einem Mitglied einer Abteilung des Verwaltungsgerichts als neutralem Vorsitzenden und je einer Vertreterin oder einem Vertreter der betroffenen Versicherer oder Leistungserbringer.[47] Diese werden vom Grossen Rat – und nicht mehr vom Regierungsrat – für eine Amtsdauer von sechs Jahren gewählt. Die beiden Landessprachen bzw. Amtssprachen im Kanton Bern müssen angemessen vertreten sein. Den kantonalen Verbänden der Versicherer und der Leistungserbringer steht ein Vorschlagsrecht zu.[48] Wählbarkeitsvoraussetzung ist die Kenntnis beider Landessprachen, nicht aber der Abschluss einer juristischen Ausbildung. Sämtliche Schiedsgerichtsmitglieder dürfen nicht dem Grossen Rat angehören.[49] Die neutralen Vorsitzenden des Schiedsgerichts werden vom Plenum des Verwaltungsgerichts aus den Richterinnen und Richtern bezeichnet.[50]

Für die Ausstands- und Ablehnungsgründe gelten die allgemeinen Bestimmungen des VRPG.[51] Gemäss einem Berner Urteil stellt der Umstand, dass ein Richter bereits im vorangehenden Schlichtungsverfahren vor dem Schiedsgericht oder der Paritätischen Vertrauenskommission mitgewirkt hat, keinen Ablehnungsgrund dar.[52] Bejaht wurde dagegen die Befangenheit eines Fachrichters, welcher vor Einreichung des Gesuchs um Ladung zum Vermittlungsverfahren als Vorstandsmitglied eines Verbands von Leistungserbringern die Interessen der betroffenen Partei vertreten hatte.[53]

3.3 Zuständigkeit

Die Zuständigkeit des Schiedsgerichts ist in den bundesrechtlichen Sozialversicherungsgesetzen geregelt. Es urteilt über die Ablehnung von Vertrauensärzten durch die kantonale Ärztegesellschaft gemäss Art. 57 Abs. 3 KVG, den Ausschluss eines Leistungserbringers durch einen Versicherer gemäss

---

[47] Art. 126 Abs. 5 VRPG.
[48] Art. 120 Abs. 1 VRPG.
[49] Art. 121 Abs. 2 und Abs. 3 VRPG.
[50] Art. 120 Abs. 4 VRPG.
[51] Art. 9 VRPG.
[52] Urteil des Schiedsgerichts KUVG vom 16.2.1978, 0001/76; bestätigt in BGE 104 V 174.
[53] Urteil des Schiedsgerichts in Sozialversicherungsstreitigkeiten vom 27.8.2004, SCHG 64656.

Art. 59 KVG, Streitigkeiten zwischen Versicherern und Leistungserbringern gemäss Art. 89 KVG, Streitigkeiten zwischen Versicherern, Medizinalpersonen, Laboratorien oder Heil- und Kuranstalten gemäss Art. 57 UVG und Streitigkeiten zwischen der Militärversicherung und Medizinalpersonen, Anstalten, Abklärungsstellen und Laboratorien gemäss Art. 27 MVG.[54] Hinzu kommen zudem Streitigkeiten zwischen Versicherern und Leistungserbringern gemäss Art. 27bis IVG.

Die gesetzlichen Bestimmungen über die Zuständigkeit der Schiedsgerichte stellen eine lex specialis gegenüber den Vorschriften dar, welche die Zuständigkeit der kantonalen Versicherungsgerichte regeln, und gehen diesen vor. Das schiedsgerichtliche Verfahren kommt zur Anwendung, wenn Streitigkeiten zwischen Kassen und Leistungserbringern zu beurteilen sind. Die Versicherten können das Schiedsgericht nicht anrufen.[55] Nach der bisherigen Rechtsprechung zu Art. 25 Abs. 3 KUVG, welche auch für Art. 89 Abs. 3 KVG gültig bleibt,[56] kann die Kasse allerdings einen Prozess auch gegen den Willen des betroffenen Versicherten führen.[57] Im Übrigen ist das Schiedsgericht auch zuständig, wenn die versicherte Person die Vergütung schuldet (System des *Tiers garant*); in diesem Fall vertritt ihr Versicherer sie auf eigene Kosten.[58]

Im Bereich des KVG wird für die schiedsgerichtliche Kompetenz im Weiteren vorausgesetzt, dass die Streitigkeit zwischen den Krankenkassen einerseits und den Leistungserbringern andererseits die besondere Stellung der Leistungserbringer im Rahmen des KVG betrifft, d.h. wenn die Streitigkeit Rechtsbeziehungen zum Gegenstand hat, die sich aus dem KVG ergeben oder die aufgrund des KVG eingegangen worden sind.[59]

Im Einzelnen betreffen die vom Schiedsgericht zu beurteilenden Streitigkeiten die Anwendung des richtigen Tarifs, die richtige Anwendung eines Tarifs, die Wahrung des Tarifschutzes sowie mit diesen Streitpunkten verbundene Feststellungen. Zudem beurteilt das Schiedsgericht namentlich Honorarrückforderungen gegenüber Leistungserbringern wegen unwirt-

---

[54] Art. 41 EG KUMV.
[55] BGE 97 V 20.
[56] BGE 124 V 128 E. 2.
[57] BGE 121 V 311 E. 4b.
[58] Art. 89 Abs. 3 KVG.
[59] BGE 131 V 191 E. 2; zum alten Recht RKUV 1987 S. 100 E. 3b mit Hinweis auf BGE 111 V 346.

schaftlicher Behandlung, die Zulassung von Medizinalpersonen und die Verhängung von Sanktionen gegenüber Leistungserbringern.[60]

3.4 Verfahren

Seit dem 1. Januar 2001 ist im Bereich des KVG ein vorgängiges Schlichtungsverfahren nicht mehr gesetzlich vorgeschrieben.[61] Im Anwendungsbereich des Tarmed-Rahmenvertrages sind die Parteien allerdings verpflichtet, vor dem schiedsgerichtlichen Verfahren die Paritätische Vertrauenskommission (PVK) als vertraglich eingesetzte Schlichtungsinstanz anzurufen.[62] Die vorgängige Anrufung der PKV ist Eintretensvoraussetzung für das Schiedsgericht.[63] Das Schiedsgericht ist jedoch ausnahmsweise ohne vorgängiges Schlichtungsverfahren vor der PKV funktionell zuständig, wenn die Anordnung vorsorglicher Massnahmen unter Androhung von Straffolgen im Widerhandlungsfall verlangt wird. Die PKV verfügt nämlich als vertraglich vereinbarte Schlichtungsinstanz über keine hoheitlichen Funktionen und kann deshalb für den Fall des Nichtbefolgens ihrer Anordnungen keine Strafandrohung im Sinne von Art. 292 StGB (Ungehorsam gegen amtliche Verfügungen) aussprechen.[64]

In der Praxis findet, auch ohne zwingende Vorschrift, in Überarztungsfällen auch heute noch mehrheitlich ein Vermittlungsverfahren statt. Dies führt dazu, dass viele Prozesse durch Vergleich erledigt werden können. Bereits zu früheren Zeiten kam es häufig zur vergleichsweisen Beendigung von Streitigkeiten. Während die heutigen Vergleiche in der Regel nüchtern formuliert sind und sich häufig auf die Nennung von Geldbeträgen beschränken, welche ein Leistungserbringer der Kasse zurückzuerstatten hat, wurde früher etwa noch an das Gewissen der Beteiligten appelliert. So wurde in einem Vergleich aus dem Jahr 1966 festgehalten: «Der Beklagte sieht ein, dass eine erspriessliche Zusammenarbeit mit der Klägerin fortan nur mög-

---

[60] *Gebhard Eugster,* Die obligatorische Krankenversicherung, in: Ulrich Meyer (Hrsg.), Schweizerisches Bundesverwaltungsrecht, Band XIV Soziale Sicherheit, 2. Aufl. Basel 2007, S. 814 N. 1206.

[61] Vgl. Art. 89 KVG i.V.m. Art. 45 Abs. 1 EG KUMV; anders Art. 27bis Abs. 5 IVG, Art. 57 Abs. 3 UVG und Art. 27 Abs. 3 MVG.

[62] Art. 17 des zwischen santésuisse und der Verbindung der Schweizer Ärztinnen und Ärzte (FMH) abgeschlossenen Tarmed-Rahmenvertrags vom 5.7.2002.

[63] EVGE K 143/03 vom 30.4.2004, E. 8.

[64] Urteil des Schiedsgerichts in Sozialversicherungsstreitigkeiten SCHG 65773 und 65952 vom 3.11.2005, E. 1.1.2.

lich sein wird, wenn er die ihm obliegenden administrativen Arbeiten spediti v erledigt [...].» Er bedaure sein Verhalten und verspreche, «in Zukunft alles zu tun, um zu keinen Beanstandungen mehr Anlass zu geben.»[65]

Die schiedsgerichtliche Beurteilung erfolgt sodann im Klageverfahren. Dies ergibt sich aus der Konzeption des Schiedsgerichts als neutrale Instanz, welche Versicherer und Leistungserbringer als gleichberechtigte Partner anrufen können. Sie soll beiden Parteien Vertrauen einflössen.[66] Den Kassen fehlt die Befugnis, im Rahmen des Tarifvertrags ihre Rechtsbeziehungen zu den Erbringern von Sachleistungen an Versicherte mittels Verfügung zu regeln. Streitigkeiten, die sich bei der Anwendung von Tarifverträgen ergeben, sind auf Klage hin vom zuständigen Schiedsgericht zu entscheiden.[67]

4. Schiedsgerichtliche Sozialversicherungsstreitigkeiten im Einzelnen

In der Praxis spielt die Kontrolle des ärztlichen Tuns – welche den ursprünglichen Zweck des Schiedsgerichts darstellt – weiterhin eine grosse Rolle. Dies zeigt sich an der grossen Zahl von Verfahren wegen Überarztung.

4.1 Überarztung

4.1.1 Begriff

Gemäss Art. 56 Abs. 1 KVG ist der Leistungserbringer verpflichtet, sich in seinen Leistungen auf das Mass zu beschränken, das im Interesse des Versicherten liegt und für den Behandlungszweck erforderlich ist. Das Gebot der Wirtschaftlichkeit gründet nicht nur auf dem guten Glauben, welcher Leitlinie der Beziehungen zwischen den tarifvertraglich verbundenen kantonalen Ärzteverbänden und den Krankenversicherungen darstellt, sondern auch auf dem gesetzgeberischen Willen einer wirtschaftlich gesunden sozialen Krankenversicherung.[68] Ein Anwendungsfall für einen Verstoss gegen das Wirtschaftlichkeitsgebot stellt die sogenannte Überarztung oder Polypragmesie dar. Diese besteht darin, dass ein Arzt gegenüber der Kran-

---

[65] Urteil 1/66 des Schiedsgerichts KUVG vom 1.11.1966.
[66] Sten. Bull. SR 1909, S. 422.
[67] BGE 119 V 309 E. 3b mit Hinweisen.
[68] *François–X. Deschenaux,* Le précepte de l'économie du traitement dans l'assurancemaladie sociale, en particulier en ce qui concerne le médecin, in: Eidgenössisches Versicherungsgericht (Hrsg.), Sozialversicherungsrecht im Wandel (Anm. 19), S. 538.

kenkasse erheblich höhere Kosten verursacht als der Durchschnitt seiner Berufskollegen. In den Worten des Bundesgericht liegt der Tatbestand der Überarztung vor, wenn eine ins Gewicht fallende Zahl von Rechnungen desselben Arztes an eine Krankenkasse im Vergleich zu den Rechnungen von Ärzten in geographisch gleichem Tätigkeitsgebiet und mit etwa gleichem Krankengut im Durchschnitt erheblich höher ist, ohne dass Besonderheiten geltend gemacht werden können.[69]

4.1.2 Wirtschaftlichkeitskontrolle

Für die Wirtschaftlichkeitskontrolle ärztlicher Behandlungen gibt es zwei grundlegende Instrumente: Bei den analytischen Methoden werden die Kosten im Einzelfall untersucht, bei den statistischen Methoden die Durchschnittskosten.[70] Die *analytischen Methoden* umfassen die punktuelle oder die systematische Einzelfallprüfung oder schliesslich die repräsentative Einzelfallprüfung mit Hochrechnung.[71] Die durchgehende Einzelfallkontrolle ist jedoch aufwendig und die stichprobenweise Prüfung in ihren Ergebnissen unsicher.[72] Heute hat sich deshalb die Methode des *statistischen Durchschnittskostenvergleichs* durchgesetzt,[73] welche in der Gerichtspraxis anfänglich stark kritisiert wurde[74] und auch heute noch nicht unumstritten ist.[75] Danach werden die durchschnittlichen Kosten, die ein Leistungserbringer in einer bestimmten Leistungsperiode pro Behandlungsfall zulasten der sozialen Krankenversicherung ausgelöst hat (individueller Fallwert), mit dem Fallkostendurchschnitt einer Gruppe von Leistungserbringern (Grup-

---

[69] RSKV 1982 S. 123 mit Hinweisen.

[70] *Gebhard Eugster,* Wirtschaftlichkeitskontrolle ambulanter ärztlicher Leistungen mit statistischen Methoden, Diss. Zürich 2003, S. 74 ff. und 89 ff.; *Christian Schürer,* Honorarrückforderung wegen Überarztung bei ambulanter ärztlicher Behandlung – Materiellrechtliche Aspekte, in: René Schaffhauser / Ueli Kieser (Hrsg.), Wirtschaftlichkeitskontrolle in der Krankenversicherung, St. Gallen 2001, S. 78 ff.

[71] *Schürer* (Anm. 70), S. 78 f.

[72] *Eugster* (Anm. 70), S. 661 N. 792.

[73] BGE 99 V 193 E. 3 und 119 V 448 E. 4d, wonach die vergleichende der analytischen Methode wenn möglich vorgezogen werden soll.

[74] *Rudolf Schweizer,* Die kantonalen Schiedsgerichte für Streitigkeiten zwischen Ärzten oder Apothekern und Krankenkassen, Zürich 1957, S. 56.

[75] *Gebhard Eugster,* Überarztung aus juristischer Sicht. Ein Konzert mit Misstönen, in: Thomas Gächter / Myriam Schwenderer (Hrsg.), Rechtsfragen zum Krankheitsbegriff. Entwicklungen in der Praxis – 8. Zentrumstag des Luzerner Zentrums für Sozialversicherungsrecht (LuZeSo) – Tagungsband, Zürich 2009, S. 97 ff.

penfallwert) verglichen, deren Praxen annähernd gleiche Leistungsbedingungen aufweisen.[76] Auf ein Berner Urteil geht die höchstrichterliche Rechtsprechung zurück, wonach bei der Wirtschaftlichkeitsprüfung auch die veranlassten Kosten berücksichtigt werden, d.h. die Kosten für die vom betreffenden Arzt verordneten, aber nicht selbst abgegebenen Arzneimittel sowie Heilanwendungen und Analysen.[77] Gemäss neuerer Rechtsprechung hat grundsätzlich eine Gesamtbetrachtung Platz zu greifen, indem auf einen Gesamtkostenindex abzustellen ist, welcher die Arzt-, die Medikamenten- und – soweit möglich – die veranlassten Kosten berücksichtigt.[78]

Eine Unwirtschaftlichkeit darf nicht schon bei Überschreitung des statistischen Mittelwertes (100 Indexpunkte) vermutet werden. Vielmehr sind den Ärztinnen und Ärzten ein Toleranzbereich und zudem allenfalls ein Zuschlag zum Toleranzwert zuzugestehen, um spezifischen Praxisbesonderheiten Rechnung zu tragen. Der Toleranzbereich liegt praxisgemäss zwischen 120 und 130 Punkten.[79] Dem Vorliegen von Praxismerkmalen, die einen erhöhten Fallkostendurchschnitt rechtfertigen können, wird mit einem Zuschlag zum Toleranzindex Rechnung getragen.[80]

In der Rechtsprechung wurden als solche Praxismerkmale etwa anerkannt: eine überdurchschnittliche Anzahl an behandlungsintensiven Patienten, eine überdurchschnittliche Zahl von Hausbesuchen und ein sehr grosses Einzugsgebiet, ein sehr hoher Anteil an ausländischen Patienten, sehr viele langjährige und ältere Patienten, keine Notfallpatienten sowie die Anfängerpraxis.[81] Nicht berücksichtigt hat das bernische Schiedsgericht KUVG in einem Entscheid aus dem Jahr 1979 die Argumentation einer Kinderärztin, welche ausführte, sie behandle viele (ausländische) Krippenkinder, deren falsche Ernährung, die grosse Anfälligkeit für Krankheiten, die Schwierigkeiten der medikamentösen Behandlung sowie die mangelhafte Mitarbeit der Mütter eine zeitraubende Angelegenheit sei.[82]

Von der Lehre wird kritisiert, die Gerichtspraxis stelle hinsichtlich des Nachweises von solchen Praxisbesonderheiten zunehmend überzogene Anforderungen an die Mitwirkungspflicht der Ärzte.[83] Zudem stellt es nach

---

[76] *Eugster* (Anm. 70), S. 662 N. 793.
[77] EVGE K 9/00 vom 24.4.2003, E. 6.4.
[78] BGE 133 V 37 E. 5.3.3.
[79] In BGE 130 V 377 nicht publizierte E. 6.2 von EVGE K 150/03 vom 18.5.2004.
[80] *Schürer* (Anm. 70), S. 94.
[81] EVGE K 150/03 vom 18.5.2004, E. 6.3 mit Hinweisen.
[82] Urteil des Schiedsgerichts KUVG Nr. 0001/76 vom 24.9.1979.
[83] *Eugster* (Anm. 75), S. 128 N. 92.

der Erfahrung von Verwaltungsrichterin Stirnimann bisweilen eine Herausforderung dar, abzuwägen zwischen dem Erfordernis einer ärztlichen Behandlung nach den Gesichtspunkten der Wirtschaftlichkeit und dem Bemühen des Mediziners, sein Bestmögliches für die Genesung der Patienten zu tun.

4.2 Tarifstreitigkeiten

Das Schiedsgericht befasst sich im Weiteren mit dem Tarifschutz gemäss Art. 44 KVG. Dieser verbietet es den Leistungserbringern, über die vertraglichen oder behördlichen Tarife hinausgehende Vergütungen in Rechnung zu stellen. In die Kompetenz des Schiedsgerichts fällt der Entscheid, welcher von verschiedenen Tarifen anwendbar ist, nicht aber die Tariffestsetzung als solche.[84]

In einem Urteil aus dem Jahr 2002 hatte das Schiedsgericht darüber zu befinden, ob ein Arzt befugt war, von einer Versicherten über die von der Krankenkasse zu bezahlende Vergütung hinaus ein Zusatzhonorar zu fordern. Der Mediziner machte geltend, nebst der – von der Versicherung anerkannten – Mammareduktionsplastik weitere, rein ästhetische Eingriffe vorgenommen zu haben, welche eine zusätzliche Entlöhnung rechtfertigen würden. Das Gericht hielt fest, dass die Berücksichtigung ästhetischer Gesichtspunkte bei der Durchführung der Operation dem ärztlichen Standard entspreche und im Rahmen der gebotenen ärztlichen Pflicht zu erbringen sei. Die Forderung eines Zusatzhonorars sei deshalb nicht haltbar.[85]

Häufig befasst sich das Schiedsgericht mit der Qualifikation von geltend gemachten Aufwendungen als Pflichtleistungen oder Nichtpflichtleistungen der Krankenkassen. So stellte ein Wohn- und Pflegeheim, deren Bewohner Ferienaufenthalte im Ausland verbracht hatten, einer Versicherung Rechnung hierfür. Da der zwischen der Institution und der Versicherung abgeschlossene Tarifvertrag nur die Vergütung von Aufenthalten im Heim selbst umfasste, war die Versicherung nicht verpflichtet, diese Kosten zu übernehmen.[86]

---

[84] Vgl. z.B. Urteil des Schiedsgerichts in Sozialversicherungsstreitigkeiten SCHG 63617 vom 16.2.2004; bestätigt durch EVGE K 37/04 vom 28.6.2004, sowie Urteil des Schiedsgerichts in Sozialversicherungsstreitigkeiten SCHG 63850 vom 23.12.2003, E. 2 und 3.1, bestätigt durch EVGE K 16/04 vom 15.4.2005.

[85] Urteil des Schiedsgerichts in Sozialversicherungsstreitigkeiten SCHG 59456 vom 8.12.2002, bestätigt durch EVGE K 5/03 vom 15.4.2004.

[86] Urteil des Schiedsgerichts in Sozialversicherungsstreitigkeiten SCHG 64951 vom 29.6.2005.

Ein weiterer Entscheid betraf Notfalltransportkosten. Die Sanitätspolizei der Stadt Bern hatte eine verletzte Frau in ein Privatspital gebracht. Dies hatte für die zuständige Krankenversicherung zur Folge, dass ein höherer Tarif zur Anwendung gelangte, als dies bei der Unterbringung in einer öffentlichen Klinik der Fall gewesen wäre. Sie forderte deshalb den Rechnungsbetrag für den Notfalltransport von der Stadt zurück. Zur Begründung machte sie geltend, dass die Frau gegenüber den Sanitätern ihren Willen geäussert habe, in einer öffentlichen Klinik behandelt zu werden. Das Schiedsgericht hielt fest, es sei nicht erstellt, dass die Frau sich für einen Transport ins öffentliche Spital ausgesprochen habe. Die fragliche Privatklinik sei auf der Spitalliste des Kantons Bern aufgeführt und stehe damit gemäss Art. 41 Abs. 1 KVG im Wahlrecht der Versicherten. Der Transport sei medizinisch notwendig gewesen. Es sei zudem zweckmässig gewesen, die Versicherte ins nächstgelegene in ihrem Wahlrecht stehende Spital zu bringen, das für die Behandlung geeignet war. Die Leistung sei deshalb gesetzeskonform erbracht und abgerechnet worden.[87]

4.3 Sanktionen

Hat sich ein Leistungserbringer einer Verletzung der im Gesetz vorgesehenen Wirtschaftlichkeits- und Qualitätsanforderungen (Art. 56 und 58 KVG) oder vertraglicher Abmachungen schuldig gemacht, kann das Schiedsgericht Sanktionen verhängen. Diese umfassen unter anderem die Verwarnung, die gänzliche oder teilweise Rückerstattung der Honorare, welche für nicht angemessene Leistungen bezogen wurden, und im Wiederholungsfall den vorübergehenden oder definitiven Ausschluss aus der Kassenpraxis.[88]

Ein Ausschluss aus der Kassenpraxis ist nur aus wichtigen Gründen zulässig. Nach der zu Art. 24 KUVG ergangenen und auch unter der Herrschaft des KVG massgebenden Rechtsprechung[89] liegt der Ausschlussmöglichkeit der Gedanke zugrunde, dass eine ordnungsgemässe ärztliche Behandlung nur gewährleistet ist, wenn die an der Durchführung der Krankenversicherung mitwirkenden Personen nicht nur über die erforderlichen Fachkenntnisse, sondern auch über entsprechende persönliche Eigenschaften verfügen.[90] Beim Entscheid über das Vorliegen wichtiger Gründe ist vom Gedanken aus-

---

[87] Urteil des Schiedsgerichts in Sozialversicherungsstreitigkeiten SCHG 67203 vom 14.3.2007.
[88] Art. 59 Abs. 1 KVG.
[89] EVGE K 45/04 vom 25.1.2006, E. 3.3.
[90] BGE 120 V 481 E. 2b.

zugehen, dass zwischen Versicherer und Leistungserbringer eine Vertrauens-grundlage bestehen muss. Ein wichtiger Grund wird bejaht, wenn der Kasse nach Treu und Glauben eine Zusammenarbeit mit dem Arzt oder Apotheker nicht mehr zugemutet werden kann.[91] Der Ausschluss von der Kassenpraxis hat disziplinarrechtlichen Charakter. Gestützt auf den Verhältnismässig-keitsgrundsatz ist er in aller Regel zu befristen; ein dauernder Ausschluss ist nur ausnahmsweise zulässig.[92]

In einem Urteil des bernischen Schiedsgerichts zu Art. 25 KUVG vom 12. Dezember 1968 wurde die ausserordentlich schwerwiegende Säumnis eines Arztes, welcher seiner Pflicht zur Berichterstattung gegenüber der SUVA nur in sehr ungenügendem Mass nachkam, als wichtiger Grund qua-lifiziert. Das Gericht erwog, angesichts der sehr langen Dauer und des Um-fangs der Pflichtvernachlässigung müsse eine empfindliche Sanktion getrof-fen werden. Andererseits sei mildernd zu berücksichtigen, dass der Arzt glaubwürdig erklärt habe, «nicht aus einer allgemein gleichgültigen Ein-stellung heraus die Berichte und Abrechnungen nicht abgeliefert zu haben, sondern dass er gegenüber Schreibarbeiten und Ausfüllen von Formularen eine schwer zu beherrschende Abneigung hat.» Sein Verhalten wurde mit einem Ausschluss für zwei Jahre sanktioniert.[93] Ein Ausschluss für fünf Jah-re wurde im selben Jahr gegenüber einem Arzt ausgesprochen, welcher durch unterschriftliche Bescheinigungen auf Zeugnissen und Unfallkarten sowie durch die Rechnungsstellung die Praxis-Tätigkeit eines nicht zur Behandlung von SUVA-Versicherten zugelassenen Arztes deckte. Das Ge-richt befand, dass dieses Verhalten das in den Beklagten als Vertragsarzt der SUVA gesetzte Vertrauen völlig erschüttert habe. Es könne der Klägerin nicht zugemutet werden, mit einem Arzt, der sich auf solche Machenschaf-ten eingelassen habe, das Vertragsverhältnis fortzuführen.[94] In einem die Militärversicherung betreffenden Fall aus dem Jahr 1973 wurde einem Arzt die ungebührlich lange Verzögerung in der Zustellung von Arztberichten vorgeworfen. Der Beklagte machte geltend, er habe mit der Ablieferung des Berichtes zugewartet, um den Patienten einige Zeit auf die Ausrichtung von Versicherungsleistungen warten zu lassen und so seine «Beanspruchungs-freudigkeit» gegenüber der Versicherung zu bremsen. Das Gericht liess die-

---

[91]   BGE 106 V 40 E. 5a/aa.
[92]   BGE 106 V 40 E. 5a/cc.
[93]   Urteil des Schiedsgerichts gemäss Art. 25 KUVG Nr. 3/68 vom 12.12.1968, E. 3.
[94]   Urteil des Schiedsgerichts gemäss Art. 25 KUVG Nr. 4/68 vom 12.12.1968, E. 3.

se Erklärung nicht gelten und sanktionierte den Arzt mit einem zweijährigen Ausschluss.[95]

Neuere Entscheide des Schiedsgerichts fallen weniger streng aus. Im Jahr 2004 schloss das Schiedsgericht einen Arzt für zwei Jahre aus der Kassenpraxis aus, welcher jahrzehntelang massiv überarztet hatte. Es hielt die Voraussetzungen für erfüllt, da der Arzt trotz zahlreicher schiedsgerichtlicher Verfahren seine Art der Praxisführung nicht geändert und sich uneinsichtig gezeigt habe.[96] Eine blosse Säumnis in der Erledigung von administrativen Aufgaben dürfte demgegenüber angesichts der Härte der Sanktion heute keinen Ausschluss mehr rechtfertigen. Vor dem Hintergrund der schwerwiegenden Konsequenzen eines Ausschlusses insbesondere seit der Einführung des Versicherungsobligatoriums spricht das Schiedsgericht diese Sanktion nur noch zurückhaltend aus.

5. Schluss

Seit ihrer Entstehung hat sich die soziale Krankenversicherung von einer freiwilligen Versicherung zu einer obligatorischen Volksversicherung gewandelt. Im Gleichschritt mit dieser Entwicklung sowie dem Ausbau des Sozialversicherungssystems hat sich die Schiedsgerichtsbarkeit in Sozialversicherungsstreitigkeiten verändert. Aus der ursprünglich ausserhalb des ordentlichen Justizapparates stehenden und dem Privatrecht unterstellten Institution ist ein fester Bestandteil des Verwaltungsgerichts geworden. Es unterscheidet sich vom üblichen Gerichtsbetrieb lediglich noch durch die paritätische Zusammensetzung und die häufigere Durchführung von Vermittlungsverfahren.

Auch inhaltlich hat sich die Rechtsprechung der Schiedsgerichte im Laufe der Zeit verändert. Standen in den 1960er und 1970er Jahren noch Verfahren gegen säumige Ärzte im Zentrum, welche häufig zum Ausschluss des Fehlbaren aus der Kassenpraxis führten, beschäftigt sich das Schiedsgericht heute vorwiegend mit dem Tatbestand der Überarztung sowie Tarifstreitigkeiten. Die Missbrauchsbekämpfung, welche den Grund für die Errichtung der Schiedsgerichte darstellte, ist jedoch angesichts des gestiegenen Kostendrucks im Gesundheitswesen aktueller denn je. Das umfangreiche statis-

---

[95] Urteil des Schiedsgerichts nach Art. 19 Abs. 4 MVG Nr. 2/73 vom 13.9.1973.

[96] Urteil des Schiedsgerichts in Sozialversicherungsstreitigkeiten SCHG 63956 vom 10.2.2004, E. 3.2 und 3.3, bestätigt durch EVGE K45/04 vom 25.1.2006.

tische Material, welches heute erhoben wird, bietet dabei bessere Vergleichsmöglichkeiten als früher. Trotzdem kann die Beurteilung, ob eine ärztliche Behandlung nun unwirtschaftlich ist oder dem Bestreben des Arztes zuzuschreiben ist, den Bedürfnissen des Patienten gerecht zu werden und den Heilungsprozess so gut wie möglich zu fördern, zuweilen schwierig sein.

«Das Verwaltungsgericht hat den Akten entnommen und erkannt»

Ein Streiflicht auf 100 Jahre Rechtsprechung

Thomas Müller-Graf / Andrea Schnyder[*]

Inhaltsverzeichnis

1. Einleitung

Als das Gericht am Ende des ersten Geschäftsjahrs 1910 dem Grossen Rat über seine Tätigkeit Rechenschaft ablegte und die Geschäftslast – wie auch in allen darauf folgenden Jahren – übersichtlich in einer Tabelle auswies,

---

[*] Erweiterte Fassung des anlässlich des Symposiums vom 6.11.2009 zur Feier des 100-jährigen Bestehens des Bernischen Verwaltungsgerichts gehaltenen Vortrags. Der Stil des gesprochenen Worts wurde beibehalten. Der Autor und die Autorin danken sehr herzlich all jenen Mitarbeiterinnen und Mitarbeitern des Verwaltungsgerichts, die die Entstehung des vorliegenden Beitrags durch Recherchen in BVR und MBVR unterstützt haben.

waren die Verhältnisse noch überschaubar:[1] 16 Fälle wurden beim Gericht anhängig gemacht, zehn davon durch Zuspruch, Abweisung, Nichteintreten oder Abschreibung infolge Vergleichs erledigt. Das Gericht bestand aus dem Präsidenten und ehemaligen Oberrichter Alfred Schorer und dem Gerichtsschreiber, dem ehemaligen Sekretär der Gemeindedirektion Robert Büchi. Als nebenamtliche Richter waren sieben Mitglieder und fünf Ersatzmänner tätig. In der Person von Landjäger Bühler wurde dem Gericht sodann ein Planton zur Seite gestellt, der allerdings bereits im Folgejahr verstarb[2] und nicht mehr ersetzt worden ist. Die Zuständigkeit des Verwaltungsgerichts war eng begrenzt und umfasste im Wesentlichen Streitigkeiten über öffentliche Leistungen an den Staat oder die Gemeinden, über Wassernutzungsrechte und Bergwerkskonzessionen, Streitigkeiten zwischen Staat und Gemeinden betreffend Unterstützungspflicht in Fällen der auswärtigen Armenpflege sowie Beschwerden wegen «Verletzung oder willkürlicher Anwendung einer bestimmten Vorschrift des Steuergesetzes» (Art. 11 des Gesetzes vom 31. Oktober 1909 betreffend die Verwaltungsrechtspflege [VRPG 09; GS 1909, S. 372 ff.]).

98 Jahre später, also im Geschäftsjahr 2008, waren an den drei Abteilungen des Verwaltungsgerichts insgesamt 2 769 Fälle hängig, 1 711 davon konnten erledigt werden.[3] Das Gericht zählt heute 75 Mitarbeiterinnen und Mitarbeiter, davon 20 hauptamtliche Richterinnen und Richter. Seit der am 1. Januar 2009 in Kraft getretenen Teilrevision des Gesetzes vom 23. Mai 1989 über die Verwaltungsrechtspflege (VRPG; BSG 155.21) beurteilt das Verwaltungsgericht – von wenigen Ausnahmen abgesehen – kantonal letztinstanzlich alle öffentlich-rechtlichen Rechtsstreitigkeiten sowie kommunale und kantonale Wahl- und Abstimmungssachen.[4]

Dazwischen liegt eine bewegte Geschichte, wovon namentlich die ungezählten Laufmeter Akten in den Archiven zeugen. Es versteht sich von selbst, dass wir die Praxis unseres Gerichts im Rahmen dieses Beitrags nicht rekapitulieren oder auch nur ansatzweise würdigen können. Wir beschränken uns daher im Folgenden auf ein impressionistisches «Streiflicht» und lassen stichprobenartig Originaltexte, hauptsächlich Urteilserwägungen und Rechtsschriften, zum Sprechen kommen. Wir wollen also – wie sich das an

---

[1] Geschäftsbericht des Bernischen Verwaltungsgerichts (nachfolgend: Geschäftsbericht) 1910.
[2] Geschäftsbericht 1911.
[3] Geschäftsbericht 2008.
[4] Vgl. Art. 74 ff. VRPG.

sich für jede ordentliche Geburtstagsfeier gehört – ein paar Schnappschüsse aus dem reichen Fundus des Jubilars zeigen. Bei der Auswahl haben wir uns nicht in erster Linie auf juristisch komplexe oder politisch besonders umstrittene Fälle konzentriert, sondern unser Augenmerk hauptsächlich auf kleinere, gerichtsalltägliche Fälle gerichtet. Sie sollen die Vielfalt unserer Tätigkeit veranschaulichen und Zeugnis für ein Stück bernische Zeitgeschichte ablegen.

2. «VGE 1» oder Wer zu früh kommt, den bestraft das Leben

Wo anfangen? – Am Anfang, bei «VGE 1»![5] Doch vorab eine kurze Bemerkung zur Nummerierung der verwaltungsgerichtlichen Verfahren: Mit «VGE 1» wurde am 10. Mai 1910 eine fortlaufende Verfahrensnummerierung begründet, die in den folgenden 98 Jahren – mit gewissen Brüchen – jedenfalls in verwaltungsrechtlichen Streitsachen durchgehalten worden ist. Ein erster Bruch ergab sich bereits am 31. Mai 1920, als mit der Streitsache «Juda Krauthammer-Haberer, Marktkrämer in Biel, gegen kantonale Rekurskommission» das 1001. Verfahren zur Beurteilung kam und man – offenbar aus nummerierungsästhetischen Gründen – kurzerhand mit der Zählung wieder bei «1» begann. Als sich jedoch innert Kürze das Tausend wieder füllte, verzichtete man darauf, erneut von vorne zu beginnen; die Nummerierung wurde von da an kontinuierlich fortgeführt. Ende 2008 erreichte die Verwaltungsrechtliche Abteilung die Verfahrensnummer 23516. – Infolge der Einführung der Alters- und Hinterlassenenversicherung (AHV) wurde 1948 zum dritten Mal in der verwaltungsgerichtlichen Rechtsprechung die Verfahrensnummer «1» vergeben und gleichzeitig eine eigenständige sozialversicherungsrechtliche Verfahrenszählung begonnen, welche Ende 2008 die Verfahrensnummer 70158 erreichte. Die französischsprachigen Geschäfte wurden und werden auch heute je nach Streitgegenstand der verwaltungsrechtlichen oder der sozialversicherungsrechtlichen Zählung zugeordnet. Ausgenommen ist der Zeitraum von Januar 2000 bis Mitte 2008, als die Cour des affaires de langue française eine autonome Zählung verfolgte; sie vergab für verwaltungsrechtliche Verfahren die Nummern 1000–1264 und für sozialversicherungsrechtliche Verfahren die Nummern 5000–6439. Am 1. Januar 2009, mit der Einführung der Informatikapplikation «Tribuna», hat das Gericht zum vierten bzw. fünften Mal in seiner Geschichte sowohl

---

[5] VGE 1 vom 30.5.1910, publ. in MBVR 1910 S. 281.

für verwaltungsrechtliche als auch für sozialversicherungsrechtliche Streitsachen die Verfahrensnummer «1» vergeben. Und weil nach Hermann Hesse bekanntlich jedem Anfang ein besonderer Zauber innewohnt, werden wir in Zukunft jedes Jahr mit «VGE 1» beginnen.[6]

Nun aber zum «VGE 1» vom 30. Mai 1910 (Abb. 1): Er betraf den Lehrer Aellen aus Gstaad, der dem Gericht beantragt hat, sein steuerpflichtiges Einkommen sei statt auf Fr. 1 100.– auf Fr. 900.– festzusetzen. Der angefochtene Entscheid stammte von der nach bisherigem Recht und den übergangsrechtlichen Bestimmungen letztinstanzlich zuständigen Berner Finanzdirektion. Auch hatte die nach dem brandneuen Verwaltungsrechtspflegegesetz (vgl. Art. 42 VRPG 09) als Vorinstanz des Verwaltungsgerichts vorgesehene kantonale Rekurskommission ihre Tätigkeit noch gar nicht aufgenommen. Und so endete dieses erste Verfahren so unspektakulär wie nur irgend möglich, nämlich mit einem Prozessurteil:

> «1. Auf den Rekurs wird wegen mangelnder Zuständigkeit nicht eingetreten.
> 2. Der Rekurrent hat die Gerichtskosten, bestimmt auf Fr. 5.40 (Urteilsgebühr Fr. 2.–) zu bezahlen.»

Lehrer Aellen war offenbar von der Errichtung des Verwaltungsgerichts derart angetan, dass er in der Hitze des Gefechts ausser Acht liess, dass das Leben gelegentlich auch jene bestraft, die zu früh kommen – in seinem Fall mit der Auferlegung von Gerichtskosten in der Höhe von Fr. 5.40.

Bemerkenswert ist übrigens, dass «VGE 1» auf jeden Pathos des Anfangs und auf alle Feierlichkeit verzichtet. Die Begründung des ersten Urteils kommt bereits in jenem sachlich-trockenen Ton daher, den man als Ausdruck gerichtlicher Professionalität oder wenigstens Routine ansehen mag. Auch aus diesem Grund ist fraglich, ob Lehrer Aellen, der auf ewig am Anfang der Praxis des bernischen Verwaltungsgerichts stehen wird, die historische Bedeutung seines Urteils ermessen konnte.

---

[6] Die Verfahrensnummerierung weist seit 1.1.2009 die folgenden Komponenten auf: 100 (für verwaltungsrechtliche) bzw. 200 (für sozialversicherungsrechtliche Streitigkeiten), die aktuelle Jahreszahl und die (jeweils Anfang Jahr wieder bei 1 beginnende) Fallnummer. Das am 9.1.2009 aufgenommene verwaltungsrechtliche Verfahren erhielt – als erstes des Jahres – die Nummer «100.2009.1»; das Urteil, mit dem das Verfahren seinen Abschluss fand, wird zitiert als «VGE 2009/1 vom 14.1.2009». Die Zitierweise der sozialversicherungsrechtlichen Urteile wird durch die vorangestellte Angabe des jeweiligen Rechtsgebiets ergänzt (z.B. VGE IV/2009/1 vom 22.6.2009). Die französischspachigen Urteile (JTA) werden analog den deutschsprachigen Urteilen zitiert.

Dass es sich beim ersten Verfahren um ein steuerrechtliches handelte, ist im Übrigen kein Zufall. In den ersten Jahren war das Verwaltungsgericht aufgrund seiner noch eng begrenzten sachlichen Zuständigkeit vorwiegend als Steuergericht tätig. In diesem Zusammenhang wagte der damalige Verwaltungsgerichtspräsident Schorer im Geschäftsbericht von 1922 auszusprechen, was wir Heutigen, aufgewachsen mit der Idee, dass dem Rechtsschutz unabhängig von der Bedeutung der einzelnen Streitsache ein Eigenwert, sozusagen eine eigene Würde zukommt, uns nicht einmal mehr zu denken trauen:

> «Auffallend ist ferner, dass gewisse Steuerpflichtige Jahr für Jahr immer wieder durch alle Instanzen hinauf prozedieren und dadurch mehr Arbeit und Kosten verursachen als ihre Steuern oft wert sind. Einige scheinen überhaupt nicht aus dem Einkommen, sondern aus Verlusten leben zu können und geben trotz der immer wieder behaupteten Unrentabilität ihre Betriebe nicht auf. Anderseits beanspruchen ganze Gewerbekategorien wie z.B. die Viehhändler bald ein eigenes Gericht nur für sich. [...] Nicht weniger gross ist die Zahl der von der Steuerverwaltung bzw. einiger ihrer Organe eingereichten Beschwerden, von denen ein grosser Bruchteil besser unterbliebe würde.»

3. «Die Strasse» oder Zur Deutungsmacht des Gerichts

Gerichte haben Deutungsmacht. Ihnen ist aufgegeben, scheinbar völlig klare Rechtsbegriffe auf scheinbar ebenso klare Alltagsbegriffe anzuwenden. Ein im ersten Geschäftsjahr beurteilter Fall veranschaulicht, wie die Auslegung solcher Begriffe dem Wandel der Zeit unterliegt, selbst wenn – wie hier – nach streng wissenschaftlichen Massstäben vorgegangen wird.[7] Das Gericht hatte über die Beitragspflicht eines Grundeigentümers in Biel zu befinden. Dessen Grundstück soll eine Wertvermehrung erfahren haben, nachdem ein neuer, treppenähnlicher Aufstieg, der sog. «Gymnasiumsaufstieg», erstellt worden war. Beitragspflichtig waren u.a. die Grundeigentümer für Strassen, die an ihr Grundstück grenzten. Zu klären hatte das Gericht die Frage, ob der neu erstellte Treppenstieg unter den gesetzlichen Begriff der «Strasse» zu subsumieren sei:

> «Nach dem allgemeinen Sprachbegriff wird unter Strasse im engeren Sinn ein Weg verstanden, auf dem sich der Verkehr mittelst Fuhrwerken unter erleichterten Bedingungen bewerkstelligen lässt. Die anzustrebende Bequemlichkeit des Verkehrs erfordert eine bestimmte Breite, ein der möglichst rationellen Ausnut-

---

[7] VGE 5 vom 7.11.1910, publ. in MBVR 1911 S. 70.

zung der Zugkraft entsprechendes Gefälle und eine ausreichende Festigkeit des Unterbaus. Nach sprachwissenschaftlicher Interpretation fällt unter den Begriff der Strasse auch der Weg. Die strata via ist der gepflasterte Weg, die Chaussee d.h. die kunstgemässe Anlage eines Weges. Der Weg schlechthin als eine Ableitung der germanischen Wurzel wëg ‹ziehen, fahren›, lat. via ‹Weg› zusammenhängend mit vehere, setzt zu seinem Begriff ebenfalls voraus, dass auf ihm gefahren werden kann. Er unterscheidet sich dagegen von der ‹Strasse› durch das Mindermass an kunstgemässer Ausführung und bequemer Steigungsverhältnisse (vide Kluge, Etymolog. Wörterbuch der deutschen Sprache, Strassburg 1910). [...] Die Gemeinde Biel ist daher auf Grund ihres Baureglements zum Bezuge von Beiträgen gegenüber Gebäude- und Grundeigentümern nur berechtigt in Bezug auf fahrbare Strassen und Wege, nicht aber für Fusswege und dergl. Somit fällt also der Gymnasiumsaufstieg als Treppenverbindung ebenfalls ausser Betracht.»[8]

Die Terminologiedatenbank des Kantons Bern, welche die in der Amtlichen Gesetzessammlung vorkommenden Begriffe auf deutsch und französisch definiert, fasst den Begriff der Strasse hundert Jahre später zwar sehr viel weiter, verzichtet aber bedauerlicherweise auf jede etymologische Herleitung. Darum wirkt die heutige Definition, im Vergleich zur zitierten Urteilsprosa, geradezu trostlos schlicht:

«Strassen sind: alle Strassen, Wege, Gehwege, Fusswege, Radwege und Plätze auf, über und unter der Erdoberfläche, mit Einschluss der Park-, Rast- und Ausstellplätze».

Die Ermittlung der Rechtsbedeutung von Alltagsbegriffen hat das Gericht auch in jüngerer Zeit immer wieder beschäftigt. So beispielsweise in einem Urteil vom 11. März 1991. Es galt zu beurteilen, ob eine Asylunterkunft raumplanungsrechtlich einem «Hotel» gleichzustellen sei, was vom Gericht verneint worden ist.[9] Oder in einem Entscheid vom 13. Januar 1997 zur Frage, ob Altkleider unter den Begriff «Abfall» im Sinn der Umweltschutzgesetzgebung fallen, was im konkreten Fall unter anderem mit folgender Begründung bejaht worden ist:

«Nach Duden (Das grosse Wörterbuch der deutschen Sprache, Ausgabe 1976/77) bedeutet das Wort Abfall ‹unbrauchbarer Überrest›. Dieser allgemeine Sprachgebrauch hilft hier insofern nicht weiter, als damit die Frage nicht beantwortet ist, ob ‹unbrauchbar› subjektiv (für den bisherigen Inhaber bzw. die bisherige Inhaberin der Sache) oder objektiv (für jedermann) gemeint ist und ob es nur auf den gegenwärtigen Zustand der Sache ankommt oder ob eine Weiterverwendung in

[8] E. 5 des Urteils.
[9] VGE 18170 vom 11.3.1991, publ. in BVR 1992 S. 14.

veränderter Form die Abfalleigenschaft ausschliesst. [...] Nach dem Gesagten erhellt, dass bei der Qualifikation einer Sache als Abfall oder Nichtabfall sowohl der Zustand einer Sache als auch der Wille der Person, die sich ihrer entledigt, berücksichtigt werden müssen. [...] In diesem Zusammenhang darf zudem nicht ausser acht gelassen werden, dass bereits die Art des Sammelgefässes geeignet sein kann, den Willen der Kleiderbesitzerinnen und -besitzer mitzubestimmen. Ein Container vermittelt, zumal wenn er sich neben Altglas- und Altmetallcontainern sowie in der Nähe von Behältern für Grünabfuhr, ausgedienten Batterien usw. befindet, eher den Eindruck einer Entsorgungsanlage, als dies bei speziell gefärbten und beschrifteten Säcken (Texaid-Sammlung) der Fall ist. Auch dieser Umstand deutet darauf hin, dass bei der Abgabe von Textilien an die Beschwerdegegnerin der Entledigungswille im Vordergrund steht.» [10]

Die sprachliche Sorgfalt bei der Urteilsredaktion ist gerade in solchen Fällen von besonderer Bedeutung. Dass der Verständlichkeit der Urteilsbegründung grosse Beachtung zu schenken ist, hat im Übrigen bereits Verwaltungsgerichtspräsident Schorer im Geschäftsbericht des Jahres 1926 anschaulich formuliert:

«Die Begründung muss auch so sein, dass der Leser, der nicht an summarische Auseinandersetzung gewohnt, sie womöglich begreift, oder es wenigstens kann, wenn er will. Dazu kommt noch die Gefahr, dass aus jedem Urteilsmotiv die Parteien Schlussfolgerungen ableiten für andere Fälle, die über das hinausgehen, was im konkreten Fall vom Gerichte gewollt worden ist. Es kommt dann leicht vor, dass statt der gewünschten Abklärung ein Urteil neuen Streitfragen ruft und die Streitfälle nur noch vermehrt.»

4.   Cave Canem! oder Wo das Gericht seine Hunde begräbt

Ob der Beklagte im nächsten Fall auch bei sorgfältigem Studium der Urteilsbegründung den Entscheid des Verwaltungsgerichts nachvollziehen konnte, erscheint ungewiss. [11] Er wurde von seiner Wohngemeinde beim Verwaltungsgericht zur Bezahlung der Hundetaxe von Fr. 20.– für das Jahr 1924 verklagt. Im Juni desselben Jahres war ihm ein kleiner Hund zugelaufen. Er wollte den Hund offensichtlich loswerden und publizierte dieses Vorhaben im Amtsanzeiger, allerdings erfolglos. Im Dezember 1924 verlangte er gar die amtliche Versteigerung des Hundes. Weil er dem Tier zeitweilig Asyl geboten hatte, statt es umgehend zu verjagen, gingen die Gemeinde und das Verwaltungsgericht übereinstimmend davon aus, der Beklagte habe den

---

[10]   VGE 19902 vom 13.1.1997, E. 5 und 6c/bb.
[11]   VGE 3679 vom 31.5.1926, publ. in MBVR 1926 S. 367.

Hund zumindest vorübergehend behalten wollen, weshalb er die Hundetaxe zu entrichten habe. Das Gericht schloss messerscharf:

> «Art. 1 des Gesetzes über die Hundetaxe vom 25. Oktober 1903 bestimmt, dass für jeden im Kanton gehaltenen Hund, der über drei Monate alt ist, eine jährliche Abgabe von mindestens Fr. 5.– bis höchstens Fr. 20.– zu entrichten ist. Aus dieser Bestimmung ist zu schliessen, dass auch derjenige, dem ein Hund zugelaufen ist, und der das Tier in seinem Gewahrsam hält, zur Bezahlung einer Hundetaxe verhalten werden kann. Eine gesetzlich Bestimmung, welche dies ausschliessen würde, existiert nicht.»[12]

Im Urteil unerwähnt bleibt allerdings der im Rahmen der Instruktion erhobene Umstand, dass die klägerische Gemeinde gar kein ausführendes Hundetaxenreglement erlassen, sondern die fragliche Taxe an einer Gemeindeversammlung «nachmittags 1 ½ Uhr in der Wirtschaft» unter dem Traktandum «Unvorhergesehenes» festgesetzt hatte.[13]

Auch dem Verwaltungsgericht lief gelegentlich ein Hund zu – mehr noch: die Hunde erwiesen sich geradezu als treue Begleiter des Gerichts. Allein in jüngerer Zeit hatte sich das Gericht – wir verzichten für einmal auf die sonst übliche Anonymisierung – mit den Hunden «Bodo»[14], «Moses»[15], «Prinz»[16], «Lord»[17], «Zita» und «Dindina»[18], «Bobeli»[19], «Maikie»[20], «Buntja»[21] sowie einem Rudel tibetanischer Tempelhunde[22] zu befassen. Der Fall «Bodo» etwa bot dem Verwaltungsgericht Gelegenheit, seinen ausgesprochenen Sinn für die ganz praktischen Fragen des Lebens im Allgemeinen und der Hundehaltung im Besonderen unter Beweis zu stellen. Die gerichtliche Sorge um das Hundewohl, die feste Entschlossenheit zur lückenlosen Regelung aller im konkreten Fall aufgeworfenen Fragen und viel Liebe zum Detail sind ungeschmälert ins Urteilsdispositiv eingeflossen:

---

[12] S. 2 f. des Urteils.
[13] Auszug aus dem Protokoll der Einwohnergemeinde H. vom 27.10.1925, in den Gerichtsakten 3679.
[14] VGE 22785 vom 4.1.2008.
[15] VGE 23501 vom 26.3.2009.
[16] VGE 18148 vom 18.12.1990.
[17] VGE 19097 vom 1.3.1994.
[18] VGE 21651 vom 11.7.2003.
[19] VGE 18610 vom 7.8.1992.
[20] VGE 22145 vom 17.2.2005.
[21] VGE 21524 vom 19.9.2002.
[22] VGE 18462 vom 21.5.1992.

«1. Die Beschwerde wird teilweise gutgeheissen und der Entscheid des Regierungsstatthalters [...] vom 18. Juli 2006 wird aufgehoben. Folgende Massnahmen werden angeordnet:

a) Der Hund Bodo (Labradormischling, männlich, geb. 1999) ist ausserhalb des umzäunten Teils des Grundstücks der Beschwerdeführenden, aber innerhalb des Ortsbereichs ständig von einer kräftigen erwachsenen Person an der Leine zu führen.

b) Auf Spaziergängen in Begleitung einer Hündin ist der Hund Bodo auch ausserhalb des Ortsbereichs ständig von einer kräftigen erwachsenen Person an der Leine zu führen.

c) Auf Spaziergängen ohne Begleitung einer Hündin ausserhalb des Ortsbereichs ist der Hund Bodo von einer kräftigen erwachsenen Person zu begleiten und an unübersichtlichen Stellen an der Leine zu führen. Auf grossen offenen Flächen (mit einer freien Sicht von mindestens 100 Metern) und in einer Entfernung von mindestens 30 Metern vom Auto der Begleitperson darf der Hund Bodo freigelassen werden. Erscheint ein anderer Hund oder eine andere Hündin, ist der Hund Bodo herbeizurufen und anzuleinen.»

Gerade in heiklen Situationen greift man gerne zu einem solch lebensklugen Urteil, und was dem Satiriker Loriot zufolge für ein Leben ohne Mops gilt – Loriot sagt ja: ein Leben ohne Mops sei zwar denkbar, aber sinnlos –, muss für die Hundehalter sinngemäss für ein Leben ohne verwaltungsgerichtliche Handlungsanweisung gelten.

5. «Der Bergahorn von Adelboden» oder Das Gericht an der frischen Luft

Nicht alle Fälle lassen sich vom Schreibtisch aus erledigen. Von Zeit zu Zeit erfordert es die Streitsache, dass das Gericht sein Gehäuse verlässt, um sich an Ort und Stelle ein Bild von den konkreten Verhältnissen zu machen. So auch am 8. Dezember 1941, als es bei der Dorfkirche in Adelboden in einer hoch umstrittenen Angelegenheit einen Augenschein durchführte.[23] Anwesend waren Verwaltungsgerichtspräsident Halbeisen, Gerichtsschreiber Dübi, Stadtgärtner Albrecht aus Bern als Experte sowie Vertreter der sich als Parteien gegenüberstehenden Kirchgemeinde und Einwohnergemeinde Adelboden. In Augenschein zu nehmen war ein rund 320 Jahre alter Bergahorn. Die Kirchgemeinde Adelboden hatte Verwaltungsgerichtsbeschwerde erhoben gegen die Anordnung des Gemeinderats vom 10. November 1941,

---

[23] VGE 11834 vom 16.2.1942, publ. in MBVR 1942 S. 229 (Originalurteil nicht mehr vorhanden).

wonach der Baum umgehend zu fällen sei, da er für die angrenzende Dorf-strasse eine «direkte und ungeheure Gefahr» darstelle. Wie man der Verwal-tungsgerichtsbeschwerde der Kirchgemeinde entnehmen kann, kochte die Volksseele, galt doch der Baum als ein Wahrzeichen Adelbodens, ja sogar als «Zeuge der Reformation»:

> «In einer ersten Kirchgemeinde-Versammlung vom 26. Oktober wurde mit 37 gegen 23 Stimmen die möglichste Beibehaltung des alten Wahrzeichens unseres Dorfes beschlossen. Herr Gemeindeschreiber G. kündigte in einem sehr persön-lichen und leidenschaftlichen Schreiben an den Sekretär der Kirchgemeinde die ‹Fortsetzung des Kampfes unter Zusammenfassung aller Kräfte an›. […] Die er-neute Kirchgemeinde-Versammlung hat am letzten Freitag trotz Aufgebot aller gegnerischen Kräfte mit 84 zu 43 Stimmen den ersten Beschluss bestätigt. Die qualitativ stärksten Kräfte stehen hinter diesem Mehrheitsbeschluss. Die Intel-lektualität ist geschlossen für möglichste Erhaltung des Baumes, ebenso die ganz einfachen Kreise in deutlicher Mehrheit. Ein Künstler wie Photograph Gyger wendet Ausserordentliches auf für die Idee. Auswärtige Kapazitäten sehen und begrüssen die weitere Erhaltung des alten Baumes, und Einheimische und Gäste spüren und äussern, dass mit dem Baum ein Gemütswert aus dem Dorf schwin-det, der kaum wieder einzubringen ist.»

Der erwähnte Künstler und Photograph Emanuel Gyger, Inhaber des Spezi-algeschäfts «für gewissenhafte fachmännische Ausführung sämtlicher Ama-teurarbeiten», war es auch, der den verwaltungsgerichtlichen Augenschein fotografisch dokumentiert hat (Abb. 2–4). Nur am Rand sei vermerkt, dass die Europäische Menschenrechtskonvention das Verwenden einer nicht ganz neutralen Kamera heute natürlich strikt untersagen würde; demzufolge ist das Gericht längst dazu übergegangen, die fotografische Dokumentation sei-ner Augenscheine eigenhändig zu besorgen.

Das Gericht rückte dem altehrwürdigen Baum also mit Leiter, Hammer und viel Sachverstand zu Leibe, nahm ein Augenscheinsprotokoll auf, gab ein professorales Gutachten (Abb. 5) in Auftrag und zog sogar eine Art Stützkorsett (Abb. 6) als Rettungsmassnahme in Erwägung. Doch am Ende wies es die Beschwerde der Kirchgemeinde Adelboden unter anderem mit folgender Begründung ab:

> «Gegenüber der Frage der Gefährdung der öffentlichen Sicherheit hat naturge-mäss das Moment der Ästhetik zurückzutreten. Selbst wenn daher von letzterem Gesichtspunkt aus betrachtet die Erhaltung des Baumes noch zu befürworten wäre, was aber angesichts des derzeitigen Zustandes des Baumes nicht positiv behauptet werden kann, wäre dennoch sein Schicksal besiegelt. Dem Baum aus diesem Grund eine Gnadenfrist zu gewähren, ist umsoweniger angezeigt, als der Experte eine Erhaltung des Baumes auch aus ästhetischen Gründen nicht befür-worten kann. Davon, dass der geflickte, alte Baum tatsächlich die Züge der Grei-

senhaftigkeit und des Zerfalls aufweist, konnte sich auch die Gerichtsdelegation am Augenschein überzeugen. Ihr schien der Anblick des Baumes, von einigen Seiten aus gesehen, wenig erhebend.»[24]

Dieses Urteil hatte ein publizistisches Nachspiel: Am 30. März 1942, in der Abendausgabe der Zeitung «Der Bund», erschien ein von Professor Ryser, dem damaligen Präsidenten der Kantonalen Naturschutzkommission, verfasster «Nachruf» auf den Ahorn. Darin setzte der Autor das verwaltungsgerichtliche Erkenntnis einem «Todesurteil» gleich und warf dem Gericht mangelnde «Heimatliebe» und «Pietät» vor. Diese Vorwürfe mochte Verwaltungsgerichtspräsident Halbeisen nicht auf sich sitzen lassen:

«Es ist nicht Gepflogenheit der Gerichte und besonders nicht der verwaltungsgerichtlichen Instanzen, auf die in der Tagespresse erscheinenden, polemisch gehaltenen Kritiken an Urteilen zu antworten. Wo indessen der einem Urteil zugrunde gelegene Tatbestand einfach verschwiegen und das massgebende Recht kurzerhand durch eine andere Norm der Entscheidung ersetzt wird und wo sogar den Richtern selbst Eigenschaften, auf die sich sonst jeder Bürger etwas zugute hält, schlankhin abgesprochen werden, würde Schweigen wohl als Schwäche ausgelegt und der einseitig orientierten Leserschaft wäre ohnehin ein schlechter Dienst erwiesen.»

Der Eröffnungssatz dieses am 12. April 1942 im «Bund» erschienenen «‹Nachrufs› auf einen Nachruf» ist in mehrfacher Hinsicht bemerkenswert: Zunächst wehrt sich der Verwaltungsgerichtspräsident dagegen, dass ein Urteil kritisiert wird, ohne dass die sachverhaltlichen und rechtlichen Grundlagen der Streitsache offengelegt werden. Der Richterspruch erscheint so als «Todesurteil» eines vaterlands- und pietätlos gesinnten Gerichts, das unter Missachtung einheimischer Grundwerte und in Verkennung der Tragweite seines Entscheids gehandelt hat. Was die Tonlage angeht, dürfen wir zwar nicht vergessen, dass die Auseinandersetzung vor dem Hintergrund des Schlachtfelds des Zweiten Weltkriegs und der Bedrohung durch das «Dritte Reich» geführt wurde; dem Vorwurf mangelnder Heimatliebe kam zu jener Zeit ganz andere, politisch stark aufgeladene Bedeutung zu. Indes ist das Gericht auch heute mitunter irritiert darüber, wie die Öffentlichkeit seine Urteile aufnimmt. Auch wenn es nicht in jedem Fall mit dem Einverständnis seines Publikums rechnen darf, so tut es sich doch bisweilen etwas schwer, wenn es den Eindruck hat, es werde – fahrlässig oder gar mit Absicht – gründlich missverstanden. Doch ob die offensive Reaktion von Verwaltungs-

---

[24]   MBVR 1942 S. 229 ff., S. 230 f.

gerichtspräsident Halbeisen zur Nachahmung zu empfehlen ist, sei an dieser Stelle offen gelassen.

Der alte Ahorn von Adelboden fand bis heute keinen Nachfolger – ganz im Unterschied zu Fotograf Emanuel Gyger, dessen 1909 gegründetes Fotogeschäft an der Dorfstrasse in Adelboden mittlerweile in vierter Generation weitergeführt wird und heuer somit – wie das Verwaltungsgericht – auf sein 100-jähriges Bestehen zurückblicken kann.

Zeitweilig erfreute sich der sog. «unangemeldete Augenschein» einer gewissen Beliebtheit. Im unermüdlichen Bestreben, einen möglichst authentischen, also von Verstellung und inszenatorischen Kunststücken unverfälschten Eindruck zu gewinnen, begab sich das Gericht mitunter vor Ort, ohne die Prozessbeteiligten im Voraus darüber zu orientieren. Der delikaten Frage etwa, ob eine Liegenschaft (weiterhin) als Bordell genutzt wird, versuchte der zuständige Instruktionsrichter zusammen mit einer Kammerschreiberin am 21. Mai 2004 durch eine unangekündigte Besichtigung der streitbetroffenen Liegenschaft auf den Grund zu gehen:

> «Anlässlich des verwaltungsgerichtlichen Augenscheins vom 21. Mai 2004 bestätigte sich der Eindruck von bestehender Prostitution. Zwar hängen im Flur Plakate, wonach die Salons geschlossen seien. Andere Indizien weisen freilich auf nach wie vor bestehende sexgewerbliche Tätigkeiten hin. So befinden sich im Eingangsbereich Briefkästen mit den Aufschriften ‹Salon Lucky›, ‹Salon Daisy› und ‹Salon Wunderful› (Protokoll des Augenscheins vom 21.5.2004, act. 40, S. 3). Ein weiterer Briefkasten ist mit ‹N. H.› angeschrieben und offensichtlich in Gebrauch, da ein Brief mit diesem Namen versehen einsteckte (Protokoll des Augenscheins vom 21.5.2004, S. 2). Dies legt die Vermutung nahe, dass Frau H. nach wie vor in der Liegenschaft wohnt und möglicherweise ihre Liebesdienste anbietet, obwohl ihr wegen Prostitution gekündigt worden ist [...]. Eine Frau in der Wohnung im Erdgeschoss [...] gab dem Instruktionsrichter auf mehrmaliges Fragen zur Auskunft, es gebe im Haus keine Salons mehr. Diese Aussage erscheint jedoch angesichts der polizeilichen Berichte nicht sehr glaubhaft [...]. Die Glaubhaftigkeit ihrer Aussage wird zusätzlich gemindert durch die linkerhand der Wohnungstüre angebrachten roten Herzchen, die auf den Weiterbestand von Sexgewerbe schliessen lassen. Die Besichtigung des Hauses ergab weiter, dass im Dachgeschoss eine Wohnungstür mit ‹Tropicana› beschriftet ist, was ebenfalls auf einen Salon hindeutet (vgl. Protokoll des Augenscheins vom 21.5.2004, [...]).»[25]

Das Ergebnis der Undercover-Aktion fiel – trotz der festgestellten roten Herzchen – nicht restlos befriedigend aus, musste doch bei der Beweiswürdigung stark auf die sicherheitshalber zusätzlich eingeholten Polizeiberichte

---

[25] VGE 21813 vom 23.8.2004, E. 4.2.5.

abgestellt werden. Offenbar vermochte der Instruktionsrichter, der, wohl nicht ganz rollenkonform, in Begleitung einer mit Schreibblock und Kugelschreiber ausgerüsteten jungen Frau war, das Vertrauen der im Haus angetroffenen Damen nicht auf Anhieb zu gewinnen.

6. «Die Fliegerabwehr» oder Die Grenzen des gerichtlich Machbaren

Das Gericht beschäftigt sich zwar meist mit Streitfragen, die die Gemüter auf kommunaler, bestenfalls auf kantonaler Ebene bewegen. Gelegentlich kommt es aber vor, dass sich das Weltgeschehen in der Rechtsprechung unseres Gerichts spiegelt.

So befasste sich das Gericht 1943 mit einer Beschwerde der Firma Alpina Käse AG in Burgdorf gegen deren Steuerveranlagung.[26] Die Beschwerdeführerin hatte einen Beitrag von Fr. 5 284.05 an acht Geschütze der «Ortsflab» geleistet, welchen sie nun als Gewinnungskosten in Abzug bringen wollte. In der Beschwerdeschrift vom 19. Januar 1943 führte sie dazu unter anderem aus:

> «Wenn die Umstände, wie hier, so liegen, dass sich der Steuerpflichtige einer Leistung anständigerweise einfach nicht entziehen kann, ja sich geradezu verächtlich machen würde, wenn er es versuchen wollte, so kann man steuerrechtlich nicht mehr von Freiwilligkeit sprechen. [...] Dazu kommt, dass der Zweck der Leistung es sehr wohl gestattet, dieselbe als Gewinnungskosten zu betrachten. Die Leistung dient, wie der erwähnte Aufruf sagt, ‹der Verstärkung der örtlichen Wehrbereitschaft, um Luft- und Erd-Angriffen wirksam entgegentreten zu können›. Die Leistung dient somit auch der Erhaltung der Unversehrtheit von Geschäftsliegenschaft, der gewerblichen und industriellen Einrichtungen, des Warenlagers und des Geschäftsmobiliars, also dem unerlässlichen Substrat des geschäftlichen Betriebes der Beschwerdeführerin. [...] Ferner ist darauf hinzuweisen, dass die in Frage stehende Leistung der Landesverteidigung dient, somit in hohem Masse dem allgemeinen Schutz des Landes.»

Das Verwaltungsgericht äusserte in seinem Urteil zwar Sympathie mit diesem Standpunkt, musste die Beschwerde aber trotzdem abweisen, weil es – wie es der steuerliche Begriff der Gewinnungskosten verlangen würde – keine direkte Kausalität zwischen der Abgabe und dem Geschäftsbetrieb erkennen konnte. Die Berücksichtigung kriegsbedingter Auslagen entspreche zwar durchaus dem Gebot der Billigkeit, doch habe sich das Gericht

---

damit abzufinden, dass der streitige Auslageposten de lege lata keine Gewinnungskosten im Sinn des Gesetzes darstelle. Offensichtlich war ihm die Differenz zwischen dem rechtspolitisch Erwünschten und dem gesetzlich Zulässigen sehr bewusst. Dieser Entscheid zeigt ein Dilemma auf, in dem sich das Gericht in seiner Geschichte vielfach befunden hat und immer wieder befindet: Was im Einzelfall als billige, gerechte Lösung erscheint, ist mit Blick auf das Gesetzmässigkeitsprinzip, das Rechtsgleichheitsgebot und die Rechtssicherheit nicht machbar. Man würde gern helfen, darf aber nicht; die Leitplanken des Gesetzgebers sind auch dann zu beachten, wenn das richterliche Rechtsgefühl leisen Protest anmeldet.

Der Weltgeist wehte nicht nur während des Zweiten Weltkriegs bis in die Gerichtsstuben. So erreichte im Oktober 2002 die Katastrophe vom 11. September 2001 – «nine/eleven» – die Sozialversicherungsrechtliche Abteilung des Verwaltungsgerichts: Die T. AG, eine Reiseveranstalterin, hatte Beschwerde wegen Verweigerung von Kurzarbeitsentschädigung geführt. Es ging dabei um die Frage, ob die Terroranschläge vom 11. September 2001 und das Grounding der Swissair dem üblichen Betriebsrisiko eines Reiseveranstalters zuzurechnen seien. Dies hat das Verwaltungsgericht verneint; in Gutheissung der Beschwerde erachtete es die Voraussetzungen für den Anspruch auf Kurzarbeitsentschädigung als erfüllt.[27]

Das Weltgeschehen schlug sich nicht nur in der Rechtsprechung nieder, sondern drang mitunter bis in den Alltag der Gerichtsverwaltung. Gegen Ende des Ersten Weltkriegs wurde das Papier knapp. Im hintersten Winkel des Archivs, bei den Unterlagen der Gerichtsadministration, haben wir ein Kreisschreiben des Justizdirektors aus dem Jahr 1917 gefunden, welches der Verwaltungsgerichtskanzlei «zur Kenntnisnahme und zum Verhalt» zugestellt wurde:

> «Die sich immer schwieriger gestaltende Versorgung unseres Landes mit Papier und nicht zuletzt auch die finanzielle Lage des Staates, die durch die geschaffenen ausserordentlichen Verhältnisse ungünstig beeinflusst wird, veranlassen uns, die Bezirksbeamten zu ersuchen mit dem Papierverbrauch möglichst haushälterisch umzugehen. Die übliche Verwendung von Doppel-Briefbogen hat nach Möglichkeit zu unterbleiben. [...] Ferner sollte darnach getrachtet werden, grössere Briefumschläge (Couverts), die heute im Preise bedeutend gestiegen sind, mehrmals zu verwenden. Durch sorgfältiges Oeffnen der Couverts und durch Ueberkleben der Adressen mit Abfallpapier lassen sich auch hier grosse Ersparnisse erzielen. Couverts die am oberen Rand durch einen Brieföffner geöffnet worden sind, lassen sich mit einem Papierstreifen, der in der Mitte gefalzt und

---

[27] ALV 61526 vom 3.10.2002, publ. in BVR 2003 S. 188.

über die Oeffnung geklebt wird, leicht wieder als brauchbar herstellen. Wir wollen nicht unterlassen darauf hinzuweisen, dass bereits mehrere Amtsstellen begonnen haben, aus alten Formularen selbst Couverts anzufertigen. Dieses Vorgehen seitens einzelner Bezirksbeamter ist sehr nachahmenswert. Wir ersuchen daher die Bezirksbeamten allfällig in den Archiven sich vorfindendes derartiges Material zu sammeln und zur Herstellung von Couverts zu verwenden.»[28]

Der Justizdirektor ist übrigens mit gutem Beispiel vorangegangen und hat das Kreisschreiben auf nicht mehr benötigten Protokollbögen ausfertigen lassen, welche so zusammengefaltet wurden, dass sie ohne zusätzliches Couvert verschickt werden konnten (Abb. 7). – Möglicherweise liegt in diesem Kreisschreiben die Lösung des Rätsels, was aus den heute unauffindbaren Gerichtsakten aus den Jahren 1910 bis 1925 geworden ist. Denn es ist ernsthaft zu befürchten, die durch die damalige Papierkrise ausgelöste Sparübung des Kantons habe dazu geführt, dass die Archivalien getreu der Anleitung des Justizdirektors zu Couverts verarbeitet worden sind. Das Gericht wird übrigens die Überführung seines Archivmaterials in die sichere Obhut des Staatsarchivs in naher Zukunft weiter vorantreiben. Dies rechtfertigt sich schon nur, um seine archivierten Akten vor neuerlicher staatlicher Sparwut nachhaltig zu schützen.

7. «Guter Hoffnung» oder Frauen vor und am Verwaltungsgericht

Die Zeiten der Papierknappheit waren glücklicherweise bald überwunden. Bedeutend hartnäckiger hielten sich dagegen gewisse Moralvorstellungen, wie aus einem Fall aus dem Jahr 1967 hervorgeht.[29] Fräulein E., kaufmännische Angestellte beim Licht- und Wasserwerk der am schönen Thunersee gelegenen Stadt X., klagte gegen dieselbe auf Lohnfortzahlung gemäss städtischer Dienst- und Besoldungsordnung (DBO). Die Stadt X. hatte nämlich den Lohn zurückbehalten, nachdem Fräulein E. infolge der Geburt ihres Sohnes im Januar 1966 ihrer Arbeit vorübergehend nicht nachgehen konnte. Zur Begründung ihres Vorgehens führte die Stadt X. in ihrer Klageantwort vom 13. Februar 1967 unter anderem Folgendes aus:

«Im allgemeinen bieten kommunale Besoldungsreglemente den Bediensteten grössere Sicherheiten. Das trifft insbesondere auf die Sozialzulagen zu. Anderer-

---

[28] Kreisschreiben des Justizdirektors vom 13.12.1917, Nr. 2192/17, gerichtsintern abgelegt im Ordner «Organisation und Verwaltung von 1910 bis 1921», pag. 67.
[29] VGE 14247 vom 29.5.1967, publ. in MBVR 1968 S. 24.

seits betonen sie in starkem Masse die Pflichten. Darunter fällt die sogenannte besondere Treuepflicht, die vom Funktionär verlangt, sich so zu verhalten, wie es den Interessen des Gemeinwesens entspricht, und alles zu vermeiden, was irgendwie gegen die Interessen der Gemeinde verstösst. Diese besondere Treue hat er nicht nur während der Dienstzeit zu wahren, sondern – und das ist von ganz entscheidender Bedeutung – auch ausserhalb der Dienstzeit, mit einem Wort immer, wo er geht und steht. Unter diesem Gesichtspunkt betrachtet, kommt bei Verstössen gegen die Pflichten der Verschuldensfrage besondere Bedeutung zu. Wer schwanger wird, hat sich in einen Zustand versetzt, der – obwohl nicht immer gewollt – dem eigenen Verhalten zuzuschreiben ist. In der geordneten Gesellschaft wird dieses Tun moralisch entweder gutgeheissen oder abgelehnt, je nach dem Zivilstand der Betroffenen. Obwohl in beiden Fällen selbstverschuldet, wird das Verhalten der ledigen Frau als ein ihr zur Last legendes Verschulden, das heisst, als Folge einer Fahrlässigkeit abgetan. Die Klägerin E. ist ledig. Ihr Verschulden ist ihr deshalb anzulasten. Sie kann sich deshalb nicht auf Art. 53 DBO berufen.»

Das Verwaltungsgericht konnte dieser Auffassung nichts abgewinnen und hielt der Stadt X. kurz und bündig entgegen:

«Nach arbeitsrechtlichen Grundsätzen besteht kein relevanter Unterschied zwischen einer verheirateten und einer ledigen Angestellten […]. Wenn daher der Gemeinderat von X. kraft seiner Auslegungsbefugnis (Art. 110 DBO) eine andere Auffassung vertritt, so erscheint die ihr entsprechende Praxis als willkürlich, weil die Rechtsanwendung uneinheitlich erfolgt. Die von ihm für seine unterschiedliche Behandlung angeführten Gründe, einer ledigen Angestellten gereiche es zum Verschulden, wenn sie in andere Umstände gerate, und dieses Selbstverschulden schliesse einen Lohnanspruch während der Dauer der Arbeitsaussetzung aus, sind […] nach heutigem Rechtsempfinden unmassgeblich.»[30]

Vielleicht hatte die im Vergleich zu jener der Stadt X. geradezu emanzipierte Haltung des Gerichts auch damit zu tun, dass im Jahr 1967 erstmals eine Frau als Richterin am bernischen Verwaltungsgericht amtete. Der Grosse Rat hatte nämlich im November 1966 im ersten Wahlgang mit 113 von 127 gültigen Stimmen die Sozialdemokratin Dr. phil. Hedwig Schmid-Opl als nebenamtliche Richterin an die Abteilung für Sozialversicherungsrechtliche Streitsachen gewählt, wobei den Grossratsmitgliedern die Wahl von Frau Dr. Schmid-Opl mit folgendem Votum beliebt gemacht worden war:

«Ins Verwaltungsgericht schlagen wir, wie Sie sehen, eine Frau vor. Sie ist Dr. phil., war Lehrerin. Sie ist sicher geeignet, aus ihrer ganzen Lebenserfahrung heraus dem Verwaltungsgericht eine gute Stütze zu sein. Im übrigen ist es recht,

---

[30]   E. 3 des Urteils.

wenn der Grosse Rat auch da wieder einmal manifestiert, dass er den Frauen das Richteramt eröffnen will. Hier bietet sich dazu Gelegenheit.»[31]

Damit hielt, wie im Geschäftsbericht des Verwaltungsgerichts betreffend das Jahr 1966 vermerkt wird, «die erste Frau Einzug in ein kantonales Gericht». Die erste Juristin am Gericht war Fräulein Fürsprecher Beatrice Beroggi; sie wurde 1960 als juristische Sekretärin gewählt, erklärte aber bereits 1962 – nun als Frau Fürsprecher Bloch-Beroggi – ihren Rücktritt infolge Verheiratung.[32] Die allererste Frau am Gericht war Fräulein Hanni Widmer, die 1911 als Kanzleiangestellte zum Gerichtsteam stiess, dem Gericht anschliessend während 38 Jahren treu verbunden blieb – also ihre berufliche Tätigkeit nicht leichtsinnig dem Ehestand opferte – und 1949 in den wohlverdienten Ruhestand trat.[33]

8. «Das alkoholische Tanzbedürfnis» oder Bedürfnisorientierte Rechtsprechung

Die nächsten Fälle führen uns in die Siebzigerjahre, in eine Zeit, in der das Gericht vielerlei Bedürfnisfragen zu klären hatte, namentlich solche nach dem Ausschank alkoholischer Getränke und cineastischer Unterhaltung. Dabei liess sich das Gericht offensichtlich von der Einsicht leiten, dass die Verwaltungsrechtsordnung kein staatliches Verhinderungsinstrument ist, sondern vielmehr im Dienst der Menschen und ihrer vielfältigen Bedürfnisse stehen soll. – Im ersten Fall ersuchte Frau S., Inhaberin des Dancings «Nachtvogel», erfolglos um Erteilung eines Alkoholausschankpatents und gelangte schliesslich ans Verwaltungsgericht.[34] Dieses zeigte sich gegenüber den Bedürfnissen der durstigen und tanzfreudigen Gäste von Frau S. bemerkenswert aufgeschlossen und erwog in einem kaum als nüchtern und papieren zu bezeichnenden Stil unter anderem Folgendes:

> «Es ist bekannt, dass Skifahrer nach dem Skifahren gerne tanzen (Après-Ski); es halten in der Skisaison Cars mit Skitouristen vor dem ‹Nachtvogel› zum Après-Ski, wie auch andere mit dem Auto sich zum Wintersport begebende Leute. […] Dem kann nun nicht entgegengehalten werden, es befänden sich längs dieser Strasse genügend Alkoholwirtschaften (was an sich richtig ist), da offenbar das entsprechende Publikum nicht lediglich Alkoholkonsum, sondern solchen mit

---

[31] Tagblatt des Grossen Rates 1966, S. 525.
[32] Geschäftsberichte 1960 und 1962.
[33] Geschäftsberichte 1911 und 1948.
[34] VGE 14939 vom 28.5.1973, publ. in MBVR 1974 S. 24.

Tanzgelegenheit verbunden zu sehen wünscht. [...] Gerade der Umstand, dass sogar Cars vor dem Dancing anhalten um die solchermassen zum Skifahren geleiteten Touristen tanzen zu lassen, [...] zeigt, dass solcher Tanz ausserhalb von Kurorten gewünscht wird, kann er dort nicht angeboten werden. Es ist nun nicht zu bestreiten, dass unter solchen Umständen ein Bedürfnis nach Tanzen mit Alkoholausschank längs der Schallenbergstrasse besteht, wie dies in Wintersportorten nicht anders ist, tritt doch ein Dancing solchenfalls stellvertretend an jenes, das normalerweise nach dem Wintersport am Ort besucht wird. Für das Bedürfnis nach ‹alkoholischem› Tanzen spricht ferner der Umstand, dass die Besucher Alkoholika beim 50 m weiter entfernt gelegenen Gastwirtschaftsbetrieb beziehen und diese anschliessend im Dancing konsumieren. [...] Bei diesem Sachverhalt hat der Regierungsrat sein Ermessen überschritten, wenn er der Beschwerdeführerin das nachgesuchte Alkoholpatent verweigerte, mangels eines Bedürfnises.»[35]

Das Alkoholbedürfnis stellte sich nicht nur bei Skitouristinnen und -touristen ein, sondern, wie der nachfolgende Fall zeigt, auch bei Besucherinnen und Besuchern von Einkaufszentren.[36] Der Verband bernischer Fürsorgestellen und Heilstätten für Alkoholkranke, der Verband der Abstinentenvereine des Kantons Bern, der Synodalrat der Evangelisch-Reformierten Kirche des Kantons Bern sowie der Bernische Frauenbund führten mit Eingabe vom 22. Januar 1975 Verwaltungsgerichtsbeschwerde gegen einen Entscheid der Volkswirtschaftsdirektion betreffend Abgabe zweier Gastwirtschaftspatente mit Alkoholausschank im Einkaufszentrum «Shoppyland» in Schönbühl. Die Beschwerdeführenden hielten in ihrer Eingabe unter anderem Folgendes fest:

«Das Einkaufszentrum dient in erster Linie dazu, dem Kunden auf relativ kleinem Raum verschiedenartige Einkaufsmöglichkeiten zu bieten, sozusagen vom Schuhbändel über Fernsehgeräte bis zur fertigen Aussteuer. Deshalb wird der weitaus grösste Teil der Kundschaft – wenigstens nach einer gewissen Anlaufzeit – gezielt zum Zwecke des Einkaufs in das Einkaufszentrum kommen. [...] Die Gastwirtschaftsbetriebe sind reine Nebenbetriebe, damit Kunden, die von weit her kommen, eine Möglichkeit haben, sich etwas auszuruhen und zu verpflegen. Es handelt sich also weitgehend um eine sog. Zweckverpflegungsmöglichkeit und weniger um eine Freizeitverpflegung. Gefragt sind günstige Preise und schnelle Abfertigung. Diese Aufgabe können alkoholfreie Betriebe durchaus erfüllen.»

Das Gericht stellte sich unter entspanntem Shopping offensichtlich etwas anderes vor. Es wies die Beschwerde am 26. Mai 1975 nämlich mit folgender Begründung ab:

---

[35] E. 5 des Urteils.
[36] VGE 15280 vom 26. Mai 1975, E. 5b, publ. in MBVR 1975 S. 325.

«Insbesondere ist davon auszugehen, dass ein erheblicher Teil der erwachsenen Besucher alkoholische Getränke geniessen möchte, zumal im ‹Shoppyland› unbestrittenermassen besonderes Gewicht auf eine möglichst entspannte Atmosphäre gelegt wird und während der Woche an vier Tagen Abendverkäufe stattfinden. Die Erfahrung lehrt, dass solche Einkaufsmöglichkeiten vom Kunden geschätzt werden und auf die Lebensgewohnheiten nicht ohne Einfluss bleiben. Unter diesen Umständen das Bestehen eines hinreichenden Bedürfnisses im Sinne von Art. 6 Abs. 2 GWG verneinen, hiesse einen weitgehend wirklichkeitsfremden Entscheid treffen.»[37]

Die Alkoholbedürfnisklausel hat das Verwaltungsgericht in den Siebziger- und Anfang der Achtzigerjahre sehr eingehend beschäftigt.[38] Die Rechtsordnung sah aber nicht nur Bestimmungen zur Eindämmung des öffentlichen Alkoholkonsums vor, sondern auch solche zum Schutz vor schlechten Kinofilmen. So hatte das Verwaltungsgericht 1981 eine Beschwerde gegen die Erteilung einer Betriebsbewilligung für das Studio-Kino «Capitol II» zu beurteilen.[39] Es hatte sich namentlich mit Art. 18 Abs. 2 des damaligen eidgenössischen Filmgesetzes[40] auseinanderzusetzen. Nach dieser Bestimmung mussten bei der Erteilung der Betriebsbewilligung die allgemeinen kultur- und staatspolitischen Interessen berücksichtigt werden. Die Beschwerdeführenden, unter ihnen ausgerechnet die in Bern einschlägig bekannten Kinos «Actualis» und «Corso», gaben ihrer ernsthaften Befürchtung Ausdruck, eine zusätzliche öffentliche Leinwand würde in Bern zu einem nicht verantwortbaren Absinken des Kinoprogrammniveaus führen.[41] Das Verwaltungsgericht zeigte sich indes von solchen Befürchtungen unbeeindruckt und blieb seiner zur Bedürfnisklausel entwickelten liberalen Haltung treu. Es sah die kulturpolitischen Interessen nicht gefährdet und hielt unter anderem fest:

«Es fällt äusserst schwer, den Begriff ‹Kultur› […] rechtlich zu fassen, d.h. die heute schützenswerten kulturpolitischen Interessen zu definieren. Der Begriff ‹Kultur› ist m.a.W. äusserst unbestimmt. Was das Filmwesen anbelangt, zeigt sich dies etwa darin, dass der japanische Film ‹Im Reich der Sinne›, der in Bern mehrere Wochen gezeigt wurde und fast durchwegs gute Kritiken erhielt, von der waadtländischen Filmzensur gar nicht erst zur Vorführung freigegeben wurde […]. Daraus erhellt, dass Art. 18 Abs. 2 des Filmgesetzes jedenfalls niemals be-

---

[37] E. 5b des Urteils.
[38] Vgl. z.B. auch MBVR 1974 S. 14 und S. 17; BVR 1980 S. 416 und S. 427, 1981 S. 425, 1982 S. 41 und S. 270.
[39] VGE 16120 vom 26.1.1981 E. 5, publ. in BVR 1981 S. 230.
[40] Bundesgesetz vom 28.9.1962 über das Filmwesen (AS 1962 1706).
[41] Verwaltungsgerichtsbeschwerde vom 26.9.1980.

zwecken kann, die kantonalen Behörden über eine äusserst restriktive bzw. subjektive Konkretisierung des unbestimmten Gesetzesbegriffs ‹kulturpolitische Interessen› zu mittelbarer Zensur zu ermächtigen.»[42]

9. Vom Brückenunterhalt und einem «Gemeindemuni» oder Vergangenheit vergeht nicht

Während die soeben geschilderten Bedürfnisstreitigkeiten zwischenzeitlich abgeschafft worden sind, erlangt mitunter längst vergangen Geglaubtes unerwartete Aktualität. Zugleich zeigt der folgende Fall, dass das öffentliche Recht keineswegs traditions- und geschichtslos ist, wie es ein sich hartnäckig haltendes Vorurteil behauptet. – 1993 befasste sich das Verwaltungsgericht mit einem Rechtsstreit, dessen Ursprünge bis ins 14. Jahrhundert zurückreichten und dessen sachverhaltliches Fundament mitten im 18. Jahrhundert lag. Gestützt auf einen im Jahr 1759 zwischen der als «meine gnädigen Herren» zeichnenden bernischen Obrigkeit einerseits und der Stadt Thun andererseits geschlossenen «Vergleich», welcher den Bau und Unterhalt der Brücken, Schleusen, Uferverbauungen, Schwellen und Wasserwerke auf dem Stadtgebiet «für künftige Zeiten» regelte, sprach das Verwaltungsgericht der Stadt Thun am 2. August 1993 einen Beitrag von Fr. 215 774.45 an den Unterhalt der Allmendbrücke zu.[43] In der Urteilsbegründung wird ein ausführlicher und lesenswerter geschichtlicher Überblick über die Folgen des Kanderdurchstichs von 1713 und des Stolleneinbruchs von 1714 geboten und festgehalten, dass die Stadt Thun trotz in vieler Hinsicht veränderter Verhältnisse auch heute noch einen Mehraufwand an Unterhalt zu erbringen habe, weil die Aare viel mehr Wasser führe als vor dem Kanderdurchstich. Die Stadt dürfe daher seit jeher und auch heute noch ein hohes Vertrauen in die Verbindlichkeit des Vergleichs von 1759 setzen, zumal sich dieser auf eine Praxis stütze, die seit dem 14. Jahrhundert urkundlich bezeugt sei. Dem als Rechtsnachfolger der vorrepublikanischen bernischen Obrigkeit beklagten Kanton Bern nützte auch die Berufung auf die «clausula rebus sic stantibus» nichts, obwohl seit Vertragsschluss wahrhaftig viel Wasser von Thun die Aare herunter nach Bern geflossen war. Und so kam es, dass in einer Zeit, in der die Halbwertszeit öffentlich-rechtlicher Erlasse immer kürzer wird und die Revisionskadenzen immer rascher aufeinander folgen, eine Beitragsforderung in der Höhe von über

---

[42] E. 5 des Urteils.
[43] VGE 18672 vom 2.8.1993, publ. in BVR 1994 S. 440.

Fr. 200 000.– gestützt auf eine zweihundertfünfzigjährige Rechtsgrundlage zugesprochen wurde.

Freilich haben nicht alle Glück, die sich auf einen historischen Rechtstitel berufen. Das zeigt etwa ein Rechtsstreit aus dem Jahr 1996 zwischen einer Einwohnergemeinde und einer Viehversicherungskasse.[44] Letztere berief sich auf einen Vertrag zwischen der Einwohner- und der Burgergemeinde Büren aus dem Jahr 1860, welcher die Einwohnergemeinde zur Haltung eines Zuchtstiers, des sog. «Gemeindemunis», oder ersatzweise zur Leistung finanzieller Beiträge an das Halten von Zuchtstieren verpflichte. Als Gegenleistung überliess ihr die Burgergemeinde die «Stierenmatte». Das Verwaltungsgericht wies die Klage der Viehversicherungskasse auf Leistung einer Beitragszahlung von Fr. 4 200.– mit Urteil vom 19. Januar 1996 ab und führte zur Begründung unter anderem Folgendes aus:

> «Aus dem Gesagten ergibt sich, dass das Übertragen der Stierenmatte und die in Ziffer 2 der Schlussbestimmungen des Ausscheidungsvertrags von 1860 getroffene Feststellung ‹Die Haltung des Stiers & des Ziegenbocks ist Sache der Einwohnergemeinde› keine vertraglich eingegangene Verpflichtung der Einwohnergemeinde gegenüber der Burgergemeinde oder Dritten darstellte. Sie bestätigte lediglich die den Einwohnergemeinden in den Ziffern 13 und 14 der Verordnung vom 11. Januar 1826 zur Verbesserung der Viehzucht überbundene gesetzliche Pflicht zum Halten der Stiere und Ziegenböcke für die Zucht. Da die erwähnte Verordnung und damit die Pflicht der Einwohnergemeinde zum Halten des Stiers und des Ziegenbocks aber mit dem Inkrafttreten des Gesetzes vom 11. April 1862 zur Veredelung der Pferde- und Rindviehzucht aufgehoben wurde und auch durch spätere Erlasse nicht mehr eingeführt worden ist (vgl. dazu MBVR 1953 S. 191 f.), steht fest, dass die gesetzliche Grundlage für die Verpflichtung zur Haltung des Stiers durch die Beklagte/Appellantin bereits zwei Jahre nach Abschluss des Ausscheidungs-Vertrags dahingefallen war. Demnach können weder die Burgergemeinde noch Dritte in bezug auf die Stierhaltung bzw. auf entsprechende Ersatzzahlungen etwas aus dem Vertrag von 1860 ableiten.»

10. «Die Wurstklammer» oder Vom Umgang mit unversicherten Risiken

Zu guter Letzt geht's um die Wurst! Wir kommen nämlich zu einem Fall, an dem man sich die Zähne ausbeissen kann.[45] Frau H., die Beschwerdeführerin, machte geltend, sie habe beim Genuss einer Berner Platte auf die Metall-

---

44   VGE 19562 vom 19.1.1996, publ. in BVR 1996 S. 511.
45   UV 68746 vom 13.11.2007.

klammer des zu diesem Gericht servierten Saucisson gebissen. Die Metallklammer sei zuvor unter den zur Berner Platte servierten Lauch gerutscht. Das Beissen auf den harten Fremdkörper hatte die Beschädigung eines Stockzahns im Oberkiefer zur Folge, was teure Sanierungsmassnahmen nach sich zog. Aus unfallversicherungsrechtlicher Sicht ging es um einen alles andere als trivialen Vorfall, wie nachfolgender Auszug aus der Urteilsbegründung vom 13. November 2007 zeigt:

> «Eine Metallklammer an einem Saucisson ist – ebenso wie an einem Cervelat – durchaus alltäglich, was auch die Beschwerdeführerin nicht bestreitet. Im Lauch stellt eine Metallklammer zweifellos einen Fremdkörper dar, mit dem im Normalfall nicht zu rechnen ist. Dies ist jedoch nicht entscheidend, zumal der Fremdkörper an sich nicht dem äusseren Faktor gleichzustellen ist […]. Entscheidend ist, dass die Beschwerdeführerin wissen musste, dass sich auf dem Teller die Metallklammer des Saucisson befand, da sie das Essen selber gekocht und angerichtet hatte. Es ist nicht ungewöhnlich, sondern vielmehr zu erwarten, dass beim Anrichten oder spätestens beim Essen die einzelnen Speisen auf dem Teller vermengt werden. Wird die Metallklammer vor dem Anrichten nicht entfernt, ist deshalb beim Essen des gesamten Gerichts, nicht nur der Wurst, Vorsicht geboten. Dass sich die Metallklammer auf dem Teller von der Wurst löste und unter den Lauch geriet, stellt demzufolge keinen ungewöhnlichen Faktor dar. Ein ungewöhnlicher äusserer Faktor ist damit zu verneinen, womit kein Unfall im rechtlichen Sinn vorliegt.» [46]

Die Beschwerdeführerin hatte sich übrigens gleich doppelt geirrt: Erstens, indem sie den Vorfall als versichertes Unfallereignis einschätzte. Und zweitens – was das Gericht nicht ausdrücklich festhielt –, indem sie Lauch zur Berner Platte servierte. Hätte sie nämlich die Berner Platte lege artis zubereitet, hätte die Wurstklammer unter keinen Lauch rutschen können. Denn zur Berner Platte gehören bekanntlich Dörrbohnen, Sauerkraut und Salzkartoffeln.

---

[46]   E. 3.3 des Urteils.

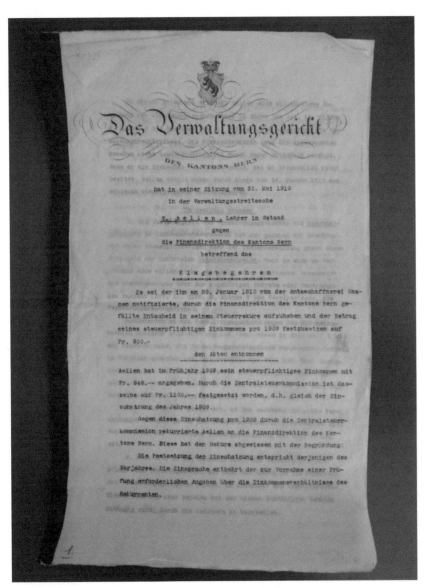

Abbildung 1

Abbildung 2

Abbildung 3

Abbildung 4

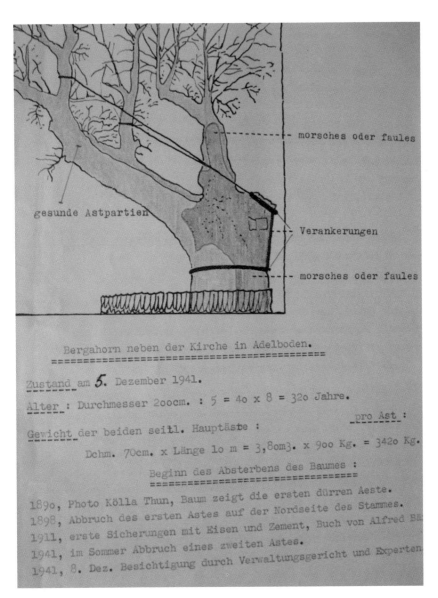

morsches oder faules

gesunde Astpartien

Verankerungen

morsches oder faules

Bergahorn neben der Kirche in Adelboden.
===

Zustand am *5.* Dezember 1941.

Alter : Durchmesser 2oocm. : 5 = 4o x 8 = 32o Jahre.

Gewicht der beiden seitl. Hauptäste :   pro Ast :

Dchm. 7Ocm. x Länge lo m = 3,8om3. x 9oo Kg. = 342o Kg.

Beginn des Absterbens des Baumes :
===================================

189o, Photo Kölla Thun, Baum zeigt die ersten dürren Aeste.
1898, Abbruch des ersten Astes auf der Nordseite des Stammes.
1911, erste Sicherungen mit Eisen und Zement, Buch von Alfred B..
1941, im Sommer Abbruch eines zweiten Astes.
1941, 8. Dez. Besichtigung durch Verwaltungsgericht und Experten

Abbildung 5

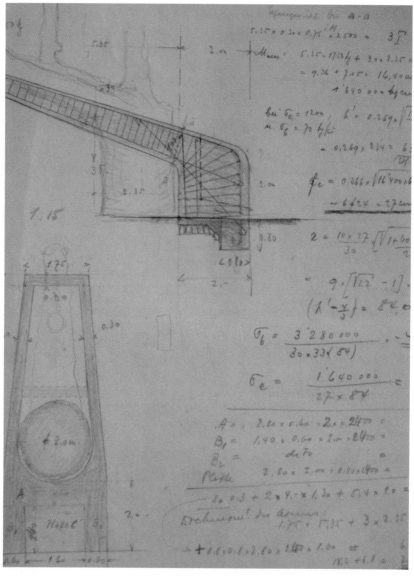

Abbildung 6

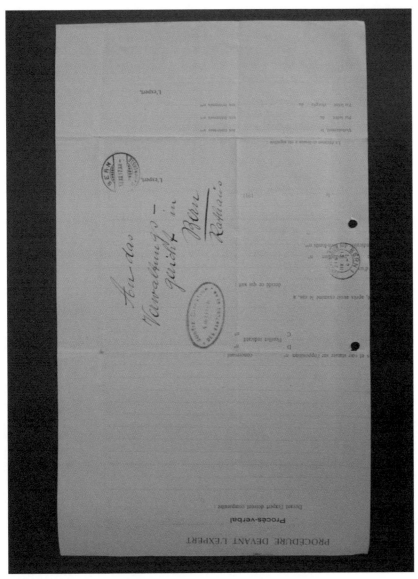

Abbildung 7

Ein Streifzug durch die Rechtsprechung des bernischen Verwaltungsgerichts zum Unternehmenssteuerrecht

Ernst Giger

Inhaltsverzeichnis

1. 100 Jahre Rechtsprechung

100 Jahre Rechtsprechung des bernischen Verwaltungsgerichts – gemäss den Geschäftsberichten gingen während dieser Zeit über 15 000 Rechtsmittel betreffend Steuern und Abgaben ein, überwiegend Beschwerden zu den direkten Staats- und Gemeindesteuern, den Erbschafts- und Schenkungssteuern sowie den Handänderungssteuern. Alleine im Jahr 1922 betrafen über 760 Beschwerden nur die Einkommenssteuern!

Es kann im Folgenden nicht annähernd darum gehen, diese Rechtsprechung umfassend darzustellen oder aus wissenschaftlicher Sicht zu würdigen. Vielmehr soll ein Streifzug durch die in der *Monatsschrift für bernisches Verwaltungsrecht und Notariatswesen (MBVR)* resp. in der späteren, seit 1976 als *Bernische Verwaltungsrechtsprechung (BVR)* erscheinenden Zeitschrift publizierten Entscheide zum Unternehmenssteuerrecht aufzeigen, mit welchen Fragen sich das Verwaltungsgericht mitunter zu befassen hatte.[1]

Zu beachten ist dabei, dass die publizierten Entscheide oft nur einen unvollständigen Sachverhalt oder bloss Auszüge aus den Erwägungen wiedergeben und dass die strittigen Fragen immer im Kontext der jeweils geltenden gesetzlichen Steuerrechtsordnung zu verstehen sind. Trotzdem vermag der eine oder andere Entscheid aufzuzeigen, dass gewisse Steuerfragen, welche die «steuerrechtlichen Gemüter» auch heute noch bewegen, bereits vor Jahren das Verwaltungsgericht beschäftigten.[2]

---

[1] Der Streifzug ist in verschiedene Themenbereiche gegliedert, innerhalb derer in der Regel zuerst die älteren, dann die jüngeren Entscheide erwähnt werden.

[2] Die in der MBVR publizierten Entscheide werden mit Jahrgang und Entscheidnummer zitiert (z.B. MBVR 1914 Nr. 91), diejenigen in der BVR mit Jahrgang und Seitenzahl (z.B. BVR 1977 S. 433).

2. Das Verwaltungsgericht als Steuerjustizbehörde

Das Gesetz vom 31. Oktober 1909 über die Verwaltungsrechtspflege brachte hinsichtlich des Steuerrechts zwei Neuerungen: Zum einen wurden die oberinstanzlichen Rekursentscheide von der Verwaltung (Finanzdirektion) resp. vom Regierungsrat auf die neu geschaffene kantonale Rekurskommission übertragen, zum anderen die Steuerbeschwerde ans Verwaltungsgericht als neues Rechtsmittel in Einkommenssteuersachen eingeführt.

In der Folge bildeten die Steuerjustizverfahren einen wesentlichen Teil der Arbeit des Verwaltungsgerichts. Nach einer kurzen «Schonfrist» – in den Jahren 1910 und 1911 wurden wohl erste Beschwerden anhängig gemacht, jedoch noch wenige entschieden – nahm das Verwaltungsgericht ab dem Jahr 1912 in Steuerangelegenheiten «volle Fahrt» auf. Bis in die 1940er Jahre stellten die Steuerjustizverfahren einen wesentlichen Teil der Arbeitslast des Verwaltungsgerichts dar. Mit dem bernischen Gesetz vom 29. Oktober 1944 über die direkten Staats- und Gemeindesteuern und der damit verbundenen Parallelität zum bundesrechtlichen Wehrsteuerbeschluss[3] verloren die steuerrechtlichen Themen für das Verwaltungsgericht allerdings an eigenständiger Bedeutung. Strittige Fragen betrafen meist gleichzeitig die Wehrsteuer (seit 1981: direkte Bundessteuer) und das kantonale Steuergesetz. Hatte die kantonale Rekurskommission die angefochtenen Steuerveranlagungen überprüft, führte der weitere Rechtsmittelweg betreffend die Wehrsteuer resp. die direkte Bundessteuer ans Bundesgericht, betreffend die Staats- und Gemeindesteuern dagegen ans Verwaltungsgericht. Aus verfahrensökonomischen Gründen sistierte das Verwaltungsgericht in solchen Fällen das bei ihm hängige Verfahren bis zum Vorliegen des die gleiche Rechtsfrage betreffenden Bundesgerichtsentscheides. Je nach Ausgang dieses Verfahrens folgte das Verwaltungsgericht dann in aller Regel den bundesgerichtlichen Erkenntnissen, sofern die Beschwerde von der «unterliegenden» Partei nicht zurückgezogen wurde.

Dieser «Schonung» des Verwaltungsgerichts in Steuersachen setzte das Bundesgericht mit Entscheid vom 19. Dezember 2003[4] ein jähes Ende. Es beschied, dass die Kantone, welche für die unter das Steuerharmonisierungsgesetz[5] fallenden Steuern den Weiterzug des Entscheides der kantonalen Steuerrekurskommission an eine weitere verwaltungsunabhängige kantona-

---

3   Bundesratsbeschluss über die Erhebung einer Wehrsteuer vom 9.12.1940.
4   BGE 130 I 65.
5   Bundesgesetz vom 14.12.1990 über die Harmonisierung der direkten Steuern der Kantone und Gemeinden (StHG; SR 642.14).

le Instanz vorsehen, einen entsprechenden Instanzenzug auch für die direkte Bundessteuer zu öffnen haben. Mit dieser parallelen Ausgestaltung des Rechtsmittelweges bezüglich der kantonalen direkten Steuern und der Bundessteuer[6] wurde auch das Verwaltungsgericht wieder (auf-)gefordert, sich eigenständig mit steuerrechtlichen Fragestellungen zu den direkten Steuern – und damit auch mit Fragen des Unternehmenssteuerrechts – auseinanderzusetzen.

3. Allgemeines zum Unternehmenssteuerrecht

3.1 Steuerbares Erwerbseinkommen vs. steuerfreien Vermögensertrag

Zu Beginn des letzten Jahrhunderts beruhte das kantonale Steuergesetz – vereinfachend dargestellt – noch nicht auf einem allgemeinen Einkommensbegriff. Vielmehr wurden die einzelnen Quellen in Einkommensklassen eingeteilt und die Erträge aus Vermögenswerten, die der Vermögenssteuer unterworfen wurden, blieben von der Einkommensbesteuerung ausgenommen. Zum einkommenssteuerfreien Vermögen gehörten insbesondere der Grundbesitz und die grundpfändlich gesicherten Kapitalien. Trotzdem beschied das Verwaltungsgericht,[7] dass das liegenschaftliche Vermögen zusammen mit dem übrigen Betriebsvermögen einer Baugesellschaft (in der Rechtsform einer AG) als Einheit zu gelten hatte, womit das Einkommen daraus nicht steuerfrei blieb, sondern als Teil des Unternehmensgewinns der Einkommensbesteuerung unterworfen wurde. Auch musste diesfalls der Gewinn aus Liegenschaftstransaktionen als steuerbares Einkommen aus Handel und Gewerbe (Liegenschaftshandel) verstanden werden.

Die Gewerbsmässigkeit bildete (schon damals) wesentliche Voraussetzung für die Abgrenzung zwischen steuerbarem Erwerbseinkommen und Einkommen aus Liebhaberei. Das Verwaltungsgericht hielt dafür, die Rentabilität[8] der Tätigkeit oder die Grösse des Betriebs[9] seien dabei entscheidend, was im Falle der Bewirtschaftung von 20 Bienenvölkern ohne weiteres für Gewerbsmässigkeit sprach. Zudem galt jedes Einkommen aus einer auf Er-

---

[6]   Vgl. dazu *Hugo Casanova,* Parallele Ausgestaltung des kantonalen Instanzenzuges bezüglich der kantonalen direkten Steuern und der direkten Bundessteuer, in: Jusletter 19.4.2004.

[7]   MBVR 1914 Nr. 91.

[8]   MBVR 1921 Nr. 64.

[9]   MBVR 1936 Nr. 41.

werb gerichteten Tätigkeit als steuerbares Erwerbseinkommen, unabhängig vom Willen des Steuerpflichtigen.[10]

Ebenso erzielte steuerbares Erwerbseinkommen und nicht steuerfreien Vermögensertrag, wer sich als Aktionär das Betriebsergebnis eines in eine Aktiengesellschaft überführten Geschäftsbetriebes zuweisen liess[11] oder wer im Rahmen seiner Berufstätigkeit als Bauunternehmer eine eigene Liegenschaft errichtete.[12] Einkommen aus Unternehmertätigkeit setzte immer auch das Vorliegen von Betriebs- resp. Geschäftsvermögen voraus, was sich nach dem Erwerbszweck des einzelnen Vermögenswertes zu beurteilen hatte und nicht nach der zivilrechtlichen Haftung, ansonsten – so hielt das Verwaltungsgericht dem Beschwerdeführer entgegen – das gesamte Vermögen eines Einzelfirmeninhabers dem Geschäftsvermögen hätte zugewiesen werden müssen.[13]

3.2 Wirtschaftliche Doppelbelastung von Aktiengesellschaft und Aktionär

Wiederholt hatte das Verwaltungsgericht zu bestätigen, dass es sich bei der Aktiengesellschaft und ihren Aktionären um zwei selbständig steuerpflichtige Personen handelte[14] und zwar selbst im Falle einer «Einmann-AG».[15] Entsprechend verwarf es das Vorliegen einer unzulässigen Doppelbesteuerung, denn von einer solchen könne nur gesprochen werden, wenn ein und dieselbe Person für das gleiche Einkommen zweimal besteuert werde.[16] Die doppelte Besteuerung von Aktiengesellschaft und Aktionär sei vom Gesetzgeber gewollt und gelte nur für vertragliche Leistungen zwischen den beiden Steuersubjekten nicht. Dazu gehörten indessen Tantiemen als Gewinnanteile zu Gunsten der Mitglieder des Verwaltungsrates eben gerade nicht.[17]

Anders als die selbständige doppelte Steuerpflicht von Aktiengesellschaft und Aktionär bezeichnete das Verwaltungsgericht die (damals noch gel-

---

[10] MBVR 1935 Nr. 15.
[11] MBVR 1940 Nr. 148. Das Verwaltungsgericht ging dabei der Frage, ob diese Zuweisung allenfalls als offene oder verdeckte Gewinnausschüttung zu qualifizieren sei, offenbar nicht nach.
[12] MBVR 1944 Nr. 58.
[13] MBVR 1937 Nr. 138.
[14] MBVR 1921 Nr. 161.
[15] MBVR 1965 Nr. 98.
[16] MBVR 1923 Nr. 99.
[17] Anders hingegen MBVR 1924 Nr. 56 für vertraglich geschuldete Gewinnanteile, welche als Gewinnungskosten qualifiziert wurden, vorausgesetzt, sie waren entsprechend verbucht und ausbezahlt worden.

tende)[18] Besteuerung der Kollektivgesellschaften bloss als substitutionsweise Besteuerung für die Gesellschafter; diese Erkenntnis beruhte allerdings nicht auf einer ausdrücklichen gesetzlichen Regelung, sondern war auf dem Wege der Auslegung gewonnen worden.[19] Ebenso wenig führte die Gründung einer Einzelfirma zur Besteuerung eines neuen Steuersubjekts.[20]

3.3 Besteuerung von Gratisaktien

Schon früh hatte sich das Verwaltungsgericht mit den Steuerfolgen von Gratisaktien zu befassen. Solche lagen vor, wenn eine Aktiengesellschaft ihr Aktienkapital zu Lasten der Reserven erhöhte, die Kapitalerhöhung also aus eigenen Reserven liberierte, ohne dass die Aktionäre für die neu ausgegebenen Aktien eine Kapitaleinlage zu leisten hatten.

Anfänglich verneinte das Verwaltungsgericht, die Ausgabe von Gratisaktien würde beim Aktionär einen steuerbaren Vermögensertrag darstellen; vielmehr seien diese systembedingt erst bei der Liquidation der Gesellschaft als steuerbares Einkommen zu erfassen.[21] Später qualifizierte es den Vorgang dann aber als steuerbaren Vermögensertrag in der Höhe des Nominalwertes, da die entsprechenden Kapitaleinlagen für die «gratis» ausgegebenen Aktien mit «rückständigen, kumulativen Dividenden» zur Verrechnung gelangt seien.[22]

Mit dem Steuergesetz von 1944 schuf der bernische Gesetzgeber in Art. 29 eine ausdrückliche gesetzliche Grundlage für die Besteuerung der Gratisaktien als Vermögensertrag. Dies bewog das Verwaltungsgericht in der Folge, auch die Gratisnennwerterhöhung als steuerbares Einkommen zu qualifizieren, obwohl der Aktionär keinen geldwerten Vorteil und keine Vermögensvermehrung erhalten habe; der Ertragscharakter wurde einzig darin gesehen, dass der Aktionär neue Aktien erhielt, die er bisher noch nicht besessen hatte.[23]

---

[18] Nach heutiger Regelung (Art. 10 DBG, Art. 12 StG) werden Einkünfte aus Personengesellschaften direkt den Teilhabern anteilmässig zugerechnet (sog. transparente Besteuerung).

[19] MBVR 1924 Nr. 11.

[20] MBVR 1927 Nr. 26.

[21] MBVR 1925 Nr. 54.

[22] MBVR 1937 Nr. 247. Dieser Entscheid wurde allerdings vom Bundesgericht aufgehoben (MBVR 1939 Nr. 35).

[23] MBVR 1947 Nr. 51.

3.4 Verdecktes Eigenkapital

Mit dem Verhältnis von Aktiengesellschaft und Aktionär hatte sich das Verwaltungsgericht auch im Zusammenhang mit Darlehen des Aktionärs an seine Gesellschaft zu befassen. Es schützte den Entscheid der Vorinstanz, wonach ein Aktionärsdarlehen aus der Sicht der Unternehmung dann nicht Fremdkapital, sondern (verdecktes) Eigenkapital darstellte, wenn kumulativ vier Voraussetzungen erfüllt waren: (1) Die Tätigkeit konnte im tatsächlich betriebenen Umfang ohne das entsprechende Kapital nicht ausgeübt werden, (2) die Gesellschaft war nicht in der Lage, das Fremdkapital von Dritten zu erhalten, (3) das Darlehen wurde dem unternehmerischen Risiko ausgesetzt und (4) die Mittel waren nur zum Zwecke der Steuerersparnis als Fremd- anstatt als Eigenkapital gewährt worden.[24]

3.5 Besteuerung von Liquidationsgewinnen

Schied ein Gesellschafter aus einer Kollektivgesellschaft aus oder wurde diese liquidiert, so resultierte ein steuerbarer Liquidationsgewinn, sobald die Abfindungssumme resp. der Liquidationserlös über dem Kapitalanteil des (ausscheidenden) Gesellschafters lag. Dieser Wertzuwachsgewinn musste durch Veräusserung oder Verwertung realisiert worden sein, was aber nicht zwingend einen Verkauf oder Tausch voraussetzte, sondern auch die Ausrichtung einer entsprechenden Abfindungssumme durch die Gesellschaft umfasste.[25]

Allerdings qualifizierten auf Grund der damals geltenden gesetzlichen Regelung nur Liquidationsgewinne auf Betriebskapital, nicht aber auf Anlagekapital als steuerbares Einkommen,[26] wobei das Verwaltungsgericht dem Ansinnen eines Steuerpflichtigen nicht folgte, das Betriebskapital mit Eintritt in die Liquidationsphase (und der damit verbundenen Einstellung des Betriebes) in Anlagekapital umzuqualifizieren.

3.6 Abgrenzung der Einkommens- und Gewinnsteuern von der Grundstückgewinnsteuer

Einen Entscheid von grundsätzlicher Bedeutung hatte das Verwaltungsgericht jüngst[27] im Zusammenhang mit der Besteuerung von Einkommen aus

---

[24] BVR 1979 S. 115.
[25] MBVR 1928 Nr. 112.
[26] MBVR 1928 Nr. 113, 1938 Nr. 17.
[27] BVR 2008 S. 490.

selbständiger Erwerbstätigkeit (Liegenschaftshandel) zu fällen. Es beschied, dass im Falle der Überführung einer Liegenschaft aus dem Privatvermögen ins Geschäftsvermögen eines Liegenschaftshändlers nur der spätere, im Geschäftsvermögen entstandene Wertzuwachs als Erwerbseinkommen aus selbständiger Tätigkeit besteuert werden konnte, nicht aber der Wertzuwachs aus jener Zeit, während der die Liegenschaft dem Privatvermögen angehörte. Letzterer war bei der späteren Veräusserung (aus dem Geschäftsvermögen) mit der Grundstückgewinnsteuer zu erfassen, obwohl das Steuergesetz die Überführung von Privat- ins Geschäftsvermögen nicht als steuerlichen Abrechnungstatbestand vorsieht.

4. Steuerpflicht und Steuerbefreiung

4.1 Selbsthilfegenossenschaften

Die Versicherungsgenossenschaften auf Gegenseitigkeit (Selbsthilfegenossenschaften) bezweckten in aller Regel nicht die Erzielung eines Gewinns. Trotzdem bestätigte das Verwaltungsgericht ihre subjektive Einkommenssteuerpflicht, soweit Erträge aus dem Verkehr mit Dritten resultierten. Diesfalls erbrachte die Genossenschaft Versicherungsleistungen gegen Bezahlung von Prämien auch an Nichtgenossenschafter, was zu steuerbarem Einkommen der Genossenschaft führen musste.[28]

Verbilligte die Versicherungsgenossenschaft aus diesen Einnahmen die Prämien der Genossenschafter, lag darin eine Gewinnverwendung, weshalb die Genossenschaft, als ein von der Steuerpflicht des Genossenschafters unabhängiges Steuersubjekt, die entsprechenden Leistungen nicht von ihrem steuerbaren Einkommen abziehen konnte. Wesentlich für die Besteuerung war nicht die Erwerbsabsicht, sondern die Leistungsfähigkeit; zudem schloss auch das staatliche Interesse an der Tätigkeit der Versicherungsgenossenschaft die Steuerpflicht nicht aus.[29]

4.2 Personenunternehmen und Personengesellschaften

Bei einer im Handelsregister eingetragenen Unternehmung durfte die Gemeinde deren Steuerpflicht annehmen.[30] Allerdings seien, so das Verwal-

---

[28] MBVR 1913 Nr. 8.
[29] MBVR 1914 Nr. 220, 1917 Nr. 106, 1920 Nr. 84.
[30] MBVR 1913 Nr. 190.

tungsgericht, bei einer einfachen Gesellschaft nicht diese, sondern die beteiligten Gesellschafter steuerpflichtig.[31]

Dagegen wurde die Kollektivgesellschaft für ihr Einkommen selber besteuert, wobei das Verwaltungsgericht wiederholt bestätigte, dass es sich hierbei nicht um eine selbständige Steuerpflicht resp. um ein eigenes Steuersubjekt wie bei juristischen Personen handelte, sondern um eine substitutionsweise Besteuerung an Stelle der Gesellschafter.[32] Entsprechend resultierte keine Doppelbelastung: Was der Gesellschafter kraft Gesellschaftsvertrags erhielt, unterlag bei der Gesellschaft der Besteuerung, was ihm gestützt auf andere (obligatorische) Verträge zufloss, wurde bei ihm direkt und nicht bei der Gesellschaft als steuerbares Einkommen erfasst.

Trotz bloss substitutionsweiser Besteuerung der Personengesellschaften und dem Verneinen eines selbständigen Steuersubjektes resp. der sich daraus ergebenden Doppelbelastung verweigerte das Verwaltungsgericht die Verrechnung von Verlusten aus einer Erwerbstätigkeit im Rahmen einer einfachen Gesellschaft mit dem (anteiligen) Einkommen einer Kollektivgesellschaft.[33]

4.3 Steuerbefreiung und doppelte Liegenschaftssteuer

Die Pensionskasse, welche für die Angestellten eines angeschlossenen Unternehmens Vorsorge betrieb, war von der Steuerpflicht befreit, unabhängig ihrer Rechtsform. Allerdings hielt das Verwaltungsgericht dafür, dass sich für diesen Zweck die Rechtsform der Genossenschaft besser eigne als diejenige der Stiftung.[34]

Einer gemeinnützigen Stiftung versagte das Verwaltungsgericht die Steuerbefreiung, nachdem sie 11 Jahre nach ihrer Errichtung resp. 6 Jahre nach Wegfall rechtlicher Hindernisse (Prozesse) ihre gemeinnützige Tätigkeit noch immer nicht aufgenommen hatte.[35]

Eine wechselhafte Praxis erlebten steuerbefreite Institutionen hinsichtlich der Frage, ob sie auf ihrem Liegenschaftsbesitz die doppelte Liegen-

---

[31] MBVR 1935 Nr. 13. Anders noch MBVR 1917 Nr. 6, wo das Verwaltungsgericht die einfache Gesellschaft als selbständiges Steuersubjekt bezeichnete, sofern der Gesellschafter nicht selber auch eine eng damit zusammenhängende Erwerbstätigkeit ausübte.

[32] MBVR 1921 Nr. 162, 1931 Nr. 26, 1932 Nr. 55, 1939 Nr. 46.

[33] MBVR 1935 Nr. 13.

[34] MBVR 1965 Nr. 86.

[35] BVR 1992 S. 433.

schaftssteuer zu bezahlen hatten oder nicht. Nachdem das Bundesgericht die Erhebung einer doppelten Liegenschaftssteuer von einem Bundesbetrieb als unzulässig erklärt hatte,[36] beschied das Verwaltungsgericht, dass nur zur doppelten Liegenschaftssteuer herangezogen werden konnte, wer ausschliesslich nach Art. 23 aStG von der Steuerpflicht befreit war[37] – und zwar steuerbefreit nach Abs. 1 und nicht nach Abs. 3 von Art. 23 aStG, weshalb ein konzessioniertes Transportunternehmen keine doppelte Liegenschaftssteuer zu entrichten hatte.[38] Überdies genügte eine bundesrechtliche Steuerbefreiung für die Ausnahme von der doppelten Liegenschaftssteuer nur dann, wenn sie auf einer spezialgesetzlichen Regelung beruhte und es sich nicht bloss um eine Steuerbefreiung nach dem Bundesgesetz über die direkte Bundessteuer handelte.[39] Allerdings erachtete das Verwaltungsgericht später die im Gesetz vorgesehene Verdoppelung der Liegenschaftssteuer an sich als verfassungswidrig.[40]

5. Gewinnermittlung

Die Ermittlung des steuerbaren Unternehmensgewinns war immer auch von den Regeln und der Durchführung des Veranlagungsverfahrens geprägt. Dazu hielt das Verwaltungsgericht fest,[41] es gebe jene Steuerpflichtigen, welche «den Steuerbehörden durch Abgabe einer Selbstschatzung und Erteilung der verlangten Auskünfte bei der Veranlagung an die Hand gehen», und dann aber auch jene Steuerpflichtigen, die ihre Mitwirkung verweigerten. Umgekehrt bestehe die Gepflogenheit vieler Gemeindesteuerkommissionen, die Steuerpflichtigen «bei Zweifeln an der Richtigkeit der Selbstschatzung nicht [...] zur Aufschlusserteilung anzuhalten, sondern aufs Geratewohl Höherschatzungen vorzunehmen und die Untersuchung den obern Instanzen zu überlassen».

5.1 Allgemeines zur Gewinnermittlung

Das Verwaltungsgericht wies in aller Deutlichkeit darauf hin, es überprüfe die behördliche Schätzung des steuerbaren Einkommens einer Unterneh-

---

[36] Die neue Steuerpraxis (NStP) 1987 S. 59 ff.
[37] BVR 1991 S. 203.
[38] BVR 1994 S. 58.
[39] BVR 2000 S. 245.
[40] BVR 2002 S. 206.
[41] Geschäftsbericht 1912 S. 2.

mung auf ihre Gesetzmässigkeit hin; allfälligem Gewohnheitsrecht komme gegenüber dem klaren Gesetzeswortlaut keine derogierende Kraft zu.[42] Die Zulassung von gesetzwidrigem Gewohnheitsrecht sei ein Zeichen des Verfalls mangels Macht oder Willen, die Gesetze durchzusetzen. Zudem durfte trotz fehlender Geschäftsbücher das steuerbare Einkommen nicht willkürlich hoch angesetzt werden, sondern musste angemessen sein.[43] Als Einkommen galt das Resultat einer Betriebsperiode, wobei vom Einkommen nur zum Abzug gebracht werden konnte, was in dieser Periode für die Gewinnerzielung ausgegeben werden musste.[44]

Kein steuerbares Einkommen einer Genossenschaft stellten die Beiträge der Genossenschafter zur Tilgung der Gesellschaftsschulden dar;[45] anders verhielt es sich dagegen, wenn dem Genossenschafter dafür eine direkte Gegenleistung im Rahmen der Tätigkeit der Genossenschaft zukam.[46] Als steuerpflichtig musste das reine Einkommen eines Unternehmens, unter Zurechnung von Reservebildung und Rücklagen für künftige Verluste, gelten.[47] Bedingt durch die gesetzliche Unterscheidung von (steuerbarem) Erwerbseinkommen und (steuerfreiem) Liegenschaftsertrag[48] stellte indessen nur das Geschäfts- resp. Betriebseinkommen,[49] nicht jedoch die liegenschaftlichen Erträge steuerbaren Unternehmensgewinn einer Aktiengesellschaft dar. Dabei war wesentlich, ob eine Liegenschaft Betriebskapital, d.h. Geschäftsvermögen, welches dem Betrieb zudiente, oder Anlagekapital darstellte. In diesem Sinne erwog das Verwaltungsgericht, die Immobilien eines Liegenschaftshändlers seien als Handelsware zu qualifizieren und die Erträge daraus folglich als Betriebseinkommen mit der Einkommensteuer zu erfassen.[50] War eine Gesellschaft allerdings vertraglich gezwungen, mit den entsprechenden Mieteinnahmen aufhaftende Hypotheken zu amortisieren, so stellten diese Einkünfte mangels freier Verfügbarkeit nicht Teil des steuerbaren Unternehmensgewinnes dar.[51]

---

[42] MBVR 1913 Nr. 14.
[43] MBVR 1914 Nr. 212.
[44] MBVR 1916 Nr. 67.
[45] MBVR 1916 Nr. 189, 1946 Nr. 45.
[46] MBVR 1921 Nr. 168.
[47] MBVR 1923 Nr. 145.
[48] Liegenschaften und dergleichen unterlagen der Vermögenssteuer und nicht der Einkommensteuer.
[49] MBVR 1931 Nr. 52.
[50] MBVR 1914 Nr. 17, 1914 Nr. 91, 1914 Nr. 94.
[51] MBVR 1959 Nr. 84. Dieser Entscheid wurde offenbar vom Bundesgericht nicht geschützt.

Die Verzinsung der Betriebsfonds, welche eine Genossenschaft aus ihren Gewinnen äufnete und die sie ihren Genossenschaftern nach Massgabe der Inanspruchnahme der genossenschaftlichen Leistungen zurechnete, reduzierte zwar den kaufmännischen, nicht jedoch den steuerbaren Gewinn. Das Verwaltungsgericht qualifizierte diese Betriebsfonds bis zu deren Auszahlung an die Genossenschafter als Eigenkapital der Genossenschaft und erachtete dessen Verzinsung folglich als Gewinnverwendung; nicht verteilte Gewinne stellten Gesellschafterbeiträge und nicht Darlehen der Genossenschafter an die Genossenschaft dar.[52]

Bei der Ermittlung des steuerbaren Einkommens aus freien Berufen verwarf das Verwaltungsgericht die Anwendung der entsprechenden Regeln für Handels- und Gewerbetreibende; so mussten Veränderungen in den Warenbeständen (z.B. im Goldvorrat eines Zahnarztes) ebenso unberücksichtigt bleiben[53] wie noch nicht eingegangene Guthaben (Debitoren) aus Dienstleistungen (z.B. Gebühren eines Notars)[54]. Es bestehe – so das Verwaltungsgericht[55] – weder die Usanz einer transitorischen Buchhaltung, noch könne eine solche einem einfachen Geschäftsmann zugemutet werden. Erst später ergab sich die Erkenntnis, dass es auch bei liberalen Berufstätigen sachgemäss war, das steuerbare Einkommen periodengerecht zu ermitteln und entsprechend die laufenden, in der Buchhaltung ausgewiesenen Forderungen aus Dienstleistungen, selbst wenn sie noch nicht eingegangen waren, als Teil des steuerbaren Einkommens aus dieser Tätigkeit zu erfassen.[56]

5.2 Kaufmännische Buchhaltung und steuerbares Einkommen

Grundlage für die Ermittlung des steuerbaren Erwerbseinkommens bildete (bereits früher) die kaufmännische Buchhaltung. Nur wenn sich daraus das Einkommen des Unternehmens nicht herleiten liess, bedurfte es einer Ermessenstaxation.[57] Eine solche galt als Endschatzung, weshalb weitere Abzüge (mit Ausnahme persönlicher Abzüge)[58] nicht zulässig waren und die Richtigkeit der Ermessenstaxation nur dann in Frage gestellt werden konnte, wenn sie ausserhalb eines objektiv möglichen Ergebnisses lag. Allerdings

---

[52] MBVR 1913 Nr. 148.
[53] MBVR 1915 Nr. 148, 1939 Nr. 166.
[54] MBVR 1923 Nr. 22, 1944 Nr. 113.
[55] MBVR 1941 Nr. 77.
[56] MBVR 1957 Nr. 97, 1967 Nr. 103.
[57] MBVR 1936 Nr. 103, 1936 Nr. 149, 1938 Nr. 65.
[58] MBVR 1927 Nr. 109.

galt es zu beachten, dass gewisse Buchungen, auch wenn sie kaufmännisch berechtigt waren, steuerlich nur dann anerkannt wurden, wenn sie nach dem Steuergesetz zulässig waren.[59] Deshalb richtete sich die Abzugsfähigkeit von Gründungskosten, trotz des handelsrechtlichen Aktivierungswahlrechts (Art. 456 aOR), nicht nach den handelsrechtlichen, sondern nach den steuererrechtlichen Vorschriften.[60]

Auch bei einem kurzen oder einem langen Geschäftsjahr musste es immer das Ziel sein, das Ergebnis eines Geschäftsjahres ohne Lücken zu ermitteln.[61] Wurden Geschäftsbücher nur alle zwei Jahre abgeschlossen, konnte das steuerbare Erwerbseinkommen im Zwischenjahr geschätzt und im zweiten Jahr die Differenz zum ausgewiesenen Ergebnis besteuert werden, womit dem Steuerpflichtigen «kein Unrecht geschieht».[62]

Der Buchwert des Anlagevermögens gab den momentanen Wert der entsprechenden Vermögensgegenstände wieder.[63] Wer dabei regelmässig den momentanen Wert resp. den Verkehrswert in der Bilanz auswies, konnte nicht geltend machen, ein allfälliger Mehrwert werde erst beim Verkauf realisiert;[64] ein solcher Widerspruch zur eigenen Verbuchung vermochte der steuerlichen Erfassung des ausgewiesenen Mehrwertes nicht entgegenzustehen. Der Buchwert und nicht der Anschaffungskostenwert war auch für die Ermittlung des Kapitalgewinns aus dem Verkauf von Anlagevermögen massgebend.[65] Bei der Bewertung von Waren hatte sich diese nach den Bestimmungen des Obligationenrechts zu richten;[66] massgebend war der Bilanzstichtag; künftige Wertentwicklungen und Preisgestaltungen infolge Demodierung des Warenlagers oder künftige Verluste blieben unbeachtlich.[67] Unterbewertete Wertschriften waren dagegen zu korrigieren, wenn die Differenz über 10 % des durchschnittlichen Kurswertes des Vormonates ausmachte.[68]

Der Grundsatz, wonach sich die Ermittlung des steuerbaren Gewinns einer Aktiengesellschaft an der kaufmännischen Erfolgsrechnung zu orientie-

---

[59] MBVR 1925 Nr. 151.
[60] MBVR 1927 Nr. 93, 1946 Nr. 162.
[61] MBVR 1926 Nr. 55.
[62] MBVR 1929 Nr. 159.
[63] MBVR 1930 Nr. 42.
[64] MBVR 1928 Nr. 62, 1940 Nr. 127.
[65] MBVR 1930 Nr. 42.
[66] MBVR 1922 Nr. 74, 1940 Nr. 55, 1940 Nr. 127.
[67] MBVR 1973 Nr. 90.
[68] MBVR 1924 Nr. 23.

ren hatte, galt nicht unbesehen, denn das Ziel war immer die Ermittlung des tatsächlich erzielten Gewinns.[69] Entsprechend waren Vorauszahlungen zur Verrechnung von Dienstleistungen und angefangene Arbeiten zu aktivieren. Zwischen Schwestergesellschaften führte – so das Verwaltungsgericht weiter – die Aktivierung von Vorauszahlungen nicht zu einer unzulässigen Doppelbesteuerung, da zwischen diesen beiden Gesellschaften keine wirtschaftliche Identität bestehen würde, anders als zwischen Mutter- und Tochtergesellschaft.

Bereits früh gingen die Ansichten zwischen den Steuerbehörden und den Steuerpflichtigen in der Frage nach Berechtigung und Höhe von Spesen und Privatanteilen sowie der Bewertung von Naturalbezügen auseinander. Das Verwaltungsgericht betonte wiederholt, es handle sich hierbei um (reine) Ermessensfragen,[70] bei denen angemessen zu berücksichtigen war, dass Spesenentschädigungen immer auch einen Privatanteil (persönliche Lebenshaltungskosten) enthalten mussten und Naturalbezüge nicht höher bewertet werden durften, als ihr Handelspreis gegenüber Dritten war.

Zum Liquidationserlös (aus Veräusserung von Geschäftsvermögen)[71] gehörten nach der Erkenntnis des Verwaltungsgerichts alle stillen Reserven auf Waren und Mobiliar, unabhängig, wie diese stillen Reserven entstanden waren, ob durch vorsichtige Bewertung oder bewusste Unterbewertung von Betriebsvermögen[72]. Wurden übersetzte Abschreibungen rückgängig gemacht, stellten diese im Zeitpunkt der Verbuchung (Reaktivierung) steuerbares Einkommen dar. Liess sich der Buchwert mangels ordnungsgemässer Buchhaltung nicht nachweisen, musste ein Liquidationsgewinn ermessensweise ermittelt werden, wobei davon auszugehen war, dass frühere Ermessenstaxationen ebenfalls angemessene Abschreibungen umfasst hatten.[73] Der Liquidationsgewinnbesteuerung unterlagen infolge Überführung eines Vermögensgegenstandes vom Geschäfts- ins Privatvermögen auch jene wieder eingebrachten Abschreibungen, welche sich im Nachhinein als nicht begründet erwiesen, weil der Verkehrswert offenbar über den Gestehungskos-

---

[69]   BVR 1977 S. 197.
[70]   MBVR 1938 Nr. 38, 1938 Nr. 90, 1938 Nr. 209, 1939 Nr. 216, 1940 Nr. 96, 1944 Nr. 246, 1946 Nr. 20.
[71]   MBVR 1954 Nr. 87: Eine Aktiengesellschaft besitzt ausschliesslich Geschäftsvermögen, weshalb es keine Rolle spielte, ob die veräusserten Vermögenswerte dem Geschäftsbetrieb dienten oder nicht.
[72]   MBVR 1942 Nr. 227, 1943 Nr. 226.
[73]   MBVR 1954 Nr. 86.

ten resp. über dem Erwerbspreis lag.[74] Keine wieder eingebrachten Abschreibungen durften dagegen auf dem Abbruchobjekt erfasst werden, da dessen Buchwert – nach dem Dafürhalten des Verwaltungsgerichts – mit dem Buchwert des Neubaus «nichts zu tun hatte».[75]

Ein steuerbarer Liquidationsgewinn lag auch dann vor, wenn die Entschädigung beim Ausscheiden aus einer Personengesellschaft infolge Scheidung geleistet wurde, und zwar selbst dann, wenn darin eine güterrechtliche Genugtuung infolge Ehebruchs zu sehen war.[76] Auf das Vorliegen eines steuerbaren Liquidationsgewinns und nicht auf eine steuerfreie Aufwertung erkannte das Verwaltungsgericht, als der ausscheidende Erbe eines Geschäftsanteils die Buchwerte auf die für die Erbschaftssteuer massgebenden Werte anhob. Darin lag kein Verstoss gegen den Grundsatz, dass aus Erbschaft keine Einkommenssteuer resultieren durfte, da der Erblasser die früheren Abschreibungen auch zu Lasten des steuerbaren Einkommens vorgenommen hatte.[77]

5.3 Gewinnungskosten

Als Gewinnungskosten konnten nur jene Aufwendungen (aus rechtlich erlaubten Handlungen)[78] gelten, welche der Erzielung des Einkommens dienten; der Gewinnungskostenbegriff war eng mit der Ermittlung des steuerbaren Einkommens verbunden, weshalb es sich bereits früher trefflich über ihn streiten liess.[79]

Das Verwaltungsgericht liess die Gründungskosten einer Aktiengesellschaft nicht als Gewinnungskosten zum Abzug vom steuerbaren Unternehmensgewinn zu, obwohl ein solcher Abzug kommerziell als richtig bezeichnet wurde, steuerlich aber nicht das Einkommen, sondern das Vermögen

---

[74] MBVR 1973 Nr. 71.

[75] MBVR 1973 Nr. 88.

[76] MBVR 1957 Nr. 99.

[77] MBVR 1960 Nr. 142. Das Verwaltungsgericht machte dies später davon abhängig, dass der Erbe selber Teilhaber der Personengesellschaft wurde (MBVR 1963 Nr. 42).

[78] MBVR 1945 Nr. 191, wonach die Anwaltskosten für die Verteidigung des Direktors wegen Warenfälschung keine abzugsfähigen Gewinnungskosten darstellten. Anders MBVR 1963 Nr. 43, als kartellwidrige Rückvergütungen an Handelspartner unter Hinweis auf die geschäftsmässige Begründetheit zum Abzug zugelassen wurden.

[79] Möglicherweise allzu optimistisch F. Volmar / E. Blumenstein, Kommentar zum kantonalen bernischen Steuergesetz vom 7.7.1918, Bern 1920, S. 92: «Der Begriff der Gewinnungskosten wurde durch das Dekret […] näher umschrieben […] in einer Art und Weise, die alle Zweifel zu beseitigen geeignet ist.»

betraf.[80] Im gleichen Sinne betrafen die Auslagen für den Bau der Infrastruktur[81] und die damit ebenfalls verbundenen Finanzierungskosten oder die Auslagen für die Anschaffung eines Handelskontingents[82] nicht das Betriebseinkommen, sondern das Betriebsvermögen, weshalb sie nicht zum Abzug zugelassen wurden. Genauso wenig stellten bezahlte Einkommenssteuern bei der Ermittlung des steuerbaren Unternehmensgewinns Gewinnungskosten dar, denn diese waren Folge, nicht Voraussetzung für die Einkommenserzielung.[83]

Im gleichen Sinne versagte das Verwaltungsgericht den Kosten der Betriebseröffnung[84], des Umzugs eines Betriebs[85], der Betriebsübernahme[86] oder des Aktiendrucks[87] die Anerkennung als Gewinnungskosten; diese dienten der Einkommenserzielung nicht unmittelbar, sondern höchstens mittelbar. Der Gewinnungskostenbegriff wurde ausdrücklich eng interpretiert,[88] weshalb auch die Bezahlung eines Firmenwertes (d.h. eines Goodwills) nicht darunter fallen konnte.[89]

Umgekehrt galten auswärtige Verpflegungsspesen eines Unternehmers in dem Umfang als abzugsfähige Gewinnungskosten, in welchem sie gegenüber den Verpflegungskosten zu Hause zu Mehrausgaben führten.[90] Als Gewinnungskosten anerkannte das Verwaltungsgericht auch die Kosten für die Umstellung von Strickmaschinen, welche wegen des regelmässigen Wechsels der Mode notwendig wurden,[91] sowie die Auslagen für Ersatzanschaf-

---

[80] MBVR 1911 Nr. 238, 1913 Nr. 14, mit dem ausdrücklichen Hinweis, dass die einschlägigen Bestimmungen des Obligationenrechts zur Gewinnermittlung für das Steuerrecht nicht massgeblich waren. Ebenso MBVR 1914 Nr. 29, 1927 Nr. 93, 1934 Nr. 154, wonach die kaufmännische Gewinnermittlung nicht der steuerlichen Berechnung des Reineinkommens entsprachen resp. nicht jede Geschäftsauslage im kaufmännischen Sinne auch Gewinnungskosten darstellten. Anders erst MBVR 1968 Nr. 35, 1968 Nr. 98, wonach Gründungskosten als ausserordentlicher Aufwand abzugsfähig waren.

[81] MBVR 1912 Nr. 154.

[82] MBVR 1934 Nr. 92, 1936 Nr. 145.

[83] MBVR 1913 Nr. 57, 1915 Nr. 191, 1916 Nr. 44, 1916 Nr. 114.

[84] MBVR 1916 Nr. 68.

[85] MBVR 1917 Nr. 114.

[86] MBVR 1935 Nr. 18.

[87] MBVR 1917 Nr. 56.

[88] MBVR 1918 Nr. 104.

[89] MBVR 1918 Nr. 124, 1921 Nr. 96.

[90] MBVR 1922 Nr. 5, 1922 Nr. 55.

[91] MBVR 1924 Nr. 13.

fungen von Verbrauchsmaterial in einem Hotel (Wäsche- und Geschirrersatz).[92] Gewinnungskosten waren Auslagen, welche durch die Erwerbstätigkeit verursacht wurden, wie z.b. Löhne, Miet- oder Schuldzinsen,[93] wogegen notarielle Kosten für die Firmenänderung[94] Organisationskosten resp. Kosten für die Anleihensausgabe[95] Anlagekosten darstellten; solche betrafen das Vermögen und nicht das Einkommen. Auch den Zahlungen an den früheren Firmeninhaber für die Einhaltung eines Konkurrenzverbotes wurde die Abzugsfähigkeit verwehrt.[96]

Eigensaläre der Kollektivgesellschafter stellten keine abzugsfähigen Gewinnungskosten dar,[97] wogegen der Lohn der mitarbeitenden Ehefrau vom Unternehmensgewinn in Abzug gebracht werden konnte, trotz Steuersubstitution;[98] der Ehemann vertrat die Ehefrau in ihrer Steuerpflicht nicht in seiner Eigenschaft als Gesellschafter, sondern als Privatperson. Andere Personalkosten stellten nur dann Gewinnungskosten dar, wenn sie das laufende Geschäftsjahr betrafen oder wenn sie vertraglich geschuldet waren,[99] was bei freiwilligen Jubiläumsgeschenken an das Personal ohnehin nicht der Fall war.[100] Ersteres – d.h. die Voraussetzung der Periodizität – ergab sich nach der Erkenntnis des Verwaltungsgerichts aus dem Gewinnungskostenbegriff selber und war erfüllt bezüglich der laufenden, tatsächlich verbuchten und

---

[92] MBVR 1925 Nr. 14, 1927 Nr. 29, unter Hinweis, dass nicht gleichzeitig auch noch auf einem entsprechenden Bestandeskonto abgeschrieben werden konnte, zumal beides geltend zu machen «übertrieben» sei.

[93] MBVR 1934 Nr. 55, sofern diese der Finanzierung des Geschäftsbetriebes dienten und auch tatsächlich bezahlt wurden, was nicht der Fall war, wenn der Gläubiger zwecks Sanierung des Unternehmens auf die Bezahlung der Schuldzinsen verzichtete.

[94] MBVR 1931 Nr. 13.

[95] MBVR 1932 Nr. 9, 1934 Nr. 154.

[96] MBVR 1940 Nr. 94.

[97] MBVR 1925 Nr. 158, anders dann MBVR 1940 Nr. 149, wonach Leistungen an die Gesellschafter, die ihren Grund nicht im Gesellschafts-, sondern im Arbeitsverhältnis hatten, bei der Kollektivgesellschaft abzugsfähige Gewinnungskosten darstellten, dafür aber durch die Gesellschafter selber als Einkommen zu versteuern waren.

[98] MBVR 1926 Nr. 115, 1927 Nr. 110.

[99] MBVR 1935 Nr. 193, 1940 Nr. 217, mit dem Hinweis, dass nur regelmässig ausbezahlte Gratifikationen abzugsfähig waren, und sofern die Empfänger namentlich genannt wurden.

[100] Der verweigerten Abzugsfähigkeit beim Arbeitgeber stand allerdings nicht entgegen, dass der Arbeitnehmer das Jubiläumsgeschenk als Einkommen aus Arbeitsvertrag zu versteuern hatte.

bezahlten[101] Prämien an eine (rechtlich verselbständigte)[102] Personalfürsorgeeinrichtung, nicht jedoch bezüglich der Einkaufsbeträge für die Schaffung von Deckungskapital bei deren Gründung.[103] Gewinnungskosten waren nur in derjenigen Steuerperiode abzugsfähig, in der sie verursacht worden waren, unabhängig von deren Bezahlung; ein Garantierückbehalt wurde indessen erst dann zum Abzug zugelassen, als der Verlust auch tatsächlich eingetreten war.[104]

Auch Sponsorenleistungen stellten nur insoweit Gewinnungskosten dar, als sie geschäftsmässig begründet waren, also die wirtschaftliche Position eines Unternehmens zu stärken vermochten und nicht bloss die privaten Interessen des Aktionärs befriedigten.[105]

5.4 Abschreibungen

Eng verbunden mit der Frage der Abzugsfähigkeit von Gewinnungskosten war jene nach der steuerlichen Anerkennung von Abschreibungen. Denn selbst handelsrechtlich zulässige resp. vorgeschriebene Abschreibungen galten bei der Ermittlung des steuerbaren Unternehmensgewinns nur dann als abzugsfähig, wenn das Steuergesetz entsprechende Abschreibungen vorsah; dies war auf Maschinen, nicht jedoch auf Liegenschaften der Fall.[106] Auch

---

[101] MBVR 1935 Nr. 15; in MBVR 1936 Nr. 135 liess das Verwaltungsgericht die Nachzahlung verfallener Prämien jedoch zum Abzug zu, unter Durchbrechung der sonst strikte angewendeten Periodizität. Anders wiederum MBVR 1951 Nr. 178, als unter Hinweis auf die Periodizität die Nachholung irrtümlich nicht geltend gemachter Kosten abgelehnt wurde. Trotz fehlender Periodizität konnte eine Aktiengesellschaft aber die Rentenzahlungen an einen früheren, erfolgreichen Aktionärsdirektor mit (zu) tiefem Salär als Aufwand zum Abzug bringen (MBVR 1969 Nr. 27).

[102] MBVR 1944 Nr. 92, 1944 Nr. 93.

[103] MBVR 1934 Nr. 127.

[104] MBVR 1939 Nr. 81, 1944 Nr. 78, 1944 Nr. 171. Dagegen hielt das Verwaltungsgericht in MBVR 1941 Nr. 77 dafür, Geschäftsunkosten seien im Jahr der Bezahlung zum Abzug zu bringen, denn es bestehe weder die Usanz einer transitorischen Buchung, noch könne diese einem einfachen Geschäftsmann zugemutet werden.

[105] BVR 2007 S. 30.

[106] MBVR 1912 Nr. 199; in MBVR 1914 Nr. 29 und MBVR 1918 Nr. 124 wurden dann aber auch Abschreibungen auf Immobilien (ohne Boden) zugelassen, sofern die Wertverminderungen mit dem Betrieb kausal waren (zur Kausalität ebenso MBVR 1915 Nr. 179). Das Vorliegen der Kausalität zwischen Wertverminderung und Betrieb wurde verneint bezüglich der Abschreibung auf einem Bankgebäude (MBVR 1914 Nr. 137) und bejaht auf dem Industriegeleiseanschluss einer Ziegelei (MBVR 1915 Nr. 182) sowie im Zusammenhang mit der Ausbeutung von Kies, Torf, Lehm usw.

war erforderlich, dass die Abschreibungen in den Geschäftsbüchern tatsächlich vorgenommen wurden.[107]

Das Verwaltungsgericht bestätigte, dass die steuerliche Anerkennung von Abschreibungen nicht aus Billigkeitsgründen erfolgte, sondern der laufenden Abnutzung des Betriebsmobiliars Rechnung trug, weshalb dessen späterer Ersatz nicht nochmals als Gewinnungskosten zum Abzug gebracht werden konnte.[108] Dagegen blieb den Abschreibungen auf dem Verlagswert einer Zeitung,[109] auf dem Kaufpreis eines Konkurrenzunternehmens[110] resp. auf dessen Firmenwert (Goodwill)[111] die steuerliche Anerkennung verwehrt. Zudem musste die Wertverminderung auf Geschäftsvermögen eingetreten sein, welches der Einkommenserzielung diente,[112] und sie musste eine dauernde sein, was beim Holzschlag,[113] bei aufgeschobenen Reparaturen[114] oder bei bloss momentaner Unverkäuflichkeit[115] nicht der Fall war. Lag die Wertverminderung aber nicht in der Abnutzung, sondern im gesunkenen Marktwert, so war dieser Minderwert durch eine Wertberichtigung und nicht durch Abschreibung auszugleichen.[116]

(MBVR 1923 Nr. 151, 1939 Nr. 160). Ansonsten wurden Abschreibungen nur auf Fabrikgebäuden mit besonderen Verhältnissen resp. betrieblicher Beanspruchung (MBVR 1926 Nr. 163, 1928 Nr. 16), nicht aber auf Hotels oder anderen Gebäuden anerkannt (MBVR 1921 Nr. 181, 1922 Nr. 96, 1923 Nr. 44, 1923 Nr. 74).

[107] MBVR 1913 Nr. 186, wobei ein Inventar nicht verlangt wurde.

[108] MBVR 1914 Nr. 29, 1914 Nr. 96, 1934 Nr. 38.

[109] MBVR 1914 Nr. 189, 1925 Nr. 151.

[110] MBVR 1916 Nr. 42, 1916 Nr. 67, 1917 Nr. 25.

[111] MBVR 1936 Nr. 92, 1936 Nr. 145, wobei das Verwaltungsgericht darauf hinwies, dass der an sich begründeten Forderung nach steuerlicher Anerkennung solcher Abschreibungen nur de lege ferenda Rechnung getragen werden könne.

[112] MBVR 1949 Nr. 49, 1955 Nr. 128, 1959 Nr. 96, weshalb Abschreibungen auf verpachteten Vermögenswerten nicht anerkannt werden konnten. Die Abschreibung auf einer Beteiligung setzte ebenfalls voraus, dass es sich um Geschäftsvermögen handelte (MBVR 1974 Nr. 43); letzteres bedingte, dass die Beteiligung für geschäftliche Zwecke erworben worden war, also der Intensivierung und Verbesserung des Grundgeschäftes direkt oder indirekt diente. So wurde die Abschreibung auf Devisen, welche für geschäftliche Zwecke erworben worden waren, konsequenterweise auch steuerlich anerkannt (MBVR 1923 Nr. 116).

[113] MBVR 1936 Nr. 100.

[114] MBVR 1933 Nr. 119, 1940 Nr. 152.

[115] MBVR 1970 Nr. 129 betreffend Baulandreserve eines Bauunternehmers, welche zwischenzeitlich zur landwirtschaftlichen Nutzung verpachtet worden war.

[116] MBVR 1923 Nr. 155, 1933 Nr. 119, 1940 Nr. 152.

Die Abschreibung von Geschäftsforderungen (Debitoren) wurde steuerlich erst bei Vorliegen einer entsprechenden Konkurserkenntnis resp. Erklärung der Konkursverwaltung, es werde ein entsprechender Verlust resultieren, anerkannt;[117] bloss dubiose Debitoren waren bei der Berechnung des kaufmännischen Gewinns, nicht jedoch beim steuerbaren Erwerbseinkommen zu berücksichtigen.[118]

Die steuerliche Anerkennung von Abschreibungen setzte deren periodengerechte Verbuchung voraus;[119] die Nachholung unterlassener Abschreibungen[120] oder einmalige Totalabschreibung für periodische Abnutzungen blieben ausgeschlossen[121]; zulässig war nur die Abschreibung im Rahmen des effektiven Wertverzehrs[122]. Auch durften Abschreibungen nicht bloss steuerlich motiviert sein, sondern mussten sich ebenfalls kaufmännisch begründen lassen.[123] Die Höhe der steuerlich zulässigen Abschreibungen wurde auf die tatsächliche Wertverminderung[124] oder auf die betriebliche Nutzungsdauer[125] beschränkt; konnte diese nicht exakt bestimmt werden, war sie ermessensweise festzusetzen.[126] Ebenfalls zulässig waren pauschale Abschreibungssätze,[127] unter Vorbehalt des Nachweises eines höheren Abschreibungsbe-

[117] MBVR 1914 Nr. 136, 1915 Nr. 87, wonach Einlagen in ein Delkredere-Konto steuerlich nicht zu berücksichtigen waren.

[118] MBVR 1935 Nr. 36.

[119] MBVR 1916 Nr. 86, 1917 Nr. 114, 1923 Nr. 150, 1936 Nr. 152, 1941 Nr. 80, 1944 Nr. 175, wonach eine Abschreibung im Hinblick auf den künftigen Wertzerfall (Kriegsbeginn) unter Hinweis auf die Periodizität nicht anerkannt wurde.

[120] MBVR 1933 Nr. 31, 1934 Nr. 110, 1938 Nr. 188, 1941 Nr. 187, 1943 Nr. 75, 1944 Nr. 171. Dies galt selbst dann, wenn Abschreibungen wegen schlechten Geschäftsganges unterblieben und deshalb der Buchwert über dem effektiven Wert lag (MBVR 1944 Nr. 245).

[121] MBVR 1918 Nr. 104.

[122] MBVR 1930 Nr. 42, 1944 Nr. 95, wonach eine Abschreibung unzulässig war, wenn die Waren unmittelbar nach Abschluss des Geschäftsjahres ohne Verlust verkauft werden konnten.

[123] MBVR 1930 Nr. 14.

[124] MBVR 1925 Nr. 88.

[125] MBVR 1940 Nr. 217, obwohl das geltende Steuergesetz für Mietereinbauten keine Abschreibungen vorsah, liess das Verwaltungsgericht solche zu unter Hinweis auf Sinn und Zweck von Abschreibungen als Nachvollzug betriebsbedingter Substanzverminderung.

[126] MBVR 1934 Nr. 56, 1942 Nr. 211. Sinngemäss bereits MBVR 1926 Nr. 189 mit dem Hinweis, dass eine nicht bestimmbare Nutzungsdauer besser zu kurz als zu lang anzunehmen war, zumal der Fiskus dadurch keine «direkte Schädigung» erlitt.

[127] MBVR 1917 Nr. 11, 1922 Nr. 11, 1922 Nr. 76, 1922 Nr. 96, 1939 Nr. 38.

darfs. Unzulässig blieben umgekehrt Abschreibungen von Liegenschaften unter den Wert der Grundsteuerschatzung,[128] weitergehende Abschreibungen vollständig abgeschriebener Vermögenswerte[129] oder die Abschreibung auf Inventar, dessen Buchwert nicht hinreichend bestimmbar war.[130]

Stellten die Steuerbehörden übersetzte Abschreibungen fest, so konnten sie diese im Zeitpunkt des Entdeckens aufrechnen und nicht erst bei deren späterer Realisierung besteuern.[131] In der Folge war die Reaktivierung steuerlich nicht anerkannter Abschreibungen zulässig, sofern mittels Bilanzdetail nachgewiesen werden konnte, dass nur verbuchte und steuerlich nicht anerkannte Abschreibungen rückgängig gemacht wurden.[132]

6. Geschäftsbücher und Buchführung

Das Verwaltungsgericht wies in seinen Geschäftsberichten wiederholt und in aller Deutlichkeit darauf hin, welche Bedeutung der Buchführung für eine richtige und damit für eine gerechte Steuerveranlagung zukam.[133] Damit die Geschäftsbücher jedoch eine richtige Beurteilung zuliessen, mussten sie ordnungsgemäss geführt worden sein; daraus ergebe sich – so das Verwaltungsgericht – der beste Rechtsschutz für die Steuerpflichtigen. Den gelegentlich geäusserten Einwand, die Buchführung könne ja gefälscht worden sein, verwarf das Verwaltungsgericht mit dem Hinweis, dies vermöge deren Bedeutung ebenso wenig herabzusetzen, wie die gelegentliche Urkundenfälschung die Bedeutung der Urkunde.

6.1 Geschäftsbücher als Beweismittel

Die Steuerbehörden waren berechtigt, von einem buchführungspflichtigen Unternehmen die Vorlage der Geschäftsbücher zu verlangen, um das steuerbare Einkommen zu ermitteln;[134] verzichteten sie darauf, durfte sich dies nicht zum Nachteil des Steuerpflichtigen auswirken. Das Verwaltungsgericht veranlasste eigene Bücheruntersuchungen nur dann, wenn der Entscheid der

---

[128] MBVR 1943 Nr. 76, 1944 Nr. 79.
[129] MBVR 1943 Nr. 48.
[130] MBVR 1967 Nr. 28.
[131] MBVR 1943 Nr. 142.
[132] MBVR 1939 Nr. 224.
[133] Geschäftsbericht 1916 S. 2, 1918 S. 2.
[134] MBVR 1911 Nr. 236.

Vorinstanz wegen eines Beschwerdegrundes aufgehoben werden musste.[135] Verzichtete ein Steuerpflichtiger auf die Vorlage von Geschäftsbüchern, konnte er nicht verlangen, dass er auf Grund der früheren Steuerveranlagungen taxiert werde, denn die gesetzliche Bemessungsregel (Durchschnitt der 3 Vorjahre) galt für alle Steuerpflichtigen gleichermassen.[136]

Geschäftsbücher dienten auch dann der Ermittlung des Erwerbseinkommens, wenn der Steuerpflichtige nicht buchführungspflichtig war; allerdings genügten diesfalls einfache Aufzeichnungen von Einnahmen und Ausgaben.[137] War ein Steuerpflichtiger dagegen im Handelsregister eingetragen, so durfte von ihm ein buchmässiger Nachweis seines Einkommens verlangt werden.[138] Gleichzeitig liess es das Verwaltungsgericht aber nicht genügen, wenn ein Steuerpflichtiger den Steuerbehörden bloss seinen Bücherabschluss einreichte; er war gleichwohl verpflichtet, sein steuerbares Einkommen zu deklarieren.[139] Wer sowohl einen steuerpflichtigen Betrieb (Hotelbetrieb) als auch einen steuerfreien Betrieb (Landwirtschaftsbetrieb) bewirtschaftete und aus dem steuerpflichtigen Betrieb einen Verlust zum Abzug bringen wollte, hatte diesen allenfalls auf Grund von zwei selbständig geführten Buchhaltungen nachzuweisen.[140] Ebenso wurden die Notare – trotz Berufsgeheimnis – vom Verwaltungsgericht zur Führung vollständiger Bücher verpflichtet, wenn ihr steuerbares Einkommen gestützt darauf und nicht durch Schätzung ermittelt werden sollte.[141] Als Beweismittel galt der Bücherabschluss allerdings nur dann, wenn er rechtzeitig, d.h. bei Vornahme der Schätzung resp. Veranlagung, vorlag; dies war bei einer Verzögerung von über drei Jahren nicht mehr der Fall.[142]

Das Verwaltungsgericht sprach der doppelten gegenüber der einfachen Buchhaltung das höhere Vertrauen aus.[143] Es erachtete eine einfache Buchhaltung bei einem Betrieb mit einem Umsatz von über einer Million Fran-

---

[135] MBVR 1912 Nr. 51, 1912 Nr. 229.
[136] MBVR 1914 Nr. 166, 1915 Nr. 181, 1916 Nr. 192, 1917 Nr. 113.
[137] MBVR 1915 Nr. 195, 1916 Nr. 10.
[138] MBVR 1919 Nr. 118, 1922 Nr. 75.
[139] MBVR 1925 Nr. 178.
[140] MBVR 1925 Nr. 37.
[141] MBVR 1925 Nr. 17.
[142] MBVR 1928 Nr. 61.
[143] MBVR 1930 Nr. 155, 1936 Nr. 139.

ken[144] resp. bei einem grösseren Betrieb[145] für die Einkommensermittlung als nicht hinreichend beweiskräftig.

Nur einwandfrei geführte Bücher erlaubten das Abstellen darauf zwecks Einkommensermittlung, was bei unverbuchten Kassenausgängen nicht der Fall war.[146] Allerdings durften auch fehlerhaft geführte Bücher nicht einfach negiert werden, sondern waren frei zu würdigen,[147] wobei es den Steuerbehörden nicht zuzumuten war, eine unvollständige Buchhaltung auf Grund von Notizen und Unterlagen selber zu vervollständigen.[148] Jegliche Beweiskraft wurde den erst nachträglich erstellten Buchhaltungen abgesprochen[149] oder wenn ihnen sowohl das Inventar wie auch ein chronologisch geführtes und periodisch saldiertes Kassenbuch fehlten[150]. Letzteres galt ebenfalls für die Buchhaltung eines Zahnarztes, wenn aus dem Kassenbuch die Patientennamen nicht ersichtlich waren.[151]

Fehlte eine Buchhaltung, so war das steuerbare Erwerbseinkommen im Rahmen einer Ermessenstaxation festzulegen, wobei diese – nach einem älteren Entscheid des Verwaltungsgerichts – nicht auf den Erfahrungszahlen der Branche beruhen musste, denn diese würden bloss dazu dienen, die Richtigkeit einer Buchhaltung zu prüfen;[152] erst später verwies das Verwaltungsgericht auch bei der Überprüfung einer Ermessenstaxation auf solche Erfahrungszahlen.[153] Im Sinne der älteren Rechtsprechung konnte ein Steuerpflichtiger den Nachweis seines steuerbaren Einkommens selbst dann nicht mittels seiner Buchhaltung erbringen, wenn sie zwar formell als in Ordnung erschien, das ausgewiesene Ergebnis aber in einem auffallend starken Widerspruch zu den Erfahrungszahlen stand;[154] diesfalls waren begründete Zweifel an der Richtigkeit und Zuverlässigkeit der Buchführung angebracht. Allerdings vermochte nicht bereits eine bloss marginale Abweichung

---

[144] MBVR 1940 Nr. 63.
[145] MBVR 1945 Nr. 195.
[146] MBVR 1939 Nr. 43.
[147] MBVR 1916 Nr. 190, 1917 Nr. 63.
[148] MBVR 1939 Nr. 117.
[149] MBVR 1944 Nr. 156, 1946 Nr. 23, 1948 Nr. 178.
[150] MBVR 1955 Nr. 38, 1967 Nr. 104, 1944 Nr. 82.
[151] MBVR 1944 Nr. 117.
[152] MBVR 1952 Nr. 123.
[153] MBVR 1970 Nr. 3.
[154] MBVR 1930 Nr. 44, 1932 Nr. 59, 1934 Nr. 165, 1938 Nr. 64, 1939 Nr. 139, 1942 Nr. 15, 1942 Nr. 105, 1944 Nr. 197, 1944 Nr. 54, 1946 Nr. 114, 1948 Nr. 162, 1949 Nr. 130, 1949 Nr. 167, 1962 Nr. 132, 1969 Nr. 25, 1973 Nr. 93.

von den Erfahrungszahlen der Branche (vorliegend von 10 %), bezogen auf den Bruttoerlös und nicht den Nettogewinn, die Beweiskraft der Buchhaltung in Frage zu stellen.[155] Auch durfte sie als Beweismittel nicht einzig mit dem Hinweis abgelehnt werden, die verbuchten Einkünfte hätten die tatsächlichen Lebenshaltungskosten nicht gedeckt.[156] Und nicht zuletzt erwies sich eine Ablehnung als unzulässig, wenn der Steuerpflichtige die Abweichungen von den Erfahrungszahlen zu begründen vermochte.[157]

6.2 Ordnungsmässigkeit der Buchführung

Ordnungsgemäss geführt und damit im Veranlagungsverfahren hinreichend beweiskräftig waren Geschäftsbücher nur dann, wenn sie mit einem periodischen Abschluss versehen waren[158] und auf einem Anfangs- und Schlussinventar beruhten.[159] Nur so konnte eine periodengerechte Vermögensstandsveränderung, auf der die Ermittlung des Erwerbseinkommens beruhte, berechnet werden.[160] Zudem waren Detailkonti erforderlich, die auf Grund von Belegen erstellt sein mussten; Sammel- oder Globalposten[161] genügten ebenso wenig wie ein blosses Verkaufsbuch für Bareinnahmen. Jeder Barverkehr setzte ein zuverlässig geführtes, täglich nachgetragenes[162] und periodisch saldiertes[163] Kassenbuch voraus, andernfalls Verluste nicht zum Abzug gebracht werden konnten.[164] Zudem liessen Inventare ohne Detailangaben keine ordnungsgemässe Buchführung erwarten, weshalb sie das Verwaltungsgericht als für die Einkommensermittlung unverbindlich qualifizierte.[165]

Freierwerbende hatten den Steuerbehörden zum Nachweis ihres Einkommens wenigstens ein chronologisch geführtes Kassenbuch samt den zudienenden Belegen vorzulegen; eine kaufmännische Buchführung war nicht erfor-

---

[155] MBVR 1940 Nr. 202.
[156] MBVR 1950 Nr. 18.
[157] MBVR 1969 Nr. 25.
[158] MBVR 1914 Nr. 163, 1916 Nr. 24.
[159] MBVR 1914 Nr. 166, 1915 Nr. 181, 1916 Nr. 192, 1917 Nr. 113, 1925 Nr. 35, 1925 Nr. 153, 1931 Nr. 31.
[160] MBVR 1917 Nr. 60, 1923 Nr. 77.
[161] MBVR 1925 Nr. 36, 1943 Nr. 143, 1928 Nr. 15, 1950 Nr. 143.
[162] MBVR 1931 Nr. 149, 1941 Nr. 55, 1971 Nr. 70.
[163] MBVR 1942 Nr. 119, 1943 Nr. 181, 1944 Nr. 53, 1950 Nr. 143, 1955 Nr. 38, 1957 Nr. 18, 1967 Nr. 104.
[164] MBVR 1926 Nr. 118.
[165] MBVR 1930 Nr. 45.

derlich, es mussten nur die Einnahmen, nicht aber die Guthaben (Debitoren) erfasst werden.[166] Buchführung auf Grund von Tagesnotizen waren nur hinreichend, wenn diese Belege ebenfalls aufbewahrt wurden.[167] Fehlten chronologische Aufzeichnungen, Buchabschlüsse und Eingangs- resp. Ausgangsinventare, lag keine ordnungsgemässe Buchführung vor und fehlte ihr die Beweiskraft zur Ermittlung des steuerbaren Erwerbseinkommens.[168] Ebenfalls als nicht ordnungsgemäss geführt galten Geschäftsbücher, wenn sie keinen Warenumsatz und Warenverbrauch auswiesen[169] oder nachgewiesene Zahlungen nicht verbucht sowie Registrierkassenstreifen ohne Datum oder unvollständig aufbewahrt wurden.[170] Eine bloss mathematisch korrekte Buchführung konnte nicht genügen.[171] Die Ordnungsmässigkeit wurde überdies verneint, wenn die Vergütung der Umsatzprämien von Geschäftspartnern[172] nicht verbucht worden waren oder die Verbuchung ohne Text[173] erfolgte resp. die Belege nachträglich geändert und «Radierungen» vorgenommen wurden.[174] Zudem vermochte ein blosses Hoteljournal ebenfalls keine ordnungsgemässe, aussagekräftige Buchhaltung abzugeben.[175]

Wurden im Übrigen zwar ordnungsgemässe Geschäftsbücher geführt, ein Inventar aber nur alle 2 Jahre aufgenommen, sah das Verwaltungsgericht die Voraussetzungen als nicht gegeben, einen daraus resultierenden Verlust zur Verrechnung zuzulassen.[176]

---

[166] MBVR 1932 Nr. 126, 1932 Nr. 107, 1936 Nr. 180, 1944 Nr. 117 mit dem Hinweis, dass das Kassenbuch eines Zahnarztes auch die Patientennamen auszuweisen hatte. In MBVR 1967 Nr. 103 wurde bei einer freiberuflichen Tätigkeit der Zeitpunkt der Rechnungsstellung als massgebend für die Einkommensermittlung bezeichnet, unabhängig von der Leistungserbringung und vom Zahlungseingang.

[167] MBVR 1932 Nr. 58, 1939 Nr. 44.

[168] MBVR 1926 Nr. 191, 1932 Nr. 78, 1940 Nr. 98, 1941 Nr. 163, 1942 Nr. 210, 1944 Nr. 172, 1945 Nr. 194, 1948 Nr. 162.

[169] MBVR 1953 Nr. 97.

[170] MBVR 1938 Nr. 63, 1940 Nr. 171, 1940 Nr. 204, 1944 Nr. 118.

[171] MBVR 1934 Nr. 59.

[172] MBVR 1939 Nr. 138.

[173] MBVR 1940 Nr. 172.

[174] MBVR 1940 Nr. 62.

[175] MBVR 1939 Nr. 116.

[176] MBVR 1943 Nr. 181; in MBVR 1950 Nr. 62 qualifizierte das Verwaltungsgericht zudem ein bloss schätzungsweise aufgenommenes Inventar ebenfalls nicht als ordnungsgemäss.

6.3 Grundlage der Einkommens- und Gewinnermittlung

Die Ermittlung des steuerbaren Erwerbseinkommens hatte auf periodisch abgeschlossenen Geschäftsbüchern zu basieren.[177] Machte ein buchführender Steuerpflichtiger geltend, das veranlagte Erwerbseinkommen sei zu hoch ausgefallen, hatte er dies anhand seiner Bücher nachzuweisen; ebenso konnte er Verluste nur geltend machen, wenn sie sich aus den Geschäftsbüchern ergaben.[178] Allgemeine Erörterungen des Steuerpflichtigen vermochten den Bücherbeweis nicht zu ersetzen.[179]

Die Steuerbehörden waren ermächtigt, das Einkommen ermessensweise festzulegen, wenn der Steuerpflichtige den Nachweis seines steuerbaren Erwerbseinkommens deshalb nicht mittels der Geschäftsbücher erbringen konnte, weil das ausgewiesene Ergebnis im Widerspruch zu den Erfahrungszahlen der Branche stand. Als Erfahrungswerte schützte das Verwaltungsgericht unter anderem die folgenden Bruttogewinnmargen: Notare 5 ‰ der gesamten Stipulationssumme,[180] Wirte 60 % der verwirteten Speisen[181] (resp. 40–45% in der Startphase des Betriebes),[182] Tuchhändler 22 %[183] und Drogisten 37 %[184] des Umsatzes, Bäcker 14 % auf dem Mehl-Umsatz.[185]

Wie bereits erwähnt,[186] berechtigten bloss geringfügige Differenzen zu den Erfahrungszahlen die ermessensweise Abweichung von den Geschäftsbüchern ebenso wenig,[187] wie wenn der Steuerpflichtige diese Abweichungen begründen konnte.[188] Umgekehrt musste auch eine Ermessenstaxation innerhalb des objektiv Möglichen liegen,[189] wobei das Verwaltungsgericht im Falle einer Einzelfirma ohne Buchhaltung die Einkommensermittlung nach Massgabe der Lebenshaltungskosten als zulässig erachtete.[190]

---

[177] MBVR 1914 Nr. 163, 1916 Nr. 24.
[178] MBVR 1914 Nr. 203, 1914 Nr. 204.
[179] MBVR 1919 Nr. 118, 1922 Nr. 75.
[180] MBVR 1927 Nr. 95.
[181] MBVR 1942 Nr. 15.
[182] MBVR 1973 Nr. 93.
[183] MBVR 1942 Nr. 105.
[184] MBVR 1944 Nr. 54.
[185] MBVR 1927 Nr. 109.
[186] Vgl. oben Ziff. 6.1, letzter Absatz.
[187] MBVR 1946 Nr. 114, 1949 Nr. 130.
[188] MBVR 1930 Nr. 44, 1932 Nr. 59, 1934 Nr. 165, 1938 Nr. 64, 1939 Nr. 139, 1942 Nr. 15, 1942 Nr. 105, 1944 Nr. 197, 1948 Nr. 162, 1949 Nr. 167, 1962 Nr. 132, 1969 Nr. 25.
[189] MBVR 1938 Nr. 65, 1967 Nr. 104.
[190] MBVR 1965 Nr. 114.

Bei einer Aktiengesellschaft verwies das Verwaltungsgericht bezüglich der Bewertung von Rohmaterial und Warenbeständen auf die aktienrechtlichen Höchstbewertungsvorschriften (Anschaffungskosten oder tieferer Marktwert) und verweigerte «Abstriche» für künftige Verluste;[191] es verwarf dabei auch den Einwand der Steuerpflichtigen, mit der «Aufwertung» erfassten die Steuerbehörden einen noch nicht realisierten Aufwertungsgewinn. In einem jüngsten Entscheid[192] erwog das Verwaltungsgericht, Ausgangspunkt für die steuerliche Gewinnermittlung sei der Saldo der Erfolgsrechnung, unter Vorbehalt steuerlicher Korrekturvorschriften. Es wies ausdrücklich auf den Grundsatz der Massgeblichkeit hin, bestätigte aber gleichzeitig, dass eine Ermessensveranlagung rechtens war, wenn die buchführungspflichtige Gesellschaft den Steuerbehörden keine ordnungsgemäss erstellte Buchhaltung eingereicht hatte. Eine solche Ermessenstaxation liess sich nur bei offensichtlicher Unrichtigkeit korrigieren, d.h. wenn die Steuerbehörden den Ermessensspielraum geradezu missbräuchlich oder willkürlich ausgefüllt hatten.

7. Gewinnverwendung

7.1 Verhältnis von Gesellschaft und Beteiligten

Für die Aktiengesellschaft, welche ihren Aktionären das Aktienkapital verzinste, stellten die bezahlten Zinsen nicht steuerlich abzugsfähigen Aufwand, sondern Gewinnverwendung dar.[193] Erhöhte eine Gesellschaft ihr Aktienkapital und liberierte sie die neu ausgegebenen Aktien aus eigenen Reserven (sog. Gratisaktien), so resultierte daraus für die Aktionäre im Zeitpunkt der Zuteilung der neuen Aktien kein steuerbares Einkommen; Gratisaktien verkörperten bloss den Anspruch auf einen späteren anteiligen Liquidationsüberschuss, weshalb das Verwaltungsgericht deren Besteuerung als Einkommen erst bei Eintritt der Liquidation als sachgemäss erachtete.[194]

Erträge aus Vertragsrechten (Kontingente), die im Zuge einer Umstrukturierung auf eine Aktiengesellschaft übertragen wurden, stellten Einkommen der Aktiengesellschaft dar; deren (direkte) Weiterleitung an die Aktionäre musste als Gewinnverwendung erfasst werden.[195] Als Gewinnverwen-

---

[191] MBVR 1940 Nr. 127.
[192] BVR 2008 S. 181.
[193] MBVR 1925 Nr. 90.
[194] MBVR 1920 Nr. 54; vgl. auch oben Ziff. 3.3.
[195] MBVR 1938 Nr. 249, 1940 Nr. 91.

dung galt auch, wenn eine Genossenschaft mit ihren Genossenschaftern für bestimmte Leistungen (Milchlieferung) ein festes Entgelt (Milchpreis) vereinbarte und dann am Ende des Geschäftsjahres aus dem erwirtschafteten Gewinn noch Nachzahlungen auf den Milchpreis erbrachte; anders hätte es sich nur verhalten, wenn das Leistungsentgelt nicht zum vorneherein fest vereinbart worden wäre, sondern wenn sich dieses nach dem Gewinn der Genossenschaft (abzüglich Betriebskosten) gerichtet hätte.[196] Denn es sei – so das Verwaltungsgericht – niemandem verboten, unentgeltlich wirtschaftlich tätig zu sein oder eine Gegenleistung zu vereinbaren, die zu niedrig erscheine.

Anders als bei Genossenschaften, wo Rabatte, Skonti und Rückvergütungen Gewinnungskosten darstellen konnten, waren Rückvergütungen (Umsatzprovisionen) einer Aktiengesellschaft an ihre Aktionäre als Gewinnverwendung zu erfassen; in der Besteuerung solcher Rückvergütungen bei der Aktiengesellschaft und den Aktionären lag kein Verstoss gegen das Verbot der Doppelbesteuerung.[197] Selbst wenn eine Aktiengesellschaft ausdrücklich die Förderung der Aktionäre und der ihnen nahestehenden Personen bezweckte, waren die von der Gesellschaft erwirtschafteten und an die Aktionäre weitergeleiteten Gewinne vorweg bei ihr zu besteuern, da sie ein selbständiges Rechts- und Steuersubjekt darstellte.[198]

7.2   Verdeckte Gewinnausschüttungen

Eine Aktiengesellschaft, welche den Familienaktionären übersetzte Saläre bezahlte, konnte diese nur insoweit als Gewinnungskosten zum Abzug bringen, als sie – unter Mitberücksichtigung von Gewinn und Verantwortung[199] – wirtschaftlich Entgelt für die geleistete Arbeit darstellten.[200] Als übersetzt musste der strittige Lohn deshalb gelten, weil er über den höchsten staatlichen Salären lag. Später beschied das Verwaltungsgericht, dass Lohnzahlungen an Aktionäre «als in Betriebsaufwand verkleidete, verdeckte Gewinnausschüttungen» zu erfassen seien, wenn sie sich geschäftsmässig nicht begründen liessen;[201] davon war auszugehen, «sofern und soweit die Bemessung derselben als ungewöhnlich, sachwidrig oder absonderlich und den wirtschaftlichen Gegebenheiten unangemessen» erschien.

---

[196]   MBVR 1928 Nr. 58.
[197]   MBVR 1939 Nr. 107, 1941 Nr. 159.
[198]   MBVR 1970 Nr. 21.
[199]   MBVR 1943 Nr. 142.
[200]   MBVR 1937 Nr. 20, 1949 Nr. 28.
[201]   MBVR 1970 Nr. 132.

Im gleichen Sinne erkannte das Verwaltungsgericht, dass übersetzte Mietzinsen einer Aktiengesellschaft für die Nutzung einer Liegenschaft ihres Aktionärs systematische Gewinnabführungen bewirkten, die bei der Gesellschaft dem Geschäftsgewinn zugerechnet werden mussten.[202] Die Höhe der Mietzinsen hatte sich dabei nach einer angemessenen Verzinsung der Verkehrs- resp. Grundsteuerschatzungswerte zu richten und danach, wie viel von einem unbeteiligten Drittmieter ebenfalls hätte gefordert werden können.

Als eine Genossenschaft im Rahmen ihrer Liquidation eine Liegenschaft zum Buchwert auf ihren (Allein-)Genossenschafter übertrug, stellte dies unabhängig von der Verbuchung bei der Genossenschaft eine verdeckte Gewinnausschüttung dar.[203] Eine solche wurde angenommen, weil zwischen Leistung und Gegenleistung ein Missverhältnis lag, und zwar im Umfang des Preisunterschiedes, zu welchem die Genossenschaft die Liegenschaft an einen ihr fremd gegenüberstehenden Dritten hätte verkaufen können.

Eine verdeckte Gewinnausschüttung wurde vom Verwaltungsgericht unter den drei Voraussetzungen angenommen, dass (1) die Gesellschaft wirtschaftlich benachteiligt (entreichert) wurde, (2) sie in Begünstigungsabsicht gehandelt hatte und (3) der Begünstigte an der Gesellschaft massgeblich beteiligt war.[204] Dabei lag das entscheidende Merkmal nicht in der Bereicherung des Beteiligten, sondern in der Entreicherung der Gesellschaft, also in der Schmälerung ihres Geschäftsvermögens. Zudem musste die Vorteilszuwendung eine bewusste resp. gewollte gewesen sein und sich auf einen wirklich erzielten und nicht bloss auf einen erzielbaren Gewinn beziehen.

8. Geschäftsverluste

8.1 Abzugsfähigkeit von Geschäftsverlusten

Geschäftsverluste konnten nur dann vom steuerbaren Einkommen in Abzug gebracht werden, wenn sie ihre kausale Ursache im Geschäftsbetrieb hatten.[205] Diese Kausalität hatte das Verwaltungsgericht ursprünglich beim Verlust aus einer Beteiligung verneint, obwohl die Tochtergesellschaft als

---

[202] MBVR 1940 Nr. 53, 1943 Nr. 99, 1944 Nr. 115.
[203] MBVR 1966 Nr. 25.
[204] MBVR 1970 Nr. 133.
[205] MBVR 1922 Nr. 34, 1922 Nr. 97, 1925 Nr. 111, 1926 Nr. 117, 1932 Nr. 93, 1935 Nr. 194, 1939 Nr. 40, 1943 Nr. 100, 1943 Nr. 101, 1944 Nr. 96, 1947 Nr. 32.

Hilfsbetrieb dem Hauptbetrieb der Muttergesellschaft mittelbar diente;[206] später bejahte es dagegen die Abzugsfähigkeit von Verlusten aus Beteiligungen, die als betriebsnotwendig gelten konnten,[207] oder wenn diese den Geschäftsbetrieb der Muttergesellschaft zu fördern vermochten resp. die beiden Betriebe eng miteinander liiert waren.[208]

Bejaht wurde der Kausalzusammenhang und damit die Abzugsfähigkeit des entsprechenden Verlustes auch bei einem Darlehen, welches im Hinblick auf die Absatzförderung[209] oder die Geschäftserweiterungen an einen Geschäftspartner gewährt wurde,[210] sowie bei einer Bürgschaft zu Gunsten eines Kunden[211] – letzteres selbst dann, wenn der Geschäftsführer einer Bank die Bürgschaft im eigenen Namen, jedoch im Interesse des Geschäfts resp. der Gesellschaft eingegangen war. Zudem anerkannte das Verwaltungsgericht, dass bei der Übernahme eines Geschäftes mit allen Aktiven und Passiven auch die Geschäftsverluste übergingen, weshalb – bei unverändert weitergeführtem Betrieb – der Kausalzusammenhang nicht durchbrochen wurde.[212] Umgekehrt konnte jedoch der Alleinaktionär die Verluste seiner Gesellschaft nicht von seinem Einkommen aus unselbständiger Erwerbstätigkeit abziehen, selbst wenn er diese Verluste durch Zuschüsse an seine Gesellschaft selber trug.[213]

Verluste im Zusammenhang mit Veruntreuung und Diebstahl im Geschäft galten nur dann als kausal und somit abzugsfähig, wenn die Straftaten von Angestellten und nicht von Dritten begangen worden waren. Im ersten Fall lag gestützt auf das Arbeitsverhältnis ein hinreichender Zusammenhang mit dem Betrieb vor,[214] wogegen im zweiten Fall die geschäftliche Beziehung

---

[206] MBVR 1922 Nr. 34, 1937 Nr. 49 mit Hinweisen auf die rechtliche und steuerliche Selbständigkeit der Tochtergesellschaft sowie auf die Unzulässigkeit von Abschreibungen auf der Beteiligung resp. die fehlende Abzugsfähigkeit von Sanierungszuschüssen.

[207] MBVR 1925 Nr. 111.

[208] MBVR 1943 Nr. 100, 1943 Nr. 101, 1947 Nr. 32, wobei es jedoch das Verwaltungsgericht genügen liess, dass die Beteiligung im Zusammenhang mit dem Betrieb der Muttergesellschaft stand, ohne dass der Nachweis zu erbringen war, dass diese für den Betrieb als *unvermeidlich* gelten musste.

[209] MBVR 1926 Nr. 31.

[210] MBVR 1932 Nr. 93.

[211] MBVR 1939 Nr. 108, 1940 Nr. 95.

[212] MBVR 1945 Nr. 18.

[213] MBVR 1973 Nr. 42.

[214] MBVR 1922 Nr. 97.

mit dem Straftäter fehlte.[215] Waren Geschäftsverluste grundsätzlich immer (nur) in jenem Geschäftsjahr abzugsfähig, in welchem sie ihre Ursache hatten, so galt bei einer Unterschlagung durch einen Angestellten die Ausfällung des Strafurteils mit Schuldanerkennung als massgeblicher Zeitpunkt.[216]

8.2 Zeitpunkt des Verlustabzuges

Geschäftsverluste waren grundsätzlich im Jahre ihrer Entstehung vom Geschäftseinkommen zum Abzug zu bringen.[217] Dabei blieb eine Erweiterung der Abzugsfähigkeit auf das Folgejahr durch Verlängerung des Geschäftsjahres[218] ebenso ausgeschlossen wie die Verlustantizipation durch die Abschreibung einer Forderung, bevor der Verlust effektiv eingetreten war.[219]

Der Verlust galt als eingetreten und damit in diesem Zeitpunkt als abzugsfähig, sobald die Not leidende Forderung im Konkursverfahren als uneinbringlich feststand[220] oder, bei einem Verlust auf einer Geschäftsliegenschaft, mit der notariellen Beurkundung der Liegenschaftstransaktion.[221] Dies galt steuerlich auch dann, wenn der sich abzeichnende Verlust nach den kaufmännischen (oder bankengesetzlichen)[222] Grundsätzen bereits früher in der Buchhaltung auszuweisen war.[223] Solange ein Rechtsanspruch auf Leistung bestand und die Unmöglichkeit der Bezahlung nicht nachgewiesen war, konnte der Verlust noch nicht als eingetreten bezeichnet werden.[224] Auch ein freiwilliger Schuldenerlass berechtigte nicht zum Abzug, ausser bei nachgewiesener Zahlungsunfähigkeit des Schuldners.[225]

---

[215] MBVR 1935 Nr. 194, 1939 Nr. 40.
[216] MBVR 1939 Nr. 40.
[217] MBVR 1929 Nr. 137.
[218] MBVR 1932 Nr. 57.
[219] MBVR 1938 Nr. 39 mit Hinweis, dass mit Blick auf die Periodizität ein Geschäftsverlust auch nicht mit Gewinnen der Folgejahre verrechnet werden konnte. Ebenso MBVR 1941 Nr. 36, 1941 Nr. 125.
[220] MBVR 1914 Nr. 208, 1928 Nr. 115, was nicht erst bei Abschluss des Konkurses der Fall war, sondern bereits bei der Mitteilung des Konkursamtes über die Höhe einer allfälligen Konkursdividende.
[221] MBVR 1940 Nr. 170.
[222] MBVR 1939 Nr. 223.
[223] MBVR 1946 Nr. 46, 1951 Nr. 102.
[224] MBVR 1936 Nr. 231.
[225] MBVR 1926 Nr. 117.

In diesem Sinne verweigerte das Verwaltungsgericht in konstanter Rechtsprechung die steuerliche Abzugsfähigkeit bloss dubioser oder gefährdeter Forderungen solange, bis der Debitorenverlust tatsächlich eingetreten war.[226]

9. Nachfolge und Umstrukturierung

Nur selten musste sich das Verwaltungsgericht mit unternehmenssteuerrechtlichen Fragen bei Nachfolgeregelungen und Umstrukturierungen befassen. Im Zusammenhang mit der zeitlichen Bemessung[227] erwog das Verwaltungsgericht, der Betrieb resp. das Einkommen daraus sei trotz Übertragung des Geschäftes auf einen Nachfolger das gleiche geblieben[228] und bei der Umwandlung einer Einzelfirma in eine Aktiengesellschaft habe der selbständig Erwerbende sein Erwerbseinkommen bis zur Gründung der Aktiengesellschaft realisiert; die Steuerpflicht der Aktiengesellschaft sei nicht rückwirkend eingetreten.[229]

Die Übernahme aller Aktiven und Passiven einer Unternehmung durch eine neu gegründete Gesellschaft lag nur vor, wenn dies aus der Publikation im Handelsamtsblatt ersichtlich war.[230] Konnte die Übernahme nachgewiesen werden, umfasste sie auch allfällige Geschäftsverluste, denn der übernommene Betrieb galt als unverändert weitergeführt.[231] Ebenso änderte die Überführung eines Geschäftsbereichs (Liegenschaftsverwaltung) einer Personengesellschaft (Bauunternehmung) in eine Aktiengesellschaft an der steuerlichen Qualifikation ihres Einkommens aus der überführten Tätigkeit nichts (aus steuerbarem Erwerbseinkommen wurde nicht steuerfreier Vermögensertrag).[232]

Trat der Vater seinem Sohn einen Geschäftsanteil auf Rechnung künftiger Erbschaft ab, so führte dies mangels Entgelt nicht zur Besteuerung eines

---

[226] MBVR 1921 Nr. 182, 1923 Nr. 128, 1925 Nr. 16, 1934 Nr. 156, 1935 Nr. 36, 1936 Nr. 231, 1939 Nr. 223, 1939 Nr. 38, 1943 Nr. 73.

[227] Die zeitliche Bemessung des steuerbaren Einkommens und Gewinns basierte vor 1995 (bei den juristischen Personen) resp. 2001 (bei den natürlichen Personen) noch auf dem System der Vergangenheitsbemessung.

[228] MBVR 1913 Nr. 131.

[229] MBVR 1914 Nr. 228.

[230] MBVR 1938 Nr. 37.

[231] MBVR 1945 Nr. 18.

[232] MBVR 1939 Nr. 80.

Liquidationsgewinns. Mit der unveränderten Weiterführung der steuerlich massgebenden Buchwerte blieben die stillen Reserven der späteren Besteuerung erhalten, weshalb diese – trotz Änderung der Haftungsverhältnisse – nicht als realisiert gelten konnten.[233] Dies galt auch bei der Umwandlung einer Personen- in eine Aktiengesellschaft. Die Übernahme der steuerlich massgebenden Buchwerte bildete deren Grundlage und diese Werte waren auch für die Bemessung des späteren steuerbaren Vermögensgewinns beim Verkauf der Aktien massgebend.[234]

10. Liegenschaftshandel

Erwarb ein Steuerpflichtiger eine Liegenschaft zwecks Weiterveräusserung, so qualifizierte dies als Liegenschaftshandel, selbst wenn er die landwirtschaftlich genutzte Liegenschaft bis zur tatsächlichen Weiterveräusserung selber bewirtschaftete; der Veräusserungsgewinn blieb deshalb nicht steuerfrei.[235] Dies galt insbesondere auch, wenn An- und Verkauf von Liegenschaften in Verbindung mit einem Baugewerbe standen.[236] Blosse Gelegenheitsgeschäfte fielen dann darunter, wenn der Steuerpflichtige sich und seine Familie durch allerlei solche Gelegenheitsgeschäfte (auch Handel mit Brennholz, Vieh und Mobilien) durchzubringen versuchte.[237] In diesem Sinne wurde die Gewerbsmässigkeit beim Handel mit Liegenschaften bejaht bei der bewussten Vornahme von Liegenschaftstransaktionen zur Erzielung eines Erwerbs, sofern dies nicht ausserhalb der gewöhnlichen Erwerbstätigkeit lag.[238]

Eine Gesellschaft galt sodann als Liegenschaftshändlerin, wenn sie tatsächlich mit Liegenschaften handelte, unabhängig ihres statutarischen Zwecks[239] und davon, ob sie die Liegenschaften selber erstellt hatte oder

---

[233] MBVR 1950 Nr. 59.
[234] MBVR 1959 Nr. 85.
[235] MBVR 1915 Nr. 37.
[236] MBVR 1922 Nr. 73.
[237] MBVR 1928 Nr. 152.
[238] MBVR 1928 Nr. 156, 1943 Nr. 76, womit das Verwaltungsgericht den Liegenschaftshandel im Nebenerwerb offenbar ausschloss und die daraus resultierenden Einkünfte nicht der Besteuerung als Erwerbseinkommen unterstellte. In diesem Sinne auch MBVR 1935 Nr. 219, wo die Anerkennung der Liegenschaftshändlertätigkeit die Vorlage ordnungsgemäss geführter Geschäftsbücher voraussetzte.
[239] MBVR 1941 Nr. 120.

nicht.[240] Als Liegenschaftshändler qualifizierten typischerweise auch die Angehörigen der Baubranche. War ein Steuerpflichtiger Teilhaber einer Personengesellschaft im Gipserei- und Malergewerbe, so erzielte er beim Verkauf von Liegenschaften, die er zwecks Arbeitsbeschaffung erworben hatte, steuerbares Erwerbseinkommen.[241] Dies galt auch für Architekten und Bauhandwerker, wenn sie auf eigene Rechnung Liegenschaften erstellten, um diese anschliessend – allenfalls auch in grösseren Zeitabständen – wieder zu veräussern.[242] Selbst wer wegen der schlechten Konjunktur noch keine Liegenschaften verkauft hatte, auf Grund aller Fakten (Buchhaltung, Marktauftritt usw.) aber die Absicht zum Handel nachweisen konnte, galt als Liegenschaftshändler.[243]

Mieterträge aus Liegenschaften, welche ein Liegenschaftshändler vor der Weiterveräusserung vereinnahmte, stellten ebenfalls Erwerbseinkommen dar, selbst wenn er aus konjunkturellen Gründen während längerer Zeit keine Liegenschaftsverkäufe mehr tätigen konnte.[244]

In der jüngeren Rechtsprechung wandte das Verwaltungsgericht seine Rechtsprechung zum Liegenschaftshandel auch auf den Handel mit Devisen an.[245] Wurde der Handel systematisch in der Absicht der Gewinnerzielung betrieben, lag darin keine blosse Vermögensverwaltung, sondern eine gewerbsmässige Tätigkeit – dies selbst dann, wenn keine unternehmerische Organisation und kein Auftritt des Steuerpflichtigen gegen aussen erkennbar waren. Vielmehr galten auch hier die typischen Kriterien der Gewerbsmässigkeit wie das planmässige Vorgehen, die Häufigkeit der Transaktionen, die Haltedauer, der enge Zusammenhang mit der beruflichen Tätigkeit, der Einsatz von Fachwissen, die Finanzierung sowie die Verwendung des Erlöses.

11. Interkantonale Doppelbesteuerung

11.1 Steuerpflicht und Steuerdomizil

Der Produktionsstandort begründete eine Steuerpflicht, selbst wenn dort weder eine kommerzielle noch administrative Leitung bestand.[246] Umge-

---

[240] MBVR 1940 Nr. 92.
[241] MBVR 1929 Nr. 66.
[242] MBVR 1934 Nr. 75.
[243] MBVR 1943 Nr. 25.
[244] MBVR 1940 Nr. 150.
[245] BVR 2007 S. 108.
[246] MBVR 1916 Nr. 5.

kehrt schloss das Verwaltungsgericht nicht auf das Vorliegen eines blossen Briefkastendomizils, wenn am statutarischen Sitz ein wesentlicher Teil der Geschäftsführung vollzogen wurde;[247] als wesentlicher Teil der Geschäftsführung konnten z.b. das Führen der Geschäftsbücher, die Erledigung der Korrespondenz, die Hinterlegung der Aktien und die Durchführung der Generalversammlung gelten, unabhängig vom Domizil der Mitglieder des Verwaltungsrates als Ort der «geistigen Leitung».[248] Nur der bloss statutarische Sitz einer Gesellschaft, ohne jede zusätzliche Tätigkeit an diesem Ort, vermochte kein eigenes Steuerdomizil zu begründen.[249]

Der Einzelkaufmann war auch an dem Ort steuerpflichtig, an welchem er zu Gunsten seines Betriebs eine ständige körperliche Anlage nutzte (z.B. einen Raum zum Massnehmen für eine Schneiderei); es bedurfte keines Eintrags einer Filiale im Handelsregister.[250] Spielte sich ein wesentlicher Teil des Geschäftsbetriebes in einer Gemeinde ab (Benutzung von Strassen durch ein Transportunternehmen), so begründete dies den Anspruch der Gemeinde auf eine teilweise Besteuerung.[251]

Auf das Vorliegen einer Betriebsstätte schloss das Verwaltungsgericht beim Abbau von Lehm in einer Grube durch eine Ziegelei, auch wenn der Boden nicht in ihrem Eigentum stand,[252] beim Betrieb eines Leitungsnetzes und der dafür benötigten Transformatorenstationen,[253] am Ort der Verwaltung (Sekretariat, Buchhaltung usw.) einer Bergbahn[254] oder bei der Arztpraxis im Spital, wenn dort auch Privatpatienten behandelt wurden.[255] Dagegen begründete die Einlagerung von Waren bei einem Dritten, der das Warenlager auch betreute, ebenso wenig eine Betriebsstätte[256] wie das Sitzungszimmer eines Notars, für welches die behördliche Bewilligung als «Zweigbüro» fehlte und in dem auch keine für das Notariat sonst erforderlichen Einrich-

---

[247] MBVR 1939 Nr. 194.
[248] MBVR 1927 Nr. 94.
[249] MBVR 1931 Nr. 12.
[250] MBVR 1927 Nr. 90.
[251] MBVR 1929 Nr. 142, 1947 Nr. 140, wobei das Verwaltungsgericht den Einwand verwarf, das Transportunternehmen befahre zur Hauptsache die Staatsstrassen und nicht die Gemeindestrassen.
[252] MBVR 1946 Nr. 27.
[253] MBVR 1948 Nr. 110.
[254] MBVR 1953 Nr. 100.
[255] MBVR 1958 Nr. 76.
[256] MBVR 1956 Nr. 101. Das Verwaltungsgericht erachtete dabei den Einwand nicht als erheblich, die Einwohner der betroffenen Gemeinde könnten die Ablehnung einer Steuerausscheidung zu ihren Gunsten nicht verstehen.

tungen (Schreibmaschine, Gesetzestexte usw.) vorhanden waren.[257] Auch das Baubüro einer (vorübergehenden) Überbauung qualifizierte nicht als Betriebsstätte.[258]

Der Liegenschaftshändler hatte die Gewinne aus seiner Tätigkeit am Ort der gelegenen Sache zu besteuern;[259] dabei war wesentlich, dass es sich nicht um liegenschaftliche Transaktionen im Rahmen der blossen Vermögensverwaltung, sondern um eine planmässige, auf Verdienst gerichtete Tätigkeit handelte.

11.2 Steuerausscheidung

Bei einer Versicherungsgesellschaft hatte die Steuerausscheidung nach Massgabe der vereinnahmten Versicherungsprämien zu erfolgen;[260] davon konnte höchstens dann abgewichen werden, wenn die Gesellschaft für die einzelnen Zweige getrennte Gewinnberechnungen vorlegte.[261] Andernfalls hatte eine proportionale Steuerausscheidung des Gesamtergebnisses nach Massgabe der Produktionsfaktoren zu erfolgen, unter Berücksichtigung eines Vorausanteils von 20 % für die Zentralleitung.[262] Zudem waren die mobilen Konti dem Grundsatze nach im Verhältnis der lokalisierten Vermögenswerte zuzuweisen.[263]

Im interkantonalen Verhältnis konnte der Wohnsitzkanton des Teilhabers einer Personengesellschaft (Kollektiv- oder Kommanditgesellschaft) dessen Eigensalär zur Besteuerung heranziehen, weshalb der Sitzkanton der Gesellschaft den entsprechend Betrag als Gewinnungskosten vom Einkommen der Personengesellschaft zum Abzug zulassen musste.[264]

Keine interkantonale Doppelbesteuerung stellte dagegen die Besteuerung von Tantiemen beim Empfänger dar, selbst wenn die Gesellschaft diese Zahlungen nicht zum Abzug bringen konnte; die Besteuerung von zwei selbständigen Steuersubjekten qualifizierte nicht als unzulässige Doppelbesteuerung.[265]

---

[257] MBVR 1958 Nr. 94. Anders BVR 1989 S. 78 betreffend das Arbeitszimmer eines Anwaltes an seinem Wohnort, weil in diesem nicht die sonst üblichen Wohnungseinrichtungen vorhanden waren.

[258] MBVR 1969 Nr. 40.

[259] MBVR 1970 Nr. 62.

[260] MBVR 1914 Nr. 69, 1914 Nr. 205, 1920 Nr. 114.

[261] MBVR 1914 Nr. 119.

[262] MBVR 1916 Nr. 5, 1917 Nr. 94.

[263] MBVR 1947 Nr. 141.

[264] MBVR 1938 Nr. 156, 1942 Nr. 14.

[265] MBVR 1937 Nr. 245.

Der Einfluss der sozialversicherungsrechtlichen Rechtsprechung im Kanton Bern auf das Bundesgericht

Ueli Kieser

Inhaltsverzeichnis

1. Zum Thema

Seit 1927 wurden die Entscheide des Eidgenössischen Versicherungsgerichts in einer Amtlichen Sammlung veröffentlicht.[1] In jener Zeit war die schweizerische Sozialversicherung noch wenig ausgebaut, was sich den beurteilten Sachverhalten ohne weiteres entnehmen lässt. Es ging in erster Linie um Streitigkeiten mit der Militärversicherung und um – oft erschütternde – Auseinandersetzungen mit der Unfallversicherung. Zu beurteilen waren etwa – um Fälle zu nennen, welche erstinstanzlich von den Gerichtsinstanzen des Kantons Bern zu entscheiden waren – Auseinandersetzungen um abgetrennte Hände oder Finger,[2] betreffend den unsachgemässen Umgang mit Feuerwerk[3] oder über Spätfolgen eines Fahrradunfalls;[4] daneben ergaben sich aber auch heikle Fragen zu den Folgen eigenmächtiger Behandlungen.[5]

Die Sozialversicherungsrechtliche Abteilung des Verwaltungsgerichts des Kantons Bern und in französischsprachigen Fällen die Abteilung für französischsprachige Geschäfte beurteilen heute sämtliche Streitigkeiten im Bereich des Sozialversicherungsrechts.[6] Das Gericht kann dabei auf eine jahrzehntelange Tätigkeit der Berner Instanzen zurückblicken.[7] Der vorliegende Beitrag soll einige Hinweise geben auf die Bedeutung der kantonalen Rechtsprechung im Sozialversicherungsrecht. Zumeist beschäftigt sich die Literatur ausschliesslich oder jedenfalls weit überwiegend mit der bundesgerichtlichen Rechtsprechung, und es fristet hier die kantonale sozialversicherungsrechtliche Judikatur ein gewisses Schattendasein. Ihr kommt jedoch ein überaus grosser, zentraler Stellenwert zu. Die überwiegende Mehrheit der von den kantonalen Gerichtsinstanzen entschiedenen Streitigkeiten wird nämlich nicht einer bundesgerichtlichen Beurteilung zugeführt und prägt deshalb die Rechtsanwendung im Sozialversicherungsrecht stark. Oft sind

---

[1] Soweit nachstehend bundesgerichtliche Entscheide genannt werden, handelt es sich immer um solche, welche vorinstanzlich von Berner Gerichtsbehörden behandelt wurden. Wenn eine Vorinstanz eines anderen Kantons beteiligt war, wird dies ausdrücklich vermerkt.

[2] Vgl. EVGE 1931 4 ff., 1931 19 ff.

[3] Dazu EVGE 1929 98 ff.

[4] Dazu EVGE 1928 18 ff.

[5] Beispiel: EVGE 1928 3 ff.: Menisukusoperation im Engeriedspital, Bern, anstelle des vorgesehenen Inselspitals, Bern.

[6] Vgl. Art. 125 Abs. 1 und 3 VRPG.

[7] Vgl. zur Entwicklung des Gerichts im vorliegenden Band den Beitrag von *Thomas Gächter*, zum angegliederten Schiedsgericht vgl. den Beitrag von *Nathalie Mewes-Kunz*.

es auch die kantonalen Gerichtsinstanzen, welche wegleitende Entwicklungen im Sozialversicherungsrecht steuern. Sie vermögen gelegentlich Änderungen der bundesgerichtlichen Rechtsprechung zu bewirken, weil sie angesichts der Vielzahl der von ihnen beurteilten Sachverhalte einen besonderen Blick auf die Gesamtzusammenhänge und auf die effektive Bedeutung der geltenden Rechtsprechung werfen können.

Die grosse Bedeutung der *kantonalen Rechtsprechung* ist dem Bundesgericht keineswegs entgangen. So bezieht sich dieses Gericht immer wieder in weitgehendem Mass auf die Vorinstanz, um seinen eigenen Entscheid zu begründen. In anderen Fällen setzt sich das Bundesgericht vertieft mit den Überlegungen des kantonalen Gerichts auseinander.[8] Das Bundesgericht spricht von «Thesen der Vorinstanz»,[9] was aufzeigt, dass das Bundesgericht durchaus die eigenständige Gedankenarbeit des Verwaltungsgerichts des Kantons Bern erkannt hat. In anderen Fällen lässt sich das Bundesgericht von den Erwägungen der Vorinstanz bewegen, die bisherige bundesgerichtliche Rechtsprechung «grundsätzlich zu überdenken».[10] Dabei verkennt das Bundesgericht keineswegs die (in jüngerer Zeit) zu Tage getretene Zurückhaltung des Berner Verwaltungsgerichts, die bundesgerichtliche Rechtsprechung im Sozialversicherungsrecht zu korrigieren.[11] – Dass das Bundesgericht in jüngster Zeit dazu übergegangen ist, im Titel der Urteilsveröffentlichung in der Amtlichen Sammlung die Vorinstanz nicht mehr zu nennen,[12] und dass in etwas zunehmendem Mass bundesgerichtliche Urteile veröffentlicht werden, in denen der bisherige Prozessverlauf und das vorinstanzliche Urteil nicht mehr erkennbar werden,[13] ist freilich eine gegenläufige Entwicklung.

---

[8]   Beispiel: BGE 128 V 135 E. 7, wo festgehalten wird, dass der vorinstanzliche Entscheid «[i]m Ergebnis, jedoch mit anderer Begründung» zu bestätigen ist.

[9]   Etwa in BGE 122 V 415 E. 2c bezogen auf den Unfall mit Schleudertrauma ohne organisch nachweisbare Funktionsausfälle.

[10]   So in BGE 133 V 108 E. 4.3 betreffend massgebende zeitliche Vergleichsbasis bei der Anpassungsüberprüfung einer Invalidenrente.

[11]   Dazu etwa BGE 125 V 205 Sachverhalt B: Die Vorinstanz «stellte die Rechtsprechung des Eidg. Versicherungsgerichts in Frage, befand jedoch, es sei an diesem, eine allfällige Praxisänderung herbeizuführen» (betreffend AHV-beitragsrechtliche Erfassung von Konkubinatspartnern).

[12]   Dies erfolgte noch bis BGE 133 V; ab dem Band 134 V wird auf diese Nennung im Titel leider verzichtet. Es ist deshalb zunehmend nicht einmal mehr erkennbar, welche Vorinstanz das Urteil gefällt hat; vgl. für ein Beispiel etwa BGE 134 V 29.

[13]   Beispiele: BGE 132 V 1, 132 V 181, 133 V 314, 134 V 9. Diese Urteile haben beinahe den Charakter von gutachterlichen Festlegungen und lassen den Sitz des Urteils im Leben nicht mehr erkennen.

2. Stellung der kantonalen Versicherungsgerichte

Der Rechtsschutz im Sozialversicherungsrecht ist heute umfassend, indem sämtliche Auseinandersetzungen mit Sozialversicherungsträgern einer gerichtlichen Beurteilung zugeführt werden können. Dabei kommt die hauptsächliche Bedeutung in der Praxis der kantonalen Gerichtsinstanz zu. Es geht um den «Leitgedanken, dass die Rechte und Pflichten aus diesem Rechtsbereich in einem [scil. kantonalen] Gerichtsverfahren überprüft werden können, welches ohne übertriebenen Formalismus dem Gesetzmässigkeitsprinzip dienen soll, ohne dass die Rechtsuchenden grundsätzlich ein Kostenrisiko laufen».[14] Entsprechend obliegt es in erster Linie dem kantonalen Gericht, beispielsweise die Vorgaben der EMRK umzusetzen.[15] Für dieses «Walten des Richters»[16] war in der Sozialversicherung seit je prägend, dass auf kantonaler Ebene nur eine einstufige gerichtliche Prüfung erfolgt.[17] Dies zeigt bereits die Wichtigkeit des kantonalen Entscheids. Zusätzlich betont wird die Massgeblichkeit des kantonalen Gerichtsentscheids im Sozialversicherungsrecht dadurch, dass – seit dem In-Kraft-Treten des Bundesgerichtsgesetzes – dem kantonalen Versicherungsgericht als einziger Gerichtsinstanz die prinzipielle Verantwortung für die korrekte Sachverhaltsermittlung zukommt.[18] Es ist deshalb zu hoffen, dass sich zukünftig die Literatur vermehrt mit Fragen der kantonalen Rechtsprechung im Sozialversicherungsrecht auseinandersetzt.[19]

---

[14] So *Thomas Locher,* Grundriss des Sozialversicherungsrechts. 3. Aufl. Bern 2003, S. 472.

[15] Dazu *Ruth Herzog,* Art. 6 EMRK und die kantonale Verwaltungsrechtspflege, Diss. Bern 1995, passim.

[16] So die durchaus zutreffende Wortwahl von *Wilfried Lüthi,* Vom Walten des Richters, Monatsschrift für Bernisches Verwaltungsrecht und Notariatswesen 1969 S. 337 ff., S. 385 ff., S. 433 ff.

[17] Zu diesem Grundsatz eines «einzigen kantonalen Versicherungsgerichts» vgl. Art. 57 ATSG und dazu *Locher* (Anm. 14), S. 474.

[18] Vgl. dazu Art. 97 BGG.

[19] Vgl. aus der bisherigen Literatur die Beiträge von *Andreas Freivogel,* Das Basler Versicherungsgericht, BJM 1983 S. 273 ff.; *Hermann Daniel,* La procédure d'assurance sociale: la situation à Genève, CGSS 5/1988 S. 11 ff.; *Arthur Müller,* Die Sozialversicherungsrechtspflege durch das aargauische Versicherungsgericht, in: Festschrift für Kurt Eichenberger, alt Oberrichter, Beinwil am See, Aarau 1990, S. 271 ff.; *Raymond Spira,* Le contentieux des assurances sociales fédérales et la procédure cantonale, RJN 1984 S. 9 ff.; *Christian Zünd,* Besonderheiten des Verfahrens vor Sozialversicherungsgericht, in: Aktuelles im Sozialversicherungsrecht, Zürich 2001, S. 133 ff.; *Christian Zünd / Brigitte Pfiffner Rauber* (Hrsg.), Kommentar zum Gesetz

3. Quellen und statistische Hinweise

3.1 Veröffentlichung von sozialversicherungsrechtlichen Urteilen

Die Rechtsprechung im Sozialversicherungsrecht wird durch verschiedene Publikationen erfasst. Im Vordergrund steht die Amtliche Sammlung; hier wurden die Entscheide in den Jahren 1927 bis 1969 in den «Entscheidungen des Eidgenössischen Versicherungsgerichts» (EVGE) und ab dem Jahr 1970 als V. Teil der Amtlichen Sammlung der Entscheidungen des Schweizerischen Bundesgerichtes (BGE ... V) veröffentlicht. Seit dem Jahr 1994 finden sich alle Grundsatzentscheide des Bundesgerichts sowie ausgewählte kantonale Entscheide in der Sammlung «Sozialversicherungsrecht – Rechtsprechung» (SVR). Daneben wurden in – mittlerweile eingestellten – Zusammenstellungen des Bundes bundesgerichtliche Entscheide aus einzelnen Bereichen des Sozialversicherungsrechts veröffentlicht; in der Zeitschrift für die Ausgleichskassen (ZAK, bis 1992) bzw. der AHI-Praxis (1993 bis 2004) wurden hauptsächlich Entscheide zur 1. Säule veröffentlicht; Entscheide aus den Bereichen der Kranken- und Unfallversicherung wurden in den Zeitschriften RSKV (Rechtsprechung zur Krankenversicherung, bis 1983) bzw. RKUV (Rechtsprechung und Verwaltungspraxis zur Kranken- und Unfallversicherung, 1984 bis 2006) publiziert. Daneben werden kantonale sozialversicherungsrechtliche Entscheide in verschiedenen Zeitschriften und Sammlungen veröffentlicht; für die Entscheide aus dem Kanton Bern steht die BVR, wo in jeder Nummer mindestens ein sozialversicherungsrechtlicher Entscheid publiziert wird, zur Verfügung.[20]

3.2 Statistik

Bei der Vorbereitung dieses Beitrages wurden insbesondere sämtliche Urteile berücksichtigt, welche zwischen dem 1. Januar 1970 und dem 30. September 2009 vom Bundesgericht gefällt wurden und bei welchen das Verwal-

---

über das Sozialversicherungsgericht des Kantons Zürich, 2. Aufl. Zürich 2009. – Allgemein zu den Kompetenzen der Kantone im Bereich des Sozialversicherungsrechts *Hans Peter Tschudi*, Aufgaben und Kompetenzen der Kantone in der Sozialversicherung, SZS 1959 S. 181 ff.; *ders.*, Die Stellung der Kantone im Sozialversicherungsrecht, SZS 1994 S. 161 ff.

[20] Zudem fand die bernische Rechtsprechung vorübergehend Aufnahme in die SZS; vgl. *Wilfried Lüthi*, Aus der Praxis des Versicherungsgerichts des Kantons Bern, SZS 1979 S. 71 ff., S. 149 ff., SZS 1980 S. 252 ff., SZS 1981 S. 147 ff., S. 221 ff.

tungsgericht bzw. (zunächst) das Versicherungsgericht des Kantons Bern[21] Vorinstanz war und welche in der Amtlichen Sammlung veröffentlicht wurden. Es wird also die gesamte Zeitspanne erfasst, während der sozialversicherungsrechtliche Bundesgerichtsentscheide in der Amtlichen Sammlung als Band V veröffentlicht wurden.[22] In dieser Zeitspanne wurden insgesamt 251 Urteile amtlich publiziert, bei welchen das Verwaltungsgericht des Kantons Bern Vorinstanz war. Die nachfolgende Statistik weist aus, in wie vielen Fällen dieser Kategorie (ganze oder teilweise) Gutheissungen oder Abweisungen erfolgten, wobei eine zusätzliche Aufteilung danach vorgenommen wird, welche Partei das bundesgerichtliche Rechtsmittel eingereicht hatte.

Partei, welche das Rechtsmittel beim Bundesgericht ein-reichte	Zahl der Entscheide des Bundes-gerichts	Ganze oder teilweise Gutheissung	Abweisung	Ausgang nicht erkenn-bar
Versicherungsträger bzw. Aufsichtsbehörde	83	47	28	8
Sonstige Beschwerde-führer	168	68	79	21
Total	251	115	107	29

Einige Besonderheiten, die bei der Zusammenstellung der Urteile der Berner Vorinstanz ersichtlich werden, seien nachfolgend genannt:
- Sämtliche Urteile in den Bänden 97 V und 98 V (= 1971 und 1972; insgesamt 10 Urteile) führten zu einer (teilweisen und ganzen) Gutheissung der Beschwerde.
- Die längste Reihe von Urteilen, bei denen weder ein Versicherungsträger noch eine Aufsichtsbehörde Beschwerde beim Bundesgericht eingereicht hatte, ergab sich in den Jahren 1972 bis 1974; hier wurden 20 Urteile veröffentlicht, bei denen keine solche Behörde Beschwerde eingereicht hatte.
- Besonders häufig wurden von Versicherungsträgern oder Aufsichtsbehörden eingereichte Beschwerden beurteilt in den Jahren 1982 (BGE 108

---

[21] Soweit nachfolgend jeweils von «Verwaltungsgericht des Kantons Bern» gesprochen wird, wird das Versicherungsgericht des Kantons Bern miterfasst.

[22] Es geht also um Band 96 V bis Band 135 V. Hinzuweisen ist darauf, dass bis Band 128 V (d.h. bis 2002) für die amtliche Publikation darauf abgestellt wurde, in welchem Jahr das Urteil gefällt wurde (etwa: im Jahr 2001 gefällte Urteile = Band 127 V); ab Band 129 V wird auf diese zeitliche Zuordnung verzichtet.

V; 3 von 4 Beschwerden = 75 %), 1984 (BGE 110 V; 2 von 3 Beschwerden = 67 %), 1988 (BGE 114 V; 7 von 9 Beschwerden = 78 %), 1995 (BGE 121 V; 3 von 5 Beschwerden = 60 %) und 2003 (BGE 129 V; 2 von 3 Beschwerden = 67 %).

4. Unterstellung unter die Sozialversicherung

4.1 Fragestellung

Sozialversicherungen können unterschiedlich ausgestaltet sein. Den eigentlichen Volksversicherungen – AHV, IV, Ergänzungsleistungen, Krankenversicherung – stehen diejenigen Sozialversicherungszweige gegenüber, in denen nur Erwerbstätige (Familienzulagenordnungen, soweit diese auch Selbstständigerwerbende erfassen) oder nur unselbstständig Tätige (berufliche Vorsorge, Unfallversicherung, Arbeitslosenversicherung) versichert sind.

Es ist offensichtlich, dass im Rechtsvollzug dabei mannigfaltige Abgrenzungsfragen zu klären sind. Es geht etwa um den Wohnsitz- und um den Aufenthaltsbegriff,[23] um die Abgrenzung der Erwerbstätigkeit von der Nichterwerbstätigkeit[24] oder um die Qualifikation als selbstständig bzw. als unselbstständig tätige Person.[25]

4.2 Entwicklungen

Das bernische Verwaltungsgericht hat die Entwicklungen bei der AHV-rechtlichen Erfassung von *Konkubinatspartnerinnen und -partnern* angeregt und wesentlich geprägt. Hier ging die Praxis davon aus, dass bei einem Konkubinatsverhältnis der nicht erwerbstätige Partner bezogen auf die Haushaltführung als unselbstständig erwerbend gilt.[26] Die bernische Gerichtsinstanz hiess am 26. Mai 1982 eine gegen diese Unterstellung gerichtete Beschwerde gut und nahm eine Nichterwerbstätigkeit an; das Bundesge-

---

[23] Dazu Art. 13 ATSG.

[24] Diese Abgrenzung hat insbesondere in der AHV grosse Bedeutung, weil für die beiden Personenkategorien unterschiedliche Beitragssysteme gelten; vgl. Art. 4 ff. bzw. Art. 10 AHVG.

[25] Weil der Versicherungsschutz der unselbstständig tätigen Person weit umfassender ist, kommt dieser Abgrenzung zentrale Bedeutung zu; vgl. zur Unterstellung insbesondere Art. 2 Abs. 1 BVG, Art. 1a Abs. 1 UVG, Art. 2 Abs. 1 AVIG.

[26] Es war jeweils die Rede von «Hausbediensteten» (vgl. zur Wortwahl BGE 110 V 1 S. 2 oben).

richt hob indessen diesen Entscheid auf und es blieb also bei der bisherigen Praxis.[27] Im Jahr 1997 hielt sich das Verwaltungsgericht des Kantons Bern sodann an die Rechtsprechung des Bundesgerichts; in der Begründung stellte es aber die Rechtsprechung dieses Gerichts «in Frage, befand jedoch, es sei an diesem, eine allfällige Praxisänderung herbeizuführen»,[28] was das Bundesgericht in der Folge tat.[29] – Dass ausnahmsweise bei einem Konkubinatsverhältnis dennoch eine unselbstständige Erwerbstätigkeit angenommen werden kann, hielt wiederum das Verwaltungsgericht des Kantons Bern fest, als es um die Frage der unfallversicherungsrechtlichen Unterstellung der Konkubinatspartnerin ging.[30]

Daneben hatte sich die bernische Rechtsprechung mit spezifischen Unterstellungsfragen der Militärversicherung zu befassen; es ging um die Unterstellung von Sekretären der sanitarischen Untersuchungskommissionen[31] und – praxisrelevant – während der Einschreibung beim Sektionschef.[32] Eine weitere – bis in die Gegenwart aktuelle[33] – Unterstellungsfrage ergibt sich in der Unfallversicherung bei Auslandtätigkeit.[34]

5. Finanzierung der Sozialversicherung

5.1 Fragestellung

Die bundesrechtlich geordneten Sozialversicherungszweige wiesen im Jahr 2007 Einnahmen von 146,816 Milliarden Franken aus. Es sind letztlich wenige Gesetzesbestimmungen, welche die – verfassungsrechtlich teilweise

---

[27] Immerhin gestand das Bundesgericht zu, dass «beachtliche Argumente» auch für die vorinstanzliche Auffassung sprächen (vgl. BGE 110 V 1 E. 3e). Zehn Jahre später bestätigte das Bundesgericht diese Praxis erneut (vgl. SVR 1995 AHV Nr. 52; Versicherungsgericht des Kantons Solothurn).

[28] So BGE 125 V 205 Sachverhalt B.

[29] Vgl. BGE 125 V 205 (mit zahlreichen Hinweisen auf die Literatur und die – bereits – abweichende Rechtsprechung des Kantons Glarus).

[30] Vgl. BGE 130 V 553 (Annahme eines Arbeitsvertrags).

[31] BGE 104 V 168.

[32] BGE 105 V 39; der stellungspflichtige May erlitt im Sekundarschulhaus K. einen Kollaps mit der Folge einer Stirnverletzung und eines Zahnschadens. Zur heutigen Rechtslage vgl. Art. 1 Abs. 1 Bst. e MVG.

[33] Vgl. BGE 134 V 428; Verwaltungsgericht des Kantons Schwyz.

[34] Dazu BGE 106 V 225; die bernische Vorinstanz nahm eine Unterstellung an, was auf Beschwerde der SUVA hin vom Bundesgericht anders beurteilt wurde.

vorgegebene[35] – Finanzierung ordnen. Dabei kommt den Bestimmungen des AHVG besondere Bedeutung zu, weil sich die entsprechende Regelung in anderen Sozialversicherungszweigen direkt auswirkt; es geht hier jeweils um die Bestimmung des (für die Finanzierung der Sozialversicherung zentralen) massgebenden Lohns bzw. um die Festsetzung des Einkommens aus selbstständiger Erwerbstätigkeit.[36]

5.2 Entwicklungen

Zentral für die Klärung der Frage nach der Finanzierung der einzelnen Sozialversicherungszweige ist die Abgrenzung zwischen *selbstständiger und unselbstständiger Tätigkeit,* weil für diese beiden Kategorien verschiedene Unterstellungsregelungen und zudem unterschiedliche Finanzierungssysteme gelten. Hier geht der Leitentscheid des Bundesgerichts zu den Voraussetzungen eines Wechsels des AHV-rechtlichen Beitragsstatuts und zu den Auswirkungen eines solchen Wechsels auf einen Entscheid des Verwaltungsgerichts des Kantons Bern zurück.[37] Bei der Abgrenzung von selbstständiger und unselbstständiger Tätigkeit hatte das Verwaltungsgericht in den 1980er Jahren – soweit ersichtlich erstmals in der Sozialversicherungsrechtsprechung – zu klären, wie der Empfang von Schmiergeldern AHV-rechtlich zu qualifizieren ist; es sprach sich für die Annahme einer unselbstständigen Erwerbstätigkeit aus, was in der Folge vom Bundesgericht in einem Grundsatzentscheid bestätigt wurde.[38] – Wegleitend war sodann die Klärung der Frage, unter welchen Voraussetzungen allenfalls AHV-beitragsfreie reglementarische Beiträge an eine Vorsorgeeinrichtung vorliegen.[39] Wiederholt hatte sich das Verwaltungsgericht mit Nebenerwerbstätigkeiten auseinanderzusetzen; hier ging es um die Frage der allfälligen Beitragsbefreiung bei ge-

---

[35] Vgl. Art. 112 Abs. 3, Art. 113 Abs. 3, Art. 114 Abs. 3 BV, wo die paritätische Finanzierung durch Arbeitgebende und Arbeitnehmende festgelegt wird; vgl. ferner Art. 116 Abs. 3 BV, wo die Mutterschaftsversicherung das Gegenseitigkeitsprinzip durchbrochen wird, indem zur Finanzierung auch Personen herangezogen werden können, die nicht in den Genuss der Versicherungsleistungen gelangen können.

[36] Vgl. Art. 5 Abs. 1, Art. 8 Abs. 1 AHVG.

[37] Vgl. BGE 121 V 1, der bis in die Gegenwart der massgebende Entscheid geblieben ist.

[38] Vgl. BGE 115 V 1.

[39] Dazu BGE 133 V 556; das Bundesgericht entschied – was selten erfolgt – in einer parteiöffentlichen Beratung und sprach sich anders als die bernische Vorinstanz dafür aus, dass der Bund für Deckungskapitalien, die er an die Publica erbrachte, AHV-Beiträge abzuführen hat.

ringfügigem Einkommen aus Nebenerwerb[40] sowie um die Frage, wie – bei gegebener Beitragspflicht – der AHV-Beitrag festzusetzen ist.[41]

In einer Reihe von grundsätzlichen Entscheiden ging es schliesslich um die AHV-Beiträge von *Nichterwerbstätigen*. Dies wirft bei (nichterwerbstätigen) Ehepartnern besondere Fragen auf, weil bei ihnen zur Bemessung der Beiträge je «aufgrund der Hälfte des ehelichen Vermögens» entschieden wird,[42] was das Verwaltungsgericht als gesetz- und verfassungsmässig betrachtete und vom Bundesgericht nicht anders beurteilt wurde.[43] Heikel ist die Frage, ob ein erwerbstätiger Ehegatte den nichterwerbstätigen Ehegatten AHV-rechtlich auch noch «mitversichern» kann, wenn der erstgenannte Ehepartner nach Erreichen der Altersgrenze weiterhin erwerbstätig bleibt.[44] Das Bundesgericht verneinte diese Frage, woran sich das Verwaltungsgericht in der Folge hielt; freilich präzisierte das Bundesgericht später seine eigene Rechtsprechung (und schuf damit eine in der Praxis nicht mehr zu bewältigende Ausgangslage).[45]

Daneben setzten sich die bernischen Gerichte und das Bundesgericht mit einer Reihe von weiteren Fragen auseinander. Es ging etwa um Verzugszinsen in der AHV,[46] um die AHV-Beitragspflicht bei Umwandlung einer Einzelfirma in eine AG[47] oder um den Vertrauensschutz bei falschen Auskünften der Behörde.[48]

---

[40] Zu klären war die Frage, ob der vorausgesetzte «Haupterwerb» auch in der Haushaltführung bestehen kann, was die bernische Instanz entgegen einer Verwaltungsweisung bejahte; das Bundesgericht schützte diesen Entscheid, vgl. BGE 113 V 241. Zur nachfolgenden Entwicklung der Rechtsprechung vgl. BGE 125 V 377.

[41] Dazu BGE 121 V 181; die Ausgleichskasse des Kantons Bern erhob Beschwerde an das Bundesgericht, wobei das BSV als Aufsichtsbehörde Abweisung der Beschwerde beantragte; das Bundesgericht hiess die Beschwerde indessen gut.

[42] So Art. 28 Abs. 4 AHVV.

[43] Vgl. BGE 125 V 221.

[44] Dazu Art. 3 Abs. 3 Bst. a AHVG.

[45] Grundsatzentscheid: BGE 130 V 49; Präzisierung des Entscheides in BGE 133 V 201. Das Verwaltungsgericht des Kantons Bern lehnte die strittige Differenzierung mit der Begründung ab, «BGE 130 V 49 lasse für eine Differenzierung […] keinen Raum».

[46] Vgl. BGE 109 V 1 (Verzugszins bei laufendem AHV-Beschwerdeverfahren), 111 V 89 (Verzugszinsen bei Zahlungsaufschub).

[47] Vgl. BGE 102 V 103.

[48] Vgl. BGE 108 V 180. Die bernische Instanz bezog den Vertrauensschutz bei paritätischen AHV-Beiträgen auf den Arbeitgeber- und den Arbeitnehmerbeitrag, während das Bundesgericht ein Splitting vornahm und nur bezogen auf den Arbeitnehmerbeitrag einen Schutz annahm.

6.　Leistungen der Sozialversicherungen

6.1　Fragestellung

Sozialversicherungen werden in der Öffentlichkeit weniger über die Finanzierung als vielmehr über leistungsrechtliche Fragen wahrgenommen. Die einzelnen Sozialversicherungszweige sehen ein überaus breites Leistungsspektrum vor; es geht nicht nur um (Alters-, Invaliden- und Hinterlassenen-) Renten oder um Taggelder, sondern auch um Bestattungsentschädigungen, um Hilfsmittel, um Kapitalhilfen, um den Ersatz von Sachschäden oder um Rettungskosten. Angesichts dieser Ausgangslage haben Gerichte regelmässig weit häufiger Leistungsstreitigkeiten als Unterstellungs- oder Beitragsstreitigkeiten zu beurteilen. Es tritt die Besonderheit hinzu, dass ein Entscheid über eine Leistungsstreitigkeit in analogen Fällen eine präjudizielle Bedeutung hat, was dessen effektives Gewicht erheblich erhöht.[49]

6.2　Entwicklungen (insbesondere beim Risiko Invalidität)

Werden die zahlreichen bundesgerichtlichen Urteile analysiert, bei denen das Verwaltungsgericht des Kantons Bern als Vorinstanz aufgetreten ist, fällt auf, dass insbesondere im Bereich der Invalidität wichtige Entwicklungen auftraten, die von der kantonalen Instanz beeinflusst wurden. Weniger ausgeprägt ist demgegenüber der Bereich der Altersleistungen.

Zunächst ist auf den *Invaliditätsbegriff* einzugehen. Hier wurde schon früh der Grundsatz «Eingliederung vor Rente» konkretisiert; es ging um einen (IV-Rente beziehenden) unverheirateten, etwa 40-jährigen Bauern, der zusammen mit einem behinderten Bruder und seiner 67-jährigen Mutter ein seit Generationen in der Familie befindliches kleines Bauerngut bewirtschaftete und die Tätigkeit jedenfalls noch so lange fortsetzen wollte, bis ein Neffe herangewachsen war; aus gesundheitlichen Gründen war ihm die Fortsetzung dieser Tätigkeit nur eingeschränkt möglich, doch war eine Umschulung in eine andere Tätigkeit nicht ausgeschlossen. Das kantonale Gericht verweigerte die weitere Ausrichtung einer IV-Rente und wies die Sache zur Prüfung einer beruflichen Eingliederung an die IV zurück, was das Bundes-

---

[49]　Beispiel: Wenn das Bundesgericht festlegt, dass bei der Bemessung der lebenspraktischen Begleitung, die im Rahmen der Hilflosigkeitsbestimmung massgebend ist, neben der indirekten Dritthilfe auch die direkte Dritthilfe zu berücksichtigen ist (dazu BGE 133 V 450 E. 10), wirkt sich dies in sämtlichen Sachverhalten mit lebenspraktischer Begleitung aus.

gericht in einem Grundsatzentscheid bestätigte.[50] Es wurde also bereits im Jahr 1973 vom kantonalen Gericht der gegenwärtig gesetzgeberisch geplante[51] Schritt der «Eingliederung aus der Rente» umgesetzt. Dass bei der Frage nach dem Bestehen einer Invalidität insbesondere zu berücksichtigen ist, ob «bei Aufbietung allen guten Willens» Arbeit in ausreichendem Masse verrichtet werden kann, wurde vom Bundesgericht im Jahr 1976 festgehalten, nachdem sich die bernische Vorinstanz bereits mit dieser Frage auseinanderzusetzen hatte.[52] Damit wurde auf ein Begriffselement – die Zumutbarkeit – zurückgegriffen,[53] welches in der neueren Rechtsprechung zur Invalidität wiederum eine besondere Bedeutung erhalten hat. Diese neuere Rechtsprechung (zur somatoformen Schmerzstörung) wurde zudem wiederum von den Instanzen des Kantons Bern eingeleitet; das Verwaltungsgericht des Kantons Bern wich nämlich von einer gutachterlichen Festlegung einer Arbeitsunfähigkeit mit der Begründung ab, die festgestellte anhaltende somatoforme Schmerzstörung könne nicht zu einer rentenbegründenden Invalidität führen, was vom Bundesgericht bestätigt wurde.[54] Ebenfalls war das Verwaltungsgericht des Kantons Bern als Vorinstanz beteiligt, als in der Folge bundesgerichtlich festgelegt wurde, dass die Annahme eines Gesundheitsschadens im entsprechenden psychiatrischen Gutachten eine Diagnose voraussetze (bezogen auf die somatoforme Schmerzstörung).[55] – Schliesslich ist darauf hinzuweisen, dass das Bundesgericht einer bernischen Besonderheit ein Ende setzte, nämlich der Verweigerung einer IV-Rente, wenn ein behandelbares psychisches Leiden bestand.[56]

Zentrale Bedeutung erhielt die Rechtsprechung des bernischen Verwaltungsgerichts bei Fragen nach dem *Invaliditätsgrad*. Dies betrifft zunächst

---

[50] Vgl. BGE 100 V 187.

[51] Vgl. dazu CHSS 2009 S. 230 ff.

[52] Vgl. BGE 102 V 165 S. 166 f.

[53] Vgl. BGE 102 V 165 S. 167: «Dabei kommt es darauf an, welche Tätigkeit ihm *zugemutet* (Hervorhebung im Original) werden kann.»

[54] Vgl. BGE 130 V 352; damit war die für die weitere Entwicklung des Invaliditätsbegriffs überaus massgebende Rechtsprechung zur somatoformen Schmerzstörung begründet worden.

[55] Vgl. BGE 130 V 396.

[56] Dazu BGE 127 V 294. – In den meisten anderen Kantonen bestand seit je eine andere Praxis; das Bundesgericht stellte «die bisherige uneinheitliche Rechtsprechung in dem Sinne klar […], dass die Behandelbarkeit einer psychischen Störung, für sich allein betrachtet, nichts über deren invalidisierenden Charakter aussagt» (BGE 127 V 294 E. 4c).

das Vorgehen bei einem Statuswechsel. So stellte sich im Jahr 1972 die Frage, wie bei der Bestimmung einer Invalidität vorzugehen ist, wenn die Ehe einer gesundheitlich eingeschränkten, bisher im Haushalt tätigen Frau getrennt wird; die bernische Instanz hielt dafür, dass darauf abzustellen sei, was die betreffende Frau ohne Invalidität tun würde, und beantwortete dies damit, «dass einer verheirateten Frau, die keinem Erwerb nachging, nicht zugemutet werden kann, dass sie von der Aufgabe der ehelichen Gemeinschaft an eine solche Tätigkeit aufnehme», was das Bundesgericht – in Übernahme der entsprechenden Fragestellung – gegenteilig entschied.[57] – Dass die Bestimmung des Invaliditätsgrades insbesondere bei Selbstständigerwerbenden erhebliche Probleme aufwerfen kann, zeigte sich bei einem «Inhaber einer Landesproduktefirma», welche insbesondere mit Sauerkraut handelte; bei ihm konnte nicht auf die Geschäftsbücher abgestellt werden, sodass das ausserordentliche Bemessungsverfahren anzuwenden war (erwerblich gewichteter Betätigungsvergleich).[58] – Es war das Verwaltungsgericht des Kantons Bern, welches die Rechtsprechung zur rechnerisch exakten Festlegung des Invaliditätsgrades prägte; nach heutiger Rechtsprechung ist eine Aufrundung oder Abrundung auf die nächste ganze Prozentzahl vorzunehmen.[59] – Schliesslich war es die heikle Frage nach dem Invaliditätsgrad bei *Teilerwerbstätigkeit,* bei welcher das Verwaltungsgericht wichtige Entwicklungen einleitete. Wie ist der Invaliditätsgrad zu bestimmen, wenn eine (bereits) teilinvalide Person einen Unfall erleidet?[60] Wie ist es zu beurteilen, wenn die teilerwerbstätige Person neben dem Erwerb nicht in einem anerkannten Aufgabenbereich (d.h. etwa der Haushaltführung) tätig ist (son-

---

[57] Vgl. BGE 98 V 262. – Vgl. auch BGE 98 V 265, wo – ebenfalls ausgehend vom Kanton Bern – zu klären war, wie sich die Verheiratung auf eine gesundheitlich eingeschränkte Frau auswirkt, soweit es sich um die Feststellung des Invaliditätsgrades handelt. In beiden Entscheiden zeigt sich eine gesellschaftlich konservative Haltung der kantonalen Instanz, welche vom insoweit fortschrittlicheren Bundesgericht korrigiert wurde.

[58] Vgl. BGE 105 V 151.

[59] Im konkreten Fall rundete das Verwaltungsgericht des Kantons Bern (in der Unfallversicherung) den Invaliditätsgrad von 19,05 % auf 19 % ab und wich damit von der damals feststehenden Bundesgerichtspraxis ab (vgl. zu dieser BGE 127 V 129); das Bundesgericht änderte in der Folge seine Rechtsprechung und übernahm die bernische Auffassung (vgl. BGE 130 V 121).

[60] Dazu BGE 105 V 205: Der zu 50 % invalide Willy Schaller erlitt einen Unfall, weshalb er die noch ausgeübte Tätigkeit von 50 % nur noch zu 30 % weiterführen konnte; der für die Unfallversicherung massgebenden Invaliditätsgrad liegt bei 40 % (prozentualer Rückgang von 50 % auf 30 %).

dern beispielsweise Sport treibt)?[61] Hat das In-Kraft-Treten des ATSG am 1. Januar 2003 die Massgeblichkeit der sog. gemischten Methode zur Invaliditätsgradbestimmung beeinflusst?[62] Ergeben sich Wechselwirkungen zwischen Erwerbsbereich und Aufgabenbereich, wenn die gemischte Methode zur Bestimmung des Invaliditätsgrades herangezogen wird?[63]

Wichtigste Entwicklungen leitete das Verwaltungsgericht sodann im Bereich der *Kausalitätsdiskussion* ein. Wie den nachstehenden Hinweisen zu entnehmen ist, ging die gesamte (bis in die Gegenwart massgebende) bundesgerichtliche Rechtsprechung von Entscheiden des Berner Verwaltungsgerichts aus. Es geht dabei regelmässig um unfallversicherungsrechtliche Fragestellungen, bei denen dem Nachweis der (natürlichen und adäquaten) Kausalität hohe Bedeutung zukommt.[64] Dabei ist im Ausgangspunkt entscheidend, dass der Unfall mit dem im Sozialversicherungsrecht massgebenden Beweisgrad der überwiegenden Wahrscheinlichkeit nachgewiesen ist.[65] In der Folge ist zunächst zu beantworten, ob zwischen diesem Unfallereignis und der massgebenden gesundheitlichen Einschränkung ein natürlicher Kausalzusammenhang besteht.[66] Dies bedarf gegebenenfalls gründlicher Abklärung.[67] Es tritt die Frage nach dem adäquaten Kausalzusammenhang

---

[61] Dazu BGE 131 V 51. Das Bundesgericht wendet bei solchen Ausgangslagen nicht die gemischte Methode nach Art. 28a Abs. 3 IVG an, sondern stellt ausschliesslich auf einen Einkommensvergleich ab. Damit werden in der Mehrheit der Sachverhalte diejenigen Personen, welche in einem anerkannten Aufgabenbereich tätig sind (d.h. im Haushalt, in der Kindererziehung etc.), schlechter gestellt als diejenigen, die sich einem nicht anerkannten Aufgabenbereich (Sport, Müssiggang, Opernbesuch etc.) zuwenden.

[62] Dazu BGE 130 V 393, wo die Frage – wohl mit der Vorinstanz – verneint wird.

[63] Dazu BGE 134 V 9. Das Bundesgericht beugte sich in einer Sitzung der vereinigten sozialrechtlichen Abteilungen über die Frage (vgl. BGE 134 V 12) und entwickelte eine Rechtsprechung, die in der Praxis angesichts ihrer Komplexität nicht anwendbar ist und nicht weiter angewendet wird.

[64] Vgl. dazu allgemein *Thomas Ackermann,* Kausalität, in: René Schaffhauser / Ueli Kieser (Hrsg.), Unfall und Unfallversicherung, St. Gallen 2009, S. 29 ff.

[65] Dazu BGE 103 V 175, wo in allgemeiner Weise die Anforderungen an den Unfallnachweis umschrieben werden.

[66] Dazu BGE 119 V 335. Es ging in diesem Leitentscheid um den natürlichen Kausalzusammenhang bei einem Schleudertrauma der Halswirbelsäule.

[67] Dazu etwa BGE 119 V 337, woraus zu entnehmen ist, dass das Verwaltungsgericht des Kantons Bern bei geltend gemachten Nackenbeschwerden folgende Abklärungsmassnahmen vornahm: Befragung zweier Zeugen, Einholen einer medizinischen Expertise, Einholen eines ergänzenden Berichts zur Expertise, Anfragen bei einem Psychiater.

hinzu; diese Klärung stellt eine rechtliche Frage dar und wirft bei psychischen Unfallfolgen Probleme auf; die bundesgerichtliche Rechtsprechung legte – bei der Beurteilung eines Entscheides der Berner Vorinstanz – in einem bis in die Gegenwart zentralen Leitentscheid aus dem Jahr 1989 fest, dass eine Dreiteilung der Unfälle vorzunehmen ist und dass die Einordnung des konkreten Unfalls in eine dieser Kategorien massgebende Auswirkungen auf die Beantwortung der Kausalitätsfrage hat.[68] Diese besondere Rechtsprechung gilt auch, wenn im Zusammenhang mit einem Schleudertrauma der Halswirbelsäule die entsprechenden Beeinträchtigungen im Vergleich zur psychischen Entwicklung ganz in den Hintergrund getreten sind.[69] – Was die Adäquanz bei einem Schleudertrauma der Halswirbelsäule betrifft, nahm das Verwaltungsgericht des Kantons Bern in einem Grundsatzentscheid an, es entfalle hier – wie bei somatischen Unfallfolgen[70] – die Notwendigkeit einer separaten Adäquanzprüfung;[71] damit wäre eine überaus zentrale (und an sich überzeugende) Festlegung vorgenommen worden. Indessen hielt das Bundesgericht dafür, dass die Adäquanz als «Wertungselement» mit sich bringe, dass die entsprechende Prüfung grundsätzlich in jedem Fall vorzunehmen sei.[72] An dieser Auffassung hielt das Bundesgericht trotz Kritik in der Folge fest.[73]

7. Koordinationsrechtliche Aspekte

7.1 Fragestellung

Koordinationsrechtliche Auseinandersetzungen ergeben sich im Sozialversicherungsrecht deshalb, weil es für die heutige Ausgestaltung dieses Rechtsbereichs kennzeichnend ist, dass dieselbe Leistungsart durch verschiedene

---

[68] Vgl. BGE 115 V 133, der im Unfallversicherungsbereich wohl der zentralste Entscheid der letzten zwanzig Jahre ist. Leider ist den publizierten Erwägungen nicht zu entnehmen, ob die Vorinstanz ihrerseits entsprechende Überlegungen vornahm; jedenfalls verneinte sie – wie das Bundesgericht – im konkreten Fall die Adäquanz.

[69] Vgl. BGE 123 V 98 E. 2, in Bestätigung des Entscheides des Verwaltungsgerichts des Kantons Bern.

[70] Vgl. BGE 117 V 365.

[71] Vgl. BGE 122 V 416.

[72] Vgl. BGE 122 V 415 E. 2c. Wiederaufnahme der Argumentation in BGE 123 V 98 E. 3b.

[73] Vgl. BGE 123 V 98 E. 3; das Bundesgericht schützte den vorinstanzlichen Entscheid, der sich an die Festlegungen gemäss BGE 122 V 415 E. 2c hielt.

Sozialversicherungszweige gewährt wird. So werden beispielsweise Hinterlassenenrenten von den Zweigen AHV, Berufliche Vorsorge, Unfallversicherung sowie Militärversicherung ausgerichtet. Pflegeleistungen können zulasten der Unfall-, der Kranken-, der Militär- oder allenfalls der Invalidenversicherung gehen. Es kommt hinzu, dass Art. 69 ATSG eine generelle Überentschädigungsregelung enthält und darin eine Überentschädigung ausschliesst. Schliesslich wirkt sich beim Koordinationsrecht in besonderer Weise aus, dass der Gesetzgeber es bisher unterlassen hat, ein kohärentes, gegenseitig abgestimmtes Leistungssystem aufzustellen; dies zeigt sich etwa am Beispiel der Frage, bis zu welchem Lebensalter die jeweilige Sozialversicherung die Invalidenrente zu gewähren hat.[74]

7.2 Entwicklungen

Werden die koordinationsrechtlichen Urteile des Bundesgerichts durchgesehen, welche im Nachgang zu Entscheiden der bernischen Instanzen ergingen, fällt eine Konzentration auf die Frage auf, wie intersystemisch[75] die Ermittlung des *Invaliditätsgrades* zu koordinieren ist.[76] Dabei geht es zunächst um die Frage, ob ein Rechtsschutzinteresse daran besteht, dass in einem einzelnen Sozialversicherungszweig der Invaliditätsgrad prozentexakt festgelegt wird, obschon dies für den betreffenden Sozialversicherungszweig keine praktische Auswirkung hat.[77] In einem nächsten Schritt war in der

---

[74] Es geht um die Frage, ob die Invalidenrente beim Erreichen der Altersgrenze durch eine Altersrente abgelöst wird (so die Lösung in den Zweigen IV und MV; ein solches System kann auch durch die weitergehende berufliche Vorsorge eingeführt werden) oder nicht (so die Lösung in den Zweigen der obligatorischen beruflichen Vorsorge und der Unfallversicherung). Daraus ergeben sich offensichtlich erhebliche Anwendungsprobleme bei einer Leistungskoordination (dazu BGE 135 V 29 und 33).

[75] In der sozialversicherungsrechtlichen Koordination wird allgemein unterschieden zwischen der intrasystemischen Koordination (d.h. der Koordination innerhalb eines Sozialversicherungszweiges), der intersystemischen Koordination (derjenigen zwischen einzelnen Sozialversicherungszweigen) und der extrasystemischen Koordination (derjenigen zwischen der Sozialversicherung und sonstigen Schadenausgleichssystemen). Diese Kategorisierung ist geprägt von *Thomas Locher* (Anm. 14), S. 389 f.

[76] Eingehend dazu *Jürg Scheidegger,* Die Koordination der Invaliditätsschätzungen der verschiedenen Sozialversicherungszweige, in: René Schaffhauser / Franz Schlauri (Hrsg.), Aktuelle Rechtsfragen der Sozialversicherungspraxis, St. Gallen 2001, S. 61 ff.; *ders.,* Der einheitliche Invaliditätsgrad, in: René Schaffhauser / Ueli Kieser (Hrsg.), Sozialversicherungsrechtliche Koordination, St. Gallen 2006, S. 67 ff.

[77] Vgl. BGE 115 V 416.

Rechtsprechung zu beurteilen, ob allfällige Bindungswirkungen im Verhältnis IV / Unfallversicherung bestehen.[78] Die zentrale Entwicklung ergab sich in der Folge im Jahr 2000, als das Bundesgericht die Bindungswirkungen rechtskräftiger Invaliditätsschätzungen in der intersystemischen Koordination relativierte.[79] Liegt ein Invaliditätsentscheid vor, hat ihn die andere Sozialversicherung aber immerhin massgebend mitzuberücksichtigen; dass der betreffende Invaliditätsgrad im ausserordentlichen Bemessungsverfahren der IV ermittelt wurde, ändert daran nichts.[80] Diese Relativierung der Bindungswirkung bezieht sich freilich nicht auf die Verhältnisse IV / berufliche Vorsorge, wo das Bundesgericht eine Bindung nach wie vor bejaht.[81] Dabei ist aber immerhin vorausgesetzt, dass die Vorsorgeeinrichtung in rechtlich zutreffender Weise in das Verfahren der IV-Stelle einbezogen wurde.[82]

Für das Zusammenfallen von IV-/AHV-Renten einerseits und von Renten der Unfallversicherungen anderseits gilt eine besondere Koordinationstechnik, indem die Unfallversicherung eine *Komplementärrente* ausrichtet. Das Bundesgericht ergriff die Gelegenheit und klärte zwei Parallelfragen zugleich, nämlich die Koordination von Invalidenrenten und diejenige von Hinterlassenenrenten.[83] Dabei folgte das Bundesgericht in beiden Fällen den Grundsatzentscheiden der bernischen Vorinstanz nicht und hiess die – je von Unfallversicherern erhobenen – Beschwerden gut. Die kantonale Instanz entfernte sich in beiden Sachverhalten von der verordnungsmässigen Regelung und stützte sich auf eine richterrechtlich geschaffene Grundlage ab; dem hielt das Bundesgericht entgegen, dass zwar die Verordnung Mängel

---

[78] Dazu BGE 119 V 468, wo – in Bestätigung eines Entscheides des Berner Verwaltungsgerichts – die langjährige Rechtsprechung aufgegeben wurde, wonach den Invaliditätsfestlegungen der SUVA gegenüber der IV ein Vorrang zukommt.

[79] Vgl. BGE 126 V 288. Im konkreten Fall hatte das Verwaltungsgericht des Kantons Bern die Bindung an den festgelegten Invaliditätsgrad in der Unfallversicherung verneint (und für die IV einen tieferen Invaliditätsgrad eruiert); das Bundesgericht nahm aber – trotz prinzipiell bestätigter Relativität der Bindung – an, dass im konkreten Fall vom feststehenden Invaliditätsgrad der Unfallversicherung nicht abgewichen werden dürfe.

[80] Dazu BGE 131 V 129.

[81] Dazu der Leitentscheid BGE 126 V 308, mit dem ein Entscheid des Verwaltungsgerichts des Kantons Bern bestätigt wurde.

[82] Dazu BGE 132 V 1. Das Bundesgericht bestätigte im Ergebnis den Entscheid des Verwaltungsgerichts des Kantons Bern, welches auf eine nachträglich erhobene Beschwerde der Vorsorgeeinrichtung gegen den Entscheid der IV-Stelle nicht eintrat.

[83] Vgl. BGE 115 V 266 bzw. BGE 115 V 275; zur gesetzlichen Grundlage vgl. Art. 20 Abs. 2 bzw. Art. 31 Abs. 4 UVG.

aufzeige,[84] dass es indessen Sache der Rechtsetzung sei, diese zu beheben.[85]

Koordinationsrechtlich ist der Umgang mit *Überentschädigungen* besonders heikel zu bewältigen, was wesentlich mit schwierig anzuwendenden Rechtsgrundlagen zusammenhängt.[86] Hier suchte das Verwaltungsgericht – in einer Reihe von älteren Entscheiden – sachbezogene Lösungen. Es ging um eine geltend gemachte Überentschädigung bei einem Spitalaufenthalt,[87] beim Zusammenfallen von IV-Rente und Krankentaggeld,[88] beim Krankentaggeld für im Haushalt tätige Personen[89] und beim Krankentaggeld während der Mutterschaft.[90] Beizufügen ist, dass alle genannten Beschwerdefälle versicherte Frauen betrafen und dass in drei Fällen die Versicherung Beschwerde erhob (wobei in zwei Fällen eine Gutheissung erfolgte).

8. Sozialversicherungsrechtliches Verfahren

8.1 Fragestellung

Wichtige Sozialversicherungszweige sind als Volksversicherung ausgestaltet und in den übrigen Zweigen sind jedenfalls die Unselbstständigerwerbenden unterstellt. Die Zahl der versicherten Personen ist deshalb im Sozialversicherungsbereich überaus hoch und es ergeben sich in quantitativer Hinsicht viele strittige Verfahren, wobei zudem oft existenzsichernde Leistungen betroffen sind, was das Bedürfnis nach einer zutreffenden Entscheidung zusätz-

---

[84] Dazu etwa BGE 115 V 283, wo das Bundesgericht elegant ausführte, es möge die «Berechnung der Komplementärrente wohl bisweilen als unbefriedigend erscheinen». Kritisch zum System der Komplementärrenten insgesamt *Locher* (Anm. 14), S. 396, der ausführt, dass die entsprechende «tiefere Ansetzung der Grenze der Überentschädigung […] sich mit sachbezogenen Gründen nicht rechtfertigen» lässt.

[85] Vgl. BGE 115 V 274 E. 3b/cc (beizufügen ist, dass das BSV sich in seiner Stellungnahme zur Beschwerde grundsätzlich der vorinstanzlichen Lösung anschloss).

[86] Vgl. aus dem geltenden Recht insbesondere Art. 69 ATSG, wo in Abs. 1 das Kongruenzprinzip verankert ist, während die in Abs. 2 geregelte Überentschädigungsgrenze offensichtlich dem Globalprinzip folgt.

[87] Vgl. BGE 105 V 198.

[88] Vgl. BGE 105 V 288.

[89] Vgl. BGE 110 V 318; hier berief sich die Versicherte auf BGE 108 II 434, wo im Rahmen eines Haftpflichtanspruchs bei der Einbusse in der Haushaltführung vom Bestehen eines normativen Schadens ausgegangen wird. Das Bundesgericht lehnte die Übernahme dieser Rechtsprechung in das Sozialversicherungsrecht ab.

[90] Vgl. BGE 112 V 195.

lich erhöht. Gerichtsverfahren sind im Sozialversicherungsrecht als «einfache und rasche Verfahren» durchzuführen;[91] der Gesetzgeber ging hier von der Vorstellung aus, dass eine Rechtsvertretung grundsätzlich nicht notwendig sein soll.[92] In den sozialversicherungsrechtlichen Verfahren gelten die allgemeinen verwaltungsrechtlichen Grundsätze wie das Untersuchungsprinzip oder der Anspruch auf rechtliches Gehör.[93] Bei alledem ist gelegentlich strittig, ob allfällige Besonderheiten des Sozialversicherungsrechts zu einer bestimmten Ausprägung solcher Grundsätze führen sollen.[94]

8.2 Entwicklungen

8.2.1 Grundfragen, insbesondere rechtliches Gehör

Die Rechtsprechung des Verwaltungsgerichts des Kantons Bern klärte gerade bei verfahrensrechtlichen Problemen zentrale Fragen und scheute sich zuweilen nicht, eine bestehende Praxis zu überprüfen und gegebenenfalls von ihr abzuweichen. Damit trug das Gericht Wesentliches bei zur Akzeptanz der materiellrechtlichen Urteile; die Gewissheit, dass in verfahrensmässig überzeugender Weise ein Urteil ausgearbeitet und erlassen wurde, ist nämlich oft massgebend für die Frage, ob die Parteien ein Urteil akzeptieren oder nicht.[95] Es lassen sich aber auch Entwicklungen feststellen, wo es nicht die kantonale Instanz, sondern das Bundesgericht war, welches die massgebenden Überprüfungen einleitete.

Wichtige Entscheide sind zum Anspruch auf rechtliches Gehör zu verzeichnen.[96] – Wesentlichen Teilgehalt dieses Anspruchs bildet die Aktenein-

---

[91] Vgl. Art. 61 Bst. a ATSG.

[92] Dazu *Ueli Kieser,* ATSG-Kommentar, 2. Aufl. Zürich etc. 2009, Art. 61 N. 24.

[93] Vgl. Art. 42 f. ATSG.

[94] Beispiel: Im Sozialversicherungsrecht gilt der – zunächst durch die Rechtsprechung entwickelte (vgl. BGE 125 V 383) – Grundsatz der jederzeitigen Wiedererwägungsmöglichkeit der Verwaltungsverfügung (dazu Art. 53 Abs. 2 ATSG); es stellt sich die Frage, ob damit eine vom allgemeinen Begriff der Wiedererwägung abweichende Umschreibung besteht (dazu insbesondere *Peter Saladin,* Wiedererwägung und Widerruf formell rechtskräftiger Verfügungen. Die Rechtsprechung des Eidgenössischen Versicherungsgerichts im Vergleich zur Praxis des Bundesgerichts in Lausanne, in: Festschrift 75 Jahre Eidgenössisches Versicherungsgericht, Bern 1992, S. 113 ff.).

[95] Vgl. zum Zusammenhang zwischen Verfahrensrechtsgewährung und Akzeptanz etwa BGE 133 V 449 mit Hinweis auf *Thomas Merkli / Arthur Aeschlimann / Ruth Herzog,* Kommentar zum Gesetz vom 23. Mai 1989 über die Verwaltungsrechtspflege des Kantons Bern (VRPG), Bern 1997, Art. 19 N. 25.

[96] Dazu *Jürg Scheidegger,* Die Bestimmungen des bernischen VRPG über das rechtliche Gehör im sozialversicherungsrechtlichen Verwaltungsverfahren, BVR 1992 S. 360 ff.;

sicht; hier war es das Bundesgericht, welches festlegte, dass – freilich datenschutzrechtlich begründet – Kopien auch der nicht anwaltlich vertretenen Partei zuzustellen sind.[97] Bei leichten Gehörsverletzungen besteht eine Heilungsmöglichkeit. Wenn ein Sozialversicherungsträger die Akteneinsicht nicht gewährt und diese in der Folge beim kantonalen Gericht verlangt wird, ist es Sache des Gerichts, die Einsicht zu ermöglichen.[98] – Die Gehörsgewährung kann – anders als die Sachverhaltsabklärung – gestützt auf Art. 42 Satz 2 ATSG in das Einspracheverfahren verlegt werden.[99] – Verschiedentlich waren schliesslich Fragen im Zusammenhang mit Begutachtungen zu klären; so ging es um den Anspruch, Ergänzungsfragen zu stellen,[100] oder um die (notwendige) Beteiligung der versicherten Person an nachträglichen Rückfragen an die sachverständige Person.[101]

8.2.2 Wiedererwägung der Verwaltungsverfügung

Die Wiedererwägung der rechtskräftigen Verwaltungsverfügung hat im Sozialversicherungsrecht eine erhebliche praktische Bedeutung. Dabei hat die sozialversicherungsrechtliche Rechtsprechung den allgemeinen Rechtsgrundsatz der Wiedererwägungsmöglichkeit geschaffen, bevor diese in der

---

Ulrich Zimmerli, Zum rechtlichen Gehör im sozialversicherungsrechtlichen Verfahren, in: Festschrift 75 Jahre Eidgenössisches Versicherungsgericht (Anm. 94), S. 313 ff. – Grundlegend im übrigen BGE 109 V 224 zum Verhältnis zwischen innerstaatlichem Recht und staatsvertraglicher Ordnung (wobei sich aus letzterer der Anspruch ergab, im Kanton Bern eine in italienischer Sprache abgefasste Beschwerde einreichen zu können).

[97] Dazu BGE 127 V 219.

[98] Das Bundesgericht nahm – freilich ohne letztlich überzeugende Begründung (dazu BGE 132 V 387 E. 4.2 S. 390 unten) – eine leichte Gehörsverletzung an. Strenger war das Verwaltungsgericht des Kantons Bern, welches die Sache an den Versicherungsträger zurückwies, um die Akteneinsicht nachzuholen; dieses Vorgehen wurde vom Bundesgericht nicht geschützt.

[99] Dazu BGE 132 V 368; leider ist dem Entscheid nicht zu entnehmen, welchen Entscheid die bernische Vorinstanz diesbezüglich getroffen hat. Zu den Besonderheiten in der IV, wo kein Einspracheverfahren, sondern – gegebenenfalls – ein Vorbescheidsverfahren durchzuführen ist, vgl. BGE 134 V 97 E. 2, wo das Bundesgericht – anders als die bernische Vorinstanz – annahm, es sei die Durchführung des Vorbescheidsverfahrens nicht vorgeschrieben, und in der Folge eine Gehörsverletzung prüfte.

[100] Dazu BGE 133 V 446.

[101] Das Bundesgericht bejahte entgegen dem Verwaltungsgericht des Kantons Bern eine Gehörsverletzung; vgl. BGE 119 V 208.

Folge ausdrücklich normiert wurde.[102] Besondere Bedeutung kommt hier der Frage zu, ob jeweils eine Abwägung zwischen den Interessen des Versicherungsträgers und denjenigen der versicherten Person zu erfolgen hat; dies war in der früheren Rechtsprechung des Bundesgerichts gelegentlich erkennbar und wurde auch in der Lehre diskutiert.[103] Diese Entwicklung des Institutes der Wiedererwägung spiegelt sich auch in der bundesgerichtlichen Rechtsprechung, welche sich dabei auf Entscheide des Verwaltungsgerichts des Kantons Bern bezog. Das Bundesgericht hatte etwa zu klären, ob die Wiedererwägung rückwirkend oder lediglich für die Zukunft erfolgen soll.[104] Sodann war zu beantworten, wie diesbezüglich mit faktischen Verfügungen umzugehen ist.[105]

8.2.3 Kosten und Entschädigungen

Die bernische Sozialversicherungsrechtsprechung hat in prägender Weise die Rechtsprechung zum Anspruch auf unentgeltliche Rechtsvertretung im Verwaltungsverfahren entwickelt. Dabei liess sich das kantonale Gericht leiten vom Grundsatz der Waffengleichheit, von der zunehmenden Komplexität des Verwaltungsrechts sowie vom Bedürfnis nach anwaltlicher Vertretung auch bei Sachverhaltsabklärung von Amtes wegen.[106] Das Bundes-

---

[102] Vgl. BGE 125 V 283; zur gesetzlichen Grundlage vgl. Art. 53 Abs. 2 ATSG. Vgl. zu allfälligen Unterschieden zwischen der Luzerner und der Lausanner Rechtsprechung *Saladin* (Anm. 94), S. 113 ff.

[103] Dazu die Hinweise bei *Saladin* (Anm. 94), S. 134 ff. – Interessant diesbezüglich die Entwicklung in den einzelnen Auflagen des Grundlagenwerkes von Thomas Locher; während in der 1. Auflage des Werkes die Frage intensiv besprochen wurde, wurde die Frage in späteren Auflagen nicht mehr thematisiert, und es wird in der neuesten Auflage vermerkt, dass wegen der gesetzgeberischen Entwicklung (In-Kraft-Treten von Art. 53 ATSG) «die in der Lehre diskutierten Vorschläge für eine andere Ausgestaltung des Institutes nicht mehr aktuell» sind (vgl. *Locher* [Anm. 14], S. 469).

[104] Dazu BGE 107 V 36. Das Bundesgericht entschied entgegen der bernischen Vorinstanz, dass diese Frage nicht rein formell unter Berücksichtigung, ob der Tatbestand in den Zuständigkeitsbereich einer AHV-Behörde (rückwirkende Korrektur) oder einer IV-Behörde fällt (Korrektur nur für die Zukunft), geklärt werden kann. Freilich war in der Folge eine Präzisierung der Rechtsprechung notwendig (dazu BGE 110 V 298), weil ein bernisches Urteil zeigte, dass diesbezüglich nach wie vor Unklarheiten bestanden.

[105] Dazu BGE 129 V 110. Das Bundesgericht verschärfte die Rückkommensvoraussetzungen gegenüber der bernischen Rechtsprechung: Auch bei faktischen Verfügungen kann nur während eines Zeitraumes, welcher der Rechtsmittelfrist bei formellen Verfügungen entspricht, voraussetzungslos auf den Entscheid zurückgekommen werden.

[106] Vgl. die Zusammenfassung der Erwägungen der bernischen Vorinstanz in BGE 114 V 228 E. 4c.

gericht folgte dieser grundlegenden Praxisänderung, welche das kantonale Gericht eingeleitet hatte.[107] Damit war freilich – was das Verwaltungsgericht des Kantons Bern und das Bundesgericht übereinstimmend beurteilten – nicht verbunden, dass im Einspracheverfahren bei Obsiegen der Anspruch auf eine Parteientschädigung besteht.[108] – Dass die Kostenfreiheit des sozialversicherungsrechtlichen Gerichtsverfahrens «ein tragendes Prinzip des Sozialversicherungsprozesses [ist], das der oft sozial schwachen Partei die Möglichkeit [des gerichtlichen Vorgehens] einräumen will», betonte das Bundesgericht besonders und änderte eine durch das Verwaltungsgericht des Kantons Bern entwickelte Praxis, wonach im Berufsvorsorgerecht der obsiegenden Vorsorgeeinrichtung zulasten der klagenden versicherten Person eine Parteientschädigung zugesprochen werden kann.[109]

9. Einige Ergebnisse

Die kantonale Rechtsprechung ist in der Lage, gesellschaftliche Entwicklungen rasch zu erfassen. Deshalb gehört es gerade auch zu den Aufgaben der kantonalen Rechtsprechung, gegebenenfalls eine Weiterentwicklung einer bereits feststehenden bisherigen Praxis einzuleiten und die bundesgerichtliche Rechtsprechung insoweit immer wieder auch auf ihre weitere Massgeblichkeit hin zu überprüfen. Nicht immer werden dabei alle massgebenden Fragen umgehend zu beantworten sein; als Beispiel dafür ist das auch heute noch heikle Dreiecksverhältnis Sozialversicherungsträger / Leistungserbringer bzw. Leistungserbringerin / versicherte Person zu nennen.[110]

---

[107] Vgl. BGE 114 V 228. Der bundesgerichtliche Entscheid bildete Anlass für die Ausarbeitung von Art. 37 Abs. 4 ATSG, wo – prinzipiell für das gesamte Verwaltungsverfahren – der Anspruch auf unentgeltliche Vertretung statuiert wird (vgl. dazu *Locher* [Anm. 14], S. 455).

[108] Vgl. BGE 117 V 401.

[109] Dazu BGE 126 V 143 E. 4. – Den Erwägungen des Bundesgerichts kann nicht entnommen werden, wie der vorinstanzliche Entscheid begründet war. – Vgl. zum Anspruch auf Parteientschädigung auch BGE 129 V 113 E. 4 (Anspruch des Willensvollstreckers auf Parteientschädigung; Verneinung des Anspruchs durch das bernische Verwaltungsgericht; Bejahung des Anspruchs durch das Bundesgericht). Vgl. auch etwa Urteil des Bundesgerichts vom 26. Juni 2007, I 42/06, E. 6.3, wo das bernische Verwaltungsgericht eine mutwillige Prozessführung annahm und deshalb Verfahrens-kosten auferlegte, während das Bundesgericht annahm, dies sei deshalb ausgeschlossen, weil die verfochtene Auffassung immerhin «von gewissen Autoren» vertreten werde.

[110] Dazu BGE 100 V 178.

Die Durchsicht der rund 250 Urteile, die in der Amtlichen Sammlung veröffentlicht wurden und bei denen das Verwaltungsgericht bzw. Versicherungsgericht des Kantons Bern als Vorinstanz entschieden hatte, zeigt die Selbstständigkeit dieser kantonalen Instanz. Es ist ihr gelungen, zentrale Entwicklungen einzuleiten.[111] Dabei verhielt es sich zuweilen so, dass eine Entwicklung über mehrere Jahre hinweg erfolgte; dies ergab sich etwa bei der Frage nach dem einheitlichen Invaliditätsgrad in der Sozialversicherung oder bei der Entwicklung der Rechtsprechung zum Kausalzusammenhang[112] – zwei Bereiche, in denen die bernische Vorinstanz massgebende Entwicklungen einleitete und über lange Zeit hinweg beeinflusste. Manche Urteile zeugen von der Entschlossenheit des Verwaltungsgerichts, auftretende Fragen unbefangen zu klären und sich nicht unnötig an die bisherige Praxis zu klammern. In einer Reihe von Fällen – freilich nicht immer[113] – gelang es dem bernischen Gericht, das Bundesgericht von der Richtigkeit der kantonalen Entscheidung zu überzeugen; als Beispiel zu erwähnen ist etwa das Herausarbeiten der Voraussetzungen für die Vornahme einer Betreuungsgutschrift in der AHV.[114] Zuweilen – wohl etwas vermehrt in jüngerer Zeit – tritt hervor, dass das Verwaltungsgericht recht zurückhaltend ist beim unbefangenen Umgang mit der bundesgerichtlichen Rechtsprechung[115], wenn es ihm auch so durchaus noch gelingen kann, Entwicklungen der Rechtsprechung zu bewirken.[116]

Das Verwaltungsgericht des Kantons Bern hat in seiner langjährigen Tätigkeit gezeigt, dass ein kantonales Gericht einen wichtigen Rechtsbereich

---

[111] Prägnantes Beispiel dafür bildet die Rechtsprechung zur AHV-rechtlichen Erfassung des Konkubinats; dazu Abschnitt 4.2. Entsprechendes gilt für die Rechtsprechung zum Anspruch auf unentgeltliche Vertretung im Verwaltungsverfahren; dazu Abschnitt 8.2.3.

[112] Dazu Abschnitte 7.2. bzw. 6.2.

[113] Besonders prägnant waren hier die Versuche der bernischen Instanz, die Berechnung der unfallversicherungsrechtlichen Komplementärrenten zu bestimmen; dazu Abschnitt 7.2 (bei Anm. 83).

[114] Dazu BGE 127 V 113.

[115] Vgl. als Beispiele etwa BGE 127 V 294 betreffend IV-Rentenanspruch bei Behandelbarkeit einer psychischen Störung, 133 V 42 betreffend Beginn des Anspruchs auf eine Hilflosenentschädigung der UV, 133 V 201 (betreffend Beitragspflicht nichterwerbstätiger Personen; das Verwaltungsgericht hielt fest, «BGE 130 V 49 lasse für eine Differenzierung [...] keinen Raum», worauf das Bundesgericht eine Praxispräzisierung vornahm.

[116] Prägnantes Beispiel: BGE 125 V 206; dazu Abschnitt 4.2.

– das Sozialversicherungsrecht – prägen und entwickeln kann. Zusammen mit dem Bundesgericht hat dieses kantonale Gericht einen zentralen Beitrag zum heutigen Stand der Sozialversicherungen erbracht. Dem Gericht ist zu wünschen, dass es auch weiterhin über diejenigen Persönlichkeiten verfügen kann, welche Gewähr bieten, diese so wichtige Aufgabe zu erfüllen.

Die bernische Verwaltungsrechtspflege im Jahr 2009 – Ein Rück- und Ausblick

Michel Daum

Inhaltsverzeichnis

1. Einleitung

Das geltende Verwaltungsrechtspflegegesetz[1] ist vor 20 Jahren am 1. Januar 1990 in Kraft getreten. Die nunmehr dritte Verwaltungsrechtspflegeordnung des Kantons Bern nach den Vorgängergesetzen aus den Jahren 1909[2] und 1961[3] löste bereits im Vernehmlassungsverfahren sehr positive Reaktionen aus. Der Regierungsrat führte dies auf die «umfangreichen und jahrelangen Vorarbeiten» sowie den «ausgezeichneten Gesetzesentwurf» des damaligen Verwaltungsgerichtspräsidenten Arthur Aeschlimann zurück.[4] In der parlamentarischen Beratung fand die Vorlage ebenfalls breite Unterstützung und Anerkennung.[5] Der Justizdirektor zog einen Vergleich zum VRPG 61 und bezeichnete auch den neuen Verfahrenserlass als Pionierleistung und fortschrittliches Gesetz, das sich von den Regelungen in anderen Kantonen abhebe und sich sehen lassen könne.[6] Der Grosse Rat stimmte dem Entwurf in beiden Lesungen ohne Gegenstimme zu.[7] – Grössere Änderungen hat das VRPG mit der letzten Teilrevision vom 10. April 2008 erfahren.[8] Die neuen Vorschriften gelten seit dem 1. Januar 2009 und enthalten vorab Ausführungsbestimmungen zur Umsetzung der Rechtsweggarantie (Art. 29a und Art. 191b Abs. 1 BV[9]; Art. 130 Abs. 3 BGG[10]). Weitere Revisionspunkte erfüllen nicht Vorgaben des übergeordneten Rechts, berühren aber gleichwohl verfahrensrechtliche Grundfragen.[11]

---

[1] Gesetz vom 23.5.1989 über die Verwaltungsrechtspflege (VRPG bzw. VRPG 89; BSG 155.21).

[2] Gesetz vom 31.10.1909 betreffend die Verwaltungsrechtspflege (VRPG 09; Amtliche Sammlung der Gesetze, Dekrete und Verordnungen des Kantons Bern. Band II: Erlasse aus der Zeit von 1901–1916, S. 372 ff.), in Kraft getreten am 1.1.1910.

[3] Gesetz vom 22.10.1961 über die Verwaltungsrechtspflege (VRPG 61; GS 1961 S. 210 ff.), in Kraft getreten am 1.1.1962.

[4] Vortrag des Regierungsrates betreffend die Totalrevision des Gesetzes über die Verwaltungsrechtspflege (VRPG), Tagblatt des Grossen Rates 1989, Beilage 5, S. 2.

[5] Vgl. Tagblatt des Grossen Rates 1989, S. 205 (Voten Vollmer und Hirt) und S. 205 f. (Votum Erb).

[6] Tagblatt des Grossen Rates 1989, S. 206 (Votum Justizdirektor Schmid).

[7] Tagblatt des Grossen Rates 1989, S. 227 (1. Lesung) und S. 571 (2. Lesung).

[8] BAG 08-109.

[9] Bundesverfassung der Schweizerischen Eidgenossenschaft vom 18.4.1999 (SR 101).

[10] Bundesgesetz vom 17.6.2005 über das Bundesgericht (Bundesgerichtsgesetz; SR 173.110).

[11] Vgl. zu dieser Revision Vortrag des Regierungsrates betreffend das Gesetz über die Verwaltungsrechtspflege (VRPG) (Änderung), Tagblatt des Grossen Rates 2008, Beilage 11; *Christoph Auer,* Die Umsetzung des Bundesgerichtsgesetzes in die bernische

Wo steht die bernische Verwaltungsrechtspflege heute? 100 Jahre nach Gründung des Verwaltungsgerichts und nach Erlass des VRPG 09 bietet sich Gelegenheit für eine Standortbestimmung. Die Rechtspflege im öffentlichen Recht war in diesem Zeitraum einem starken *Wandel* unterworfen. Dies soll im Folgenden anhand von vier aktuellen verfahrensrechtlichen Problemfeldern aufgezeigt werden: Ausbau des gerichtlichen Rechtsschutzes (Ziff. 2), Konzept der Einheitsbeschwerde (Ziff. 3), Rechtsschutz gegen Verwaltungsrealakte (Ziff. 4) und Anwendungsbereich der ursprünglichen Verwaltungsrechtspflege (Ziff. 5). Abschliessend sei ein Blick auf mögliche zukünftige Entwicklungen der bernischen Verwaltungsrechtspflege im gesamtschweizerischen Kontext gewagt (Ziff. 6).

2. Ausbau des gerichtlichen Rechtsschutzes

2.1 Zuständigkeiten des Verwaltungsgerichts in seinen Anfangsjahren

Art. 40 der Staatsverfassung des Kantons Bern vom 4. Juni 1893[12] übertrug dem Regierungsrat im Sinn einer Generalklausel die oberinstanzliche Entscheidzuständigkeit für alle Verwaltungsstreitigkeiten. Ausgenommen waren Angelegenheiten, welche «in die endliche Kompetenz des Regierungsstatthalters gestellt, oder einem besondern Verwaltungsgericht zugewiesen werden».[13] Gestützt auf diese Verfassungsgrundlage zählte das VRPG 09 in Art. 11 die Zuständigkeiten des neu installierten Verwaltungsgerichts nach der sog. *Enumerationsmethode* im Einzelnen auf. Der Gesetzgeber ging dabei vom Grundsatz aus, dass das Gericht nur über Streitigkeiten urteilen soll, an denen der Staat ein finanzielles bzw. vermögensrechtliches Interesse hat.[14] Es hatte als einzige kantonale Instanz namentlich gewisse Anstände vermögensrechtlicher Natur sowie Streitigkeiten über öffentliche Leistun-

---

Verwaltungsrechtspflege, ZBJV 2009 S. 225 ff.; *Ruth Herzog / Michel Daum,* Die Umsetzung der Rechtsweggarantie im bernischen Gesetz über die Verwaltungsrechtspflege, BVR 2009 S. 1 ff.

[12] Amtliche Sammlung der Gesetze, Dekrete und Verordnungen des Kantons Bern. Band I: Erlasse aus der Zeit von 1815–1900, S. 619 ff.

[13] Vgl. dazu auch den Beitrag von *Sibylle Hofer,* Der lange Weg zum bernischen Verwaltungsgericht, in diesem Band, Ziff. 6.

[14] Vortrag des Regierungsrates betreffend den Entwurf zu einem Gesetz über die Verwaltungsrechtspflege, Tagblatt des Grossen Rates 1909, Beilage 2, S. 22; Tagblatt des Grossen Rates 1909, S. 58 (Votum Finanzdirektor Kunz) und S. 61 (Votum Kommissionspräsident Bühler).

gen, die Unterstützungspflicht in Fällen der auswärtigen Armenpflege, die Nutzbarmachung der Wasserkräfte und die Erteilung oder Ausübung einer Bergwerkkonzession zu beurteilen. Als Rechtsmittelinstanz entschied das Verwaltungsgericht sodann über Steuerbeschwerden gegen Entscheide der kantonalen Rekurskommission in Einkommenssteuersachen. Vorbehalten blieb die Möglichkeit, weitere Gerichtszuständigkeiten in den Sachgesetzen vorzusehen, wenn dies zweckmässig erschien.[15] Grosse Zurückhaltung bestand hingegen mit Bezug auf die gerichtliche Überprüfung von Verwaltungsverfügungen (z.B. Patente, Konzessionen, Bewilligungen, Schätzungen, Pläne und Vermessungen). Nach damaliger Auffassung ging es hier um «Fragen der innern Verwaltung, welche am zweckmässigsten durch die ausübenden Verwaltungsbehörden selber entschieden werden». Eine Entscheidkompetenz des Verwaltungsgerichts in diesen Belangen hätte eine «eigentliche Kontrolle über die Tätigkeit der Verwaltungsbehörden» bewirkt, was aus Gründen der Gewaltentrennung ausgeschlossen schien.[16]

Für die Zuständigkeitsordnung war somit die auf der Fiskustheorie beruhende Vorstellung massgebend, dass die Verwaltungsbehörden bei *vermögensrechtlichen Streitigkeiten* zwischen dem Staat und seinen Bürgerinnen und Bürgern nicht in eigener Sache entscheiden dürfen. Eine objektive Streiterledigung konnte in diesen Fällen nur das Gericht garantieren.[17] In allen übrigen Angelegenheiten hatte die Verwaltung das letzte Wort. Hier bestand im Rahmen der staatsrechtlichen Beschwerde an das Bundesgericht wegen Verletzung verfassungsmässiger Rechte nach damaliger Auffassung hinreichender Rechtsschutz.[18] Allfälligen Befürchtungen, das Verwaltungsgericht mit seinen – aus heutiger Sicht eng umschriebenen – Kompetenzen werde eine zu starke Stellung einnehmen, trat der Präsident der vorberatenden Kommission in der Grossratsdebatte mit der folgenden Bemerkung entgegen:[19]

---

[15] Tagblatt des Grossen Rates 1909, S. 59 (Votum Finanzdirektor Kunz).

[16] *Ernst Blumenstein,* Die Grundlagen einer Neugestaltung der bernischen Verwaltungsrechtspflege, MBVR 1908 S. 289 ff. (Teil 1) und S. 337 ff. (Teil 2), S. 306 ff. und 353 f. Vgl. auch *Hofer* (Anm. 13), Ziff. 6.2, sowie den Beitrag in diesem Band von *Benjamin Schindler.*

[17] *Blumenstein* (Anm. 16), S. 346; *Thomas Merkli / Arthur Aeschlimann / Ruth Herzog,* Kommentar zum Gesetz über die Verwaltungsrechtspflege (VRPG), Bern 1997, Einleitung N. 3 und 7.

[18] *Ernst Blumenstein,* Fünfundzwanzig Jahre bernischer Verwaltungsgerichtsbarkeit, MBVR 1935 S. 1 ff., S. 4 f.

[19] Tagblatt des Grossen Rates 1909, S. 61 (Votum Kommissionspräsident Bühler).

«Namens der Kommission möchte ich vorerst die Erklärung abgeben, dass es uns bei der Feststellung unserer Anträge durchaus fern gelegen ist, der Regierung nur noch die kleinern Geschäfte zu belassen. Wir sind fest überzeugt, dass, wenn auch dem Verwaltungsgericht einzelne Kompetenzen zugewiesen werden, die Regierung immer noch die wichtigste Behörde im Staatshaushalt bleibt und eine ausserordentliche Zahl unendlich wichtigerer Funktionen auszuüben hat als diejenigen, die wir hier dem Verwaltungsgericht zuweisen wollen.»

Im Vordergrund stand also die *verwaltungsinterne Rechtspflege*. Die Übertragung der Rechtsprechung an unabhängige richterliche Behörden wurde eher skeptisch betrachtet.[20] Es ist denn wohl auch kein Zufall, dass das VRPG 09 das Verwaltungsgericht in Art. 1 nach dem Regierungsrat, den Direktionen, den Regierungsstatthaltern und den Spezialkommissionen erst an fünfter Stelle als Organ der Verwaltungsrechtspflege aufführte.

2.2 Weg zum VRPG 61

In den kommenden Jahrzehnten erweiterte sich die Zuständigkeit des Verwaltungsgerichts aufgrund zahlreicher spezialgesetzlicher Bestimmungen. Entscheidend blieb dabei aber der Gesichtspunkt des *kollidierenden vermögensrechtlichen Interesses* von Bürgerin bzw. Bürger und Gemeinwesen. Damit übereinstimmend lag das Schwergewicht der verwaltungsgerichtlichen Tätigkeit lange Zeit bei den abgaberechtlichen Entscheidungen.[21] Bedeutend ausgedehnt wurde die gerichtliche Zuständigkeit durch das Strassenbaugesetz (1934), das Beamtengesetz (1954) und das Bauvorschriftengesetz (1958). Sie erstreckte sich sukzessive auch auf gewisse Sozialversicherungsstreitigkeiten (Alters- und Hinterlassenenversicherung, Familienzulagen, später auch Invalidenversicherung).[22] Gleichzeitig veränderten sich aber auch die Anschauungen über die Funktion der Verwaltungsgerichtsbarkeit grundlegend:

– *Gewandelte Bedeutung der Rechtsstaatlichkeit:* Die Begrenzung der staatlichen Macht gegenüber dem Einzelnen wird als tragendes Element des Rechtsstaates erkannt. Diesen Gedanken drückte der seinerzeitige

---

[20] So auch die rückblickende Beurteilung von *Ernst Blumenstein,* Fünfundzwanzig Jahre bernischer Verwaltungsgesetzgebung, Verwaltungspraxis und Verwaltungsrechtsprechung, MBVR 1928 S. 1 ff., S. 2.

[21] *Blumenstein* (Anm. 18), S. 6 und 7 f.

[22] Vgl. *Walter Buser,* Das Verwaltungsgericht des Kantons Bern. Ein Bericht über die Plenarsitzung zum Anlass des 50jährigen Bestehens, MBVR 1960 S. 1 ff., S. 5. Vgl. zur Entwicklung der Sozialversicherungsgerichtsbarkeit auch den Beitrag von *Thomas Gächter* in diesem Band.

Präsident des Verwaltungsgerichts, Charles Halbeisen, im Jahr 1939 wie folgt aus:[23]

> «Für andere als finanzielle Angelegenheiten ist mit wenigen Ausnahmen die Verwaltungsgerichtsbarkeit indessen nicht eingeführt worden, obwohl es für verschiedene Materien auch wünschenswert wäre. Dennoch steht der bernische Staat in der Entwicklung des Ausbaues einer besondern Verwaltungsgerichtsbarkeit allen andern Staaten in schweizerischer und weiterer Umgebung heute voran. Wenn das uns auch mit Genugtuung erfüllen mag, so müssen wir andererseits mit Bedauern feststellen, dass der die Freiheit und Entfaltungsmöglichkeit zum Grundsatz machende Gedanke, der Mensch soll auch Forderungen des Staates gegenüber nicht wehr- und schutzlos preisgegeben sein, auf Grund von äussern Einflüssen in seiner Bedeutung eine rückläufige Bewegung antreten muss oder doch zur Zeit auch bei uns zum Stillstand gekommen ist. Das ist umso bedauerlicher, als damit sich die Schöpfung einer eidgenössischen Verwaltungsgerichtsbarkeit nicht vollenden kann und so die Eidgenossenschaft sich als Rechtsstaat nicht ganz vervollkommnet haben wird.»

Der Fokus ist hier nicht mehr nur auf den Interessenkonflikt gerichtet, in dem sich das Gemeinwesen befindet, wenn es in eigener Sache entscheidet. Die Verwaltungsbehörde als Justizbehörde erfüllt vielmehr ganz allgemein die rechtsstaatlichen Anforderungen nur noch bedingt, denn sie hat – in den Worten von Charles Halbeisen – «vorwiegend eher die Wahrung des öffentlichen Interesses im Auge, als die Sicherung der Individual- und Persönlichkeitsrechte der Einzelpersonen». Unabhängige Rechtsschutzinstanzen auf dem Gebiet des Verwaltungsrechts erscheinen daher als «unerlässliches Erfordernis des Rechtsstaates».[24] Damit ist auch die Funktion der Verwaltungsgerichtsbarkeit neu umrissen: Sie ist in erster Linie «Gerichtsbarkeit zum Schutze der Rechte des Bürgers gegen Uebergriffe der Staatsgewalt».[25]

– *Neues Verständnis der Gewaltentrennung:* Der Gesetzgeber vermied es beim Erlass des VRPG 09, die vollziehende der richterlichen Gewalt zu unterstellen. Aus rechtsstaatlicher Sicht stellt sich das Problem der Gewaltentrennung jedoch anders. Bürgerinnen und Bürger sollen vor Übergriffen der staatlichen Behörden und gegen missbräuchliche Ausübung der Staatsgewalt geschützt werden. Es ist Aufgabe der Gerichte, diesen

---

[23] *Charles Halbeisen,* Ansprache des Verwaltungsgerichtspräsidenten zum Beginn der Rechtssprechung des Gerichts für das Jahr 1939, MBVR 1939 S. 53 ff., S. 54.

[24] *Charles Halbeisen,* Verwaltungsgerichtsbarkeit (Ein Beitrag zur Verwaltungsjustizreform im Kanton Bern), MBVR 1950 S. 369 ff. (Teil 1) und S. 417 ff. (Teil 2), S. 373.

[25] *Halbeisen* (Anm. 24), S. 374.

Schutz zu gewährleisten. Die Gewaltentrennung wird damit zu einem organisatorischen Grundprinzip des Rechtsstaates.[26]

– *Zunehmende staatliche Aufgaben:* Der Verwaltung werden durch das Bundesrecht und das kantonale Recht immer mehr Aufgaben übertragen. Gegenüber der immer mächtiger werdenden Bürokratie drängt sich die Erweiterung der Verwaltungsgerichtsbarkeit als Gegengewicht auf; das Bedürfnis der Bürgerinnen und Bürger nach Schutz vor staatlichen Eingriffen nimmt zu.[27]

All diesen Anforderungen genügte das VRPG 09 nicht mehr. Hinzu kam, dass dieses Gesetz die Zuständigkeiten nur noch *unvollständig* regelte. Zu beachten waren daneben zahlreiche Spezialgesetze, Dekrete und Verordnungen. Sie entzogen dem Verwaltungsgericht sogar Kompetenzen, die ihm nach dem VRPG 09 an sich zukamen.[28] Die Zuständigkeitsordnung war zudem *unübersichtlich und kompliziert.* Das Verwaltungsgericht sah sich deshalb im Geschäftsbericht für das Jahr 1943 veranlasst, seine Urteilskompetenzen im Einzelnen aufzulisten.[29] Im Jahr 1955 beklagte es die Unklarheit in der Zuständigkeitsausscheidung zwischen Gericht und Regierungsrat sowie Direktionen als einen Hauptmangel der geltenden Rechtspflegeordnung.[30] Es herrschte ein solcher Wirrwarr, «dass selbst der Eingeweihteste nicht mehr für alle Fälle mit Bestimmtheit die zuständige Instanz nennen könnte».[31] Eine Revision der Verwaltungsrechtspflege war also unerlässlich geworden. Die Justizaufgaben von Verwaltungsgericht und Verwaltung mussten nach neuen Kriterien aufgeteilt werden. Charles Halbeisen skizzierte den bevorstehenden Prozess wie folgt:[32]

---

[26] *Halbeisen* (Anm. 24), S. 378 ff.; *Gottfried Roos,* Betrachtungen zum neuen Gesetz über die Verwaltungsrechtspflege, MBVR 1963 S. 385 ff., S. 386.

[27] *Halbeisen* (Anm. 24), S. 417 f.; *Paul Flückiger,* Fünfzig Jahre Verwaltungsgerichtsbarkeit, MBVR 1959 S. 369 ff., S. 378.

[28] Geschäftsbericht des Verwaltungsgerichts für das Jahr 1956, S. 4; eingehend dazu *Halbeisen* (Anm. 24), S. 422 ff.

[29] Ebenda; vgl. auch die Übersicht bei *Charles Halbeisen,* Die Zuständigkeit des bernischen Verwaltungsgerichts, MBVR 1946 S. 417 ff., S. 421 ff. Der fehlende Überblick über die Zuständigkeitsbestimmungen für das Gericht wird auch bemängelt im Geschäftsbericht des Verwaltungsgerichts für das Jahr 1950, S. 3.

[30] Geschäftsbericht des Verwaltungsgerichts für das Jahr 1955, S. 3.

[31] So die Feststellung von *Halbeisen* (Anm. 24), S. 429.

[32] *Halbeisen* (Anm. 24), S. 426.

«War bisher für die Zuweisung einzelner Rechtsprechungskompetenzen für das Verwaltungsgericht der Blickpunkt der möglichst unparteiischen Wahrung der vermögensrechtlichen Interessen des Privaten gegenüber dem Staate massgebend, so muss für weitere Zuteilungen von der Betrachtung ausgegangen werden, welche Verwaltungsgebiete, für die heute noch eine andere Verwaltungsjustiz oder sonstige Justizbehörde zuständig ist, sich besser für die verwaltungsgerichtliche Rechtsprechung eignen.»

Welche Gebiete sich für die verwaltungsgerichtliche Kontrolle eignen, war damit allerdings noch nicht gesagt. Diese Frage musste in der politischen Auseinandersetzung zuerst geklärt werden.

2.3 Neuordnung der Zuständigkeiten durch das VRPG 61

Der Ruf nach einem Ausbau der Verwaltungsrechtspflege blieb bei den Behörden nicht ungehört. Das VRPG 61 gab die einseitige fiskalische Ausrichtung der verwaltungsgerichtlichen Zuständigkeiten auf.[33] Die allgemeine Generalklausel sah – entgegen der Forderung von Paul Flückiger in seinem Rückblick auf fünfzig Jahre bernische Verwaltungsgerichtsbarkeit[34] – nach wie vor den Regierungsrat und nicht das Verwaltungsgericht als oberinstanzliche Rechtsmittelbehörde vor. Das Gesetz führte das Gericht nach dem Regierungsrat und seinen Direktionen auch erst an zweiter Stelle als Träger der Verwaltungsrechtspflege auf (Art. 1 Ziff. 2 VRPG 61). Immerhin umschrieben und erweiterten aber Art. 15 und 17 VRPG 61 die Zuständigkeiten des Verwaltungsgerichts gebiets- und kategorienweise mit *Teilgeneralklauseln* für das Beschwerde- und Klageverfahren. Die bisherige Zurückhaltung gegenüber der richterlichen Kontrolle von Verwaltungsverfügungen entfiel zumindest teilweise. Neu war die Verwaltungsgerichtsbeschwerde insbesondere gegen die Erteilung, Verweigerung sowie den Widerruf, den Entzug und die Beschränkung von zahlreichen Bewilligungen und Patenten möglich (Art. 15 Abs. 1 Ziff. 2 und 3 VRPG 61). Das Verwaltungsgericht sollte ein «zusätzliches Kontrollmittel zur Sicherung des Rechtsstaates» sein. Die Verwaltungsrechtspflege (auch) durch das Gericht und die Gewaltentrennung lagen in den Augen des Gesetzgebers auf der gleichen Ebene, «denn beide verfolgen im Grunde genommen das nämliche Ziel».[35]

---

[33] Vortrag des Regierungsrates zum Entwurf eines Gesetzes über die Verwaltungsrechtspflege, Tagblatt des Grossen Rates 1961, Beilage 5, S. 49.

[34] *Flückiger* (Anm. 27), S. 377 f.

[35] Vortrag VRPG 61 (Anm. 33), S. 50. Vgl. *Arthur Aeschlimann / Ulrich Zimmerli,* Das Verwaltungsgericht in den Zeitphasen des VRPG 61 und des VRPG 89, in diesem Band, Ziff. 1.2.

Als zusätzliche Dokumentation für die Beratung des Gesetzesentwurfs im Grossen Rat verfasste die damalige Justizdirektion einen ergänzenden Bericht, der sich unter anderem mit den Zuständigkeitsbestimmungen und der Stellung des Regierungsrates befasste. Darin verteidigte die Direktion das System der Teilgeneralklauseln mit dem Argument, das Verwaltungsgericht werde damit «von einer Unzahl von zur verwaltungsgerichtlichen Ueberprüfung ungeeigneten Fällen bewahrt»; zudem verwies sie auf den bundesgerichtlichen Rechtsschutz im Rahmen der staatsrechtlichen Beschwerde gegen endgültige Entscheide der Verwaltung.[36] Den *Leitgedanken für die Aufgabenteilung* zwischen Gericht und Verwaltung beschrieb die Justizdirektion wie folgt:[37]

«Der Rechtsstaat bedingt [...] heute mehr denn je gewisse institutionelle Sicherungen zur Gewährleistung des Grundsatzes der Gesetzmässigkeit der Verwaltung. Eine solche liegt vor allem in einem von der Verwaltung unabhängigen Gericht, das völlig unparteiisch nach Gesetz und Recht allfällige Streitigkeiten zwischen Bürger und Verwaltung entscheidet. Ein Ausbau der Verwaltungsgerichtsbarkeit ist daher ein Gebot der Stunde. Wenn ihr Ziel aber ist, dem Grundsatz der Gesetzmässigkeit der Verwaltung zum Durchbruch zu verhelfen, so muss entsprechend seine Aufgabe diejenige eines auf die Beurteilung von Rechtsfragen beschränkten Kontrollorgans sein. Das Verwaltungsgericht darf nicht zu einer zweiten Verwaltung mit eigenem Verwaltungsapparat werden. Das wäre ein kostspieliger Leerlauf. Für reine Ermessensfragen hat daher nach wie vor die Verwaltung die Verantwortung zu tragen, wobei sie in dem ihr zustehenden Rahmen gewisse Richtlinien befolgen muss. [...] Es geht aber nicht an, dass das Verwaltungsgericht der Verwaltung in reinen Ermessensfragen in den Arm fällt.»

Diese Sichtweise fand im Grossen Rat breite Zustimmung. Einer weiter definierten Zuständigkeit des Verwaltungsgerichts – namentlich mit einer allgemeinen Generalklausel – standen die Parlamentsmitglieder sowie der Justizdirektor kritisch gegenüber.[38] Ein Grossrat fasste seine Ansicht kurz und bündig wie folgt zusammen: «Es wäre übertrieben gewesen, wenn

---

[36] Ergänzungsbericht der Justizdirektion für die Eintretensdebatte der Kommission des Grossen Rates betreffend das Gesetz über die Verwaltungsrechtspflege, Tagblatt des Grossen Rates 1961, Beilage 6, S. 76.

[37] Ergänzungsbericht VRPG 61 (Anm. 36), S. 77; vgl. auch S. 80 mit Beispielen zur Zuständigkeitsabgrenzung zwischen Regierungsrat und Verwaltungsgericht.

[38] Vgl. etwa Tagblatt des Grossen Rates 1961, S. 58 f. (Voten Hadorn und Friedli sowie Justizdirektor Tschumi).

man jeden Rechtshandel an das Verwaltungsgericht hätte weiterziehen können».[39]

2.4 Neuerungen des VRPG 89

Nach über 25 Jahren Geltung machten die zahlreichen und schwerwiegenden Unzulänglichkeiten des VRPG 61 nach Ansicht des Regierungsrates eine Totalrevision der Verwaltungsrechtspflegeordnung nötig. Die Umschreibung der verwaltungsgerichtlichen Zuständigkeiten war in seinen Augen zu eng und vermochte die seit 1961 wesentlich veränderten Anforderungen an die verwaltungsunabhängige Rechtspflege nicht mehr zu erfüllen. Zudem seien Zweifel an der Eignung des (Gesamt-)Regierungsrates als generell letzte verwaltungsinterne Justizbehörde nicht widerlegt worden.[40] Das VPRG 89 regelte deshalb in Art. 74 Abs. 1 die Zuständigkeit des Verwaltungsgerichts erstmals mit einer *Generalklausel.* Der Gesetzgeber liess sich dabei namentlich vom Konzept des Bundesrechtspflegegesetzes (OG)[41] und neuerer kantonaler Verfahrensordnungen leiten (z.b. Wallis, Jura, Neuenburg, Genf und Glarus).[42] Wie in der Bundesrechtspflege schlossen die Art. 76–78 VRPG 89 die Verwaltungsgerichtsbeschwerde allerdings in zahlreichen Fällen wegen der Zuständigkeit anderer Instanzen, nach dem Regelungsgegenstand sowie nach Sach- und Rechtsgebieten aus. Gerichtliche Instanzen sollten nur dort letztinstanzlich Verfügungen und Entscheide überprüfen, «wo nicht das politische Ermessen, sondern der juristische Gesichtspunkt die Hauptrolle spielt».[43]

In der parlamentarischen Beratung verlangte eine Minderheit vergeblich die Rückweisung des *Ausnahmenkatalogs* an die Kommission, um die Unzulässigkeitsgründe auf ihre Begründung zu überprüfen.[44] Ebenfalls abgelehnt wurden Anträge auf integrale oder teilweise Streichung einzelner Ausnahmen (Erteilung und Verweigerung des Enteignungsrechts, Inanspruchnahme öffentlicher Sachen und Disziplinarwesen), insbesondere unter Berufung auf die Rechtstradition, die ungesicherte Rechtsprechung zu Art. 6 EMRK[45]

---

[39] Tagblatt des Grossen Rates 1961, S. 58 (Votum Dübi).
[40] Vortrag VRPG 89 (Anm. 4), S. 1.
[41] Bundesgesetz vom 16.12.1943 über die Organisation der Bundesrechtspflege (BS 3 S. 531).
[42] Vortrag VRPG 89 (Anm. 4), S. 6.
[43] Tagblatt des Grossen Rates 1989, S. 207 (Votum Justizdirektor Schmid). Vgl. zum Ganzen auch *Aeschlimann / Zimmerli* (Anm. 35), Ziff. 2.2.
[44] Tagblatt des Grossen Rates 1989, S. 218 f. (Antrag Jenni).
[45] Konvention vom 4.11.1950 zum Schutze der Menschenrechte und Grundfreiheiten (SR 0.101).

sowie die mangelnde Justiziabilität der Materie bzw. das politische Ermessen.[46] Der Justizdirektor und eine Grossrätin orteten auch die Gefahr, aus dem Rechtsstaat einen Richterstaat zu machen.[47] Der Rechtsweg an das Gericht blieb damit noch im Jahr 1989 in zahlreichen Fällen verschlossen. Auch die politischen Rechte waren vom richterlichen Rechtsschutz vorerst ausgeklammert. Dieser Punkt wurde aber kurze Zeit später im Grossen Rat aufgegriffen und im Rahmen der Totalrevision der Kantonsverfassung intensiv diskutiert.[48]

2.5 Umsetzung der Rechtsweggarantie

Mit der eidgenössischen Justizreform und der Totalrevision der Bundesrechtspflege änderten sich die Rahmenbedingungen für die kantonale Verwaltungsjustiz erneut wesentlich. Die gerichtlichen Zuständigkeiten waren bereits zuvor durch übergeordnetes Recht erheblich ausgedehnt worden (Art. 98a OG[49], Art. 6 Ziff. 1 EMRK).[50] Mit der Rechtsweggarantie gewährleistet die Verfassung erstmals ein individuelles Verfahrensgrundrecht auf *Zugang zu einem Gericht* (Art. 29a BV). Die Kantone werden verpflichtet, für die Beurteilung öffentlich-rechtlicher Streitigkeiten richterliche Behörden als Vorinstanzen des Bundesgerichts einzusetzen (Art. 191b Abs. 1 BV; Art. 86 Abs. 2 und Art. 114 BGG). *Ausnahmen* sind nur noch in engen Schranken zulässig. Sie betreffen vorab Entscheide mit vorwiegend politischem Charakter. In diesen Fällen können nach wie vor Verwaltungsbehörden anstelle eines Gerichts entscheiden (Art. 86 Abs. 3 und Art. 114 BGG). Weitere bedeutendere Ausnahmen vom richterlichen Rechtsschutz auf kantonaler Ebene bestehen in der Staatsrechtspflege (abstrakte Normenkontrolle und Stimmrechtssachen; Art. 87 Abs. 1 sowie Art. 88 Abs. 1 Bst. b und Art. 88 Abs. 2 Satz 2 BGG).[51]

Der Kanton Bern hat diese Vorgaben mit der Teilrevision des VRPG vom 10. April 2008 umgesetzt. Die Zuständigkeiten des Gerichts und der Verwal-

---

[46] Tagblatt des Grossen Rates 1989, S. 220 ff.

[47] Tagblatt des Grossen Rates 1989, S. 221 (Votum Justizdirektor Schmid) und S. 222 (Votum Kommissionspräsidentin Notter).

[48] Vgl. dazu den Beitrag von *Kurt Nuspliger,* Gerichtlicher Rechtsschutz und politische Rechte, in diesem Band, Ziff. 2.1 und 2.2.

[49] Eingefügt am 4.10.1991 und in Kraft gesetzt am 15.2.1992 (AS 1992 S. 288).

[50] Vgl. dazu *Merkli / Aeschlimann / Herzog* (Anm. 17), Art. 74 N. 10 ff.; ferner zu Art. 6 EMRK auch *Aeschlimann / Zimmerli* (Anm. 35), Ziff. 2.2.

[51] Weiterführend *Ruth Herzog,* Auswirkungen auf die Staats- und Verwaltungsrechtspflege in den Kantonen, in: Pierre Tschannen (Hrsg.), Berner Tage für die juristische Praxis BTJP 2006, Neue Bundesrechtspflege, Bern 2007, S. 43 ff.

tung auf dem Gebiet der Rechtsprechung mussten überdacht und neu geordnet werden. Die Generalklausel bildet nun auch die kantonal letztinstanzlichen Zuständigkeiten des Verwaltungsgerichts in Belangen der *Staatsrechtspflege* ab (Art. 74 Abs. 2 VRPG). Der bisherige *Ausnahmenkatalog* von Art. 77 und 78 VRPG wurde erheblich enger gefasst; der Sache nach ist die Verwaltungsgerichtsbeschwerde nur noch in wenigen Fällen unzulässig (Art. 77 VRPG in der neuen Fassung). Neben den spezialgesetzlich vorgesehenen Ausnahmen verbleiben noch fünf allgemeine Ausschlussgründe (Bst. a–e); die übrigen Tatbestände bezeichnen keine Ausnahmen von der Rechtsweggarantie, sondern dienen nur der Zuständigkeitsabgrenzung zwischen Ober- und Verwaltungsgericht (Bst. f und g).[52] Die verwaltungsinternen Justizbehörden treffen kaum mehr kantonal letztinstanzliche Entscheide. Die Rechtsprechungsfunktion des Regierungsrates beschränkt sich heute auf Bereiche, die zu den Kernaufgaben der Verwaltung gehören (Wahrung der inneren Sicherheit, grundlegende Planungs- und Lenkungsentscheide, Aufsicht, staatliche Organisation).

2.6 Fazit

Die Frage, wie die Zuständigkeiten zwischen Gericht und Verwaltung zu verteilen seien, war seit jeher ein prägendes Thema auch in der bernischen Verwaltungsrechtspflege. Die Entwicklung der vergangenen 100 Jahre ist bemerkenswert: Während das Verwaltungsgericht im Jahr 1909 nur einzelne Kompetenzen in fiskalischen Angelegenheiten besass, kann es im Jahr 2009 in praktisch allen Verwaltungsrechtsstreitigkeiten angerufen werden.[53] Das Postulat von Charles Halbeisen aus dem Jahr 1950, wonach sich der Rechtsstaat nur durch eine vollkommen ausgebaute Verwaltungsgerichtsbarkeit erfülle,[54] ist weitgehend verwirklicht. Der Zugang zum Gericht ist zudem auch in weiten Teilen der kommunalen und kantonalen Staatsrechtspflege gewährleistet. Die Vorbehalte gegen eine *flächendeckende gerichtliche Administrativjustiz* sind weitgehend verstummt.

---

[52] Vgl. dazu Vortrag Änderung VRPG 89 (Anm. 11), S. 13 und 15 f.; *Markus Müller,* Bernische Verwaltungsrechtspflege, Bern 2008, S. 189 ff.; *Herzog / Daum* (Anm. 11), S. 15 ff.; *Auer* (Anm. 11), S. 233 ff. und 239 ff.

[53] Vgl. zur Entwicklung insgesamt auch *Arnold Marti,* Die aktuelle Justizreform – Abschluss einer über hundertjährigen Entwicklung hin zur umfassenden Verwaltungsgerichtsbarkeit in der Schweiz, in: Roger Zäch et al. (Hrsg.), Individuum und Verband. Festgabe zum Schweizerischen Juristentag 2006, Zürich 2006, S. 505 ff.

[54] *Halbeisen* (Anm. 24), S. 379.

Rechtsschutz wird oft mit richterlichem Rechtsschutz, Rechtsstaatlichkeit mit verwaltungsunabhängiger Justiz gleichgesetzt.[55] Diese Sicht ist nicht unproblematisch. Zwar gehört die gerichtliche Kontrolle der Verwaltung zweifellos zu den Grundpfeilern des modernen Rechtsstaates. Dem Anspruch, das Gericht habe im Einzelfall «das richtige Recht» zu sprechen, sind aber auch Grenzen gesetzt. Das zeigt sich exemplarisch in rechtlich nur schwach normierten Angelegenheiten, die beträchtliche Ermessensspielräume eröffnen und/oder einen starken fachtechnischen Bezug haben. Zu denken ist etwa an gewisse Bewilligungen, Konzessionen und finanzielle Leistungen ohne Rechtsanspruch oder an das Ergebnis von Fähigkeitsprüfungen. Das Verwaltungsgericht kommt hier nicht umhin, seine Rechtskontrolle nach Art. 80 Bst. a und b VRPG mit *abgestuften bereichsspezifischen Prüfungsmassstäben* auszuüben.[56] Erste Entscheide weisen in diese Richtung: So hat das Gericht festgehalten, es sei nicht rechtsfehlerhaft, bei der ausländerrechtlichen Ermessensbewilligung des Aufenthalts in der Schweiz einen vergleichsweise strengen Massstab anzuwenden, um im Einzelfall einen schwerwiegenden persönlichen Härtefall zu vermeiden. Dabei sei es in erster Linie Sache der betroffenen Person, darzutun, weshalb die Vorinstanz in rechtsfehlerhafter Weise einen solchen Härtefall verneint habe.[57] Weiter auferlegt sich das Verwaltungsgericht bei der Beurteilung von Prüfungsleistungen eine gewisse Zurückhaltung. Die Auslegung und Anwendung von Rechtssätzen sowie Verfahrensfragen überprüft es hingegen uneingeschränkt.[58] Ob das Gericht in solchen Fällen wirklich den «besseren» Rechtsschutz bietet als die verwaltungsinternen Justizbehörden, die in der Regel auch bei Unangemessenheit eingreifen können (Art. 66 VRPG), darf bezweifelt werden.[59] Die hochgesteckten Erwartungen der Rechtsuchenden

---

[55] Vgl. dazu etwa *Markus Müller,* Die Rechtsweggarantie – Chancen und Risiken, ZBJV 2004 S. 161 ff., S. 178 mit Hinweisen.

[56] Vortrag Änderung VRPG 89 (Anm. 11), S. 17; *Herzog / Daum* (Anm. 11), S. 22. – Eingehend zur Reduktion der Prüfungsdichte mit vielen weiteren Beispielen *Benjamin Schindler,* Art. 49 N. 3 ff., in: Christoph Auer / Markus Müller / Benjamin Schindler (Hrsg.), Kommentar zum Bundesgesetz über das Verwaltungsverfahren (VwVG), Zürich / St. Gallen 2008.

[57] BVR 2010 S. 1 E. 3.4.

[58] BVR 2010 S. 49 E. 1.2; zur Publ. in der BVR vorgesehener VGE 2009/111 vom 30.10.2009 (beim BGer angefochten), E. 1.3; JTA 2009/141 vom 9.11.2009, E. 3.4; ähnlich bereits BVR 1988 S. 468 E. 1b.

[59] Weiterführend zur Aufgabe und Rolle der verwaltungsinternen Justiz der Beitrag in diesem Band von *Christoph Auer / Ueli Friederich,* Aufgabe und Rolle der verwaltungsinternen Justiz nach Inkrafttreten der Rechtsweggarantie, Ziff. 3 ff.

an die Rechtsweggarantie können wohl nicht in allen Teilen erfüllt werden. Umso wichtiger erscheint es, dass das Gericht seinen Prüfungsmassstab im Urteil klar benennt und nachvollziehbar begründet, weshalb es eine Rechtsverletzung in Ermessensbelangen verneint. Auch die Anwältinnen und Anwälte sind aufgerufen, ihrer Klientel realistisch aufzuzeigen, was das Gericht in diesem Zusammenhang leisten kann und was nicht.

3. Konzept der Einheitsbeschwerde

3.1 Beschwerdetypen in der Verwaltungsrechtspflege

Die Beschwerde ist das typische Rechtsmittel der *nachträglichen* Verwaltungsrechtspflege. Sie ermöglicht die Anfechtung und Überprüfung von Verfügungen und Rechtsmittelentscheiden (Anfechtungsstreit- oder Beschwerdeverfahren). Damit unterscheidet sie sich von der *ursprünglichen* Verwaltungsrechtspflege, die – wie der Zivilprozess – nicht an einen anfechtbaren Hoheitsakt anknüpft, sondern den Rechtsstreit direkt vor das Gericht trägt (Klageverfahren). Führt die Beschwerde in der nachträglichen Verwaltungsrechtspflege an eine verwaltungsinterne Justizbehörde, spricht man typischerweise von der *Verwaltungsbeschwerde;* ist das Verwaltungsgericht Beschwerdeinstanz, heisst die Rechtsvorkehr *Verwaltungsgerichtsbeschwerde*. Die Grundform der Beschwerde lässt sich zeitlich weit zurückverfolgen, auch wenn das Rechtsmittel in Gesetzgebung und Lehre früher – auch differenziert nach der dogmatischen Einordnung im Rechtsmittelsystem – oft andere Bezeichnungen trug (Weiterziehung, Rechtsbeschwerde, Kassationsbeschwerde, Rekurs etc.).[60] Der Gesetzgeber war in der Terminologie allerdings alles andere als konsequent. Die «Weiterziehung» etwa ist auch in der ursprünglichen Verwaltungsrechtspflege bekannt.[61]

3.2 Beschwerdetypen in der Staatsrechtspflege

Mittel zur Staatsrechtspflege war im Kanton Bern in *kommunalen Angelegenheiten* während Jahrzehnten die Gemeindebeschwerde. Dieses Rechts-

---

[60] Vgl. etwa *Blumenstein* (Anm. 16), S. 301; *ders.,* Die Kompetenzfrage in der bernischen Verwaltungsrechtspflege und die Entwürfe zu einem Gesetz betr. die Einführung eines Verwaltungsgerichts, ZBJV 1901 S. 337 ff., S. 348 f.; ferner *Roos* (Anm. 26), S. 396 f.

[61] *Arthur Aeschlimann,* Das Anfechtungsstreitverfahren im bernischen Verwaltungsrecht, Diss. Bern 1979, S. 43 ff.

mittel wird in der Lehre zwar auch der nachträglichen Verwaltungsrechtspflege zugerechnet.[62] Das typische Anfechtungsobjekt war hier jedoch seit jeher nicht die Verfügung. Bereits im 19. Jahrhundert konnten Gemeindegenossen Beschwerde gegen Beschlüsse der Gemeindeversammlung oder des Gemeinderates erheben, die ein allgemeines Interesse der Gemeinde oder einer Abteilung derselben zum Gegenstand hatten. Für die Wahrung persönlicher Rechte waren sie hingegen in das allgemeine Beschwerde- oder Klageverfahren verwiesen. Das Gemeindegesetz aus dem Jahr 1917 führte diese Regelung weiter und liess die Beschwerde zu gegen die von Gemeindeorganen getroffenen Wahlen sowie gegen Beschlüsse, die allgemeine Interessen der Gemeinde berühren; beschwerdeberechtigt war jeder in Gemeindeangelegenheiten stimmberechtigte Bürger (Bürgerbeschwerde). Neu konnte zudem jede Person Wahlen, Beschlüsse und Verfügungen von Gemeindeorganen anfechten, sofern sie dadurch in ihren Rechten persönlich verletzt war (Verletztenbeschwerde). Vorbehalten blieben Ansprüche, die durch die Zivilgerichte oder durch das Verwaltungsgericht zu beurteilen waren; insoweit stand die Gemeindebeschwerde als subsidiäres Rechtsmittel nicht zur Verfügung.[63] Das Gemeindegesetz von 1973 übernahm diese Regelung im Wesentlichen.[64] Eine klare Abgrenzung der Gemeinde- von der Verwaltungsbeschwerde brachte erst das VRPG 89 mit einer indirekten Änderung des Gemeindegesetzes.[65] Das heute geltende Gemeindegesetz aus dem Jahr 1998 (GG) hielt an diesem Prinzip fest.[66] Danach stand gegen Verfügungen der Gemeindeorgane grundsätzlich immer die Verwaltungsbeschwerde offen. Nur in Wahl- und Abstimmungssachen unterlagen Verfügungen neben

---

[62] So etwa *Markus Müller,* Vorbemerkungen zu Art. 92–107 N. 1, in: Daniel Arn et al. (Hrsg.), Kommentar zum Gemeindegesetz des Kantons Bern, Bern 1999; *Jakob D. Kilchenmann,* Die Bernische Gemeindebeschwerde, Diss. Bern 1979, S. 18 f.

[63] Art. 63 des Gesetzes vom 9.12.1917 über das Gemeindewesen (Amtliche Sammlung der Gesetze, Dekrete und Verordnungen des Kantons Bern, Band III: Erlasse aus der Zeit von 1917–1925, S. 45 ff.). Vgl. *Paul Flückiger,* Arten und Formen der Gemeindebeschwerde, MBVR 1924 S. 417 ff.; *Hans Winzenried,* Die Gemeindebeschwerde nach bernischem Recht, Diss. Bern 1947, S. 8 ff. und 25 ff.

[64] Art. 57 Abs. 1 und Art. 59 des Gemeindegesetzes vom 20.5.1973 (GS 1973 S. 149 ff.).

[65] Art. 137 Ziff. 4 VRPG (GS 1989 S. 311 ff.) sowie Art. 138 Abs. 3 VRPG. Vgl. dazu *Merkli / Aeschlimann / Herzog* (Anm. 17), Einleitung N. 60 ff., Art. 137 N. 4 und Art. 138 N. 6; *Arthur Aeschlimann,* Vor dem Übergang zum neuen Verwaltungsrechtspflegegesetz, BVR 1989 S. 375 ff., S. 382 f.

[66] Art. 92, Art. 93 Abs. 1 und Art. 95 Abs. 1 und 2 des Gemeindegesetzes vom 16.3.1998 (BSG 170.11) in der ursprünglichen Fassung (BAG 98-57).

Wahlen, Abstimmungen und Beschlüssen der Gemeindeorgane der Gemeindebeschwerde. Dieses Rechtsmittel war ferner zulässig gegen Erlasse der Gemeinden sowie gegen weitere Beschlüsse der Gemeindeorgane, sofern dagegen kein anderes Rechtsmittel möglich war. Für die Legitimation zur Bürgerbeschwerde genügte weiterhin die Stimmberechtigung in der betreffenden Gemeinde. Die Gemeindebeschwerde diente somit im Gegensatz zur Verwaltungs- und Verwaltungsgerichtsbeschwerde weniger dem individuellen Rechtsschutz. Sie war vielmehr in erster Linie ein Instrument der *staatlichen Verbandsaufsicht* und schützte die *politischen Rechte* der Bürgerinnen und Bürger auf kommunaler Ebene.[67]

In *kantonalen Angelegenheiten* gelten die Rechtspflegebestimmungen des GPR[68]. Es unterscheidet die folgenden drei Beschwerdearten: Die Stimmrechtsbeschwerde schützt das Stimmrecht gegen Akte der Gemeinde- oder Kantonsorgane (z.B. verspätetes Zustellen des Materials für die briefliche Abstimmung; Art. 86 GPR). Abstimmungsbeschwerde ist zu ergreifen, wenn Gemeinde- oder Kantonsorgane bei der Vorbereitung oder Durchführung einer Abstimmung oder der Ermittlung der Abstimmungsergebnisse gesetzliche Vorschriften verletzt haben (Art. 87 GPR). Bei Wahlen bzw. Wahlergebnissen steht in diesem Fall die Wahlbeschwerde offen (Art. 88 Abs. 1 GPR). Mit diesem Rechtsmittel kann auch geltend gemacht werden, dass eine gewählte Person wegen Unvereinbarkeit ihr Mandat nicht annehmen oder nicht weiter ausüben darf (Art. 88 Abs. 2 GPR). – In *eidgenössischen Angelegenheiten* regelt das BPR[69] die Rechtspflege (Art. 77 ff.). Es kennt ebenfalls die Stimmrechts-, Abstimmungs- und Wahlbeschwerde (Art. 77 Abs. 1 BPR).

3.3 Einheitsbeschwerde als unverwirklichte Idee

Anlässlich der Erarbeitung des Gemeindegesetzes von 1998 prüfte der Regierungsrat, ob das Rechtsmittelsystem des Gemeinderechts nicht vereinfacht werden könnte, beispielsweise mit der Schaffung einer Einheitsbeschwerde. Er führte dazu im Vortrag Folgendes aus:[70]

---

[67] Vgl. *Winzenried* (Anm. 63), S. 20 ff.; *Kilchenmann* (Anm. 62), S. 19; *Aeschlimann* (Anm. 61), S. 65; *ders.* (Anm. 65), S. 383; *Merkli / Aeschlimann / Herzog* (Anm. 17), Einleitung N. 61.

[68] Gesetz vom 5.5.1980 über die politischen Rechte (BSG 141.1).

[69] Bundesgesetz vom 17.12.1976 über die politischen Rechte (SR 161.1).

[70] Vortrag des Regierungsrates betreffend die Totalrevision des Gemeindegesetzes, Tagblatt des Grossen Rates 1997, Beilage 61, S. 39.

«Es hat sich gezeigt, dass gewisse Vereinfachungen möglich sind (z.B. Verzicht auf heutige Einsprache gegen Reglementsinhalte), dass aber eine Zusammenlegung der beiden Hauptrechtsmittel (Verwaltungsbeschwerde und Gemeindebeschwerde) nicht sachgerecht erscheint. Die Gemeindebeschwerde als ‹kleine staatsrechtliche Beschwerde auf kommunaler Ebene› hat sich im wesentlichen und nicht zuletzt aufgrund ihrer Eigenheiten (Kognition, Legitimation) bewährt.»

In der Ratsdebatte wurde die Idee einer Einheitsbeschwerde nicht aufgegriffen.[71]

3.4 Schritte zur teilweisen Einführung einer Einheitsbeschwerde

Die Einheitsbeschwerde war erneut ein Thema bei der Anpassung des VRPG an die Vorgaben der Rechtsweggarantie und der totalrevidierten Bundesrechtspflege, zumal das Bundesgerichtsgesetz den Wechsel zum Einheitsrechtsmittel – wenn auch mit gebietsspezifischen Differenzierungen – vollzogen hatte (Art. 72 ff., 78 ff. und 82 ff. BGG). In der *Vernehmlassungsvorlage*[72] wollte der Regierungsrat auf dieses Unterfangen vorerst noch verzichten. Ein Systemwechsel hätte seiner Auffassung nach entgegen der Leitidee der Revision relativ starke Eingriffe in das VRPG und die Spezialgesetzgebung nötig gemacht. Weiter verwies er auf den engen zeitlichen Rahmen bis zum Inkrafttreten der Revision am 1. Januar 2009. Schliesslich lasse sich die Situation im Kanton Bern auch nicht ohne weiteres mit jener im Bund vergleichen. Das VRPG regle anders als das Bundesgerichtsgesetz nicht nur das Verfahren vor einer Instanz, sondern vor allen kantonalen Behörden. Der Regierungsrat signalisierte freilich, dass der Verzicht auf die Einheitsbeschwerde nicht unumstösslich sei. Er erklärte sich ausdrücklich bereit, die erforderlichen Anpassungen noch vorzunehmen, wenn ein Systemwechsel von den Vernehmlassungsteilnehmern begrüsst werden sollte. Er unterstrich die Vereinfachungen, welche die Integration der Gemeindebeschwerde sowie der Stimmrechts-, Abstimmungs- und Wahlbeschwerde in das VRPG brächte. Die Situation habe sich seit der Totalrevision des Gemeindegesetzes zudem insofern geändert, als in Stimmrechtssachen neu ebenfalls ein Gericht Vorinstanz des Bundesgerichts sein müsse. Ein definitiver Entscheid über das Schicksal der Einheitsbeschwerde war also noch nicht gefallen.

---

[71] Tagblatt des Grossen Rates 1997, S. 954 ff., und 1998, S. 228 ff.

[72] Vernehmlassungsvorlage des Vortrags betreffend das Gesetz über die Verwaltungsrechtspflege (VRPG) (Änderung), S. 4 f. Das Dokument ist einsehbar unter www.be.ch, Rubriken «Politische Geschäfte», «Vernehmlassungen».

Im Vernehmlassungsverfahren sprach sich eine überwiegende Anzahl der Teilnehmer dafür aus, die Gemeindebeschwerde in das VRPG zu integrieren und die besonderen Rechtspflegebestimmungen des Gemeindegesetzes aufzuheben. Im Zentrum stand das Anliegen, das Rechtsmittelsystem zu vereinfachen. In der *Vorlage an den Grossen Rat*[73] trug der Regierungsrat diesem Wunsch Rechnung und schlug eine entsprechende Ergänzung des VRPG vor. Die Ausdrücke «Gemeindebeschwerde» und «Verwaltungsbeschwerde» ersetzte er durch den neutralen Begriff «Beschwerde». Hingegen verzichtete der Regierungsrat auf die Integration der Stimmrechts-, Abstimmungs- und Wahlbeschwerde. Dies aus der Überlegung, dass die Rechtsmittelverfahren in kantonalen und eidgenössischen Stimmrechtssachen aufgrund der Vorgaben des Bundesrechts unterschiedlich geregelt sind. Zudem lasse das Bundesgerichtsgesetz in diesen Belangen Ausnahmen vom Prinzip der richterlichen Vorinstanzen des Bundesgerichts zu. Der Grosse Rat verabschiedete die Vorlage, ohne das Konzept der Einheitsbeschwerde näher zu diskutieren.[74]

3.5   Fazit

Mit der *Integration der Gemeindebeschwerde* in das VRPG ist ein Institut mit grosser Tradition aus dem bernischen Rechtsleben verschwunden. Dieser Schritt drängte sich auf, da der Regierungsrat als obere Rechtsmittelbehörde für die Beurteilung von Gemeindebeschwerden weitgehend durch das Verwaltungsgericht ersetzt werden musste (Art. 29a BV, Art. 86 Abs. 2 und Art. 88 Abs. 2 Satz 1 BGG).[75] Zudem waren schon bisher zahlreiche Regelungen des VRPG auch im Verfahren der Gemeindebeschwerde anwendbar (z.B. allgemeine Verfahrensgrundsätze, aufschiebende Wirkung etc.). Die bisherigen Rechtspflegebestimmungen aus dem Gemeindegesetz sind zwar weitgehend unverändert übernommen worden.[76] Dies sollte aber nicht darüber hinwegtäuschen, dass sich die erwähnte Änderung wesentlich auf den Charakter des VRPG auswirkt. Die Verfügungszentriertheit des VRPG gehört der Vergangenheit an. Beschwerde- und Verwaltungsgerichtsbeschwerde sind nicht mehr nur Instrumente der nachträglichen Verwaltungsrechts-,

---

[73]   Vortrag Änderung VRPG 89 (Anm. 11), S. 4.
[74]   Tagblatt des Grossen Rates 2008, S. 452 ff.
[75]   BGer 1C_140/2008 vom 17.3.2009, ZBl 2010 S. 42 E. 1.1 (kommunale Erlasse); BGE 134 I 199 E. 1.2 sowie BGer 1C_183/2008 vom 23.5.2008, ZBl 2009 S. 157 E. 1.1.1 (kantonale und kommunale Stimmrechtsangelegenheiten). Vgl. dazu auch *Nuspliger* (Anm. 48), Ziff. 1.2.
[76]   Vgl. *Auer* (Anm. 11), S. 257 ff.

sondern auch der Staatsrechtspflege (vgl. auch hinten Ziff. 4.1 und 4.2). Vor allem für das *Verwaltungsgericht* ist die Neuerung gewöhnungsbedürftig. Im Gegensatz zu den Regierungsstatthalterinnen und Regierungsstatthaltern und dem Regierungsrat war es bislang nicht mit Gemeindebeschwerden befasst. Es wird sich an seine Rolle als oberstes kantonales Gericht in solchen Angelegenheiten noch herantasten müssen. Immerhin kann es bei der Überprüfung kommunaler Erlasse im Verfahren der abstrakten Normenkontrolle und bei der Entscheidfindung in Stimmrechtssachen auf eine reichhaltige bundesgerichtliche Rechtsprechung zurückgreifen; die Praxis zur staatsrechtlichen Beschwerde lässt die Justiziabilität dieser Materien ohne weiteres erkennen. Schwieriger ist die Situation bei den kommunalen Beschlüssen nach Art. 74 Abs. 2 Bst. d i.V.m. Art. 60 Abs. 1 Bst. b Ziff. 3 VRPG. Denn hier zeigt sich der Bezug zur *staatlichen Verbandsaufsicht,* die der Gemeindebeschwerde zugrunde lag, besonders deutlich. Diese Aufgabe kann das Verwaltungsgericht als gerichtliche Instanz nur sehr beschränkt wahrnehmen. Soweit solche Beschlüsse überhaupt Gegenstand eines Rechtsmittelverfahrens werden, dürfte die oberinstanzliche Zuständigkeit des Regierungsrates daher eine gewisse Bedeutung behalten (Entscheide mit vorwiegend politischem Charakter; Art. 86 Abs. 3 und Art. 114 BGG i.V.m. Art. 77 Bst. c–e VRPG).[77]

Nicht in das VRPG integriert hat der Gesetzgeber die *besonderen Rechtsmittel nach Art. 86 ff. GPR.* Damit wäre die Einheitsbeschwerde umfassend verwirklicht. Ob das Rechtsmittelsystem so weiter vereinfacht werden könnte, scheint indes fraglich. In *eidgenössischen Angelegenheiten* sieht das Bundesrecht die Stimmrechts-, Abstimmungs- und Wahlbeschwerde an die Kantonsregierung vor. Es enthält auch Verfahrensvorschriften, die von denjenigen des VRPG abweichen (z.B. Beschwerdefrist von drei Tagen; Art. 77 Abs. 2 BPR). Dem Konzept der Einheitsbeschwerde sind in diesem Bereich daher von Bundesrechts wegen Grenzen gesetzt. In *kantonalen Angelegenheiten* haben die Kantone mehr Spielraum. Der Kanton Bern hat von der Ermächtigung des Bundesgerichtsgesetzes Gebrauch gemacht, gegen Akte des Parlaments und der Regierung auf einen kantonalen Rechtsschutz zu verzichten (Art. 88 Abs. 2 Satz 2 BGG i.V.m. Art. 93 Abs. 2 GPR); einzige Rechtsmittelinstanz ist das Bundesgericht (Art. 82 Bst. c und Art. 88 Abs. 1 Bst. a BGG).[78] Beschwerden an das Verwaltungsgericht werden deshalb überaus

---

[77] Vgl. dazu auch Vortrag Änderung VRPG 89 (Anm. 11), S. 6 f. und 15 f.; *Herzog / Daum* (Anm. 11), S. 17 f.

[78] Vgl. etwa BVR 2009 S. 529 und BGer 1C_392/2009 vom 1.12.2009 (Abstimmungserläuterungen des Grossen Rates); *Herzog / Daum* (Anm. 11), S. 31 f.

selten sein. Wie in eidgenössischen Angelegenheiten sind nach geltendem Recht zudem spezielle Regeln für das Verfahren zu beachten. Insgesamt liegen die Verhältnisse hier somit anders als bei der ehemaligen Gemeindebeschwerde. Der Entscheid des Gesetzgebers, nicht auch die Rechtsmittel des GPR zu einer Einheitsbeschwerde zu verschmelzen, beruht nach dem Gesagten auf guten Gründen. Die Gesetzgebung über die politischen Rechte wird zur Zeit einer Totalrevision unterzogen. Dabei wird auch die Einführung der Einheitsbeschwerde in kantonalen Stimm- und Wahlrechtsangelegenheiten geprüft.[79]

4. Rechtsschutz gegen Verwaltungsrealakte

4.1 Verfügungszentriertheit der Verwaltungsrechtspflege

In der nachträglichen Verwaltungsrechtspflege bildet die *Verfügung* Ausgangspunkt für den Rechtsschutz. Ohne Verfügung fehlt es am Anfechtungsobjekt, gegen das Beschwerde geführt werden kann (Art. 60 Abs. 1 Bst. a und Art. 74 Abs. 1 VRPG; Art. 82 Bst. a BGG). Nicht nur aus materiellrechtlicher, sondern auch aus verfahrensrechtlicher Sicht kommt dem Verfügungsbegriff daher eine herausragende Bedeutung zu. Die Rechtsprechung ist reich an Entscheiden, die sich mit der Abgrenzung der Verfügung von anderen Formen des Verwaltungshandelns beschäftigen, insbesondere von den *Realakten*. Darunter sind Verwaltungsmassnahmen zu verstehen, die – im Gegensatz zu den Rechtsakten, zu denen die Verfügung gehört, – unmittelbar nur einen Taterfolg herbeiführen sollen (z.B. Erteilen von Auskünften, Abschleppen eines falsch parkierten Fahrzeugs).[80] So befand der Regierungsrat etwa im Jahr 1909, dass die Androhung des Patententzugs nicht den Charakter einer Verfügung habe und auf den dagegen erhobenen Rekurs daher nicht eingetreten werden könne.[81] Das Beispiel zeigt: «Der Begriff der anfechtbaren Verfügung *öffnet* und *begrenzt* zugleich den Zugang zum Anfechtungsstreit als Hauptform des Verwaltungsrechtspflegeverfahrens».[82]

---

[79] *Nuspliger* (Anm. 48), Ziff. 4.4 mit Hinweis auf Beschluss RR Nr. 1125 vom 24.6.2009.

[80] Statt vieler *Pierre Tschannen / Ulrich Zimmerli / Markus Müller*, Allgemeines Verwaltungsrecht, 3. Aufl. Bern 2009, § 38 N. 1 ff. mit weiteren Beispielen.

[81] Entscheid RR vom 28.6.1909, MBVR 1909 S. 388.

[82] So die prägnante Formulierung von *Fritz Gygi*, Verwaltungsrecht, Bern 1986, S. 124.

4.2 Differenzierteres Bild in der Staatsrechtspflege

In der Staatsrechtspflege ist der Kreis der möglichen Anfechtungsobjekte seit jeher nicht auf die Verfügung beschränkt, sondern erheblich weiter ausgestaltet. In *Wahl- und Abstimmungssachen* bilden Realakte regelmässig Gegenstand von Beschwerden, beispielsweise Abstimmungserläuterungen oder behördliche Informationen vor Abstimmungen (Art. 60 Abs. 1 Bst. b Ziff. 2 und Art. 74 Abs. 2 Bst. c VRPG; Art. 74 Abs. 2 Bst. a VRPG i.V.m. Art. 86 ff. GPR; Art. 82 Bst. c BGG). Besonders vielschichtig ist im Kanton Bern sodann das Anfechtungsobjekt der *«weiteren» kommunalen Beschlüsse* (Art. 60 Abs. 1 Bst. b Ziff. 3 und Art. 74 Abs. 2 Bst. d VRPG). Aus der neueren Praxis seien die folgenden Beispiele erwähnt:

- Ausgaben- und Budgetbeschlüsse des zuständigen Organs sowie die Beschlussfassung über Voranschlag und Rechnung;[83]
- Beschluss des Gemeinderates über den Beginn der Bauarbeiten für ein öffentliches Werk;[84]
- Beschluss der Burgerkommission, das Angebot einer Firma auf Abschluss eines Pachtvertrags abzulehnen;[85]
- Beschluss der Gemeindeversammlung, ihr Reglement über die Benutzung der kommunalen Weiden aufzuheben und diese an eine Genossenschaft zu verpachten;[86]
- Beschluss des Stadtrates, zwei Schulen zu einer einzigen Schule zusammenzulegen.[87]

Anfechtbar sind namentlich auch Beschlüsse rein organisatorischer Natur, die sich nur auf die Ordnung der inneren Angelegenheiten der Gemeinde beziehen (z.B. Organisation der Gemeindeverwaltung).[88] Gegenstand des Beschwerdeverfahrens sind somit (auch) Realakte, denen ein kommunaler Beschluss zugrunde liegt.

---

[83] VGE 2009/75 vom 21.8.2009 (bestätigt durch BGer 1C_440/2009 vom 12.10.2009), E. 1.1.2; 2009/34 vom 2.6.2009 (bestätigt durch BGer 1C_292/2009 vom 9.7.2009), E. 1.1.2; Entscheid RR vom 16.3.1977, BVR 1977 S. 337; vom 8.5.1962, MBVR 1963 S. 288; vom 10.4.1951, MBVR 1952 S. 177.

[84] Entscheid RR vom 14.2.1996, BVR 1997 S. 337.

[85] Entscheid RR vom 6.7.1983, BVR 1983 S. 349.

[86] Entscheid RR vom 15.12.1976, BVR 1977 S. 106.

[87] Entscheid RR vom 25.5.1977, BVR 1977 S. 346.

[88] *Kilchenmann* (Anm. 62), S. 72; *Merkli / Aeschlimann / Herzog* (Anm. 17), Einleitung N. 63; *Ernst Blumenstein*, Zulässigkeit eines Zurückkommens auf Gemeindeversammlungsbeschlüsse, MBVR 1936 S. 1 ff., S. 1 f.

4.3 Rechtsschutzverfahren zur Überprüfung von Realakten

Das Bundesgericht hat mehrere Wege aufgezeigt, um Rechtsschutz gegen Realakte zu ermöglichen: die Aufsichtsbeschwerde, die Geltendmachung von Schadenersatz- oder Genugtuungsansprüchen im Staatshaftungsverfahren sowie das Begehren auf Erlass einer Feststellungsverfügung. Gegen Realakte, die in Grundrechte eingreifen, bejaht das Bundesgericht zudem eine direkte Anfechtungsmöglichkeit, sofern das Rechtsschutzbedürfnis es gebietet.[89] In diesem Sinn kann erwogen werden, in analoger Anwendung des massgebenden Verfahrensrechts die Verwaltungs- bzw. Verwaltungsgerichtsbeschwerde zuzulassen.[90] Eine neue Lösung wählte der Bundesgesetzgeber anlässlich der Totalrevision der Bundesrechtspflege. Der seit 1. Januar 2007 geltende Art. 25a VwVG[91] ermöglicht es Personen, die ein schutzwürdiges Interesse haben, gegen widerrechtliche Handlungen, die sich auf öffentliches Recht des Bundes stützen und Rechte oder Pflichten berühren, ein Unterlassungs-, Einstellungs-, Widerrufs-, Beseitigungs- oder Feststellungsbegehren zu stellen.[92] Die Behörde, die für die Handlung zuständig ist, entscheidet durch Verfügung. Diese *«Verfügung über Realakte»* (Randtitel von Art. 25a VwVG) ist auf dem ordentlichen Beschwerdeweg anfechtbar. Zahlreiche Kantone haben in ihren Prozessgesetzen für das kantonale Recht analoge Regelungen vorgesehen.[93] Im Kanton Graubünden gelten Realakte, die in Rechte und Pflichten von Personen eingreifen, gleich wie die Rechtsverweigerung und -verzögerung als anfechtbare Entscheide.[94] Wieder ein anderes System kennen die Kantone St. Gallen und Aargau: Sie räumen im Sinn einer Auffangklausel eine eigene Klagemöglichkeit ein in Angelegen-

---

[89] BGE 128 I 167 E. 4.5; 121 I 87 E. 1b; BVR 2006 S. 481 E. 4.2.

[90] BGE 130 I 369 E. 6.1 am Ende.

[91] Bundesgesetz vom 20.12.1968 über das Verwaltungsverfahren (SR 172.021).

[92] Eingehend dazu *Markus Müller,* Rechtsschutz gegen Verwaltungsrealakte, in: BTJP 2006 (Anm. 51), S. 313 ff. Vgl. neuerdings auch die Arbeit von *Marianne Tschopp-Christen,* Rechtsschutz gegenüber Realakten des Bundes (Artikel 25a VwVG), Diss. Zürich 2009.

[93] So etwa die Kantone Genf, Luzern, Schaffhausen, Solothurn und Zug. Im Kanton Zürich beantragt der Regierungsrat dem Kantonsrat ebenfalls, in § 10c des Verwaltungsrechtspflegegesetzes vom 24.5.1959 (VRG; LS 175.2) eine entsprechende Bestimmung aufzunehmen; vgl. Beschluss RR Nr. 693 vom 29.4.2009 betreffend das Gesetz über die Anpassung des kantonalen Verfahrensrechts, einsehbar unter www.rrb.zh.ch.

[94] Art. 28 Abs. 4 und Art. 49 Abs. 3 des Gesetzes vom 31.8.2006 über die Verwaltungsrechtspflege (VRG; BR 370.100).

heiten, in denen nach der Gesetzgebung weder Beschwerde noch Klage vor einer anderen Instanz erhoben werden kann.[95]

4.4 Aktueller Diskussionsstand im Kanton Bern

Der Regierungsrat prüfte im Rahmen der VRPG-Revision vom 10. April 2008 die Einführung einer mit Art. 25a VwVG vergleichbaren kantonalen Regelung. Er sah im Gesetzesentwurf jedoch vorläufig von einer solchen Ergänzung des Verfahrensgesetzes ab mit der Begründung, die Bundesnorm sei in ihrer Tragweite zum heutigen Zeitpunkt noch unklar und mit zahlreichen Auslegungsproblemen verbunden. Sie sei mit Blick auf alternative Rechtsschutzmöglichkeiten gegen Realakte wie das Staatshaftungs- oder Feststellungsverfahren zudem nicht zwingend nötig.[96] Anlässlich der ersten und einzigen Lesung der Vorlage im Grossen Rat[97] brachten zwei Ratsmitglieder den Antrag ein, mit einem neuen Art. 49a VRPG eine Vorschrift nach dem Vorbild von Art. 25a VwVG in der bernischen Verwaltungsrechtspflege zu verankern. Sie beabsichtigten, eine aus ihrer Sicht problematische Lücke im Verfahrensrecht zu füllen und im Interesse der Rechtssicherheit Abgrenzungsprobleme mit anderen Verfahren zu vermeiden. Der Rechtsschutz solle zwar nicht ausgebaut, aber transparent gemacht werden. Die neue Bestimmung rechtfertige sich zudem aus Gründen der Harmonisierung. Die Überprüfung von Realakten folge damit auf allen staatlichen Ebenen den gleichen verfahrensrechtlichen Regeln. Die Gegnerinnen und Gegner verwiesen vorab auf die bestehenden alternativen Rechtsschutzverfahren. Sie erkannten kein hinreichendes Bedürfnis, den Rechtsschutz gegen Realakte zu verbessern. Der Präsident der vorberatenden Kommission äusserte sich dazu wie folgt:[98]

> «Zusammenfassend halte ich also Folgendes fest: Dogmatisch höchst interessant, in der konkreten Ausführung eher beschränkt. In der Tendenz gibt es bereits eine Ausdehnung des Rechtsschutzes und eine Erweiterung der anfechtbaren Dinge. Es ist ein Unterschied, ob das Bundesgericht oder die Rechtspraxis entscheidet, ob etwas anfechtbar sein soll, weil ein Rechtsschutzinteresse besteht, oder ob im

---

[95] St. Gallen: Art. 76 Abs. 1 Bst. b und Art. 79 Abs. 1 Bst. a des Gesetzes vom 16.5.1965 über die Verwaltungsrechtspflege (sGS 951.1) und dazu VGer SG vom 19.9.2007, SGGVP 2007 Nr. 3 S. 12; Aargau: § 60 Bst. d des Gesetzes vom 4.12.2007 über die Verwaltungsrechtspflege (Verwaltungsrechtspflegegesetz, VRPG; SAR 271.200).

[96] Vortrag Änderung VRPG 89 (Anm. 11), S. 8.

[97] Tagblatt des Grossen Rates 2008, S. 456 ff.

[98] Tagblatt des Grossen Rates 2008, S. 461 (Votum Kommissionspräsident Kneubühler).

Gesetz steht, die Realakte seien anfechtbar; auch dann, wenn man wie hier den Umweg über die Verfügung einschlagen will. Das ist doch ein gewisser Motivationsfaktor, damit solche Dinge populär werden. Im Vergleich zur heutigen Rechtswirklichkeit bleibt gar nicht mehr so viel übrig. Aber bei dem, was übrig bleibt, möchte ich nicht, dass es anfechtbar wird. Oder wollen Sie wirklich Beschwerde führen, wenn der Gemeinderat zum Beispiel sagt, der Abfall werde statt am Mittwoch am Donnerstag eingesammelt? Soll hier wirklich ein Rechtsschutzinteresse bestehen, und soll das wirklich anfechtbar sein? […] Oder wenn der Gemeinderat sagt, die Gemeindeversammlung finde im ‹Sternen› und nicht mehr im ‹Kreuz› statt: Soll das anfechtbar sein? Ich denke, das ist nicht nötig.»

Der Justizdirektor wies darauf hin, dass das VRPG auch zu einem späteren Zeitpunkt noch ergänzt werden könne. Da Beschlüsse ohne Verfügungscharakter auf kommunaler Ebene wie bisher anfechtbar seien, würde Art. 49a VRPG zu Abgrenzungsschwierigkeiten mit der bestehenden Regelung führen.[99] Nach lebhaft geführter Diskussion zogen die Antragstellerin und der Antragsteller ihr Begehren schliesslich zurück.[100]

4.5 Fazit

Anders als der Bund und andere Kantone hat sich der Kanton Bern dazu entschlossen, Realakte vorerst keinem neuen Rechtspflegeverfahren zu unterstellen. Aus Sicht des *individuellen Rechtsschutzes* hat dieser Entscheid nicht untragbare Konsequenzen. Wohl bietet die aufsichtsrechtliche Anzeige als blosser Rechtsbehelf keine gleichwertige Alternative. Die Durchsetzung von Schadenersatzansprüchen ist jedoch auf dem Weg der Staatshaftung sichergestellt. Sodann kann sich das Feststellungsverfahren als durchaus wirksam erweisen, auch wenn auf diesem Weg nicht direkt die Unterlassung bzw. Einstellung der angeblich widerrechtlichen Tathandlung oder die Beseitigung der Folgen derselben verlangt werden kann.[101] Steht die Widerrechtlichkeit einer Handlung fest, darf von der zuständigen Behörde erwartet werden, dass sie die nötigen Vorkehren zur Wiederherstellung des rechtmässigen Zustands trifft. Das viel diskutierte Rechtsschutzdefizit bei Realakten sollte auch in seiner praktischen Bedeutung nicht überbewertet werden. In der Rechtsprechung hat Art. 25a VwVG in den drei Jahren seiner Geltung keine grosse Bedeutung erlangt. Das mag auch daran liegen, dass der Erlass

---

[99] Tagblatt des Grossen Rates 2008, S. 462 (Votum Justiz-, Gemeinde- und Kirchendirektor Neuhaus).

[100] Tagblatt des Grossen Rates 2008, S. 462.

[101] Vgl. BVR 2007 S. 441 E. 4. Kritischer *Enrico Riva,* Neue bundesrechtliche Regelung des Rechtsschutzes gegen Realakte, SJZ 2007 S. 337 ff., S. 338 f.

einer Verfügung über einen Realakt ein schutzwürdiges Interesse voraussetzt. Ohne hinreichende Betroffenheit ist der Zugang zum Rechtsschutzverfahren verschlossen.[102] Von einer Rechtsschutzlücke kann man in solchen Fällen von vornherein nicht sprechen.

Dies bedeutet allerdings nicht, dass im Kanton Bern mit Bezug auf die Anfechtbarkeit von Realakten kein Handlungsbedarf besteht. Denn die heutige Rechtslage vermag aus *harmonisierungsrechtlichen Gründen* nicht zu befriedigen. Zwar stehen stets die allgemeinen Rechtsschutzmöglichkeiten wie das Feststellungs- und Staatshaftungsverfahren zur Verfügung. Vor den *Bundesbehörden* kommt aber zusätzlich das Verfahren nach Art. 25a VwVG zum Tragen. Auf *kantonaler Ebene* besteht kein zusätzliches Instrumentarium; ob Art. 25a VwVG Anwendung findet, wenn die kantonalen (oder auch kommunalen) Behörden Bundesrecht vollziehen, ist immer noch ungeklärt.[103] Gegen «weitere Beschlüsse» der Organe der Gemeinden und ihrer Anstalten sowie der dem Gemeindegesetz unterstellten Körperschaften steht die Beschwerde und anschliessend die Verwaltungsgerichtsbeschwerde offen, wenn dagegen kein anderes Rechtsmittel möglich ist (Art. 60 Abs. 1 Bst. b Ziff. 3 und Art. 74 Abs. 2 Bst. d VRPG). Solche Beschlüsse umfassen nach der bisherigen Rechtsprechung auch Realakte (vorne Ziff. 4.2). Sie können also direkt angefochten werden.[104] Hinzu kommt, dass zur Beschwerde nicht nur befugt ist, wer die allgemeinen Legitimationsvoraussetzungen erfüllt. Bei Beschlüssen, die allgemeine Interessen der Gemeinde berühren, genügt die Stimmberechtigung in der betreffenden Gemeinde (Art. 65c und 79c VRPG). Auf *kommunaler Ebene* ist der Rechtsschutz gegen Realakte damit deutlich besser ausgebaut als im Kanton und sogar als im Bund. Dafür gibt es keine hinreichenden sachlichen Gründe. Die staatliche Verbandsaufsicht, welche die frühere Gemeindebeschwerde prägte, steht beim gerichtlichen Rechtsschutz nicht im Vordergrund (vorne Ziff. 3.5). Der Gesetzgeber sollte deshalb die Streichung der Beschwerdemöglichkeit gegen die «weiteren» kommunalen Beschlüsse prüfen. Es stehen genügend Wege offen, um die kantonale Aufsicht über die Gemeinden wahrzunehmen (Art. 85 ff. GG: aufsichtsrechtliche Untersuchung und aufsichtsrechtliche Massnahmen; Art. 101 VRPG: aufsichtsrechtliche Anzeige). Dann wäre allenfalls auch der

---

[102] Vgl. als Beispiel BGer 2C_175/2009 vom 13.7.2009, E. 2 (hinreichende Betroffenheit verneint beim Verzicht, bestimmte Radioprogramme über Mittelwelle zu verbreiten).

[103] BVR 2007 S. 441 E. 4.2; *Isabelle Häner*, Art. 25a N. 33 mit Hinweis auf konträre Lehrmeinungen, in: Bernhard Waldmann / Philippe Weissenberger (Hrsg.), Praxiskommentar VwVG, Zürich etc. 2009.

[104] BVR 2007 S. 441 E. 4.4; 2006 S. 481 E. 4.3.

Zeitpunkt gekommen, die Regelung von Art. 25a VwVG im bernischen Recht zu verankern – mit dem Vorteil einer einheitlichen Lösung für Bund, Kanton und Gemeinden.

5. Anwendungsbereich der ursprünglichen Verwaltungsrechtspflege

5.1 Dominanz des Klageverfahrens im VRPG 09

Das VRPG 09 sah die ursprüngliche Verwaltungsrechtspflege als Regelfall vor. Das Verwaltungsgericht beurteilte die gesetzlich aufgezählten Streitigkeiten als *einzige Instanz im Klageverfahren* (Art. 11 Ziff. 1–6 VRPG 09). Der Gesetzgeber verzichtete darauf, ein zweistufiges Verfahren mit Klage und anschliessender Weiterziehung bzw. Appellation zu installieren. Der Regierungsrat legte im Vortrag zum neuen Gesetz die Vorteile dieses Systems dar. Es gehe darum, «eine unnötige Weitschweifigkeit des Verfahrens zu vermeiden» und insoweit die «Rechtsprechung durch Behörden der allgemeinen Verwaltung vollständig auszuschliessen». Eine übermässige Belastung des Verwaltungsgerichts sei hieraus nicht zu befürchten, wie statistische Feststellungen ergeben hätten.[105] Frühere Gesetzesentwürfe hatten teilweise die gegenteilige Lösung vorgesehen.[106] Eine der wenigen, zahlenmässig jedoch gewichtigen *Ausnahmen* vom System der ursprünglichen Verwaltungsrechtspflege galt in Einkommenssteuersachen. Hier urteilte das Verwaltungsgericht im Verfahren der nachträglichen Verwaltungsrechtspflege über Beschwerden gegen Entscheide der kantonalen Rekurskommission (vorne Ziff. 2.1).

5.2 Bekenntnis des VRPG 61 zu beiden Verfahrensarten

Das VRPG 61 durchbrach die einseitige Ausrichtung des VRPG 09 auf das Klageverfahren und begründete zahlreiche Zuständigkeiten des Verwaltungsgerichts, die es als Rechtsmittelinstanz im *Beschwerdeverfahren* abzuwickeln hatte (Art. 15 VRPG 61). Wenn eine Anfechtung durch Beschwerde möglich war, schied die Klage aus (Art. 32 Abs. 3 VRPG 61). In der *ursprünglichen Verwaltungsrechtspflege* führte das Gesetz in bestimmten

---

[105] Vortrag VRPG 09 (Anm. 14), S. 23. Vgl. zum Gedanken der Prozessökonomie auch den Beitrag von *Christoph Bürki* in diesem Band.

[106] *Blumenstein* (Anm. 16), S. 358 f.

Fällen neu das zweistufige Verfahren ein. War der Staat beteiligt, urteilte das Verwaltungsgericht wie bisher als einzige Instanz. Hier ging es vorab um vermögensrechtliche Angelegenheiten sowie Streitigkeiten aus öffentlich-rechtlichen Verträgen, Konzessionen und Dienstverhältnissen (Art. 17 VRPG 61). War eine Gemeinde oder eine ihr gleichgestellte öffentlich-rechtliche Körperschaft beteiligt, lag die Zuständigkeit beim Regierungsstatthalter, wobei das Gesetz – im Gegensatz zur verwaltungsgerichtlichen Zuständigkeitsordnung – nicht klar zwischen Anfechtungsstreit- und Klageverfahren unterschied (Art. 24 VRPG 61).[107] Die Entscheide des Regierungsstatthalters unterlagen der Weiterziehung an den Regierungsrat oder das Verwaltungsgericht (Art. 26 VRPG 61).[108]

5.3 Dominanz des Anfechtungsstreits im VRPG 89

Im Vortrag zur Totalrevision des Verwaltungsrechtspflegegesetzes stellte der Regierungsrat fest, dass die Trennung von Klage- und Beschwerdematerien auf Zufälligkeiten beruhe. In manchen Bereichen sei es nicht mehr zeitgemäss, der Verwaltung die Verfügungskompetenz zu versagen und den Staat bzw. die Gemeinden auf den Klageweg zu verweisen. Die ursprüngliche Verwaltungsrechtspflege sollte möglichst umfassend zugunsten der nachträglichen ausgeschlossen werden.[109] Dieses Ziel wurde mit zwei Massnahmen umgesetzt: Zum einen regelt die zuständige Behörde öffentlich-rechtliche Rechtsverhältnisse von Amtes wegen oder auf Gesuch hin mit einer Verfügung, es sei denn, das Gesetz sehe ausdrücklich etwas anderes vor oder verweise zur Streiterledigung auf den Klageweg (Vorrang der Verfügung; Art. 49 Abs. 1 VRPG). Spiegelbildlich dazu erklärt das Gesetz die verwaltungsrechtliche Klage für unzulässig, wenn der behauptete Anspruch auf dem Beschwerdeweg geltend gemacht werden kann (Subsidiarität der Klage; Art. 90 Abs. 1 VRPG). Zum anderen wurde der Zuständigkeitskatalog für Streitigkeiten, die auf dem Klageweg auszutragen waren, weiter reduziert. Im Kern handelt es sich um Verantwortlichkeitsansprüche gegen Kanton und Gemeinden, vermögensrechtliche Streitigkeiten aus öffentlichem Recht zwischen Gemeinwesen gleicher Stufe und Privaten sowie Streitigkeiten aus

---

[107] Vortrag VRPG 61 (Anm. 33), S. 52; *Roos* (Anm. 26), S. 395 f.; *Fritz Gygi / Rudolf Stucki,* Handkommentar zum bernischen Gesetz über die Verwaltungsrechtspflege, Bern 1962, S. 55 Ziff. 3 und S. 73 Ziff. 1.

[108] Vgl. auch *Aeschlimann / Zimmerli* (Anm. 35), Ziff. 1.2.

[109] Vortrag VRPG 89 (Anm. 4), S. 1 f. Vgl. dazu auch bereits *Aeschlimann* (Anm. 61), S. 28 ff.

öffentlich-rechtlichen Verträgen (Art. 87 und 88 VRPG in der ursprünglichen Fassung). Die Kompetenzaufteilung zwischen Verwaltungsgericht und Regierungsstatthalterämtern richtet sich nach dem gleichen Anknüpfungspunkt, der bereits im VRPG 61 massgebend war (Beteiligung des Kantons oder der Gemeinden; vorne Ziff. 5.2).[110]

5.4 Verfahrenswechsel bei der Staatshaftung

Die Teilrevision des VRPG vom 10. April 2008 brachte den Wechsel vom Klage- zum Anfechtungsstreitverfahren zur Durchsetzung von Verantwortlichkeitsansprüchen (Aufhebung von Art. 87 Bst. a und Art. 88 Bst. a VRPG; Art. 104 und 104a PG[111]). Der Kanton Bern folgt jetzt dem System, das im Verantwortlichkeitsrecht des Bundes bereits seit dem 1. Januar 1994 gilt (Art. 10 Abs. 1 VG[112]). Der Gesetzgeber verspricht sich von dieser Massnahme vor allem eine *Entlastung des Verwaltungsgerichts.* Dieses soll nicht als einzige Instanz Staatshaftungsbegehren gegen den Kanton beurteilen und dabei erstmals den ganzen Prozessstoff sammeln und aufarbeiten müssen. Als Rechtsmittelinstanz kann es sich auf die Vorarbeiten der verfügenden Behörde stützen. Das einstufige Klageverfahren ist zudem mit Nachteilen für den *Rechtsschutz* verbunden. Während in zivilen Haftungsfällen auf kantonaler Ebene zwei gerichtliche Instanzen in der Regel mit voller Kognition urteilen, ist das Erkenntnis des Verwaltungsgerichts in kantonalen Staatshaftungssachen einzig- und letztinstanzlich. Das Beschwerdeverfahren bietet insoweit zwar keine gleichwertige Lösung mit dem Zivilprozess, nähert die unterschiedlichen Systeme einander aber wenigstens an. Beibehalten wird das Klageverfahren nur für Haftungsansprüche aus der Amtstätigkeit von Mitgliedern des Regierungsrates sowie von hauptamtlichen Behördenmitgliedern (Art. 104b i.V.m. Art. 38 Abs. 1 PG). Auch diese Regelung stimmt mit dem Bund für die Haftung aus der Amtstätigkeit von Magistratspersonen überein (Art. 10 Abs. 2 i.V.m. Art. 1 Abs. 1 Bst. b und c VG). – Der Verfahrenswechsel gilt auch für die *Gemeinden,* denn ihre vermögensrechtliche Verantwortlichkeit richtet sich sinngemäss nach den für den Kanton geltenden Bestimmungen (Art. 84 Abs. 1 GG).[113] Im Rahmen der laufenden

---

[110] Vgl. auch *Aeschlimann / Zimmerli* (Anm. 35), Ziff. 2.2.

[111] Personalgesetz vom 16.9.2004 (BSG 153.01).

[112] Bundesgesetz vom 14.3.1958 über die Verantwortlichkeit des Bundes sowie seiner Behördemitglieder und Beamten (Verantwortlichkeitsgesetz; SR 170.32).

[113] Zum Ganzen Vortrag Änderung VRPG 89 (Anm. 11), S. 7 und 22 f.; *Herzog / Daum* (Anm. 11), S. 33 ff.; *Auer* (Anm. 11), S. 259 ff.

Revision des Gemeindegesetzes soll der Verweis auf das kantonale Recht präzisiert und auf das Klageverfahren – anders als bei der Haftung des Kantons – ganz verzichtet werden.[114]

5.5 Fazit

Die ursprüngliche Verwaltungsrechtspflege hat seit dem VRPG 09 laufend an *Bedeutung verloren*. Das Anfechtungsstreitverfahren hat sie heute weitgehend verdrängt. Der kürzlich erfolgte Verfahrenswechsel bei der Staatshaftung ist eine konsequente Fortsetzung dieser Entwicklung. Praktisch bedeutsam bleibt die ursprüngliche Verwaltungsrechtspflege vorab im *Enteignungsrecht*. Ein Wechsel zum Anfechtungsstreitverfahren wäre zwar auch hier nicht ausgeschlossen; ein Entscheid des Gemeinwesens «in eigener Sache» ist dann wenig problematisch, wenn dagegen der Rechtsweg an eine unabhängige Rechtsmittelbehörde offensteht. Anders als bei der Staatshaftung drängt sich eine Änderung aber nicht auf. Denn der doppelte Instanzenzug über die Schätzungskommission an das Verwaltungsgericht[115] hat sich bewährt. Sachgerecht erscheint auch weiterhin, öffentlich-rechtliche Streitigkeiten zwischen *Gemeinwesen gleicher Stufe* und zwischen *Privaten* der ursprünglichen Verwaltungsrechtspflege zuzuordnen. Eine einseitige und hoheitliche Verfügung, welche im Beschwerdeverfahren angefochten werden könnte, ist in diesen Fällen kaum denkbar.

Zu differenzieren ist bei Streitigkeiten aus *öffentlich-rechtlichen Verträgen*. Hier bestehen zuweilen Unsicherheiten, ob das Klage- oder das Beschwerdeverfahren zum Zug kommt.[116] Im Kanton Bern sind vertragliche Ansprüche grundsätzlich auf dem Klageweg durchzusetzen (Art. 87 Bst. b und Art. 88 Bst. d VRPG). Der Gesetzgeber weicht in den Spezialerlassen allerdings vermehrt von diesem Verfahren ab. Ein prominentes Bespiel findet sich im Personalrecht: Die Mitarbeiterinnen und Mitarbeiter des Kantons sind grundsätzlich vertraglich angestellt (Art. 3 Abs. 2 und Art. 16 Abs. 1 PG). Kommt bei Streitigkeiten aus dem Arbeitsverhältnis keine Einigung zu Stande, ist nicht der Klageweg zu beschreiten, sondern erlässt der Arbeitge-

---

[114] Die Revisionsvorlage ist einsehbar unter www.jgk.be.ch, Rubriken «Amt für Gemeinden und Raumordnung», «Gemeinden», «Gemeinderecht», «Gesetzliche Grundlagen», «Änderung Gemeindegesetz (GG)».

[115] Art. 44 ff. des Gesetzes vom 3.10.1965 über die Enteignung (BSG 711.0).

[116] Vgl. dazu *Isabelle Häner,* Der verwaltungsrechtliche Vertrag – Verfahrensfragen, in: Isabelle Häner / Bernhard Waldmann (Hrsg.), Der verwaltungsrechtliche Vertrag in der Praxis, Zürich etc. 2007, S. 39 ff., auch zum Folgenden.

ber eine anfechtbare Verfügung (Art. 107 Abs. 1 PG).[117] Dieses System liesse sich an sich auf andere vertragliche Streitigkeiten übertragen. Kann die eine Vertragspartei über die Streitsache hoheitlich verfügen, ist dies mit dem Grundgedanken des Vertrags allerdings nur schwer vereinbar. Das Klageverfahren ist insofern konsequenter, als sich beim vertraglichen Handeln zwei rechtlich gleichgeordnete Subjekte gegenüberstehen. Es ist in diesen Konstellationen dem Beschwerdeverfahren daher vorzuziehen. Die ursprüngliche Verwaltungsrechtspflege stösst freilich dort an Grenzen, wo Dritte in eigenen Interessen betroffen sind.[118] Dieses Problem sollte aber nicht mit der Einführung eines Mischsystems zwischen Klage- und Beschwerdeverfahren gelöst werden. Der Gesetzgeber hat vielmehr sorgfältig zu prüfen, ob er vom Grundsatz des Vorrangs der Verfügung gemäss Art. 49 Abs. 1 VRPG abweichen und den Klageweg öffnen will. Dafür braucht es überzeugende Gründe, trägt die Verfügung den Eigenheiten des öffentlichen Rechts doch in der Regel besser Rechnung als der Vertrag (demokratische und rechtsstaatliche Funktion der Verfügung, Rechtsschutz Dritter).[119]

6. Wie entwickelt sich die bernische Verwaltungsrechtspflege weiter?

Mit der Umsetzung der Rechtsweggarantie ist ein grosser Reformschritt getan. Der *Ausbau der Verwaltungsgerichtsbarkeit* im Kanton Bern ist an einem Endpunkt angelangt. Der Gesetzgeber hat diejenigen Bereiche und Fälle, die seines Erachtens vorwiegend politisch geprägt sind, von der Gerichtskontrolle ausgenommen (vorne Ziff. 2.5). Richtigerweise liegt der kantonal letztinstanzliche Entscheid hier bei einer Verwaltungsbehörde (Regierungsrat, Direktion); diese Angelegenheiten eignen sich nicht für den richterlichen Rechtsschutz.[120] Das Bundesgericht wird noch Gelegenheit haben zu klären, ob die Ausnahmen vor Art. 29a BV und Art. 86 BGG standhalten.

---

[117] *Daniel von Kaenel / Hans-Ulrich Zürcher,* Personalrecht, in: Markus Müller / Reto Feller (Hrsg.), Bernisches Verwaltungsrecht, Bern 2008, S. 45 ff., N. 85 ff.

[118] Vgl. etwa VGE 22278 vom 12.9.2005 (bestätigt durch BGer 1A.266/2005 vom 13.3.2006, URP 2006 S. 361; Vereinbarung auf dem Gebiet des Umweltrechts zur Regelung von Massnahmen, wenn das maximal zulässige Fahrtenkontingent überschritten wird).

[119] *Tschannen / Zimmerli / Müller* (Anm. 80), § 27 N. 12 und § 28 N. 5 ff.

[120] In diesem Sinn auch die Forderung von *Arnold Marti,* wonach die Grenzen des richterlichen Verwaltungsrechtsschutzes beachtet werden sollten und an einer sinnvollen

Kurz- und mittelfristig wird sich die bernische Verwaltungsrechtspflege punktuell weiterentwickeln. Die VRPG-Revision vom 10. April 2008 hat hier – unabhängig von der Rechtsweggarantie – einige Schwerpunkte gesetzt, die noch nicht zu Ende diskutiert sind (vorne Ziff. 3.5, 4.5 und 5.5). Besondere Aufmerksamkeit gilt auch in Zukunft dem Aspekt der *Verfahrensharmonisierung*. Einen wesentlichen Beitrag hierzu hat das Bundesgericht im Rahmen seiner Rechtsprechung zu den verfassungsrechtlichen Verfahrensgarantien geleistet, insbesondere zu Art. 29 BV. Neben den eidgenössischen Prozessgesetzen greift auch das Bundesverwaltungsrecht immer stärker in die Verfahrensautonomie der Kantone ein. So hat das Bundesgericht in einem neueren Fall entschieden, dass kantonale Einsprache- und Auflagefristen von weniger als 20 Tagen auf dem Gebiet des Natur- und Heimatschutzes bundesrechtswidrig sind, weil sie gegen Art. 12b Abs. 1 NHG[121] verstossen.[122] Zahlreiche andere Beispiele liessen sich anführen. Verstärkt sich diese Tendenz weiter, wird die Frage nach einer Vereinheitlichung der Verwaltungsrechtspflege in der Schweiz längerfristig an Aktualität gewinnen, zumal in der Zivil- und Strafrechtspflege eidgenössische Prozessordnungen in naher Zukunft Rechtswirklichkeit sein werden.[123]

Aufgabenteilung von verwaltungsinterner und verwaltungsexterner Verwaltungsrechtspflege festzuhalten ist (Aktueller Stand und neue Fragen in der schweizerischen Verwaltungsrechtspflege, ZBl 2009 S. 405 ff., S. 412).

[121] Bundesgesetz vom 1.7.1966 über den Natur- und Heimatschutz (SR 451).
[122] BGE 135 II 78, Pra 2009 Nr. 86 S. 584.
[123] Vgl. auch *Marti* (Anm. 53), S. 525.

Le Tribunal administratif et la minorité francophone du canton de Berne

Bernard Rolli

Table des matières

1. Un bref regard sur l'histoire

La situation des magistrats francophones du Tribunal administratif, d'une part, et celle des administrés francophones du canton, d'autre part, a évolué depuis 1910, date de l'entrée en fonction du Tribunal administratif. Sur ce plan, un bref regard historique nous permet de distinguer quatre périodes différentes concernant la participation des magistrats francophones et trois périodes concernant la législation sur l'usage des langues.

1.1 L'évolution de la représentation francophone au sein du Tribunal administratif

De 1910 à 1961, la loi sur la justice administrative du 31 octobre 1909[1] ne prévoyait aucune disposition particulière sur la représentation francophone au Tribunal administratif. Son art. 3 stipulait simplement qu'étaient éligibles au Tribunal administratif les citoyens suisses domiciliés dans le canton «sachant les deux langues nationales».

Dès le début de son activité, le Tribunal administratif a toujours compté des magistrats de langue maternelle française dans ses rangs. Si aucun d'entre eux n'a pendant longtemps été membre permanent, ils étaient deux membres ordinaires (un seul de 1924 à 1926) et deux suppléants jusqu'en 1929 et trois membres ordinaires et un suppléant de 1929 à 1961.[2]

De 1962 à 1971, la loi sur la justice administrative du 22 octobre 1961[3] (LJA 61) ne prévoyait toujours pas de disposition particulière sur la représentation de la minorité francophone au sein du Tribunal administratif. Comme précédemment, seule la connaissance des deux langues nationales était exigée des juges du Tribunal administratif (art. 3 al. 1 LJA 61). On

---

[1]   LJA 09, BL 1901–1916, p. 319.

[2]   Membres ordinaires: Joseph Bonay, Porrentruy, 1910–1921; Ernest Gobat, Courtelary, 1910; Paul Charmillot, St-Imier, 1911–1922 (vice-président du Tribunal administratif 1918–1922); Joseph Jobin, Saignelégier, 1922–1923; Jules Schlappach, Tavannes, 1922–1961 (vice-président du Tribunal administratif 1937–1961); Frédéric Scheurer, La Neuveville, 1927–1933; Raymond Schmid, Delémont puis Berne, 1929–1941; Henry Romy, Sorvilier, 1933–1953; Joseph Vallat, Porrentruy, 1941–1961; Arthur Juillerat, Bellelay, 1953–1961. Membres suppléants: Albert Guertler, Delémont, 1910–1922; Emile Ryser, Bienne, 1910–1921; Georges Clémençon, Grandval, 1921–1922; Gérald Siegfried, Delémont, 1922–1923; Frédéric Scheurer, La Neuveville, 1923–1926; Charles Hennet, Delémont, 1924–1940; Albert Juillard, Cortébert, 1941–1947; Hubert Piquerez, Porrentruy, 1947–1961.

[3]   LJA 61, BL 1961, p. 235 ss.

notera toutefois qu'une première tentative du député Cattin, tendant à ce qu'un des juges permanents soit de langue française, a échoué en deuxième lecture du projet de la LJA 61.[4] Dès 1966, le Tribunal administratif comptait trois membres et deux suppléants de langue française.[5]

De 1972 à 1989, suite à la révision du 12 septembre 1971 de la LJA,[6] le Tribunal administratif est devenu le Tribunal administratif et des assurances. Les juges étaient élus soit au Tribunal administratif, soit au Tribunal des assurances (art. 2 al. 1 LJA 71). L'art. 2 al. 2 LJA 71 prévoyait toutefois que l'un des juges permanents pouvait être élu dans les deux tribunaux. Par cette disposition, le législateur a, sans le mentionner expressément dans la loi, voulu introduire une base légale à l'élection d'un juge permanent de langue française. En effet, ainsi que le mentionnait le rapport de la Direction de la justice de novembre 1970, cette règle était destinée à favoriser le traitement des causes en langue française. Un juge de langue française devait ainsi assumer la présidence dans toutes les causes à juger dans cette langue, quel que soit le domaine concerné. Il s'agissait également de mieux respecter le droit au juge naturel.[7] Par ailleurs, l'art. 2 al. 3 LJA 71 prévoyait également nouvellement qu'il convenait de veiller, lors de l'élection des juges, à ce que les deux langues nationales soient convenablement représentées. Il s'agissait-là certainement des prémisses de la future Cour des affaires de langue française. Dès 1972, le Tribunal administratif et des assurances comptait un

---

[4] Le député Cattin s'était exprimé en ces termes: «Il est en effet important que les justiciables du Jura puissent parler devant le tribunal administratif avec un président qui puisse diriger les débats dans leur langue maternelle. Certes, le président du tribunal administratif est censé connaître les deux langues mais il se peut qu'un jour, il manie la langue française avec moins d'aisance que ne le fait actuellement le professeur Roos. C'est pourquoi j'aimerais qu'une telle disposition fût consacrée par la loi plutôt que par la coutume» (Journal du Grand Conseil 1961 p. 60). Cette proposition, renvoyée en deuxième lecture, a finalement été rejetée avec l'argument qu'une telle règle ne devait pas figurer dans la loi, mais que le Grand Conseil devait bien évidemment veiller à une juste représentation du Jura lors des élections (Intervention Tschäppät, Président de la commission, Journal du Grand Conseil 1961 p. 201).

[5] Membres ordinaires: Arthur Juillerat, Bellelay, 1962–1971; Joseph Vallat, Porrentruy, 1962–1964; Jules Schlappach, Tavannes, 1962–1964 (vice-président du Tribunal administratif 1962–1964); Jacques Bosshart, Mont-Soleil, 1965–1971 (vice-président du Tribunal administratif 1965–1971); Maurice Brahier, Moutier, 1965–1971. Membres suppléants: Hubert Piquerez, Porrentruy, 1962–1971; Robert Siegenthaler, Delémont, 1966–1969; Jean Haas, Delémont, 1970–1971.

[6] LJA 71, BL 1971, p. 255 ss.

[7] Journal du Grand Conseil 1971, annexe 5 ad art. 2 p. 4.

juge permanent de langue française élu dans les deux tribunaux et deux suppléants de langue française élus dans chacun des deux tribunaux.[8]

Dès 1990, la loi sur la procédure et la juridiction administratives[9] a, quant à elle, à nouveau débouché sur un Tribunal administratif unique, toutefois nouvellement composé de trois cours, soit la Cour de droit administratif de langue allemande (VRA), la Cour des assurances sociales de langue allemande (SVA) et la Cour des affaires de langue française (CAF). Cette dernière connaît de tous les litiges que le Tribunal administratif doit traiter en langue française (art. 125 al. 3 LPJA). De 1990 à 2002, la CAF disposait d'un seul juge permanent et de deux juges suppléants. Dès 2003, un nouveau poste de juge permanent a été créé.[10]

1.2 Deux élections mouvementées de juges francophones au Tribunal administratif

A deux reprises, l'élection des juges francophones du Tribunal administratif a suscité quelques remous. La première situation relève plus de l'anecdote, alors que la seconde s'avère notablement plus délicate.

Ainsi, lors de la dernière réélection générale des juges du Tribunal administratif de 2009, le Grand Conseil a failli (ré)élire un juge suppléant francophone qui avait démissionné et avait été remplacé depuis plus de quatre ans. Ce n'est que grâce à l'intervention d'un député après la distribution des bulletins de vote pré-imprimés que l'incident a pu être évité de justesse. Mal-

---

[8]   Juges permanents: Jacques Bosshart, Mont-Soleil, 1972–1988 (vice-président du Tribunal administratif et des assurances 1977–1980, président du Tribunal des assurances 1981–1985); Bernard Rolli, Tavannes puis Bienne, 1988–1989. Juges suppléants au Tribunal administratif: Jean Haas, Delémont, 1972–1977; Maurice Brahier, Moutier, 1972–1984 (vice-président du Tribunal administratif et des assurances 1972–1977); Roger Fiechter, St-Imier, 1977–1981; Gilbert Schafroth, St-Imier, 1981–1989; François Boillat, Moutier, 1984–1989. Juges suppléants au Tribunal des assurances: Hubert Piquerez, Porrentruy, 1972–1975; Arthur Juillerat, Bellelay, 1972–1984; Michel Girardin, Moutier puis Berne, 1976–1987; Frédéric Gerber, 1984–1989; Bernard Rolli, Tavannes puis Bienne, 1987–1988; Thierry Pauli, Evilard, 1989.

[9]   LPJA, RSB 155.21.

[10] Juges permanents: Bernard Rolli, Tavannes puis Bienne, dès 1990 (vice-président du Tribunal administratif 1994–1997, président du Tribunal administratif 1998–2000, vice-président du Tribunal administratif dès 2010); Claire Meyrat Neuhaus, Tramelan puis Berne, dès 2003. Juges suppléants: Danielle Müller, Bienne, 1990–1997; Thierry Pauli, Evilard, 1990–2005; Michel Möckli, Bienne, dès 1998; David Baldin, Münchenbuchsee, dès 2006.

heureusement pour le juge suppléant véritablement en fonction et candidat à un nouveau mandat, tous les députés n'ont toutefois pas perçu le problème à temps et la majorité absolue n'a été atteinte que de justesse.[11]

Vingt ans auparavant, en 1989, le Grand Conseil était appelé à élire les juges et juges suppléants du Tribunal administratif pour la première période de fonction sous l'égide de la LPJA. Tous les juges francophones en fonction à cette époque et qui remplissaient les conditions d'élection étaient candidats à une réélection. Celle-ci semblait devoir se dérouler sans difficulté majeure, bien que certains députés aient manifesté leur désapprobation vis-à-vis de la réélection d'un juge suppléant connu pour ses opinions autonomistes et annoncé qu'ils s'abstiendraient de voter pour lui. C'est alors qu'un député présenta au plenum, quelques minutes avant l'élection, une nouvelle candidature en lieu et place du juge suppléant précité. Malgré l'absence de tout dossier de candidature, une majorité absolue s'est immédiatement dessinée en faveur de celle-ci et le juge suppléant en fonction depuis cinq ans ne fut pas réélu en raison de ses seules opinions dans la question jurassienne.[12]

1.3 L'évolution de la réglementation sur l'usage des langues devant le Tribunal administratif

De 1910 à 1961, l'usage des langues était réglé d'une manière générale par la constitution du canton de Berne du 4 juin 1893[13] qui prévoyait initialement à son art. 17 que la langue allemande et la langue française étaient les langues cantonales (al. 1). Les actes normatifs généraux devaient être publiés en français et en allemand dans la partie française du canton, mais le texte original était le texte allemand (al. 2). Les décisions, ordonnances, jugements et missives d'autorités supérieures, qui concernaient des personnes ou des corporations de la partie française, devaient toutefois être rédigés en français (al. 3). La parité des deux langues a été introduite lors de la révision constitutionnelle du 29 octobre 1950.[14] Le nouvel art. 17 prévoyait alors que la langue allemande et la langue française étaient toutes deux langues nationales (al. 1) et que la première était la langue officielle dans l'ancien canton et le district de Laufon et la seconde la langue officielle des autres districts du Jura (al. 2). Les actes normatifs généraux devaient en outre être publiés

---

[11] Journal du Grand Conseil 2009, p. 925.
[12] Journal du Grand Conseil 1989, p. 1139.
[13] BL 1815–1900, p. 640 ss.
[14] BL 1950, p. 125 ss.

en allemand dans la partie allemande et en français dans la partie française du canton (al. 3) et les décisions, arrêts et jugements d'autorités supérieures devaient être rendus dans la langue employée dans le district compétent à raison du lieu (al. 4). Le Grand Conseil était enfin chargé d'édicter des dispositions réglant l'usage des langues dans le district bilingue de Bienne (al. 5).

De 1962 à 1989, l'art. 43 al. 2 LJA 61 disposait que, devant les autorités cantonales de justice administrative, les parties avaient le choix entre les deux langues nationales. Au-delà de cette nouvelle disposition, l'art. 17 de la constitution du canton de Berne continuait de régler l'usage de la langue.

Dès 1990, l'usage des langues, notamment devant le Tribunal administratif, fait l'objet de deux dispositions législatives distinctes. La première, l'art. 32 LPJA,[15] concerne la *langue des parties* et prévoit que les écrits adressés au Tribunal administratif doivent être adressés en langue française ou allemande. La seconde, l'art. 34 LPJA,[16] concerne la *langue de l'instruction* (et du jugement) et prévoit en particulier que le Tribunal administratif instruit et juge dans la langue de l'arrondissement administratif dont relève l'affaire. En l'absence d'un tel rattachement, la langue de la procédure est par ailleurs déterminée par la langue officielle (soit le français ou l'allemand) utilisée dans l'écrit de la personne qui a introduit la procédure.

Depuis 1995, la constitution du canton de Berne du 6 juin 1993[17] a remplacé celle du 4 juin 1893. Elle prévoit désormais à son art. 6 que le français et l'allemand sont les langues nationales et officielles du canton de Berne (al. 1), que le français est la langue officielle dans la région administrative du Jura bernois, le français et l'allemand dans la région administrative du Seeland et dans l'arrondissement administratif de Biel/Bienne et l'allemand dans les autres régions et arrondissements administratifs (al. 2) et que toute personne peut s'adresser dans la langue officielle de son choix aux autorités compétentes pour l'ensemble du canton (al. 5).

---

[15] Dès le 1er janvier 2010, les art. 32 et 34 LPJA ont été modifiés en ce sens qu'ils ne se réfèrent plus aux districts, mais aux arrondissements administratifs, suite à la réforme de l'administration cantonale décentralisée adoptée par le peuple le 24 septembre 2006 (voir modification de la LPJA introduite par la loi sur les préfets et les préfètes du 28 mars 2006 [LPr; RSB 152.321], en vigueur dès le 1er janvier 2010).

[16] Voir note 15 ci-dessus.

[17] ConstC, RSB 101.1.

2. La Cour des affaires de langue française

Comme relevé ci-dessus, la CAF a été introduite par la LPJA.[18] Les détails de son organisation et de son fonctionnement figurent dans le règlement du Tribunal administratif du 6 novembre 2003.[19]

2.1 Organisation et fonctionnement

L'organisation et le fonctionnement de la CAF sont très largement inspirés de ce qui prévaut dans les autres cours du Tribunal administratif. Toutefois, du fait que la CAF traite des affaires relevant tant du droit administratif général que du droit des assurances sociales, elle s'est inspirée un peu de chacune de ses grandes sœurs pour fixer son organisation. Comme dans la SVA, les causes sont réparties de manière égale entre les juges à plein temps et à temps partiel, en fonction de leur taux d'occupation. Chaque juge assume l'instruction des causes qui lui sont attribuées. Si la cause ressortit au droit des assurances sociales, il ou elle assume également la présidence de la chambre appelée à statuer, pour autant que la cause ne relève pas de sa compétence comme juge unique. Si la cause relève du droit administratif général, le président de la cour assume, comme dans la VRA, la présidence de la chambre appelée à statuer.[20] Comme les juges, les greffiers et greffières sont actifs dans les deux domaines de compétence de la CAF. Pour le surplus, des dispositions particulières règlent le statut et le rôle des juges suppléants que les autres cours du Tribunal administratif ne connaissent plus.[21]

Actuellement, la CAF est composée d'un juge à plein temps, d'une juge à temps partiel (90%) et de juges suppléants. Quatre postes et demi de greffiers ou greffières sont répartis sur cinq personnes et une personne assume les fonctions de chancellerie.

---

[18] Art. 119 al. 2 à 4 et 125 al. 3 LPJA; dès le 1er janvier 2011, ces dispositions seront abrogées et remplacées par les art. 47 al. 2 let. b, 48 al. 3 et 54 al. 1 let. c de la loi sur l'organisation des autorités judiciaires et du Ministère public (LOJM), adoptée par le Grand Conseil le 11 juin 2009.

[19] RTA, RSB 162.261; un nouveau règlement entrera également en vigueur au 1er janvier 2011, parallèlement à la LOJM; son contenu n'est à ce jour pas définitivement arrêté.

[20] Art. 33 al. 1 à 3 RTA.

[21] Notamment art. 31 al. 1 et 32 al. 2 let. g et al. 3 RTA.

2.2   Relations avec les autres cours

Aux termes de l'art. 35 RTA, un ou une juge de la CAF participe aux jugements rendus par la VRA ou la SVA dans une composition de cinq membres, soit si le litige revêt une importance fondamentale ou lors de conflits de compétences.[22] A l'inverse, un membre de la VRA ou de la SVA participe aux jugements rendus par la CAF dans une composition de cinq juges. Par ailleurs, les juges à plein temps et à temps partiel de la CAF participent aux conférences élargies des juges des autres cours. Ces conférences élargies se tiennent dans chacun des deux domaines, lorsqu'il s'agit de fixer une pratique commune ou de traiter de questions de droit revêtant une importance de principe.[23]

En droit administratif, afin d'assurer une coordination optimale, notamment dans les causes où il convient de fixer une pratique résultant de dispositions de droit cantonal, un membre de la VRA participe régulièrement aux jugements rendus par la CAF dans une composition de trois juges.[24]

Au-delà de ces strictes relations liées à l'activité jurisprudentielle pure, la CAF assume également une certaine fonction de médiatrice entre les deux cours alémaniques. Elle a en particulier assumé ce rôle au début de son existence, soit immédiatement après que les deux cours alémaniques ont été réunies dans un même tribunal. Il ne faut en effet pas oublier que ces deux cours étaient des tribunaux séparés jusqu'en 1989. Par ailleurs, la CAF, de par sa compétence dans les deux domaines concernés, est bien placée pour relever les éventuelles divergences qui pourraient survenir dans l'application de mêmes dispositions, notamment de nature procédurale.

2.3   Avantages et inconvénients d'une CAF

Les *avantages* de la CAF sont bien évidemment essentiellement d'ordre culturel et linguistique. Comme l'avait manifesté le législateur, l'institution de la CAF garantit aux administrés de langue française que leurs causes seront instruites en français par un ou une juge de langue française et que la cour appelée à juger de celles-ci sera en principe composée majoritairement de juges francophones. Le droit au «juge naturel» est ainsi parfaitement et largement respecté. De plus, le fait, pour les membres de la CAF, de travailler tant en droit administratif qu'en droit des assurances sociales, permet

---

[22]   Art. 126 al. 2 LPJA.
[23]   Art. 18 al. 5 et 27 al. 1 RTA.
[24]   Art. 19 al. 4 RTA.

une vue d'ensemble et une variété très appréciables dans l'activité quotidienne. Enfin, comme relevé précédemment, la présence de personnes travaillant dans ces deux domaines permet certainement de contribuer à la coordination entre les deux autres cours (spécialisées) du Tribunal.

Les *inconvénients* de l'existence d'une cour séparée de langue française tiennent tout d'abord évidemment aux besoins accrus de coordination de la jurisprudence avec les cours alémaniques et cela, dans chacun des deux domaines. De plus, en droit administratif, la VRA a introduit une spécialisation de ses membres. Ainsi, les différentes branches du droit administratif y sont réparties en trois domaines confiés à autant de groupes de juges et de greffiers ou greffières, chargés de l'instruction et de la rédaction de projets de jugements. Ce n'est qu'au stade de la circulation que les juges des autres groupes sont appelés à statuer dans d'autres domaines du droit administratif. En l'absence jusqu'ici de toute spécialisation, les juges de la CAF, au surplus chargés des causes de droit des assurances sociales, se voient quant à eux confrontés à la lourde tâche de maintenir un niveau de connaissances leur permettant, d'une part, de participer efficacement aux jugements importants de la VRA et, d'autre part, d'assurer une qualité des jugements de la CAF équivalente aux deux autres cours dans leurs domaines respectifs. Enfin, le fait que les causes soient réparties par langue entre les cours ne contribue certainement pas à favoriser les échanges multiculturels et linguistiques au sein même du Tribunal.

2.4   Perspectives

Suite à l'introduction de la garantie de l'accès au juge de manière généralisée, la structure des causes soumises à la CAF a subi une grande évolution. Jusque-là, les affaires de droit des assurances sociales représentaient la tâche principale des membres de la CAF, que ce soit en nombre d'affaires ou en temps de travail. Désormais, si les affaires de droit des assurances sociales restent toujours les plus nombreuses en chiffres absolus, le nombre des affaires de droit administratif semble devoir se situer à un niveau qui pourrait générer une charge de travail équivalente à celle liée au droit des assurances sociales. L'expérience montre qu'une cause de droit administratif représente, en moyenne, une charge de travail correspondant à environ deux à trois dossiers de droit des assurances sociales. Cette proportion devra certes encore être revue, du fait qu'un certain nombre d'affaires de droit administratif, nouvellement de la compétence du Tribunal, ne supposera pas d'emblée, en moyenne, une plus grande charge de travail que les causes de droit des assurances sociales.[25] A très court terme toutefois, la CAF, comme la VRA, devra encore acquérir des compétences dans les nouveaux domaines qui lui ont été attribués, ce qui ne manquera pas d'augmenter (temporairement du moins) l'ampleur de la charge de travail liée aux causes de droit administratif.

Quoi qu'il en soit, les structures de la CAF font actuellement l'objet d'un examen attentif, notamment sur la question de l'introduction d'une spécialisation, que ce soit au niveau des juges ou des greffiers ou greffières. Une telle évolution semble inéluctable. La question se posera alors, en cas de spécialisation des membres de la CAF, de l'intérêt au maintien d'une cour séparée des autres cours (alémaniques). Si cette question revêt certes un intérêt manifeste pour l'organisation et l'efficacité du Tribunal, elle revêtira de toute manière également une grande importance sur le plan politique.

3. La langue française dans les procédures devant le Tribunal administratif

Les bases constitutionnelles et législatives cantonales en vigueur actuellement et relatives à l'usage des langues devant le Tribunal administratif ont déjà été brièvement évoquées sous ch. 1.3 ci-dessus. On précisera d'emblée que ces dispositions cantonales s'inscrivent dans le cadre de la constitution fédérale de la Confédération suisse du 18 avril 1999.[26] En particulier, aux termes de l'art. 8 al. 2 Cst., nul ne doit subir de discrimination du fait, notamment, de sa langue, la liberté de la langue étant garantie conformément à l'art. 18 Cst. La liberté de la langue garantit à toute personne le droit d'utiliser, dans ses relations avec autrui, ses relations professionnelles et privées notamment, que ce soit oralement ou par écrit, sa propre langue, en particulier sa langue maternelle, y compris le dialecte, mais aussi toute autre langue de son choix. Le droit d'utiliser la langue de son choix est toutefois marqué par une distinction capitale entre secteurs privé et public. Dans le premier, les particuliers choisissent librement la langue dans laquelle ils communiquent, tandis que dans les rapports avec les autorités, la liberté de

---

[25] On peut citer par exemple: les recours concernant les mesures de contrainte selon la LEtr ou les recours concernant des autorisations auxquelles la législation ne confère aucun droit et où, de ce fait, le pouvoir d'examen du Tribunal administratif est plus restreint.

[26] Cst., RS 101.

la langue est limitée par le principe de la langue officielle.[27] En effet, sous réserve de dispositions particulières,[28] il n'existe en principe aucun droit à communiquer avec les autorités dans une autre langue que la langue officielle.[29] Celle-ci est elle-même liée au principe de la territorialité, au sens où elle correspond normalement à la langue qui est parlée dans le territoire concerné.[30] Selon l'art. 70 al. 1 Cst., les langues officielles de la Confédération sont l'allemand, le français et l'italien, le romanche étant aussi langue officielle pour les rapports que la Confédération entretient avec les personnes de langue romanche. Les cantons déterminent leurs langues officielles (art. 70 al. 2 phr. 1 Cst.).

Le principe de la territorialité des langues a donc pour conséquence que les parties doivent s'adresser aux autorités judiciaires cantonales dans la langue officielle décrétée par le canton.[31] Selon l'art. 6 ConstC, le français et l'allemand sont les langues nationales et officielles du canton de Berne (al. 1); le français est la langue officielle dans la région administrative du Jura bernois (al. 2 let. a), l'allemand et le français dans la région administrative du Seeland (al. 2 let. b) et l'allemand dans les autres régions administratives (al. 2 let. c). Le canton et les communes peuvent tenir compte des situations particulières résultant du caractère bilingue du canton (al. 4). Toute personne peut s'adresser dans la langue officielle de son choix aux autorités compétentes pour l'ensemble du canton (al. 5).

Il convient ici d'analyser plus en détail les dispositions législatives régissant l'usage des langues en procédure devant le Tribunal administratif. Pour ce faire, il faut procéder à une distinction fondamentale entre la *langue des parties* et la *langue de l'instruction*.

---

[27] *Jean-François Aubert / Pascal Mahon,* Petit commentaire de la Constitution fédérale de la Confédération suisse, Zurich 2003, n°4 ss ad art. 18; *Andreas Auer / Giorgio Malinverni / Michel Hottelier,* Droit constitutionnel suisse. Vol. II : Les droits fondamentaux, 2006, n°s 624 et 626.

[28] Par exemple art. 5 § 2 et 6 § 3 let. a de la Convention de sauvegarde des droits de l'homme et des libertés fondamentales (CEDH, RS 0.101) ou d'autres dispositions de traités internationaux, notamment en matière d'assurances sociales, voir ATF 109 V 224.

[29] Cf. art. 18 et 70 Cst.; *Marco Borghi,* La liberté de la langue et ses limites, in: Daniel Thürer / Jean-François Aubert / Jörg-Paul Müller (Ed.), Droit constitutionnel suisse, Zurich 2001, § 38; ATF 127 V 219 c. 2b/aa, 128 V 34 c. 2; Praxis 2000 n°40 p. 217 c. 3.

[30] JTA AI 6238 du 16 avril 2007.

[31] ATF 128 V 34 c. 2b.

3.1 La langue des parties

L'usage de la langue par les parties devant les différentes autorités administratives et de justice administrative est réglé à l'art. 32 LPJA. Si devant les autorités de rang communal et devant les préfectures[32] les parties se doivent de s'exprimer dans la langue de l'arrondissement administratif concerné,[33] elles ont le choix entre l'allemand et le français devant les autres autorités, soit en particulier devant les autorités compétentes pour l'ensemble du canton,[34] comme le Tribunal administratif. Un envoi rédigé dans une autre langue est renvoyé à son auteur à qui un bref délai est imparti en vue de la traduction de son écrit dans la (ou une des) langue(s) officielle(s) autorisée(s), faute de quoi ce dernier sera réputé retiré.[35]

Pris à la lettre, l'art. 32 LPJA ne vise que les «écrits» des parties et non l'expression orale, notamment lors d'auditions des parties en procédure d'instruction ou de plaidoiries en audience des débats (art. 36 al. 1 et 2 LPJA). A cet égard, il convient toutefois de relever que l'art. 6 al. 5 ConstC, qui prévoit le droit de toute personne de s'adresser dans la langue officielle (français ou allemand) de son choix aux autorités compétentes pour l'ensemble du canton, vise quant à lui tant les rapports écrits que les rapports oraux avec les autorités cantonales.[36] Il faut ainsi en déduire que le droit de toute personne de s'exprimer en français ou en allemand devant une autorité compétente pour tout le canton est garanti en procédure tant écrite qu'orale. Par ailleurs, cette disposition constitutionnelle étant applicable sans distinction à «toute personne», il faut admettre que le droit de s'exprimer dans la langue de son choix peut être invoqué, à nouveau au-delà du texte de l'art. 32 al. 1 LPJA, tant par la partie elle-même que par son éventuel mandataire.

On notera enfin, toujours dans les procédures se déroulant devant une autorité compétente pour tout le canton, qu'une partie ne saurait exiger la

---

[32] S'agissant des privés chargés de tâches publiques, voir *Thomas Merkli / Arthur Aeschlimann / Ruth Herzog,* Kommentar zum bernischen VRPG, 1997, ad art. 32 note 4.

[33] Pour le cas particulier de la région administrative du Seeland, voir ci-dessous ch. 3.2.2.

[34] Sur cette notion, voir *Merkli / Aeschlimann / Herzog,* op. cit. (note 32), ad art. 32 notes 6 et 7.

[35] Art. 33 al. 1 et 2 LPJA.

[36] *Walter Kälin / Urs Bolz* (Ed.), Manuel de droit constitutionnel bernois, Berne 1995, p. 251.

traduction dans sa langue d'un écrit rédigé par une autre partie dans l'autre langue nationale.[37]

3.2 La langue de la procédure

3.2.1 Le principe: l'arrondissement dont relève l'affaire

La langue de la procédure est définie à l'art. 34 LPJA. Les autorités de rang communal et les préfets instruisent dans la langue officielle de leur arrondissement administratif (al. 1). Les autres autorités, en particulier les autorités compétentes pour tout le canton, comme le Tribunal administratif, instruisent en principe dans la langue officielle de l'arrondissement administratif dont relève l'affaire. Bien évidemment, l'application de cette dernière règle suppose un rattachement territorial à un arrondissement administratif du canton de Berne. Celui-ci peut consister dans le lieu où l'instance précédente s'est déroulée, une chose est située, un événement s'est déroulé, une prestation des pouvoirs publics est utilisée ou encore où le domicile ou le siège d'une personne ou d'une institution est situé.[38] Ce rattachement ne doit toutefois pas être purement fortuit et uniquement spatial. Il doit également avoir un lien avec les parties et autorités concernées. Par exemple, un assuré romand, contestant un refus de remboursement selon la LAMal[39] des frais de traitement par son assureur, ne saurait se voir imposer une procédure en allemand devant le Tribunal administratif, du fait qu'il est lui-même domicilié dans un arrondissement administratif alémanique du canton, que le siège de l'assureur se trouve dans un tel arrondissement ou encore que le traitement litigieux s'y soit déroulé. Dans la mesure où ni le domicile de l'assuré, ni le siège de l'autorité, ni le lieu de traitement n'ont d'incidence quant aux parties et autorités concernées,[40] ils ne sauraient constituer un rattachement pertinent au sens de l'art. 34 al. 2 LPJA. De

---

[37] L'art. 35 LPJA limite le droit à une traduction aux seules pièces servant de moyens de preuve rédigées dans une langue étrangère. Un droit à une traduction existe toutefois en cas de procédure devant les autorités de rang communal ou les préfets (où la langue des parties doit correspondre à la langue de l'arrondissement) ou peut résulter de la Cst. ou de la CEDH, notamment en matière de condamnation de nature pénale, *Merkli / Aeschlimann / Herzog,* op. cit. (note 32), ad art. 35 note 4.

[38] *Merkli / Aeschlimann / Herzog,* op. cit. (note 32), ad art. 34 note 6.

[39] Loi fédérale du 18 mars 1994 sur l'assurance-maladie (LAMal; RS 832.10).

[40] L'assureur étant par définition une autorité elle-même compétente pour l'ensemble du canton, il ne pourrait exiger que la procédure se déroule dans la langue de l'arrondissement du domicile de l'assuré, de son propre siège ou du lieu de traitement.

même, une personne de langue maternelle alémanique, victime d'un acte illicite d'un agent cantonal à Tavannes, ne saurait se voir imposer une procédure de recours en allemand devant le Tribunal administratif, s'agissant d'une éventuelle réparation du dommage par le canton, du seul fait que l'acte illicite s'est produit dans un arrondissement francophone.[41] A l'inverse, le domicile d'une personne requérant des prestations de l'aide sociale ou le lieu de situation d'un immeuble constitueront par exemple un tel rattachement, dans la mesure où ils impliquent des autorités (commune, préfet), voire des personnes (voisins), situées dans le même arrondissement administratif.

3.2.2 Le cas particulier des recours provenant de l'arrondissement administratif bilingue de Bienne

Le français et l'allemand étant toutes deux langues officielles dans l'arrondissement administratif de Bienne, il a été nécessaire de régler l'usage des langues devant ses autorités et, cas échéant, devant les autorités cantonales de recours. Conformément à l'art. 40 al. 3 de la loi du 20 juin 1995 sur l'organisation du Conseil-exécutif et de l'administration,[42] dans la région administrative bilingue du Seeland et dans l'arrondissement administratif bilingue de Bienne, la langue utilisée dans une procédure est celle de la personne qui y participe ou en cas de pluralité de personnes, de la majorité d'entre elles. L'ordonnance du 18 octobre 1995 sur l'usage des langues dans l'administration de la justice et des tribunaux du district de Bienne,[43] fondée sur l'art. 50 let. f LOCA, a récemment été modifiée pour tenir compte de la réorganisation de l'administration décentralisée. Il y est prévu que les procédures administratives se déroulent dans la langue nationale des personnes requérantes ou, si elles sont engagées par l'autorité, dans la langue des destinataires de la décision. Les procédures de recours devant les autorités de l'arrondissement ont lieu dans la langue de la procédure administrative. Les décisions et décisions sur recours ne sont pas traduites.[44] Aux termes de l'art. 9 de l'ordonnance précitée, ces règles s'appliquent également aux autorités cantonales comme le Conseil-exécutif, les Directions et les tribunaux cantonaux, donc le Tribunal administratif, pour les affaires émanant du district de Bienne.

---

[41] Ici également, le canton (comme partie défenderesse) ne pourrait exiger le déroulement de la procédure en français de ce seul fait.
[42] LOCA, RSB 152.01.
[43] RSB 152.381.
[44] Art. 8.

3.2.3 L'exception: la langue de l'acte de la personne qui a introduit l'instance

Si un rattachement à un arrondissement administratif n'est pas donné, la cause sera instruite dans la langue de l'écrit de la personne qui a introduit l'instance. Il faut comprendre là non pas nécessairement l'acte ayant créé la litispendance, mais l'acte de la personne privée participant à la procédure, même s'il s'agit du mémoire de réponse.[45] La LPJA ne fait aucune différence entre l'écrit (et, partant, la langue) de la partie elle-même et celui (ou celle) de son représentant.

3.2.4 Le choix de l'autre langue nationale

Contrairement aux autorités de justice administrative cantonales internes à l'administration, les autorités de justice administrative indépendantes de l'administration et compétentes pour tout le canton, notamment le Tribunal administratif, sont, d'entente avec les parties, en droit d'instruire dans l'autre langue nationale que celle qui résulte de l'un des critères précités.[46] La notion de parties doit ici être interprétée largement, en ce sens qu'elle ne se limite pas (comme au paragraphe précédent) aux personnes privées. En effet, une autorité de rang communal, participant à une procédure de recours devant le Tribunal administratif, peut valablement s'opposer à ce que la procédure s'y déroule dans une autre langue que celle employée devant elle-même ou devant le préfet ou la préfète, lors de l'instance précédente. Par contre, une autorité compétente pour l'ensemble du canton ne saurait de son côté s'opposer à ce que la procédure se déroule, selon les vœux d'un particulier, dans l'autre langue nationale. Une telle autorité est en effet réputée maîtriser les deux langues nationales, même si elle a elle-même instruit la cause dans une langue différente au cours de l'instance précédente. Par exemple, en cas de litige en matière de permis de construire concernant un projet situé sur le territoire de la Ville de Berne, si cette dernière accepte que la procédure de recours devant le Tribunal administratif se déroule en français, contrairement aux instances précédentes, la Direction des travaux publics, des transports et de l'énergie (TTE) ne pourrait s'y opposer.[47]

---

[45] *Merkli / Aeschlimann / Herzog,* op. cit. (note 32), ad art. 34 note 8.
[46] Art. 34 al. 3 LPJA.
[47] Bien que l'autorité précédente participe en qualité de partie à la procédure de recours (art. 12 al. 3 LPJA).

3.3 Le moment du choix de la langue de l'instruction

Dans la mesure où la compétence de la cour appelée à statuer dépend de la langue de l'instruction (art. 125 LPJA), il est important de déterminer celle-ci d'emblée. En pratique, la clarification de cette question incombe à la cour compétente selon les règles ordinaires de l'art. 34 al. 2 LPJA, soit, dans l'ordre, en fonction de la langue de l'arrondissement administratif dont relève l'affaire ou, en l'absence d'un tel rattachement, en fonction de la langue employée dans l'écrit de la personne privée qui a introduit l'instance (voir ci-dessus, ch. 3.2.1 et 3.2.3). Si une modification de la langue de l'instruction doit intervenir selon l'art. 34 al. 3 LPJA, la première cour saisie veille à recueillir l'avis des parties et, dans l'hypothèse d'un accord unanime, transmet la cause à l'autre cour compétente.

Une fois la langue de l'instruction définie, il n'est en principe plus possible de modifier celle-ci. Cela aurait en effet pour conséquence de modifier également la compétence de la cour ainsi déterminée. Par exemple, une partie francophone qui fait le choix de mandater un représentant de langue allemande lors de l'introduction de la procédure – ce qui, en l'absence d'un rattachement au sens de l'art. 34 al. 2 phr. 1 LPJA, conduit à la compétence d'une cour alémanique – ne pourrait demander ultérieurement en cours d'instruction que sa cause soit jugée en français, si elle décide de révoquer son mandataire et d'agir seule.[48]

4. Deux problèmes actuels liés à la langue

4.1 Le problème de la langue des expertises en assurances sociales

La CAF a souvent été confrontée ces dernières années à la question de langue employée par les experts médicaux en procédure d'assurances sociales. Les problèmes pouvaient être de deux ordres. Soit l'assuré francophone se plaignait du fait que le rapport d'expertise avait été rédigé en allemand, soit il invoquait ne pas avoir été examiné et compris par un expert de langue française (ou maîtrisant suffisamment la langue française). Ces griefs sont apparus de manière récurrente dans les recours adressés au Tribunal administratif. Cela est peut-être dû au fait que le nombre de médecins en mesure de rédiger un rapport d'expertise en langue française sont relativement peu nombreux dans le canton, même à l'Hôpital de l'Ile à Berne. A cela

---

[48] ATF non publié du 25 janvier 2006 K 15/01 en la cause Dr X, c. 2.3.

s'ajoute peut-être aussi que les agents chargés des dossiers au sein de l'administration sont souvent de langue allemande et, par conséquent, peut-être moins sensibles à ce problème lors du choix de l'expert et du mandat confié à celui-ci.

Contrairement à ce qui peut ressortir de la législation d'un canton monolingue,[49] dans le canton bilingue de Berne, il n'est en principe pas possible d'exiger d'une des parties (administré ou administration) qu'elle procède à la traduction dans une langue officielle de pièces servant de moyens de preuve et rédigées dans l'autre langue officielle, même si la première a été décrétée langue de la procédure (ch. 3.1 ci-dessus). Le Tribunal fédéral a toutefois admis que, sous réserve de raisons objectives justifiant une exception, un assuré francophone du canton de Berne peut demander à être examiné par un expert s'exprimant dans l'une des langues officielles qu'il maîtrise. Si l'administration s'y refuse, l'assuré a droit alors non seulement à l'assistance d'un interprète lors des examens médicaux, mais encore d'obtenir gratuitement une traduction du rapport d'expertise.[50] Le droit à la traduction résulte donc dans ce cas directement du droit à une procédure (et, partant, une expertise) en français devant l'assureur chargé de l'instruction de la demande. Celui-ci étant lui-même compétent pour tout le canton, il est censé instruire la cause dans la langue de l'assuré (voir ci-dessus, ch. 3.2.3) et, par conséquent, désigner un expert de langue française. A défaut, l'assuré francophone peut à tout le moins exiger la traduction de celle-ci.

On notera, pour terminer, que la demande tendant à la désignation d'un expert ou à la traduction d'un rapport doit intervenir sans délai, soit dès que l'autorité communique à l'assuré l'identité de l'expert (ou de l'institution) chargé de l'expertise ou, au plus tard, au moment où l'assuré se rend compte que l'expert désigné ne maîtrise pas la langue française ou n'a pas rédigé son rapport dans cette langue. Il ne peut attendre le prononcé de la décision pour soulever ce grief.

4.2 Le cas particulier du juge de l'arrestation

Suite à un arrêt du Tribunal fédéral du 5 février 2009,[51] le Tribunal administratif est désormais compétent pour connaître des recours interjetés contre les jugements du juge de l'arrestation conformément à la législation sur les

---

[49]   Voir pour le canton de GE: ATF 128 V 34 c. 2b/bb.
[50]   ATF 127 V 219 c. 2b/bb.
[51]   ATF 135 II 94.

étrangers[52] et ce, nonobstant l'art. 76 al. 1 let. e LPJA. Une ordonnance d'urgence a été édictée afin de clarifier certains aspects de la procédure de recours devant le Tribunal administratif.[53] Les premières procédures de recours devant le Tribunal administratif ont révélé d'emblée certains problèmes de langue.

Il est tout d'abord apparu que pour toutes les personnes soumises à de telles mesures de contrainte, si elles étaient généralement entendues oralement dans une langue qu'elles maîtrisaient (par exemple le français pour les ressortissants africains ou avec le concours d'un interprète), le procès-verbal et le jugement du juge de l'arrestation étaient dans tous les cas rédigés en allemand. Il s'agit-là d'une pratique qui n'est manifestement pas en accord avec l'art. 34 LPJA, lorsque la personne concernée est de langue maternelle française. Il a en effet été relevé ci-dessus que le rattachement à l'arrondissement dont relève l'affaire ne pouvait être simplement fortuit ou spatial.[54] Ni le siège de l'autorité judiciaire en Ville de Berne, ni le fait que les personnes concernées soient souvent détenues à Berne ou à Thoune ne justifie que la langue de la procédure devant le juge de l'arrestation, autorité compétente pour tout le canton, soit d'emblée l'allemand. Par ailleurs, il ne saurait non plus être question de se fonder uniquement sur la langue de l'écrit introduisant l'instance devant le juge de l'arrestation[55], lorsque celui-ci émane de la police cantonale, elle-même également censée être bilingue.[56] En conséquence, en présence de personnes de langue française, la procédure devrait être menée dans cette langue par le juge de l'arrestation.

Le second problème a trait aux recours adressés au Tribunal administratif dans une autre langue que les langues officielles du canton. Selon l'art. 33 al. 1 et 2 LPJA, ces écrits devraient être restitués à leurs auteurs, afin qu'ils procèdent à la traduction dans une des deux langues officielles du canton, à défaut de quoi le recours serait irrecevable. On peut douter qu'une telle pratique soit conforme aux garanties procédurales prévues par la Cst. et la CEDH, dans la mesure où il est peu vraisemblable que la personne incarcérée ait concrètement la possibilité de traduire ou faire traduire ses écrits, a

---

[52]   Loi fédérale du 16 décembre 2005 sur les étrangers (LEtr; RS 142.20).

[53]   Ordonnance cantonale sur le contrôle judiciaire des mesures de contrainte dans le droit des étrangers (OCMC; RSB 122.23); voir également art. 18b, dans sa version valable au 1er avril 2009, de l'ordonnance du 19 juillet 1972 concernant le séjour et l'établissement des étrangers (RSB 122.21).

[54]   Ch. 3.2.1.

[55]   Ch. 3.2.2.

[56]   JTA 2009.240 du 18 août 2009 en la cause G, c. 2.2.

fortiori dans les brefs délais que suppose ce genre de procédure.[57] Après avoir dans un premier temps procédé strictement selon la LPJA,[58] le Tribunal administratif est revenu sur sa pratique et fait désormais traduire lui-même et d'office les recours interjetés dans une langue étrangère que ne maîtrisent pas ses membres.

5. Conclusion

Le caractère bilingue du canton de Berne ne simplifie certes pas les procédures, suscite certaines difficultés pratiques et engendre des coûts certains. Tous ces obstacles sont pourtant surmontables si chacun reconnaît qu'il s'agit-là d'une richesse de notre canton. Edicter des normes sur l'usage des langues est certes judicieux et nécessaire. Il est toutefois bien plus important de les appliquer et, surtout, de les vivre réellement au quotidien!

---

[57] Art. 31 Cst., 5 par. 2 CEDH.
[58] VGE 2009.116 du 7 mai 2009 en la cause O.

Gerichtsschreiberinnen und Gerichtsschreiber am Berner Verwaltungsgericht

Reto Feller[*]

1. Geschichtlicher Rückblick

1.1 Aufgaben und Funktion in den Anfangsjahrzehnten ab 1910

Das Verwaltungsgericht bestand in seiner ursprünglichen Zusammensetzung aus den folgenden vom Grossen Rat gewählten Mitgliedern: ein Präsident und (je im Nebenamt) ein Vizepräsident sowie sieben Mitglieder und fünf

---

[*] Der Beitrag gibt die persönliche Meinung des Verfassers wieder. – Verwaltungsrichter Walter Matti danke ich herzlich für seine zahlreichen ergänzenden Hinweise insbesondere zum geschichtlichen Rückblick.

«Ersatzmänner».[1] Wie von Art. 3 Abs. 1 VRPG 09[2] vorgeschrieben, war die Mehrzahl der Gerichtsmitglieder im Besitz des bernischen Fürsprecher- oder Notariatspatents. Daneben urteilten während Jahrzehnten als nebenamtliche Verwaltungsrichter auch Nichtjuristen, namentlich Landwirte, Kaufleute und Lehrer. In seiner ersten Sitzung vom 7. Januar 1910 wählte und vereidigte das Gericht Fürsprecher Robert Büchi als *Verwaltungsgerichtsschreiber.* Art. 4 Abs. 4 VRPG 09 übertrug ihm als Hauptaufgaben die Kanzleileitung und die Protokollführung an den Sitzungen des Verwaltungsgerichts und an Augenscheinen. Einen Grossteil der Arbeitszeit beanspruchte aber seine Funktion als Urteilsredaktor. Seit dem Jahr 1922 teilte er sich diese Arbeit zunächst mit einem und ab 1928 mit zwei juristisch ausgebildeten Gerichtssekretären.[3] Damit war auch am Verwaltungsgericht die damals herrschende Arbeitsteilung zwischen *urteilenden Richtern* und *redigierenden Gerichtsjuristen*[4] etabliert. Der Geschäftsbericht des Jahres 1926 gibt Aufschluss über die damaligen (und heutigen) Anforderungen an die Urteilsbegründung (vgl. auch Ziff. 3.1 hiernach):

> «Jedes Beschwerde- und eventuell Rekursmotiv muss im Urteil erörtert werden, sonst wird dem Gericht der Vorwurf gemacht, es habe dasselbe gar nicht geprüft. Die Begründung muss auch so sein, dass der Leser, der nicht an summarische Auseinandersetzungen gewohnt, sie womöglich begreift, oder es wenigstens kann, wenn er will.»

Die grosse Amtstreue der Gerichtsschreiber dürfte wesentlich zur institutionellen Festigung des Verwaltungsgerichts und zur Einheitlichkeit der Rechtsprechung beigetragen haben. Als Nachfolger des zum ständigen Vizepräsidenten des Verwaltungsgerichts gewählten Robert Büchi wurde 1927 Frank Dübi bestimmt, der dieses Amt in den folgenden 30 Jahren ausübte.[5] Dessen Nachfolge trat der bereits 1943 zum Gerichtssekretär gewählte Max Heutschi an, der bis zu seiner Wahl als Versicherungsrichter im Jahr 1971 als

---

[1] Vgl. Geschäftsbericht 1910.

[2] Gesetz vom 31.10.1909 betreffend die Verwaltungsrechtspflege (GS 1901–1916 S. 372 ff.). Vgl. auch § 1 Abs. 1 des Dekrets vom 17.11.1909 betreffend die Ausführung des Gesetzes über die Verwaltungsrechtspflege (GS 1901–1916 S. 390 f.).

[3] Vgl. die Protokollbücher der entsprechenden Jahre sowie die Geschäftsberichte 1923 und 1928. Die zweite Gerichtssekretärenstelle war in den Folgejahren gelegentlich vakant.

[4] Dazu *André Grisel,* Le Tribunal fédéral suisse, ZSR 1971 I S. 385 ff., S. 399; *Christoph Leuenberger,* Die Zusammenarbeit von Richter und Gerichtsschreiber. Überdenken im Zeichen der zunehmenden Belastung der Gerichte, ZBl 1986 S. 97 ff., S. 98.

[5] Geschäftsberichte 1927, 1957.

Gerichtsschreiber tätig war.[6] Häufiger waren demgegenüber Änderungen im Personalbestand der Gerichtssekretäre. Die Wahl der ersten Frau als Gerichtssekretärin, Beatrice Beroggi, erfolgte im Jahr 1960.[7]

Die Zuständigkeit des Verwaltungsgerichts und damit das Betätigungsfeld der Gerichtsjuristen blieb während längerer Zeit weitgehend auf das *kantonale* öffentliche Recht beschränkt. Das Verwaltungsgericht urteilte in der Regel auf Klage hin als einzige kantonale Instanz und in Einkommenssteuersachen als Beschwerdeinstanz. Die Mehrzahl der Rechtsstreitigkeiten betraf das Steuerrecht und das weite Feld des Gebührenwesens. Vereinzelt standen Fälle aus anderen Rechtsgebieten zur Beurteilung an, etwa aus dem Armenrecht oder dem Konzessionsrecht.[8] Das *Sozialversicherungsrecht* hielt mit dem am 1. Januar 1948 in Kraft getretenen AHVG[9] Einzug in das Verwaltungsgericht. «In Anbetracht, dass es sich schliesslich um eine verwaltungsrechtliche Materie handelt», wurde das Verwaltungsgericht als zuständige kantonale Rekursbehörde eingesetzt[10] mit der Folge, dass die Geschäftslast sprunghaft anstieg. Wiederholt ertönte seitens des Verwaltungsgerichts der – lange ungehört gebliebene – Ruf nach einer Erhöhung des juristischen Personalbestands. Der fortwährende Aufbau der Sozialversicherungen (Invalidenversicherung, Familienzulagen, Erwerbsersatzordnung, Ergänzungsleistungen) führte zu einer markanten Erweiterung der verwaltungsgerichtlichen Zuständigkeiten. Den Verwaltungsrichtern, dem Gerichtsschreiber und den Gerichtssekretären erschlossen sich dadurch neue und ausgedehnte Rechtsgebiete.

---

[6] Geschäftsberichte 1943, 1957, 1971. In der Folge amteten als Gerichtsschreiber: *Alexander Schmid* (1972–1981), *Jean-Marc Wicht* (1982–1988), *Walter Matti* (1989–2002) und *Max Gruner* (2003–2009).

[7] Geschäftsbericht 1960. Die Wahl der ersten (nichtständigen) Verwaltungsrichterin erfolgte 1966 in der Person von Frau Dr. phil. *Hedwig Schmid-Opl* (vgl. Geschäftsbericht 1966).

[8] Art. 11 VRPG 09. Vgl. ferner die anschauliche Praxisübersicht im Geschäftsbericht 1943; zur Zuständigkeit auch die Beiträge von *Susanne Genner* und *Benjamin Schindler* (Ziff. 6) in diesem Band.

[9] Bundesgesetz vom 20.12.1946 über die Alters- und Hinterlassenenversicherung (SR 831.10).

[10] Vgl. Geschäftsbericht 1948 und Art. 15 des Einführungsgesetzes vom 13.6.1948 zum Bundesgesetz über die Alters- und Hinterlassenenversicherung (GS 1948 S. 71 ff.).

1.2 Gerichtsorganisatorische Umbrüche und deren Auswirkungen auf die Urteilsredaktoren

Das am 1. Januar 1962 in Kraft getretene totalrevidierte Verwaltungsrechtspflegegesetz (VRPG 61)[11] führte zu einer neuerlichen Erweiterung der verwaltungsgerichtlichen Zuständigkeiten.[12] Neu beurteilte das Verwaltungsgericht namentlich auch Beschwerden in Baubewilligungssachen (Art. 15 Abs. 1 Ziff. 2 Bst. b VRPG 61). Vorderhand kaum betroffen von der Gesetzesänderung war die Organisationsstruktur des Verwaltungsgerichts. Das Gericht selber veranlasste die Teilung in zwei Kammern (mit gleicher Zuständigkeit) und merkte dazu an, die Trennung in eine verwaltungsrechtliche und eine sozialversicherungsrechtliche Kammer habe keinen Anklang gefunden.[13] Eine solche Teilung in die Sozialversicherungsabteilung und in die steuer- und verwaltungsrechtliche Abteilung mit je einem ständigen Vorsitzenden erfolgte aber bereits kurze Zeit später, nämlich im Jahr 1965.[14]

Die Stellenzahl und die Bezeichnung der Gerichtsjuristen – Gerichtsschreiber einerseits und Gerichtssekretäre andererseits – wurden vorderhand nicht geändert. In den 1960er Jahren blieben Stellen von Gerichtssekretären oft trotz mehrfacher Ausschreibung unbesetzt. Verzweiflung über die Personalnot klingt im Geschäftsbericht von 1964 an: «Wir können nur hoffen, dass es doch noch gelingt, den Posten mit einem tüchtigen Juristen zu besetzen.» In dieser Ausgangslage sah sich das Verwaltungsgericht über Jahre hinweg gezwungen, freierwerbende Rechtsanwälte zur Protokollführung und Urteilsredaktion beizuziehen.[15]

Die Zuständigkeit zur Beurteilung von Sozialversicherungsstreitigkeiten war zu Beginn der 1970er Jahre auf drei Gerichte verteilt: Das *kantonale Versicherungsgericht,* eine Abteilung des Obergerichts, beurteilte Streitig-

---

[11] Gesetz vom 22.10.1961 über die Verwaltungsrechtspflege (GS 1961 S. 210 ff.).

[12] Vgl. Art. 15, 17 und 26 VRPG 61. Zur Umschreibung der Zuständigkeiten bediente sich der Gesetzgeber – unter Verwendung von Teilgeneralklauseln – der sog. *Enumerationsmethode* (vgl. Ergänzungsbericht der Justizdirektion vom 30.11.1960, Tagblatt des Grossen Rates 1961, Beilage 6, S. 1 f.; ferner *Thomas Merkli / Arthur Aeschlimann / Ruth Herzog,* Kommentar zum Gesetz über die Verwaltungsrechtspflege im Kanton Bern, Bern 1997, Einleitung N. 10).

[13] Vgl. § 1 Abs. 1 des Geschäftsreglements des Verwaltungsgerichts des Kantons Bern vom 19. Juni 1962 (GS 1962 S. 136 ff.) und Geschäftsbericht 1962.

[14] Vortrag der Justizdirektion vom 26.10.1970 / 5.1.1971 zum Gesetz betreffend die Abänderung des VRPG 1961, Tagblatt des Grossen Rates 1971, Beilage 6, S. 2 f.; Geschäftsbericht 1966.

[15] Geschäftsberichte 1964–1967, 1969–1971.

keiten aus der Kranken- und Unfallversicherung sowie aus der Militärversicherung. Das *kantonale Schiedsgericht* war mit Fällen aus der Arbeitslosenversicherung befasst und das *Verwaltungsgericht* verfügte über die hiervor umschriebenen Zuständigkeiten.[16] Reformbestrebungen zielten darauf ab, die Ausübung der Sozialversicherungsgerichtsbarkeit an einem Gericht zu bündeln. Umgesetzt wurde dieses Vorhaben mit der auf den 1. Januar 1972 in Kraft getretenen Teilrevision des VRPG 61 und dem Erlass des zugehörigen Dekrets.[17] Das neu geschaffene *Gesamtgericht* umschloss als organisatorische Klammer das Verwaltungs- und Versicherungsgericht. Beide Gerichte waren je in zwei bzw. drei urteilende Kammern unterteilt (Art. 3 rev. VRPG 61).[18] Das Versicherungsgericht war fortan in Sozialversicherungsstreitigkeiten integral zuständig.

Mit der Teilrevision 1971 fiel die Bezeichnung Gerichtssekretär weg. Gesetz- und Dekretsgeber benannten die Urteilsredaktoren als *Kammerschreiber*[19] und damit gleichlautend wie ihre Kollegen am Obergericht, die bereits seit 1909 diese Bezeichnung trugen[20]. Ferner wurde gemäss Art. 5 rev. VRPG 61 von den Gerichtsjuristen am Verwaltungs- und Versicherungsgericht nur mehr «in der Regel» der Besitz des Fürsprecher- oder Notariatspatents verlangt. Bewerber, die dieses Erfordernis erfüllen, seien sehr rar geworden, lautete dazu die Begründung des Gesetzgebers.[21] In der Folge stellte das Gericht auch Personen mit juristischem Lizentiatsabschluss an.

1976 gab die Demission von drei Kammerschreibern den Anlass, «im Interesse der Beschleunigung der Urteilseröffnungen eine Zuteilung der

---

[16] Vgl. Art. 1 Abs. 1 des Gesetzes vom 10.9.1916 über das kantonale Versicherungsgericht (GS 1901–1916 S. 840 ff.). Vgl. ferner zur Geschichte der Sozialversicherungsgerichtsbarkeit auch die Beiträge von *Thomas Gächter* und *Nathalie Mewes-Kunz* in diesem Band.

[17] Gesetz vom 12.9.1971 betreffend die Abänderung des Gesetzes vom 22.10.1961 über die Verwaltungsrechtspflege (GS 1971 S. 277 ff.); Dekret vom 24.5.1971 betreffend die Organisation des Verwaltungs- und Versicherungsgerichts und das Verfahren vor dem Versicherungsgericht (GS 1971 S. 172 ff.).

[18] Ausführlich zum organisationsrechtlichen Hintergrund der Vortrag rev. VRPG 61 (Anm. 14).

[19] Vgl. Art. 5 VRPG 61 in der Fassung vom 12.9.1971 sowie Art. 9 Abs. 1 und 2 des Dekrets vom 24.5.1971 betreffend die Organisation des Verwaltungs- und Versicherungsgerichts und das Verfahren vor dem Versicherungsgericht (GS 1971 S. 172 ff.).

[20] Vgl. Art. 16 ff. des Gesetzes vom 31.1.1909 über die Organisation der Gerichtsbehörden (GS 1901–1916 S. 277 ff.).

[21] Tagblatt des Grossen Rates 1971, Bd. I, S. 214 (Votum des Kommissionspräsidenten Rindlisbacher). Vgl. auch Vortrag rev. VRPG 61 (Anm. 14), S. 4.

Kammerschreiber an die beiden Gerichte vorzunehmen.»[22] Seit der Teilrevision 1971 erfolgte die Wahl der voll- und nebenamtlichen Richterinnen und Richter entweder an das Verwaltungs- oder an das Versicherungsgericht (Art. 2 rev. VRPG 61).[23] Vor diesem Hintergrund und angesichts der stark angewachsenen Zuständigkeiten erscheint es auch im Rückblick nur konsequent, dass die entsprechende Spezialisierung auch auf der Stufe der Kammerschreiber – und des Gerichtsschreibers, soweit dieser als Urteilsredaktor tätig war – vorgenommen wurde.

Das Versicherungsgericht wurde durch sozialversicherungsrechtliche Erlasse[24] und durch das Organisationsdekret auf ein rasches Verfahren verpflichtet und hatte seine begründeten Urteile innert 30 Tagen seit der Ausfällung schriftlich zu eröffnen[25]. Dem aus dieser Vorgabe und der stetig anschwellenden Geschäftslast resultierenden Effizienzdruck waren Mitte der 1970er Jahre insbesondere auch die Kammerschreiber ausgesetzt. Erst nach mehreren (immer deutlicheren) Appellen[26] konnte der Personalbestand am Versicherungsgericht und auch am Verwaltungsgericht substanziell ausgebaut werden. 1981 waren sechs Kammerschreiber am Gesamtgericht tätig, wovon zwei am Verwaltungsgericht und vier am Versicherungsgericht.[27] Zusätzlich verwendete der vollzeitlich angestellte Gerichtsschreiber rund 70 % seiner Arbeitszeit ebenfalls für Tätigkeiten, welche den Kammerschreibern oblagen.

1.3 Funktionswandel: Von der Urteilsredaktion zur Mitwirkung bei der Referententätigkeit

Die dem Gerichtsschreiber und den Gerichtssekretären während Jahrzehnten zugedachte Funktion bestand im Wesentlichen darin, den in der Urteilsberatung gefällten Entscheid im Einklang mit Gesetz und Praxis und unter

---

[22] Geschäftsbericht 1976.

[23] Einer der vollamtlichen Richter (der französischsprachige Richter) konnte für beide Gerichte gewählt werden (Art. 2 Abs. 2 rev. VRPG 61).

[24] Vgl. *Ueli Kieser,* Kommentar zum Allgemeinen Teil des Sozialversicherungsrechts, 2. Aufl., Zürich 2009, Art. 61 N. 2 ff. Ferner BGE 135 V 353 E. 5.2.1.

[25] Vgl. Art. 16 und 24 des Dekrets vom 24.5.1971 betreffend die Organisation des Verwaltungs- und Versicherungsgerichts und das Verfahren vor dem Versicherungsgericht (GS 1971 S. 172 ff.).

[26] Vgl. insbesondere Geschäftsberichte 1975 und 1976.

[27] Vgl. Staatskalender des Kantons Bern 1981/1982, S. 170. Der französischsprachige Kammerschreiber war damals fast ausschliesslich mit sozialversicherungsrechtlichen Streitigkeiten befasst.

Berücksichtigung der Richtervoten zu einem begründeten Urteil zu verarbeiten. Als Grundlage dienten dem Urteilsredaktor die eigenen, in der Sitzung angefertigten Aufzeichnungen und gegebenenfalls die von den Richtern zur Verfügung gestellten Notizen. Die Urteilsredaktoren leisteten demnach ihre Hauptarbeit erst *nach* der Ausfällung des Urteils.[28] Herausforderungen und Mühen, die ihnen dabei auferlegt waren, lassen sich durch den folgenden Vergleich von Fred Simond erahnen:[29]

> «S'il me fallait donner une idée du rôle du greffier, je le comparerais assez volontiers à celui de l'instrumentiste auquel on confierait le soin d'exécuter un morceau de musique en s'efforçant – bien entendu – de traduire les intentions les plus secrètes du compositeur. Et encore cela ne serait pas tout à fait exact, car, à la différence du greffier, l'interprète est libre de choisir le morceau qui convient le mieux à son tempérament et, en second lieu, pour le greffier, le morceau se présente parfois sous la forme d'une simple thèse ou encore sous la forme de fragments épars [...] d'une œuvre qu'il faudra peut-être commencer par reconstituer.»

Die formelle Beteiligung an der Referententätigkeit (Antragstellung) und damit die Einbindung in die Phase der *Urteilsfindung* dürfte während langer Zeit die Ausnahme geblieben sein. Erst in der zweiten Hälfte der 1970er Jahre lässt sich am Verwaltungs- und Versicherungsgericht eine deutliche Verschiebung des Arbeitseinsatzes der Kammerschreiber erkennen: Sie werden in zunehmendem Mass zur Ausarbeitung der Referate beigezogen. Das heisst, sie erstellen – unter Leitung und Verantwortung des Instruktionsrichters – schriftliche, bereits im Entwurf begründete Urteilsanträge.[30] Verschiedene im Gerichtsbetrieb eingetretene Veränderungen haben diesen Funktionswandel der Kammerschreiber ausgelöst oder zumindest begünstigt:

---

[28] Dazu auch *Leuenberger* (Anm. 4), S. 98 f.; *Peter Uebersax,* Die Stellung der Gerichtsschreiberinnen und Gerichtsschreiber in der Gerichtsverfassung, in: Benjamin Schindler / Patrick Sutter (Hrsg.), Akteure der Gerichtsbarkeit, Zürich / St. Gallen 2007, S. 77 ff., S. 80.

[29] *Fred Simond,* Le rôle des secrétaires et greffiers du Tribunal fédéral, JdT 1957 S. 66 ff., S. 67.

[30] Am Bundesgericht haben die Gerichtsschreiber (mit früherem Beginn) dieselbe Entwicklung durchlaufen, vgl. *Peter Uebersax,* Art. 24 N. 11 ff., in: Marcel Alexander Niggli / Peter Uebersax / Hans Wiprächtiger (Hrsg.), Kommentar zum Bundesgerichtsgesetz, Basel 2008; ferner die von *Joachim Wyssmann* (Gerichtsschreiber am Bundesgericht) im Jahr 2000 verfasste interne Untersuchung über die geschichtliche Entwicklung der Funktion und Stellung der Gerichtsjuristen, auf die hier zurückgegriffen werden konnte.

Zur besseren Dokumentation der Richter und Urteilsredaktoren wurde im Jahr 1975 die Urteilskartothek eingeführt. Auf dieser Grundlage wechselte das Verwaltungsgericht ein Jahr später zum *System der schriftlichen Referate:* Der vom (Kammer-)Präsidenten bestimmte Referent erstattete Bericht und stellte Antrag über die ihm zur Behandlung zugewiesene Rechtsstreitigkeit. Dieses Referat wurde den Mitgliedern der Kammer rund eine Woche vor dem Sitzungstag zugestellt. Gleichzeitig wurden auf der Gerichtskanzlei die Akten zuhanden der Kammermitglieder aufgelegt.[31] Falls die Kammer antragsgemäss entschieden hatte und sich über die vorgeschlagene Begründung einig war, reduzierte sich der Aufwand für die Ausfertigung der Urteile erheblich. Dieses Vorgehen war nach Einführung der Textverarbeitung umso einfacher und zeitsparender, wenn am gespeicherten Referat lediglich noch wenige Änderungen anzubringen waren.[32] Zunächst am Versicherungsgericht, später auch am Verwaltungsgericht wurde immer öfter auf dem *Zirkulationsweg* entschieden, anstatt eine Sitzung der Spruchbehörde abzuhalten.[33] Dementsprechend nahm die Protokollführung immer weniger Arbeitszeit der Kammerschreiber in Anspruch. Insgesamt war nur folgerichtig, die Kammerschreiber dort einzusetzen, wo die Hauptarbeit anfiel, mithin bei der Referententätigkeit.

Die Bewältigung *steigender Geschäftslasten* und die Bearbeitung zunehmend *komplexer Fälle* beschleunigten den Funktionswandel. Die Richterinnen und Richter, besonders die hauptamtlichen, waren im Rahmen der Prozessinstruktion vermehrt mit aufwendigen Abklärungen, Augenscheinen oder Instruktionsverhandlungen befasst und daher zeitlich ausserstande, sämtliche Referate selber von Grund auf zu erarbeiten. Damals wie heute waren Begehren um Ausbau des juristischen Personals chancenreicher, wenn sie die Stufe der Kammerschreiber betrafen. Entsprechend hat sich die Verhältniszahl zwischen Richtern und Kammerschreibern stetig zugunsten der letzteren verschoben (vgl. auch Ziff. 3.4 hiernach). Auch darin liegt ein

---

[31] Vgl. Geschäftsbericht 1975 Ziff. 2.7 und 1976 Ziff. 2.7 sowie Art. 13 Abs. 2 und 4 des Geschäftsreglements des Verwaltungs- und Versicherungsgerichts des Kantons Bern vom 17.10.1977 (GS 1977 S. 166 ff.).

[32] Vgl. auch *Leuenberger* (Anm. 4), S. 101.

[33] Gemäss § 8 des Geschäftsreglements 1962 (Anm. 13) stand der Zirkulationsweg nur ausnahmsweise für «einfache und klare Fälle» offen. In Art. 18 Abs. 1 und Art. 21 des Geschäftsreglements 1977 (Anm. 31) war kein Ausnahmeerfordernis mehr verankert. Heutzutage stellt der Zirkulationsweg die Regel dar (vgl. Art. 126 Abs. 4 des Gesetzes vom 23.5.1989 über die Verwaltungsrechtspflege in der Fassung vom 17.9.2003 [BSG 155.21]).

Grund für die Mitwirkung der Kammerschreiber bei der Referententätigkeit.

Der Funktionswandel lässt sich schliesslich anhand der Geschäftsreglemente des Verwaltungsgerichts nachvollziehen. Art. 13 Abs. 3 des Geschäftsreglements 1990[34] sah noch vor, dass Kammerschreiber «auf Beschluss der Abteilungskonferenz zur Vorbereitung von […] Urteilsreferaten eingesetzt werden» konnten. In dieser Bestimmung klingt – entgegen den tatsächlichen Verhältnissen am Verwaltungsgericht – an, die Mitwirkung an der Referententätigkeit sei zu Beginn der 1990er Jahre nur ausnahmsweise erfolgt. Erst die Geschäftsreglemente 1995, 2000 und 2003 beschreiben deutlich, dass die Haupttätigkeit der Kammerschreiber in der Ausarbeitung von Urteilsreferaten besteht.[35] Spät, erstmals im Geschäftsreglement 2000 (Art. 17 Abs. 3 und Art. 27 Abs. 3), wird vorgesehen, dass die Kammerschreiber in der Urteilsberatung *zur Diskussion beigezogen* werden können.

1.4 Die jüngere Entwicklung während den vergangenen zwei Jahrzehnten

Die zweite Totalrevision des Verwaltungsrechtspflegegesetzes, 1989 vom Grossen Rat beraten und am 1. Januar 1990 in Kraft getreten, hat dem Kanton Bern einen modernen Verfahrenserlass beschert.[36] Das «Verwaltungs- und Versicherungsgericht» wurde durch ein einziges Verwaltungsgericht abgelöst (Art. 119 VRPG[37]), das in Berücksichtigung der sprach- und fachspezifischen Gegebenheiten in drei Abteilungen aufgegliedert ist, nämlich: in eine verwaltungsrechtliche (VRA) und sozialversicherungsrechtliche Abteilung (SVA) sowie in die Abteilung für französischsprachige Geschäfte (CAF), zuständig sowohl in sozialversicherungs- als auch verwaltungsrechtlichen Streitigkeiten. In Abkehr vom Milizgedanken, der noch das VRPG 61 prägte, hat der Gesetzgeber den Wechsel zum Berufsgericht vollzogen. Ne-

---

[34] Geschäftsreglement des Verwaltungsgerichts des Kantons Bern vom 15.3.1990 (GS 1990 S. 212 ff.).

[35] Vgl. Geschäftsreglement des Verwaltungsgerichts des Kantons Bern vom 18.4.1995 (BAG 95–30; Art. 16 Abs. 3 und Art. 25 Abs. 3), vom 28.11.2000 (BAG 01–34; Art. 17 Abs. 2 und Art. 27 Abs. 2) und vom 6.11.2003 (BAG 03–109; Art. 13 Abs. 2).

[36] Vgl. zu Zielsetzung und Systematik der Neuordnung: Vortrag der Justizdirektion vom 13.9.1988 betreffend die Totalrevision des VRPG, Tagblatt des Grossen Rates 1989, Beilage 5, S. 1 f.; ferner *Merkli / Aeschlimann / Herzog* (Anm. 12), Einleitung N. 24 ff.; vgl. auch die Beiträge von *Arthur Aeschlimann / Ulrich Zimmerli* und *Michel Daum* in diesem Band.

[37] Gesetz vom 23.5.1989 über die Verwaltungsrechtspflege (GS 1989 S. 277 ff.; BSG 155.21).

benamtliche Laienrichterinnen oder -richter gibt es seither am Verwaltungsgericht nicht mehr, einmal abgesehen von den Fachrichterinnen und -richtern am Schiedsgericht in Sozialversicherungsstreitigkeiten.[38]

Der Regierungsrat brachte nach der ersten Lesung des VRPG 1989 den Antrag ein, es sei ihm – anders als in seiner ursprünglichen Vorlage vorgesehen – die Befugnis zu übertragen, die Zahl der Kammerschreiberinnen und Kammerschreiber am Verwaltungsgericht zu bestimmen. Diesem Ansinnen ist die Mehrheit der Grossratsmitglieder nicht gefolgt, worauf das Parlament per 1. Januar 1990 die Höchstzahl der (vollzeitlich tätigen) Kammerschreiber am Verwaltungsgericht auf 14–17 festgesetzt hat.[39] Die Höchstzahl gemäss Dekret ist in den Folgejahren mit der Begründung steigender Geschäftslast und erweiterten Zuständigkeiten stetig angewachsen, auf 20 im Jahr 2000, 25 (2003) und 34 im Jahr 2009.[40]

> Die Begründung der Mehrheitsmeinung im Grossen Rat zielte unter anderem darauf, die Unabhängigkeit des Verwaltungsgerichts von der Exekutive zu stärken: «Wir sehen die vorliegende Frage [scil. über die Zuteilung der Kompetenz zur Festlegung der Zahl der Kammerschreiber] als Spezialfall und Ausnahme an, weil wir dem Umstand Rechnung tragen müssen, dass das Verwaltungsgericht Entscheide der Verwaltung überprüft und daher gewisse Interessenkonflikte bestehen können, besonders weil eine grosse Zahl der Entscheide durch die Justizdirektion vorbereitet oder die Fragen in erster Instanz von ihr entschieden werden. Wir wollen vermeiden – das soll keine Unterstellung für die heutigen Verantwortlichen, sondern eine generelle Feststellung sein –, dass das Verwaltungsgericht durch Personalbeschränkungen geschwächt und seine Arbeit dadurch verschlechtert wird.»[41]

Die ab 1986 etappenweise erfolgte Einführung der *Elektronischen Datenverarbeitung* (Geschäftskontrolle, Textverarbeitung und Urteilsdatenbank) und der im Jahr 1998 möglich gewordene Internetzugriff haben die Arbeitsabläufe der Mitarbeiterinnen und Mitarbeiter am Verwaltungsgericht stark beein-

---

[38] Vgl. dazu Vortrag VRPG 1989 (Anm. 36), S. 10; *Merkli / Aeschlimann / Herzog* (Anm. 12), Einleitung N. 65–67, 72, Art. 119 N. 5, Art. 121 N. 2. Vgl. zur Wählbarkeit in das Schiedsgericht in Sozialversicherungsstreitigkeiten Art. 121 Abs. 2 VRPG und Art. 48 Abs. 2 GSOG (Anm. 42).

[39] Dekret vom 12.9.1989 über die Zahl der Kammerschreiber am Verwaltungsgericht (GS 1989 S. 360).

[40] Vgl. die Dekretsänderung vom 7.2.2000 (BAG 00–57) sowie das Dekret vom 20.11.2002 über die Anzahl Kammerschreiberinnen- und Kammerschreiberstellen am Verwaltungsgericht (BAG 03–49) und dessen Änderung vom 10.4.2008 (BAG 08-46).

[41] Vgl. Tagblatt des Grossen Rates 1989, S. 569 (Votum Grossrat Erb) und S. 570 (Entgegnung des Justizdirektors Schmid).

flusst. Rechtsgrundlagen, Gesetzgebungsmaterialien und eine Vielzahl von Dokumenten der Verwaltungsbehörden sind über Internet abrufbar. Kostenpflichtige und frei zugängliche Online-Datenbanken bieten mittlerweile einen immensen Bestand an Urteilen, Fachliteratur und digitalisierten juristischen Standardwerken. Ohne Zweifel rationalisieren und erleichtern diese Entwicklungen die Arbeit der Kammerschreiber. Kehrseiten bleiben indessen nicht aus: Der Geschäftsbericht 2001 erwähnt als wichtigen Grund für den damaligen Rückstau in der Bearbeitung der eingegangenen Beschwerden «die stete Zunahme der Komplexität der Fälle und die gestiegenen Ansprüche sowohl des Bundesgerichts als auch der Recht Suchenden an die Gründlichkeit aller Abklärungen und Ausführlichkeit der Urteile.» In Erfüllung dieser Ansprüche können im Internetzeitalter juristische Abklärungen in einer Breite und (bestenfalls auch) Tiefe betrieben werden, wie sie bis vor kurzem undenkbar waren. Solche Recherchen sind aber zeitraubend und die Darlegung der Ergebnisse trägt nicht immer zur besseren Nachvollziehbarkeit der Urteilsbegründung bei. Jedenfalls bleibt es für die Gerichtsschreiber – wie für Juristinnen und Juristen überhaupt – eine Herausforderung, Textverarbeitung und Internet zweckmässig einzusetzen.

2. Rechtlicher Rahmen

2.1 Gerichtsverfassung und Reglementsrecht

Die Bestimmungen über die Organisation des Verwaltungsgerichts (Gerichtsverfassung) sind derzeit noch im VRPG verankert (Art. 119–132b VRPG). Der Gesetzgeber skizziert in Art. 123 VRPG den rechtlichen Rahmen für die Tätigkeit des Gerichts- und der Kammerschreiber nur in vagen Umrissen. Neu wird das voraussichtlich auf den 1. Januar 2011 vollständig in Kraft tretende Gesetz vom 11. Juni 2009 über die Organisation der Gerichtsbehörden und der Staatsanwaltschaft (GSOG)[42] die organisatorischen Bestimmungen aller Gerichtsbehörden enthalten. Über die Rechtsstellung der Gerichtsschreiberinnen und Gerichtsschreiber enthält Art. 33 GSOG einige Eckpunkte. Im Vergleich zum geltenden Recht lassen sich dabei die folgenden Neuerungen ausmachen:

Es gilt ein *einheitlicher «Gerichtsschreiberartikel»* für sämtliche Gerichtsbehörden des Kantons Bern. Art. 33 GSOG erfasst mithin das nicht-

---

[42] Vgl. BAG 09-147; BSG 161.1. Einzelne Bestimmungen des GSOG sind vorzeitig (per 1.1.2010) in Kraft getreten.

richterliche juristische Personal an den obersten Gerichten (Obergericht, Verwaltungsgericht), an den kantonal zuständigen[43] und an den regionalen Gerichtsbehörden. Die bislang am Verwaltungs- und am Obergericht übliche, ausserhalb des Gerichtsbetriebs aber oft erklärungsbedürftige Berufsbezeichnung «Kammerschreiberinnen und Kammerschreiber» wird zugunsten des Begriffs «Gerichtsschreiberinnen und Gerichtsschreiber» aufgegeben. Mit dem Inkrafttreten des GSOG wird die Funktion des Gerichtsschreibers des Verwaltungsgerichts und des Obergerichts aufgrund deutlich gestiegener Anforderungen an die Gerichtsadministration durch jene einer Generalsekretärin oder eines Generalsekretärs abgelöst. Die Belange der Gerichts- und Ressourcenverwaltung, namentlich das Personal-, Finanz- und Rechnungswesen, die Informatik und die interne und externe Kommunikation, sollen vorbehältlich der Zuständigkeiten der Justizleitung durch die neu geschaffene Organisationseinheit des Generalsekretariats betreut werden.[44] Die Festlegung der Anzahl Gerichtsschreiber, heute eine Befugnis des Grossen Rates, übernimmt inskünftig im Rahmen der verfügbaren Mittel die Justiz selbst (Art. 33 Abs. 1 Satz 2 GSOG).[45] In der Hoheit über die Stellenplanung findet ein erklärtes Ziel der jüngsten Gerichtsorganisationsreform seinen Ausdruck: die Stärkung der institutionellen und administrativen Unabhängigkeit der Gerichtsbehörden.[46] Was die Ausbildungsanforderungen anbelangt, sollen die Gerichtsschreiber gemäss Art. 33 Abs. 3 GSOG weiterhin «in der Regel über ein Anwaltspatent oder das bernische Notariatspatent» verfügen.

Aufgaben und Kompetenzen der Gerichtsschreiberinnen und Gerichtsschreiber wird das Verwaltungsgericht per 1. Januar 2011 im Reglementsrecht zu verankern haben (Art. 51 Abs. 2 Bst. b GSOG). Das bietet die Gelegenheit, im Vergleich zum geltenden Reglementsrecht[47] einige Ergänzungen

---

[43] Dazu gehören gemäss Art. 2 Abs. 3 GSOG das kantonale Zwangsmassnahmengericht, das Wirtschaftsstrafgericht, das Jugendgericht, die Steuerrekurskommission, die Rekurskommission für Massnahmen gegenüber Fahrzeugführerinnen und Fahrzeugführern, die Enteignungsschätzungskommission und die Bodenverbesserungskommission.

[44] Vgl. auch Vortrag des Regierungsrats vom 17.12.2008 zur gesetzgeberischen Umsetzung der Justizreform, Tagblatt des Grossen Rates 2009, Beilage 17, S. 28.

[45] Gleich verhält es sich am Bundesgericht, vgl. *Christina Kiss / Heinrich Koller,* Art. 188 N. 36, in: Bernhard Ehrenzeller et al. (Hrsg.), St. Galler Kommentar zur Bundesverfassung, 2. Aufl. Zürich / St. Gallen 2008.

[46] Vortrag Justizreform (Anm. 44), S. 9, 11.

[47] Vgl. Art. 13 des Geschäftsreglements 2003 (Anm. 35).

und Präzisierungen vorzunehmen. So sollte der Instruktionsrichter oder die Instruktionsrichterin die Befugnis erhalten, einen Gerichtsschreiber oder eine Gerichtsschreiberin zu ermächtigen, im Namen der Richterin oder des Richters eine *Instruktionsverfügung zu unterzeichnen*. Die *beratende Stimme* findet heute schon ihren unmittelbaren Ausdruck in der Redaktion der Urteilsreferate und indem der Vorsitzende der Kammer die Gerichtsschreiber in der Urteilsberatung zur Diskussion beiziehen kann. Hier wäre ein Ausbau insofern denkbar, als die Gerichtsschreiberinnen und -schreiber die ausdrückliche Berechtigung erhielten, in der Zirkulationsfassung (mit gebotener Zurückhaltung) einen Vermerk zuhanden der mitwirkenden Richterinnen und Richter anzubringen, wenn ihre persönliche Auffassung von derjenigen des Instruktionsrichters abweicht.[48] Primär als Mitwirkungsrecht ausgestaltet, kann die beratende Stimme auch zu Anmerkungen verpflichten, jedenfalls soweit die Gerichtsschreiber rechtliche Widersprüche oder andere Unzulänglichkeiten erkennen, die Auswirkungen auf das Dispositiv haben.[49]

Auf die eigenständigen Funktionen, welche die Gerichtsschreiberinnen und -schreiber erfüllen, und ihre Stellung, die sie in der Gerichtsorganisation einnehmen, weist das kantonale Gesetzesrecht nicht ausreichend hin.[50] Art. 33 GSOG gilt unterschiedslos in der Straf-, Zivil- und Verwaltungsgerichtsbarkeit und an den ober- und unterinstanzlichen Gerichten. Diese Gleichsetzung verwischt die verschieden gearteten Aufgaben- und Verantwortungsbereiche. Und wichtige Elemente wie beratende Stimme sowie Mitwirkung an der Urteilsfindung bleiben im Gesetzesrecht unerwähnt. Ein zeitgemässes Abbild der Tätigkeit der Gerichtsschreiber am Bundesgericht gibt hingegen Art. 24 Abs. 1 BGG. Demnach «wirken [scil. die Gerichtsschreiberinnen und Gerichtsschreiber] bei der Instruktion der Fälle und bei der Entscheidfindung mit. Sie haben beratende Stimme.» Eine ähnlich lautende Formulierung stünde auch dem kantonalen «Gerichtsschreiberartikel» gut an.

---

[48] Vgl. für die entsprechende Befugnis der Gerichtsschreiberinnen und -schreiber am Bundesgericht: *Uebersax* (Anm. 30), Art. 24 N. 45; *Alain Wurzburger,* Art. 24 N. 14, 18, in: Bernard Corboz et al. (Hrsg.), Commentaire de la LTF, Berne 2009.

[49] *Uebersax* (Anm. 30), Art. 24 N. 34; *Wurzburger* (Anm. 48), Art. 24 N. 17; ferner auch *Michael Beusch,* Die Zusammenarbeit zwischen Richterinnen und Gerichtsschreibern, Justice – Justiz – Giustizia 2007/2, N. 3.

[50] Vgl. schon *Leuenberger* (Anm. 4), S. 97.

2.2 Dienstrechtliche Stellung

Das GSOG unterscheidet im 7. Kapitel zwischen den vom Grossen Rat auf eine Amtsdauer von sechs Jahren gewählten *Mitgliedern* des Verwaltungsgerichts (Richterinnen und Richter) und den *Mitarbeiterinnen und Mitarbeitern* des Verwaltungsgerichts, darunter die Gerichtsschreiber. Deren Rechte und Pflichten richten sich im Wesentlichen nach dem Personalgesetz (PG)[51]. Das (häufig teilzeitliche) Arbeitsverhältnis der Gerichtsschreiber wird durch öffentlich-rechtlichen Vertrag begründet, beinhaltet eine halbjährige Probezeit und ist in der Regel unbefristet.[52] Anstellungsbehörde ist gemäss Art. 19 Abs. 1 PG das Verwaltungsgericht. Den Anstellungsentscheid fällt auf Antrag der Abteilung das Plenum des Verwaltungsgerichts.[53] Das GSOG bringt auch in diesem Punkt eine sachgerechte Anpassung. Die Geschäftsleitung, welche die Verwaltungskommission als für die Gerichtsverwaltung verantwortliches Organ abgelöst hat, ist neu zuständig für die Anstellung der Gerichtsschreiberinnen und Gerichtsschreiber und deren Zuteilung an die Abteilungen.[54]

Anders als für die Mitglieder des Verwaltungsgerichts (Art. 29 Abs. 2 Bst. b GSOG) ist für die Gerichtsschreiberinnen und -schreiber die Kenntnis der beiden Amtssprachen keine gesetzliche Anstellungsvoraussetzung. Dennoch ist für die Arbeit des Gerichtsschreibers das Verständnis beider Amtssprachen unerlässlich. Zum einen, um den Gesamtblick auf die verwaltungs- bzw. sozialversicherungsrechtliche Praxis des Verwaltungsgerichts zu erhalten. Zum anderen, um die in den öffentlichen Urteilsberatungen von den Gerichtsmitgliedern (in ihrer Amtssprache) abgegebenen Voten verarbeiten zu können.[55] – Während der Grosse Rat bei Richterwahlen an das Verwal-

---

[51] Personalgesetz vom 16.9.2004 (BSG 153.01).

[52] Vgl. Art. 16 Abs. 1, Art. 16a Abs. 1 und Art. 22 Abs. 1 und 2 PG.

[53] Vgl. Art. 129 Abs. 2 Bst. c VRPG. Die vollzeitlich und teilzeitlich tätigen Richterinnen und Richter (aller drei Abteilungen) bilden das Plenum des Verwaltungsgerichts (Art. 129 Abs. 1 VRPG).

[54] Vgl. Art. 52 Abs. 2 Bst. e GSOG. Die Geschäftsleitung des Verwaltungsgerichts setzt sich zusammen aus der Präsidentin oder dem Präsidenten des Verwaltungsgerichts, den (drei) Abteilungspräsidentinnen und Abteilungspräsidenten und dem Generalsekretär oder der Generalsekretärin (vorzeitig in Kraft getretener Art. 52 Abs. 1 GSOG).

[55] Vgl. Art. 21 Abs. 3 des Geschäftsreglements 2003 (Anm. 35), wonach in der Regel eine Richterin oder ein Richter der Abteilung für französischsprachige Geschäfte in der Fünferkammer mitwirkt.

tungsgericht traditionell den Parteienproporz beachtet,[56] ist eine allfällige Parteizugehörigkeit von Gerichtsschreiberinnen und -schreibern im Anstellungsverfahren ohne Relevanz.

Wenn bei *Streitigkeiten aus dem Arbeitsverhältnis* keine Einigung zustande kommt, erlässt das Verwaltungsgericht eine Verfügung (Art. 107 Abs. 1 PG), gegen die der betroffene Gerichtsschreiber nach den Vorschriften des VRPG beim Obergericht Beschwerde führen kann.[57] Derselbe Rechtsweg ist gegen eine Kündigungsverfügung einzuschlagen. Bei Streitigkeiten über Gehaltsansprüche erlässt die Finanzdirektion des Kantons Bern eine beim Verwaltungsgericht anfechtbare Verfügung.[58]

Die vor dem Hintergrund des Art. 68 KV erlassenen (strengen) Vorschriften über die Unvereinbarkeit in der Funktion und in der Person (Art. 27 f. GSOG) sowie über die Nebenbeschäftigungen (Art. 30 GSOG) gelten für die *Mitglieder* einer Gerichtsbehörde und damit nur für die Verwaltungsrichterinnen und -richter.[59] Für die Gerichtsschreiber gelten (immerhin) die personalrechtlichen Bestimmungen über die Zulässigkeit von Nebenbeschäftigungen.[60]

Mit Beschluss vom 26. März 1996 hat das Plenum des Verwaltungsgerichts Bedingungen für die *nebenamtliche Anwaltstätigkeit* der Gerichtsschreiber formuliert und eine Melde- bzw. Bewilligungspflicht eingeführt. Demzufolge sind die Gerichtsschreiber verpflichtet, Interessenkollisionen zu vermeiden, namentlich

---

[56] *Merkli / Aeschlimann / Herzog* (Anm. 12), Art. 120 N. 3. Vgl. exemplarisch Tagblatt des Grossen Rates 2001, S. 338 (Votum Grossrätin Winkenbach-Rahn). In den Anfangsjahren des Gerichts war die Berücksichtigung des Parteienproporzes in Art. 2 Abs. 3 VRPG 09 noch gesetzlich vorgeschrieben: «Bei der Bestellung des Verwaltungsgerichtes ist auf die politischen Parteien angemessene Rücksicht zu nehmen.»

[57] Vgl. Art. 18a des voraussichtlich bis 31.12.2010 gültigen Gesetzes vom 14.3.1995 über die Organisation der Gerichtsbehörden in Zivil- und Strafsachen (GOG; BSG 161.1). Umgekehrt steht der Gerichtsschreiberinnen und -schreiber am Obergericht der Rechtsmittelweg an das Verwaltungsgericht offen (Art. 76 Abs. 2 Bst. b VRPG). Vgl. auch die neurechtliche Bestimmung von Art. 95 GSOG; ferner zum Rechtsweg auch die Ausführungen im Vortrag des Regierungsrats vom 12.12.2007 zur Änderung des VRPG, Tagblatt des Grossen Rates 2008, Beilage 11, S. 7 f.

[58] Art. 107 Abs. 1 PG i.V.m. Art. 74 Abs. 1 und Art. 76 f. VRPG. Die Zuständigkeit des Verwaltungsgerichts ist wegen der möglichen Befangenheit des Gerichtspersonals heikel. De lege ferenda erschiene auch hier die Zuständigkeit des Obergerichts sachgerecht.

[59] Vgl. auch Vortrag Justizreform (Anm. 44), S. 24; ferner zum geltenden Recht Art. 121 Abs. 4 VRPG.

[60] Art. 53 PG und Art. 203 ff. der Personalverordnung vom 18.5.2005 (PV; BSG 153.011.1).

indem sie keine Mandate übernehmen, die in der Zuständigkeit des Verwaltungsgerichts liegen. Ferner verzeigen sie ein ausserhalb des Verwaltungsgerichts gelegenes Geschäftsdomizil und üben ausschliesslich dort ihre Anwaltstätigkeit aus. Diese Vorgaben stehen im Einklang mit den diesbezüglich jüngst vom Bundesgericht getroffenen Festlegungen. Es taxierte im Fall einer teilzeitlich an einem Bezirksgericht tätigen Gerichtsschreiberin die *vollständige* Verweigerung der anwaltlichen Nebentätigkeit als unverhältnismässig. Im Lichte der verfassungsrechtlich garantierten Wirtschaftsfreiheit lasse sich die Bewilligungsverweigerung zwar für den betreffenden Bezirk, nicht aber für den ganzen Kanton und für sämtliche Rechtsgebiete begründen, schloss das Bundesgericht.[61]

Die Gerichtsschreiber unterstehen (auch nach Beendigung des Arbeitsverhältnisses) dem *Amtsgeheimnis* (Art. 58 Abs. 1 PG). Die vermögensrechtliche Verantwortlichkeit richtet sich nach dem allgemeinen Staatshaftungsrecht. Ein vom Gerichtsbetrieb geschädigter Dritter kann ausschliesslich den Staat als Haftungssubjekt ins Recht fassen. Hat der Kanton Ersatz geleistet, so steht ihm grundsätzlich der Rückgriff auf den fehlbaren Gerichtsschreiber zu, wenn dieser den Schaden vorsätzlich oder grobfahrlässig verursacht hat.[62] Hinsichtlich der *Haftung für fehlerhafte Rechtsprechung* ist aber auf folgende Besonderheit hinzuweisen: Auf haftungsbegründende Widerrechtlichkeit eines Urteils kann erst geschlossen werden, wenn dem Gericht eine wesentliche Amtspflichtverletzung angelastet werden muss.[63] Diese strenge Haftungsvoraussetzung stellt den Geschädigten eine nur schwer überwindbare Hürde in den Weg. – Gerichtsschreiber sind nicht Mitglied des urteilenden und damit die Entscheidverantwortung tragenden Spruchkörpers (vgl. sogleich Ziff. 2.3 hiernach). Der gegen aussen haftende Kanton darf folglich, soweit Ersatzansprüche aus der Rechtsprechungstätigkeit hergeleitet werden, nicht Rückgriff auf den Gerichtsschreiber nehmen, jedenfalls solange dieser nicht geradezu mutwillig (vorsätzlich) auf ein fehlerhaftes Urteil hingewirkt hat.

2.3 Rechtsstellung im Verfahren

Das rechtsprechende Organ, das in Urteilsform den Einzelfall entscheidet (Spruchkörper), wird einzig durch die Verwaltungsrichterinnen und -richter

---

[61] BGer 2P.301/2005 vom 23.6.2006, in ZBl 2006 S. 586 E. 5; vgl. dazu auch die Urteilsbesprechung von *Markus Müller* in ZBJV 2007 S. 690 f.
[62] Art. 100 Abs. 1, Art. 102 Abs. 1 und 2 PG.
[63] BVR 2008 S. 163 E. 5.4; 1994 S. 528 E. 3c; ferner *Reto Feller*, Das Prinzip der Einmaligkeit des Rechtsschutzes im Staatshaftungsrecht, Zürich / St. Gallen 2007, S. 87 ff., mit Hinweisen auf die Rechtsprechung des Bundesgerichts.

gebildet. Zur rechtsgültigen Besetzung des Spruchkörpers, der aus zwei, drei oder fünf Mitgliedern bzw. in der einzelrichterlich urteilenden Person besteht, gehört aber stets ein Gerichtsschreiber, der seine gesetzlichen Mitwirkungsrechte wahrnehmen muss.[64] Er wird nebst den urteilenden Richtern namentlich auf dem Deckblatt des Urteils (Rubrum) aufgeführt und unterzeichnet mit Kollektivunterschrift das Urteil gemeinsam mit dem präsidierenden Gerichtsmitglied.

Die VRA und die SVA haben das System der Fallzuteilung an die Gerichtsschreiber unterschiedlich organisiert.[65] An der VRA steht die Fallzuteilung überwiegend im Ermessen des Instruktions- bzw. Einzelrichters. Wegleitende Kriterien sind die Auslastung und Verfügbarkeit der Gerichtsschreiber, ferner deren Spezialkenntnisse und -interessen sowie Erfahrung. Dieses System wäre an der SVA aufgrund der hohen Fallzahlen kaum praktikabel. Deshalb erfolgt dort die Zuteilung unter Berücksichtigung des Beschäftigungsgrads nach der Reihenfolge der Geschäftseingänge. Den Gerichtsschreiber nach Anhandnahme der Fallbearbeitung auszutauschen, erscheint nur bei Vorliegen triftiger Gründe zulässig, etwa bei einem krankheitsbedingten Ausfall.[66]

Die verfassungs- und konventionsrechtlichen Unabhängigkeitsgarantien von Art. 30 Abs. 1 BV und Art. 6 Ziff. 1 EMRK erstrecken sich auch auf die Gerichtsschreiber, sofern sie, wie das am Verwaltungsgericht üblich ist, an der Willensbildung des Spruchkörpers mit einer gewissen Intensität mitwirken.[67] Folgerichtig erklärt das VRPG in Art. 9 Abs. 1 die Bestimmungen über den *Ausstand* nicht nur auf Personen anwendbar, die selber verfügen oder (mit)entscheiden, sondern auch auf Personen, die einen Entscheid *vorzubereiten* haben.[68] Das Bundesgericht legt einen strengen Massstab an die Unbefangenheit der Gerichtsschreiber an, namentlich dort, wo die anwendbare Verfahrensordnung dem Gerichtsschreiber substanzielle Mitwirkungs-

---

[64] Vgl. Art. 123 Abs. 1, Art. 126 und 128 VRPG bzw. Art. 33 Abs. 5 und Art. 56 f. GSOG. Vgl. auch BGE 125 V 499: Mit dem verfassungsrechtlichen Anspruch auf richtige Besetzung des Gerichts unvereinbar ist es, wenn ein Urteil ohne die gesetzes- oder verordnungsrechtlich umschriebene Mitwirkung eines Gerichtsschreibers ergeht.

[65] Die CAF, zuständig in sozialversicherungs- und verwaltungsrechtlichen Streitigkeiten, lehnt ihre Praxis der Fallzuteilung an die deutschsprachigen Abteilungen an.

[66] *Uebersax* (Anm. 30), Art. 24 N. 95.

[67] BGE 124 I 255 E. 4c; 115 Ia 224 E. 7b/bb; BGer 5A_403/2008 vom 28.10.2008, E. 4.3.

[68] Dazu BVR 2006 S. 193 E. 3.5.3.

rechte einräumt.[69] An die Gerichtsschreiber am Verwaltungsgericht, die an der Referententätigkeit mitwirken und in der Urteilsberatung zur Diskussion beigezogen werden können, sind demnach grundsätzlich die gleichen Anforderungen an ihre Unabhängigkeit und Unparteilichkeit zu stellen wie an die urteilenden Richterinnen und Richter selber. Soweit ein Ablehnungsbegehren gegen einen Gerichtsschreiber erhoben oder, was kaum je vorkommt, dessen Selbstablehnung bestritten wird, regelt Art. 9 Abs. 2 Satz 2 VRPG das verfahrensmässige Vorgehen.[70]

3. Aufgaben und Berufsbild

3.1 Mitwirkung bei der Referententätigkeit und der Verfahrensinstruktion

Die Gerichtsschreibertätigkeit ist entscheidend geprägt durch das am Verwaltungsgericht etablierte *Referentensystem* und die Ausfällung der Urteile auf dem *Zirkulationsweg:*[71] Ein Richter der zum Entscheid berufenen Kammer wird als Referent und Instruktionsrichter bezeichnet. In dieser Funktion sichtet und studiert er die Akten und kehrt – oft bereits unter Mitwirkung eines Gerichtsschreibers[72] – das Nötige vor, um das Verfahren zur Entscheidreife zu bringen. Im Anschluss übergibt der Instruktionsrichter oder die Instruktionsrichterin das Dossier dem Gerichtsschreiber zur Ausarbeitung des Urteilsentwurfs (Referat), verbunden mit mehr oder weniger umfassenden inhaltlichen Anweisungen. Je nach Komplexität des Falls und der Erfahrung der beteiligten Personen kann der Referent auf inhaltliche Vorgaben überhaupt verzichten.[73]

---

[69] BGE 125 V 499 E. 2b; 124 I 255 E. 5c/aa; 115 Ia 224 E. 7b; BGer 2P.301/2005 vom 23.6.2006, in ZBl 2006 S. 586 E. 4.1. Vgl. aus der jüngsten Rechtsprechung auch BGer 5A_309/2008 vom 12.3.2009, E. 2 (Vorbefassung eines Gerichtsschreibers verneint) und 1C_79/2009 vom 24.9.2009, E. 2 (Anschein der Befangenheit eines Kammerschreibers verneint).

[70] Vgl. noch zu aArt. 9 Abs. 2 VRPG: BVR 2006 S. 140 ff.

[71] Vgl. Art. 126 Abs. 4 VRPG und zur historischen Entwicklung Ziff. 1.3 hiervor. Das Bundesgericht beurteilt das Referentensystem als weitverbreitet und verfassungsrechtlich zulässig (BGE 134 I 238 E. 2.3; BGer 1P.687/2005 vom 9.1.2006, E. 7.1).

[72] Vgl. Art. 13 Abs. 2 Satz 1 des Geschäftsreglements 2003 (Anm. 35).

[73] Diese Arbeitsweise ist mit derjenigen am Bundesgericht vergleichbar, vgl. *Giusep Nay,* Entlastungsmassnahmen des Schweizerischen Bundesgerichts, EuGRZ 2003 S. 159 ff., S. 160; *Uebersax* (Anm. 30), Art. 24 N. 34; *Wurzburger* (Anm. 48), Art. 24 N. 6, 20.

Die Abfassung des Referats erfolgt unter Aufsicht und Verantwortung des Instruktionsrichters. Gerichtsschreiber und Instruktionsrichter arbeiten in der Folge eng zusammen; sie besprechen und bereinigen in dieser Phase die (Vor-)Entwürfe des Referats. Klare terminliche und inhaltliche Absprachen, regelmässige Kommunikation und die Respektierung der je zugewiesenen Aufgabenbereiche begünstigen die gute Zusammenarbeit. Trotz richterlichem Genehmigungsvorbehalt verbleibt dem Gerichtsschreiber hinsichtlich Satzbau und Wortwahl eine substanzielle *redaktionelle Freiheit,*[74] welche allzu engen (ausformulierten) Motivanweisungen des Instruktionsrichters Grenzen setzt. Schliesslich legt der Referent das Endprodukt, den schriftlichen und begründeten Urteilsantrag, dem Spruchkörper zur Beschlussfassung vor. Der Gerichtsschreiber selber hat kein Antragsrecht. Ein Grossteil der Referate wird nach durchgeführter Zirkulation unter den mitwirkenden Richterinnen und Richtern ohne nennenswerte Änderungen zum Urteil erhoben. Gewichtigere Einwände gegen das Urteilsreferat ergehen in der Form von «Gegenbemerkungen», soweit sie sich gegen Teile der Begründung richten, oder in der Form eines «Gegenantrags», wenn ein mitwirkender Richter einen anderen Prozessausgang beantragt. In der Folge sind nach Massgabe von Art. 126 Abs. 4 VRPG und unter Mitwirkung des Gerichtsschreibers eine Bereinigungssitzung mit anschliessender zweiter Zirkulation oder eine (öffentliche) Urteilsberatung abzuhalten.

Die Ausarbeitung der Referate verlangt *juristisches Handwerk:* Nach sorgfältigem Aktenstudium muss der Gerichtsschreiber die anwendbaren Rechtsgrundlagen und die Urteile mit praxisbildender Bedeutung ausfindig machen. Soweit neue Rechtsfragen anstehen, legt er – gegebenenfalls unter Beizug von Judikatur und Lehre – Rechtsnormen aus und widmet sich den (oft zeitraubenden) übergangsrechtlichen Fragen. Er scheidet den strittigen vom unstrittigen Sachverhalt und stellt unter Einbezug der abgenommenen Beweise den massgeblichen Sachverhalt fest. Schliesslich folgt die Würdigung des Sachverhalts im Licht der dargelegten Rechtslage (Subsumtion). Wo wertende Entscheide oder Weichenstellungen im Urteilsaufbau zu treffen sind, ist stets die Rücksprache mit der Referentin oder dem Referenten geboten.[75] Die Gerichtsschreiberinnen und -schreiber sollen die erforderliche Zeit investieren können, um sich vertiefte Aktenkenntnis anzueignen.

---

[74]   *Uebersax* (Anm. 30), Art. 24 N. 64; vgl. auch *Wurzburger* (Anm. 48), Art. 24 N. 22.
[75]   Vgl. zum Kreis der delegierbaren juristischen Arbeiten und zum Aufgaben- und Verantwortungsbereich von (Instruktions-)Richter und Gerichtsschreiber auch Ziff. 3.3 und 3.4 hiernach.

Das setzt sie in die Lage, Instruktionsmassnahmen anzuregen und die (interne) Verantwortung für den richtig erhobenen Sachverhalt mitzutragen.

Durch ihre Haupttätigkeit, das Verfassen der Urteilsbegründungen, tragen die Gerichtsschreiber wesentlich zur Verwirklichung des verfassungsrechtlichen Gehörsanspruchs bei. Das Bundesgericht leitet aus Art. 29 Abs. 2 BV die behördliche *Begründungspflicht* ab:

> Die Begründung muss so abgefasst sein, dass sich der Betroffene über die Tragweite des Entscheids Rechenschaft geben und ihn in voller Kenntnis der Sache an die höhere Instanz weiterziehen kann. Die (Justiz-)Behörde muss wenigstens kurz ihre Erwägungen darlegen, von denen sie sich hat leiten lassen und worauf sie ihren Entscheid stützt. Dabei ist es nicht erforderlich, dass sie sich mit allen Parteistandpunkten einlässlich auseinandersetzt und jedes einzelne Vorbringen ausdrücklich widerlegt. Vielmehr kann sie sich auf die für den Entscheid wesentlichen Punkte beschränken.[76]

Die Urteilsbegründung muss vorab diesem Verfassungsmassstab genügen. Mit Blick auf die Funktionen eines Gerichtsurteils lassen sich eine ganze Reihe von weiteren Merkmalen anführen, welche die «gute Urteilsbegründung» kennzeichnen.[77] Vermag die Begründung die Parteien zu überzeugen oder trägt sie zumindest zur *Akzeptanz* des Urteils bei, dient sie unmittelbar dem Rechtsfrieden. Dem Prozessverlierer ist zu erläutern, weshalb das Recht eine negative Folge gebietet, die für ihn nicht augenfällig ist. Der Schlüssel zur Akzeptanz des Urteils liegt in dessen *Verständlichkeit*. Die oft etwas schwerfällige juristische Fachsprache zu benützen und die Urteile dogmatisch zu unterlegen, ist bis zu einem gewissen Grad unverzichtbar. Umso mehr soll der übrige Text einfach und klar gehalten sein, die Urteilssprache von Ballast befreit werden. Vorgegebene Textbausteine sind kritisch zu hinterfragen, denn oft sind sie nicht passgenau und begünstigen weitschweifige Urteilscollagen.[78] Eine gute Urteilsbegründung verlangt vom Gerichtsschrei-

---

[76] Vgl. statt vieler BGE 134 I 83 E. 4.1; BVR 2009 S. 168 E. 2.3.1.

[77] Aus der funktionalen Analyse der Begründungspflicht, welche *Lorenz Kneubühler,* Die Begründungspflicht, Bern 1998, S. 94 ff., betrieben hat, lassen sich ebenfalls Qualitätskriterien für die Urteilsbegründung ableiten. Vgl. auch die rechtstheoretische Arbeit von *Anusheh Rafi,* Kriterien für ein gutes Urteil, Berlin 2004.

[78] Vgl. je mit weiterführenden Hinweisen *Hans Peter Walter,* Die Sicht des Schweizerischen Bundesgerichts, in: Bernhard Ehrenzeller et al. (Hrsg.), Präjudiz und Sprache, Zürich / St. Gallen 2008, S. 135 ff.; *ders.,* Präzision – die Sprache und die Juristen, Schweizerische Baurechtstagung 2005, Freiburg 2005, S. 221 ff.; *Barbara Merz,* Der lange Weg zum kurzen Urteil. Die Redaktion von Urteilen, Justice – Justiz – Giustizia 2007/3, N. 29 f.

ber Geduld und Beharrlichkeit. Tonio Walter spitzt dies in seiner «Kleinen Stilkunde für Juristen» wie folgt zu:

> «*Einen trifft es, Schreiber oder Leser:* Einer von beiden muss sich quälen, kein Weg führt daran vorbei. Entweder ist es der Schreibende, der sich abmüht, damit das Geschriebene verständlich und angenehm zu lesen sei. Oder es ist der Leser, der sich quält, Unverständliches und Unlesbares doch zu lesen und doch zu verstehen.»[79]

3.2 Weitere Aufgaben

Den überwiegenden Teil ihrer Arbeitszeit verwenden die Gerichtsschreiberinnen und -schreiber am Verwaltungsgericht für die Mitwirkung bei der Referententätigkeit. Darüber hinaus ist ihr Aufgabenkatalog breit gefächert:[80] Sie führen das Protokoll an Augenscheins- und Instruktionsverhandlungen sowie – in der Regel ohne umfassende Protokollierung – an den Kammersitzungen und öffentlichen Urteilsberatungen. Der zuständige Gerichtsschreiber besorgt vor der Eröffnung des Urteils die Schlussredaktion. In Verfahren, in denen sie den Urteilsentwurf erstellt haben, verfassen die Gerichtsschreiberinnen und -schreiber der VRA im Fall des Weiterzugs an das Bundesgericht und in Absprache mit dem Instruktionsrichter die Vernehmlassung. An der SVA übernehmen Gerichtsschreiberinnen und -schreiber in Vertretung von ferien- oder krankheitsabwesenden Richterinnen und Richtern Aufgaben im Zusammenhang mit der Verfahrensinstruktion. Diese Funktion schliesst die Befugnis ein, unter Aufsicht eines anderen Richters bzw. einer anderen Richterin Instruktionsverfügungen zu unterzeichnen, namentlich einen Kostenvorschuss einzuholen oder den Schriftenwechsel einzuleiten bzw. weiterzuführen.[81] Gerichtsschreiberinnen und -schreiber können ferner für allgemeine juristische Abklärungen beigezogen werden, etwa im Hinblick auf eine Praxisfestlegung, oder für die Anfertigung von Mitberichten und Vernehmlassungen zu Gesetzgebungsprojekten. Die Betreuung der Rechtspraktikanten und die Mitwirkung in Teilbereichen der Gerichtsverwaltung (z.B. Bibliothek, Informatik) oder in Arbeitsgruppen der Verwaltung gehören ebenfalls zum Tätigkeitsgebiet. Über Art und Schwerpunkte von weiteren

---

[79] *Tonio Walter,* Kleine Stilkunde für Juristen, München 2002, S. 1.

[80] Vgl. insb. (mit relativ knappen Ausführungen) Art. 13 des Geschäftsreglements 2003 (Anm. 35). Weitere Aufgaben umschreibt die VRA in gerichtsinternen Richtlinien.

[81] Hingegen dürfen Gerichtsschreiberinnen und -schreiber keine Entscheide fällen – z.B. hinsichtlich der (Nicht-)Gewährung der unentgeltlichen Prozessführung – oder prozessuale Nachteile androhen.

Aufgaben herrschen an den drei Abteilungen des Verwaltungsgerichts unterschiedliche Gepflogenheiten.

3.3 (Wandlungen im) Berufsbild des Gerichtsschreibers

In jüngerer Zeit, angestossen durch Überlastungserscheinungen in der Justiz, sind öfters Diskussionen über das *Richterbild*, vor allem dasjenige am Bundesgericht, geführt worden.[82] Dabei gilt es zu vermeiden, das eher traditionelle Richterbild des eigenständigen Referenten gegen das Bild des «Fallmanagers» auszuspielen. Heute sind – im Rahmen von Verfassung und Gesetz – beide Aspekte Bestandteil der richterlichen Tätigkeit.[83] Das *Berufsbild des Gerichtsschreibers* steht in enger Abhängigkeit zum Richterbild, denn die Arbeitsteilung zwischen Richter und Gerichtsschreiber und die Zuweisung der jeweiligen Aufgaben- und Verantwortungsbereiche sind unmittelbar durch die entsprechenden Berufsbilder geprägt. – Verwaltungsrichter werden durch den Grossen Rat in ihr Amt berufen. Dieser Wahlakt vermittelt eine hohe demokratische Legitimation des Richteramts und auferlegt den gewählten Personen die Entscheidverantwortung.[84] Um diese Verantwortung tatsächlich wahrnehmen zu können, müssen Richterinnen und Richter die für den Fall wesentlichen Akten selber studieren und sich eine eigene Meinung zum Prozessausgang bilden. Sie wägen Entscheidalternativen und die präjudiziellen Auswirkungen ab, treffen Wertungen sowie Ermessens- und Billigkeitsentscheide. Diese Aufgaben – das eigentliche Entscheiden letztlich – gehören zum nicht delegierbaren Kern richterlicher Tätigkeit.[85] Von den Gerichtsschreibern erstellte Referate lediglich einer Plausibilitätskontrolle zu unterziehen, wäre folglich ungenügend.

Den Gerichtsschreibern, die nicht gewählt, sondern vom Verwaltungsgericht angestellt werden,[86] fehlt die für die Wahrnehmung der Recht-

---

[82] Vgl. *Markus Felber,* Traditionelles Richterbild und Wirklichkeit am Bundesgericht, SJZ 2007 S. 435 ff.; *Rainer Klopfer,* Management in der Justiz – Richterbild im Wandel, Justice – Justiz – Giustizia 2007/2; *Martin Wirthlin,* Vom massgeblichen (Bundes-)Richterbild, Justice – Justiz – Giustizia 2006/3.

[83] *Arthur Aeschlimann,* Justizreform 2000. Das Bundesgericht und sein Gesetz, ZBl 2008 S. 397 ff., S. 414. Der Ständerat hat, um die Verantwortung des Richters bei der Ausarbeitung der Referate zu betonen, den heutigen Art. 24 Abs. 2 BGG in diesem Sinne ergänzt (vgl. Amtl. Bull. SR 2003 S. 893).

[84] Vgl. *Beusch* (Anm. 49), N. 5; *Regina Kiener,* Richterliche Unabhängigkeit, Bern 2001, S. 255 ff.; *Uebersax* (Anm. 28), S. 82.

[85] *Uebersax* (Anm. 28), S. 92; *Wurzburger* (Anm. 48), Art. 24 N. 7.

[86] Vgl. dazu Ziff. 2.2 hiervor.

sprechungsfunktion erforderliche demokratische Legitimation. Durch die Aufarbeitung der Entscheidgrundlagen und ihre Mitwirkung an der Referententätigkeit leisten sie gleichwohl einen wichtigen Beitrag zur Entscheidfindung. Ihr Einfluss auf die Rechtsprechung ist nicht zu unterschätzen.[87] Am Verwaltungsgericht erarbeiten die Gerichtsschreiber eine deutliche Mehrheit der Referate und unterbreiten sie dem antragstellenden Instruktionsrichter zur Prüfung und Genehmigung. In Routinefällen eher als bei Grundsatzentscheiden erfolgt die Bearbeitung, jedenfalls bei erfahrenen Gerichtsschreibern, in hoher Selbständigkeit. Mit ihrer Mitwirkung an der Referententätigkeit übernehmen sie Aufgaben, die früher ausschliesslich den Richtern vorbehalten waren.[88]

Einem Vorschlag des damaligen Eidgenössischen Versicherungsgerichts folgend[89] könnte die Einführung der Funktion von «Gerichtsreferentinnen» bzw. «Gerichtsreferenten» erwogen werden. Erfahrenen Gerichtsschreiberinnen und -schreibern, die fachlich in der Lage sind, auch in anspruchsvollen Verfahren Urteilsreferate weitestgehend selbständig zu verfassen, könnte nach diesem Modell eine interne Karrieremöglichkeit geboten werden (vgl. auch Ziff. 3.5 hiernach).

Die Funktion der Gerichtsschreiber ist auch im Ausland verbreitet, wenngleich mit ihr nur ausnahmsweise eine vergleichbare Verantwortung, namentlich für die Urteilsbegründungen, verbunden ist wie nach dem Schweizer Modell.[90]

3.4 Zum Vorwurf der Gerichtsschreiberjustiz

Gelegentlich wird vor allem gegen das Bundesgericht, hin und wieder auch gegen kantonale Gerichte, der Vorwurf der *Gerichtsschreiberjustiz* erho-

---

[87] *Uebersax* (Anm. 30), Art. 24 N. 2, 53; *Felber* (Anm. 82), S. 436; *Grisel* (Anm. 4), S. 399. Ausdrücklich auch BGer 2P.301/2005 vom 23.6.2006, in ZBl 2006 S. 586 E. 4.1; BGE 134 I 16 E. 4.3; 124 I 255 E. 5c/aa; 115 Ia 224 E. 7b/aa.

[88] Vgl. dazu auch Ziff. 1.3 hiervor und (für die gleichlaufende Entwicklung am Bundesgericht) die Botschaft des Bundesrats vom 28.2.2001 zur Totalrevision der Bundesrechtspflege, BBl 2001 4202 S. 4287.

[89] Stellungnahme des Eidgenössischen Versicherungsgerichts vom 22.12.2000 zum Entwurf des Bundesgerichtsgesetzes und zum Botschaftsentwurf zur Totalrevision der Bundesrechtspflege, BBl 2001 5898 S. 5902.

[90] *Uebersax* (Anm. 28), S. 85 ff., mit Hinweis auf die von *Matthias Härri* (Gerichtsschreiber am Bundesgericht) im Jahr 2001 verfasste (interne) rechtsvergleichende Untersuchung über die Stellung der Gerichtsschreiber; *Grisel* (Anm. 4), S. 399.

ben.[91] Damit wird unterstellt, faktisch und gegen aussen kaum wahrnehmbar werde die Entscheidkompetenz in einer Vielzahl der Fälle an die Gerichtsschreiber delegiert, während sich die Richter in die Rolle des Fallmanagers zurückzögen. Der Vorwurf gewinnt an Plausibilität, wenn die *Verhältniszahl zwischen Richter und Gerichtsschreiber* eine kritische Grösse überschreitet. Oft wird die Meinung vertreten, Richter am Bundesgericht seien zur Wahrnehmung ihrer Entscheidverantwortung noch in der Lage, solange die Verhältniszahl maximal 3:1 (drei Gerichtsschreiberstellen auf eine Richterstelle) betrage.[92] Bei oberen kantonalen Verwaltungsgerichten sollte dieser Wert tiefer angesetzt werden. Eine Begründung liegt darin, dass im kantonalen Verwaltungsprozess die Sachverhaltskontrolle engmaschiger ist als im Verfahren vor dem Bundesgericht.[93] Der Kreis der nicht delegierbaren Aufgaben – Erlass von Instruktionsverfügungen, Durchführung von Augenscheinen und Instruktionsverhandlungen – ist damit für die Verwaltungsrichter erheblich weiter gefasst als für die Richter am Bundesgericht. Am Bernischen Verwaltungsgericht betragen die Verhältniszahlen 1,7:1 (VRA)[94] bzw. 1,8:1 (SVA) und 2,1:1 (CAF)[95]. Diese Verhältniszahlen ermöglichen den Richterinnen und Richtern, die Urteilsverantwortung effektiv wahrzunehmen.

3.5 Berufs- und Laufbahnaussichten

Am Bundesgericht besteht für die Gerichtsschreiber die Möglichkeit, verbunden mit entsprechenden Lohnvorteilen[96] eine (dreistufige) interne Laufbahn zu beschreiten. Endpunkt bildet der Status des wissenschaftlichen Be-

---

[91] Vgl. etwa Amtl. Bull. NR 2006 S. 777 (Votum Fluri).

[92] *Nay* (Anm. 73), S. 160; *Uebersax* (Anm. 28), S. 98; implizit auch *Wurzburger* (Anm. 48), Art. 24 N. 7. Vgl. auch das Votum von Bundesrätin Widmer-Schlumpf, die am Bundesverwaltungsgericht eine Verhältniszahl von 2,5:1 als vernünftig erachtet (Amtl. Bull. NR 2009 S. 922).

[93] Vgl. Art. 80 Bst. a VRPG (Verwaltungsgericht als Tatsachen- und Rechtskontrollinstanz) und Art. 105 BGG (Bundesgericht als Rechtskontrollinstanz).

[94] Damit haben sich innerhalb eines knappen Jahrzehnts erhebliche Verschiebungen ergeben, weist doch der Geschäftsbericht 2001 für die VRA noch einen Wert von 0,9:1 aus.

[95] Die Abteilung für französischsprachige Geschäfte ist zuständig für die Beurteilung von sozialversicherungsrechtlichen und verwaltungsrechtlichen Streitigkeiten. Die Verarbeitung der von der SVA und der VRA gefällten (deutschsprachigen) Urteile mit praxisbildender Wirkung bindet insbesondere auf Schreiberstufe personelle Ressourcen.

[96] Vgl. dazu *Thomas Müller / Roland Gysin,* Geheimniskrämerei um Juristen-Löhne, plädoyer 4/09 S. 13 ff., S. 15.

raters.[97] Mit solchen Perspektiven kann das Bundesgericht die Dienste von qualifizierten und erfahrenen Gerichtsjuristen für längere Zeit oder sogar bis zu deren Karrierenende in Anspruch nehmen.[98] Am Verwaltungsgericht kann zur Unterstützung des Abteilungspräsidenten ein geschäftsleitender Gerichtsschreiber bestimmt werden.[99] Weitere Aufstiegsmöglichkeiten bestehen nicht. Die Gerichtsschreiber, oft Berufseinsteiger, verweilen in der Regel nur wenige Jahre am Verwaltungsgericht. Am häufigsten erfolgt der Stellenwechsel in die öffentliche kantonale oder eidgenössische Verwaltung oder in die Advokatur. Nicht wenige kehren später in neuer Funktion, als Verwaltungsrichterin oder -richter, an das Gericht zurück oder üben andere Justizfunktionen im Kanton oder Bund aus. – Das Verwaltungsgericht könnte zukünftig versuchen, seine Personal- und Lohnpolitik, was den Mittelbau anbetrifft, der Praxis des Bundesgerichts anzunähern. Für einen solchen Schritt spricht bereits die Grösse des Gerichtsbetriebs mit derzeit 33,5 Vollzeitstellen auf Schreiberstufe. Um Qualität und Effizienz in der Fallbearbeitung sicherzustellen, bedingen solche Grössenverhältnisse eine Durchmischung von amtsjungen und erfahrenen Gerichtsschreibern. Und nicht zuletzt erhöhen Laufbahnaussichten die Attraktivität der Gerichtsschreiberstelle. Auf diesem Weg dürften Schwierigkeiten bei der Stellenbesetzung, wie sie immer wieder vorkommen,[100] abnehmen und könnte das Verwaltungsgericht vom Wissen der Gerichtsschreiber in einzelnen Fällen auch für eine längere Zeit profitieren.

---

[97] *Uebersax* (Anm. 30), Art. 24 N. 16, 107; *Wurzburger* (Anm. 48), Art. 24 N. 11.

[98] *Nay* (Anm. 73), S. 160. Vgl. auch die unter dem Titel «Grand ‹Old› Lady» in der Neuen Zürcher Zeitung vom 3.5.2007 anlässlich der Pensionierung der langjährigen Gerichtsschreiberin *Margrit Schilling* abgegebene Einschätzung, wonach «erfahrene […] Gerichtsschreiber mehr sind als beliebig ersetzbare Facharbeiter.»

[99] Die vergleichbare Aufgabe obliegt am Verwaltungsgericht des Kantons Zürich den *Abteilungssekretären* (§ 7 Abs. 1 der Verordnung vom 26.6.1997 über die Organisation und die Aufgaben des Sekretariats und der Kanzlei des Verwaltungsgerichts [LS 175.211]) und am Bundesverwaltungsgericht den *Präsidialsekretären* (Art. 29 Abs. 4 des Geschäftsreglements für das Bundesverwaltungsgericht vom 17.4.2008 [VGR; SR 173.320.1]).

[100] Vgl. zuletzt Geschäftsbericht 2001; ferner Ziff. 1.2 hiervor.

Eine Aussensicht – wie ein Journalist das Berner Verwaltungsgericht erlebt

*Stefan Wyler**

Inhaltsverzeichnis

1. Die Medien und das Verwaltungsgericht

Verehrte Anwesende,

Ich freue mich sehr, hier sprechen zu können, zum 100. Geburtstag des Verwaltungsgerichts. Man hat mich gebeten, Ihnen eine Aussensicht vorzutragen, Ihnen zu schildern, wie ein Journalist das Verwaltungsgericht erlebt; das wird, ich möchte Sie warnen, kein wissenschaftlicher Vortrag sein. Ich erzähle ihnen ein paar subjektive und ungeordnete Eindrücke und Gedanken eines Medienschaffenden, der sich seit 25 Jahren mit dem Berner Verwaltungsgericht beschäftigt.

Das Verwaltungsgericht ist das Gericht, das über die öffentlich-rechtlichen Angelegenheiten urteilt. Öffentlich-rechtliche Angelegenheiten sind in vielen Fällen auch öffentliche Angelegenheiten, Angelegenheiten von öffentlichem Interesse. Und so ist es folgerichtig, dass auch die Medien die Arbeit des Verwaltungsgerichts verfolgen und über seine Urteile berichten. Die Konflikte zwischen Bürger und Staat, über die das Gericht zu urteilen hat, sie sind auch Themen der Medien.

---

* Vortrag vom 6. November 2009 am Symposium 100 Jahre Verwaltungsgericht Kanton Bern. Der Redecharakter wurde für die Publikation beibehalten.

Ausführlich berichten wir etwa über Fälle aus dem Bau- und Planungsrecht, dem Umweltrecht. Wir schreiben über politisch umstrittene Grossvorhaben wie die Erhöhung der Grimselseestaumauer, den Bau der Kehrichtverbrennungsanlage Thun oder des Einkaufszentrums Westside in Bern, wir berichten aber durchaus auch über kleinere Fälle, in denen es etwa um die Frage geht, ob eine Reklametafel in ein geschütztes Ortsbild passt oder ein etwas gar wohnlicher Estrich zurückgebaut werden muss. Medienthemen sind Enteignungsfragen, Prozesse um Auszonungen oder Nichteinzonungen oder den gesetzesmässigen Verlauf eines Seeuferwegs. Wir schreiben über Sozialhilferechtsfälle und Staatshaftungsfragen. Nur in Einzelfällen auch über einige der vielen ausländerrechtlichen Fälle – hier gleichen sich halt die Geschichten. Und eher selten berichten wir über auch über steuerrechtliche Entscheide. Das nun liegt mehr am Gericht. Diese Fälle werden nie öffentlich verhandelt und die Urteile werden – mit ganz wenigen Ausnahmen – nicht öffentlich aufgelegt.

Es gibt zudem Themen, die Konjunktur haben und wieder verschwinden, so hat das Verwaltungsgericht Anfang der 1990er Jahre sich mehrfach mit Fällen des bäuerlichen Bodenrechts beschäftigt, und eine Zeit lang standen regelmässig Fälle zum Wohnraumerhaltungsgesetz an, das in Gemeinden mit Wohnungsnot die Umwandlung von Wohnungen in Büros einer speziellen Bewilligungspflicht unterstellt. Seit Ende der 1990er Jahre schliesslich sind es die vielen Beschwerden gegen die überall im Land spriessenden Mobilfunkantennen, die im Gerichtsalltag auffallen.

Und dann gab es immer wieder Fälle, die das Gericht quasi über Jahre begleiteten – und unter immer wieder neuen Aspekten zu immer wieder neuen Urteilen Anlass gaben –; ich denke etwa an das berühmte Kamata-Gebäude an der Autobahnausfahrt Muri, wobei hier, so weit ich weiss, erstaunlicherweise nie ästhetikrechtliche Fragen ein Thema waren. Noch intensiver begleitet, mehr als ein Jahrzehnt, hat das Verwaltungsgericht der Fall des Jugendstilhotels Alpina in Gstaad. Von der illegalen Sprengung des alten Hotels im April 1995 bis zur Bewilligung des Neubaus im zweiten Anlauf im Mai 2007 hat das Gericht hier ich weiss nicht wie viele Urteile gefällt, auch weil die Gegner des Projekts, unter ihnen der Umweltschützer Franz Weber, alle möglichen juristischen Register zogen.

Und der Fall hat ja auch einiges Erinnerungswürdiges. In der ersten öffentlichen Verhandlung im März 1996 zeigten sich mehrere Gerichtsmitglieder entsetzt über das bisherige Verfahren: Die Abbrucherlaubnis der Gemeinde sei rechtswidrig erteilt worden, die Sprengerlaubnis durch die kantonale Baudirektion verfrüht. Die Richter schüttelten den Kopf, dass hier der Abbruch eines Hotels erlaubt worden war – gestützt auf eine Überbauungsordnung, die explizit dessen Sanierung vorsah. Und: Den Abbruch im kleinen Baubewilligungsverfahren durchzuführen und ohne die Nachbarn zu orientieren – daran hätte nicht einmal gedacht werden dürfen, sagte eine Richterin. So zu handeln sei nur wider besseres Wissen möglich, oder aufgrund völliger Inkompetenz. All die ungewöhnlich deutlichen Richterworte aber konnten über eines nicht hinwegtäuschen: Das Hotel war längst in Tausende Stücke gesprengt, eine Wiederherstellung des rechtmässigen Zustands unmöglich. Der Entscheidfindung im Fall Alpina hafte denn auch etwas Unwirkliches, etwas Surrealistisches an, bemerkte ein Verwaltungsrichter. Dem Streit um den Abbruch folgte ein ebenso erbittert geführter Streit um den geplanten Neubau und dessen, wie die Gegner kritisierten, kitschige Disneylandarchitektur. Ich will Sie nicht mit weiteren Details des Falls plagen, nur noch mit einem, und dieses illustriert, wie intensiv sich das Verwaltungsgericht mit dem Dossier Alpina beschäftigt hat: In der öffentlichen Beratung im ersten Prozess um den Neubau, da dauerte allein das Referat des verwaltungsgerichtlichen Referenten drei volle Stunden.

Weniger im Fokus der Medien sind die Fälle der sozialversicherungsrechtlichen Abteilung. Ab und zu greifen wir einen Fall aus der Arbeitslosenversicherung auf, einen Fall aus dem Krankenversicherungsrecht oder einen lustigen UVG-Fall (vielleicht zu einem ungewöhnlichen Zahnschaden). Dass weniger über die viel zahlreicheren sozialversicherungsrechtlichen Fälle geschrieben wird, hat wohl mehrere Gründe. Der eine ist: Die grossen politisch umstrittenen Fälle, die liegen mehr in der Zuständigkeit der verwaltungsrechtlichen Abteilung. Und ein zweiter ist wohl der, das sich die Medien schwer tun oder sich die Zeit nicht nehmen, aus der Fülle der sozialrechtlichen Fälle die bedeutenden oder erzählenswürdigen herauszufiltern.

2. Die öffentliche Urteilsberatung

Die Aussenwirkung eines Gerichts wird stark bestimmt durch seine öffentlichen Verhandlungen – auch wenn diese öffentlichen Verhandlungen nur einen Teil seiner Arbeit darstellen, einen Teil, der mit den Jahren immer etwas kleiner geworden ist. Aber: Hier tritt das Gericht gegen aussen auf. Hier kann man ihm bei der Arbeit zuschauen.

Beim Verwaltungsgericht (und ich rede jetzt nur von der verwaltungsrechtlichen Abteilung) ist die öffentliche Verhandlung in den allermeisten Fällen eine öffentliche Urteilsberatung.

In den 1980er Jahren, so jedenfalls ist es meine Erinnerung, da fand fast jeden Montag eine öffentliche Verhandlung, manchmal zwei oder sogar drei. Es war die Ära Ulrich Zimmerli / Arthur Aeschlimann / Frédéric Maeder, und damals urteilten auch noch nebenamtliche Verwaltungsrichter mit. Mit der Zeit kannten die Journalisten die Richter, ihre Art, zu argumentieren, ihre Eigenheiten. Die Diskussionen waren anspruchsvoll, jeder hatte ein Statement vorbereitet, aber, so will es wieder meine Erinnerung wissen, es herrschte noch ein Stück Spontaneität in der Debatte. Als ich meinen heutigen Vortrag vorbereitete, habe ich einige meiner alten Artikel wieder gelesen, und da bin ich über einen Satz gestolpert: «In der Regel», so schrieb ich im November 1987, «dauert die öffentliche Urteilsberatung vor Verwaltungsgericht dreiviertel Stunden.» Das wusste ich gar nicht mehr, dass die damals so kurz waren. Heute dauert eine öffentliche Urteilsberatung vor dem Verwaltungsgericht mindestens anderthalb Stunden, meist aber länger.

Dafür aber gibt es kaum mehr öffentliche Verhandlungen. Der Wochenrhythmus ist im Lauf der Jahre verloren gegangen. Er wurde Ende der 1990er Jahre zum Monatsrhythmus. Dann sank die Zahl der öffentlichen Beratungen weiter. 2005 gab es noch sechs öffentliche Verhandlungen, 2006 warens noch drei, 2007 fand überhaupt keine öffentliche Verhandlung statt, 2008 eine einzige. Im laufenden Jahr hat das Gericht nun immerhin schon fünf Mal öffentlich getagt. Ein kleiner Nostalgieanfall im Hinblick auf die Jubiläumsfeierlichkeiten?

Welches sind denn die Gründe, dass die Richter kaum noch öffentlich beraten? Es sind wohl mehrere. Zum einen ist heute eine andere Richtergeneration am Ruder, die anders als ein Ulrich Zimmerli, ein Arthur Aeschlimann oder ein Lorenz Meyer die öffentliche Debatte nicht mehr so schätzt. In der öffentlichen Beratung fänden ja «keine echten Diskussionen» statt, wird gesagt, man könne gerichtsintern besser hin und her diskutieren – und allenfalls, ohne das Gesicht zu verlieren, seine Meinung ändern. Letzteres finde ich kein gutes Argument, man kann auch in öffentlicher Debatte eine Position aufgeben, einen Antrag zurückziehen, da verliert niemand das Gesicht. Die grosse Arbeitsbelastung, so wird auch erwähnt, habe zur Abnahme öffentlicher Beratungen geführt. Man habe fast keine Zeit mehr, eine öffentliche Beratung seriös vorzubereiten. Auch da zweifle ich ein wenig. Braucht denn die gerichtsinterne Diskussion so viel weniger Zeit? Muss man sich denn da weniger seriös vorbereiten?

Die Abnahme öffentlicher Verhandlungen ist einher gegangen mit einem zunehmenden Perfektionismus in der öffentlichen Beratung, mittlerweile liest nicht nur der Referent, sondern jeder Redner und jede Rednerin ein vorbereitetes Statement ab, die teilweise Spontaneität ist aus den Diskussionen verschwunden, die öffentlichen Beratungen wirken oft etwas steif – da erlebe ich die Beratungen am Bundesgericht als lebendiger. Der Trend zum Perfektionismus und die Tendenz zu längeren vorbereiteten Statements hat auch dazu geführt, dass die öffentlichen Beratungen immer länger wurden, zwei, drei Stunden sind jetzt der Regelfall, das ist doppelt so viel wie eine mittlere Beratung am Bundesgericht. Im Fall der Lohnbeschwerde der Berner Kindergärtnerinnen dauerte die öffentliche Urteilsberatung am Berner Verwaltungsgericht sogar sechs Stunden. Das war für das Gericht wie für das Publikum erschöpfend.

Es mag Argumente gegen die öffentliche Beratung geben. Es gibt aber auch ein paar dafür. Die öffentliche Urteilsberatung ist der einzige Kontakt des Verwaltungsgerichts zum Publikum. Sie ist ein Gegenmittel zur Gefahr, dass sich das Gericht im juristischen Elfenbeinturm verliert. Wenn man ein Argument öffentlich vortragen muss, zwingt einen dies, die eigene Argumentation zu schärfen. Die Richter müssen sich zudem bemühen, ihre Argumente auf den Punkt zu bringen und auch für juristische Laien einigermassen verständlich darzulegen. Das ist keine Schikane. Das Recht soll schliesslich nicht nur juristisch korrekt angewendet werden, es soll auch verstanden werden von den Bürgern.

Jetzt kann man auch einwenden, es habe ja jeweils gar nicht so viel Publikum bei diesen öffentlichen Beratungen. Aber das spielt keine Rolle. Manchmal sind nur wenige Leute da, eine Partei, ein Parteienvertreter, zwei, drei Journalisten, ein paar Studierende, manchmal hat es mehr Zuhörer. Aber die Rechtfertigung der Öffentlichkeit der Verhandlung liegt nicht in der Zuschauerquote. Es müssen ja nicht jedes Mal hundert Thuner KVA-Gegner im Saal sitzen, die dann auch noch ein bisschen murren, wenn ein Richter etwas sagt, das ihnen nicht gefällt.

Es gibt Fälle, in denen das Gericht kontrovers diskutiert. Und nun gibt es Richter, die es nicht gerne sehen, wenn in den Medien diese Kontroverse abgebildet wird. An einem Anwaltstag vor einigen Jahren beklagte sich ein Richter über Medienberichte die daherkämen wie eine Sportreportage. Richter A will die Beschwerde abweisen: 1:0; Richter B heisst sie gut: 1:1; Richterin C schliesst sich A an: 2:1; Richter D unterstützt B: 2:2; und Richterin E votiert für Abweisung: 3:2. Nun, ich glaube, wir haben in unseren Gerichtsberichten diesen Sportreporter-Tonfall kaum. Aber dass wir darstellen, wie ein Gericht in einer Frage gespalten ist, das, finde ich, schadet dem Ansehen des Gerichts überhaupt nicht. Es zeigt zum einen, dass Recht nichts Absolutes, nichts Gottgegebenes ist. Und es zeigt eben auch, dass ein Gericht ernsthaft um eine Lösung ringt. Mir wäre ein Gericht suspekt, das immer nur einer Meinung ist. Ein Gericht kann immer nur eine vernünftige mögliche Lösung im Einzelfall finden. Das schliesst nicht aus, dass es nicht andere ebenso vernünftige Lösungen gibt.

Ich jedenfalls habe als Beobachter den öffentlichen Urteilsberatungen am Verwaltungsgericht meist gerne zugehört. Es waren interessante, spannende Auseinandersetzungen auf hohem Niveau, manchmal vielleicht ein bisschen viel juristische l'art pour l'art, manchmal hätte man sich für meinen Geschmack ohne Substanzverlust auch etwas kürzer fassen können, aber insgesamt, finde ich, hat die Debatte, die öffentliche Diskussion, der Rechtsfindung durchaus gut getan.

3. Sachgerechte Berichterstattung

Als ich in den 1980er Jahren begann, Gerichtsberichterstattung zu machen, da war das Verwaltungsgericht für uns Journalisten die Lichtgestalt unter den Gerichten. Es gab ein Akkreditierungssystem, und den akkreditierten Journalisten wurden die Listen der öffentlich verhandelten Fälle mit einer kleinen Sachverhaltszusammenfassung zehn Tage vorher zugeschickt.

Bei den Gerichten der Straf- und Ziviljustiz stand dagegen noch ein langer und steiniger Weg bevor, bis wir auch dort auf vernünftige Weise über Verhandlungsdaten orientiert wurden und gewisse schriftliche Unterlagen erhielten. Das Verwaltungsgericht ist später noch einen Schritt weiter gegangen und legt seither, immer einmal im Monat, alle seine schriftlichen Urteile für die Journalisten zur Einsicht auf.

Da können wir Medienschaffende eigentlich nur loben.

Aber ich möchte doch all dem Lob noch einen kritischen Gedanken hinterherschicken und etwas ausführen. Nach seinem Geschäftsreglement akkreditiert das Gericht Medienschaffende, «von denen eine sachgerechte Berichterstattung erwartet werden kann». Und im Anhang zum Reglement heisst es: «Der Nachweis für eine sachgerechte Gerichtsberichterstattung gilt als erbracht, wenn sich die Medienschaffenden über genügend juristische Kenntnisse aufgrund ihrer Studien oder ihrer bisherigen Tätigkeit ausweisen können.»

Ich halte diese Kriterien für bedenklich.

Ich weiss nicht, ob das Gericht je einem Journalisten eine Akkreditierung verweigert hat. Ich erinnere mich aber, dass das Gericht einen Kollegen von mir vor wenigen Jahren nur provisorisch akkreditiert hat, weil es die Voraussetzungen für eine sachgerechte Berichterstattung nicht als erwiesen erachtete. Der Kollege war natürlich beleidigt, und ich konnte dies gut verstehen, er war nämlich ein sehr sorgfältiger und gewissenhafter Journalist, Nichtjurist gewiss, aber einer der besten Gerichtsberichterstatter im Kanton Bern.

Ich frage mich mittlerweile, ob es im Lichte der Pressefreiheit überhaupt zulässig sein sollte, die Akkreditierung von juristischen Kenntnissen abhängig zu machen. Zum einen schreibt nicht jeder Jurist auch einen anständigen Artikel, den ein breiteres Publikum versteht. Zum anderen kann auch eine nichtjuristische Sicht auf einen Gerichtsprozess durchaus erhellend sein. Das fällt Juristen manchmal etwas schwer zu akzeptieren: Es gibt auch eine nichtjuristische Sicht auf die Dinge.

Sicher ist eine sachgerechte Berichterstattung erwünscht. Aber wieso soll denn eine unsachliche Berichterstattung nicht von der Medienfreiheit gedeckt sein? Erlaubt sein muss auch die unsachliche Kritik, manchmal bringt einen ja gerade diese weiter. Und wer will denn überhaupt entscheiden, was eine sachgerechte Berichterstattung ist und was nicht? Das Gericht selber, über dessen Urteil geschrieben wird? Da wäre es aber dann Richter in eigener Sache.

Und kann in einem Einzelfall ein Gericht wirklich begründen, warum es einem juristisch versierten Journalisten Unterlagen abgibt, aber sagen wir mal einem juristisch ungebildeten Autor einer ländlichen Regionalzeitung oder eines Quartieranzeigers nicht? Man schafft dann zwei Klassen von Journalisten; den einen bedient das staatliche Gericht mit Unterlagen, den andern nicht. Das finde ich fragwürdig.

Vielleicht wäre es an der Zeit, Qualitätskriterien bei der Akkreditierung abzuschaffen. Ich verstehe sehr gut, dass die Gerichte gerne qualitativ hochstehende Berichte über ihre Entscheide lesen. Und in einer Zeit, in der bei den Medien flächendeckend gespart wird, was man auch an der Qualität spürt, erscheint ja die Besorgnis der Gerichte noch ein bisschen berechtigter. Aber man kann guten Journalismus einfach nicht verordnen. Und es hat die Akkreditierungshürde juristische Kenntnisse auch etwas Obrigkeitsstaatliches. Es käme ja niemandem in den Sinn, bei der Akkreditierung beim kantonalen Kommunikationsamt gewisse Staatskunde- oder Politologiekenntnisse zu verlangen.

An der Qualität der Medien müssen die Medien selber arbeiten. Die Gerichte können durchaus auch etwas dafür tun – indem sie den Journalisten die Arbeit erleichtern, indem sie etwa in bestimmten Fällen Medienmitteilungen verschicken und neben dem Urteil auch die Rechtsgrundlagen kurz erläutern. Das wird ja heute zum Teil auch gemacht.

4. Justiz und Politik

Ein Gericht, das öffentlich-rechtliche Angelegenheiten behandelt, bewegt sich – weit mehr als ein Zivil- oder Strafgericht – oft an der Schnittstelle zur Politik. Geht es um eine umstrittene Kehrichtverbrennungsanlage, um einen Stausee in einer Moorlandschaft, den Streit um eine Mobilfunkantenne oder um den Bau einer Neubausiedlung anstelle eines besetzten Bauernhauses – bei vielen Dossiers, die das Verwaltungsgericht entscheiden muss, folgt der juristische Streit auf den politischen (oder er begleitet den politischen). Und oft hoffen jene, die den Streit auf der politischen Ebene verloren haben, das Gericht übe nun Gerechtigkeit, so wie sie sie verstehen, und gebe ihnen Recht.

Da muss der Richter in öffentlich-rechtlichen Angelegenheiten jeweils viele enttäuschen – und er muss halt immer wieder erklären, was seine Aufgabe ist. Der Richter ist nicht der Ober-Gesetzgeber, nicht der Ober-Politiker, nicht der Ober-Raumplaner. Das Gericht hat nur zu entscheiden, ob in einem bestimmten Einzelfall die Regeln eingehalten worden sind, die sich die Gesellschaft im demokratischen politischen Prozess gegeben hat.

Nun ist das nicht ganz so einfach, wie es tönt. Denn die Trennlinie zwischen reiner juristisch-technischer unpolitischer Gesetzesanwendung und schon leicht politisch gefärbter Gesetzesinterpretation ist nicht ganz scharf zu ziehen. Rechtsregeln in der Verfassung und in Gesetzen sind ja in Normen gegossene Politik. Sie bei der Anwendung immer ganz nüchtern und ohne jegliche eigene politische Wertung anzuwenden, ist nicht einfach. Aber die Gerichte wissen das. Sie kennen das Dilemma und versuchen sich auf die Aufgabe zu konzentrieren, die ihnen zusteht: die Anwendung des Rechts. Dies auf saubere und unparteiische Art zu tun – aus dieser Kunst verschafft sich das Gericht schliesslich auch Respekt.

In vielen Fällen gibt ein eindeutiges Gesetz oder eine klare Rechtsprechung den Entscheid vor. Aber es gibt auch immer wieder Fälle, die Interpretationsspielraum lassen und die der Richter nicht frei von seinen eigenen gesellschaftspolitischen oder rechtspolitischen Überzeugungen beurteilen kann. Richter sind nicht juristische Roboter, sie entstammen einem gesellschaftlichen Milieu, sind geprägt vom Zeitgeist einer Epoche, sie haben eigene Wertvorstellungen, haben politische Überzeugungen, sind Mitglieder politischer Parteien.

Das Bundesgericht war mehrfach in letzter Zeit aufgerufen, die Bedeutung der Rechtsgleichheit im Steuerrecht zu klären – da spielen die politischen Wertvorstellungen der Richter schon eine Rolle. Oder ein Beispiel aus der Rechtsprechung des Berner Verwaltungsgerichts: Das eidgenössische Arbeitsgesetz verlangt für die Abweichung vom Sonntagsarbeitsverbot das Vorliegen eines dringenden Bedürfnisses. Nun ging es um die Frage, ob es einem «dringenden Bedürfnis» entspreche, im ganzen Kantonsgebiet zwei vorweihnachtliche Sonntagsverkäufe zuzulassen. War es da nur Zufall, dass hier die drei bürgerlichen Gerichtsmitglieder ein derartiges Bedürfnis bejahten und die zwei sozialdemokratischen Richter ein solches verneinten?

5. Das heikle Dossier Wegweisungen

Nun, Ladenöffnungszeiten und Steuerrecht in Ehren, aber es können sich dem Gericht an der Schnittstelle von Politik und Justiz natürlich noch schwierigere Fragen stellen, dort nämlich wo der Staat in die elementaren Freiheitsrechte des Bürgers eingreift, wo es um die persönliche Freiheit geht, die Bewegungsfreiheit, die Versammlungsfreiheit, die Meinungsfreiheit.

Ein Gebiet, wo der Staat in den letzten Jahren juristisch aufgerüstet hat, ist der ganze Bereich der Ein- und Ausgrenzungen, der Wegweisungen und Fernhaltungen. Bürgerinnen und Bürgern werden gewisse Zonen, rund um den Bahnhof meist oder in der Innenstadt, zum verbotenen Aufenthaltsort erklärt. Das Instrument wurde erst im Ausländerrecht eingeführt, dann in verschiedenen kantonalen Polizeigesetzen.

In Bern hat der 1998 eingeführte Wegweisungsartikel im kantonalen Polizeigesetz, die so genannte Lex Wasserfallen, sehr viel zu reden gegeben. Er besagt, dass die Polizei Personen von einem Ort vorübergehend wegweisen und fernhalten kann, wenn «der begründete Verdacht besteht, dass sie oder andere, die der gleichen Ansammlung zuzuordnen sind, die öffentliche Sicherheit und Ordnung gefährden.» Linke und einige liberale Politiker argwöhnten nun, hier würden Grundrechte verletzt, indem Leute, die nicht ganz der Norm entsprechen, aus Teilen der Stadt vertrieben würden. Bürgerliche Politiker setzten die Akzente anders: Es gehe um die Gewährleistung von Sicherheit und Ordnung, darum, dass eine Mehrheit der Bürger im öffentlichen Raum, insbesondere im Bahnhof, sich noch sicher fühlen könne. Die Berner Stadtpolizei hat den Artikel anfangs sehr offensiv angewandt und jährlich mehrere hundert Wegweisungen ausgesprochen – meist für den so genannten Perimeter A, das Gebiet des Bahnhofs. Wer die Fernhalteverfügung missachtete, wurde wegen Ungehorsam gegen eine amtliche Verfügung angezeigt, erhielt erst eine Busse, im Wiederholungsfall eine kurze Freiheitsstrafe.

Grundrechtlich ist diese Sache natürlich sehr heikel. Es geht hier um – in Ausführungszeichen – Hausverbote im öffentlichen Raum, und dies für Leute, die nicht strafbare Handlungen begehen, sondern – wieder in Anführungszeichen – nur stören.

Es hat relativ lange gedauert, bis ein Wegweisungsfall von den Gerichten beurteilt wurde. Die Betroffenen sind halt nicht unbedingt beschwerdefreudige Leute. Vorgängig hat die Polizei aufgrund von Entscheiden des Berner Statthalters ihre Praxis stark einschränken müssen. Hatte sie anfänglich als vorübergehende Wegweisungen noch Rayonverbote bis zu einem Jahr verhängt, waren es später nur noch drei Monate. Die Verfügungen wurden auch präziser gefasst: Verboten war nun nicht mehr der Aufenthalt im Bahnhof schlechthin, sondern nur noch der Aufenthalt in Personenansammlungen, in welchen Alkohol konsumiert wird.

Diese Einschränkungen haben es den Gerichten wohl erleichtert, den Wegweisungsartikel noch als verfassungsmässig zu betrachten. In ausführlichen Urteilsberatungen haben das Berner Verwaltungsgericht und später auch das Bundesgericht über den umstrittenen Artikel diskutiert. Das Berner Verwaltungsgericht hat die Beschwerde im Pilotfall einstimmig abgelehnt, im Bundesgericht war es ein Vier-zu-eins-Entscheid, wobei auch der unterlegene Richter den Wegweisungsartikel nicht gänzlich hatte kippen wollen; er wollte aber die Latte für die verfassungskonforme Anwendung noch etwas höher legen.

Die Gerichte sahen keine Verletzung der Menschenwürde, keine Verstösse gegen Grundrechte. Die Richter sahen ein öffentliches Interesse an den Wegweisungen in der Aufrechterhaltung von Sicherheit und Ordnung. Sie betonten, hier würde nicht ein Anderssein von Leuten am Rande der Gesellschaft, nicht eine bestimmte Lebensweise sanktioniert, sondern allein ein Verhalten: der Aufenthalt in Personenansammlungen, in denen erheblich Alkohol getrunken wird, in Ansammlungen, die eine grosse Unordnung hinterlassen und grossen Lärm verursachen und so ein Verhalten an den Tag legen, an dem zahlreiche Passanten Anstoss nehmen.

Und doch: Dass wir hier in einem grundrechtlich heiklen Bereich bleiben, zeigte das Minderheitsvotum am Bundesgericht. Der Richter zog den Vergleich zur Verbannung im Mittelalter und gab zu bedenken, dass Alkoholkranke und Obdachlose oft keinen andern Ort hätten, um sich zu treffen, als den Bahnhof. Dem Rechtsstaat, so fand er, stünden doch andere Mittel offen im Umgang mit Randgruppen, insbesondere sozialmedizinische. Auch im Berner Verwaltungsgericht, dies zeigten einige Voten, war nicht allen gleich wohl bei der Sache. In der mündlichen Beratung sagte ein Richter, am

Wegweisungsartikel gebe es nur ein bescheidenes öffentliches Interesse. Er sei ein Instrument der City-Pflege. Im Einzelfall könne es zu einer heiklen Gratwanderung kommen zwischen dem Schutz der öffentlichen Sicherheit und polizeilichen Wunschvorstellungen von einer Gesellschaft ohne Randständige und Punks. In der schriftlichen Begründung wurde dann zurückhaltender formuliert. «Die Befürchtung der Beschwerdeführenden, das Instrument der polizeilichen Wegweisung könnte einseitig gegenüber sozialen Randgruppen eingesetzt werden, ist nicht ganz von der Hand zu weisen.»

Sie sehen, die Justiz hat den Wegweisungsartikel in seinen Wirkungen deutlich beschränkt gegenüber der ursprünglichen Anwendung. Im Übrigen hat sich auch innerhalb der Gerichtsbehörden die gesellschaftspolitische Debatte fortgesetzt.

6.   Der falsche Dachziegelfarbton

Ich möchte etwas heiterer schliessen. Es ist ja auch nicht so, dass das Verwaltungsgericht nur grundsätzliche Grundrechtsfälle zu beurteilen hat. Auch kleine oder vermeintlich kleine Probleme können dem Gericht bei der Entscheidfindung ziemlich zu beissen geben und die Justiz auch ein bisschen an ihre Grenzen führen – wie beispielsweise ein falscher Dachziegelfarbton. Den denkwürdigen Fall hat das Verwaltungsgericht im September 2006 öffentlich beraten.

Es ging um ein neues Einfamilienhaus in einer Siedlung in Neuenegg. Das Baugesuch nannte als vorgesehenes Dachmaterial rotbraune Ziegel. Die Gemeinde bewilligte das Gesuch und hielt zum Thema Dachfarbe fest: Die Wahl der Farbe habe im Einvernehmen mit der Baukommission zu erfolgen. Hierzu seien Farbmuster vorzulegen. Diese Auflage missachtete die Bauherrin, sie liess das Dach ohne Rücksprache mit der Gemeinde mit hellen rotbraunen Ziegeln decken – und dies in einer Siedlung, deren Dächer graue und dunkelbraune Ziegel zieren.

Die Gemeinde befand nun, die hellrotbraunen Ziegel störten das harmonische Quartierbild, und verlangte eine Umdeckung. Die Hauseigentümerin beschwerte sich bei der kantonalen Baudirektion. Vergeblich; diese bestätigte den Entscheid der Gemeinde und präzisierte, das Dach sei mit «mittelgrauen, dunkelgrauen oder dunkelbraunen Ziegeln» neu zu decken.

Der Fall gelangte ans Verwaltungsgericht. Und was macht man in solchen Fällen? Man zieht die OLK bei, die kantonale Kommission zur Pflege der Orts- und Landschaftsbilder. Deren Experten nun fanden die Sache nicht so tragisch. Im Quartier, so notierten sie, herrsche eine grosse Heterogenität in der Bauweise, eine Vielzahl von Formen, Farben und Materialien, ein «architektonisch-gestalterisches Birchermüesli», wie sie sagten. Die hellrotbraunen Ziegel störten da nicht besonders. Und ausserdem würden sie mit den Jahren nachdunkeln.

Anders als in den meisten Fällen aber folgte die Gerichtsmehrheit nach einem Augenschein hier den Experten nicht. Zwei Gerichtsmitglieder teilten zwar die Einschätzung der OLK; es spiele wohl keine so grosse Rolle mehr, ob in diesem Birchermüesli sich noch eine Himbeere befinde oder nicht, scherzte ein Richter.

Die Gerichtsmehrheit aber urteilte, das Dach mit den hellrotbraunen Ziegeln hebe sich «krass» von der umliegenden Dachlandschaft ab. Es falle «klar nachteilig» auf. Es beeinträchtige die Umgebung. Das Gericht bestätigte darum die verlangte Umdeckung und fand auch deren Kosten verhältnismässig.

Damit ist die Geschichte aber noch nicht fertig. Denn: Eine anders zusammengesetzte Mehrheit innerhalb desselben Gerichts befand nun, die Gemeinde habe in ihrem Bauentscheid die im Baugesuch erwähnte rotbraune Dachfarbe im Grundsatz eigentlich bereits bewilligt. Nur die Bestimmung des konkreten Farbtons innerhalb der Rotbraunpalette habe sie vorbehalten. Man könne von der Eigentümerin darum nur verlangen, das Dach mit einer dunkleren rotbraunen Farbe zu decken. Und: Auslesen dürfe diese Farbe die Gemeinde.

Fazit: Alle waren unzufrieden. Die Hauseigentümerin, weil sie das Dach neu decken musste. Aber auch die Gemeinde. Die hatte zwar formell den Prozess gewonnen, aber sie wollte eben keine Dachbedeckung mit rotbraunen Ziegeln, weder hellen noch dunkeln, sondern mit braunen oder grauen.

Einige Wochen nach dem Urteil ist die Gemeinde darum auf ihre Verfügung zurückgekommen und hat auf die Durchsetzung der Umdeckung verzichtet.

Was zeigt dieser Fall?

Er zeigt sicher einmal, dass das Verwaltungsgericht sich auch scheinbar kleinen Fällen mit grosser Ernsthaftigkeit widmet. Er zeigt wohl auch, dass es halt eine Grenze des Justiziablen effektiv gibt. Der Fall zeigt zudem, dass man einen Prozess verlieren und doch gewinnen kann bzw. umgekehrt. Und wenn man die Sache aus etwas grösserer Distanz betrachtet, wenn man ein, zwei Schritte zurückgeht, dann zeigt der Fall vielleicht auch, dass wir manchmal seltsame Probleme haben in der Schweiz.

318

Für Medienschaffende aber, das gestehe ich ein, hat ein solcher Fall natürlich einen gewissen Unterhaltungswert. Und das Publikum zu unterhalten ist ja auch eine unserer Aufgaben.

In dem Sinne hoffe ich, ich habe Sie in den vergangenen 30 Minuten auch ein bisschen unterhalten können.

Ich danke Ihnen.

Das Verwaltungsgericht aus Anwaltssicht

Samuel Lemann

Inhaltsverzeichnis

1.   Einleitung

Das Verwaltungsgericht gehört zum Besten, was die bernische Justiz zu bieten hat. Es absolvierte seine ersten 100 Jahre mit einer beeindruckenden Kompetenz, was auch entsprechenden Respekt erzeugte. Durch das Bundesgericht wurden im Jahre 2008 gesamtschweizerisch 440 von insgesamt 3 746 erledigten Beschwerden in öffentlich-rechtlichen Angelegenheiten gutgeheissen.[1] Schon diese Quote ermutigt wenig, gegen den Jubilar nach Lausanne zu ziehen. Dazu kommt die Befürchtung, dass das bernische Verwaltungsgericht diese Quote von etwas über 11 % an Niederlagen noch unterschreitet.

Die nachfolgenden Gedanken sind im Wesentlichen beeinflusst durch eine Sammlung von Zitaten, die der Schreibende laufend erweitert. Die Kompilation erfolgt nach dem alleinigen Kriterium der Merk-Würdigkeit. Weil die Festschrift nicht der Ort für Kritik ist (und für solche auch kein Anlass besteht), streift der vorliegende Beitrag durch Feld, Wald und Wiese ohne Anspruch auf tiefgreifende Argumentation, zumal der Anwalt sein Leben mit Behaupten und Bestreiten verdient. Er beginnt mit Betrachtungen über die Situationen nach dem Vortrag des Plädoyers oder dem Einreichen der Schlussbemerkungen. Die Zeit der Erwartung des Urteils soll hier Ausgangspunkt sein. Gegen das Ende wird zurückgekommen auf den Jubilar mit dem Versuch, ihm und dem Gesetzgeber Gedanken mitzugeben.

2. Gedanken vor der Urteilseröffnung

2.1 Apéro

Obmann des Schiedsgerichts und Anwalt beim Stehimbiss:

> «Zum Wohl, Herr Professor. Und: Hat das Schiedsgericht entschieden?» «Prosit, Herr Kollege! Ja, wir haben umgehend nach den letzten Plädoyers der Anwälte entschieden. Es war eine interessante Verhandlung, nach einer Stunde haben wir drei das Urteil einstimmig gefasst. Sie müssen noch etwas Geduld haben, ich möchte das Urteil selber begründen.»

Die Hauptverhandlung vor Schiedsgericht und auch der Stehimbiss liegen Monate zurück. Die Gegenseite will bis zu einem siebenstelligen Betrag, wir wollen nichts geben. Das Urteil sei gefällt. Einstimmig.

Ist es die Angst des Tormanns beim Elfmeter?[2] Die besondere Spannung spricht dafür, spätestens bei der Rollenverteilung scheitert das Bild: Wer ist hier der Torhüter und wer der Angreifer?

---

[1] Geschäftsbericht 2008 des Bundesgerichtes, S. 18.
[2] *Peter Handke,* Die Angst des Tormanns beim Elfmeter, Frankfurt 1970.

2.2 Schrödingers Katze

«Man kann auch ganz burleske Fälle konstruieren. Eine Katze wird in eine Stahlkammer gesperrt, zusammen mit folgender Höllenmaschine (die man gegen den Zugriff der Katze sichern muss): In einem Geiger'schen Zählrohr befindet sich eine winzige Menge radioaktiver Substanz, so wenig, dass im Laufe einer Stunde vielleicht eines von den Atomen zerfällt, ebenso wahrscheinlich aber auch keines; geschieht es, so spricht das Zählrohr an und betätigt über ein Relais ein Hämmerchen, das ein Kölbchen mit Blausäure zertrümmert. Hat man dieses ganze System eine Stunde lang sich selbst überlassen, so wird man sich sagen, dass die Katze noch lebt, wenn inzwischen kein Atom zerfallen ist. Der erste Atomzerfall würde sie vergiftet haben. Die Ψ^3-Funktion des Systems würde das so zum Ausdruck bringen, dass in ihr die lebende und die tote Katze (s.v.v.)[4] zu gleichen Teilen gemischt oder verschmiert sind. Das Typische an diesen Fällen ist, dass eine ursprünglich auf den Atombereich beschränkte Unbestimmtheit sich in eine grobsinnliche Unbestimmtheit umsetzt, die sich dann durch direkte Beobachtung entscheiden lässt.»[5]

Erst wenn das Urteil bekannt ist, wird klar, ob die Katze tot oder lebendig ist. Vielleicht ist es gerade der burleske Fall, der dem Erwarten des Urteils nahekommt.

2.3 Methodenpluralismus zur Beruhigung?

Ist das Resultat bzw. das Urteil absehbar? Obsiegen lädt ein zur Bejahung, aber eben erst nach der Eröffnung, wenn der Zustand der Katze festgestellt werden kann. Diese Feststellung des Zustandes grenzt die Erwartung auch von der Lotterie ab. Vorher flackern Zweifel: Hat nicht der Beisitzer beim zentralen Punkt geradezu gelangweilt dreingeschaut? Und gar nichts notiert? War das Plädoyer wirksam? Gewinnend? Oder stand das Resultat schon vorher fest?

---

[3] Psi, 23. Buchstabe des griechischen Alphabets.
[4] sit venia verbo, ungefähr «mit Verlaub zu sagen».
[5] Erwin Schrödinger war Physiker und lebte von 1887 bis 1961. Das Zitat stammt aus der Weihnachtsvorlesung WS 2006/07 von Prof. Dr. Detlef Dürr, Institut für Mathematik an der Ludwig-Maximilian-Universität München, zum Thema «Schrödingers Katze oder Wie kommt der Irrsinn zu Stande?» (einsehbar unter www.mathematik.uni-muenchen.de, Rubriken «Personen» / «Professoren» / «Dürr, Detlef» / «Website» / «Öffentliche Vorlesungen»); danach findet sich das Zitat in: Die Naturwissenschaften, Heft 48/1935 S. 52.

Neben der möglichst guten Sachverhaltserfassung durch das Beweisverfahren schützt die Rechtsanwendung vor dem horror vacui.[6] Wie liess der Richter den Blick hin- und herwandern, vom Sachverhalt zur Norm und von der Norm zum Sachverhalt?[7]

Auf meinem Weg zum Anwalt lernte ich die Auslegung nach der «Savigny'schen Quart» und der «Jhering'schen Quint».[8] Noch weit entfernt von der Spannung bei sich annäherndem Urteil hörte ich als Student vom Richter als «bouche de la loi» oder als Subsumtionsautomaten,[9] was meinen Glauben zusätzlich festigte, dass es eben die Rechtswissenschaft ist, die dem Wunschtraum der Gerechtigkeit zumindest berechenbar zustrebt.

Nachhaltig prägte sich bei mir der «Richterkönig» ein mit dem «Axiom jeder richterlichen Entscheidung: den passenden Weg zum feststehenden Ziel zu finden».[10]

Zuerst dachte ich an Ironie. Ich notierte das Zitat, und die Zitate mehrten sich:

– Eugen Bucher: «Jeder Richter und jeder erfahrene Jurist geht von Sachüberlegungen aus und kommt so zu seinem Ergebnis; Methodenüberlegungen folgen, wenn überhaupt, erst hinterher, wenn es um die Begründung geht. Je besser in der Sache argumentiert wird, umso weniger bedarf es methodischer Rechtfertigung. Ja, solche könnte sogar als Ausdruck eines schlechten Gewissens (heisst beim Richter: Rechtszweifel an der Richtigkeit des gefundenen Ergebnisses) verstanden werden.»[11]

---

[6] Dieser Begriff kam in meine Sammlung durch das folgende Zitat betreffend die Angst des Richters vor dem Rechtsmissbrauch: «Bekanntlich haben diesbezüglich die Schweizer Richter die Erwartungen des Gesetzgebers in hohem Masse enttäuscht. Ängstlich vermochten sie die ihnen gewährte Freiheit nicht zu schätzen. Verunsichert durch den horror vacui zogen sie regelmässig die Analogie einem ‹Sprung ins Leere› vor, der ihnen von den einleitenden Bestimmungen des Gesetzbuches zwar nicht aufgezwungen, aber doch nahegelegt worden war.» *Pio Caroni,* Gesetz und Gesetzesbuch. Beiträge zu einer Kodifikationsgeschichte, Basel etc. 2003, S. 80.

[7] *Karl Engisch,* zitiert nach *Walter R. Schluep,* Einladung zur Rechtstheorie, Bern 2006, N. 1879 f. S. 735.

[8] *Schluep* (Anm. 7), N. 913 ff. S. 368 ff.

[9] *Regina Ogorek,* Gibt es eine Methode der Rechtsanwendung?, recht 1995 S. 141. Danach soll beides auf Montesquieu zurückzuführen sein.

[10] *Hans Peter Walter,* Der Richterkönig. Eine landläufig verkannte Rechtsfigur, in: Peter Gauch / Pascal Pichonnaz (Hrsg.), Rechtsfiguren. K(l)eine Festschrift für Pierre Tercier, Zürich etc. 2003, S. 17.

[11] *Eugen Bucher,* Verjährung: Gute Schritte in guter Richtung, recht 2006 S. 197.

– Jerome Frank: «Rechtsregeln erfüllten ihren Daseinszweck in Wahrheit dadurch, dass sie eine nachträgliche Rationalisierung und Rechtfertigung des Urteils und eine Kaschierung der eigentlichen Entscheidungsmotive ermöglichten.»[12]

– Max Kummer: «Ganz zu schweigen von jener unsichtbaren Macht, die den Richter jeweilen am kritischen Wegscheid durchdringt und zu einer blossen Fassade logischer Argumentation macht: Vom Rechtsgefühl – was man, als Jurist, nicht laut sagen dürfte, aber nichtdestoweniger (glücklicherweise) wahr ist.»[13]

– Pascal Pichonnaz / Stefan Vogenauer: «[…], on se laisse guider par le résultat recherché à savoir obtenir une décision pratique correcte, satisfaisante.»[14]

– Gustav Radbruch: «[…] wonach die Auslegung das Ergebnis ihres Ergebnisses ist, das Auslegungsmittel erst gewählt wird, nachdem das Ergebnis schon feststeht und die so genannten Auslegungsmittel in Wahrheit nur dazu dienen, nachträglich aus dem Text zu begründen, was in dessen schöpferischer Ergänzung bereits gefunden war».[15]

– Bernd Rüthers: «[…] muss angesichts krampfhafter Versuche, den Sinn der Gesetzesnorm […] abzuleiten, die Hilflosigkeit auch dieses Konstrukts eingestanden werden. Es kann entsprechend die Berufung auf eine derartige ratio legis nur als Fassade dienen, um das bereits vorgefasste Ergebnis ex post mit einem anerkannten methodischen Argument zu schmücken.»[16]

– Walter R. Schluep: «Man ist versucht, die unter Juristen – mit vorgehaltener Hand – verbreitete Regel bestätigt zu sehen: Wer auslegt, weiss von

---

[12] Jerome Frank, zitiert nach *Karl-Ludwig Kunz / Martino Mona,* Rechtsphilosophie, Rechtstheorie, Rechtssoziologie, Bern 2006, N. 298 S. 134.

[13] *Max Kummer,* Beiläufiges zur «Logistik des Rechts», ZBJV 1979 S. 390. Von Prof. Kummer wurde unter Studenten die Legende herumgeboten, dass er als Gerichtsschreiber beim Handelsgericht nach den Erwägungen das Dispositiv des Urteils mitunter eingeleitet hätte mit: «Und trotzdem wird erkannt: […].»

[14] *Pascal Pichonnaz / Stefan Vogenauer,* Le «pluralisme pragmatique» du Tribunal fédéral: une méthode sans méthode?, AJP 1999 S. 417 ff., S. 424.

[15] *Gustav Radbruch,* Einführung in die Rechtswissenschaft, 7. und 8. Aufl. Leipzig 1929, S. 129, zitiert nach *Hans Peter Walter,* Die Praxis hat damit keine Mühe… oder worin unterscheidet sich die pragmatische Rechtsanwendung von der doktrinären Gesetzesauslegung – wenn überhaupt?, ZBJV 2008 S. 135 f.

[16] Bernd Rüthers, zitiert nach *Marcel Alexander Niggli / Tornike Keshelava,* Recht und Wittgenstein VI: Vertikale Normendurchdringung der anderen Art, in: Sandra Hotz et al. (Hrsg.), Recht, Moral und Faktizität: Festschrift für Walter Ott, Zürich 2008, S. 142.

vornherein ‹irgendwie›, ob der zu beurteilende Sachverhalt ein ‹Fall› des Rechtssatzes sei oder nicht. Erst im Nachhinein unternimmt er, was lege artis am Anfang stehen sollte: Er deutet den Rechtssatz unter Beizug der passenden Argumentationswege und gelangt zum konkret begründeten Urteil, das er schon gefällt hat.»[17]

– Ingeborg Schwenzer: «Vor allem aber darf nicht aus den Augen gelassen werden, dass auch ein noch so ausgefeilter Methodenkanon nicht viel mehr als eine Scheinrationalität begründen kann. Denn letztlich gründet die Auslegung – wie gerichtliche Kognition insgesamt – auf den Wertungen des individuell befassten Gerichts und ist deshalb immer mehr oder weniger subjektiv. Es ist deshalb wichtiger als jede Methodenlehre, sich die eigenen Wert- und Vorurteile, die auch in die Auslegung einfliessen, bewusst zu machen und diese offen zu legen.»[18]

– Stefan Trechsel: «Die Bedeutung der Methode für die Rechtsfindung sollte allerdings nicht überschätzt werden, zumal in der Praxis eine Tendenz zu beobachten ist, wonach zunächst ein Vorentscheid zu Gunsten des gewünschten Resultats fällt und anschliessend erst die überzeugende Begründung dafür gesucht wird.»[19]

So zäumt das Gericht also das Pferd von hinten auf. Oder habe ich beim Studium vorne und hinten verwechselt? Wird da Wasser gepredigt und Wein getrunken? Die Zitatensammlung kann vor der Urteilseröffnung wenig zur Beruhigung beitragen. Es wird klar, dass der Methoden- oder Elementenpluralismus mehr der Nachvollziehbarkeit als der Voraussehbarkeit eines Urteils dient.

Und jetzt auch noch der Wortlaut: Einen ähnlichen Stoss wie der «Richterkönig» versetzte mir Wittgenstein insbesondere in den Abhandlungen aus der Universität Freiburg.[20] Danach kann die Sprache der Rechtsgemeinschaft

---

[17] *Schluep* (Anm. 7), N. 2648 S. 1037.

[18] *Ingeborg Schwenzer,* Schweizerisches Obligationenrecht. Allgemeiner Teil, 5. Aufl. Bern 2009, N. 33.03 S. 264.

[19] *Stefan Trechsel* et al., Schweizerisches Strafgesetzbuch. Praxiskommentar, Zürich 2008, Art. 1 N. 26.

[20] *Marc Amstutz / Marcel Alexander Niggli,* Recht und Wittgenstein I: Wittgensteins Philosophie als Bedrohung der rechtswissenschaftlichen Methodenlehre, in: Pierre Tercier et al. (Hrsg.), Gauchs Welt. Festschrift für Peter Gauch, Zürich / Basel / Genf 2004, S. 3 ff.; *Marcel Alexander Niggli / Marc Amstutz,* Recht und Wittgenstein II: Über Parallelen zur wittgensteinschen Philosophie in der rechtswissenschaftlichen Methodenlehre, ebd. S. 166 ff.; *Marc Amstutz / Marcel Alexander Niggli,* Recht und

nicht unmittelbar als Stütze dienen, um die Bedeutung von Rechtsregeln zu erschliessen (d.h. in der vom Gesetzgeber verlautbarten Norm ist die Rechtsregel noch nicht enthalten, jedoch die Möglichkeit, sie festzulegen). Wo aber diese Stütze suchen, wie diese Möglichkeit verwirklichen?[21]

Damit werden die Stützen der Berechenbarkeit noch weiter gesprengt: «Die Annahme etwa, dass Richter sich bei ihren Entscheidungen an die Gesetze zu halten haben, verliert ihre Orientierungsfunktion, wenn erkannt wird, dass der konkrete Sinn des Gesetzes erst in seiner fallbezogenen Anwendung kenntlich wird.»[22]

Die Gedanken vor der Urteilseröffnung können zur Geisterbahn werden, zusammengefasst in einem Spruch auf dem Schrank eines Stöcklis im Oberen Frittenbach (Emmental): «Dänk gäng ob Gunträri am Änd nid besser wäri.»

2.4 Richterinnen und Richter

In Zeiten, als es in der Anwaltschaft noch Flegel gab, sollen Rechtsschriften unter anderem Folgendes enthalten haben:

– Formelles zur Appellation in Strafsachen: «Die Appellation gilt als zurückgezogen, wenn sie von der 3. Strafkammer behandelt werden sollte.»

– Ergänzung der Bezeichnung der Vorinstanz, welche den beim Bundesgericht angefochtenen Entscheid erlassen hat: «(das ist nicht der einzige Beschwerdegrund)».

Soweit nicht nur die Zitate, sondern auch deren Autoren wahr sind: Einer davon wurde später Professor an der Universität Bern.

Wittgenstein III: Vom Gesetzeswortlaut und seiner Rolle in der rechtswissenschaftlichen Methodenlehre, in: Peter Forstmoser et al. (Hrsg.), Richterliche Rechtsfortbildung in Theorie und Praxis. Festschrift für Hans Peter Walter, Bern 2005, S. 9 ff.; *Marc Amstutz / Marcel Alexander Niggli,* Recht und Wittgenstein IV: Zur sprachtheoretischen Unmöglichkeit der Gewaltenteilung, in: Piermarco Zen-Ruffinen (Hrsg.), Du monde pénal. Mélanges en l'honneur de Pierre-Henri Bolle, Basel 2006, S. 157 ff.; *Marc Amstutz / Marcel Alexander Niggli,* Recht und Wittgenstein V: Rechtsquellen und Quellen des Rechts, in: *Gerhard Dannecker* et al. (Hrsg.), Festschrift für Harro Otto, Köln 2007, S. 123 ff.; *Niggli / Keshelava,* Recht und Wittgenstein VI (Anm. 16).

[21] *Niggli / Amstutz,* Recht und Wittgenstein II (Anm. 20), N. 17 ff. S. 4 ff.
[22] *Kunz / Mona* (Anm. 12), N. 34 S. 217.

2.5   Gewaltenteilung als Rettung?

«An irgendetwas ist der Richter gebunden, ‹da schliesslich jedermann weiss, dass im Recht nie und nimmer beliebig entschieden werden kann›. Ist dieses ‹irgendetwas›, dieses Bollwerk gegen die richterliche Beliebigkeit vielleicht das Gewaltenteilungsprinzip?»[23]

Dass sich die drei Gewalten im Staate mitunter stören, gehört zu lebendigen Verhältnissen. Die Rechtsanwendung der Gerichte will mitunter das gesetzte Recht ergänzen oder sogar ersetzen und damit in die Gehege von Gesetzgeber und Verwaltung greifen. Und umgekehrt. Gut macht es dieser Staat, wenn die Störungen «richtig» ausgeglichen werden. – Nachfolgend werden einige Erscheinungen darauf beleuchtet:

2.5.1 Die patentrechtliche Erschöpfung[24]

Die Erschöpfung im Patentrecht meint das Erlöschen seines Ausschliesslichkeitsanspruchs mit seiner Ausübung bzw. dem Inverkehrbringen des Produktes. Die Schweiz kannte bis vor kurzem die patentfreundliche «nationale Erschöpfung». Diese Festlegung ergibt sich nicht aus dem Gesetz. Im erwähnten Kodak-Entscheid stellte das Bundesgericht diesbezüglich eine Lücke fest und füllte sie über Art. 1 Abs. 2 ZGB lege artis – übrigens im Gegensatz zum Marken- und Urheberrecht – im Sinne der nationalen Erschöpfung, was Parallelimporte von patentgeschützten Gütern weitgehend verhindert. Der Gesetzgeber hat die Rechte des Patentinhabers mit einer Änderung vom 19. Dezember 2008 in Richtung der regionalen Erschöpfung aufgeweicht.[25] Die Debatte wurde leidenschaftlich geführt. Dabei kam der Umstand etwas zu kurz, dass der Gesetzgeber diesen Punkt ursprünglich gar nicht geregelt hatte. Lückenfüllung ist eine a priori mögliche Ergänzung des Gesetzes durch das Gericht, von einer «Störung» kann nicht gesprochen werden.

---

[23]   *Niklas Luhmann,* Das Recht der Gesellschaft, Frankfurt am Main 1993, S. 39, zitiert nach *Niggli / Amstutz,* Wittgenstein IV (Anm. 20), S. 3.

[24]   BGE 126 III 129.

[25]   Art. 9a des Bundesgesetzes vom 25.6.1954 über die Erfindungspatente (Patentgesetz, PatG; SR 232.14).

2.5.2 Koordination dank Chrüzlen[26]

Planungs- und Umweltrecht verdichten sich auf Bundesebene. Dieses Recht entwickelt sich in verschiedenen Gesetzen, deren Koordination lässt zu wünschen übrig. Im erwähnten Entscheid fasste das Bundesgericht Mut, zog die dafür dienenden Bestimmungen verschiedener Gesetze heran und befahl den Kantonen, insbesondere bei grösseren Vorhaben Bau-, Planungs- und Umweltrecht koordiniert zur Anwendung zu bringen, sei es nach dem Prinzip der Koordination, sei es nach dem Prinzip der Konzentration. Dieser dynamischen Auslegung gab der Gesetzgeber später die formale Legitimation: Nach dem Bundesgerichtsentscheid aus dem Jahre 1990 folgte Ende 1995 beispielsweise Art. 25a RPG[27] «Grundsätze der Koordination». Der Bundesgesetzgeber nahm das Anliegen weiter ernst und regelte im Jahre 1999 auch seine eigenen Verfahren durchgreifend im Sinne der Konzentration.[28] – «Störung» und «Ausgleich» haben hier zu einer verbesserten Kohärenz des Rechts geführt.

2.5.3 Fusionsgesetz

Das Fusionsgesetz[29] ist ein komplexes Gesetz. Ein mutiger Schritt war es nicht; das Gesetz veranlasste Peter Forstmoser vor dessen Inkrafttreten zu folgender Feststellung:

> «Es hat sich aber einmal mehr gezeigt, dass eine gesetzliche Ordnung auf die Dauer nicht durchsetzbar ist, wenn sie legitimen gesellschafts- und wirtschaftspolitischen Interessen entgegensteht. So ist in der Rechtswirklichkeit der im Fusionsgesetz zum Ausdruck kommende Sinneswandel schon weit gehend vorweggenommen worden, und es fragt sich, ob sich schliesslich der Gesetzgeber nicht einmal mehr als ‹Inspecteur des travaux finis› erweisen wird, denn Praktiker, Professoren und Richter haben die vom Gesetzgeber aufgestellten Schranken längst überschritten und Strukturänderungen akzeptiert, die sich der historische Gesetzgeber nie hätte träumen lassen.»[30]

---

[26] BGE 116 Ib 50.

[27] Bundesgesetz vom 22.6.1979 über die Raumplanung (Raumplanungsgesetz, RPG; SR 700).

[28] Bundesgesetz vom 18.6.1999 über die Koordination und Vereinfachung von Entscheidverfahren (AS 1999 3071). Da das Gesetz ausschliesslich aus der Revision anderer Gesetze besteht, existiert es unter diesem Namen nicht in der systematischen Rechtssammlung.

[29] Bundesgesetz vom 3.10.2003 über Fusion, Spaltung, Umwandlung und Vermögensübertragung (Fusionsgesetz, FusG; SR 221.301).

[30] *Peter Forstmoser,* Wer «A» sagt muss auch «B» sagen. Gedanken zur Privatisierungsdebatte, SJZ 2002 S. 200.

«Störung» und «Ausgleich» haben hier das Recht weiterentwickelt. Hier ging es vorab um Privat- und (öffentliches) Registerrecht. Es war wohl schon ein Übergriff der Rechtsanwendung in die Gewaltenteilung, der später vom Gesetzgeber legitimiert worden ist. Das Vorangehen der Praxis gegenüber dem Gesetzgeber hat kaum zu Beschränkungen von bisherigen Rechtspositionen einzelner Betroffener geführt.

2.5.4 Beschwerden gegen die Abstimmung über biometrische Pässe[31]

Gemäss Medienmitteilung des Bundesgerichts vom 1. Oktober 2009[32] stand das Bundesgericht vor dem Problem, dass das Bundesgesetz über die politischen Rechte nur gegen kantonale Abstimmungsresultate eidgenössischer Urnengänge eine Abstimmungsbeschwerde wegen Unregelmässigkeiten vorsieht. Es trat gestützt auf die Rechtsweggarantie gemäss Art. 29a BV auf die Anfechtung des gesamtschweizerischen Ergebnisses ein (und wies die Beschwerde ab). Auch diese Auslegung geht weit und war wohl eine «Störung». Gemäss Berichterstattung in der Presse[33] wurde das Parlament in der öffentlichen Beratung aufgefordert, die Lücken im Gesetz zu schliessen. – Das Gericht weiss, dass es «stört» und bittet umgehend um «Ausgleich».

2.5.5 Ungeschriebene Grundrechte

Krasses Beispiel war die Begründung von verfassungsmässigen Rechten durch das Bundesgericht, die in der Verfassung gar nicht enthalten waren. Mit der als «Nachschreibung» bezeichneten Revision der Bundesverfassung[34] im Jahre 1999 wurden diese Verfassungsrechte zu geschriebenen; erwähnt seien etwa das Willkürverbot (heute Art. 9 BV) oder die persönliche Freiheit (Art. 10 BV). – «Störung» und «Ausgleich» sind hier eine Erfolgsgeschichte.

2.5.6 Materielle Enteignung

Geradezu kapituliert und der Justiz einen Blankoscheck ausgestellt hat der Gesetzgeber auf Verfassungs- und Gesetzesstufe betreffend die materielle

---

[31] BGer 1C_275/2009 vom 1.10.2009.
[32] Pressemitteilung des Bundesgerichts vom 1.10.2009 (einsehbar unter www.bger.ch, Rubrik «Presse/Aktuelles»).
[33] NZZ vom 2.10.2009, S. 12, vgl. auch BGer 1C_275/2009, E. 2.7.
[34] Bundesverfassung der Schweizerischen Eidgenossenschaft vom 18.4.1999 (BV; SR 101).

Enteignung: Art. 26 BV und Art. 5 Abs. 2 RPG halten lediglich fest, dass bei Vorliegen einer materiellen Enteignung voll zu entschädigen sei. Hier hat der Gesetzgeber die Gewaltenteilung strapaziert, indem er seine Befugnisse abgetreten und die Rechtsetzung an die Justiz delegiert hat. Zum Schaden der Gemeinwesen war es nicht: Die materielle Enteignung wird häufig angesprochen, manchmal angerufen und praktisch nie bejaht.

2.5.7 Der «leichte Fall» im BetmG[35]

Hierzu hielt das Bundesgericht fest, dass der «leichte Fall» gemäss Art. 19b BetmG ein unbestimmter Rechtsbegriff sei, bei dessen Anwendung der Fachrichter über einen weiten Ermessensspielraum verfügt. Damit können kantonal verschiedene «leichte Fälle» entstehen.[36] Die damit sanktionierte Zersplitterung von Bundesrecht ist eine unausgeglichene «Störung».

2.5.8 Die drei Schwellen

Die Praxis des schweizerischen Enteignungsrechts unterstellt das Problem der nachbarlichen Abwehrrechte gegen übermässige Beeinträchtigung durch das Gemeinwesen dem formellen Enteignungsrecht: Der Inhaber der entsprechenden Anlage (das Gemeinwesen selber oder ein entsprechend konzessionierter Betreiber) muss den Abwehranspruch enteignen. Vorfragewei-

---

[35] Bundesgesetz vom 3.10.1951 über die Betäubungsmittel und die psychotropen Stoffe (Betäubungsmittelgesetz, BetmG; SR 812.121).

[36] BGE 124 IV 44 E. 2c: «Le recourant soutient enfin que la peine infligée serait contraire à la pratique d'autres cantons et consacrerait ainsi une inégalité de traitement. La poursuite pénale des infractions à la LStup incombe aux cantons (art. 28 al. 1 LStup). Il en résulte le risque que se développent des pratiques cantonales différentes. Ce risque est inhérent à la délégation de la poursuite aux cantons; d'une certaine manière, il découle de la structure fédérale du pays, voulue par la Constitution elle-même. Il incombe à l'accusé ou à l'accusateur public qui estime que la loi a été violée de saisir la Cour de cassation pénale du Tribunal fédéral, qui est chargée de veiller à l'application correcte du droit fédéral (cf. art. 1 al. 1 ch. 5 et art. 269 al. 1 PPF). Il ne suffirait évidemment pas qu'une autorité cantonale décide – en violation du droit fédéral – de ne plus appliquer la loi pour que les autres cantons et le Tribunal fédéral soient obligés de suivre. Le principe de l'égalité de traitement ne peut donc jouer qu'un rôle limité sur le plan intercantonal.» Gemäss Kommentar von *Markus Felber* in SJZ 1998 S. 366 zu BGer 6S.122/1998 lässt das Bundesgericht folgende kantonale Differenzierungen zu: NE < 11 g, BS < 30 g etc.; BGer 6S.6/2003 vom 28.3.2003: Unter Berufung auf die Praxis des Kantons Solothurn bestätigte das Bundesgericht die Verneinung der Geringfügigkeit bei 0.9 g Hanfkraut.

se ist dabei festzustellen, ob die im Streite liegenden Einwirkungen tatsächlich übermässig sind. Auszugehen ist von der Grenze der Eigentumsbefugnisse gemäss Art. 684 ZGB. Im Gegensatz dazu müssen aber im Enteignungsverfahren drei zusätzliche Hürden genommen werden. Wohl zum Schutze des Gemeinwesens und seines öffentlichen Interesses ist die Einwirkung im Allgemeinen nicht übermässig. Eine Ausnahme besteht in Fällen, in welchen die drei Voraussetzungen der Spezialität der Einwirkung, der Schwere der Schädigung und deren Unvorhersehbarkeit gegeben sind. Diese im Entscheid Werren[37] begründete und seither ziemlich konsequent durchgezogene Praxis hat keine gesetzliche Grundlage.

Was bei der Autobahn begann und bei der Eisenbahn fortgesetzt wurde, ist heute virulent im Zusammenhang mit der grossen Fluglärmdiskussion rund um den Flughafen Zürich. Ausgelöst wurde ein möglicher Ausgleich durch den Gesetzgeber mit der parlamentarischen Initiative «Fluglärm und Verfahrensgarantien»[38]. Aus der Begründung der Initiative: «Die von Bundesgericht in freier Rechtsfindung zur Anwendung gebrachte fünfjährige Verjährungsfrist orientiert sich zwar am öffentlichen Recht. Das Bundesgericht lässt jedoch ausser Acht, dass Ansprüche aus Nachbarrecht (Art. 679 und 684 ZGB) solange nicht verjähren, als die Schädigung fortdauert [...]».

2.5.9 Die Vertrauenshaftung als «dritte Spur»

Sie wurde durch das Bundesgericht gut begründet eingeführt und ist auch weitgehend akzeptiert.[39] Wie beispielsweise auch die culpa in contrahendo schwebt die Vertrauenshaftung zwischen Vertrag und Delikt. Im System der Gewaltenteilung geht die Auffassung des zitierten Autors über das Spiel zwischen Justiz und Gesetzgeber hinaus mit folgendem Anspruch: «Nach der hier vertretenen Auffassung ist die Vertrauenshaftung als gesetzesübersteigendes Richterrecht zu begreifen».[40] Hier «stört» nicht die Vertrauenshaftung, sondern die dafür beanspruchte Grundlage.

---

[37] BGE 94 I 286.
[38] Parlamentarische Initiative 02.418 Rolf Heggenschweiler vom 22.3.2002.
[39] *Hans Peter Walter,* Die Vertrauenshaftung: Unkraut oder Blume im Garten des Rechts?, ZSR 2001 S. 79 ff.
[40] *Hans Peter Walter* (Anm. 39), S. 91 unten.

2.5.10 Substanziierung der Ansprüche

Bis zu einem Albtraum für die Anwaltschaft kann die Anforderung an die Substanziierung der Ansprüche im Prozess gehen. Nichtgenügen führt zur Abweisung des Anspruchs in der Sache mit entsprechender Rechtskraft ohne weitere Prüfung. Dem Umstand, dass diese Praxis vorwiegend im Kanton Zürich geübt wird, ist nur beschränkt zu trauen: Die Substanziierungspflicht ist materielles Bundesrecht, was vom Bundesgericht mehrmals bestätigt worden ist.[41] Hier eine Kostprobe:

> «Der Sachverhalt ist somit wahrheitsgemäss, konkret und in allen Einzelheiten darzustellen. Allgemeine Behauptungen genügen nicht. Abstraktionen, Sammelbegriffe und Zusammenfassungen, Beispiele und blosse Wertungen genügen nicht. Wo bloss Beispiele oder ein Anfang von Aufzählungen oder Tatsachen [...] aufgeführt werden, gelten die nicht genannten weiteren Vorkommnisse, Tätigkeiten, Mängel oder was auch immer als nicht behauptet. So haben die Parteien Gespräche, geäusserte Willenserklärungen, innere Vorstellungen, Mahnungen, Gestaltungsgeschäfte, Handlungen, erbrachte Leistungen sowie Geschehnisse konkret darzulegen und im Einzelnen zu schildern. Dabei sind die handelnden natürlichen Personen mit Vor- und Nachnamen, Vertragsinhalte, Handlungen, Art und Zeit genau und detailliert anzugeben. Globale Behauptungen genügen nicht [...] Bestreitungen allgemeiner Art, und seien sie noch so ausgeklügelt formuliert, sind unbeachtlich. Jede für relevant gehaltene konkrete Behauptung, die bestritten werden soll, muss einzeln bestritten oder durch eine eigene abweichende Sachdarstellung widerlegt werden [...]».[42]

Selbstverständlich ist die Stossrichtung richtig. Die Anforderungen beginnen aber an einen Stacheldrahtverhau zu gemahnen und es kommen dem Schreibenden Zweifel, ob sie der Förderung der Rechtspflege oder dem Schutz des Liegestuhls dienen. Ob diese Züchtigung der Anwaltschaft einer formellen gesetzlichen Grundlage bedarf, mag dahingestellt bleiben, die gesetzliche Ausgangslage ist zumindest dürftig. Es macht den Anschein, als ob das Bundesgericht selber bei der qualifizierten Rügepflicht nach Art. 106 Abs. 2 BGG den Lockungen des Liegestuhls unterliegt.[43]

---

[41] BGE 98 II 113 E. 4a, 105 II 143 E. 6.

[42] HGer-ZH vom 24.04.2002, ZR 102/2003, S. 66 ff., bestätigt durch BGer 4C.220/2002 vom 7.10.2002.

[43] Vgl. etwa BGer 4D_41/2009 vom 14.5.2009, E. 5 i.V.m. E. 2.2.

3.   Überlegungen zu Urteilen des Verwaltungsgerichts

Um nach diesem Höhenflug wieder zum Verwaltungsgericht zurückzukommen, werden Fälle aufgegriffen, wo dessen Auslegung zumindest «dynamisch» ist.

3.1   Sprungrekurs

In Anlehnung an Art. 47 Abs. 2 VwVG[44] trat das Verwaltungsgericht auf einen derartigen Sprungrekurs ein, obwohl hierfür im Kanton Bern die gesetzliche Grundlage fehlt. Der Urteilsschelte durch die betroffene Anwaltschaft[45] folgte wenig später die professorale Rechtfertigung[46]. Wir haben es hier mit einem Grenzfall zu tun, wo sich Prozessökonomie und Legalität gegenüberstehen. Weil es wenig Sinn macht, vorgesetzte Behörden als Beschwerdeinstanz anzurufen, wenn sie vorgängig der untergebenen Stelle und Vorinstanz Weisungen erteilt haben, ist wohl der Prozessökonomie der Vorrang zu geben. Gestört wird die Gewaltenteilung trotzdem. Das Verwaltungsgericht hat ein entsprechendes Vorgehen im Fall der Grimsel-Staumauer bestätigt (was dem Projekt selber aber wenig geholfen hat, weil es in der Folge als Ganzes vom Verwaltungsgericht zurück an den Start geschickt wurde).[47]

3.2   Gemeindeautonomie auch bei der Auslegung?

Das Verwaltungsgericht gewährt der Gemeinde in gewissen Fällen nicht nur bei der Gesetzgebung, sondern auch bei der Auslegung Autonomie.[48] Das stösst sofort an die gebotene Kognition der Überprüfung von Rechtsfragen. Es lauert hier eine ähnliche Rechtszersplitterung wie beim bundesgerichtlichen «leichten Fall» gemäss BetmG.[49]

---

[44]   Bundesgesetz vom 20.12.1968 über das Verwaltungsverfahren (VwVG; SR 172.021).

[45]   *Ulrich Keusen / Kathrin Lanz,* Der Sprungrekurs im Kanton Bern, BVR 2005 S. 49 ff.

[46]   *Peter Ludwig,* Kein Sprungrekurs im Kanton Bern?, BVR 2005 S. 241 ff.

[47]   VGE 22974–22977, in BVE 2009 S. 341 ff. nicht publizierte E. 1.2.3. Das Urteil wurde bestätigt durch BGer 1C_207/2008 vom 20.2.2009.

[48]   VGE 22407/22408/22410 vom 13.7.2007, E. 5.5.

[49]   Vgl. Ziff. 2.5.7 hiervor.

3.3   Das gesetzlose «Fahrleistungsmodell»

Umweltschutz und Raumplanung haben die Tendenz, mehr und schneller Konzepte und Papiere zu entwickeln, als in formelles Recht umgesetzt zu werden vermag. Darunter gehören etwa Richtpläne nach Art. 6 ff. und 26 RPG sowie die Massnahmenpläne nach Art. 44a USG[50]. Wie schon deren Umschreibung im Gesetz sagt, dürfen derartige Erscheinungen mit Behördenverbindlichkeit Bürgerinnen und Bürgern sowie Unternehmen bzw. Eigentümer nicht direkt beschränken, eben auch, weil es ihnen an der demokratischen Legitimität fehlt, wie sie erst das ordentliche Gesetzgebungsverfahren bringt. Die Angst der treibenden Kräfte bei Raumplanung und Umweltschutz vor der Langsamkeit oder gar Weigerung des Gesetzgebers, ihre Erkenntnisse durchzusetzen, verleitet mitunter dazu, dieses «halbe Recht» auch eigentümerverbindlich zur Anwendung zu bringen. Bei den Inventaren des Denkmalschutzes hat dies schon einige Tradition, die Unart greift aber immer mehr um sich. So gebricht es dem im Kanton Bern zurzeit ganz besonders in Mode stehenden Fahrleistungsmodell an der gesetzlichen Grundlage.[51] Immerhin besteht hier Unterstützung durch das Bundesgericht, das dazu tendiert, dem lediglich behördenverbindlichen Massnahmeplan gleichsam den Ritterschlag einer rechtlichen Grundlage zu erteilen.[52]

Diese Dehnung von behördenverbindlichen Unterlagen zur rechtlichen Grundlage ist deshalb bedenklich, weil sie zur Begrenzung von Rechten und Ansprüchen Betroffener herangezogen wird. Die «Störung» ist (noch) nicht ausgeglichen. Es bleibt zu hoffen, dass der Gesetzgeber hier die gesetzliche Grundlage noch schafft oder der Erscheinung Einhalt gebietet.

4.   Anregungen

Die hier folgenden Punkte richten sich weniger an das Verwaltungsgericht als an das bernische Justizsystem und damit an den Gesetzgeber.

---

[50]   Bundesgesetz vom 7.10.1983 über den Umweltschutz (Umweltschutzgesetz, USG; SR 814.01).
[51]   Richtplan des Kantons Bern, Fortschreibungen '08 gemäss RRB 0677 vom 8.4.2009. Weil eben nur «halbes» Recht, ist es nicht wie dieses publiziert (www.jgk.be.ch, Rubriken «Amt für Gemeinden und Raumplanung» / «Raumplanung» / «Kantonaler Richtplan» / «Fortschreibungen '08»).
[52]   BGE 131 II 103 E. 2.5.1.

4.1 Drei Instanzen sind genug

Die Mehrheit aller Streitfälle aus den Kantonen unterliegt der Einheitsbeschwerde und damit einem ordentlichen Rechtsmittel an das Bundesgericht. Die bernische Verwaltungsjustiz kennt als Regel innerhalb des Kantons drei Instanzen: Auf die Verfügung der Behörde folgt eine Verwaltungsbeschwerde i.d.R. an die hierarchisch übergeordnete Verwaltungsbehörde oder das Regierungsstatthalteramt und hernach die Beschwerde an eine zweite Rechtsmittelinstanz, meistens an das Verwaltungsgericht. Gegenüber dem Straf- und Zivilprozess sind damit im Verwaltungsrecht zusammen mit der Einheitsbeschwerde vier statt drei Instanzen zu durchlaufen. Das entspricht einer vollen Überprüfung (verwaltungsinternes Beschwerdeverfahren) und zwei Rechtsüberprüfungen (Verwaltungsgericht und Bundesgericht) und ist zu viel. Angemessen sind eine volle und eine Rechtsüberprüfung. Der Bund macht es auf seiner Ebene vor mit dem normalen Rechtsweg vom Amt über das Bundesverwaltungsgericht (volle Prüfung) an das Bundesgericht (Rechtsprüfung). Die daraus folgende Mehrbelastung der vollen Prüfung wird vom Verwaltungsgericht mit Sicherheit nicht geliebt. Es fragt sich, ob dies eine Rechtfertigung für den damit zu langen und zu teuren Rechtsweg abzugeben vermag.

4.2 Enteignungsverfahren mit Verfügung?

Das Klageverfahren im Verwaltungsprozess (ursprüngliche Verwaltungsgerichtsbarkeit) schwindet immer mehr. Mit der letzten Revision des VRPG wurde auch ein Grossteil der Staatshaftung von der ursprünglichen in die nachträgliche Verwaltungsgerichtsbarkeit verschoben.[53] Dabei bleibt abgesehen von Streitigkeiten zwischen verschiedenen Gemeinwesen (Gemeinden unter sich, Gemeinde gegen Kanton etc.) fast nur noch das Enteignungsrecht. Kann nicht auch hier verfügt statt geklagt werden?

5. Schlussbemerkung

Das Urteil gemäss Ziff. 2.1 hiervor ist mittlerweile eröffnet. Und gut begründet.

---

[53] Art. 100 ff. des Personalgesetzes vom 16.9.2004 (PG; BSG 153.01) und Art. 84 des Gemeindegesetzes vom 16.3.1998 (GG; BSG 170.11).

La juridiction administrative dans le canton de Vaud

Eric Brandt

Table des matières

1. Repères historiques

1.1 Les fondements de la juridiction administrative

La conception de l'Etat de droit dès le XIXème siècle implique la reconnaissance de normes juridiques liant l'administration envers les administrés et réglant les manifestations de la puissance publique; l'essence même de ces règles est l'obligation imposée à l'Etat de ne porter atteinte aux droits des individus que dans les cas prévus par la loi. Pour être effectives, ces règles du droit administratif nécessitent un contrôle juridictionnel, une conséquence légale ou une sanction prévue par la loi pour les faire respecter en cas d'inobservation. C'est le but et la fonction essentielle de la juridiction administrative.[1]

1.2 Le Tribunal du contentieux de l'administration (1803–1831)

La juridiction administrative dans le canton de Vaud a été influencée dès l'origine par la conception française, séparant l'organisation de la justice civile de celle de la justice administrative et impliquant le pouvoir exécutif dans son organisation. Le canton de Vaud a ainsi connu l'institution d'un tribunal du contentieux de l'administration de 1803 à 1831.[2] Le tribunal était composé d'un membre de l'exécutif cantonal (Petit Conseil), qui

---

[1] *Henri Zwahlen,* Le jugement des contestations administratives dans le canton de Vaud, JT 1939 Droit cantonal p. 34.

[2] *Roger Secrétan,* Les Tribunaux du contentieux de l'administration, en particulier le tribunal administratif vaudois, RDS 1932 p. 187 à 221.

présidait l'institution,[3] et de quatre juges du Tribunal d'Appel, élus par le Grand Conseil. La loi organique du 17 juin 1803 attribuait au tribunal tout le contentieux de l'administration, comprenant les contestations relatives aux impôts directs ou indirects ainsi qu'aux diverses administrations publiques, lorsque la question n'était pas purement une question de propriété ou de servitude publique.

1.3 Le transfert des compétences administratives à la Cour d'Appel (1831)

Le Tribunal administratif vaudois de 1803 fut conservé en 1814, après la chute de Napoléon, par la volonté du Grand Conseil, qui désirait même rendre ce tribunal totalement indépendant de l'autorité exécutive en supprimant la participation du représentant du Petit Conseil; cette tentative fut écartée par la décision des représentants en Suisse des puissances alliées de l'époque, la Russie et l'Autriche.[4] Mais la présence du représentant du Petit Conseil au sein de la juridiction administrative déplaisait et la Constitution vaudoise du 25 mai 1831 n'a pas repris la formule du Tribunal du contentieux de l'administration. La suppression de l'institution ne fut pas votée pour supprimer l'intervention judiciaire dans les litiges d'ordre administratif, mais pour transférer les compétences du tribunal administratif à la Cour d'Appel.[5] L'idée du constituant de 1831 était de réaliser l'unité des juridictions civiles et administratives en introduisant une règle de compétence de droit commun des tribunaux ordinaires en matière administrative; il s'agissait d'assurer l'indépendance entre la juridiction administrative et le gouvernement.[6]

1.4 La limitation des compétences judiciaires au contentieux «subjectif»

Mais la mise en œuvre de cette solution n'a pas concordé avec l'objectif initial. Les tribunaux ordinaires se sont saisis essentiellement des litiges d'ordre pécuniaire tout en manifestant le désir d'intervenir le moins

---

[3]   Recueil des lois, décrets et autres actes du gouvernement du canton de Vaud I 1803 p. 190, art. 4 de la loi organique du 17 juin 1803.

[4]   Bulletins du Grand Conseil du canton de Vaud (BGC) automne 1931 p. 596.

[5]   L'art. 57 de la Constitution vaudoise du 25 mai 1831 précisait que: «Toutes les affaires qui relevaient du tribunal du contentieux de l'administration seront portées au nouveau tribunal d'appel, en suivant la procédure spéciale à laquelle ces affaires sont soumises.»

[6]   *Zwahlen* (note 1), p. 37.

possible et de ne pas juger sans nécessité les actes du pouvoir exécutif. Par la jurisprudence, la compétence des tribunaux ordinaires a été restreinte au contentieux portant sur les actions en dommages-intérêts dirigées contre l'Etat ou les communes. Ce type d'action avait été assimilé à une contestation subjective car le demandeur revendique son droit (subjectif) au paiement d'une indemnité et dépose des conclusions comparables aux prétentions civiles. Par exemple, les tribunaux ordinaires se sont montrés compétents pour juger les demandes de dommages-intérêts fondées sur le préjudice causé par l'Etat à un tiers dans la gestion du domaine public.[7] Il en allait de même des contestations relatives aux lois fiscales, sauf lorsque la décision était susceptible d'être soumise à un organe de recours statuant définitivement, ce qui n'était pas le cas en matière de droit de mutation.[8] Des décisions judiciaires ont été rendues dans les conflits entre communes concernant la définition de leur compétence fiscale, ainsi que dans les contestations pécuniaires de la fonction publique.[9] En matière de répartition des frais d'assistance en faveur de bourgeois communs à deux communes, les tribunaux ordinaires ont reconnu leur compétence lorsque cette question était réglée par des conventions entre communes; mais dès l'entrée en vigueur de la première loi sur l'assistance des pauvres du 24 août 1888, le Tribunal cantonal a refusé de juger ce type d'affaires.[10]

Par la suite, la jurisprudence a pris en considération la nature du rapport de droit soumis aux tribunaux. Un rapport de droit public ne pouvait donner lieu qu'à des contestations administratives et l'autorité judiciaire a estimé que le contentieux relatif au rapport de droit public ne relevait pas de sa compétence. Ainsi, le Tribunal cantonal a jugé que les relations entre un particulier et la Compagnie vaudoise des forces de Joux et de l'Orbe SA relevaient du droit public car la concession déléguait à la compagnie les attributions de l'Etat sur l'utilisation du domaine public. Le rapport de droit ne pouvait ainsi être assimilé à un rapport de droit privé dans lequel les parties au procès sont sur un pied d'égalité et les tribunaux ordinaires n'étaient ain-

---

[7] Arrêt TC-VD du 9 juin 1909, JT 1910 p. 22 (les renvois au Journal des Tribunaux concernent la partie de la revue consacrée au droit cantonal).

[8] Arrêt TC-VD du 8 juillet 1885, JT 1885 p. 602; arrêt TC-VD du 9 décembre 1886, JT 1887 p. 43.

[9] Arrêt TC-VD du 7 mai 1874, JT 1874 p. 385

[10] Arrêt TC-VD du 19 août 1891, JT 1891 p. 614 ss, p. 617; l'art. 2 de la loi sur l'assistance des pauvres précisait que l'assistance ne pouvait être réclamée par voie judiciaire.

si pas compétents pour connaître du litige.[11] Cette jurisprudence a connu une fois un revirement dans un arrêt BCV c. Commune de Lausanne, qui tentait de redonner au juge civil la compétence de droit commun de juger toutes les contestations administratives, nées à propos d'un rapport de droit public.[12]

1.5 La réglementation du contentieux administratif par le droit public au cas par cas

L'absence d'une juridiction administrative structurée a conduit le législateur dans le canton de Vaud à organiser une propre réglementation du contentieux administratif de manière particulière à chaque domaine du droit public concerné. C'est ainsi que les lois spéciales attribuaient au Conseil d'Etat ou à l'un de ses départements la compétence de régler les litiges ou les contestations avec chaque fois différentes possibilités de recours et des délais variant de trois à trente jours. C'est dans ce contexte que le système des commissions de recours a pris forme, les commissions étant instaurées par les lois spéciales régissant chacune un domaine spécifique. Les commissions étaient composées de membres nommés par le Conseil d'Etat et chacune d'elles organisait la procédure de recours. Les commissions les plus importantes qui ont été créées à cette époque étaient la commission centrale d'impôts et les commissions de recours en matière d'estimation fiscale, de police des constructions et d'améliorations foncières.[13]

1.6 Essai de synthèse du professeur Zwahlen

Dans son étude sur le jugement des contestations administratives dans le canton de Vaud, le professeur Henri Zwahlen a tenté de définir des principes applicables à l'ensemble du contentieux administratif. Il a tout d'abord repris la distinction entre contentieux objectif et contentieux subjectif pour la définir de la manière suivante:

> «Il y a *contentieux objectif*, lorsqu'on demande à un juge d'examiner la légalité d'un acte administratif indépendamment des droits qui peuvent être en cause et de réformer ou d'annuler cet acte s'il n'est pas conforme à la norme qui le régit. Il y a *contentieux subjectif*, lorsqu'on invite le juge à affirmer l'existence d'un droit subjectif (prétention pécuniaire de l'administré) après avoir examiné la légalité de l'acte administratif qui mettait obstacle à ce droit.»

---

[11] Arrêt TC-VD du 11 mars 1936, JT 1936 III p. 113 ss, p. 116 s.
[12] Arrêt TC-VD du 23 décembre 1936, JT 1937 p. 70 ss p. 73 à 80.
[13] *Zwahlen* (note 1), p. 45 s.

Il a introduit aussi la distinction entre le recours contentieux et le recours hiérarchique. Le recours contentieux est celui par lequel on demande à une autorité de trancher une contestation objective et de faire ainsi œuvre de juridiction, et le recours hiérarchique est celui par lequel le recourant s'adresse au supérieur hiérarchique de l'auteur d'une décision contestée pour lui demander de revoir cette décision en faisant usage de ses pouvoirs de contrôle et de surveillance; l'autorité saisie d'un recours hiérarchique agit ainsi en qualité d'autorité administrative et elle ne tranche pas uniquement des questions de droit mais aussi d'opportunité.

Ainsi, dans le canton de Vaud, la juridiction administrative était organisée sur la base d'une double compétence: d'une part, celle des tribunaux civils pour le contentieux subjectif, et d'autre part, celle de l'administration, en particulier le Conseil d'Etat ou les commissions de recours, pour le contentieux objectif.[14] Le professeur Henri Zwahlen concluait son étude en constatant qu'il n'était pas opportun de confier le contentieux de l'administration aux juges civils, appelés à trancher des contestations qui surgissent entre particuliers, qui sont éloignées des préoccupations de l'administration, et qui ne peuvent développer qu'une jurisprudence «imbibée» de principes civilistes. En revanche, la meilleure réforme possible consistait en la création d'un tribunal administratif, chargé de tout le contentieux administratif,[15] ou au moins l'adoption d'une loi sur la juridiction administrative qui pourrait délimiter les compétences respectives de l'administration et des tribunaux et organiser l'activité contentieuse du Conseil d'Etat en créant des procédures appropriées qui permettraient notamment d'uniformiser les délais.[16]

2. L'Arrêté vaudois fixant la procédure pour les recours administratifs de 1952 (APRA)

2.1 Les interventions parlementaires de 1919 et 1931

Dès 1919, on retrouve la trace d'interventions auprès du Grand Conseil en faveur de la création d'une juridiction administrative permettant de structurer et d'organiser le contentieux de l'administration dans le canton.[17] En 1931,

---

[14] *Zwahlen* (note 1), p. 48.
[15] *Zwahlen* (note 1), p. 49.
[16] *Zwahlen* (note 1), p. 50.
[17] BGC printemps 1919 p. 387 à 390. Dans son rapport au Grand Conseil, la sous-commission de gestion avait formulé une observation en invitant le Conseil d'Etat à

une motion a été déposée par le député Hirzel pour demander que le Conseil d'Etat soit invité à présenter un projet de loi instituant un système de juridiction pour les litiges d'ordre administratif.[18] La commission du Grand Conseil chargée de rapporter sur la motion a présenté un état des lieux en distinguant quatre différents systèmes qui étaient en place: les lois ne contenant *aucune disposition* concernant les possibilités de recours,[19] les lois avec *une clause générale* réservant le recours au Conseil d'Etat et celles avec une *clause spéciale* limitant le recours au Conseil d'Etat à certaines dispositions et, enfin, les lois prévoyant le recours auprès de *commissions spécialisées* ou d'autres autorités judiciaires. La commission était unanime à reconnaître que l'instauration d'une juridiction administrative cantonale répondait à une nécessité. Elle envisageait la création d'une cour administrative formée par une section du tribunal cantonal pour connaître des recours contre les décisions des départements et des commissions spéciales de recours, à l'exclusion des décisions du Conseil d'Etat. La compétence de la cour devait résulter d'une clause énumérative; la commission proposait aussi l'adoption d'une réglementation régissant la procédure de recours devant le Conseil d'Etat.[20] Le Grand Conseil a pris en considération la motion Hirzel dans le sens proposé par la commission et il a invité le Conseil d'Etat à étudier un projet de loi sur la juridiction administrative.

---

faire l'étude d'un tribunal administratif et d'un tribunal des enfants. La réponse du Conseil d'Etat précisait que «Le Conseil d'Etat étudie la question». Le rapporteur, M. Fonjallaz, répondait qu'il espérait que ces études soient accélérées en précisant: «nous entendons par cela ne pas attendre dix ou vingt ans pour qu'on vienne présenter une loi ou un règlement nouveau»; le rapporteur précisait encore que «nous aimerions voir une loi instituant les tribunaux administratifs, pour juger les questions intéressant spécialement les administrations et les particuliers, afin de trancher les questions fiscales, les questions de police des constructions en matière administrative».

[18]   BGC automne 1931 p. 504 à 510. En développant sa motion, le député Hirzel reprenait l'historique de la juridiction administrative dans le canton de Vaud et proposait qu'une commission soit désignée pour faire le choix entre les différentes solutions possibles, soit la création d'un véritable tribunal administratif, ou l'attribution de compétence du contentieux administratif au Tribunal cantonal, ou encore le maintien d'un système de commission.

[19]   Dans ce cas, la jurisprudence avait admis un droit de recours coutumier au Conseil d'Etat.

[20]   BGC printemps 1933 p. 1230 à 1236.

2.2 La commission d'experts de 1933

Une commission d'experts désignée à la suite de la prise en considération de la motion Hirzel siégea durant plusieurs années; elle se heurtait à la difficulté suivante: assurer le maximum de garanties aux administrés sans porter atteinte au minimum de liberté d'action de l'administration. Trois hypothèses ont alors été envisagées: a) Soumettre tous les litiges administratifs aux tribunaux ordinaires, mais le système présentait l'inconvénient de «brider le pouvoir exécutif», placé en quelque sorte sous la surveillance du pouvoir judiciaire; b) soumettre les litiges administratifs à l'autorité exécutive supérieure, mais l'administration n'était pas préparée ni organisée pour exercer des fonctions juridictionnelles; c) créer un tribunal administratif indépendant du pouvoir judiciaire et du pouvoir exécutif, selon le modèle français du Conseil d'Etat qui avait su acquérir renommée et prestige auprès des juristes. La commission d'experts porta son choix sur ce troisième système et prépara un projet de loi instaurant un tribunal administratif indépendant. Mais le Conseil d'Etat était peu convaincu par cette solution. En avril 1949, il chargea le Département de justice et police d'élaborer un avant-projet d'arrêté fixant la procédure de recours en matière de contentieux administratif; le projet fut soumis à une commission extra-parlementaire et donna lieu à l'arrêté du 15 septembre 1952 fixant la procédure pour les recours administratifs (APRA).[21]

2.3 La réglementation de l'APRA

L'APRA fixe les règles générales de procédure de recours devant le Conseil d'Etat, et il s'applique aussi devant les commissions de recours spécialisées, dans la mesure où il n'existe pas de dispositions contraires dans la législation spéciale.[22] Il distingue le recours contentieux, avec un pouvoir d'examen en légalité,[23] du recours hiérarchique, avec un pouvoir d'examen en opportunité,[24] et pose des règles de procédure générales et communes aux deux recours. Le délai de recours est fixé à 10 jours[25] et le critère de l'intérêt

---

[21] *Jean-Jacques Fatton*, L'arrêté vaudois fixant la procédure pour les recours administratifs, RDAF 1956 p. 3 et 4.
[22] Art. 1 APRA.
[23] Art. 12 APRA.
[24] Art. 19 APRA.
[25] Art. 4 APRA.

juridiquement protégé a été retenu pour définir la qualité pour recourir.[26] Le Conseil d'Etat établit d'office les faits, il applique le droit sans être limité par les moyens des parties et il peut réformer ou annuler la décision attaquée ou encore la renvoyer à l'autorité qui a statué.[27] L'instruction des recours est dirigée par un conseiller d'Etat qui présente le projet de décision au Conseil d'Etat.[28] Pour les recours contentieux, le chef du Département de justice et police dirige l'instruction du recours et pour les recours hiérarchiques, l'instruction est dirigée par le conseiller d'Etat suppléant de celui en charge du département dont la décision est contestée. L'instruction du recours pouvait être confiée en tout ou partie au Service de justice et législation,[29] qui a joué un rôle essentiel dans la mise en œuvre et l'application de l'APRA. De fait, l'instruction de tous les recours au Conseil d'Etat a été organisée au Service de justice et législation, qui est devenu un véritable service des recours, et a permis ainsi d'assurer la cohérence de la jurisprudence.[30]

La jurisprudence du Conseil d'Etat a été publiée dès 1956 dans la Revue de droit administratif et fiscal (RDAF); elle a permis de développer et préciser les règles de procédure de l'APRA, et de les compléter aussi. Par exemple, l'APRA ne définissait pas la notion de décision et ne comportait pas non plus de dispositions sur la forme et la notification des décisions; il ne réglait pas non plus la procédure devant l'autorité de première instance.[31] La jurisprudence a aussi créé un recours incident (horizontal) au Conseil d'Etat contre les décisions du magistrat instructeur en matière d'effet suspensif et d'assistance judiciaire, s'agissant de décisions incidentes pouvant provoquer un préjudice irréparable.[32] L'APRA de 1952 a rendu de bons et loyaux services; il est resté en force pendant près de 40 ans, jusqu'à la création du Tribunal administratif, et n'a été modifié qu'à une seule reprise pour introduire une réglementation sur l'assistance judiciaire.

---

[26] L'art. 3 al. 1 APRA précise que «le droit de recours appartient à toute personne physique ou morale qui justifie d'un intérêt protégé par la loi applicable.».

[27] Art. 9 APRA.

[28] Art. 8 APRA.

[29] Art. 13 et 21 APRA.

[30] *Fatton* (note 21), p. 8.

[31] *Jean-Claude de Haller,* La procédure applicable aux recours administratifs en droit vaudois, notamment dans la jurisprudence du Conseil d'Etat, RDAF 1979 p. 1 ss, p. 3 à 6.

[32] *De Haller* (note 31), p. 14 s.

3. L'état de la juridiction administrative avant la création du Tribunal administratif en 1991

Le développement du contentieux administratif a amené le Conseil d'Etat à renforcer le rôle des commissions de recours en leur transférant le contentieux des retraits de permis de conduire, puis celui des autorisations de séjour. C'est ainsi que la Commission cantonale de recours en matière de police des étrangers a été instaurée le 1er janvier 1980 alors que le contentieux relevait auparavant de la compétence du chef du Département de la justice, de la police et des affaires militaires.[33]

3.1 Les commissions de recours

Les commissions de recours étaient présidées le plus souvent par des avocats du canton ne consacrant qu'une partie de leur activité à cette tâche et les assesseurs rattachés à chacune de ces commissions siégeaient occasionnellement, en fonction des besoins. Au moment de la création du Tribunal administratif, le canton ne comptait pas moins de vingt et une commissions de recours spécialisées, ayant chacune leur propre organisation.[34] Dans un souci de rationalisation, le Conseil d'Etat a regroupé dès 1979 sous la présidence d'un magistrat permanent et à plein temps, quatre commissions de recours (impôts, améliorations foncières, estimation fiscale et circulation routière) en une commission centrale; le secrétariat de ces commissions a aussi été regroupé sous l'autorité du magistrat;[35] un second président a été nommé en 1990 pour faire face à l'accroissement de la charge.[36] Ces différentes commissions de recours ont réalisé un travail remarquable, publiant leur

---

[33] Modification du 11 septembre 1979 de l'art. 4 de la loi d'application dans le canton de Vaud de la loi fédérale sur le séjour et l'établissement des étrangers.

[34] Les compétences des commissions de recours englobaient les grands domaines de la police des constructions, des impôts, de la circulation routière, de la police des étrangers, des affaires foncières, pour s'étendre à de nombreux domaines spécialisés comme les commissions de recours en matière de prévoyance et d'aide sociale, de bourses d'étude et d'apprentissage, d'enseignement spécialisé, ou en matière de taxe professionnelle, maraîchères et arboricoles, en matière rurale, ou en matière de démolition et de transformation de maisons d'habitation et de baux meublés (BGC septembre 1988 p. 1956 s.).

[35] Arrêté du 9 juillet 1980 concernant l'organisation d'un greffe commun aux commissions de recours en matière de circulation routière, d'impôt, des améliorations foncières et d'estimation fiscale des immeubles.

[36] BGC septembre 1989 p. 1652.

jurisprudence; les présidents des principales commissions ont présenté dans des publications l'organisation de la procédure devant leur autorité, pour le domaine de la police des constructions[37] et celui de la police des étrangers[38], ou en exposant leur jurisprudence.[39]

3.2 Les procédures spéciales organisées en matière d'aménagement du territoire

En matière d'aménagement du territoire, le Conseil d'Etat a joué un rôle important dans le traitement des recours formés contre les zones de protection provisoires adoptées en application de l'arrêté fédéral instituant des mesures urgentes en matière d'aménagement du territoire du 17 mars 1972 (AFU). Une procédure spéciale avait été fixée par voie d'arrêté;[40] elle prévoyait la constitution de cinq commissions chargées de traiter les oppositions.[41] La commission entendait les opposants et procédait à une tentative de conciliation. Lorsque l'opposition était formée par une commune, et si la tentative de conciliation échouait, l'opposition était directement transmise au Conseil d'Etat pour être traitée comme un recours. Pour les particuliers, la commission statuait sur l'opposition à défaut de conciliation et sa décision ouvrait la voie d'un recours au Conseil d'Etat. L'ensemble du dispositif mis en place a permis un traitement approprié des nombreuses oppositions que les mesures AFU ont soulevées, et de mettre ainsi sous toit le dispositif des zones protégées à titre provisoire élaboré par le Service vaudois de l'aménagement du territoire.

L'ancienne loi vaudoise sur les constructions et l'aménagement du territoire du 5 février 1941 (LCAT) ne prévoyait pas de procédure de recours dans le traitement des oppositions aux plans d'affectation, qui devaient être modifiés pour prendre le relais des mesures AFU. La décision communale sur l'opposition était transmise au Conseil d'Etat, qui approuvait à la fois le

---

[37] *Roland Bersier,* La procédure devant la Commission cantonale vaudoise de recours en matière de police des constructions, RDAF 1981 p. 137 ss.

[38] *Pierre-André Marmier,* Quelques considérations relatives aux attributions de la Commission vaudoise de recours en matière de police des étrangers, RDAF 1983 p. 73.

[39] *Clémy Vautier,* L'application de la loi sur l'acquisition d'immeubles par des personnes à l'étranger. Cinq ans de jurisprudence (1985–1989), RDAF 1990 p. 325 ss.

[40] Arrêté du 15 juin 1973 fixant la procédure d'approbation des plans de zones protégées à titre provisoire et de traitement des oppositions, RO 1973 p. 155.

[41] Les commissions étaient composées du préfet du district concerné, ainsi que d'un juriste et d'un urbaniste désignés par le Conseil d'Etat (art. 2 de l'arrêté).

plan et la réponse à l'opposition;[42] seule la voie du recours au Tribunal fédéral était ouverte à l'opposant.[43] L'entrée en vigueur de la loi fédérale sur l'aménagement du territoire du 22 juin 1979 (LAT, RS 700) le 1er janvier 1980 a fixé des exigences nouvelles de protection juridique à l'art. 33 LAT qui ont nécessité une adaptation de la procédure d'approbation des plans d'affectation.

Le gouvernement a organisé par voie de mesures provisionnelles[44] une procédure permettant à l'opposant qui contestait la réponse à son opposition de déposer une «requête» au Conseil d'Etat tendant au réexamen de son opposition. L'instruction a été confiée au département en charge de l'aménagement du territoire.[45] La réglementation provisoire adoptée en 1981, puis prolongée en 1983,[46] a été reprise dans le cadre de la loi sur les constructions et l'aménagement du territoire du 4 décembre 1985 (LATC).[47] Cette procédure a permis de traiter les recours formés contre la première génération de plans d'affectation conformes à la loi fédérale sur l'aménagement du territoire, qui impliquaient une réduction des zones à bâtir trop grandes, ainsi que la création de zones agricoles et de zones à protéger.[48] Les nombreuses procédures d'expropriation matérielle que cette révision a provoquées[49] ont été tranchées par les tribunaux civils, conformément à la théorie du contentieux subjectif.[50]

[42] Art. 37 LCAT.
[43] ATF 107 Ia 331 c. 1d; voir aussi ATF 106 Ia 364 qui mentionne dans l'état de fait la seule possibilité du recours au Tribunal fédéral après la procédure d'opposition.
[44] La réglementation était fondée sur l'art. 36 al. 2 LAT, ce procédé ayant été admis par le Tribunal fédéral (ATF 110 Ib 139 c. 3, 109 Ib 193 p. 195, 108 Ib 481 c. 2c).
[45] Même si le département participait à l'examen préalable des plans d'affectation, la procédure était compatible avec l'art. 4 Cst.-1874, car le Conseil d'Etat statuait sans avoir participé à la procédure d'examen préalable et sans être lié par les observations préalables du département (ATF 109 Ia 1 c. 2 p. 3).
[46] Arrêté du 28 janvier 1981 concernant la protection juridique en matière d'opposition au plan d'extension et l'autorisation cantonale requise.
[47] Art. 60 et 61 LATC-1985.
[48] *Eric Brandt,* Les plans d'affectation dans le contentieux administratif vaudois, RDAF 1986 p. 213 ss.
[49] Les demandes d'indemnités pour expropriation matérielle ont atteint un montant global de plus de 200 millions de francs.
[50] L'art. 116 de la loi vaudoise sur l'expropriation du 25 novembre 1974 (LE) précise que l'action en paiement d'une indemnité pour expropriation matérielle est ouverte suivant les règles de l'art. 410 CPC devant le président du tribunal du lieu de situation de l'immeuble, qui est tenu de s'adjoindre deux experts faisant office d'arbitre si la valeur litigieuse dépasse la compétence ordinaire du président.

4. La loi sur la juridiction et la procédure administratives de 1989 (LJPA)

Le projet de loi sur la juridiction et la procédure administratives s'inspire fortement de la conception française de la justice administrative en prévoyant un tribunal spécialisé, indépendant des tribunaux de l'ordre judiciaire, rattaché administrativement à l'ordre exécutif, mais dont l'indépendance de jugement est garantie institutionnellement.[51] Cette séparation d'avec l'ordre judicaire s'expliquait par la nature particulière du droit administratif. Le juge administratif et le juge civil appliquent des règles différentes et orientées vers des buts différents. Le contentieux administratif met toujours en présence des parties dont l'une est nécessairement une autorité. Alors que dans un procès civil, les deux parties en présence sont sur un pied d'égalité, et se laissent guider uniquement par leur intérêt privé, l'autorité administrative doit assurer d'office la juste application du droit. L'objectif de la justice administrative est ainsi de concilier ces différents éléments, de trouver, entre les exigences de l'action de l'administration et les garanties de procédure accordées aux administrés pour faire valoir leurs droits, un équilibre, une voie équitable,[52] ce qui implique le plus souvent un raisonnement juridique lié à la pesée des intérêts en présence.

Cette conception de la justice administrative, telle que présentée dans l'exposé des motifs du Conseil d'Etat, a emporté la conviction non sans avoir soulevé des débats animés.[53] L'indépendance de la juridiction administrative a été consacrée par une modification de la Constitution.[54] La loi sur la juridiction et la procédure administratives a été adoptée le 18 décembre 1989 (LJPA); elle instaure un Tribunal administratif indépendant de l'ordre judiciaire, composé de cinq juges à plein temps et de quatre juges suppléants, élus par le Grand Conseil, et cinquante assesseurs nommés par le Conseil d'Etat.[55]

4.1 L'organisation du Tribunal administratif

En ce qui concerne l'organisation, la loi a prévu que le Conseil d'Etat détermine par un arrêté, sur proposition du tribunal, le personnel nécessaire

---

[51] BGC septembre 1988 p. 1951.
[52] BGC septembre 1988 p. 1964.
[53] BGC septembre 1988 p. 2302 à 2314.
[54] Art. 79bis à 79quinquies Cst.-VD 1885 introduit par votation populaire du 10 juin 1990.
[55] Art. 7 LJPA; les postes des juges suppléants étaient destinés aux présidents des anciennes commissions de recours.

au fonctionnement du tribunal, qui est soumis au statut général de la fonction publique cantonale. Le Tribunal administratif a la compétence d'édicter un règlement pour fixer l'organisation du personnel,[56] et il exerce la surveillance sur les fonctionnaires de son administration.[57] Le tribunal a adopté un règlement organique le 4 décembre 1992[58] qui fixait la répartition du travail en différentes chambres, précisait les compétences respectives de la cour plénière, du président et du secrétaire général, réglait les questions de compétence sur l'administration du personnel et fixait l'organisation du travail des greffiers. Dans un premier temps, le travail des greffiers était organisé sous la forme d'un pool avec un responsable répartissant le travail entre eux. Par la suite, en 1995, l'organisation a été modifiée pour attribuer à chaque juge un collaborateur personnel, organisation qui a donné satisfaction et qui subsiste aujourd'hui.[59]

En ce qui concerne la gestion administrative, le Tribunal administratif rend compte de son administration au Grand Conseil par l'intermédiaire du Conseil d'Etat et lui soumet son budget et ses comptes.[60] Le tribunal n'a pas la possibilité de défendre directement son budget devant le Grand Conseil, et son seul interlocuteur est le gouvernement cantonal, ainsi que les représentants des commissions du Grand Conseil chargés du contrôle de la gestion et des comptes (visites annuelles des sous-commissions de gestion et des finances). L'autonomie à l'égard de l'ordre judiciaire et de l'exécutif cantonal assure l'indépendance du tribunal.

4.2 Les compétences

Le Tribunal administratif connaît de tous les recours formés contre les décisions administratives cantonales ou communales, lorsqu'aucune autre autorité n'est désignée pour en connaître. Les compétences du Conseil d'Etat et des commissions de recours sont réservées dans les cas expressément prévus par la loi. Sont exclus les recours contre les décisions du Grand Conseil, du Conseil d'Etat, du Tribunal cantonal et des commissions de

---

[56] Art. 19 LJPA.
[57] Art. 26 LJPA.
[58] RLV tome 189 (1992) p. 417.
[59] Art. 21 du règlement organique du Tribunal administratif du 4 décembre 1992 remplacé par l'art. 25 du règlement du 18 avril 1997 (voir aussi BGC janvier / février 2003 p. 6601), formule reprise par l'actuel art. 35 du règlement organique du Tribunal cantonal du 13 novembre 2007 (ROTC).
[60] Art. 25 LJPA.

recours, ainsi que les recours contre les décisions des Préfets. Par ailleurs, le concept jurisprudentiel du contentieux subjectif qui s'est dégagé dès 1831 a été confirmé dans la loi précisant que les actions d'ordre patrimonial intentées pour ou contre une collectivité étaient exclues du champ d'application de la loi; il s'agissait notamment des actions en dommages-intérêts, ou encore des contestations d'ordre pécuniaire découlant des rapports de travail.[61]

En fait, le Tribunal administratif a repris l'essentiel du contentieux des commissions de recours et du Conseil d'Etat, ce qui a contribué à structurer l'organisation du tribunal en différentes chambres selon l'origine du contentieux, soit: la chambre de l'aménagement et des constructions (AC), qui reprenait le contentieux de la commission de recours en matière de construction et celui du Conseil d'Etat dans le domaine de la protection de l'environnement; la chambre de la circulation routière (CR), qui a reçu les recours de la commission du même nom; la chambre fiscale (FI), qui connaissait des recours en matière d'impôt et de taxe communale; la chambre des estimations fiscales (EF) pour les contestations relatives à l'estimation fiscale des immeubles; la chambre foncière et agricole (FO) traitant notamment des recours en matière d'acquisition d'immeubles par des personnes à l'étranger, de droit public du logement et de droit foncier rural. Les chambres des améliorations foncières (AF), de la police des étrangers (PE), des prestations sociales (PS), des bourses d'études et d'apprentissage (BO) ont repris les mêmes compétences que celles des commissions de recours auxquelles le tribunal a succédé, ainsi que la chambre des affaires générales (GE), qui reprend pour l'essentiel les attributions du Conseil d'Etat en matière d'autorisations professionnelles, d'enseignement, de signalisation routière et de la fonction publique communale notamment.[62]

4.3 Quelques règles de procédure[63]

Le Tribunal administratif statue en sections formées d'un juge, ou d'un juge suppléant, et de deux assesseurs, choisis pour leur compétence et leur expérience professionnelle dans le domaine à juger.[64] La règle concernant la composition des sections a nécessité la mise en place d'une procédure de coordination. Les questions de principe et les changements de jurisprudence

---

[61] Art. 1 al. 3 LJPA.
[62] Art. 5 à 15 du règlement organique du Tribunal administratif du 4 décembre 1992.
[63] Pour une description détaillée des règles de procédure devant le Tribunal administratif, voir *Etienne Poltier,* La juridiction administrative vaudoise, RDAF 1994 p. 241 ss.
[64] Art. 16 LJPA.

sont discutés entre les juges et les juges suppléants de la même chambre ou entre tous les juges si l'objet concerne plus d'une chambre.[65]

Pour l'effet suspensif, la loi prévoit que le recours ne suspend pas l'exécution de la décision attaquée, sauf décision contraire prise d'office ou sur requête par le magistrat instructeur.[66] La jurisprudence de la section des recours a toutefois admis que l'effet suspensif était en général accordé dans les affaires de construction, afin de préserver l'état de fait existant au moment du dépôt du recours.[67]

La loi instaure aussi un système de recours incident horizontal comparable à celui de l'APRA contre les décisions en matière d'effet suspensif, d'assistance judicaire, et contre les décisions du magistrat instructeur rayant la cause du rôle lorsque le recours est devenu sans objet.[68] Le recours incident est traité par une section des recours formée de trois juges ou juges suppléants, à l'exception du juge ayant instruit la cause.[69] Les demandes de récusation et de révision sont de la compétence de la cour plénière.[70]

En ce qui concerne la qualité pour recourir, la règle de l'APRA limitant le droit de recours à celui qui a un intérêt protégé par la loi applicable a été reprise.[71] Le tribunal a entrepris un travail d'unification de la jurisprudence. Par exemple, la Commission de recours en matière de construction, se fondant sur l'art. 3 al. 1 APRA, étendait le droit de recours à chaque propriétaire d'une commune qui était fondé à faire vérifier si le respect d'une réglementation à laquelle son propre fonds se trouve soumis est imposé également aux autres administrés.[72] Sur la base du même article, le Conseil d'Etat refusait la qualité pour recourir aux propriétaires riverains contre les décisions prises en application de la loi sur les routes pour le motif que cette législation visait des buts d'intérêt public.[73] Mais ces jurisprudences ont été harmonisées.[74]

---

[65] Art. 21 ROTA.
[66] Art. 45 LJPA.
[67] Voir notamment arrêt TA-VD RE 1999.0005 du 16 avril 1999 et les arrêts cités.
[68] Art. 52 LJPA.
[69] Art. 17 LJPA.
[70] Art. 15 al. 2 let. e et f LJPA.
[71] Art. 37 al. 1 LJPA.
[72] *Bersier* (note 37), p. 150 s.
[73] Voir notamment les arrêts CE-VD du 10 mai 1985 R6 614/85, CE-VD du 26 juin 1987 R6 726/86, CE-VD du 7 avril 1982 R9 314/81.
[74] Arrêt TA du 15 janvier 1993 AC 1990.6929, RDAF 1993 p. 214, voir aussi *Poltier* (note 63), p. 258.

5. La modification de la LJPA de 1996

5.1 Le renforcement du tribunal

Lors de l'entrée en fonction du Tribunal administratif, la disposition transitoire prévoyait que toutes les causes pendantes devant le Conseil d'Etat et les commissions de recours étaient transmises en l'état au tribunal.[75] Il en est résulté un stock de plusieurs centaines de dossiers (environ 700), auxquels se sont d'emblée ajoutés les nouveaux recours. Par ailleurs, l'augmentation des facteurs de charge (nouvelles tâches) et un effectif sous-évalué ont amené les autorités à examiner différentes solutions pour remédier à la situation.[76] Finalement, le nombre de juges a été augmenté de deux pour passer de cinq à sept juges à plein temps et le taux d'activité des juges suppléants à mi-temps a été confirmé dans la loi.[77]

5.2 Les règles de procédure

L'augmentation de l'effectif des juges a aussi été l'occasion de procéder à une première révision des dispositions de la LJPA. Il s'agissait tout d'abord de modifier la règle sur la qualité pour recourir afin d'introduire la notion d'intérêt digne de protection, bien connue et développée par la jurisprudence du Tribunal fédéral dans le cadre de l'ancien recours de droit administratif.[78] Comme dans la plupart des recours, les décisions attaquées relevaient du droit fédéral, ou comportaient des éléments de droit fédéral, il résultait de cette modification une certaine forme de simplification.[79] Toujours dans une idée de simplification, les possibilités de déposer un recours incident ont été limitées; le cas du recours incident ouvert contre une décision de classement a été supprimé. Aussi, une nouvelle disposition a été introduite pour rejeter

---

[75] Art. 64 LJPA.
[76] L'idée avait été émise de remplacer les postes de greffiers par un nombre équivalent de postes de juges; cette solution n'avait toutefois pas convaincu; la collaboration de greffiers juristes pouvait apporter de nombreux avantages et constituait aussi une des seules filières de formation pour les magistrats administratifs; il était proposé plutôt d'augmenter le nombre de juges et le nombre de greffiers proportionnellement (BGC février 1996 p. 4480 s.).
[77] Art. 7 al. 1 LJPA, modifié par la loi du 26 février 1996.
[78] La teneur de l'art. 37 al. 1 LJPA a été modifiée de la manière suivante: «Le droit de recours appartient à toute personne physique ou morale qui est atteinte par la décision attaquée et a un intérêt digne de protection à ce qu'elle soit annulée ou modifiée».
[79] BGC février 1996 p. 4487 s.

sans mesure d'instruction les recours manifestement mal fondés ou pour lesquels les recourants n'ont manifestement pas la qualité pour recourir.[80] La révision de 1996 comportait encore d'autres éléments; la compétence de nommer les assesseurs a été transférée du Conseil d'Etat à la cour plénière du tribunal;[81] le système du délai de recours dit «à double détente» de 1991, avec un délai de 10 jours pour déposer une déclaration de recours, et un délai de 20 jours pour le dépôt d'un mémoire motivé, a été remplacé par un délai de recours uniforme de 30 jours.[82] Enfin, les dispositions sur la répartition des frais et dépens ont été modifiées pour permettre l'allocation de dépens aux communes.[83]

5.3 Première tentative de fusion avec le Tribunal cantonal

En septembre 1995, deux juges du Tribunal cantonal, François Jomini et Roland Bersier, ont déposé un rapport comportant de nombreuses propositions impliquant une refonte des dispositions régissant la justice vaudoise au niveau constitutionnel; il s'agissait notamment du remplacement des dix-neuf tribunaux de district par quatre tribunaux d'arrondissement, de la professionnalisation de la justice de paix et aussi de l'intégration du Tribunal administratif au Tribunal cantonal, ainsi que de la séparation du Tribunal des assurances et du Tribunal cantonal. Lors du débat du Grand Conseil sur la révision constitutionnelle nécessaire aux réformes de l'organisation judiciaire, l'indépendance de la juridiction administrative à l'égard du Tribunal cantonal a été maintenue.[84]

---

[80] Art. 35a LJPA introduit par la loi du 26 février 1996, voir aussi BGC février 1996 p. 4486.

[81] BGC février 1996 p. 4509.

[82] Art. 31 LJPA, BGC février 1996 p. 485.

[83] La pratique du tribunal avait rejoint sur ce point la jurisprudence fédérale qui refusait l'octroi de dépens aux communes de plus de 10 000 habitants pour le motif qu'elles pouvaient bénéficier d'un service juridique compétent. Un nouvel alinéa 2a ainsi été ajouté à l'art. 55 LJPA pour préciser que «le tribunal peut mettre à la charge des communes un émolument et leur allouer des dépens».

[84] BGC décembre 1996 p. 5155; l'art. 72 al. 2 révisé de la Constitution vaudoise de 1885 précisait que «Le Tribunal cantonal dirige les autorités judiciaires à l'exception du Tribunal administratif».

6.   La révision de la LJPA de 2002

6.1   Les adaptations

Un nouveau train de modifications a été adopté en 2002; il s'agissait plutôt d'un toilettage, de simples adaptations, et cette révision a aussi été l'occasion de répondre à deux interventions parlementaires proposant différents moyens pour éviter les recours abusifs ou en sanctionner les auteurs et accélérer la procédure dans le domaine de la construction notamment.[85] Les principales modifications portaient sur le nombre des juges assesseurs augmenté de 50 à 60 et l'âge de la retraite des juges suppléants, réduit de 70 ans à 65 ans.[86] La limite de 70 ans a en revanche été maintenue pour la fonction d'assesseur, s'agissant d'une activité exercée souvent par des professionnels en fin de carrière bénéficiant de l'expérience et de la disponibilité nécessaires.

6.2   La publication des arrêts sur internet

Il faut mentionner en décembre 2002, la publication de tous les arrêts du tribunal sur le site internet, connecté à une base de données puissante qui permet de consulter toutes les fiches de jurisprudence établies depuis la création du tribunal en 1991. Tous les arrêts rendus depuis le 1er janvier 2002 et une grande partie des arrêts rendus depuis 1991 sont accessibles en version intégrale. Cette publication présente l'originalité d'être exhaustive.

7.   La révision concernant la procédure de recours en matière de plan d'affectation (2003)

Le contentieux relatif aux plans d'affectation n'avait pas été soumis au Tribunal administratif lors de la constitution du tribunal en 1991. Le système mis en place avait donné satisfaction et permettait de statuer sur les recours en même temps que le Conseil Etat se prononçait sur l'approbation du plan. Mais il ne répondait pas à l'exigence d'un tribunal indépendant au sens de l'art. 6 CEDH.

---

[85]   BGC novembre 2002 p. 4364 à 4374.
[86]   BGC novembre 2002 p. 4377.

7.1 L'adaptation à l'exigence d'un tribunal indépendant (1994–1996)

Pour adapter la procédure de légalisation des plans d'affectation aux exigences de l'art. 6 § 1 CEDH, le Conseil d'Etat a adopté le 9 février 1994 un arrêté urgent en se fondant sur les mesures provisionnelles de l'art. 36 LAT pour modifier la procédure de recours. La compétence de statuer sur les requêtes a été transférée du Conseil d'Etat au département en charge de l'aménagement du territoire, qui statuait avec le libre pouvoir d'examen requis par l'art. 33 al. 3 let. a LAT, et dont la décision pouvait faire l'objet d'un recours au Tribunal administratif qui exerçait un contrôle limité à la légalité; le Conseil d'Etat statuait sur l'approbation du plan à l'issue de la procédure de recours. Cependant, alors que les exigences de protection juridique posées à l'art. 33 LAT sont applicables à tous les plans d'affectation,[87] les exigences d'un tribunal indépendant posées par l'art. 6 § 1 CEDH ne concernent que les contestations qui portent sur des plans touchant des droits et obligations à caractère civil.[88] Elles s'appliquent essentiellement aux plans ayant un caractère «quasi expropriatif» comme les arrêtés de classement en matière de protection de la nature, des monuments et des sites ou les plans dont l'approbation confère au maître de l'ouvrage le droit d'exproprier les terrains nécessaires à la réalisation.[89] L'extension par les mesures provisionnelles urgentes de l'art. 36 LAT de la garantie du tribunal indépendant à toutes les contestations relatives aux plans d'affectation a été jugée admissible.[90] Le Grand Conseil a, par la suite, entériné une telle extension en généralisant le 20 février 1996 la double voie de recours auprès du département en première instance, puis du Tribunal administratif en deuxième et dernière instance cantonale.[91]

---

[87] Voir notamment ATF 111 Ib 9 c. 3.

[88] A cet égard, la jurisprudence de la Cour européenne des droits de l'homme a précisé que le caractère civil des droits et obligations en cause ne pouvait s'interpréter par une simple référence au droit interne de l'Etat. Pour l'admission du caractère civil, il suffisait que l'issue de la procédure en cause soit déterminante sur les droits et obligations de nature privée telle que, par exemple, la révocation d'un permis d'exploiter une gravière (arrêt Cour européenne Fischer c. Autriche du 26 avril 1995 publié au vol. 312, voir en particulier l'avis de la commission en p. 45).

[89] ATF 121 I 34 c. 5c; ATF 120 Ia 27 c. 3a.

[90] Arrêt AC 1994.0057 du 7 septembre 1994, RDAF 1995 p. 78.

[91] Art. 60a LATC-1996

7.2 La suppression de l'instance intermédiaire

La procédure de recours en matière de plan d'affectation adoptée par la loi du 4 mars 2003 supprime l'instance intermédiaire de recours auprès du département pour permettre aux opposants de contester directement auprès du Tribunal administratif la décision d'adoption d'un plan d'affectation communal. Le département approuve définitivement et met en vigueur le plan ou la partie du plan concernée par le recours après l'entrée en force des arrêts du Tribunal administratif sur les éventuels recours des opposants. Le Tribunal administratif doit alors statuer sur les recours avec le libre pouvoir d'examen requis par l'art. 33 al. 3 let. b LAT.[92]

7.3 L'exercice du pouvoir d'examen en opportunité

La charge supplémentaire qui résultait de la suppression de l'instance intermédiaire a été estimée à un poste et demi de juge.[93] Le tribunal a ainsi été amené à examiner en première et dernière instance cantonale les recours contre les plans d'affectation et contre tous les actes assimilés aux plans d'affectation.[94] Par ailleurs, même étendu à un contrôle en opportunité, l'autorité de recours doit se limiter à sa fonction de contrôle.[95] Ainsi, le contrôle s'exerce avec retenue et il ne permet pas de substituer son appréciation à celle de l'autorité de planification, notamment sur les points concernant les intérêts locaux; en revanche, la prise en considération d'intérêts d'ordre supérieur, dont la sauvegarde incombe au canton, peut faire l'objet d'un contrôle strict.[96] Aussi, une partie importante des contestations sur les plans d'affectation relève du contrôle de la légalité, comme la délimitation des zones à bâtir.[97]

---

[92] BGC janvier-février 2003 p. 6570 et 6577.

[93] L'art. 7 LJPA a été modifié pour préciser que le Tribunal administratif est formé de 8 juges et de 5 juges suppléants occupant leur charge à mi-temps.

[94] Sont assimilés aux plans d'affectation réglant le mode d'utilisation du sol, au sens de l'art. 14 al. 1 LAT les plans de route, les plans d'extraction des gravières, les plans des zones S1, S2 et S3 de protection des captages, les décisions de classement en matière de monuments historiques ou de protection de la nature, etc. (voir BGC janvier–février 2003 p. 6582 à 6586).

[95] ATF 114 Ia 245 c. 2b.

[96] ATF 127 II 238 c. 3b/aa.

[97] Arrêt TA-VD AC 2004.0213 du 22 juin 2006.

8. La Constitution vaudoise du 14 avril 2003

Lors de la votation du 7 juin 1998, le peuple vaudois a décidé du principe
d'une révision totale de la Constitution du canton de Vaud de 1885, qu'il
a confié à une assemblée constituante.[98] Après son élection, l'assemblée
constituante s'est organisée en six commissions thématiques composées
chacune de trente constituants. La commission n°5 a été chargée d'établir un
rapport sur le thème «Les trois pouvoirs: législatif, exécutif et judiciaire».

8.1   Les travaux de la Commission thématique n° 5

La commission n° 5 prévoit plusieurs innovations pour l'ordre judiciaire,
notamment la création d'une cour constitutionnelle, la fusion du Tribunal
administratif avec le Tribunal cantonal et, pour l'élection des juges par le
Grand Conseil, une commission de présentation. En ce qui concerne la Cour
constitutionnelle, la commission n° 5 constate que le Tribunal fédéral exerce
déjà les fonctions d'une cour constitutionnelle, mais elle estime judicieux
que ce contrôle s'exerce aussi dans un premier temps au niveau cantonal.
L'idée essentielle est d'assurer une bonne application du droit cantonal par
toutes les autorités, et de confier aussi à cette nouvelle instance le contrôle
de la conformité des initiatives populaires au droit supérieur, ainsi que les
conflits de compétence entre autorités.[99]

La commission prévoit aussi la réunion du Tribunal administratif et du
Tribunal cantonal, dans lequel le Tribunal des assurances était déjà intégré,
mais avec un statut particulier.[100] Il s'agit d'assurer l'unité du pouvoir judiciaire et de permettre aux juges de faire évoluer leur carrière d'un tribunal à
l'autre[101]. La commission a pris note que tant le Tribunal cantonal que le

---

[98] Le Conseil d'Etat a initié la révision après un débat public ouvert en été 1997. Il a
décidé d'utiliser la procédure prévue par l'art. 100 al. 1 de la Constitution vaudoise de
1885 lorsque la révision est demandée par 12 000 citoyens ou par le Grand Conseil.
Cette disposition prévoit que la question est soumise aux assemblées de communes
qui décident si la révision doit avoir lieu et si elle doit être faite par le Grand Conseil
ou une assemblée constituante.

[99] Rapport de la commission n° 5 du 30 juin 2000, p. 27 s.

[100] La loi sur le Tribunal des assurances du 2 décembre 1959 prévoit que les juges des
assurances sont nommés par le Tribunal cantonal, le président du Tribunal des
assurances est juge cantonal et assume la direction administrative (art. 2).

[101] Rapport de la commission (note 99), p. 29; le rapport précise à cet égard: «Cette
unicité renforcerait le pouvoir judiciaire et les décisions du Tribunal administratif

Tribunal administratif étaient opposés à cette réunion.[102] Mais elle a estimé que les objections n'étaient pas déterminantes et la fusion entre les deux instances souhaitable.

En ce qui concerne le mode d'élection des juges, la commission propose de maintenir l'élection par le Grand Conseil, en renonçant à une élection par le peuple, tout en introduisant un préavis d'une commission de présentation. La commission de présentation, désignée par le Grand Conseil, est composée d'experts et de députés et elle est censée examiner en priorité les compétences des candidats, alors que le Grand Conseil veille à ce que le pluralisme politique des membres du tribunal soit respecté.[103]

8.2 Les dispositions constitutionnelles régissant l'ordre judiciaire

Les propositions de la commission n° 5 sont retenues lors du vote de l'assemblée constituante sur le projet final le 17 mai 2002 et le projet est accepté en votation populaire le 22 septembre 2002. Il en ressort les éléments suivants: le Tribunal cantonal, qui est l'autorité judiciaire supérieure du canton,[104] juge les causes que la loi place dans sa compétence et exerce les attributions de l'autorité administrative qui dirige l'ordre judiciaire; il désigne les magistrats ainsi que le personnel de l'ordre judicaire.[105] Les juges et juges suppléants du Tribunal cantonal sont élus par le Grand Conseil sur préavis de la commission de présentation; il était prévu que les assesseurs de la Cour de droit administratif et public soient nommés par le Tribunal cantonal, mais la solution d'une élection par le Grand Conseil a finalement été retenue.[106] Le Tribunal cantonal est autonome en matière d'organisation et de finances, dans le cadre du budget adopté par le Grand Conseil; il soumet sa gestion

---

seraient politiquement moins attaquables. Elle permettrait aux juges de faire évoluer leur carrière entre droit civil et droit administratif».

[102] Le Tribunal cantonal étant chargé de l'administration et de la gestion de l'ensemble de l'ordre judicaire avec lequel le Tribunal administratif n'avait aucun lien, la fusion ne semblait pas répondre à une nécessité du point de vue de l'organisation; aussi, les professions de juges civils et de juges administratifs étaient si différentes qu'il était difficile d'exiger d'un juge civil qu'il connaisse la jurisprudence administrative, sans un long travail de compilation. La commission a levé cette dernière objection en estimant que du point de vue interne, il était possible de séparer les affaires civiles des affaires administratives (Rapport de la Commission [note 99], p. 29).

[103] Rapport de la Commission (note 99), p. 30.

[104] Art. 130 Cst.-VD 2002.

[105] Art. 133 Cst.-VD 2002.

[106] Art. 131 Cst.-VD 2002 et art. 23 LOJV-VD.

et ses comptes au Grand Conseil par l'intermédiaire du Conseil d'Etat.[107] La Constitution prévoit aussi que les juges du Tribunal cantonal peuvent exprimer des avis minoritaires dans les arrêts.[108] La Cour constitutionnelle est une section du Tribunal cantonal qui a la charge de contrôler la conformité des normes cantonales au droit supérieur, de juger en dernière instance les litiges relatifs à l'exercice des droits politiques et de trancher les conflits de compétence entre autorités.[109]

8.3 La mise en œuvre de la constitution

La loi sur la juridiction constitutionnelle a été adoptée le 5 octobre 2004 (LJC). La Cour constitutionnelle est composée de cinq juges et de deux juges suppléants désignés par la Cour plénière du Tribunal cantonal. Elle siège à cinq juges.[110] Elle contrôle sur requête la conformité des actes contenant des règles de droit; il peut s'agir des lois et décrets du Grand Conseil, des règlements du Conseil d'Etat et des directives publiées par un département. Les règlements communaux, contenant des règles de droit et soumis à l'approbation du canton, peuvent aussi faire l'objet d'une requête, comme le refus d'approbation.[111]

La réunion du Tribunal administratif avec le Tribunal cantonal s'est réalisée par une modification de la loi d'organisation judiciaire introduisant la Cour de droit administratif et public (CDAP) comme une des différentes cours du Tribunal cantonal.[112] Elle était effective au 1er janvier 2008. Les compétences du Tribunal administratif n'ont pas été modifiées. En revanche, alors que le Tribunal administratif statuait en sections composées d'un juge et de deux assesseurs, la loi d'organisation judiciaire prévoit que la CDAP est composée de trois magistrats lorsqu'elle statue, dont au moins un juge cantonal; cette formulation ouvre la possibilité de statuer en section de deux juges cantonaux et un assesseur et aussi de trois juges cantonaux. Le nombre des assesseurs a été réduit de 60 à 40.[113] Les juges sont élus pour cinq ans au

---

[107] Art. 132 Cst.-VD 2002.

[108] Art. 134 Cst.-VD 2002.

[109] Art. 136 Cst.-VD 2002.

[110] Art. 2 LJC.

[111] Art. 3 LJC. En revanche, les plans d'affectation communaux ou cantonaux, ainsi que leur règlement et les actes assimilés, sont exclus du contrôle (art. 4 LJC).

[112] Art. 67 al. 1 let. k de la loi d'organisation judiciaire du 12 décembre 1979 (LOJV-VD).

[113] Art. 68 al. 3 LOJV-VD.

début de la législature sur la base d'un préavis de la Commission de présentation, préavis qui est aussi requis en cas de réélection.[114] Le Grand Conseil détermine au début de chaque législature le nombre de juges occupant leurs fonctions à temps complet et à temps partiel (au minimum à mi-temps).[115]. La Cour de droit administratif est ainsi composée de huit juges à plein temps, d'un juge à 80 %, de quatre juges à 70 % et d'un juge à 50 %. Elle est divisée en trois sections: la première Cour de droit administratif et public (CDAP I) est chargée des affaires de construction et de protection de l'environnement (AC), ainsi que des affaires foncières (FO) et d'améliorations foncières (AF). La seconde Cour (CDAP II) traite les affaires fiscales (FI), celles concernant l'estimation fiscale (EF) et les marchés publics (MP). L'ensemble des autres affaires, notamment celles de police des étrangers (PE), de circulation routière (CR), ainsi que les affaires générales (GE), sont attribuées à la troisième Cour (CDAP III).[116]

La CDAP siège à trois juges lorsqu'elle est appelée à trancher des questions juridiques complexes et elle siège à deux juges et un assesseur, ou un juge et deux assesseurs, dans les autres cas, le choix entre ces deux types de composition tenant compte de la nécessité de compétences techniques ou du degré de complexité des questions juridiques à trancher.[117] La procédure de coordination a été maintenue pour les questions de principe et les changements de jurisprudence.[118] Cette procédure a, par exemple, été utilisée pour décider si le tribunal avait la compétence de réformer un licenciement pour justes motifs avec effet immédiat en licenciement ordinaire,[119] ou pour savoir si les nouvelles dispositions de l'art. 24 al. 1bis LAT permettaient l'aménagement d'une aire de détente pour chevaux en zone agricole pour le propriétaire non exploitant.[120]

---

[114] Art. 154 de la loi sur le Grand Conseil du 8 mai 2007 (LGC).
[115] Art. 68 al. 1 LOJV-VD.
[116] Art. 27 à 29 du règlement organique du Tribunal cantonal du 13 novembre 2007 (ROTC).
[117] Art. 33 ROTC.
[118] Art. 34 ROTC.
[119] Arrêt CDAP GE 2008.0239 du 17 décembre 2009.
[120] Arrêt CDAP AC 2007.0257 du 8 mai 2009.

9. La loi sur la procédure administrative du 28 octobre 2008 (LPA-VD)

Le Grand Conseil a adopté le 28 octobre 2008 une nouvelle loi sur la procédure administrative (LPA-VD) entrée en vigueur le 1er janvier 2009. L'ancienne loi sur la juridiction et la procédure administratives de 1989 ne réglementait que la procédure devant l'autorité de recours. La nouvelle loi apporte une innovation importante en posant les règles générales de procédure applicables devant l'administration et elle comble ainsi une lacune du droit vaudois. La loi régit aussi le contentieux des assurances sociales[121] et le Tribunal des assurances a été intégré dans le Tribunal cantonal sous la forme de la Cour des assurances sociales (CASSO), dont les juges sont élus par le Grand Conseil.[122]

La nouvelle procédure étend les compétences juridictionnelles de la CDAP aux décisions qui étaient soustraites au droit de recours par les lois spéciales, comme par exemple la notification des acomptes en matière fiscale et les décisions en matière scolaire (enclassement notamment). Elle introduit aussi une procédure de réclamation pour les bourses d'étude et les retraits de permis de conduire notamment. La nouvelle loi introduit aussi l'action de droit administratif qui n'est ouverte devant la juridiction administrative que si une loi spéciale le prévoit. Ainsi, le principe visant à confier aux tribunaux civils le soin de trancher les litiges relevant du contentieux subjectif n'est pas fondamentalement remis en cause. La nouvelle LPA-VD n'apporte toutefois pas de changements notables à l'instruction des recours devant la CDAP. La règle sur l'effet suspensif a été modifiée pour attribuer directement l'effet suspensif au recours, l'administration ou le tribunal pouvant d'office ou sur requête lever l'effet suspensif si un intérêt public prépondérant le commande.[123] On peut aussi relever l'introduction de féries qui n'étaient pas prévues par l'ancienne LJPA.[124] La réglementation de l'assis-

---

[121] Art. 110 à 116 LPA-VD.
[122] Art. 67 al. 1 let. m LOJV-VD.
[123] Art. 80 LPA-VD. Les associations professionnelles d'architectes et d'ingénieurs avaient contesté cette norme par le dépôt d'un recours devant la Cour constitutionnelle pour le motif que seul l'intérêt public pouvait justifier le retrait de l'effet suspensif. La requête a été rejetée par l'arrêt CCST 2008.0013 du 14 juillet 2009. Il faut encore relever que la décision de retrait ou de restitution de l'effet suspensif dépend d'une pesée d'intérêts dont l'intérêt privé du propriétaire, de niveau constitutionnel (art. 26 Cst.), ne peut de toute manière être ignoré.
[124] Art. 96 LPA-VD.

tance judiciaire a également été modifiée pour donner au Bureau de l'assistance judiciaire la compétence de statuer sur les demandes, alors que cette compétence était attribuée au juge.[125]

10. Conclusions

La perspective historique montre le combat mené pendant près d'un siècle dans le canton de Vaud pour la mise en place d'une juridiction administrative. Ces difficultés ont trouvé leur origine dans le transfert des compétences du Tribunal du contentieux de l'administration à la Cour d'Appel en 1831, laquelle s'est montrée peu à l'aise pour juger des affaires relevant du contentieux objectif; ce type d'affaires restait ainsi sans autorité de recours, ce qui a provoqué la mise en place d'un système bigarré dans lequel le législateur a recherché pour chaque domaine sa propre solution. Les débats menés aux différentes époques montrent les enjeux entre les partisans d'un tribunal de l'administration indépendant de la justice civile et ceux d'un tribunal intégré dans l'ordre judiciaire.[126]. Il est intéressant de voir que le premier tribunal administratif de 1803 a été abandonné en 1831 au profit de la Cour d'Appel à la suite d'une révision totale de la Constitution cantonale issue d'une Assemblée constituante,[127] et que le second tribunal administratif de 1991 a été réuni à l'ordre judiciaire en 2008, aussi à la suite d'une révision totale de la constitution en 2002, issue d'une Assemblée constituante.

Le Constituant vaudois de même que le législateur ont recherché avec la fusion du Tribunal administratif et du Tribunal cantonal la solution qui paraissait la meilleure pour rendre une justice de qualité, respectueuse du justiciable et de l'autorité; à cet égard, le Grand Conseil a donné les moyens nécessaires à la bonne exécution de cette mission, et l'intérêt que le législateur porte au tribunal pour assurer les conditions d'une bonne administration de la justice en matière de droit public, notamment, mérite d'être relevé.

---

[125] Art. 18 LPA-VD et art. 40 LJPA.

[126] Pour une controverse toujours actuelle sur ce point, voir *Jean-Claude de Haller,* Les institutions judiciaires, dans: La Constitution vaudoise du 14 avril 2003, éd. par Pierre Moor, Berne 2004, p. 277.

[127] Recueil des lois, décrets et autres actes du gouvernement du Canton de Vaud 1831, p. 49.

Annexe

L'étude du professeur Roger Secrétan sur le Tribunal administratif vaudois de 1803 à 1831 publiée en 1932 dans la RDS est le résultat de recherches historiques approfondies qui méritent d'être mentionnées:

L'auteur relève que la question du rattachement de la juridiction administrative avait fait en Suisse l'objet de débats d'un vif intérêt pendant tout le 19ème siècle. La théorie de *l'unité de juridiction,* tendant à ce que les litiges sur les actes administratifs soient jugés par les tribunaux ordinaires, s'opposait à la théorie de *la séparation des autorités,* qui était une interprétation particulière et spécifiquement française de la séparation des pouvoirs; selon cette théorie, le pouvoir judiciaire ne devait pas toucher au domaine de l'administration. L'auteur retrace à l'époque de la révolution française les débats devant l'Assemblée constituante qui ont abouti à l'adoption de la théorie de la séparation des autorités, formulée dans un premier temps de la manière suivante:

> «Les fonctions judiciaires sont distinctes et demeureront toujours séparées des fonctions administratives. Les juges ne pourront, à peine de forfaiture, troubler de quelque manière que ce soit les opérations des corps administratifs, ni citer devant eux les administrateurs pour raison de leur fonction» (Décret des 16/24 août 1790 titre II art. 13).

L'auteur retrouve les origines historiques d'une telle conception dans les luttes qui avaient opposé en France aux 17ème et 18ème siècles les intendants (agents du Roi dans les provinces) et les Parlements, qui étaient des cours de justice dotées d'attributions législatives et administratives (la force obligatoire des édits royaux était subordonnée à leur enregistrement par les Parlements qui ne se faisaient pas faute de les refuser); or les Parlements avaient pris une attitude d'opposition systématique aux tentatives de réformes administratives et financières des ministres de Louis XVI. L'auteur montre aussi comment cette théorie avait été jugée compatible avec le principe de séparation des pouvoirs de Montesquieu, qui n'attribuait à l'ordre judiciaire que les fonctions de la juridiction civile et pénale.

L'administration de la jeune république française avait alors pris en charge l'organisation du contentieux des actes administratifs, confiée par la suite au Conseil d'Etat par Bonaparte (1799).

L'auteur révèle que les tribunaux du contentieux de l'administration dans l'acte de médiation en 1803 étaient à l'origine une idée vaudoise, qui s'est finalement imposée aux nouveaux cantons (St-Gall, Argovie, Thurgovie, Tessin et Vaud, à l'exception des Grisons). En revanche, le principe de la séparation des autorités selon lequel le pouvoir exécutif tranche seul les litiges de l'administration était formellement exprimé dans les constitutions des cantons de Bâle, Berne, Fribourg, Schaffhouse, Soleure et Zürich.

Ainsi, le système des tribunaux du contentieux de l'administration, bien qu'inspiré de la conception française du Conseil d'Etat par la présence d'un membre de l'exécutif, s'en écartait aussi en faisant participer les juges civils de la Cour d'Appel. Mais l'auteur s'interroge également sur les raisons pour lesquelles les tribunaux administratifs mis en place en France par le Conseil d'Etat n'avaient pas inspiré les hommes d'Etat en Suisse pendant la période de 1800 à 1803.

L'auteur décrit la procédure applicable devant le Tribunal vaudois du contentieux (audiences publiques, jugement sur pièces sauf si audience nécessaire, temps de plaidoirie des avocats limité à une heure au plus et motivation des arrêts uniquement dans le cas où le tribunal l'estime nécessaire) et il retrace ensuite l'activité du tribunal pendant la première période de 1803 à 1814 (188 audiences et 413 jugements).

En 1814, les nouveaux cantons abandonnèrent le tribunal du contentieux de l'administration pour revenir au système de l'administrateur juge à l'exception de Soleure et de Vaud, mais à Soleure le tribunal statuait sous réserve d'un recours possible au Petit Conseil. L'auteur décrit avec précision la période de crise de 1814 et l'influence des puissances alliées, en particulier, l'obligation de soumettre les nouvelles constitutions cantonales à l'approbation des ministres d'Autriche et de Russie auprès de la Diète de Zürich. Le Grand Conseil vaudois avait adopté le 5 mars 1814 un projet de constitution prévoyant à son art. 14 «un tribunal composé de sept membres du Tribunal d'Appel, prononçait sur le contentieux de l'administration». Mais cette disposition supprimant la participation du représentant de l'exécutif n'a été pas approuvée par les représentants de l'Autriche et de la Russie. Et les négociations engagées sur ce texte aboutirent de justesse au maintien du tribunal du contentieux de l'administration selon le modèle de 1803.

L'auteur retrace la reprise de l'activité du tribunal après la période de crise de 1814 et il décrit le type de contentieux soumis à la juridiction administrative en reprenant les statistiques de la période de 1814 à 1831. Il constate que les causes diminuent au point de ne pas dépasser 2 à 6 par an et que la tentative du Conseil d'Etat en 1919 d'élargir les compétences du tribunal au détriment de celles qui demeuraient au Conseil d'Etat n'avait pas abouti devant le Grand Conseil.

L'auteur reprend enfin les arguments invoqués lors des débats sur la Constitution de 1831 pour la suppression du tribunal du contentieux de l'administration et qui tenaient surtout à la participation du représentant de l'exécutif. En adoptant la Constitution du 25 mai 1831, l'Assemblée ne faisait finalement que reprendre l'idée votée en mars 1814, pour un tribunal du contentieux de l'administration sans la participation du représentant de l'autorité exécutive.

Aufgabe und Rolle der verwaltungsinternen Justiz nach Inkrafttreten der Rechtsweggarantie

Christoph Auer / Ueli Friederich

Inhaltsverzeichnis

1. Ausgangslage

Die mit der Verfassungsrevision vom 12. März 2000 eingeleitete Justizreform hat die Bedeutung der verwaltungsinternen Rechtspflege in ein neues Licht gerückt. Auf Bundesebene wurde die Rechtspflege des Bundesrates auf wenige Rechtsgebiete reduziert. Die Beschwerdedienste der Departemente wurden praktisch ganz abgeschafft. An ihrer Stelle beurteilt – von ganz wenigen Ausnahmen abgesehen – das Bundesverwaltungsgericht als erste ordentliche Rechtsmittelinstanz Verfügungen der Bundesbehörden. Auf kantonaler Ebene verpflichten die Rechtsweggarantie und das Bundesgerichtsgesetz die Kantone dazu, die letztinstanzliche Beurteilung von öffentlich-rechtlichen Streitigkeiten in praktisch allen Fällen einem oberen Gericht zuzuweisen. Nur wo es um die Überprüfung eines Entscheids mit «vorwiegend politischem Charakter» geht, kann anstelle eines Gerichts eine andere Behörde als unmittelbare Vorinstanz des Bundesgerichts eingesetzt werden. Die Rechtspflegeaufgaben der Kantonsregierungen sind damit deutlich zurückgegangen. So hat die bernische Regierung seit dem 1. Januar 2009 – an diesem Tag ist die neue Rechtsmittelordnung für den Kanton Bern in Kraft getreten – nur noch etwa ein Dutzend Beschwerden zu beurteilen gehabt, währenddem sie früher jährlich rund 70 Beschwerdeverfahren zu erledigen hatte.

Die verwaltungsinterne Rechtspflege war und ist in den meisten Fällen eine *Ergänzung* zum verwaltungsgerichtlichen Rechtsschutz. Sie wurde jedoch bisher stets auch als *Alternative* dazu verstanden. So lautete eine der zentralen Fragen, mit der sich die kantonalen Gesetzgeber regelmässig konfrontiert sahen, ob das letzte Wort in einer bestimmten Materie von einer Verwaltungsbehörde oder von einer richterlichen Behörde gesprochen werden sollte. Je nach Beantwortung der Frage war in den Verwaltungsrechtspflegeordnungen die Zuständigkeit des Verwaltungsgerichts vorzusehen oder eine Ausnahme von der Zulässigkeit der Verwaltungsgerichtsbeschwerde zu statuieren.

Diese Frage stellt sich so nicht mehr. Die verwaltungsinterne Rechtspflege hat als echte Alternative zum verwaltungsgerichtlichen Rechtsschutz ausgedient. Der Raum für Ausnahmen von der Rechtsweggarantie («vorwiegend politischer Charakter») ist so klein, dass nur Platz ist für vereinzelte regierungsrätliche Zuständigkeiten in oftmals exotischen Rechtsgebieten.[1] Bei den «normalen» Verwaltungsstreitigkeiten muss der Rechtsweg heute stets an ein oberes kantonales Gericht führen. Betrachtungen über den Wert und die Besonderheiten der den verwaltungsinternen Justizbehörden verbleibenden letztinstanzlichen Rechtspflegeaufgaben lohnen sich daher kaum. Die Fälle sind zu selten und zu singulär, als dass sich aus ihrer Analyse wesentliche Erkenntnisse ableiten liessen. Bedeutsam ist die verwaltungsinterne Rechtspflege dagegen nach wie vor in ihrer Funktion als *Ergänzung* zum verwaltungsgerichtlichen Rechtsschutz.[2] Zu dieser Funktion hat sich der bernische Gesetzgeber anlässlich der VRPG-Revision vom 10. April 2008 erneut klar bekannt: Die bernische Verwaltungsrechtspflegeordnung basiert auch in ihrer heutigen Form auf dem System eines doppelten Instanzenzugs, bei dem die erste Beschwerdeinstanz eine verwaltungsinterne Behörde und die zweite und letzte Instanz ein oberes Gericht ist.[3] Die grosse Mehrheit der im Kanton Bern gefällten Beschwerdeentscheide stammt daher auch in Zukunft von einer verwaltungsinternen Justizbehörde, vorab von den Direktionen sowie den Regierungsstatthalterinnen und Regierungsstatthaltern. Schon dies allein wäre Anlass genug, sich Gedanken über die Aufgabe und Rolle der verwaltungsinternen Justiz zu machen.

Eine Auseinandersetzung mit dem Thema ist aber vor allem deshalb angezeigt, weil die verwaltungsinterne Rechtspflege immer wieder punktuellen Angriffen ausgesetzt ist oder gar integral in Frage gestellt wird. So finden sich in letzter Zeit vermehrt bundesrechtliche Rechtsschutzvorgaben, welche die direkte Anfechtbarkeit der erstinstanzlichen Verfügung bei einem oberen Gericht vorschreiben.[4] In seiner Vernehmlassung zur VRPG-Revi-

---

[1]   Der bernische Gesetzgeber hat die Zulässigkeit einer Ausnahme vom verwaltungsgerichtlichen Rechtsschutz etwa bejaht bei der ersatzweisen Festlegung der kommunalen Steueranlage durch den Regierungsrat oder bei der Bezeichnung von Standorten für Einrichtungen und Institutionen sowie von Versorgungs-, Planungs- und Förderungsgebieten (Art. 76 und 77 GG; Art 77 Bst. d VRPG).

[2]   Vgl. auch *Marcel Bolz,* Die verwaltungsinterne Rechtspflege – Bedeutung und Funktion im heutigen Umfeld, in: Festschrift 100 Jahre Aargauischer Anwaltsverband, Zürich 2005, S. 83 ff., S. 89.

[3]   Vortrag des Regierungsrates vom 19. Dezember 2007 betreffend die Änderung des Gesetzes über die Verwaltungsrechtspflege (Vortrag VRPG-Revision), Tagblatt des Grossen Rates 2008, Beilage 11, S. 4.

[4]   So zum Beispiel Art. 165 Abs. 2 der Handelsregisterverordnung vom 17.10.2007 (HRegV; SR 221.411), wonach jeder Kanton ein oberes Gericht als einzige Beschwerdeinstanz bezeichnet.

sion von 2008 forderte der Bernische Anwaltsverband gar die vollständige Abschaffung des verwaltungsinternen Beschwerdeverfahrens. Dieses sei für die Betroffenen und den Kanton unnötig teuer und es dauere übermässig lang. In der Zivil- und Strafrechtspflege genügten dem Kanton Bern heute auch zwei Instanzen beziehungsweise ein Rechtsmittel.

Dass diese Forderung nicht aus der Luft gegriffen ist, zeigen entsprechende Entwicklungen in anderen Kantonen. Klar gegen die verwaltungsinterne Rechtspflege ausgesprochen hat sich in jüngster Zeit der Kanton Luzern, der in den wichtigen Bereichen des Bau-, Planungs- und Umweltrechts den verwaltungsinternen Rechtsschutz sukzessive ganz abgeschafft und die direkte Anfechtbarkeit der verwaltungsbehördlichen Verfügungen beim Verwaltungsgericht eingeführt hat.[5] Begründet wurde diese Änderung mit der Notwendigkeit einer Verfahrensbeschleunigung.[6] Auch der Kanton Waadt kennt seit längerem ein Rechtspflegesystem ohne verwaltungsinternen Rechtsschutz. Andere Kantone wie Zürich oder Basel-Landschaft kennen auf dem Gebiet des Bau- und Planungsrechts an Stelle von verwaltungsinternen Beschwerdediensten verwaltungsunabhängige Rekurskommissionen, die als erste – aber nicht als letzte – Instanzen im Kanton entscheiden. In den meisten Kantonen gilt aber nach wie vor ein zweistufiges Rechtsmittelsystem, bei dem als erste Beschwerdeinstanz eine verwaltungs*interne* Behörde entscheidet.

Die Abschaffung oder zumindest Einschränkung der verwaltungsinternen Rechtspflege ist nicht nur in der Schweiz ein Thema. Auch in unseren Nachbarstaaten wird seit längerem eine Diskussion über die Vor- und Nachteile des verwaltungsinternen Beschwerdeverfahrens geführt.[7] In Deutschland sind die Bundesländer seit dem Jahre 1997 ermächtigt, das dem gerichtlichen Rechtsschutz vorgeschaltete Widerspruchsverfahren («Vorverfahren»)

---

[5] Den Grundstein zu diesem neuen Rechtsmittelsystem legte die Teilrevision des VRG-LU vom 13.3.1995; bestätigt und ausgedehnt wurde es in der Folge durch die Revisionen des Planungs- und Baugesetzes vom 8.5.2001 und vom 19.1.2004 (vgl. zur Letzteren die Erläuterungen in der Botschaft B23 des Regierungsrates an den Grossen Rat vom 23.9.2003, einsehbar unter www.lu.ch, Rubriken «Behörden/Verwaltung» / «Kantonsrat» / «Geschäfte» / «Botschaften»); kritisch zum Luzerner Rechtsmittelsystem mit weiterführenden Hinweisen *Arnold Marti*, Aktueller Stand und neue Fragen in der schweizerischen Verwaltungsrechtspflege, ZBl 2009 S. 405 ff., S. 409.

[6] *Marti* (Anm. 5), S. 409.

[7] Einen Überblick über den Stand der Diskussionen in Deutschland, Frankreich, Grossbritannien und der Europäischen Union vermitteln *Gernot Sydow / Stephan Neidhardt*, Verwaltungsinterner Rechtsschutz. Möglichkeiten und Grenzen in rechtsvergleichender Perspektive, Baden-Baden 2007.

ganz oder teilweise abzuschaffen.[8] Die Bundesländer haben davon in zahlreichen Spezialgesetzen Gebrauch gemacht.[9] Erwähnenswert sind vor allem die Reformen von Bayern: Nachdem das Bundesland gestützt auf das Gutachten einer Deregulierungskommission zum Schluss gekommen war, das Widerspruchsverfahren sei ein «bürokratisches Hemmnis», wurde es im Regierungsbezirk Mittelfranken im Sinne einer Probelösung für drei Jahre ausgesetzt.[10] Während dieser Zeit wurden umfangreiche Abklärungen über die Vor- und Nachteile des Verfahrens durchgeführt. Gestützt darauf entschied sich der bayerische Gesetzgeber für eine differenzierte Lösung: Das Widerspruchsverfahren wurde nicht vollständig abgeschafft, aber in vielen Rechtsbereichen fakultativ ausgestaltet. Der Betroffene hat nun in diesen Fällen die Wahl, ob er sich vor der Klageerhebung an die Verwaltungsbehörde wenden oder sofort «Sprungklage» erheben will.[11] Beibehalten wurde das Widerspruchsverfahren dagegen dort, wo es in der Vergangenheit vergleichsweise oft zu Korrekturen an der Ausgangsverfügung führte.[12]

2. Kritik am verwaltungsinternen Beschwerdeverfahren

Die hauptsächliche Kritik an der verwaltungsinternen Justiz geht dahin, dass sie zu Verzögerungen und zusätzlichen Kosten führt, wobei Kosten in zweierlei Hinsicht anfallen: Verteuert wird zum einen der Rechtsschutz an sich durch potenziell zusätzliche Aufwendungen der Bürgerinnen und Bürger für ihre Rechtsverfolgung und zusätzliche Kosten der Gemeinwesen für die Bereitstellung der Rechtspflegebehörden. Zum anderen kann ein Mehraufwand dadurch entstehen, dass Projekte während längerer Zeit nicht verwirklicht werden, weil über ihre rechtliche Absicherung in Form von Bewilligungen oder Plänen gestritten wird. Diese zusätzlichen Kosten werden als negativ empfunden, da ihnen aus Sicht der Kritik kein adäquater Mehrwert gegenübersteht. Der durch die verwaltungsinterne Rechtspflege gewährte Rechts-

---

[8] § 68 Abs. 1 der Verwaltungsgerichtsordnung vom 21. Januar1960 (VwGO) in seiner Fassung gemäss dem 6. VwGOÄndG vom 1. November 1996.

[9] *Sydow / Neidhardt* (Anm. 7), S. 39.

[10] BayLT-Dr.15/7252, S. 8.

[11] Erläuterungen der Bayerischen Staatsregierung zu Art. 15 des Gesetzes zur Ausführung der Verwaltungsgerichtsordnung, in: BayLT-Dr.15/7252, S. 7 f.

[12] Weitere Hinweise zur Situation in Deutschland, namentlich auch zum Verfahren vor den direkt (ohne vorgängiges Widerspruchsverfahren) befassten Verwaltungsgerichten, finden sich bei *Marti* (Anm. 5), S. 411.

schutz wird deshalb als unzureichend erachtet. Zur Begründung wird in erster Linie angeführt, dass die entscheidenden Behörden aufgrund ihrer hierarchischen Einbindung zu wenig unabhängig sind («Richter in eigener Sache») und dass das Gefühl der Verbundenheit innerhalb der Verwaltung («Korpsgeist») eine übersteigerte Schonung und Rücksichtnahme zur Folge habe.[13] Allfällige positive Wirkungen der verwaltungsinternen Rechtspflege werden dagegen oftmals nicht diskutiert oder es wird ihnen kein Wert beigemessen, der das ausgemachte Missverhältnis entscheidend verändern würde.

3. Funktionen der Verwaltungsjustiz im Allgemeinen und der verwaltungsinternen Rechtspflege im Besonderen

3.1 Funktionen der Verwaltungsjustiz im Allgemeinen

Die Verwaltungsrechtspflege hat verschiedene Funktionen. Zunächst dient sie dem Schutz der Bürgerinnen und Bürger und ihrer Rechte gegenüber dem Staat und – in einem Mehrparteienverfahren – gegenüber anderen Privaten. Sodann bezweckt sie die Durchsetzung des zwingenden öffentlichen Rechts und die Verwirklichung der im materiellen Verwaltungsrecht kodifizierten öffentlichen Interessen. Schliesslich dient sie der Weiterentwicklung und Fortbildung des Rechts.[14] Diese «klassischen» Funktionen der Verwaltungsrechtspflege zeichnen sowohl die verwaltungsinterne als auch die verwaltungsexterne (gerichtliche) Rechtspflege aus. Die Schwerpunkte sind jedoch unterschiedlich. So ist die Weiterentwicklung und Fortbildung des Rechts, d.h. die Schaffung von «Richterrecht», vor allem Aufgabe der letztinstanzlichen Gerichte, d.h. vornehmlich des Bundesgerichts und – mit Bezug auf das kantonale Recht und Bundesrechtsbereiche, die höchstrichterlichem Rechtsschutz nur beschränkt zugänglich sind, – der kantonalen Verwaltungsgerichte. Diese Instanzen haben in der Rechtsanwendung das letzte Wort, was Voraussetzung dafür ist, dass ihren Auslegungsergebnissen

---

[13] *Alfred Kölz / Jürg Bosshart / Martin Röhl,* Kommentar zum Verwaltungsrechtspflegegesetz des Kantons Zürich, 2. Aufl. Zürich 1999, Vorbemerkungen zu §§ 19–28 N. 89; vgl. auch die Hinweise bei *Heinz Pfleghard,* Regierung als Rechtsmittelinstanz, Diss. Zürich 1984, S. 236 f., und *Andreas Kley-Struller,* Der richterliche Rechtsschutz gegen die öffentliche Verwaltung, Zürich 1995, § 2 N. 11.

[14] *René Rhinow / Heinrich Koller / Christina Kiss,* Öffentliches Prozessrecht und Justizverfassungsrecht des Bundes, Basel 1996, N. 650 ff.

die nötige Verbindlichkeit für zukünftige Fälle zukommt. Dementsprechend werden Beschwerdeentscheide der verwaltungsinternen Justizbehörden nur vereinzelt publiziert.[15] Dagegen sind die Gewährung von Rechtsschutz und damit zusammenhängend die Verwirklichung des materiellen Rechts im Einzelfall auch Aufgaben der verwaltungs*internen* Justiz.[16]

3.2 Spezifische Funktionen der verwaltungsinternen Rechtspflege im Besonderen

Nebst den herkömmlichen Justizfunktionen hat die verwaltungsinterne Rechtspflege noch weitere Begleitfunktionen, die sie auszeichnen und von der Gerichtsjustiz abheben. Zunächst dient sie der Entlastung der Verwaltungsgerichtsbarkeit, da bei einem Rechtsmittelsystem wie dem bernischen der grösste Teil der Streitigkeiten erledigt wird, bevor bzw. ohne dass das Verwaltungsgericht mit der Angelegenheit befasst wird («Filterfunktion»). Wo die Angelegenheit dennoch an das Verwaltungsgericht weitergezogen wird, wirkt die vorgängige Überprüfung durch die erste Beschwerdeinstanz

---

[15] Eine Ausnahme macht im Kanton Bern die Bau-, Verkehrs- und Energiedirektion (BVE), welche ihre wichtigsten Entscheide mit zweisprachigen Regesten versieht und im Internet publiziert (einsehbar unter www.bve.be.ch, Rubriken «Gesetzgebung und Rechtsprechung» / «Rechtsamt» / «Entscheide»). Ebenfalls im Internet publiziert sind die mit zweisprachigen Leitsätzen versehenen Entscheide der JGK auf dem Gebiet des Grundbuchrechts (einsehbar unter www.jgk.be.ch, Rubriken «Grundbuchämter» / «Entscheide»).

[16] Dass die Fortentwicklung des Rechts in erster Linie den Gerichten und nicht den verwaltungsinternen Justizbehörden übertragen ist, zeigt sich auch etwa daran, dass hierarchisch eingebundene Verwaltungsbehörden nur sehr zurückhaltend akzessorische Normkontrollen vornehmen. Wohl sind im Kanton Bern grundsätzlich sämtliche kantonalen Rechtspflegebehörden verpflichtet, die Vereinbarkeit der einschlägigen Rechtsnormen mit dem übergeordneten Recht zu prüfen und ihnen gestützt darauf gegebenenfalls die Anwendung zu versagen (Art. 66 Abs. 3 KV; *Walter Kälin / Urs Bolz*, Handbuch des bernischen Verfassungsrechts, Bern 1995, Art. 66 N. 8a; BVR 2008 S. 284 E. 5.2). In der Realität kommt es jedoch aus naheliegenden Gründen kaum vor, dass eine Direktion oder eine Regierungsstatthalterin die Verordnung des ihr übergeordneten Regierungsrates für rechtswidrig erklärt. Solche Entscheide werden, falls die Rechtslage nicht klar und eindeutig ist, dem im Instanzenzug nachfolgenden Gericht überlassen. Es ist denn auch fraglich, ob bei einer akzessorischen Normkontrolle durch eine untere Verwaltungsbeschwerdeinstanz die erforderliche Wirksamkeit des Rechtsmittels (Art. 13 EMRK) gegeben wäre (verneinend *Isabelle Häner*, Kommentar zur Zürcher Kantonsverfassung, hrsg. v. Isabelle Häner et al., Zürich 2007, Art. 77 N. 10).

unterstützend für das Gericht, da der Sachverhalt, auf dem die ursprüngliche Verfügung basiert, bereits ein erstes Mal überprüft und gegebenenfalls ergänzt oder berichtigt wurde. Zudem haben auch eine erste Eingrenzung und Erörterung der Rechtsfragen stattgefunden, was die Arbeit des Gerichts erleichtern kann («Unterstützungsfunktion»). Sodann fördert die verwaltungsinterne Rechtspflege die Selbstkontrolle und die Kompetenzen der Verwaltung, indem sie ihr das für die Gesetzgebung und den Vollzug erforderliche Know-how vermittelt und erhält («Wissensvermittlungsfunktion»). Schliesslich eröffnet sie der Verwaltungsspitze einen Weg, ihren Führungs- und Aufsichtspflichten gegenüber den hierarchisch untergeordneten Verwaltungseinheiten nachzukommen und steuernd oder korrigierend auf den Vollzug des öffentlichen Rechts einzuwirken («Aufsichtsfunktion»).

3.3 Bedeutung der Funktionen und ihres Verhältnisses zueinander im Hinblick auf eine Würdigung der verwaltungsinternen Rechtspflege

Die soeben erörterten Sekundärfunktionen der verwaltungsinternen Rechtspflege sind kein Selbstzweck. Sie können daher eine klar unzureichende Erfüllung der primären Justizaufgaben durch die internen Rechtspflegeinstanzen nicht aufwiegen. Es kann jedoch davon ausgegangen werden, dass die verwaltungsinterne Rechtspflege in Bezug auf ihre Hauptaufgaben – Gewährung von Rechtsschutz und Streiterledigung – trotz gewisser berechtigter Vorbehalte nicht völlig wertlos ist. Viele Beschwerdeverfahren werden von den Verwaltungsbehörden zur Zufriedenheit der Rechtsuchenden erledigt. Ein grosser Teil endet zwar nicht in ihrem Sinne, bewirkt jedoch immerhin, dass sie sich mit dem Ergebnis der Überprüfung abfinden und auf einen Weiterzug verzichten. Hinter einem solchen Entschluss mag nicht immer nur Einsicht in die Richtigkeit des Rechtsmittelentscheids stehen; auch finanzielle oder zeitliche Zwänge sind oftmals Gründe für einen Rechtsmittelverzicht. Die relativ tiefe Weiterzugsquote[17] ist aber doch ein Ausdruck davon, dass die Beschwerdeentscheide der Verwaltung auf eine gewisse Akzeptanz stossen. Dies wiederum belegt, dass auch verwaltungshierarchisch eingebundene Beschwerdeinstanzen einen Beitrag zum Schutz und zur Befriedung der Parteien leisten.

Aus dieser Erkenntnis folgt, dass sich eine Würdigung der verwaltungsinternen Rechtspflege nicht auf das Bewerten ihrer Rechtsschutz- und Streitschlichtungskompetenzen beschränken darf. Eine solche Betrachtung griffe

---

[17] Dazu im Einzelnen nachfolgend Ziff. 4.

zu kurz, da sie wesentliche positive Nebeneffekte ausser Acht lassen würde. Stattdessen sind auch und vorab die «Filterfunktion», die «Unterstützungsfunktion», die «Wissensvermittlungsfunktion» und die «Aufsichtsfunktion» zu analysieren und zu würdigen.

4. «Filterfunktion»

Im Kanton Bern haben die sieben Verwaltungsdirektionen und die Staatskanzlei im Jahre 2008 insgesamt 1 129 Beschwerdeverfahren erledigt oder zuhanden des Regierungsrates oder des Grossen Rates instruiert.[18] Der Prozentsatz der an die nachfolgende gerichtliche Instanz – in aller Regel das Verwaltungsgericht, selten auch das Bundesgericht – weitergezogenen Fälle war je nach Direktion bzw. Rechtsbereich unterschiedlich hoch. Er lag zwischen 5 % (Entscheide der VOL) und 27 % (Entscheide der POM).[19] Bei der grossen Mehrheit der Direktionsentscheide betrug die Weiterzugsquote rund 15 %.[20]

Betrachtet man diese Zahlen, so wird deutlich, dass der Filtereffekt, den die verwaltungsinterne Rechtspflege im Kanton Bern bewirkt, beträchtlich ist: Hätte gegen sämtliche 1 129 an die Direktionen und den Regierungsrat weitergezogenen Verfügungen und Entscheide direkt Beschwerde beim Verwaltungsgericht geführt werden können und müssen, so hätte das Gericht auf dem Gebiet des Staats- und Verwaltungsrechts im Jahre 2008 statt der im Geschäftsbericht ausgewiesenen 326 Neu-Eingänge rund 1 400 neue Geschäfte zu verzeichnen gehabt,[21] das freilich unter der Voraussetzung, dass

---

[18] Aufgeschlüsselt auf die einzelne Direktion sah die Geschäftsverteilung wie folgt aus: Bau-, Verkehrs- und Energiedirektion (BVE): 328; Erziehungsdirektion (ERZ): 299; Polizei- und Militärdirektion (POM): 223; Justiz-, Gemeinde- und Kirchendirektion (JGK): 122; Volkswirtschaftsdirektion (VOL): 112; Gesundheits- und Fürsorgedirektion (GEF): 32; Finanzdirektion (FIN): 9; Staatskanzlei (STA): 4.

[19] Eine spezielle Situation bestand bei der STA, wo die zuhanden des Regierungsrates oder des Grossen Rates vorbereiteten Beschwerdeentscheide in drei von vier Fällen beim Bundesgericht angefochten wurden. Zur Vermittlung eines Bilds über die typische verwaltungsinterne Rechtspflege sind diese Verfahren, die ausnahmslos Stimm- und Wahlrechtsangelegenheiten von grossem öffentlichem Interesse betrafen, freilich nicht geeignet.

[20] Diese Weiterzugsquote wurde beispielsweise auch im Kanton Schwyz festgestellt (Bericht des Regierungsrats des Kantons Schwyz an den Kantonsrat über die verwaltungsinterne Rechtspflege vom 2.11.2005, Beschluss Nr. 1421/2005, S. 14).

[21] Diese Zahl ist deshalb höher als die Summe der Direktions- und Regierungsentscheide, weil das Verwaltungsgericht nicht nur die Rechtsprechung der Direktionen über-

die Weiterzugsquote gleich hoch gewesen wäre.[22] Die Geschäftslast des Verwaltungsgerichts (ohne sozialversicherungsrechtliche Fälle) hätte mit anderen Worten das Vier- bis Fünffache betragen. Dass diese Einschätzung nicht zu hoch gegriffen ist, zeigen die Zahlen des Kantons Waadt, in dem es grundsätzlich keine der Gerichtsjustiz vorgeschaltete verwaltungsinterne Rechtspflege gibt.[23] Gemäss dem Rapport annuel de l'ordre judiciaire vaudois 2008 hatte der zum Tribunal cantonal gehörende Cour de droit administratif et public im Berichtsjahr 1 932 Neu-Eingänge zu verzeichnen.[24] Diese Zahl ist – trotz der gegenüber dem Kanton Bern rund 30 % tieferen Bevölkerungszahl – mehr als sechsmal höher als die Geschäftslast des bernischen Verwaltungsgerichts auf dem Gebiet des Staats- und Verwaltungsrechts. Dementsprechend gingen beispielsweise im Jahre 2007 auf dem Gebiet des Ausländerrechts beim bernischen Verwaltungsgericht und beim Regierungsrat – den beiden in jener Zeit letzten kantonalen Instanzen in diesem Rechtsbereich – 91 Beschwerden ein, währenddem das Kantonsgericht des Kantons Waadt im selben Jahr einen Eingang von 582 (!) ausländerrechtlichen Fällen zu verzeichnen hatte.

Der Filtereffekt der verwaltungsinternen Rechtspflege ist je nach Rechtsgebiet unterschiedlich gross. So ist die vergleichsweise hohe Weiterzugsquote bei Rechtsmittelentscheiden der POM auf deren Zuständigkeit zur Überprüfung von fremdenpolizeilichen Entfernungsmassnahmen zurückzuführen. Bei diesen Fällen des Ausländerrechts lohnt sich der Gang an die nächste Instanz aus der Sicht des Betroffenen nur schon deshalb, weil er mit einem Zeitgewinn verbunden ist. Dementsprechend hoch ist der Prozentsatz

---

prüft, sondern auch über Rechtsmittel gegen Verfügungen und Entscheide anderer Behörden entscheidet (z.B. Regierungsstatthalterinnen und Regierungsstatthalter, Steuerrekurskommission, Enteignungsschätzungskommission usw.).

[22] Ob das der Fall gewesen wäre, ist schwierig zu sagen. Auf der einen Seite ist denkbar, dass die höheren Kosten, die der Gang an das Verwaltungsgericht im Vergleich zur verwaltungsinternen Rechtspflege nach sich ziehen kann, eine gewisse abschreckende Wirkung hat. Auf der anderen Seite ist aber auch vorstellbar, dass die Möglichkeit, Rechtsschutz bei einer verwaltungs*unabhängigen* Instanz zu bekommen, die Prozesslust fördert (vgl. die entsprechenden Mutmassungen im Vortrag VRPG-Revision [Anm. 3], S. 39). Aufschluss über solche Fragen wird erst eine Evaluation der Geschäftslastentwicklung im Nachgang zur VRPG-Revision vom 10.4.2008 geben können.

[23] Die Beschwerde an eine verwaltungsinterne Rechtspflegebehörde steht im Kanton Waadt nur offen, wenn ein Spezialgesetz diesen Rechtsweg (ausnahmsweise) vorsieht (Art. 73 LPA-VD).

[24] www.vd.ch, Rubriken «Autorités» / «Ordre judiciaire» / «Archives» / «Rapports de l'ordre judiciaire vaudois» / «Rapport annuel 2008».

der Weiterziehungen (66 %). Demgegenüber wird von den Beschwerdeentscheiden derselben Direktion auf dem Gebiet des Strassenverkehrsrechts nur jeder siebte an die nächste Instanz weitergezogen, was in etwa dem für die gesamte verwaltungsinterne Rechtspflege geltenden Schnitt entspricht. Auffällig tief ist die Weiterzugsquote bei den von der VOL erledigten Beschwerdeverfahren. Dies dürfte damit zusammenhängen, dass in deren Zuständigkeitsbereich überdurchschnittlich viele Laien Beschwerde führen. In solchen Fällen kann eine Erledigung oftmals ohne förmlichen Beschwerdeentscheid gesucht und gefunden werden. Dies wiederum schlägt sich in einer hohen Abschreibungsquote bzw. einer tiefen Weiterzugsquote nieder.

5. «Unterstützungsfunktion»

Verwaltungsinterne Rechtspflegebehörden erfüllen ihre Justizaufgaben immer, bevor die richterlichen Behörden zum Zug kommen. Dabei haben sie, was die Rechtskontrolle anbelangt, grundsätzlich dieselben Arbeiten zu erledigen wie die nachfolgenden Gerichtsbehörden: Sie überprüfen die angefochtene Verfügung auf Sachverhaltsunstimmigkeiten und Rechtsfehler und stellen zu diesem Zweck den rechtserheblichen Sachverhalt von Amtes wegen fest.

Die Identität der Aufgaben bringt es mit sich, dass bei einem zweistufigen Instanzenzug, wie er im Kanton Bern gilt, das obere Gericht auf den Vorarbeiten der verwaltungsinternen Rechtspflegebehörden aufbauen kann. Das entlastet das Gericht, sofern die Vorarbeiten fachgerecht ausgeführt werden. Eine sorgfältige und umfassende Instruktion durch die verwaltungsinternen Beschwerdebehörden ist daher nicht nur wertvoll für die eigene Entscheidfindung, sondern trägt auch zu einer effizienten Verfahrenserledigung der nachfolgenden Gerichte bei: Bereits eingeholte Gutachten können vom Verwaltungsgericht beigezogen und gezielt ergänzt werden, aktenmässig dokumentierte Augenscheinsverhandlungen können dem Gericht die Durchführung einer eigenen Besichtigung ersparen und protokollierte Partei- und Zeugeneinvernahmen ermöglichen es, vor der zweiten Instanz auf dieses Beweismittel zu verzichten. Ebenso kann das Zusammentragen und Analysieren der einschlägigen Rechtsquellen die richterliche Normanwendung etwas beschleunigen. Allerdings darf die Unterstützung bei der Rechtsanwendung nicht überbewertet werden.[25]

---

[25] Rechtsmittelbehörden haben je nach den erhobenen Rügen oft vertiefende und weiterführende eigenständige Überlegungen anzustellen. Einem Urteil, dessen Begründung

6. «Wissensvermittlungsfunktion»

Anders als die Gerichte haben die Verwaltungsbehörden nebst der Rechts-pflege noch viele andere Funktionen zu erfüllen. Insbesondere obliegen ih-nen wesentliche Teile der Rechtsetzung und des Vollzugs: Sie besorgen die Vorbereitung von Gesetzen und Dekreten, erlassen Verordnungen und sind zuständig für den Vollzug der Gesetzgebung und der Gerichtsurteile.[26]

Die bernische Kantonsverwaltung ist überwiegend so organisiert, dass Rechtsetzungs- und Rechtsprechungsaufgaben von denselben Organisati-onseinheiten und damit auch denselben Personen wahrgenommen werden. So sind das Rechtsamt der BVE und der zum Generalsekretariat gehörende Rechtsdienst der ERZ sowohl für die Instruktion der Beschwerdeverfahren als auch für die rechtliche Begleitung der Gesetzgebungsarbeiten ihrer Di-rektion zuständig.[27] Gleich oder zumindest ähnlich verhält es sich beim Rechtsamt der JGK[28] und den Rechtsdiensten der POM[29], der VOL[30] und der FIN[31]. Einzig bei der GEF sind Rechtsetzungs- und Rechtsprechungsauf-gaben auf unterschiedliche Verwaltungseinheiten verteilt.[32]

Die Auseinandersetzung mit Beschwerden und die Vorbereitung von Ver-waltungsjustizentscheiden schärfen die Sinne für Lücken, Unklarheiten oder sonstige Unstimmigkeiten in Rechtserlassen. Wer täglich mit der Auslegung und Anwendung von Rechtsnormen im konkreten Einzelfall befasst ist, dem fällt es leichter, einen in sich kohärenten Rechtserlass zu redigieren, als demjenigen, der zwar das einschlägige Recht kennt, sich aber nie aus der Optik der Rechtspflegebehörde damit auseinandergesetzt hat. Die verwal-tungsinterne Rechtspflege ist daher eine nicht zu unterschätzende wertvolle Wissens- und Erfahrungsquelle für die andere Hauptaufgabe der Verwal-tung, die Gesetzgebung.[33]

---

sich auf einen Verweis auf die zutreffenden Erwägungen der Vorinstanz beschränkt, kann es denn auch an der gebotenen Legitimität fehlen (*Lorenz Kneubühler*, Die Begründungspflicht, Diss. Bern 1998, S. 125 f.).

[26] Art. 88 Abs. 1 und 2 KV sowie Art. 90 Bst. d KV.

[27] Art. 7 Abs. 1 Bst. a und b OrV BVE und Art. 9 Abs. 1 Bst h und i OrV ERZ.

[28] Art. 14 Abs. 1 Bst. a und c OrV JGK.

[29] Art. 7 Bst. g und h OrV POM.

[30] Art. 7 Abs. 1 Bst. e und g OrV VOL.

[31] Art. 7 Bst. k, l und m OrV FIN.

[32] Art. 9 Bst. b und Art. 10 OrV GEF.

[33] Vgl. *Markus Müller*, Die Rechtsweggarantie – Chancen und Risiken, ZBJV 2004 S. 161 ff., S. 187.

Die verwaltungsinterne Rechtspflege fördert aber nicht nur die abstrakte Befähigung zur Redaktion von Rechtssätzen. Vielmehr vermittelt sie den Juristinnen und Juristen der Verwaltung auch *konkrete* Kenntnisse darüber, ob ein in ihren Verantwortungsbereich fallender Erlass die damit verfolgten Ziele erreicht, ob er zu befriedigenden Ergebnissen führt, ob er praktikabel ist und wie er von den Vollzugsbehörden angewendet wird.[34] Solche Kenntnisse sind für die Leitung des Gemeinwesens von grosser Bedeutung. Sie versetzen die Exekutive in die Lage, rechtzeitig korrigierende Rechtsetzungsprozesse einzuleiten und dadurch unerwünschte Entwicklungen zu verhindern oder zu stoppen. Anstösse dieser Art an die Legislative kommen häufig vor. So wurde etwa die im Zuge der VRPG-Revision vom 10. April 2008 beschlossene Präzisierung der Verfahrensvorschriften zur kommunalen Stimmrechtsbeschwerde (Art. 67a VRPG) durch ein von der JGK instruiertes Beschwerdeverfahren ausgelöst, das entsprechende Mängel zutage gefördert hatte.[35] Auch die vom Regierungsrat kürzlich vorgeschlagene Ergänzung des Baugesetzes durch einen Art. 61b betreffend die Folgen einer teilweisen Anfechtung von Plangenehmigungsverfügungen[36] hat ihren Ursprung in Erkenntnissen, welche die Verwaltung aus der Rechtspflege gewonnen hat. Beispiele dieser Art finden sich in grosser Menge im Verantwortungsbereich jeder Direktion.

Zwar ist nicht zu verkennen, dass auch die Rechtsprechung der verwaltungsunabhängigen Justizbehörden die Verwaltung veranlassen kann, notwendige Gesetzgebungsprozesse einzuleiten. Es geschieht denn auch immer wieder, dass die publizierte Rechtsprechung des Verwaltungsgerichts oder ein vom Gericht konkret geäussertes legislatorisches Anliegen zum Anlass genommen wird, ein Rechtsetzungsprojekt auszulösen.[37] Die eigene Auseinandersetzung mit der Rechtsanwendung vermittelt der Verwaltung jedoch ein unmittelbareres Bild von der Wirksamkeit «ihrer» Erlasse, als dies Anstösse von aussen machen können. Insbesondere dort, wo eine Anpassung zwar denkbar, aber nicht zwingend notwendig ist, wird ein auf Selbster-

---

[34] *Georg Müller,* Abschaffung der Verwaltungsrechtspflege, NZZ vom 29.10.2002, S. 16.

[35] Vgl. den Hinweis in den Erläuterungen zu Art. 67a VRPG (Vortrag VRPG-Revision [Anm. 3], S. 13) auf den in BVR 2007 S. 385 publizierten Beschwerdeentscheid des Regierungsrates.

[36] Tagblatt des Grossen Rates 2010, Beilage 5, S. 21.

[37] Die JGK führt mit den Geschäftsleitungen der obersten kantonalen Gerichte regelmässig Quartalsgespräche, bei denen die Justiz immer wieder wertvolle Anregungen «de lege ferenda» macht.

kenntnis gründender Revisionsbedarf zielstrebiger und mit mehr Nachdruck umgesetzt, als es bei lediglich externen Hinweisen der Fall wäre.

7. «Aufsichtsfunktion»

7.1 Im Allgemeinen

Durch die verwaltungsinterne Rechtspflege werden die hierarchisch übergeordneten Behörden mit der Amtsführung der unterstellten Organisationseinheiten konfrontiert. Sie erhalten Kenntnis von Rügen, mit denen der Verwaltung ein rechtsfehlerhafter oder unangemessener Vollzug der Gesetzgebung vorgeworfen wird. Diese Anstösse von aussen bieten den vorgesetzten Behörden Gelegenheit, ihren Führungs- und Aufsichtspflichten nachzukommen und zu überprüfen, auf welche Weise die untergeordnete Behörde ihre Vollzugsaufgaben erledigt. Die verwaltungsinterne Rechtspflege ist damit ein wichtiges Instrument der Dienstaufsicht. Sie bezweckt zwar primär die Gewährung von Rechtsschutz, dient gleichzeitig aber mittelbar auch aufsichtsrechtlichen Zielen.[38]

Korrigierende Eingriffe kann die Aufsichts- und Rechtsmittelbehörde zunächst im konkreten Einzelfall vornehmen, indem sie die angefochtene Verfügung aufhebt oder abändert. Darüber hinaus kann ein verwaltungsinternes Beschwerdeverfahren aber auch Vorkehren auslösen, die über die Regelung des Einzelfalls hinausgehen. Die vorgesetzte Behörde kann sich aufgrund von Einblicken in die Verwaltungstätigkeit der unterstellten Organisationseinheiten und Funktionsträger veranlasst sehen, generell-abstrakte Weisungen oder Dienstbefehle zu erlassen oder personelle oder organisatorische Massnahmen zu ergreifen.

7.2 Bei der Ermessensausübung

Eine besondere Bedeutung kommt der Aufsichts- bzw. Steuerungsfunktion dort zu, wo die Verwaltung über einen Ermessensspielraum verfügt, den sie in eigener Autonomie ausüben soll und der der Überprüfung durch die nachfolgende Gerichtsinstanz entzogen ist. Nach Art. 66 Bst. c VRPG kann mit der Beschwerde an eine verwaltungsinterne Rechtspflegeinstanz in der Regel auch die Unangemessenheit gerügt werden; die Kognition des Verwaltungsgerichts ist demgegenüber auf Rechtskontrolle beschränkt (Art. 80

---

[38] *Stefan Vogel,* Einheit der Verwaltung – Verwaltungseinheiten, Zürich 2008, S. 155.

VRPG). Unangemessenheit bedeutet inopportune Wahl unter mehreren (rechtlich zulässigen) Rechtsfolgen.[39] Indem der Gesetzgeber die verwaltungsinternen Rechtspflegebehörden dazu verpflichtet, Opportunitätsentscheide zu kontrollieren und gegebenenfalls zu korrigieren, trägt er ihnen das Ausfüllen von Handlungs- und Beurteilungsspielräumen und das Anstellen von Billigkeitsüberlegungen auf.[40] Diese Möglichkeit der Steuerung und Einflussnahme ist dem Verwaltungsgericht verwehrt. Umso grösser ist ihre Bedeutung – jedenfalls in der Theorie – für die Verwaltungsbehörden.

Der Stellenwert der den verwaltungsinternen Rechtspflegebehörden vorbehaltenen Opportunitätskontrolle darf allerdings nicht überbewertet werden. In der Regel eröffnet sich ein Ermessensspielraum dort, wo der Gesetzgeber die tatbeständlichen Voraussetzungen einer Regelung mit offenen, d.h. unbestimmten Rechtsbegriffen umschrieben hat. Die Auslegung solcher Rechtsbegriffe gilt nach herkömmlicher Auffassung als Rechtsfrage. Zwar ist anerkannt, dass sich auch bei der Interpretation unbestimmter Rechtsbegriffe Opportunitätsfragen stellen können, bei deren Beantwortung die richterlichen Behörden zu Recht Zurückhaltung üben. Das ist etwa dort der Fall, wo die Auslegung ein spezifisches, bei der Verwaltung angesiedeltes Fachwissen erfordert.[41] Solche Fälle sind jedoch nicht sehr häufig. Viele Ermessensnormen erfordern eine Rechtsfolgewahl, die genauso gut von einem Juristen des Verwaltungsgerichts wie von einer Juristin des Rechtsamts der betroffenen Direktion getroffen werden kann.

Nichtsdestotrotz gibt es Rechtsgebiete, auf denen die Verwaltung über Erfahrungen aus dem Vollzug verfügt, die den Gerichten vorenthalten sind und die bei der Opportunitätskontrolle eine Rolle spielen. Das kann etwa auf Bereiche des Subventions- oder des Ausländerrechts zutreffen.[42] Hier können sich aus dem Überblick über die Gesamtheit aller ähnlich gelagerten Fälle – diesen Überblick hat das Gericht, das nur im Einzelfall angerufen wird, nicht – Erkenntnisse ergeben, die in die Ermessensausübung einfliessen sollten und bei denen die vorgesetzte Behörde ihre Aufsichts- und Steuerungsmöglichkeiten wahrnehmen kann.

---

[39] *Reto Feller / Markus Müller,* Die Prüfungszuständigkeit des Bundesverwaltungsgerichts. Probleme in der praktischen Umsetzung, ZBl 2009 S. 442 ff., S. 445.
[40] *Feller / Müller* (Anm. 39), S. 448.
[41] *Feller / Müller* (Anm. 39), S. 457 f.
[42] *Benjamin Schindler,* Gericht oder Oberverwaltungsbehörde, NZZ vom 6.5.2005.

8. Besonderheiten des Rechtsschutzes gegen kommunale Akte

8.1 Umfassender Rechtsschutz

Das VRPG regelt den Rechtsschutz nicht nur gegen Verfügungen kantonaler Behörden, sondern auch gegen Akte von Organen der Gemeinden, ihrer Anstalten sowie von Körperschaften, soweit diese dem Gemeindegesetz[43] unterstellt sind (Art. 2 Abs. 1 Bst. b VRPG). In kommunalen Angelegenheiten steht die mit der VRPG-Revision vom 10. April 2008 eingeführte Einheitsbeschwerde sowohl gegen Verfügungen als auch gegen weitere Akte zur Verfügung, die nach altem Recht der Anfechtung mittels der im Gemeindegesetz geregelten Gemeindebeschwerde unterlagen. Mit diesem Rechtsmittel konnten nicht nur kommunale Erlasse, Wahlen und Abstimmungen sowie Beschlüsse und Verfügungen in Wahl- und Abstimmungssachen, sondern auch alle weiteren Beschlüsse der Gemeindeorgane angefochten werden, wenn dagegen kein anderes Rechtsmittel möglich war (ehemaliger Art. 93 Abs. 1 GG). Anfechtbar waren und sind dementsprechend namentlich auch sogenannte Realakte – und zwar direkt und nicht «nur» über den «Umweg» einer entsprechenden Verfügung, wie dies neuerdings Art. 25a VwVG[44] für das Bundesrecht vorsieht.[45] Angefochten worden sind in der Praxis unter anderem Beschlüsse in finanziellen Angelegenheiten (Beschluss einer Gemeindeversammlung über die Steueranlage und den Voranschlag, Gewährung des Teuerungsausgleichs an das Personal, Beteiligung der Gemeinde am Einkauf des Gemeindepräsidiums in die Pensionskasse),[46] aber auch etwa der Einsatzbefehl eines Gemeinderates an die (damalige) Gemeindepolizei,[47] die Einräumung eines Baurechts an einer gemeindeeigenen

---

[43] Gemeindegesetz vom 16.3.1998 (GG; BSG 170.11).

[44] Nach Art. 25a VwVG kann, wer ein schutzwürdiges Interesse hat, von einer Behörde unter bestimmten Voraussetzungen die Unterlassung, die Einstellung oder den Widerruf einer widerrechtlichen Handlung, die Beseitigung der Folgen einer widerrechtlichen Handlung oder die Feststellung der Widerrechtlichkeit von Handlungen mittels anfechtbarer Verfügung verlangen.

[45] Auf die Ausweitung des Rechtsschutzes gegen entsprechende Akte kantonaler Organe ist im Rahmen der Revision des VRPG vom 10.4.2008 dagegen verzichtet worden; vgl. Vortrag VRPG-Revision (Anm. 3), S. 13 f.

[46] Hinweise auf die Praxis auch bei *Jakob Daniel Kilchenmann,* Die Bernische Gemeindebeschwerde, Diss. Bern 1979, Bern 1980, S. 78 f.; *Markus Müller,* in: Daniel Arn et al. (Hrsg.), Kommentar zum Gemeindegesetz des Kantons Bern, Bern 1999, Art. 93 N. 11.

[47] BVR 2006 S. 481.

Liegenschaft[48] und der im Informationsblatt der Gemeinde bekannt gemachte Beschluss eines Gemeinderates, die Pappeln auf dem Schulhausareal zu fällen.[49]

8.2 Gemeindeinterne und kantonale Rechtsmittelverfahren

Das VRPG regelt das Beschwerdeverfahren in Bezug auf kommunale Akte unabhängig davon, ob ein gemeindeinternes Rechtsmittel zur Verfügung steht. Art. 3 Abs. 3 VRPG statuiert die Vermutung, dass das zuständige Gemeindeorgan gemeindeintern endgültig beschliesst, doch können die Gemeinden im Organisationsreglement einen *internen Rechtsmittelzug* vorsehen,[50] soweit die Spezialgesetzgebung dies nicht ausnahmsweise ausschliesst.[51] Für das gemeindeinterne Rechtsmittelverfahren, beispielsweise für die allgemeinen Verfahrensgrundsätze und für die Rechtsmittelfristen, gelten die Vorschriften des VRPG.[52] Die Gemeinden können demgegenüber den Kreis der gemeindeintern anfechtbaren Akte, mindestens teilweise die Art des Rechtsmittels (Einsprache, Beschwerde)[53] und die Zuständigkeiten selbst regeln.[54] Einigermassen verbreitet sind Beschwerden an den Gemeinderat, in grösseren Gemeinden unter Umständen auch an ein Departement oder an eine Direktion.[55] Theoretisch denkbar, aber in der Praxis unbekannt

---

[48] BVR 2000 S. 375.

[49] Im konkreten Fall war in der Sache allerdings nicht mehr zu entscheiden, weil der Beschluss längst vollzogen war und der zuständige Regierungsstatthalter auf die Beschwerde mangels aktuellen Rechtsschutzinteresses nicht mehr eintrat.

[50] Vgl. Art. 3 Abs. 3 VRPG: «[…] soweit *das Organisationsreglement* nichts anderes bestimmt». Die Bestimmung entspricht dem ehemaligen Art. 104 GG mit dem Randtitel «Gemeindeinterne Rechtsmittel».

[51] Unzulässig ist ein gemeindeinternes Rechtsmittel namentlich im Baubewilligungsverfahren; vgl. Entscheid RR vom 7.7.1976, BVR 1977 S. 92; *Peter Friedli,* Kommentar zum Gemeindegesetz des Kantons Bern (Anm. 46), Art. 104 N. 7.

[52] BVR 1997 S. 45.

[53] Unzulässiges gemeindeinternes Rechtsmittel wäre demgegenüber die Klage; vgl. *Peter Friedli,* Das gemeindeinterne Rechtsmittelverfahren im bernischen Recht, in: Andreas Lienhard / Peter Friedli, Beiträge zum Gemeinderecht, BVR-Sonderheft Nr. 2, Bern 1994, S. 79 ff., S. 92 ff.

[54] *Friedli* (Anm. 51), Art. 104 N. 9.

[55] Dies gilt beispielsweise für die Stadt Bern. Art. 154 Abs. 1 der Gemeindeordnung der Stadt Bern vom 3.12.1998 sieht als Regel vor, dass gegen Verfügungen untergeordneter Organisationseinheiten Beschwerde an die zuständige städtische Direktion erhoben werden kann.

ist eine Beschwerde an eine verwaltungsunabhängige «richterliche» Instanz, etwa an eine gemeindeeigene Beschwerdekommission.[56]

In der Praxis spielt das gemeindeinterne Beschwerdeverfahren alles in allem eine eher geringe Rolle.[57] Mehr praktische Bedeutung kommt dem Rechtsschutz in Gemeindeangelegenheiten durch *kantonale* Verwaltungsjustizbehörden zu: Während die sieben Verwaltungsdirektionen und die Staatskanzlei im Jahr 2008 wie erwähnt 1 129 Beschwerdeverfahren erledigten oder zuhanden des Regierungsrats oder des Grossen Rates instruierten, schlossen die Regierungsstatthalterinnen und Regierungsstatthalter als ordentliche erste kantonale Beschwerdeinstanz in kommunalen Angelegenheiten (Art. 63 VRPG) im gleichen Jahr insgesamt 601 bzw., unter Berücksichtigung der Beschwerden in Vormundschaftssachen, 791 gegen Gemeinden gerichtete Beschwerdeverfahren ab.

8.3 Verfahren vor dem Regierungsstatthalteramt als verwaltungsinterne Justiz?

Gemeindeinterne Beschwerdeverfahren sind zweifellos der verwaltungsinternen Justiz zuzurechnen. Dasselbe wird ohne Weiteres auch für das Rechtsmittelverfahren vor dem Regierungsstatthalteramt angenommen.[58] Die Regierungsstatthalterinnen und Regierungsstatthalter werden dementsprechend als «Administrativjustizorgan»[59] oder als «Gemeindeadministrativjustiz»[60] bezeichnet. Tatsächlich sind sie, wie eine kantonale Direktion, Teil der kantonalen Verwaltung. Sie unterstehen Weisungen und können dementsprechend, anders als das Verwaltungsgericht, nicht als verwal-

---

[56] *Friedli* (Anm. 51), Art. 104 N. 10.

[57] Die Bedeutung des gemeindeinternen Rechtsmittelverfahrens scheint tendenziell auch eher im Schwinden begriffen zu sein. Vor allem kleinere Gemeinden verzichten mehr und mehr auf die früher beliebte Möglichkeit einer Beschwerde an den Gemeinderat. Grund dafür dürfte neben der Verlängerung der Verfahrensdauer der Umstand sein, dass Gesetzgebung und Praxis zunehmend strenge Anforderungen auch an gemeindeinterne Verfahren stellen.

[58] Aus der Lehre statt vieler *Markus Müller,* Bernische Verwaltungsrechtspflege, Bern 2008, S. 150 ff.; Vortrag VRPG-Revision (Anm. 3), S. 17. Zur Zuordnung von Beschwerden gegen kommunale Akte an kantonale Behörden in andern Kantonen vgl. z.B. *Thomas Willi,* Funktion und Aufgaben der Gemeindebeschwerde im System der Verwaltungsrechtspflege des Kantons Luzern, Diss. Bern 1989, Emmenbrücke 1989, S. 10.

[59] *Hans Weyermann,* Der Regierungsstatthalter als Administrativ- und Administrativjustizorgan der bernischen Staatsverwaltung, Diss. Bern 1923.

[60] *Kilchenmann* (Anm. 46), S. 19.

tungsunabhängig bezeichnet werden. Sie nehmen ebenso als ordentliche Aufsichtsbehörde der Gemeinden (Art. 97 Abs. 1 GG) die Aufsicht über die Stellen wahr, deren Akte sie im Rechtsmittelverfahren zu überprüfen haben, und sind in diesem Sinn den Gemeinden übergeordnet.

Der Unterschied zum «Normalfall» der verwaltungsinternen Justiz besteht darin, dass die Regierungsstatthalterinnen und Regierungsstatthalter nicht Teil *derselben* Verwaltung sind, deren Akte sie zu überprüfen haben. Sie stehen ausserhalb der Gemeindeverwaltung und sind in Bezug auf diese, anders als eine hierarchisch übergeordnete Verwaltungsstelle, nicht «Organe innerhalb der Verwaltungshierarchie» und «selbst Teil der Verwaltung».[61] Der Instanzenzug an das Regierungsstatthalteramt bleibt nicht – was das typische Merkmal verwaltungsinterner Rechtspflege ist – «innerhalb der Verwaltung».[62] In diesem Punkt lassen sich die Regierungsstatthalterinnen und Regierungsstatthalter eher mit einem Gericht vergleichen, das «von der Exekutive und der Verwaltung sachlich, organisatorisch und personell unabhängig»[63] ist und «ausserhalb des Verwaltungsapparates steht»[64], dessen Akte es beurteilt.[65]

Unter diesen Umständen lässt sich das Beschwerdeverfahren vor dem Regierungsstatthalteramt streng genommen nur mit Vorbehalten der verwaltungsinternen Rechtspflege zurechnen. Es nimmt gewissermassen eine Mittelstellung zwischen der verwaltungsinternen Rechtspflege im eigentlichen, «klassischen» Sinn und der verwaltungsexternen Gerichtsbarkeit ein. Wenn dieses Verfahren hier, in pragmatischer Anlehnung an die übliche und unbestrittene Terminologie,[66] trotzdem unter dem Titel der «verwaltungsinternen Justiz» erörtert wird, dürfen seine Besonderheiten doch nicht aus den Augen verloren werden. Darauf wird, unter anderem im Zusammenhang mit der Kognition, zurückzukommen sein.

---

[61] *Attilio R. Gadola,* Das verwaltungsinterne Beschwerdeverfahren. Eine Darstellung unter Berücksichtigung der Verhältnisse im Kanton Obwalden, Diss. Zürich 1991, S. 10 f.

[62] So der Bericht des Regierungsrates des Kantons Schwyz (Anm. 20), S. 5.

[63] Bericht und Antrag des Regierungsrates des Kantons Zug vom 22.3.2005 zur Motion der Kommission Parlamentsreform, S. 6.

[64] *Gadola* (Anm. 61), S. 12.

[65] *Tobias Jaag,* Kantonale Verwaltungsrechtspflege im Wandel, ZBl 1998 S. 497 ff., S. 498.

[66] Das einzige bekannte Beispiel einer kritischen Anmerkung stammt von einem der Autoren dieses Beitrags selbst; vgl. *Ueli Friederich,* Gemeinderecht, in: Markus Müller / Reto Feller (Hrsg.), Bernisches Verwaltungsrecht, Bern 2008, S. 133 ff., N. 260 S. 234.

8.4 Begleit- oder Sekundärfunktionen des Beschwerdeverfahrens vor dem Regierungsstatthalteramt

Was vorne zu den Begleit- oder Sekundärfunktionen der verwaltungsinternen Rechtspflege im Allgemeinen ausgeführt worden ist, gilt zu einem guten Teil, aber nicht ausnahmslos auch für das erstinstanzliche Beschwerdeverfahren in kommunalen Angelegenheiten vor dem Regierungsstatthalteramt. Die «Filterfunktion» des Verfahrens kann sich sehen lassen. Gemäss Statistik des kantonalen Amtes für Betriebswirtschaft und Aufsicht haben die Regierungsstatthalterinnen und Regierungsstatthalter im Kanton Bern in den Jahren 2005 bis 2008 insgesamt 2 336 Verwaltungsbeschwerdeverfahren (ohne Beschwerden in Vormundschaftssachen) erledigt; in diesem Zeitraum sind Entscheide der Regierungsstatthalterämter über Verwaltungsbeschwerden in 160 Verfahren, d.h. in rund 6.8 % der Fälle, durch ein Rechtsmittel angefochten worden. Für die Gemeindebeschwerden ergibt sich ein ähnliches Bild. Im Zeitraum 2005 bis 2008 sind insgesamt 214 Gemeindebeschwerdeverfahren eröffnet und 36 Entscheide der Regierungsstatthalterämter angefochten worden, was einem Anteil von 16.8 % entspricht. Dies ergibt für den Zeitraum 2005 bis 2008, ohne Berücksichtigung der Beschwerden in Vormundschaftssachen, insgesamt 2 550 eröffnete Beschwerdeverfahren und 196 Weiterzüge, was einer durchschnittlichen Anfechtungsquote von rund 7.7 % – halb so viel wie bei Direktionsentscheiden – entspricht. Auch wenn diesen Zahlen kaum ein wirklicher «statistischer Wert» beigemessen werden darf, lässt sich doch sagen, dass die Verfahren vor den Regierungsstatthalterämtern eine enorm hohe «Filterwirkung» aufweisen. Sie entlasten das Verwaltungsgericht – das heute an Stelle des Regierungsrates über alle Beschwerden in kommunalen Angelegenheiten zu befinden hat, soweit nicht eine Angelegenheit mit vorwiegend politischem Charakter zur Diskussion steht (Art. 77 Bst. a VRPG) – verhältnismässig, d.h. gemessen an der Anzahl der betreffenden Verfahren, noch mehr als das «klassische» verwaltungsinterne Beschwerdeverfahren.

Ähnliches gilt für die «Unterstützungsfunktion». Zu diesem Punkt bestehen zwar kaum verwertbare empirische Daten, doch kann davon ausgegangen werden, dass Regierungsstatthalterämter mit der Instruktion das Verfahren in Bezug auf die Ermittlung des rechtserheblichen Sachverhalts vergleichbar gut vorzubereiten vermögen wie andere verwaltungsinterne Beschwerdeinstanzen. Wertvoll kann insbesondere auch die örtliche Nähe zu den Gemeinden sein, und zwar in doppeltem Sinn: Sie führt in der Regel zu Ortskenntnis und Vertrautheit mit den Gegebenheiten vor Ort (die dem Verwaltungsgericht oft abgehen dürften). Zum Zweiten bedeutet sie ganz praktisch, dass Parteien und weitere Verfahrensbeteiligte kurze Anfahrtswege haben, was immerhin auch der Prozessökonomie dient. Dieser Punkt sollte bei der Kritik an der Verteuerung von Verfahren nicht ganz ausser Acht gelassen werden.

Wenig ins Gewicht fällt die *«Wissensvermittlungsfunktion»* im vorne umschriebenen Sinn. Die Regierungsstatthalterinnen und Regierungsstatthalter üben, anders als die kantonalen Direktionen, im Bereich der Rechtsetzung grundsätzlich keine Funktion aus.

Wiederum grosse Bedeutung kommt demgegenüber der *«Aufsichtsfunktion»* zu. Die Regierungsstatthalterinnen und Regierungsstatthalter sind ordentliche Aufsichtsbehörden der Gemeinden (Art. 97 Abs. 1 GG). Ihre Aufsicht ist indes, im Unterschied zur Aufsicht kantonaler Direktionen über untergeordnete Stellen der Kantonsverwaltung, nicht hierarchische Organ- oder Dienstaufsicht im Sinn einer «Selbstkontrolle» innerhalb eines bestimmten Gemeinwesens,[67] sondern *Verbands-* oder *Organisationsaufsicht*[68] über untergeordnete Gemeinwesen. Aber auch dieser Aufsicht vermögen Erkenntnisse aus Beschwerdeverfahren unter Umständen zu dienen,[69] beispielsweise in dem Sinn, dass die Regierungsstatthalterin oder der Regierungsstatthalter auf gewisse strukturelle Probleme oder problematische Regelungen in einem Gemeindereglement oder einer Verordnung aufmerksam gemacht wird; dem zweiten Aspekt dürfte nach der weitgehenden Ab-

---

[67] Organ- oder Dienstaufsicht im verwaltungsrechtlichen Sinn ist «hierarchische Dienstaufsicht der vorgesetzten Behörden über die untergebenen Amts- und Dienststellen» (*Fritz Gygi,* Verwaltungsrecht, Bern 1986, S. 73). Sie entfaltet sich nur innerhalb des einzelnen Verwaltungsträgers, ist ein Mittel der Verwaltungsführung und dient unter anderem der Sicherstellung der Leistungsfähigkeit und Koordination der Verwaltung; vgl. *Pierre Tschannen / Ulrich Zimmerli / Markus Müller,* Allgemeines Verwaltungsrecht, 3. Aufl. Bern 2009, § 5 N. 32, § 6 N. 6; *René Rhinow / Beat Krähenmann,* Schweizerische Verwaltungsrechtsprechung. Ergänzungsband, Basel/Frankfurt a.M. 1990, S. 461.

[68] Verbandsaufsicht oder Organisationsaufsicht ist Aufsicht über rechtlich selbständige Organisationen *ausserhalb* des beaufsichtigenden Gemeinwesens. Adressat der Aufsicht ist grundsätzlich der Verwaltungsträger oder «Verband» als solcher und nicht eine Einheit oder eine konkrete Person innerhalb der beaufsichtigten Organisation; vgl. *Tschannen / Zimmerli / Müller* (Anm. 67), § 5 N. 33.

[69] Die Informations-, Aufsichts- und Steuerungsfunktion solcher Verfahren wird dementsprechend auch in Berichten aus der Praxis hervorgehoben. Vgl. etwa den Bericht des Regierungsrates des Kantons Schwyz vom 2.11.2005 (Anm. 20), S. 12.

schaffung der Genehmigung kommunaler Erlasse trotz dem Erfordernis der Publikation[70] eine gewisse Bedeutung zukommen.

Die Doppelfunktion der Regierungsstatthalterinnen und Regierungsstatthalter als Beschwerdeinstanz und Aufsichtsbehörde mag anderseits auch gewisse Nachteile aufweisen oder Gefahren bergen. Sie kann dazu führen, dass Rechtsuchende prozessuale Versäumnisse so «auszubügeln» versuchen, dass sie neben – prozessual nicht (mehr) möglichen – Anträgen aufsichtsrechtliche Begehren stellen, in der Hoffnung auf diesem Weg schliesslich doch noch zum angestrebten Ergebnis zu kommen. Dies könnte dem Ziel strenger Form- oder Fristvorschriften, nämlich einem geordneten Verfahren innert nützlicher Frist, abträglich sein. Für die Beschwerdeinstanz selbst kann die Doppelfunktion mitunter zu Befangenheit führen, beispielsweise dann, wenn die Regierungsstatthalterin oder der Regierungsstatthalter in einem aufsichtsrechtlichen Verfahren die Kaderperson einer Gemeinde hat massregeln müssen, die später die durch die Gemeinde verfügte Kündigung anficht. Für diesen Fall bestehen indes Ausstandsregeln (Art. 9 VRPG), die allerdings auch nicht dazu führen dürfen, dass einfach einem unliebsamen Verfahren mit mühsamen (oder als mühsam empfundenen) Personen unter Hinweis auf angebliche Befangenheit aus dem Weg gegangen wird.[71]

8.5 Regierungsstatthalterinnen und Regierungsstatthalter als politisch gewählte «Generalisten»

Auch wenn sich das Verfahren vor den Regierungsstatthalterämtern in Bezug auf seine Begleit- oder Sekundärfunktionen weitgehend mit einem «echten» verwaltungsinternen Verfahren vergleichen lässt, weist es doch besondere Eigenarten auf. Die Regierungsstatthalterinnen und Regierungsstatthalter werden durch die Stimmberechtigten des Amtsbezirks bzw. neu des Verwaltungskreises gewählt.[72] Sie haben da nicht nur ihren Amtssitz,

---

[70] Art. 45 Bst. a der Gemeindeverordnung vom 16.12.1998 (GV; BSG 170.111).

[71] Ausstandsregeln stehen in einem gewissen Spannungsverhältnis zum Anspruch auf Behandlung und Beurteilung eines Geschäfts durch das zuständige Verwaltungsjustizorgan. Sie sind deshalb als Ausnahme mit einer gewissen Zurückhaltung anzuwenden; vgl. *M. Müller* (Anm. 58), S. 31.

[72] Art. 93 Abs. 2 KV; Art. 1 Abs. 2 des Gesetzes vom 28.3.2006 über die Regierungsstatthalterinnen und Regierungsstatthalter (RStG; BSG 152.321) sowie Art. 1 Abs. 1 des gleichnamigen Gesetzes vom 16.3.1995. Das neue RStG spricht, anders als das Gesetz von 1995, nicht mehr von Amtsbezirken, sondern von Verwaltungskreisen. Es ist teilweise am 1.1.2009 in Kraft getreten und tritt im Übrigen am 1.1.2010 in Kraft (RRB Nr. 2008 vom 3.12.2008 und RRB Nr. 1248 vom 1.7.2009 [BAG 09-90]).

sondern sind auch zur Wohnsitznahme im Bezirk bzw. Kreis verpflichtet[73] und dementsprechend mit den örtlichen Verhältnissen vertraut. Auf der andern Seite gelten für die Wahl keine besonderen fachbezogenen Wählbarkeitsvoraussetzungen.[74] Die Regierungsstatthalterinnen und Regierungsstatthalter verfügen nicht notwendigerweise über eine juristische oder eine andere fachliche Ausbildung.[75] Ihre Tätigkeit beschränkt sich nicht auf die Funktion als Rechtsmittelbehörde und, anders als in der Regel die Tätigkeit der instruierenden Stelle einer kantonalen Direktion, auch nicht auf ein bestimmtes, mehr oder weniger eingrenzbares Sachgebiet. Sie nehmen die Aufsicht über die ganze Palette kommunaler Tätigkeiten wahr und erfüllen darüber hinaus weitere Aufgaben in unterschiedlichen Sachbereichen wie beispielsweise dem Zivil- und Bevölkerungsschutz und der Vormundschaft. Sie sind mit anderen Worten vorab politisch gewählte «Generalisten».

Die Volkswahl, die örtliche Nähe zu den Gemeinden und die damit verbundene Vertrautheit mit den Gegebenheiten vor Ort verleihen den Regierungsstatthalterinnen und Regierungsstatthaltern hohe Legitimität («unser Statthalter»). Dies versetzt sie, zusammen mit der Unabhängigkeit von der kontrollierten Verwaltung, in die Lage, mitunter auch im Rahmen eines Beschwerdeverfahrens *«Ombudsfunktionen»* wahrzunehmen. Oft gelingt es ihnen, nicht zuletzt auch dank den eher grobmaschigen, wenig einengenden Vorgaben des VRPG, im Rahmen eines Instruktionsverfahrens eine einvernehmliche Regelung unter den Parteien zu erzielen. Selbstverständlich ist und bleibt es erste Aufgabe der Rechtspflege, in umstrittenen Fragen verbindlich Recht zu sprechen, doch muss durchaus nicht jede einvernehmliche Streiterledigung deswegen bereits ein unzulässiger oder mindestens verdächtiger «Kuhhandel» sein. Je nach konkretem Rechts- oder Sachgebiet drängen sich gütliche Lösungen in unterschiedlichem Ausmass auf. Wo erhebliche öffentliche Interessen übergeordneter Gemeinwesen, etwa in den Bereichen der Raumplanung, oder Interessen privater Dritter (z.B. Datenschutz) zu wahren sind oder wo die Natur der Sache eine gewisse Formstrenge verlangt (z.B. öffentliche Beschaffungen), dürfte in aller Regel eher weniger Raum für einvernehmliche Regelungen bestehen. Anderes gilt

---

[73] Art. 3 Abs. 1 und 2 RStG.

[74] Einzige Wählbarkeitsvoraussetzung ist nach Art. 2 RStG die Stimmberechtigung in eidgenössischen Angelegenheiten.

[75] Vgl. demgegenüber zu den Wählbarkeitsvoraussetzungen der Mitglieder des Verwaltungsgerichts Art. 121 Abs. 1 VRPG; zu Voraussetzungen für die Anstellung in der kantonalen Verwaltung Art. 13 Abs. 1 des Personalgesetzes vom 16.9.2004 (PG; BSG 153.01).

beispielsweise für *personalrechtliche Angelegenheiten,* wo ein konkretes Verhalten kaum mathematisch genau an gesetzlichen Vorgaben – etwa an Kündigungsgründen wie der «ungenügenden Leistungen» oder der «nachhaltigen Störung des Arbeitsklimas» –[76] gemessen werden kann. Zudem sind nicht selten persönliche Konflikte und Befindlichkeiten im Spiel, die mit rechtlichen Regelungen allein nur unzureichend und für keine Partei wirklich befriedigend gelöst werden können. In solchen Situationen erscheint es oft geboten, eine einvernehmliche Lösung mit Augenmass zumindest zu suchen, wofür sich Instruktionsverfahren vor der Regierungsstatthalterin oder dem Regierungsstatthalter besonders gut eignen.

Auf der andern Seite kann die ausgesprochene «Generalistenfunktion» unter Umständen zu einer *gewissen Überforderung* der Regierungsstatthalterinnen und Regierungsstatthalter führen, vor allem dann, wenn komplexe Rechtsfragen, namentlich solche aus etwas «exotischen» Rechtsgebieten, zu entscheiden sind. In der Praxis ist es vorgekommen, dass die Parteien im Anschluss an ein klares Fehlurteil eines Regierungsstatthalteramts zur Vermeidung eines Weiterzugs durch die unterlegene Partei unter sich eine abweichende Regelung vereinbaren oder dass der Anwalt der obsiegenden Partei seiner Klientschaft dringend raten musste, den (durch die Gegenpartei nicht mehr angefochtenen) Entscheid in einzelnen Punkten nicht zu vollstrecken, weil dieser offenkundig im Widerspruch zur gesetzlichen Regelung stand und seine Durchsetzung auch grob unbillig gewesen wäre. Derartige Fehlleistungen dürfen allerdings als seltene «Ausrutscher» bezeichnet werden. In vielen Fällen zeichnen sich Entscheide der Regierungsstatthalterinnen und Regierungsstatthalter durch eine sorgfältige Erhebung und Würdigung des Sachverhalts und umsichtige rechtliche Beurteilung aus. Was gelegentlich auffällt, ist die unterschiedliche Qualität der Entscheide – ein Befund, der mit der Verwaltungsreform und der damit verbundenen Reduktion von heute noch 26 Regierungsstatthalterämtern auf neu 10 in Zukunft tendenziell eher seltener werden dürfte. Insgesamt aber besteht auch heute nur beschränkt Anlass zu Klagen; anders wäre die erwähnte sehr tiefe Anfechtungsquote für Entscheide von Regierungsstatthalterinnen und Regierungsstatthaltern nicht zu erklären.

---

[76] Art. 25 Abs. 2 Bst. a und c PG.

8.6 Überprüfung der Angemessenheit von Verfügungen?

Im Anwendungsbereich der ehemaligen Gemeindebeschwerde, d.h. bei Beschwerden gegen kommunale Erlasse, gegen Wahlen und Abstimmungen, gegen Beschlüsse und Verfügungen in Wahl- und Abstimmungssachen und gegen weitere Beschlüsse, beschränkt sich die Kognition der Regierungsstatthalterin oder des Regierungsstatthalters auf die Überprüfung der Sachverhaltsfeststellung und von Rechtsfragen einschliesslich der Frage, ob die Ausübung des Ermessens rechtsfehlerhaft erfolgt ist oder nicht (Art. 66 Bst. c i.V.m. Art. 60 Abs. 1 Bst. b VRPG). Demgegenüber kann, unter Vorbehalt anders lautender besonderer Vorschriften, mit Beschwerde gegen Verfügungen eines Gemeindeorgans auch die blosse Unangemessenheit gerügt werden. Diese für das verwaltungsinterne Beschwerdeverfahren übliche und im Rahmen der VRPG-Revision vom 10. April 2008 diskussionslos beschlossene bzw. beibehaltene[77] Ermessenkontrolle wird in der Regel mit der Überlegung begründet, dass die richtige Praxis einer Verwaltung letztlich «Chefsache» ist. Dementsprechend soll die hierarchisch übergeordnete Stelle die Möglichkeit haben, Entscheide untergeordneter Stellen, denen sie auch Weisungen in Bezug auf die Handhabung einer Praxis erteilen kann oder könnte, aus Gründen der Opportunität zu korrigieren. Die hierarchisch übergeordnete Behörde soll grundsätzlich frei entscheiden können, wie es aus ihrer Sicht sachgerecht, vernünftig oder zweckmässig erscheint.[78]

Für das Verfahren vor den Regierungsstatthalterämtern gilt diese Überlegung nicht. Die Regierungsstatthalterinnen und Regierungsstatthalter stehen zu den Gemeinden nicht in einem verwaltungshierarchischen Verhältnis wie eine kantonale Direktion zu den ihr untergeordneten Verwaltungsstellen. Die Kantonsverfassung gesteht den Gemeinden als rechtlich eigenständigen Gemeinwesen Autonomie zu und verlangt, allerdings «nur» im Sinn eines nicht justiziablen, vorab an den Gesetzgeber gerichteten Grundsatzes,[79] dass das kantonale Recht – auch das Verfahrensrecht – ihnen «einen möglichst weiten

---

[77] Im Vortrag zur Änderung des VRPG wird zum revidierten Art. 66 einzig festgehalten, dass im Verfahren der (ehemaligen) Gemeindebeschwerde am Prinzip der reinen Rechtskontrolle festgehalten werden soll (Vortrag VRPG-Revision [Anm. 3], S. 12). In den Beratungen des Grossen Rats wurde die Bestimmung ohne Diskussion gutgeheissen; vgl. Tagblatt des Grossen Rates des Kantons Bern 2008 S. 463.

[78] *Fritz Gygi*, Bundesverwaltungsrechtspflege, 2. Aufl. Bern 1983, S. 231

[79] *Urs Bolz*, Materialien und Kommentare, in: Kälin / Bolz (Anm. 16), Art. 109 N. 3 ff.; *Markus Müller*, in: Kommentar zum Gemeindegesetz des Kantons Bern (Anm. 46), Art. 3 N. 18; *Ulrich Zimmerli*, Gemeinden, in: Kälin / Bolz (Anm. 16), S. 195 ff., S. 204 f.

Handlungsspielraum» gewährt (Art. 109 Abs. 2 KV). Diesem Grundsatz entspricht beispielsweise, dass die Gemeindegesetzgebung den Gemeinden nicht die Organisation en détail, sondern lediglich die «Grundzüge der Organisation» (Art. 1 GG), d.h. nur das vorschreibt, was zur Gewährleistung minimaler demokratischer Rechte und rechtsstaatlich einwandfreier Abläufe sowie zur Wahrung des Legalitätsprinzips unabdingbar erscheint.[80] Unter dem Gesichtswinkel der Gemeindeautonomie ist es ganz generell nicht Sache des Kantons, den Gemeinden aus blossen Opportunitätsüberlegungen vorzuschreiben, welche von verschiedenen rechtlich einwandfreien Lösungen sie zu wählen haben. Der Kanton und seine Verwaltungsjustizbehörden sind in diesem Sinn nicht «Chef», sondern Aufsichts- und Rechtsmittelinstanzen der Gemeinden. Sinngemäss gilt, was Hans Winzenried im Zusammenhang mit der Gemeindebeschwerde schon im Jahr 1948 ausgeführt hat:

> «Die Staatsaufsicht muss sich zur Aufgabe machen, darüber zu wachen, dass die Gemeinden innerhalb der Grenzen ihrer Kompetenzen bleiben, und sie anhalten, ihre öffentlichen Aufgaben innerhalb des Rahmens der Gesetze oder der autonomen Satzungen zu erfüllen. Sie muss sich also grundsätzlich auf eine Rechtskontrolle beschränken. […] Die staatliche Aufsicht darf sich nur darauf beziehen, die Berücksichtigung der Rechtsordnung durch die Verwaltungstätigkeit der Gemeinde zu sichern (Rechtskontrolle). Im übrigen soll die Gemeindeverwaltung prinzipiell im freien Ermessen der Gemeinde liegen, ansonst bewirkt wird, dass die Gemeindeverwaltung tatsächlich zu einer staatlichen Verwaltung wird, dass wir statt staatlicher Aufsicht staatliche Leitung haben».[81]

Dazu kommt, dass die im Zitat anklingende, früher gängige Vorstellung vom «freien Ermessen» der Verwaltung heute überholt ist.[82] Wie jedes staatliche Gemeinwesen haben auch Gemeinden das ihnen durch das Gesetz eingeräumte Ermessen immer *pflichtgemäss,* mit Blick auf Sinn und Zweck der gesetzlichen Ordnung und die dort angelegten öffentlichen Interessen, auszuüben; verfassungsrechtliche Grundsätze wie das Gleichbehandlungsgebot und das Willkürverbot sind «selbstverständliche Begleiter der Ermessensbetätigung».[83] Besondere Bedeutung kommt in diesem Zusammenhang dem Grundsatz der Verhältnismässigkeit zu (Art. 9 BV). Er verlangt, dass staatli-

---

[80]   *Stefan Müller,* in: Kommentar zum Gemeindegesetz des Kantons Bern (Anm. 46), Art. 9 N. 5.

[81]   *Hans Winzenried,* Die Gemeindebeschwerde nach bernischem Recht, Diss. Bern 1948, S. 21 f.

[82]   Grundsätzlich dazu *René Rhinow,* Vom Ermessen im Verwaltungsrecht. Eine Einladung zum Nach- und Umdenken, recht 1983 S. 41 ff., S. 49.

[83]   *Tschannen / Zimmerli / Müller* (Anm. 67), § 26 N. 11.

ches Handeln erforderlich und geeignet sein muss, um das angestrebte Ziel zu erreichen, und überdies im konkreten Fall in einer vernünftigen Zweck-Mittel-Relation steht (Verhältnismässigkeit i.e.S. oder Zumutbarkeit).[84] Ob dies der Fall ist, ist eine *Rechtsfrage,* die auch im Rahmen einer blossen Rechtskontrolle überprüft werden darf und muss. Eine grob unzweckmässige Anordnung ist in aller Regel gleichzeitig unverhältnismässig und damit rechtswidrig[85] und wird dementsprechend auf Beschwerde hin aufgehoben werden müssen. Ein Bedürfnis zu einer weitergehenden Überprüfung der Zweckmässigkeit kommunaler Verfügungen besteht unter diesen Umständen nicht.

Die Regierungsstatthalterinnen und Regierungsstatthalter dürften zu einer solchen Zweckmässigkeitsprüfung in vielen Fällen auch *kaum wirklich in der Lage* sein. Sie verfügen als ausgesprochene «Generalisten» wie erwähnt nicht unbedingt über das für Ermessensentscheide notwendige besondere Fachwissen.[86] Wenn die klassischen Stärken der verwaltungsinternen Rechtspflege, nämlich die Vollzugsnähe und -erfahrung, die Fachkompetenz und die Möglichkeit des internen Wissenstransfers,[87] einem Gericht aufgrund seiner «Verwaltungsferne» grundsätzlich abgesprochen werden,[88] können sie den Regierungsstatthalterinnen und Regierungsstatthaltern auch nicht ohne Weiteres attestiert werden.

Die unterschiedliche Kognition je nach Anwendungsbereich der ehemaligen Verwaltungs- oder Gemeindebeschwerde führt auch zu *sachlich kaum erklärbaren Differenzierungen.* Nicht einzusehen ist beispielsweise, weshalb mit einer Beschwerde gegen eine Verfügung in Abstimmungs- oder Wahlsachen, etwa gegen die Ungültigerklärung einer Initiative mittels Verfügung (Art. 17 GG),[89] nur die unrichtige oder unvollständige Feststellung des Sachverhalts oder andere Rechtsverletzungen gerügt werden können (Art. 66 Abs. 1 Bst. a und b VRPG), wogegen andere Verfügungen auch auf ihre Angemessenheit hin überprüft werden sollen.

---

[84] *Tschannen / Zimmerli / Müller* (Anm. 67), § 21 N. 1 ff.

[85] *Gygi,* Bundesverwaltungsrechtspflege (Anm. 78), S. 311.

[86] Dementsprechend sieht das Gemeindegesetz beispielsweise vor, dass sie für ihre Aufsicht über die Gemeinden bei Bedarf die spezialisierten kantonalen Fachstellen beziehen können; vgl. Art. 87 Abs. 2 GG.

[87] *M. Müller* (Anm. 33), S. 161 ff., S. 191.

[88] *M. Müller* (Anm. 33), S. 188.

[89] Vgl. Entscheid RR vom 17.8.1994, BVR 1995 S. 193.

Schliesslich ist die rechtliche Befugnis (und Pflicht)[90] zur Überprüfung der Angemessenheit auch *weitgehend theoretischer Natur.* Wo eine Gemeinde im Rahmen ihres Autonomiespielraums verfügt hat, ist eine «Interventionsschwelle» praxisgemäss auch im verwaltungsinternen Beschwerdeverfahren generell zulässig.[91] Zurückhaltung auferlegt sich die Praxis namentlich etwa im Zusammenhang mit personalrechtlichen Entscheiden (insbesondere Kündigungsverfügungen), weil das kommunale Organ den tatsächlichen Verhältnissen näher steht als die Rechtsmittelinstanz.[92] Tatsächlich sind so gut wie keine Entscheide bekannt, in denen die Regierungsstatthalterin oder der Regierungsstatthalter einen angefochtenen Akt als zwar rechtmässig, aber unangemessen qualifiziert und deswegen eine Beschwerde gutgeheissen hätte.

Unter diesen Umständen kann mit Fug die Frage gestellt werden, ob es nicht rechtlich geboten, sachlich richtig und auch ehrlicher wäre, wenn sich auch die erstinstanzliche Überprüfung kommunaler Verfügungen auf eine Rechtskontrolle beschränkte. Die Zulässigkeit einer Rüge der Unangemessenheit führt dazu, dass selbst verhältnismässige, d.h. geeignete, erforderliche und angesichts der konkreten Zweck-Mittel-Relation auch zumutbare Massnahmen und Entscheide noch weitergehend daraufhin geprüft werden können (und müssen), ob sie auch in den Augen der Beschwerdeinstanz wirklich zweckmässig sind. Wohl auferlegt sich die Praxis, wie erwähnt, in diesem Punkt eine gewisse Zurückhaltung, allerdings zum Preis, dass mit dieser Figur klare Grenzen der zulässigen justiziellen Kontrolle noch schwerer auszumachen sind.[93] So betrachtet diente eine klare Beschränkung des

---

[90] Die Nichtausschöpfung der Kognition durch die Beschränkung auf eine Rechtskontrolle stellt eine formelle Rechtsverweigerung dar, wenn die gesetzliche Regelung die Überprüfung auch der Angemessenheit vorsieht; vgl. *Thomas Merkli / Arthur Aeschlimann / Ruth Herzog,* Kommentar zum Gesetz über die Verwaltungsrechtspflege im Kanton Bern, Bern 1997, Art. 66 N. 3.

[91] *Merkli / Aeschlimann / Herzog* (Anm. 90), Art. 66 N. 4.

[92] Vgl. als Beispiele etwa BVR 2006 S. 99 E. 4.3; BVR 2007 S. 546 E. 3.3.

[93] Dazu *M. Müller* (Anm. 33), S. 194 f.: «Die heutige Dogmatik kennt mit den Beurteilungsspielräumen, den Ermessensspielräumen und endlich auch mit der prozessualen Figur der richterlichen Zurückhaltung bereits verschiedene Typen und Formen solcher administrativer Spielräume, mit je unterschiedlichen Folgen für die justizielle Kontrolle. In der Praxis ist es häufig schwierig, diese Kategorien administrativer Entscheidungsspielräume auseinander zu halten und die Grenze zulässiger justizieller Kontrolle zu ermitteln. Die herkömmliche Begriffsdifferenzierung ist daher aufzugeben. Sämtliche die justizielle Kontrolle limitierenden Entscheidungsspielräume der Verwaltung sind einheitlich als administrative Letztentscheidungsrechte bzw. -räume

erstinstanzlichen Verfahrens vor dem Regierungsstatthalteramt letztlich wohl auch der Rechtssicherheit.

9. Erkenntnisse aus der Funktionsanalyse

9.1 *Unterschiedliche Gewichtung der verschiedenen Funktionen*

Die Untersuchung der verschiedenen Funktionen der verwaltungsinternen Rechtspflege hat gezeigt, dass die verwaltungsinterne Justiz einschliesslich der Rechtspflege durch die Regierungsstatthalterämter verschiedene positive Nebeneffekte hat. Ein Teil dieser positiven Effekte betrifft allerdings nicht die Rechtspflege selbst, sondern andere staatliche Funktionen (Vermittlung von Wissen für die Gesetzgebung, Verbesserung von Aufsicht und Steuerung). Das mag es nahe legen, diesen positiven Erscheinungen bei der Gesamtwürdigung etwas weniger Gewicht beizumessen. Von zentraler Bedeutung sind dagegen jene Effekte, die sich positiv auf die Rechtspflege selbst auswirken. Das sind vor allem der Filter- und der Entlastungseffekt. Der Wert dieser Wirkungen der verwaltungsinternen Rechtspflege ist hoch einzustufen. Das ergibt sich nicht nur daraus, dass Filter- und Entlastungswirkung zu einer vergleichsweise tiefen Fallzahl des bernischen Verwaltungsgerichts auf dem Gebiet des Staats- und Verwaltungsrechts führen und das Gericht dementsprechend weniger Ressourcen benötigt. Mindestens ebenso wichtig wie die rein numerischen Auswirkungen auf die Fallstatistik sind die Folgen für die *Art und Weise* der verwaltungsgerichtlichen Aufgabenerledigung: Erst die Abschirmung des Verwaltungsgerichts vor einer Beschwerdeflut und die Unterstützung durch die Vorarbeiten der vorgeschalteten Verwaltungsbehörden ermöglichen es dem Gericht, seine Funktionen nicht nur einfach zu erfüllen, sondern sie auf einem hohen und damit für den ganzen Kanton wertvollen Niveau zu erfüllen. Das Verwaltungsgericht des Kantons Bern hat einen hervorragenden Ruf. Das hat zwei Gründe: Die Urteile des Gerichts weisen in Bezug auf die Fundiertheit der rechtlichen Überlegungen eine hohe Qualität auf. Gleichzeitig werden diese qualitativ hochstehenden Urteile der interessierten Öffentlichkeit seit Jahrzehnten in einer über die

---

zu begreifen. Solche liegen immer dann vor, wenn eine offene und unbestimmte Sachgesetzgebung der Verwaltung bewusst materielle Entscheidungsspielräume ausspart, deren Handhabung von der Justiz nicht mehr nachkontrolliert wird. Die Verantwortung für die materielle Richtigkeit der Entscheide trägt somit (einzig) die Verwaltung (Letztentscheidung = Letztverantwortung).»

Kantonsgrenzen hinaus bekannten und geschätzten Fachzeitschrift (Bernische Verwaltungsrechtsprechung BVR) zugänglich gemacht. Dadurch leistet das bernische Verwaltungsgericht einen wichtigen Beitrag an die Fortentwicklung und Klärung des bernischen Rechts. Diesen Beitrag an die Rechtsfortbildung kann es aber nur leisten, weil seine vergleichsweise tiefen Fallzahlen ihm erlauben, sich der Geschäfte mit grosser Gründlichkeit anzunehmen. Ohne die ergänzende verwaltungsinterne Rechtspflege wäre das Gericht gezwungen, den Fokus auf die möglichst rasche Erledigung des Einzelfalls zu richten. Es hätte keine Zeit mehr für über den Einzelfall hinausgehende Überlegungen.

Hiergegen lässt sich einwenden, dass auch das Verwaltungsgericht in erster Linie Fälle erledigen und sich auf das *Ergebnis* des Verfahrensausgangs – und nicht auf den Weg, der dazu führt – konzentrieren soll. Eine solche Argumentation mag für untere Rechtsmittelinstanzen richtig sein. Für das oberste Gericht des Kantons greift sie zu kurz. Für die Rechtssicherheit und den Rechtsvollzug haben veröffentlichte Leitentscheide, in denen offene Rechtsbegriffe konkretisiert und Auslegungsfragen geklärt werden, einen Wert, der nicht hoch genug geschätzt werden kann. Präjudizien erleichtern nicht nur die Arbeit in anderen Beschwerdeverfahren. Sie dienen über die Rechtspflege hinaus allen Personen und Stellen, die in irgendeiner Weise mit der Rechtsanwendung zu tun haben (kommunale und kantonale Behörden, Anwaltschaft, Rechtsberatungsstellen, Ombudsstellen usw.). Um nur ein Beispiel zu nennen: Der Wert, den ein Grundsatzurteil auf dem Gebiet des Datenschutzes hat, geht weit über den positiven Effekt der Streitschlichtung im betroffenen Einzelfall hinaus. Die Datenschutzaufsichtsstelle, welche sich täglich mit Dutzenden von Anfragen konfrontiert sieht, ist auf solche Leiturteile angewiesen. Nur dank ihnen kann sie verlässliche Rechtsauskünfte erteilen. Die richterliche Rechtsfortbildung hat daher einen grossen Wert für die Rechtssicherheit. Die verwaltungsinterne Rechtspflege trägt dazu bei, dass dieser Wert erhalten bleibt.

9.2 Fazit und weiterführende Überlegungen im Hinblick auf allfällige punktuelle Korrekturen

Die vorstehenden Ausführungen haben gezeigt, dass die verwaltungsinterne Rechtspflege mehr leistet als Rechtsschutz und Streitbeilegung. Sie stärkt die Kompetenzen der Verwaltung in anderen Kernaufgaben und schafft die Voraussetzungen dafür, dass die obersten richterlichen Behörden wichtige Leiturteile mit der gebotenen Tiefe und Gründlichkeit erarbeiten und so das gesetzte Recht präzisieren und fortbilden können. Es gibt somit viele gute

Argumente für ein Beibehalten der verwaltungsinternen Rechtspflege. Das ist, nachdem sich im Schrifttum schon seit längerem warnende Stimmen gegen ihre Abschaffung ausgesprochen haben,[94] auch von Teilen der Politik erkannt worden.[95]

Diese Erkenntnisse sollen und können jedoch nicht darüber hinwegtäuschen, dass die ergänzende verwaltungsinterne Rechtspflege Schwächen hat.[96] Sie verlängert in vielen Fällen die Zeit bis zur definitiven Streitentscheidung.[97] Das kann für jene Parteien nachteilig sein, die auf eine möglichst rasche verbindliche Klärung der Rechtslage angewiesen sind. Es kann aber auch für das Gemeinwesen nachteilig sein, wenn lange Rechtsschutzverfahren die spätere Vollstreckung der ursprünglichen Verwaltungsverfügung erschweren oder gar verunmöglichen.[98] Ausserdem ist die verwaltungsinterne Rechtspflege für die Rechtsuchenden und das Gemeinwesen mit Mehrkosten verbunden. Wer im Meinungsstreit über die Beibehaltung oder Abschaffung der verwaltungsinternen Rechtspflege einen Schritt weiterkommen will, sollte sich daher nicht auf ein pauschales Bekenntnis für oder gegen das Institut beschränken. Vielmehr wäre unter Berücksichtigung der dargelegten Vor- und Nachteile zu prüfen, ob der Rechtsschutz durch nichtrichterliche Behörden allenfalls *punktuell* abgeschafft oder modifiziert werden könnte. Eine solche Prüfung sprengt den Rahmen dieser Untersuchung. Immerhin seien nachfolgend im Sinne einer Zusammenfassung der vorstehenden Ausführungen die folgenden Eckpunkte skizziert:

---

[94] Insbesondere *G. Müller* (Anm. 34), *M. Müller* (Anm. 33) und *Marti* (Anm. 5).

[95] Vgl. z.B. das Votum von Grossrätin Anna Coninx im Rahmen der Beratung der VRPG-Revision vom 10.4.2008, Tagblatt des Grossen Rates 2008, S. 453, oder die Debatte des Parlaments des Kantons Schwyz vom 15. Februar 2006 zum bereits erwähnten Bericht (Anm. 20), einsehbar unter: www.sz.ch, Rubriken «Regierung, Parlament, Gerichte» / «Parlament» / «Sitzungsprotokolle» / «Sitzung des Kantonsrats vom 15. Februar 2006».

[96] Vgl. vorstehend Ziff. 2.

[97] Das ist allerdings nicht immer so. Die gerichtliche Anfechtbarkeit von erstinstanzlichen Verwaltungsakten führt zu vermehrten Rückweisungen an die verfügenden Instanzen, was im Endeffekt oft auch auf eine Verlängerung der Verfahren hinausläuft (vgl. *Marti* [Anm. 5], S. 410).

[98] Das trifft typischerweise auf ausländerrechtliche Fälle zu. So kann ein langer Rechtsstreit über die Verlängerung der Aufenthaltserlaubnis die Position der betroffenen Person in dem Sinn verbessern, als eine Rückkehr ins Heimatland je länger desto weniger zumutbar erscheint.

Die verwaltungsinterne Rechtspflege ist tendenziell dort entbehrlich, wo
- ihr Filtereffekt klein ist – etwa, weil die Parteien im betreffenden Rechtsgebiet dazu neigen, den Instanzenzug in jedem Fall auszuschöpfen;
- der Wissenstransfer für die Verwaltung kaum Vorteile bringt – etwa, weil die Rechtsetzungskompetenz im betreffenden Gebiet beim Bund liegt und der Kanton somit keine Erkenntnisse für eigene Gesetzgebungsvorhaben gewinnen kann;
- sich keine Fragen stellen, bei denen die Verwaltung auf spezifisches Fachwissen oder Vollzugserfahrungen zurückgreifen kann, um einen vom Gesetzgeber eingeräumten Ermessensspielraum auszuschöpfen;
- die vorgeschaltete verwaltungsinterne Rechtspflegebehörde dem Gericht wenig Unterstützung bei der Sachverhaltsermittlung bieten kann.

Sind sämtliche oder fast alle dieser Kriterien erfüllt, ist die Frage nach einer punktuellen Abschaffung oder Modifizierung der verwaltungsinternen Rechtspflege berechtigt und könnte es sich lohnen, entsprechende Überlegungen anzustellen. Allerdings ist klar, dass auch eine in diesem Sinne differenzierte Überprüfung der Vor- und Nachteile der verwaltungsinternen Justiz mit schwierigen Wertungen verbunden sein wird. Dazu kommt, dass es wohl nur selten Rechtsgebiete geben dürfte, bei denen sämtliche Kriterien für eine tendenzielle Abschaffung der verwaltungsinternen Rechtspflege erfüllt sind.[99]

9.3 Verzicht auf die verwaltungsinterne Rechtspflege im Einzelfall

Eine differenzierte Umsetzung der gefundenen Erkenntnisse könnte darin bestehen, die verwaltungsinterne, aussergerichtliche Beschwerdeinstanz inkl. das Regierungsstatthalteramt, statt sie ganz abzuschaffen, in bestimmten Einzelfällen zu *überspringen*.

---

[99] Beispiel: Im Ausländerrecht sprechen der geringe Filtereffekt und die Zugehörigkeit zum Bundesrecht für eine Abschaffung der verwaltungsinternen Rechtspflege. Auch der Umstand, dass das Gemeinwesen an einer raschen Klärung der Fragen interessiert wäre, währenddem für die Betroffenen in aller Regel gerade das Gegenteil, nämlich ein möglichst langes Rechtsschutzverfahren, vorteilhaft ist, spricht für eine direkte gerichtliche Anfechtbarkeit des ursprünglichen Verwaltungsakts. Auf der anderen Seite sind Entscheide über ausländerrechtliche Bewilligungen oftmals mit einer Ermessensausübung gekoppelt, in die auch die Verwaltungsspitze, welche die oberste Verantwortung für den Vollzug des materiellen Rechts hat, einbezogen werden sollte. Sodann führt selbst ein vergleichsweise kleiner Filtereffekt – in diesem Beispiel 34 % – zu einer gewissen Entlastung des Gerichts, die nicht leichthin aufgegeben werden sollte.

Das bernische Verwaltungsprozessrecht kennt keine Vorschrift zum Sprungrekurs.[100] Zwar hat das Verwaltungsgericht das Überspringen der verwaltungsinternen Rechtspflegebehörde vereinzelt auch ohne Rechtsgrundlage zugelassen. Es betraf dies aber stets Fälle, in denen sich die funktionell zuständige Behörde bereits eindeutig geäussert hatte – etwa dadurch, dass sie der verfügenden Behörde Weisungen erteilt hatte, wie zu entscheiden sei –, so dass bei ihr möglicherweise der Anschein der Befangenheit bestanden hätte.[101] Nicht zulässig ist demgegenüber im Kanton Bern das Überspringen der verwaltungsinternen Beschwerdeinstanz aus anderen Gründen (etwa deshalb, weil ein grosses privates oder öffentliches Interesse an einer raschen Klärung des Rechtsstreits durch die letzte kantonale Instanz besteht). Andere Kantone gehen in dieser Frage einen Schritt weiter. Sie kennen das Institut des weitergeleiteten Sprungrekurses – die angerufene Rechtsmittelbehörde leitet die Beschwerde mit Zustimmung der Partei an das Verwaltungsgericht weiter – und lassen ihn unter bestimmten Voraussetzungen oder manchmal sogar voraussetzungslos zu.[102] Diesen Weg ist etwa der Kanton Aargau gegangen. Das aargauische Verwaltungsprozessrecht setzt für ein Überspringen der verwaltungsinternen Beschwerdeinstanz lediglich das Einverständnis sowohl der Beschwerdeführenden als auch der Beschwerdeinstanz voraus. Weiterer Voraussetzungen – etwa Vorbefasstheit der verwaltungsinternen Rechtspflegebehörde, Einverständnis des Verwaltungsgerichts oder auch jenes der Beschwerdegegner – bedarf es nicht. Die aargauische Sprungbeschwerde ist auch nicht auf bestimmte Rechtsgebiete oder Fallkategorien beschränkt.[103] Sie hat jedoch zur (diskutablen) Folge, dass im Verfahren vor dem Verwaltungsgericht ausnahmsweise auch die Rüge der Unangemessenheit zulässig ist.[104]

---

[100] *Ulrich Keusen / Kathrin Lanz,* Der Sprungrekurs im Kanton Bern, BVR 2005 S. 49 ff.; *Peter Ludwig,* Kein Sprungrekurs im Kanton Bern?, BVR 2005 S. 241 ff.

[101] Vgl. insbesondere die nicht in der BVR publizierte E. 1.2 von VGE 22974–22977 (Grimsel, BVR 2009 S. 341), ferner die Hinweise bei *Ludwig* (Anm. 100), S. 244, sowie BVR 2007 S. 193 E. 3.2.

[102] Ein Überblick über die kantonalen Regelungen findet sich bei *Keusen / Lanz* (Anm. 100), S. 56 ff.

[103] § 51 des Verwaltungsrechtspflegegesetzes des Kantons Aargau vom 4.12.2007 (VRPG AG); s. zur ähnlichen Vorgängerregelung im Einzelnen *Michael Merker,* Rechtsmittel, Klage und Normenkontrollverfahren nach dem aargauischen Gesetz über die Verwaltungsrechtspflege vom 9. Juli 1968, Zürich 1998, § 48.

[104] § 55 Abs. 3 Bst. a VRPG AG.

Eine punktuelle Verbesserung des Zusammenspiels zwischen verwaltungsinterner Rechtspflege und gerichtlichem Rechtsschutz könnte hier ansetzen und in der (bis jetzt fehlenden) Regelung der Sprungbeschwerde liegen. Wenn die Voraussetzungen für ein Überspringen der verwaltungsinternen Beschwerdeinstanz gelockert würden, könnte der nichtrichterliche Rechtsschutz dort, wo er zu Recht als zu nachteilig erachtet wird, «im Einzelfall abgeschafft» werden. Vor einer solchen Erweiterung der Sprungbeschwerde müssten freilich noch viele Fragen geklärt werden.[105] Insbesondere wäre im Fall kantonaler Anordnungen auch zu prüfen, ob in gewissen Fällen das Ausschalten der verwaltungsinternen Rechtspflege schon vor dem Erlass des Verwaltungsaktes festgelegt werden könnte. Dies würde es erlauben, in einem solchen Fall die Zuständigkeit zum Erlass der Verfügung an die (auszuschaltende) übergeordnete Verwaltungsstelle zu übertragen oder diese zumindest in die Erarbeitung der Verfügung einzubeziehen. Auf diese Weise könnten die Qualität der Verfügung verbessert, die Einflussmöglichkeit der hierarchisch übergeordneten Verwaltungsbehörde gewahrt und die mit der Sprungbeschwerde einhergehende Zusatzbelastung des Verwaltungsgerichts reduziert werden.

10. Schluss

Die vorstehenden Ausführungen haben gezeigt, dass die verwaltungsinterne Rechtspflege auch nach Inkrafttreten der Rechtsweggarantie nicht ausgedient hat. Im Gegenteil: Der Weg über eine dem Verwaltungsgericht vorgeschaltete verwaltungsinterne Beschwerdeinstanz bringt viele Vorteile, die letztlich auch den Rechtsuchenden selbst zugute kommen. Es gibt aber Fälle, in denen sich die Schwächen, die der verwaltungsinternen Rechtspflege inhärent sind, besonders negativ auswirken. Für solche Fälle sollte die Möglichkeit eines Direktsprungs an das Verwaltungsgericht erwogen werden. Die Modalitäten einer solchen erweiterten Sprungbeschwerde müssten im Rahmen eines Gesetzgebungsprojekts in enger Zusammenarbeit mit dem Verwaltungsgericht erarbeitet werden.

---

[105] Zum Beispiel: Soll die erweiterte Sprungbeschwerde von gewissen Voraussetzungen abhängig gemacht werden? Soll es Rechtsschutz gegen die Ablehnung eines Antrags auf Überspringen der Beschwerdeinstanz geben? Sind bei Mehrparteienverfahren Mitspracherechte einzuräumen? Ist die Kognition des Verwaltungsgerichts zu erweitern?

Die bernische Gerichtsbarkeit auf dem Weg zur Selbstverwaltung

*Andreas Lienhard**

---

* Meinem Assistenten, Herrn lic. iur. Simon Odermatt, Rechtsanwalt, danke ich bestens für die tatkräftige Unterstützung bei der Erarbeitung dieses Beitrags.

1. Einleitung

Die dritte Gewalt des Kantons Bern befindet sich in einer *Phase des Wandels*. Diese wurde eingeleitet durch die sogenannte Justizreform 1, welche insbesondere zu einer Reduktion der vorher 26 erstinstanzlichen Amtsgerichte auf 13 Gerichtskreise per 1. Januar 1997 führte. Im Rahmen der daraufhin in Angriff genommenen Reform der dezentralen Verwaltung wurde die Justizreform 2 ausgearbeitet, die primär darauf abzielt, die kantonalen Voraussetzungen für die Vereinheitlichung des Zivil- und Strafprozessrechts auf Bundesebene zu schaffen.[1] Damit verbunden war eine Änderung der Kantonsverfassung, welche vom Stimmvolk am 24. September 2006 angenommen worden ist. Die gesetzgeberische Umsetzung dieser Verfassungsänderung ist derzeit im Gange. Sie sieht die Einführung zweier neuer Gesetze auf den Zeitpunkt des Inkrafttretens der eidgenössischen Zivil- und Strafprozessordnung vor (voraussichtlich am 1. Januar 2011): das Gesetz über die Organisation der Gerichtsbehörden und der Staatsanwaltschaft (GSOG), welches die Organisation und die Führung der Gerichtsbehörden und der Staatsanwaltschaft regelt, sowie das Einführungsgesetz zur Zivilprozessordnung, zur Strafprozessordnung und zur Jugendstrafprozessordnung (EG ZSJ), das die Ausführungsbestimmungen zum eidgenössischen Prozessrecht enthält.[2] Mit diesen beiden Erlassen und ihren Ausführungsbestimmungen auf Verordnungs- bzw. Reglementsstufe soll die weitreichende Umstrukturierungsphase der bernischen Justiz einen vorläufigen Abschluss finden.

Die bundesrechtlich vorgezeichneten Gesetzgebungsarbeiten boten dem Kanton Bern die Möglichkeit, auch eine rein innerkantonal motivierte Justizreform durchzuführen und die *Organisation und Führung seiner Gerichtsbehörden* zu optimieren.[3] Die diesbezüglichen Neuerungen resultieren

---

[1] Vgl. Vortrag des Regierungsrates vom 2.11.2005 zur Justizreform, Verfassung des Kantons Bern (Änderung), Tagblatt des Grossen Rates 2006, Beilage 6, S. 2.

[2] Die beiden Gesetze wurden am 11.6.2009 vom Grossen Rat verabschiedet. Der Grundsatz der Selbstverwaltung und das selbständige Budgetantragsrecht waren in der parlamentarischen Debatte nicht umstritten (siehe Tagblatt des Grossen Rates 2009 S. 284 ff., 488 ff. sowie 774 ff.).

[3] Vortrag des Regierungsrates vom 17.12.2008 zum Einführungsgesetz zur Zivilprozessordnung, zur Strafprozessordnung und zur Jugendstrafprozessordnung (EG ZSJ)

aus umfassenden Reorganisationsprojekten, die insbesondere zu einer Umstrukturierung des Verwaltungsgerichts (Projekt REORG)[4], des Obergerichts (Projekt RESTRUCT)[5] und der Staatsanwaltschaft (Projekt Parquet 2010) führen werden. Im Weiteren flossen in den gesamten Reformprozess auch Erkenntnisse aus der in der Verwaltung des Kantons Bern am 1. Januar 2005 eingeführten Neuen Verwaltungsführung (NEF) ein, welche nun auch bei der Steuerung und Organisation der Justiz in modifizierter Form umgesetzt wird (Projekt «NEF-Elemente in der Gerichtsbarkeit»).[6]

Die verschiedenen Reorganisationen fügen sich in allgemeine *Modernisierungsbestrebungen* und Effizienzsteigerungsmassnahmen in der Justiz ein, wie sie in den letzten Jahren sowohl auf Bundesebene wie auch in anderen Kantonen stattgefunden haben.[7] Es hatte sich denn auch immer klarer gezeigt, dass die Organisation der bernischen Gerichte den aktuellen Anforderungen an eine zeitgemässe und effiziente Justiz nicht mehr vollumfänglich zu genügen vermag.[8] Steigende Fallzahlen,[9] erhöhter (Effizienz-)

---

sowie zum Gesetz über die Organisation der Gerichtsbehörden und der Staatsanwaltschaft (GSOG), Tagblatt des Grossen Rates 2009, Beilage 17, S. 4 f.

[4] Siehe dazu *Andreas Lienhard / Andreas Wenger,* Verwaltungsgericht des Kantons Bern. Die wichtigsten Ergebnisse des Projektes REORG im Überblick, 31.12.2007 (www.kpm.unibe.ch/Justizforschung).

[5] Siehe dazu *Andreas Lienhard / Andreas Wenger,* Obergericht des Kantons Bern. Die wichtigsten Ergebnisse des Projektes RESTRUCT im Überblick, 31.12.2007 (www.kpm.unibe.ch/Justizforschung); zur Umstrukturierung des Obergerichts siehe im Weiteren *Frédéric Kohler,* Zivil- und Strafgerichtsbarkeit des Kantons Bern: Der grosse Umbau, Justice – Justiz – Giustizia 2008/2.

[6] Siehe dazu den Bericht des Regierungsrates vom 15.8.2007 an den Grossen Rat betreffend Einführung einer Steuerung der Gerichtsbehörden mit NEF-Elementen (RRB 1359) und die zustimmende Kenntnisnahme durch den Grossen Rat (Tagblatt des Grossen Rates 2007, S. 1247 f.) sowie den Fachbericht «NEF und Gerichte» der Finanzdirektion des Kantons Bern vom 20.8.2001, welcher vom Regierungsrat mit Beschluss vom 5.6.2002 zur Kenntnis genommen wurde (RRB 1991).

[7] Siehe dazu die Ausführungen in Ziff. 3.1 und 3.2.

[8] Vgl. Vortrag GSOG (Anm. 3), S. 20; siehe dazu auch *Kohler* (Anm. 5), N. 2; bereits 1992 monierte das Verwaltungsgericht des Kantons Bern im Übrigen, «dass die Geschäftslast im Berichtsjahr sehr deutlich zugenommen hat und das Gericht in seiner heutigen Organisationsstruktur die Grenze der Belastbarkeit zum Teil schon überschritten hat» (Geschäftsbericht des Verwaltungsgerichts des Kantons Bern von 1992, S. 1).

[9] Beispielsweise hat sich seit den 1970er Jahren die Geschäftslast des Verwaltungsgerichts des Kantons Bern bzw. der verwaltungsrechtlichen Abteilung verdoppelt bis verdreifacht (je nach Jahresschwankung; siehe Geschäftsberichte des Verwaltungs- und Versicherungsgerichts des Kantons Bern von 1972 bis 1989 sowie die Geschäftsberichte des Verwaltungsgerichts des Kantons Bern von 1990 bis 2008).

Druck,[10] die hohen Ansprüche im Umgang mit den Parteien,[11] der Ausbau der Belegschaft[12] und damit verbundene Veränderungen der Personalführung, neue Anforderungen an die interne und externe Kommunikation[13] und nicht zuletzt ein gewandeltes Richterbild führten zu Herausforderungen,[14] die nicht ohne Anpassungen der Gerichtsorganisation zu meistern sind. Vor diesem Hintergrund galt es auch, die institutionelle Unabhängigkeit der Gerichtsbehörden zu stärken.[15]

Diese Abhandlung widmet sich der neu angelegten *Selbstverwaltung* der bernischen Gerichtsbarkeit als Teil der institutionellen Unabhängigkeit. Nach einer Begriffsbestimmung folgt ein Überblick über die Umsetzung der Selbstverwaltung der Gerichtsbarkeit des Bundes, der übrigen Kantone und des Kantons Bern im Allgemeinen. Daraufhin wird der Fokus auf Besonderheiten der Selbstverwaltung am Verwaltungsgericht gelegt, um abschliessend deren Chancen und Risiken zu beleuchten.

---

[10] Siehe dazu allgemein *Ulrich Zimmerli,* Wenn die Politik Druck macht – Richtertätigkeit unter Beeinflussungsversuchen, Justice – Justiz – Giustizia, 2009/4 N. 1; siehe auch *Christoph Bandli,* Effizienz und Unabhängigkeit im Gerichtsbetrieb. Geschäftslastbewirtschaftung am Bundesverwaltungsgericht, Justice – Justiz – Giustizia 2009/3 N. 2.

[11] Vgl. BEJUBE, Beurteilung der Justiztätigkeit im Kanton Bern oder Was halten die Kunden von unserer Arbeit?, Zusammenfassung der Ergebnisse, Projektgruppe BEJUBE, April 2001.

[12] Von 1990 bis 2008 hat sich beispielsweise die Anzahl der Kammerschreiber am Verwaltungsgericht Bern von 15 auf 37 erhöht (Staatskalender des Kantons Bern von 1990/1991 bis 2008/2009).

[13] Siehe dazu allgemein *Daniel Kettiger,* Wirkungsorientierte Verwaltungsführung in der Justiz: Ausgangslage – Entwicklungen – Thesen, in: ders. (Hrsg.), Wirkungsorientierte Verwaltungsführung in der Justiz – ein Balanceakt zwischen Effizienz und Rechtsstaatlichkeit, Schriftenreihe der Schweizerischen Gesellschaft für Verwaltungswissenschaften (SGVW), Bern 2003, S. 11; zur Sicht der Medien auf das Verwaltungsgericht des Kantons Bern siehe den Beitrag von *Stefan Wyler,* Eine Aussensicht – wie ein Journalist das Berner Verwaltungsgericht erlebt, in diesem Band.

[14] Siehe zum Ganzen auch *Rainer Klopfer,* Management in der Justiz – Richterbild im Wandel, Justice – Justiz – Giustizia 2007/2 N. 16 ff.; *Christoph Bandli,* Die Rolle des Bundesverwaltungsgerichts, in: Pierre Tschannen (Hrsg.), Neue Bundesrechtspflege, Auswirkungen der Totalrevision auf den kantonalen und eidgenössischen Rechtsschutz, Berner Tage für die juristische Praxis BTJP 2006, Bern 2007, S. 205 f.

[15] Vortrag GSOG (Anm. 3), S. 4.

2. Institutionelle Unabhängigkeit und Selbstverwaltung

2.1 Institutionelle Unabhängigkeit als Bestandteil der richterlichen Unabhängigkeit

Die richterliche Unabhängigkeit gehört zu den Grundpfeilern eines modernen Rechtsstaats. Sie ist untrennbar mit dem *Grundsatz der Gewaltenteilung* verknüpft. Es erstaunt deshalb, dass sie in der Schweiz während Jahrzehnten nur selten Gegenstand von umfassenden Untersuchungen war.[16] Aufgrund der einschneidenden Umstrukturierungen der Gerichtsbarkeit in der Schweiz, die sich sowohl aus eidgenössischen wie auch aus kantonalen Reformbestrebungen ergeben, ist die richterliche Unabhängigkeit in den letzten Jahren vermehrt ins Zentrum der juristischen Diskussion gerückt. Den daraus resultierenden konzeptionellen Grundlagen[17] folgt nunmehr die legislatorische Umsetzung.

Der *Grundsatz der richterlichen Unabhängigkeit* kann in einem personenbezogenen und in einem institutionenbezogenen Sinn verstanden werden. Der personenbezogene Ansatz legt den Fokus auf die Person der Richterin[18], d.h. auf die «innere Unabhängigkeit und Freiheit der Urteilenden gegenüber – bewussten oder unbewussten – sachwidrigen Beeinflussungen durch Umstände, die mit dem konkreten Verfahren nichts zu tun haben».[19] Die *institutionelle Unabhängigkeit* hingegen soll die «funktionelle, personelle und organisatorische Verselbständigung» der dritten Gewalt als Organisationseinheit innerhalb der Staatsorganisation sicherstellen.[20] Die institutionelle Unabhängigkeit steht durchaus auch im Dienste der personenbezogenen Unabhängigkeit. Sie soll nämlich die innere Unabhängigkeit der Urteilenden dadurch garantieren, dass sie diese vor sachfremden Einflüssen schützt, die sich aus der Einbettung der Justiz in die Staatsorganisation ergeben können.[21] Die institutionelle Unabhängigkeit der Justiz kann indessen keine absolute sein, da sich im System der «checks and balances» gewollte Verbindungen und gegenseitige Kontrollmöglichkeiten ergeben.[22]

---

[16] *Regina Kiener,* Richterliche Unabhängigkeit, Bern 2001, S. V.

[17] Siehe dazu *Andreas Lienhard,* Oberaufsicht und Justizmanagement, Justice – Justiz – Giustizia 2009/1 N. 25 ff.

[18] Die männliche und weibliche Form wird nachfolgend in zufälliger Weise abwechselnd verwendet und schliesst die jeweils andere Form mit ein, sofern sich nichts anderes ergibt.

[19] *Kiener* (Anm. 16), S. 57; siehe dazu auch den Beitrag von *Markus Müller,* Die innere Unabhängigkeit des Richters. Gedanken zu einem Diamanten, in diesem Band.

[20] *Kiener* (Anm. 16), S. 228.

[21] *Kiener* (Anm. 16), S. 226.

[22] *Kiener* (Anm. 16), S. 229.

Sowohl der personenbezogene wie auch der institutionenbezogene Ansatz der richterlichen Unabhängigkeit gelangen auch *innerhalb* der dritten Gewalt zur Anwendung: Denn die freie Entscheidfindung und eine angemessene Organisationsautonomie sind auch innerhalb eines Gerichts[23] und im Verhältnis zwischen unteren und oberen Gerichtsbehörden zu gewährleisten.[24]

Die institutionelle Unabhängigkeit der dritten Staatsgewalt soll erstens eine *funktionelle Unabhängigkeit* sein. Damit ist die selbständige Rechtsprechung der Gerichte angesprochen. Keine andere staatliche Behörde darf sich demnach in die Rechtsprechung einmischen und Weisungen zu konkreten Verfahren oder zur Rechtsprechung im Allgemeinen erteilen.[25] Zweitens bedingt institutionelle Unabhängigkeit *personelle Unabhängigkeit* der Richter: Dazu gehören die Regeln über die Unvereinbarkeiten, die Wahl und den dienstrechtlichen Status.[26] Drittens muss ein institutionell unabhängiges Gericht *organisatorisch unabhängig* sein. Dazu bedarf es einer gesicherten Position gegenüber der Justizaufsicht, einer genügenden Ausstattung mit finanziellen, sachlichen und personellen Mitteln sowie einer eigenständigen Gerichtsverwaltung.[27] Pointiert zieht Klopfer den Schluss, dass «nur diejenige Justiz wirklich unabhängig von den andern Gewalten [ist], die sich auch selbst verwaltet».[28]

2.2 Selbstverwaltung als Bestandteil der institutionellen Unabhängigkeit

Eine *eigenständige Gerichtsverwaltung* als Bestandteil der institutionellen Unabhängigkeit zu verstehen, bedeutet indessen nicht, daraus ein bestimmtes Modell der justiziellen Selbstverwaltung ableiten zu können. Vielmehr besteht bezüglich deren Ausgestaltung eine relative Offenheit. Gerichtliche

---

[23] *Marianne Ryter,* Gerichtsverwaltung und richterliche Unabhängigkeit. Überlegungen am Beispiel des Bundesverwaltungsgerichts, in: Verwaltungsorganisationsrecht – Staatshaftungsrecht – öffentliches Dienstrecht, Schweizerische Vereinigung für Verwaltungsorganisationsrecht, Jahrbuch 2007, S. 61.

[24] Siehe dazu *Hans Peter Walter,* Interne richterliche Unabhängigkeit, Justice – Justiz – Giustizia 2005/1 N. 2, 10 und 25.

[25] *Kiener* (Anm. 16), S. 236 f.

[26] *Kiener* (Anm. 16), S. 249 ff.

[27] *Kiener* (Anm. 16), S. 291 ff.; vgl. auch *Axel Tschentscher,* Demokratische Legitimation der dritten Gewalt, Tübingen 2006, S. 152 ff., 162 ff.

[28] *Klopfer* (Anm. 14), N. 3, siehe aber auch N. 4, wo nur noch von einer «optimalen Garantie» für die organisatorische Unabhängigkeit durch die gerichtliche Selbstverwaltung gesprochen wird.

Selbstverwaltung ist indessen immer dort notwendig, wo Fremdverwaltung zu einer ernsthaften Gefahr für die institutionelle Unabhängigkeit wird. Wo dies nicht der Fall ist, soll der Übertragung von Gerichtsverwaltungssachen an Behörden der anderen Staatsgewalten nichts im Wege stehen.[29] Kiener spricht diesbezüglich davon, dass die «weitgehende Eigenständigkeit» in der Gerichtsverwaltung «prägender Ausdruck der Organunabhängigkeit» sei.[30] Und Eichenberger sieht in der durch die aargauische Verfassung explizit vorgeschriebenen Selbstverwaltung «keine totale und abgelöste Selbstverwaltung, keine Einkapselung mit Hilfe starrer und strenger Funktionsbegrifflichkeit».[31]

Aus dem Grundsatz der richterlichen Unabhängigkeit ergibt sich somit ein *Verwaltungsvorbehalt zugunsten der Gerichte* für jene Tätigkeiten, die direkt oder indirekt die Einflussnahme auf die Rechtsprechung zulassen.[32] Dieses Selbstverwaltungsrecht ist also wesentlicher Bestandteil der institutionellen Unabhängigkeit und stellt für die Gerichte zugleich Berechtigung wie Verpflichtung dar.[33] Die Umsetzung der institutionellen Unabhängigkeit im richterlichen Alltag bedingt, dass die Gerichte ihr Selbstverwaltungsrecht mit einem effizienten *Justizmanagement* nutzen.[34] Röhl forderte für die deutsche Gerichtsbarkeit bereits 1998, dass die Gerichte «ihre Verwaltung in die eigenen Hände nehmen und ihre Unabhängigkeit durch ein aggressives Gerichtsmanagement rechtfertigen» sollen.[35] Vereinzelt wird demgegenüber

---

[29] Christina Kiss und Heinrich Koller nennen als Beispiel für eine «justizbezogene Verwaltungstätigkeit, welche durch andere Staatsorgane ausgeübt wird», die Wahl der Richter durch das Parlament (*Christina Kiss / Heinrich Koller,* Art. 188 N. 34, in: Bernhard Ehrenzeller et al. [Hrsg.], Die schweizerische Bundesverfassung. Kommentar, 2. Aufl. Zürich / St. Gallen 2008).

[30] *Kiener* (Anm. 16), S. 291.

[31] *Kurt Eichenberger,* Justizverwaltung, in: Aargauischer Juristenverein (Hrsg.), Festschrift für den aargauischen Juristenverein 1936–1986, Aarau 1986, S. 38.

[32] Vgl. *Kiener* (Anm. 16), S. 293; vgl. dazu auch *Eichenberger* (Anm. 31), S. 39.

[33] *Andreas Lienhard,* Knappe Ressourcen auch am Bundesgericht. Richter zwischen Effizienzdruck und Rechtsstaatlichkeit, NZZ Nr. 190 vom 17.8.2005; *Andreas Lienhard / Daniel Kettiger,* Geschäftslastbewirtschaftung bei Gerichten. Methodik, Erfahrungen und Ergebnisse einer Studie bei den kantonalen Verwaltungs- und Sozialversicherungsgerichten, ZBl 2009 S. 415.

[34] *Zimmerli* (Anm. 10), N. 8, 23.

[35] *Klaus Röhl,* Vom Gerichtsmanagement zur Selbstverwaltung der Justiz, Deutsche Richterzeitung 1998, S. 244.

die Auffassung vertreten, bei der Selbstverwaltung der Justiz handle es sich um einen Irrweg, insbesondere was Justiz(verwaltungs)räte anbetreffe.[36]

Selbstverwaltung und richterliche Unabhängigkeit stehen in einem *wechselseitigen Verhältnis* zueinander: Denn einerseits führt eine gut organisierte Selbstverwaltung zu einer Stärkung der richterlichen Unabhängigkeit.[37] Andererseits darf die Selbstverwaltung nicht zur Folge haben, dass die gerichtlichen «Selbstverwalter» ihre Managementinstrumente gegen die richterliche Unabhängigkeit der einzelnen Richterinnen einsetzen.[38]

Damit geht es im Wesentlichen darum zu bestimmen, welche Verwaltungstätigkeiten der Gerichtsbarkeit selbst zukommen müssen, damit diese als unabhängig bezeichnet werden kann. Weil sich das Umfeld allerdings stetig verändert, kann nicht eine für alle Zeit gültige Liste der Verwaltungstätigkeiten erstellt werden, die notwendigerweise den Gerichten zukommen müssen – genauso wie auch die richterliche Unabhängigkeit als Ganze «eine nach Zeit, Umständen und Geisteshaltungen immer wieder zu bestimmende Grösse» ist.[39] Diese Entwicklung zu beobachten und «bei drohender oder möglicher Beeinträchtigung die Grenzen der Justizverwaltung zu verlegen», ist in erster Linie Aufgabe des Gesetzgebers.[40]

2.3 Gegenstand der Selbstverwaltung

Was genau unter *Gerichtsverwaltung (Justizverwaltung bzw. Justizmanagement)*[41] zu verstehen ist und wie weit diese ausschliesslich den Gerichten selbst zustehen soll, wird in der Literatur nicht einheitlich erklärt. Diese Frage hat mit denselben Problemen zu kämpfen wie die Frage nach dem materiellen

---

[36] Siehe dazu *Fabian Wittreck,* Die Verwaltung der dritten Gewalt, Tübingen 2006, insbesondere S. 660 ff.; vgl. dazu auch die Kritik von *Lars Lütgens,* Das Selbstverwaltungsprojekt der dritten Gewalt, Zeitschrift für Rechtspolitik 3/2009, S. 83.

[37] Vgl. *Zimmerli* (Anm. 10), N. 23.

[38] Vgl. *Walter* (Anm. 24), N. 25; vgl. dazu im Ganzen auch die diversen Beiträge in Justice – Justiz – Giustizia 2009/3 zur Frage der Geschäftslastbewirtschaftung.

[39] *Eichenberger* (Anm. 31), S. 41.

[40] *Eichenberger* (Anm. 31), S. 41 f.

[41] Im Folgenden werden diese Begriffe als Synonyme verwendet und abwechselnd eingesetzt. Gemeint ist in allen Fällen die Verwaltung von Behörden, die der dritten Gewalt zugeordnet werden.

Verwaltungsbegriff an sich.[42] Für Kiener[43] ist unter Gerichtsverwaltung «justizbezogenes Verwaltungshandeln» zu verstehen: «Es ist jene verwaltende Tätigkeit, welche die sachlichen und persönlichen Voraussetzungen für die Wahrnehmung der Rechtsprechung schafft und erhält.» Gerichtsverwaltung in diesem Sinn kann von allen Staatsorganen wahrgenommen werden.[44]

Soweit gewisse Einwirkungen der anderen Staatsgewalten, insbesondere der Exekutive, auf die Ausstattung der Gerichte direkt oder indirekt die Möglichkeit zur Beeinflussung der Rechtsprechung beinhalten, sind diese Teile der Justizverwaltung der Gerichtsbarkeit selbst vorzubehalten. Diesbezüglich kann man von der *Selbstverwaltung im engeren Sinn*[45] (Kern der Selbstverwaltung) sprechen. Als Ausgangspunkt kann dabei die Formel von Eichenberger dienen, wonach dazu alles Verwalten gehört, was der Justiz um der richterlichen Unabhängigkeit willen zugeteilt werden muss.[46]

Weiter können und sollen der Justiz aber auch jene Verwaltungstätigkeiten übertragen werden, bei denen dies aus Effizienz- oder Organisationsüberlegungen als zweckmässig erscheint.[47] Ferner gehört zur Selbstverwaltung, was ihr der Verfassungs- oder Gesetzgeber zuteilt, ohne dass dies aus Gründen der Unabhängigkeit zwingend notwendig wäre. Diese Ausprägung der Selbstverwaltung kann man der *Selbstverwaltung im weiteren Sinn* zuordnen.[48]

---

[42] *Eichenberger* (Anm. 31), S. 33; zum Verwaltungsbegriff siehe etwa *Pierre Tschannen / Ulrich Zimmerli / Markus Müller,* Allgemeines Verwaltungsrecht, 3. Aufl. Bern 2009, § 1 N. 7 ff.

[43] *Kiener* (Anm. 16), S. 292; vgl. zum Begriff der Justizverwaltung auch *Hans Wipfli,* Justizielle Selbstverwaltung, in: Benjamin Schindler / Patrick Sutter (Hrsg.), Akteure der Gerichtsbarkeit, Zürich / St. Gallen 2007, S. 122 f.

[44] Vgl. auch *Paul Tschümperlin,* Art. 25 N. 2, in: Marcel Alexander Niggli / Peter Uebersax / Hans Wiprächtiger (Hrsg.), Bundesgerichtsgesetz, Basel 2008. Walter Haller bezeichnet dies als «Justizverwaltung in einem weiteren Sinn» (*Walter Haller,* Stellung der Gerichte in Bausachen im Kanton Zürich. Rechtsgutachten zuhanden des Obergerichts des Kantons Zürich, Justice – Justiz – Giustizia 2009/4, N. 7).

[45] Haller bezeichnet dies als «Justizverwaltung im engeren Sinn» (*Haller* [Anm. 44] N. 9).

[46] *Eichenberger* (Anm. 31), S. 42.

[47] Vgl. dazu *Eichenberger* (Anm. 31), S. 42; siehe auch *Kiss / Koller* (Anm. 29), N. 32 f., welche diese Formel aufgreifen.

[48] Haller bezeichnet dies als «Selbstverwaltung», was mit dem Gegenstand seines Beitrags zu tun haben dürfte, der darin bestand, den Umfang der Selbstverwaltung gemäss der Kantonsverfassung des Kantons Zürich zu bestimmen (*Haller* [Anm. 44], N. 28).

Die *Grenze* zwischen der Selbstverwaltung im engeren und weiteren Sinn verläuft *fliessend* und lässt sich (noch) nicht abstrakt formulieren. Regelmässig der Selbstverwaltung zugeordnet werden die Schaffung und Erhaltung der Sachmittel (insb. Gebäude, Räume, Informatik), die Bewirtschaftung der personellen Mittel (z.B. Einstellung, Entlassung, Versetzung, Beförderung des nichtrichterlichen Personals einschliesslich der Dienstaufsicht, Weiterbildung, Dienstbetrieb),[49] die Verwaltung der finanziellen Mittel sowie die Geschäftsverteilung.[50]

Zu diesen *Elementen der justiziellen Selbstverwaltung* kommt zunehmend ein weiteres – nämlich die finanziellen Ressourcen nicht nur selbst zu verwalten, sondern diese gegenüber dem budgetkompetenten Organ selbständig zu beantragen und über die Verwendung direkt Rechenschaft abzulegen.[51] Denn bekanntlich kann die Funktionsfähigkeit eines Gerichts massgeblich darunter leiden, dass ihm nicht genügend Ressourcen zur Verfügung gestellt werden. Die immer noch häufig anzutreffende Konstellation, wonach Gerichte ihre Budgetanträge bei der Regierung stellen müssen, birgt denn auch die latente Gefahr, dass die Gerichte im Ressourcenverteilkampf (z.B. bei Budgetkürzungen) unterliegen. Für Röhl ist die Übertragung von Finanzkompetenzen auf die Gerichte gar Voraussetzung für einen nachhaltigen Umgang mit der Ressourcenverknappung: Weil die finanziellen Ressourcen zum zentralen Managementinstrument geworden seien, müssten zur Selbstverwaltung diese Kompetenzen der Haushaltsführung gehören.[52] Damit wird letztlich eine der Grundideen der neuen Steuerungsmodelle umgesetzt: nämlich Aufgaben, Befugnisse und Verantwortung in Übereinstimmung zu bringen.[53] Die finanzielle Ausstattung der Gerichtsbarkeit sollte zudem nicht vom Wohlwollen der Regierung abhängen, deren Verwaltungstätigkeit von den Gerichten kontrolliert wird.[54] Allerdings ist es verfrüht, das

---

[49] Vgl. Fachbericht «NEF und Gerichte» (Anm. 6), S. 20.

[50] *Kiss / Koller* (Anm. 29), N. 38.

[51] *Kiss / Koller* (Anm. 29), N. 35; *Kiener* (Anm. 16), S. 293, mit weiteren Hinweisen in Fn. 270.

[52] *Röhl* (Anm. 35), S. 246 und 250; siehe dazu auch die Aussage eines Justizsenators, wonach «bei der Verteilung von Personal und Haushaltsmitteln [...] die ‹Entscheidung vor Ort› häufig sachgerechter als die Einschätzung der Zentrale» sei (*Till Steffen,* Diskussionsprozess zur Autonomie der Justiz in Hamburg angestossen, Deutsche Richterzeitung 2008 S. 229).

[53] Vgl. *Röhl* (Anm. 35), S. 247 m.w.H.

[54] Siehe allgemein *Kiener* (Anm. 16), S. 293; vgl. auch *Eichenberger* (Anm. 31), S. 44 f.

Budgetantragsrecht der Gerichte in den Kreis der Justizverwaltung im engeren Sinn zu rücken. Fest steht lediglich, dass es sich gerade in Zeiten der Ressourcenknappheit in diese Richtung bewegt.

Justizielle Selbstverwaltung ist dabei aber keinesfalls Selbstzweck, sondern dem Ziel verpflichtet, die *Rechtsprechungsfunktion zu gewährleisten*.[55] Das Recht zur Selbstverwaltung ist verbunden mit der Pflicht, diese optimal auszugestalten. Dieser Verpflichtung müssen die Gerichtsleitungen nachkommen, welche dazu berufen sind, die Funktionsfähigkeit der Gerichte sicherstellen. Dabei gilt: Je ausgeprägter das Selbstverwaltungsrecht ist, desto anspruchsvoller werden die Aufgaben im Bereich des Justizmanagements.

3. Zur Ausgestaltung der Selbstverwaltung auf Bundesebene, in den Kantonen und im Ausland

3.1 Auf Bundesebene

Die Justizverfassung der Eidgenossenschaft zeichnet sich im Gegensatz zu den Normen bezüglich der beiden anderen Gewalten des Bundes durch Konzentration und Knappheit aus. Die Bundesverfassung und die damit verbundene Justizreform vom 12. März 2000 haben indessen zu einigen Neuerungen in Bezug auf die *institutionelle Unabhängigkeit* geführt. So wird dieser Grundsatz nun ausdrücklich in Art. 191c BV festgehalten. Unter der alten Bundesverfassung war er dem ungeschriebenen Verfassungsrecht zugeordnet und nur in einem Teilsatz auf Gesetzesstufe verankert (Art. 21 Abs. 3 OG[56] unter der Marginalie «Verhältnis zur Bundesversammlung»). Art. 191c BV gilt für Bund und Kantone und lässt den Gerichten jene institutionelle Stellung zukommen, die in Art. 30 Abs. 1 BV grundrechtlich vorausgesetzt wird.[57] Weiter wurde das für die institutionelle Unabhängigkeit wesentliche *Selbstverwaltungsrecht des Bundesgerichts* gestärkt und neu ebenfalls auf Verfassungsstufe festgeschrieben (Art. 188 Abs. 3 BV).[58] Die Organisation des Bundesgerichts wird indessen durch das Gesetz bestimmt (Art. 188

---

55 Vgl. dazu *Wolfgang Hoffmann-Riem*, Gewaltenteilung – mehr Eigenverantwortung für die Justiz?, Deutsche Richterzeitung 2000 S. 19.

56 Bundesgesetz vom 16.12.1943 über die Organisation der Bundesrechtspflege (Bundesrechtspflegegesetz, OG; BS 3 531).

57 *Gerold Steinmann*, Art. 191c N. 2 f. m.w.H., in: Ehrenzeller et al. (Anm. 29).

58 In der Bundesverfassung von 1874 hiess es dazu lediglich, dass das Bundesgericht seine Kanzlei bestelle (Art. 109 BV 1874 [BS 1 3]).

Abs. 2 BV). Das Bundesgerichtsgesetz bestätigt das verfassungsrechtlich gewährleistete Selbstverwaltungsrecht (Art. 13 und 25 BGG) und trägt dem Bundesgericht zugleich auf, seine Organisation selbst zu bestimmen (Art. 13 BGG). Das Bundesgericht kann demnach seine Organisation im Rahmen des gesetzlich vorgegebenen Umfangs (siehe v.a. die Art. 14–28 BGG) selber regeln.

Als wichtiger Teilgehalt der Selbstverwaltung führte die Justizreform auf Bundesebene dazu, dass das Bundesgericht sein *Budget* – wie auch dasjenige des Bundesverwaltungsgerichts und des Bundesstrafgerichts – selbständig vor der Bundesversammlung vertreten kann. Zuvor kam diese Kompetenz dem Bundesrat zu. Dieses Budgetantragsrecht wurde noch vor dem Erlass des Bundesgerichtsgesetzes in Art. 142 Abs. 3 und 162 ParlG[59] auf Gesetzesstufe geregelt.[60]

Zudem kann das Bundesgericht neu auch die *Anzahl seiner Mitarbeitenden* selbst festlegen (Art. 25 Abs. 2 BGG). Zuvor bestimmte die Bundesversammlung die Anzahl der bewilligten Stellen für sämtliches juristisches Personal.[61] Die Anzahl der Richterstellen wird indessen weiterhin durch die Bundesversammlung festgelegt (Art. 1 Abs. 3 und Abs. 5 BGG).

Speziell geregelt wird nunmehr auch das *Immobilien- und Logistikmanagement:* Gemäss dieser Regelung ist das Eidgenössische Finanzdepartement für Fragen der Wirtschaftlichkeit und der Bautechnik zuständig, das Bundesgericht hingegen für funktionale Fragen zum Betrieb (Art. 25a Abs. 1 BGG).[62] Im Gegensatz zur Beschaffung der Immobilien deckt das Bundesgericht seinen Bedarf an Gütern und Dienstleistungen im Bereich der Logistik selbständig (Art. 25a Abs. 2 BGG).

Das Bundesgericht – und damit auch dessen Selbstverwaltung und -organisation – untersteht nicht etwa einer direkten Aufsicht, sondern lediglich – aber immerhin – der *Oberaufsicht* durch die Bundesversammlung (Art. 3 Abs. 1 BGG). Bei dieser handelt es sich um eine gewaltenübergreifende bzw. interorgan ausgestaltete Organaufsicht; dies im Gegensatz zur direkten intraorganen Dienstaufsicht. Oberaufsicht zeichnet sich dadurch aus, dass sie sich im Wesentlichen auf die Gesamtsicht konzentriert und von einer

---

[59] Bundesgesetz vom 13.12.2002 über die Bundesversammlung (Parlamentsgesetz, ParlG; SR 171.10).

[60] Vgl. dazu Parlamentarische Initiative Parlamentsgesetz (PG), Bericht der Staatspolitischen Kommission des Nationalrates vom 1.3.2001 (BBl 2001 3467 S. 3608).

[61] Art. 7 Abs. 1 OG; *Rudolf Ursprung / Dorothea Riedi Hunold,* Art. 13 N. 14, in: Niggli / Uebersax / Wiprächtiger (Anm. 44).

[62] *Paul Tschümperlin,* Art. 25a N. 1 f., in: Niggli / Uebersax / Wiprächtiger (Anm. 44).

gewissen Distanz geprägt ist. Das Parlament soll deshalb grundsätzlich bloss eine Art Tendenzkontrolle oder Plausibilitätsprüfung vornehmen.[63] Oberaufsicht soll die Funktionsfähigkeit der Judikative auf politischer Ebene sicherstellen. Dies im Gegensatz zum im Rahmen der Selbstverwaltung betriebenen Justizmanagement, welches das Funktionieren der Judikative auf der Umsetzungsebene gewährleisten soll.[64]

Bei der *Aufsicht* des Bundesgerichts über das Bundesverwaltungsgericht bzw. über das Bundesstrafgericht (Art. 1 Abs. 2 BGG)[65] handelt es sich zwar nicht um eine gewaltenübergreifende Aufsicht, jedoch ist sie aufgrund der richterlichen Unabhängigkeit dennoch beschränkt und soll nach der für die eidgenössischen Gerichte gewählten Konzeption nicht eine fachliche Aufsicht sein.[66] Die Intensität der bundesgerichtlichen Aufsicht ist indessen wesensgemäss engmaschiger, als dies bei der parlamentarischen Oberaufsicht der Fall ist.[67]

Wie die Selbstverwaltung und -organisation des Bundesgerichts ausgestaltet ist, wird im Bundesgerichtsgesetz nur ansatzweise festgelegt (siehe v.a. Art. 14–28 BGG). Das Bundesgericht kann diese dementsprechend weitgehend selbst bestimmen und erlässt die hierfür notwendigen *Reglemente* (Art. 13 und Art. 15 Abs. 1 Bst. a BGG).[68] Die Ausgestaltung der Selbstverwaltung und -organisation ist dabei einerseits auf eine wirksame und effiziente Gewährleistung der Rechtsprechungsfunktion auszurichten.[69] Anderseits ist dabei die richterliche Unabhängigkeit auch im Innenverhältnis zu respektieren.[70]

Ein interessantes Beispiel für die konkrete Ausgestaltung eines Kontrollinstruments sowohl innerhalb eines Gerichts wie auch gewaltenübergreifend bildet das gestützt auf die Verordnung der Bundesversammlung vom 23. Juni

---

[63] *Lienhard* (Anm. 17), N. 8.

[64] *Lienhard* (Anm. 17), N. 83.

[65] Das Selbstverwaltungs- und Selbstorganisationsrecht ist auch bezüglich dieser beiden Gerichte gewährleistet (siehe Art. 14 und Art. 27 des Bundesgesetzes vom 17.6.2005 über das Bundesverwaltungsgericht [Verwaltungsgerichtsgesetz, VGG; SR 173.32] bzw. Art. 13 und 23 des Bundesgesetzes vom 4.10.2002 über das Bundesstrafgericht [Strafgerichtsgesetz, SGG; SR 173.71]).

[66] *Paul Tschümperlin,* Die Aufsicht des Bundesgerichts, SJZ 105 (2009) S. 233; vgl. dazu auch *Bandli* (Anm. 14), S. 202 ff.

[67] Siehe dazu im Einzelnen *Tschümperlin* (Anm. 66), S. 235 ff.

[68] Siehe insbesondere das Reglement vom 20.11.2006 für das Bundesgericht (BGerR; SR 173.110.131).

[69] Siehe dazu *Lienhard* (Anm. 17), N. 29.

[70] Vgl. *Walter* (Anm. 24), N. 10.

2006 über die Richterstellen am Bundesgericht[71] geschaffene und unter dem Aspekt der institutionellen Unabhängigkeit kritisierte[72] *Controllingverfahren*[73] des Bundesgerichts. Eine nähere Analyse führte zum Schluss, dass das Controllingkonzept des Bundesgerichts den rechtsstaatlichen Anforderungen zu genügen vermag.[74]

3.2   Auf kantonaler Ebene

Auch auf der kantonalen Ebene wurden in den letzten Jahren zahlreiche *Reformen* durchgeführt. Derzeit sehen 21 von 26 Kantonsverfassungen eine dem Art. 191c BV entsprechende Unabhängigkeit der Gerichte vor. In 10 Kantonen wird das Selbstverwaltungsrecht der Gerichte explizit auf Verfassungsstufe verankert. Es ist eine klare Tendenz zur *Stärkung der Selbstverwaltung* festzustellen. In einigen Kantonen wurden in diesem Zusammenhang auch Führungsinstrumente im Sinne des New Public Managements eingeführt.[75]

Im *Kanton Zürich* besteht zwar seit der Regenerationsverfassung von 1831 eine ausgeprägte Eigenständigkeit der Justizverwaltung. Ein unlängst erschienenes Gutachten zum Inhalt des auf Verfassungsstufe angelegten Selbstverwaltungsrechts der Gerichte kam sogar zum Schluss, dass den Gerichten von Verfassungs wegen die Zuständigkeit für den Bau und Unterhalt von Liegenschaften zukommt.[76] Als weiteres Beispiel für die Stärkung der justiziellen Selbstverwaltung sei der *Kanton Solothurn* genannt, in welchem seit 2005 ein selbständiges Budgetantragsrecht der Justiz gegenüber dem

---

[71]   SR 173.110.1.

[72]   Siehe *Ursprung / Riedi Hunold* (Anm. 61), N. 5 m.w.H.

[73]   Unter Controlling ist nicht bloss eine einfache Kontrolle zu verstehen, sondern ein «Instrumentarium zur laufenden Unterstützung des gesamten Führungsprozesses (Zielfestlegung, Planung, Entscheidung, Steuerung, Überwachung)» (*Andreas Lienhard*, Staats- und verwaltungsrechtliche Grundlagen für das New Public Management in der Schweiz, Analyse – Anforderungen – Impulse, Bern 2005, S. 48 m.w.H.).

[74]   *Andreas Lienhard*, Controllingverfahren des Bundesgerichts, Justice – Justiz – Giustizia 2007/2; vgl. dazu auch *Luzius Wildhaber,* Justizmanagement und Unabhängigkeit der Justiz. Richtertagung des Bundesverwaltungsgerichts vom 4.3.2009 in Solothurn, Justice – Justiz – Giustizia 2009/3 N. 18 f.

[75]   Siehe für eine Übersicht *Lienhard* (Anm. 17) mit diversen Beispielen; siehe auch Regierungsrat (Anm. 6), S. 9; *Hans Wipfli,* Justizmanagement am Beispiel eines Steuergerichts, Struktur, Organisation und Führung, KPM-Schriftenreihe Nr. 13, Bern 2006, S. 22 ff.

[76]   *Haller* (Anm. 44).

Parlament besteht.[77] Erwähnt sei ferner der *Kanton Luzern,* in welchem sich das Obergericht und die ihm unterstellten Gerichte und Dienststellen (mit Ausnahme der Friedensrichter und der Betreibungsämter) jährlich je einen Leistungsauftrag erteilen, welcher insbesondere die zu erbringenden Leistungen (Ziele mit Kennzahlen), das zur Verfügung stehende Globalbudget und die allgemeinen Rahmenbedingungen umfasst.[78] Im *Kanton Aargau* schliesst die Verwaltungskommission (Leitungsorgan der Gerichte) mit den Verantwortlichen Jahreskontrakte ab (aufgeteiltes Budget mit Finanzkennzahlen und Fallzahlen) und ermöglichen ein Fallpunktierungssystem (Obergericht) bzw. ein Belastungssystem (Bezirksgerichte) eine transparente Ressourcenzuteilung.[79] Hervorzuheben ist schliesslich die neue Verfassung des *Kantons Freiburg* vom 16. Mai 2004, welche zur Stärkung der institutionellen Unabhängigkeit soweit ersichtlich als einzige Kantonsverfassung eine Richterwahl auf Lebzeiten vorsieht (Art. 121 Abs. 2 KV FR).

Darüber hinaus wird in *verschiedenen Kantonen* über neue Formen der Gerichtsaufsicht und die Einführung von sogenannten Justizräten diskutiert, welche nach dem Vorbild des französischen Conseil (Supérieur) de la Magistrature gewaltenübergreifend und multidisziplinär zusammengesetzt sind und verschiedene Aufgaben an der Schnittstelle zwischen Aufsicht und Oberaufsicht wahrnehmen. Einige Kantone[80] haben dieses Modell sogar bereits umgesetzt.[81]

3.3 Auf europäischer Ebene

Auch in vielen anderen europäischen Ländern finden oder fanden Justizreformen statt. Insbesondere in *Deutschland* wird seit einigen Jahren eine

---

77 § 60^{quater} Abs. 1 Bst. c des Gesetzes vom 13.3.1977 über die Gerichtsorganisation (BGS 125.12).

78 *Lienhard* (Anm. 17), N. 60.

79 *Lienhard* (Anm. 17), N. 60 mit weiteren Beispielen.

80 Dazu gehören die Kantone Freiburg, Genf, Tessin und Jura (siehe dazu die Beiträge für diese Kantone in Justice – Justiz – Giustizia 2009/2).

81 *Lienhard* (Anm. 17), N. 22, mit weiteren Hinweisen; siehe auch *Antoinette de Weck,* Election, réélection et surveillance: rencontre des pouvoirs judiciaire et politique, Justice – Justiz – Giustizia 2008/4; *Dick F. Marty,* Qui a peur du Conseil de la magistrature?, Justice – Justiz – Giustizia 2009/2; *Pierre Zappelli,* Le Conseil Supérieur de la Magistrature: instrument pour l'indépendance des magistrats, Justice – Justiz – Giustizia 2009/2, sowie die weiteren in der Ausgabe von Justice – Justiz – Giustizia 2009/2 publizierten Beiträge.

breite Debatte über Neuerungen im Bereich der Justizverwaltung geführt.[82] So hat beispielsweise die Freie und Hansestadt Hamburg mit dem Projekt «Justiz 2000» eine umfassende Reform der Gerichte und der Justizbehörden durchgeführt. Dadurch wurden insbesondere die Sachmittel- und Personalkostenbudgets auf die Gerichte und die Staatsanwaltschaft zur eigenverantwortlichen Bewirtschaftung übertragen.[83] Eine noch weitergehende Verselbständigung der Hamburger Justiz und eine Übertragung von diversen operativen Aufgaben vom Justizministerium auf die Gerichte werden derzeit diskutiert.[84] Ebenso wurden beispielsweise in den Bundesländern Niedersachsen und Sachsen-Anhalt entsprechende Reformprojekte durchgeführt.[85]

Hervorgehoben seien auch etwa die in den *Niederlanden* vorgenommenen Anstrengungen im Bereich der Qualitätssicherung und -entwicklung. Darin enthalten sind auch Elemente der institutionellen Unabhängigkeit.[86]

Zu erwähnen ist schliesslich die Arbeit der *Commission européenne pour l'efficacité de la justice (CEPEJ)*, die 2002 durch den Europarat gegründet worden ist. Die CEPEJ hat zum Ziel, die Effizienz und das Funktionieren der Justiz in den Mitgliederländern zu erhöhen. Hierfür definiert die Kommission Kriterien und gibt Empfehlungen ab.[87]

---

[82] Siehe dazu *Thomas Gross,* Selbstverwaltung der Gerichte als Voraussetzung ihrer Unabhängigkeit, Justice – Justiz – Giustizia 2007/2. In Bezug auf die Situation in Deutschland forderte Paulus van Husen in einem berühmt gewordenen Aufsatz aber bereits 1953 mehr Unabhängigkeit für die Gerichte (*Paulus van Husen,* Die Entfesselung der dritten Gewalt, AöR 78 [1952/53] S. 49 ff.); zur aktuellen Debatte in Deutschland siehe *Michael Gressmann,* Gerechtigkeit braucht eine starke Justiz, Justice – Justiz – Giustizia 2009/4 N. 6, wo festgehalten wird, dass eine hinreichende Autonomie notwendig für eine starke Justiz sei.

[83] Zum ganzen Projekt: *Diether Schönfelder,* Modernisierung der Gerichtsverwaltung in Deutschland am Beispiel des Hamburger Projekts «Justiz 2000», in: Kettiger (Anm. 13), S. 113 ff.

[84] Vgl. dazu *Geert Mackenroth,* Selbstverwaltung der Justiz – Zwischenbilanz in Frageform, Deutsche Richter Zeitung 2009 S. 81 f.

[85] Siehe dazu «Fachbericht NEF und Gerichte» (Anm. 6), S. 16.

[86] *Lienhard* (Anm. 17), N. 77, mit weiteren Hinweisen insbesondere auf *Philip Langbroek,* Entre responsabilisation et indépendance du magistrat: La réorganisation du système judiciaire des Pays-Bas, Revue française d'administration publique 2008 S. 67 ff.

[87] Résolution Res(2002)12 établissant la CEPEJ (www.coe.int/cepej, Rubriken «français» / «Documents CEPEJ»); siehe auch *Lienhard* (Anm. 17), N. 76 m.w.H.

4. Selbstverwaltung im Kanton Bern

4.1 Verfassungsrechtlicher Rahmen

Die institutionelle Unabhängigkeit erfährt durch die jüngsten Reformen im Kanton Bern *grundlegende Änderungen*. Zu den Zielen dieser Reformen zählt die «Verwirklichung der institutionellen Unabhängigkeit der Gerichtsbehörden und der Staatsanwaltschaft, indem die Gerichtsbarkeit ihr Budget selbständig vor dem Grossen Rat vertritt und sich selbst verwalten kann.»[88] Damit verbunden sind die Einführung eines neuen Steuerungsmodells für die Gerichte, eine für die gesamte Gerichtsbarkeit (sowie für die Staatsanwaltschaft) eingesetzte Justizleitung sowie wirkungs- und effizienzorientierte Organisationsstrukturen und Führungsinstrumente für die Gerichte.[89]

Dabei stellte sich vorweg die Frage nach dem verfassungsrechtlichen Rahmen der institutionellen Unabhängigkeit im Kanton Bern:[90] Die bernische Verfassung sieht die Gewaltenteilung (Art. 66 KV) wie auch die Unabhängigkeit der Gerichte (Art. 26 Abs. 1 und Art. 97 Abs. 1 KV)[91] explizit vor. Indessen lässt sich aus der Verfassung «keine Regelung [...] zur Frage der Kompetenzen der Gerichte auf dem Gebiet der Gerichtsverwaltung» ableiten.[92] Dies im Unterschied etwa zur Bundesverfassung (Art. 188 Abs. 3 BV) oder zur Verfassung der Kantone Zürich und Aargau,[93] welche den Gerichten ausdrücklich ein Selbstverwaltungsrecht einräumen. Der bernische Verfassungsgeber ist demzufolge davon ausgegangen, dass diese Fragen *auf Gesetzesstufe* zu regeln sind.[94] Damit ist die Ausgestaltung der Verwaltung der Gerichtsbarkeit im Kanton Bern lediglich an den allgemeinen Regeln der

---

[88] Vortrag GSOG (Anm. 3), S. 9.

[89] Dazu ausführlich Ziff. 5.

[90] Zum bundesrechtlichen Rahmen siehe *Frédéric Kohler,* Rechtliche Umsetzung von Reformprojekten in der Gerichtsverwaltung am Beispiel des Obergerichts des Kantons Bern, Masterarbeit vom 15.10.2007 (www.jgk.be.ch, Rubriken «Gerichte [...]» / «Obergericht» / «Justizreform» / «Rechtliche Umsetzung [...]», S. 20 f.

[91] Grundrechtlicher bzw. institutioneller Aspekt.

[92] Vortrag GSOG (Anm. 3), S. 12; vgl. *Wipfli* (Anm. 43), S. 117 f.

[93] Art. 73 Abs. 3 der Verfassung des Kantons Zürich vom 27.2.2005 (KV-ZH; LS 101); § 96 Abs. 1 der Verfassung des Kantons Aargau vom 25.06.1980 (KV-AG; SAR 110.000).

[94] Vortrag GSOG (Anm. 3), S. 12 ff.; *Urs Bolz,* Materialien und Kommentare, in: Walter Kälin / Urs Bolz (Hrsg.), Handbuch des bernischen Verfassungsrechts, Bern 1995, Art. 97 N. 1b.

institutionellen Unabhängigkeit zu messen und nicht an einem verfassungs-rechtlich bestimmten Begriff der Selbstverwaltung.[95]

Im Rahmen der Justizreform 2 ging es darum, die institutionelle Unab-hängigkeit zu «stärken»[96] und den Gerichten deutlich mehr Kompetenzen im Bereich der Selbstverwaltung einzuräumen. Die entsprechenden Neuerun-gen erfolgten innerhalb der offenen Verfassungsvorgaben mit dem GSOG, welches mithin nun einen gesetzlich festgelegten *Verwaltungsvorbehalt der Justiz* enthält.[97]

4.2 Bisherige Ausgestaltung

Die Organisation der bernischen Gerichtsbarkeit war bisher nicht einheitlich geregelt.[98] Die *Gerichtsorganisation und -verwaltung* der bernischen Gerich-te wurde bis anhin primär durch das GOG[99] und das VRPG[100] bestimmt. Ne-ben diesen beiden Gesetzen waren gewisse Organisationsfragen in Spezialer-lassen geregelt, wie insbesondere im kantonalen Strassenverkehrsgesetz[101], im Gesetz über die Steuerrekurskommission[102], im Enteignungsgesetz[103] oder im Gesetz über das Verfahren bei Boden- und Waldverbesserungen[104].

Mit der *Oberaufsicht* über die Gerichtsbehörden waren bisher zwei gross-rätliche Kommissionen betraut: Die Justizkommission war insbesondere für die Beratung des jährlich zu erstellenden Geschäftsberichts der obersten kantonalen Gerichte (Art. 23 Abs. 1 GRG[105]) und die Vorbereitung der Rich-terwahlen (Art. 23 Abs. 4 GRG) zuständig; die Behandlung des Voranschlags

---

[95] Für den Kanton Zürich kommt *Haller* (Anm. 44) N. 28 zum Schluss, dass das in Art. 73 Abs. 3 KV-ZH vorgesehene Selbstverwaltungsrecht über die Selbstverwaltung im engeren Sinn (siehe dazu Anm. 44) hinausgeht.

[96] Siehe z.B. Vortrag GSOG (Anm. 3), S. 4, 11.

[97] Siehe dazu Ziff. 2.2.

[98] Vgl. Vortrag GSOG (Anm. 3), S. 7.

[99] Gesetz vom 14.3.1995 über die Organisation der Gerichtsbehörden in Zivil- und Strafsachen (GOG; BSG 161.1).

[100] Gesetz vom 23.5.1989 über die Verwaltungsrechtspflege (VRPG; BSG 155.21).

[101] Kantonales Strassenverkehrsgesetz vom 27.3.2006 (KSVG; BSG 761.11).

[102] Gesetz vom 23.11.1999 über die Steuerrekurskommission (StRKG; BSG 661.611).

[103] Gesetz vom 3.10.1965 über die Enteignung (BSG 711.0).

[104] Gesetz vom 16.6.1997 über das Verfahren bei Boden- und Waldverbesserungen (VBWG; BSG 913.1) bzw. Verordnung vom 5.11.1997 über das Verfahren bei Boden- und Waldverbesserungen (VBWV; BSG 913.111).

[105] Gesetz vom 8.11.1988 über den Grossen Rat (GRG; BSG 151.21).

der Gerichte war der Steuerungskommission übertragen (Art. 21 Abs. 2 Bst. c GRG).[106]

Zwar wurden die personellen und finanziellen Ressourcen weitgehend von den Gerichtsbehörden bewirtschaftet.[107] Wesentliche Elemente der *Justizverwaltung* waren indessen bisher beim Regierungsrat bzw. der Justiz-, Gemeinde- und Kirchendirektion angesiedelt. Innerhalb dieser Direktion war primär das Amt für Betriebswirtschaft und Aufsicht für die Bereiche der Justiz zuständig.[108] Zu den Aufgaben gehörten gewisse Teile des Finanzhaushalts- und Rechnungswesens, des Personalwesens sowie die Bereiche Raum und Informatik.[109] Das Budget der Gerichtsbarkeit wurde bisher vom Regierungsrat als Bestandteil des Gesamtbudgets dem Grossen Rat unterbreitet und vor diesem vertreten,[110] auch wenn die Gerichtsbehörden gemäss Art. 85 FLG[111] eine besondere Rechnung (d.h. eine als Teil des Aufgaben- und Finanzplans und des Voranschlags besonders ausgewiesene Rechnung) führten. Die Anzahl der nötigen Kammerschreiberinnen am Verwaltungsgericht und am Obergericht legte bisher der Grosse Rat fest.[112] Die Zuteilung der Gerichtsschreiber im Bereich der Zivil- und Strafgerichtsbarkeit auf die einzelnen Gerichtskreise oblag dem Regierungsrat.[113]

Immerhin wurde die *Selbstverwaltung* in jüngerer Zeit im Rahmen der gesetzlichen Vorgaben stetig weiterentwickelt: So wurde 2002 eine während Jahrzehnten geltende Regelung angepasst, wonach Inspektorinnen der Justiz-, Gemeinde- und Kirchendirektion im Namen des Obergerichts die Aufsicht über die unteren Organe der Zivil- und Strafrechtspflege wahrgenommen hatten. Aus Überlegungen der Gewaltenteilung wurde diese Aufgabe

---

[106] Vgl. dazu *Sandra Deutsch / Christian Wissmann,* Neuerungen im Verhältnis zwischen Parlament und Justiz im Kanton Bern, Parlament, Parlement, Parlamento, 1/09, S. 17.

[107] Regierungsrat (Anm. 6), S. 8.

[108] Art. 2 Abs. 1, Art. 10 und Art. 12 der Verordnung vom 18.10.1995 über die Organisation und die Aufgaben der Justiz-, Gemeinde- und Kirchendirektion (Organisationsverordnung JGK; OrV JGK; BSG 152.221.131). Für Fragen der räumlichen Infrastruktur war das Amt für Grundstücke und Gebäude der Bau-, Verkehrs- und Energiedirektion zuständig.

[109] Siehe dazu Art. 10f OrV JGK.

[110] Vortrag GSOG (Anm. 3), S. 11; der bisherige Budgetprozess basierte weitgehend auf einer «einvernehmlichen Praxis» (Regierungsrat [Anm. 6], S. 8).

[111] Gesetz vom 26.3.2002 über die Steuerung von Finanzen und Leistungen (FLG; BSG 620.0).

[112] Art. 123 Abs. 2 VRPG bzw. Art. 15 Abs. 2 GOG.

[113] Art. 27 Abs. 1 GOG; siehe dazu Verordnung vom 3.7.1996 über die Zuteilung der Gerichtsschreiberinnen und Gerichtsschreiber auf die Gerichtskreise (BSG 165.111).

dem Obergericht übertragen.[114] Von zentraler Bedeutung war im Weiteren die sogenannte Delegationsverordnung[115], mit welcher die Justiz-, Gemeinde- und Kirchendirektion gewisse Personalkompetenzen bezüglich der Mitarbeitenden der erstinstanzlichen Zivil- und Strafgerichte an die Gerichtsbarkeit delegierte. Gemäss der Personalgesetzgebung waren ferner das Obergericht, das Verwaltungsgericht und die übrigen verwaltungsunabhängigen Verwaltungsjustizbehörden Anstellungsbehörde.[116] Soweit die Gerichte Mittel zugeteilt erhielten, konnten sie diese bereits bisher teilweise selbst verwalten.[117] Die Ausgabenbefugnisse des Verwaltungs- und des Obergerichts wurden jedoch bisher vom Regierungsrat bestimmt.[118] Aus diesem Grund konnte insgesamt bis zu einem gewissen Grad von einer «gerichtlichen Selbstverwaltung» gesprochen werden.[119]

Analoges gilt für die *Selbstorganisation:* Das Gesetz gab zwar einen Rahmen vor, indem es beispielsweise die Gliederung des Verwaltungsgerichts und des Obergerichts in verschiedene Abteilungen (Art. 119 Abs. 2 VRPG und Art. 11 GOG) vorsieht. Im Einzelnen wurde die Selbstorganisation indessen mittels Geschäfts- und Organisationsreglementen durch das Plenum des Verwaltungs- bzw. des Obergerichts geregelt (Art. 129 Abs. 2 VRPG und Art. 10 Ziff. 3 GOG). In beiden Gerichten kamen dabei dem Plenum zahlreiche Verwaltungsaufgaben zu und waren die Verwaltungskommission des Verwaltungsgerichts bzw. die Leitung des Obergerichts mit

---

[114] Vortrag des Regierungsrates vom 3.7.2002 betreffend das Gesetz über die Organisation der Gerichtsbehörden in Zivil- und Strafsachen (GOG), Änderung, Tagblatt des Grossen Rates 2002, Beilage 36, S. 2.

[115] Art. 3 und 4 der Direktionsverordnung vom 1.6.1999 über die Delegation von Befugnissen der Justiz-, Gemeinde- und Kirchendirektion (DelDV JGK; BAG 99-44); vgl. auch Art. 3 und 4 der Direktionsverordnung vom 31.3.2006 über die Delegation von Befugnissen der Justiz-, Gemeinde- und Kirchendirektion (DelDV JGK; BSG 152.221.131.1).

[116] Art. 19 Abs. 1 des Personalgesetzes vom 16.9.2004 (PG; BSG 153.01); vgl. für das Verwaltungsgericht auch Art. 129 Abs. 2 Bst. c VRPG und Art. 4 Abs. 4 Bst. b seines Geschäftsreglements vom 6.11.2003 (BSG 162.621) sowie für das Obergericht Art. 10 Ziff. 1 Bst. e GOG und Art. 18 Abs. 1 Bst. e seines Geschäftsreglements vom 9.12.1996 (BSG 162.11).

[117] Vortrag GSOG (Anm. 3), S. 11.

[118] Art. 152 Abs. 2 der Verordnung vom 3.12.2003 über die Steuerung von Finanzen und Leistungen (FLV; BSG 621.1).

[119] Vgl. *Thomas Merkli / Arthur Aeschlimann / Ruth Herzog,* Kommentar zum Gesetz vom 23.5.1989 über die Verwaltungsrechtspflege im Kanton Bern, Bern 1997, Art. 131 N. 1; siehe auch Vortrag GSOG (Anm. 3), S. 11.

verschiedenen Tätigkeiten der Selbstverwaltung betraut. Eine konsequente, einheitliche Abgrenzung der Zuständigkeiten dieser beiden Leitungsgremien war indessen nicht auszumachen.[120] Zudem hat sich im Rahmen der Projekte RESTRUCT und REORG insbesondere auch gezeigt, dass die Plena des Obergerichts und des Verwaltungsgerichts über Kompetenzen verfügen, die durchaus auch delegiert werden können.

Trotz gewisser Verbesserungen war die institutionelle Unabhängigkeit bis anhin also *nur in Teilen umgesetzt*. Diese bisherige Lösung barg vor allem gewisse Gefahren im Bereich der notwendigen Ausstattung der Gerichte, was sich gerade in Zeiten des erhöhten Spardrucks negativ auswirken kann.[121] So griff der Regierungsrat in der Vergangenheit beispielsweise direkt in Ressourcenanliegen des Verwaltungsgerichts ein und kürzte ein Stellenbegehren für einen Kammerschreiber.[122] Differenzen gab es im Weiteren etwa bei Engpässen bezüglich Büroräumlichkeiten, die während mehrerer Jahre nicht behoben wurden.[123] Auch im Bereich der Informatik kam es zu Meinungsverschiedenheiten. Zudem zeigt der Umstand, wonach die Gerichtsbehörden nicht über eine eigene Mail-Domain verfügen, sondern bei der Justiz-, Gemeinde- und Kirchendirektion (JGK) angesiedelt sind, dass die Selbstverwaltung auch in diesem Bereich noch entwicklungsfähig ist. Grundlegende Schwierigkeiten aufgrund der Abhängigkeit der Gerichtsbarkeit vom Budget- und Finanzplanungsprozess der JGK bzw. des Regierungsrats waren indessen keine zu verzeichnen.[124]

5. Selbstverwaltung gemäss GSOG

5.1 Zielsetzungen

Neben der Stärkung der institutionellen Unabhängigkeit war es auch Ziel der Justizreform 2, eine Optimierung der Führung innerhalb der Gerichts-

---

[120] Vgl. *Kohler* (Anm. 90), S. 15; der Verwaltungskommission des Verwaltungsgerichts waren indessen sämtliche administrativen Kompetenzen übertragen, die nicht dem Plenum oder dem Präsidium oblagen (*Merkli / Aeschlimann / Herzog* [Anm. 119], Art. 131 N. 1).

[121] Siehe in Bezug auf Betreibungs- und Konkursämter auch BGE 119 III 1; vgl. dazu *Tschümperlin* (Anm. 44), N. 3.

[122] Siehe Verwaltungsbericht des Regierungsrates, der kantonalen Verwaltung und der Gerichtsbehörden für das Jahr 1998, S. 113.

[123] Siehe Verwaltungsberichte des Regierungsrates, der kantonalen Verwaltung und der Gerichtsbehörden für die Jahre 1998 (S. 113), 1999 (S. 121), 2000 (S. 128).

[124] Vgl. Regierungsrat (Anm. 6), S. 8.

barkeit durch die Einführung gewisser Elemente der neuen Verwaltungsführung (NEF) zu erreichen. Im Zusammenhang mit der Entwicklung von NEF-Elementen für die Gerichtsbarkeit wurde wiederum erkannt, dass damit eine Stärkung der administrativen Unabhängigkeit einhergehen muss.[125]

Das Gesetz vom 11. Juni 2009 über die Organisation der Gerichtsbehörden und der Staatsanwaltschaft (GSOG) soll neu die Organisationsbestimmungen sämtlicher Gerichtsbehörden enthalten und damit die unter Ziff. 4.2 aufgezeigte wenig übersichtliche Regelung in diversen Erlassen harmonisieren.[126]

Aufgrund der Veränderungen des Umfelds der bernischen Gerichte entstand der Bedarf nach einer Reform ihrer Führungsinstrumente und Organisationsstrukturen. Damit verbunden war das Ziel, ihre Leistungen auch in Zukunft zeitgerecht, effizient und in guter Qualität erbringen zu können.[127] Art. 1 Abs. 2 GSOG nimmt dies auf, indem er die Absicht bekräftigt, mit diesem Gesetz die Rahmenbedingungen für *eine effiziente Behördenorganisation und die zeitgerechte Durchführung der Verfahren* zu schaffen.

Die verfassungsrechtlich verankerte richterliche Unabhängigkeit[128] wird in Art. 4 GSOG wiederholt, womit die Bedeutung der institutionellen Unabhängigkeit unterstrichen wird.

5.2 Gerichtliche Selbstverwaltung als Grundsatz

Als wichtigste Neuerung der bernischen Justizreform im Bereich der Gerichtsverwaltung kann das neu ausgestaltete *Selbstverwaltungsrecht* betrachtet werden.

Gemäss Art. 5 Abs. 1 GSOG verwalten sich die Gerichtsbehörden[129] selbst. Dazu gehören insbesondere das eigene Budgetantragsrecht[130], die Finanzkompetenzen[131] sowie die selbständige Bewirtschaftung des Personal-

---

[125] Vortrag GSOG (Anm. 3), S. 11; vgl. auch *Gross* (Anm. 82), N. 2, für die Situation in Deutschland: «Ohne die Bestrebungen, die Instrumente des Neuen Steuerungsmodells auch auf die Justiz zu übertragen, wäre das Problem der organisatorischen Absicherung der richterlichen Unabhängigkeit wohl kaum so massiv in das Bewusstsein der Richterschaft getreten.»

[126] Vortrag GSOG (Anm. 3), S. 7.

[127] Vortrag GSOG (Anm. 3), S. 4.

[128] Siehe Ziff. 4.1 hiervor.

[129] Sowie die Staatsanwaltschaft (worauf nachfolgend nicht näher eingegangen wird).

[130] Siehe Ziff. 5.6 hiernach.

[131] Siehe Ziff. 5.5 hiernach.

wesens[132]. Auch die Güter und Dienstleistungen, die zur Aufgabenerfüllung notwendig sind, werden innerhalb des Globalbudgets[133] selbständig beschafft und verwaltet.[134] Dabei können die Gerichtsbehörden im Bereich der Selbstverwaltung zusammenarbeiten, um im Sinne eines wirtschaftlichen und sparsamen Mitteleinsatzes Synergien zu nutzen (Art. 5 Abs. 2 GSOG). Zu denken ist dabei etwa an eine gemeinsame Administration des Bibliothekwesens. Wo es sich aus Sicht der Gerichtsbehörden sodann als zweckmässig erweist, können sie bestimmte Verwaltungsaufgaben auf die Zentralverwaltung übertragen, insbesondere in den Bereichen Personaladministration sowie Finanz- und Rechnungswesen (Art. 5 Abs. 3 GSOG). Dabei treten die Gerichte als Auftraggeber auf und bestimmen die Leistungen mittels sogenannter «Service Level Agreements». Für die Bereitstellung, die Bewirtschaftung und den Unterhalt der von den Gerichtsbehörden benötigten Grundstücke und Gebäude sowie Informatik- und Kommunikationssysteme sind hingegen die zuständigen Direktionen der kantonalen Verwaltung verantwortlich (Art. 6 Abs. 1 GSOG). Die Gerichte können und müssen hierfür auf die Fachkompetenz der zuständigen Direktionen zurückgreifen.[135] Da in dieser Zuständigkeitsordnung weiterhin eine gewisse Einflussmöglichkeit der zweiten auf die dritte Gewalt liegt, mahnt der Gesetzgeber die zuständige Direktion, den Bedürfnissen der Gerichtsbehörden angemessen Rechnung zu tragen (Art. 6 Abs. 2 GSOG).[136]

5.3 Sinngemässe Anwendung der Gesetzgebung über die Steuerung von Finanzen und Leistungen

Für die Gerichte gilt das Gesetz vom 26. März 2002 über die Steuerung von Finanzen und Leistungen (FLG; BSG 620.0) *sinngemäss* (Art. 9 Abs. 1 GSOG). Mit der nur sinngemässen Geltung soll zunächst die richterliche Unabhängigkeit geschützt werden. Gewisse Grundsätze des FLG könnten nämlich in Widerspruch dazu geraten. Im Wissen um diese Problematik wurde bereits im Jahr 2000 eine Projektgruppe damit beauftragt, abzuklären, ob und gegebenenfalls wie weit sich die mit dem FLG eingeführten Elemente der wirkungsorientierten Verwaltungsführung auch auf die Ge-

---

[132] Siehe Ziff. 5.7 hiernach.
[133] Siehe Ziff. 5.4 hiernach.
[134] Vortrag GSOG (Anm. 3), S. 22.
[135] Vgl. Vortrag GSOG (Anm. 3), S. 22 für die Informatik- und Kommunikationssysteme.
[136] Der Bereich der Immobilien wird somit anders geregelt als auf Bundesebene (siehe Ziff. 3.1) und im Kanton Zürich (siehe Ziff. 3.2).

richtsorganisation übertragen lassen.[137] Diese Projektgruppe kam zwar zum Schluss, dass gewisse dieser Elemente durchaus auch für die Gerichte nutzbar sind. So ist es beispielsweise ohne weiteres möglich, die Grundsätze der Führungsorientierung, der Leistungsorientierung sowie der Kostenorientierung[138] auf die Gerichtsbehörden (und die Staatsanwaltschaft) anzuwenden.[139] Einzelne Elemente sind jedoch im Bereich der Justiz nicht umsetzbar. So steht die Wirkungsorientierung bezüglich ihrer Auswirkungen auf die Gesellschaft vor dem Problem, dass es «kaum messbare gesellschaftliche Zustände und Verhaltensweisen [gibt], die kausal und zuverlässig eine Aussage über die Zielerfüllung hinsichtlich der definierten Wirkungsziele der Gerichtstätigkeit» zulassen.[140] Ebenso wenig ist die in Art. 3 Abs. 5 Bst. c FLG vorgesehene Erlösorientierung auf die Gerichte anwendbar, weil Gerichtsbehörden allen Bürgerinnen unabhängig ihrer finanziellen Leistungsfähigkeit zugänglich sein müssen.[141]

Aus diesen Gründen erklärt Art. 9 Abs. 2 GSOG die Grundsätze der *Wirkungsorientierung* und der *Erlösorientierung* von vornherein für nicht anwendbar. Aus der «sinngemässen» Anwendbarkeit des FLG ergibt sich zudem, dass jene Bestimmungen des FLG, welche sich darüber hinaus (allenfalls auch erst in Zukunft) *wesensgemäss als nur auf die kantonale Verwaltung anwendbar* erweisen sollten, ebenfalls nicht für die Gerichte gelten sollen.[142]

5.4 Politische Steuerung

Der Grosse Rat steuert die Gerichtsbarkeit nebst der Gesetzgebung nicht mehr über das vom Regierungsrat beantragte traditionelle Budget. Vielmehr erhält er die Möglichkeit, mit dem sogenannten globalen *Produktgruppenbudget*[143] (Art. 11 Abs. 1 GSOG) die Mittel nach Zivil-, Straf- und Verwaltungsgerichtsbarkeit zu spezifizieren. Die Gerichtsbehörden bekommen auf

---

[137] Siehe dazu Hinweise in Anm. 6.
[138] Problematisch ist allerdings die Orientierung am Kostendeckungsgrad von Gerichtsverfahren (siehe dazu Fachbericht «NEF und Gerichte» [Anm. 6], S. 35).
[139] Vortrag GSOG (Anm. 3), S. 13.
[140] Fachbericht «NEF und Gerichte» (Anm. 6), S. 31 und 43.
[141] Vortrag GSOG (Anm. 3), S. 13 und 22.
[142] Vgl. Vortrag GSOG (Anm. 3), S. 22.
[143] Zum Begriff der Produktgruppe und des Produkts siehe nachfolgend unter Ziff. 5.9; zur Produktgruppenbudgetierung in der Zentralverwaltung siehe *Andreas Lienhard, Finanzverwaltungsrecht*, in: Markus Müller / Reto Feller (Hrsg.), Bernisches Verwaltungsrecht, Bern 2008, N. 40 f.

der anderen Seite eine grössere Handlungsfreiheit bezüglich ihres Ressourceneinsatzes. Zugleich werden die Verantwortlichkeiten klar geregelt (Art. 11 Abs. 2 GSOG): Das Obergericht ist für die Produktgruppe Zivil- und Strafgerichtsbarkeit und das Verwaltungsgericht für die Produktgruppe Verwaltungsgerichtsbarkeit verantwortlich.

Die Produktgruppenbudgets enthalten auch die *Ziele für den Mitteleinsatz.* Diese sind allerdings – dem Steuerungsmodell NEF entsprechend – nicht Gegenstand des Budgetbeschlusses des Grossen Rates, sondern werden lediglich zur Information aufgeführt. Damit wird dem Grundsatz der Gewaltenteilung bzw. der institutionellen Unabhängigkeit optimal Rechnung getragen.

Die Verantwortlichkeiten im Grossen Rat wurden konzentriert: Neu ist mit den Belangen der Justiz grundsätzlich die *Justizkommission* betraut. Diese ist bezüglich der Gerichtsbarkeit insbesondere zuständig für die Oberaufsicht über das Obergericht und das Verwaltungsgericht, die Beratung des Voranschlags, des Aufgaben- und Finanzplans, des Geschäftsberichts und der übrigen Finanzgeschäfte sowie für die Vorbereitung der Wahlen und Wiederwahlen der Richter (Art. 23 rev. GRG).[144]

5.5   Justizleitung

Um die institutionelle Unabhängigkeit konsequent zu verwirklichen und um die Effizienz der Abläufe sicherzustellen, mussten Strukturen geschaffen werden, welche die *Zusammenarbeit der Gerichtsbehörden* untereinander und die *Vertretung der Anliegen der Judikative* gegenüber dem Grossen Rat und der Regierung ermöglichen. Ebenso musste zur Umsetzung des Budgetantragsrechts für die gesamte Justiz ein Organ eingerichtet werden, welches die Bedürfnisse der verschiedenen Gerichtsbehörden (und der Staatsanwaltschaft) koordinieren und mit einer Stimme zum Ausdruck bringen kann. Für diese Aufgaben wurde die sogenannte Justizleitung geschaffen. Sie setzt sich aus der Präsidentin des Obergerichts, dem Präsidenten des Verwaltungsgerichts und der Generalstaatsanwältin zusammen (Art. 17 GSOG). Zur Unterstützung in den Bereichen Personaladministration, Finanz- und Rech-

---

[144]   Siehe dazu die Ergänzung zum Vortrag des Büros des Grossen Rates an den Grossen Rat zur Änderung des Gesetzes über den Grossen Rat (Grossratsgesetz; GRG) und der Geschäftsordnung für den Grossen Rat (GO) vom 5.12.2008 (Tagblatt des Grossen Rates 2009, Beilage 2, S. 6 f.); das Gesetz wurde am 19.1.2009 vom Grossen Rat angenommen (Tagblatt des Grossen Rates 2009 S. 5); vgl. auch *Deutsch / Wissmann* (Anm. 106), S. 17.

nungswesen sowie Informatik wird der Justizleitung eine gemeinsame *Stabsstelle für Ressourcen* zur Seite gestellt (Art. 19 Abs. 1 GSOG).[145]

Der Justizleitung kommen *zwei zentrale Funktionen* zu: zum einen die Gewährleistung des direkten Kontakts mit dem Grossen Rat (insbesondere bezüglich Voranschlag und Berichterstattung) sowie dem Regierungsrat und zum anderen die Koordination der Selbstverwaltung der Gerichtsbarkeit. Sie wird zu diesem Zweck über vielfältige Regelungs-, Weisungs-, Finanz- sowie Leitungs-, Verwaltungs- und Entscheidkompetenzen verfügen (siehe Art. 18 GSOG). Hingegen stehen der Justizleitung keine richterlichen Kompetenzen zu. Zunächst als reines Koordinationsgremium gedacht, ist die Justizleitung nun – vereinfacht ausgedrückt – bezüglich der Judikative vergleichbar mit dem Regierungsrat als oberstes Organ der Exekutive. Dabei stellt die Justizleitung indessen nicht etwa einen Richter(verwaltungs)rat[146] oder einen Justizrat im Sinne eines Conseil Supérieur de la Magistrature[147] dar, dem insbesondere auch Wahlbefugnisse zustünden.

Die Justizleitung nimmt grundsätzlich sämtliche *Verwaltungsaufgaben* gemäss der Gesetzgebung über die Steuerung von Finanzen und Leistungen wahr, für die bezüglich der Verwaltung der Regierungsrat zuständig ist (Art. 18 Abs. 1 Bst. g GSOG); dazu gehört namentlich auch die Festlegung der Produktstruktur.[148] Eine besonders wichtige Aufgabe der Justizleitung ist es, das gemeinsame Budget der Judikative zu erstellen (Art. 18 Abs. 1 Bst. b GSOG). Sie wird sich auf einen gemeinsamen Voranschlag einigen und nötigenfalls auch Budgetkürzungen umsetzen müssen. Die Justizleitung verfügt über gewichtige Finanzkompetenzen (neue einmalige Ausgaben bis zu einer Million Franken, neue wiederkehrende Ausgaben bis 200 000 Franken und gebundene Ausgaben; Art. 18 Abs. 2 GSOG). Zudem bestimmt die Justizleitung (und nicht mehr der Regierungsrat), welche Ausgabenbefugnisse den Gerichtsbehörden (und der Staatsanwaltschaft) zukommen sollen (Art. 18 Abs. 1 Bst. d GSOG).

Wesentlicher *Erfolgsfaktor* für das Funktionieren der Justizleitung dürfte sein, dass sich diese als Organ sieht, welches die Interessen der gesamten Justiz wahrnimmt und sich deren Mitglieder nicht als Vertreter von Partikularinteressen verstehen.[149] Die Justizleitung wird ihre Organisation und das

---

[145] Vortrag GSOG (Anm. 3), S. 23.
[146] Siehe dazu unter Ziff. 2.2 (insb. Anm. 36).
[147] Siehe dazu unter Ziff. 3.2 (insb. Anm. 80 und 81).
[148] Siehe dazu Regierungsrat (Anm. 6), S. 7; siehe zur Produktstruktur im Weiteren Ziff. 5.4 und 5.9.
[149] Vortrag GSOG (Anm. 3), S. 12.

Verfahren der Entscheidfällung durch ein Reglement selbständig regeln (Art. 17 Abs. 3 GSOG). Die Beteiligten wollen «anstreben, stets einstimmige Entscheide zu fällen»,[150] was denn auch sachlich geboten scheint.

5.6 Budgetantragsrecht

Ein wesentliches Element der Selbstverwaltung besteht wie dargelegt darin, dass die Gerichte die erforderlichen Ressourcen *selbständig beantragen und darüber verfügen* können.[151] Diese Kompetenz obliegt neu der Judikative selbst. Diese Neuerung ist von zentraler Bedeutung. Die Judikative soll selbständig über die vom Parlament bewilligten Mittel verfügen können und diese dort und dann einsetzen, wie sie es für richtig hält.[152]

Zuständig für den Budgetantrag ist die *Justizleitung* (Art. 18 Abs. 1 Bst. f GSOG).[153] Allerdings soll der verfassungsmässige Rahmen eingehalten werden, wonach der Regierungsrat die Tätigkeiten des Kantons koordiniert und plant (Art. 86 KV) und den Voranschlag und die Staatsrechnung zuhanden des Grossen Rates verabschiedet (Art. 89 KV). Das Budget der Gerichtsbarkeit (und der Staatsanwaltschaft) fliesst deshalb – nachdem es der Justizkommmission zur Kenntnis gebracht worden ist (Art. 11 Abs. 4 GSOG) – in das gesamtstaatliche Budget ein. Der Regierungsrat muss den Voranschlag der Justizleitung indessen unverändert übernehmen, wobei er diesen immerhin kommentieren kann (Art. 11 Abs. 5 GSOG).[154]

5.7 Personalkompetenzen

Wie bisher werden die Rechte und Pflichten der Mitarbeiter der Gerichtsbehörden durch die *Personalgesetzgebung* geregelt, soweit das Gesetz über die Organisation der Gerichtsbehörden und der Staatsanwaltschaft nichts anderes bestimmt (Art. 34 GSOG).[155]

---

[150] Vortrag GSOG (Anm. 3), S. 12.

[151] Siehe Ziff. 2.3 hiervor; zum Budgetprozess der Regierung im Allgemeinen siehe *Lienhard* (Anm. 143), N. 23 ff.

[152] Zur Globalbudgetierung in der Gerichtsbarkeit siehe *Lienhard* (Anm. 73), S. 43 ff. und S. 469 f.

[153] Dazu Ziff. 5.5 hiervor; zu verschiedenen geprüften Modellen siehe Regierungsrat (Anm. 6), S. 10 f. sowie *Andreas Lienhard,* Geschäftsleitungsmodell in der Gerichtsbarkeit im Kanton Bern, 20.2.2007 (www.kpm.unibe.ch/Justizforschung).

[154] Vortrag GSOG (Anm. 3), S. 22.

[155] Vgl. Art. 2 Abs. 2 PG.

Art. 19 Abs. 1 PG, wonach das Obergericht, das Verwaltungsgericht und die übrigen verwaltungsunabhängigen Verwaltungsjustizbehörden (wie schon bisher) Anstellungsbehörden sind, wird mit der Justizleitung als Anstellungsbehörde des administrativen Personals ergänzt. Das Obergericht und das Verwaltungsgericht vollziehen die regierungsrätliche Personalpolitik in ihrem Zuständigkeitsbereich (Art. 6 Abs. 4 rev. PG). Die Justizleitung ist dazu berufen, *Instrumente zur Überwachung und Steuerung der Personalkosten und der Stellenentwicklung* zu schaffen und diese mit dem Regierungsrat abzustimmen (Art. 7 rev. PG).

Neu werden demnach die Personalkompetenzen im Rahmen des Personalrechts umfassend und konsequent den Gerichten übertragen. Dazu gehört insbesondere das Recht, aber auch die Pflicht, den notwendigen Personalbedarf selbst zu bestimmen und das Personal im Rahmen der zur Verfügung stehenden Mittel selbst einzustellen.[156]

Die Justizleitung ist zuständig für die Anstellung der Leitung der Stabsstelle für Ressourcen sowie deren übrigem Personal (Art. 18 Abs. 1 Bst. k GSOG). Das Plenum des Verwaltungsgerichts ist zuständig für die Anstellung der Generalsekretärin (Art. 51 Abs. 2 Bst. h GSOG). Das Plenum des Obergerichts stellt die Generalsekretärin und den Fachverantwortlichen für Ressourcen an (Art. 38 Abs. 1 Bst. i und k GSOG). Die Geschäftsleitungen des Verwaltungsgerichts bzw. des Obergerichts stellen den Leiter Controlling, ihre Gerichtsschreiberinnen und das administrative Personal an (Art. 52 Abs. 1 Bst. d–f bzw. Art. 39 Abs. 1 Bst. b–d GSOG).

Während die erstinstanzlichen verwaltungsunabhängigen Justizbehörden von Gesetzes wegen selbst Anstellungsbehörde sind (Art. 19 Abs. 1 rev. PG), ist für die Regionalgerichte die Möglichkeit einer Delegation durch das Obergericht als Anstellungsbehörde der Zivil- und Strafgerichtsbarkeit vorgesehen (Art. 19 Abs. 3 rev. PG).

5.8 *Organisation der Selbstverwaltung auf Stufe der Gerichtsbehörden*

Die *Gerichtsleitung* ist bei den obersten Gerichten verschiedenen Organen übertragen. Beim Obergericht obliegt sie dem Präsidenten, dem Plenum, der Geschäftsleitung und der erweiterten Geschäftsleitung (Art. 36 GSOG). Die erweiterte Geschäftsleitung umfasst neben der «ordentlichen» Geschäftsleitung des Obergerichts die Geschäftsleiterinnen der Regionalgerichte und

---

[156] Siehe für Gerichtsschreiber, juristische und nicht juristische Sekretärinnen ausdrücklich in Art. 33 GSOG.

einen Vertreter der Jugendgerichte; sie bildet das instanzübergreifende Koordinationsorgan der Zivil- und Strafgerichtsbarkeit (Art. 40 Abs. 1 und 2 GSOG).[157] Die Gerichtsleitung des Verwaltungsgerichts obliegt der Präsidentin, dem Plenum und der Geschäftsleitung (Art. 49 GSOG); über eine erweiterte Geschäftsleitung verfügt das Verwaltungsgericht nicht.[158] Das *Präsidium* steht den Organen der Gerichtsleitung vor, sorgt für den ordnungsgemässen Geschäftsgang und vertritt das Gericht nach aussen (Art. 37 und 50 GSOG). Das *Plenum* nimmt strategische Leitungsfunktionen wahr, wie den Erlass von Reglementen, die Genehmigung der Strategie und des Konzepts über die Aufsicht und das Controlling sowie Wahlen (Art. 38 und 51 GSOG). Die *Geschäftsleitung* ist verantwortlich für die Gerichtsverwaltung und für alle Angelegenheiten zuständig, die nicht einem anderen Organ zugewiesen sind (Art. 39 Abs. 2, Art. 52 Abs. 2 GSOG). Die Organe der Gerichtsleitung werden durch ein *Generalsekretariat* unterstützt (Art. 41 und 53 GSOG) – beim Obergericht zusätzlich durch einen Fachverantwortlichen für Ressourcen (Art. 42 GSOG).[159]

Die modifizierte Zuständigkeitsordnung ist Ergebnis der Projekte REORG und RESTRUCT[160] und entspricht einem Führungsmodell mit einer klaren Unterscheidung zwischen strategischen und operativen Kompetenzen.[161] Im Rahmen dieser Projekte wurden Organisation und Führungsstrukturen überprüft. Primäres Ziel war die Stärkung der Rechtsprechungsfunktion durch die *Entlastung der Richterinnen von administrativen Aufgaben* und die zweckmässige Bündelung und Zuweisung der Administrativaufgaben an geeignete Organe.[162] Die Neuerungen haben aber auch einen direkten Zusammenhang zur gerichtlichen Selbstverwaltung: Denn diese ist nur möglich, wenn dafür auch gerichtsintern die notwendigen Strukturen und Kompetenzen vorhanden sind.

Die unter der Aufsicht des Obergerichts bzw. des Verwaltungsgerichts stehenden Gerichtsbehörden verfügen je nach Grösse und Organisations-

---

[157] Vortrag GSOG (Anm. 3), S. 24, 25.
[158] Dazu im Weiteren Ziff. 6 hiernach.
[159] Dazu im Weiteren Ziff. 6 hiernach.
[160] Zu den Projekten REORG und RESTRUCT siehe Ziff. 1 (Anm. 4 und 5).
[161] Siehe dazu *Lienhard* (Anm. 17), N. 41 ff.
[162] Vortrag GSOG (Anm. 3), S. 20.

struktur über eine Geschäftsleitung[163], eine Geschäftsleiterin[164] oder werden durch Präsidien geleitet[165].

5.9 Gerichtsinterne Steuerung

Aufgrund des globalen Produktgruppenbudgets legen das Obergericht und das Verwaltungsgericht jährlich ihre jeweiligen *Leistungsziele* fest und leiten daraus ihren *Ressourcenbedarf* ab (Art. 10 GSOG).[166] Dies ist für die gerichtsinterne Führung von zentraler Bedeutung. Die Ziele und Mittel der *Produktgruppen* werden nach *Produkten* näher spezifiziert. Die Ausrichtung der Verwaltungstätigkeit auf Produkte ist eines der wesentlichen Elemente der wirkungsorientierten Verwaltungsführung. Dabei entspricht ein Produkt grundsätzlich einer bestimmten nach aussen erbrachten Leistung. Eine Produktgruppe fasst eines oder mehrere Produkte eines Aufgabenbereichs aus einer politischen und fachbezogenen Sicht zusammen.[167] Zur Bezeichnung als Produkte eignen sich insbesondere die nach Fachbereich und Instanz systematisierten Urteile.[168] Die Produktgruppen sind in Art. 11 GSOG festgelegt.[169] Im Rahmen des *Controllings* werden die Planungswerte überprüft und anlässlich der *Berichterstattung* wird darüber Rechenschaft abgelegt.

Sinngemäss gilt dieses Vorgehen auch für die gerichtsinterne Steuerung innerhalb der unter der Aufsicht des Obergerichts bzw. des Verwaltungsgerichts stehenden Gerichte.

5.10 Instanzübergreifende Steuerung

Die modellhafte Unterscheidung zwischen obersten Gerichten und anderen Gerichten der Zivil- und Strafgerichtsbarkeit bzw. der Verwaltungsgerichtsbarkeit wird nun konsequent auch in der administrativen Steuerung umgesetzt: Das Obergericht und das Verwaltungsgericht schliessen mit den von ihnen beaufsichtigten Gerichten *Ressourcenvereinbarungen* ab (Art. 14 GSOG). Mit diesem Steuerungsinstrument werden die geplanten Leistungen

---

[163] Siehe z.B. Art. 82 GSOG für die Regionalgerichte.
[164] Siehe z.B. Art. 60 GSOG für das kantonale Zwangsmassnahmengericht.
[165] Siehe z.B. Art. 76 Abs. 2 GSOG für die Enteignungsschätzungskommission.
[166] Vgl. dazu *Lienhard* (Anm. 73), S. 465 ff.
[167] Fachbericht «NEF und Gerichte» (Anm. 6), S. 28; siehe dazu auch *Lienhard* (Anm. 143), N. 40 ff.
[168] Siehe dazu Regierungsrat (Anm. 6), S. 4 ff.
[169] Siehe dazu Ziff. 5.4 hiervor.

(z.B. Anzahl Urteile) sowie die dafür benötigten Ressourcen generell umschrieben (Produkte und Saldi der Produkte) sowie weitere Rahmenbedingungen (z.b. bestimmte Projekte) festgelegt. Mit dem Begriff der Ressourcenvereinbarung wird deutlich gemacht, dass – im Unterschied zur Leistungsvereinbarung in der Zentralverwaltung – darin keine (die Rechtsprechung) bindenden Leistungsvorgaben enthalten sind.[170]

Die unter der Aufsicht des Obergerichts bzw. des Verwaltungsgerichts stehenden Gerichte haben dem Obergericht bzw. dem Verwaltungsgericht jährlich einen Geschäftsbericht einzureichen.[171] Ausserdem müssen die Geschäftsreglemente der Behörden, welche unter der Aufsicht des Verwaltungsgerichts bzw. des Obergerichts stehen, vom jeweils zuständigen Aufsichtsorgan genehmigt werden (Art. 15 GSOG).

5.11 Aufsicht und Oberaufsicht

Das Obergericht und das Verwaltungsgericht sowie die Justizleitung stehen unter der Oberaufsicht des Grossen Rates.[172] Die anderen Gerichte stehen unter der Aufsicht der obersten Gerichtsbehörden (Art. 13 Abs. 2 und 3 GSOG), welche ihren jeweiligen Aufsichtsbehörden jährlich einen Geschäftsbericht einzureichen haben.[173] Das Obergericht und das Verwaltungsgericht erstatten ihrerseits der Justizleitung (Art. 38 Abs. 2 Bst. h und Art. 51 Abs. 2 Bst. g GSOG) und diese dem Grossen Rat (Art. 18 Abs. 1 Bst. e GSOG) Bericht.

Damit ergibt sich eine *kaskadenartige Aufsichtspyramide,* die der Steuerung mit dem globalen Produktgruppenbudget und den Ressourcenvereinbarungen folgt[174] – womit sich der Steuerungskreislauf schliesst.

---

[170] Vortrag GSOG (Anm. 3), S. 14; *Lienhard* (Anm. 17), N. 58; zu den Leistungsvereinbarungen im Allgemeinen siehe *Lienhard* (Anm. 73), S. 39 ff. und S. 465 ff. für die Gerichte im Besonderen.

[171] Dies ergibt sich aus der Verantwortlichkeit der obersten Gerichte für die Produktgruppen der Verwaltungsgerichtsbarkeit bzw. der Zivil- und Strafgerichtsbarkeit (Art. 11 Abs. 2 GSOG), wie auch aus den Ressourcenvereinbarungen gemäss Art. 14 GSOG; siehe auch Vortrag GSOG (Anm. 3), S. 14.

[172] Zu Gegenstand und Inhalt der Justizaufsicht siehe *Lienhard* (Anm. 17); siehe auch Ziff. 3.1 hiervor.

[173] Siehe Ziff. 5.10 hiervor.

[174] Siehe dazu Ziff. 5.10 hiervor.

6. Besonderheiten der Selbstverwaltung beim Verwaltungsgericht

In der Organisation des Verwaltungsgerichts kommt es zu einigen wesentlichen Neuerungen. Im *Projekt REORG*[175] wurde eine umfassende Überprüfung der bisherigen Strukturen und Abläufe vorgenommen, welche mit dem GSOG nun umgesetzt werden. Das Verwaltungsgericht wird drei Leitungsorgane besitzen: die Präsidentin, das Plenum und die Geschäftsleitung.

Die *Präsidentin* hat für den ordnungsgemässen Geschäftsgang zu sorgen, steht den Organen der Gerichtsleitung sowie der Leitung Controlling vor und vertritt das Gericht nach aussen (Art. 50 Abs. 1 und 2 GSOG). Das *Plenum* besteht wie beim Obergericht aus den hauptamtlichen Richtern; es wird ergänzt durch die im Bedarfsfall von der Justizkommission des Grossen Rates gemäss Art. 48 Abs. 4 GSOG ernannten ausserordentlichen Mitglieder des Verwaltungsgerichts (Art. 51 Abs. 1 GSOG).[176] Aus den Aufgaben des Plenums (Art. 51 Abs. 2 GSOG) ergibt sich, dass dieses nach wie vor das oberste Organ des Verwaltungsgerichts ist: Ihm obliegt es, die Grundsätze festzulegen, nach denen sich die Verwaltungsgerichtsbarkeit organisiert und ausrichtet.[177] Es wird auf strategischer Ebene die Leitplanken für das Verwaltungsgericht setzen und die für seine Aufgabenerfüllung notwendigen Reglemente erlassen. Zudem wird es ein Controlling- und Aufsichtskonzept für die Verwaltungsgerichtsbarkeit ausarbeiten. Sodann wird es die Leistungsziele, den Voranschlag, den Aufgaben- und Finanzplan sowie den Geschäftsbericht der Verwaltungsgerichtsbarkeit zuhanden der Justizleitung genehmigen. Weiter wird es die wichtigsten Personalentscheide treffen. Im Gegensatz zu bisher wird das Plenum hingegen nicht mehr über Begehren betreffend Abberufung von hauptamtlichen Behördenmitgliedern (Art. 124 VRPG) befinden. Diese Aufgabe obliegt neu der ordentlichen Spruchbehörde in Fünferbesetzung (Art. 56 Abs. 2 Bst. c GSOG), womit das Plenum von seiner einzigen Rechtsprechungsaufgabe, für die es angesichts seiner Grösse als ungeeignet erscheint, entlastet wird. Inskünftig wird das Plenum also ausschliesslich für Belange der Gerichtsverwaltung zuständig sein.

---

[175] Siehe dazu unter Ziff. 1 (insb. Anm. 4).

[176] Diese Regelung entspricht dem bisherigen Recht (Art. 120 Abs. 6 VRPG; Vortrag GSOG [Anm. 3], S. 27); das Obergericht dürfte hingegen vorübergehende Überlastungen wie bisher durch den Einsatz von Ersatzrichterinnen ausgleichen (Art. 20 Abs. 5 GSOG).

[177] Vgl. für das Obergericht *Kohler* (Anm. 90), S. 47 f.

Die *Geschäftsleitung* (Art. 52 GSOG) tritt an die Stelle der heutigen Verwaltungskommission und wird über zusätzliche Kompetenzen verfügen. Sie setzt sich zusammen aus der Präsidentin des Gesamtgerichts, den Abteilungspräsidenten und der Generalsekretärin. Ihr obliegen (analog der bisherigen Verwaltungskommission) im Sinne einer Generalkompetenz alle Angelegenheiten der Gerichtsverwaltung, die nicht einem anderen Organ zugewiesen sind (Art. 52 Abs. 2 GSOG). Zu ihren Aufgaben gehören insbesondere die Festlegung der Leistungsziele und die Verabschiedung des Voranschlags, des Aufgaben- und Finanzplans sowie des Geschäftsberichts, die Anstellung des Personals (mit Ausnahme der Anstellung der Generalsekretärin, welche das Plenum vornimmt) sowie der Abschluss der Ressourcenvereinbarungen mit den beaufsichtigten Gerichtsbehörden. Über eine erweiterte Geschäftsleitung wie das Obergericht (Art. 36 und 40 GSOG) wird das Verwaltungsgericht nicht verfügen, da die instanzübergreifenden Aufgaben des Verwaltungsgerichts weniger weit reichen als beim Obergericht: Die verwaltungsunabhängigen Verwaltungsjustizbehörden sind geleitete Kollegialgerichte, unterscheiden sich in ihren Aufgaben und Strukturen stark voneinander und verfügen herkömmlich über eine ausgeprägt selbständige Stellung (z.B. bereits bisher eigenständige Personalbefugnisse). Zudem soll sich die Aufsicht des Verwaltungsgerichts im Wesentlichen auf die Geschäftsführung beschränken, während das Obergericht wie bisher auch eine fachliche Aufsicht wahrnehmen will.[178]

Für die Belange der Gerichtsverwaltung wird neu die zusätzliche Organisationseinheit des *Generalsekretariats* geschaffen. Die Generalsekretärin steht der Gerichtsverwaltung vor und unterstützt die Organe der Gerichtsleitung (Präsidentin oder Präsident, Plenum und Geschäftsleitung) bei der Wahrnehmung ihrer Aufgaben (Art. 53 GSOG). Neben der Führung des Sekretariats des Präsidiums und des Plenums leitet sie das Generalsekretariat. Zudem ist sie zuständig für das Personal-, Finanz- und Rechnungswesen sowie für die Infrastruktur des Verwaltungsgerichts. Die Einführung des Generalsekretariats soll zudem eine Professionalisierung der Justizverwaltung bewirken, was wiederum zur Stärkung der institutionellen Unabhängigkeit beiträgt. Einen Fachverantwortlichen für Ressourcen mit Einsitz in der Geschäftsleitung wie beim Obergericht (Art. 42 GSOG) wird es beim Verwaltungsgericht nicht geben, da die verwaltungsunabhängigen Justizbehörden

---

[178] Vortrag GSOG (Anm. 3), S. 27. Ob und gegebenenfalls inwieweit sich diese Unterscheidung bezüglich der Ausgestaltung der Aufsicht umsetzen lässt, wird sich zeigen müssen und bedarf allenfalls der Koordination durch die Justizleitung.

ein volumenmässig geringeres Geschäftsaufkommen verzeichnen als die erstinstanzlichen Zivil- und Strafgerichte.[179]

Die drei *Abteilungen* sollen ihre Rechtsprechungstätigkeit entsprechend ihren unterschiedlichen Rechtsprechungsaufträgen bedürfnisangepasst organisieren können; zu diesem Zweck erlassen sie eigene Reglemente (Art. 54 Abs. 4 und Art. 52 Abs. 2 Bst. b GSOG).[180] Als Besonderheit im Vergleich zum Obergericht wird das Verwaltungsgericht weiterhin über eine eigene französischsprachige Abteilung verfügen (Art. 47 Abs. 2 Bst. c GSOG).[181] Der Grosse Rat wählt die Richterinnen des Verwaltungsgerichts direkt an die einzelnen Abteilungen (Art. 48 Abs. 1 GSOG); dies im Gegensatz zum Obergericht, bei welchem das Plenum die Zuteilung übernimmt (Art. 38 Abs. 2 Bst. c GSOG). Aufgrund der Verpflichtung zur Aushilfe in anderen Abteilungen (Art. 51 Abs. 2 Bst. l und Art. 54 Abs. 5 GSOG) ist die Flexibilität in der Geschäftslastbewirtschaftung gewährleistet. Die drei Abteilungen des Verwaltungsgerichts sollen in erster Linie als Organe der Rechtsprechung agieren, war es doch ein zentrales Ziel von REORG, sie von administrativen, namentlich personellen Aufgaben zu entlasten. Dies bedingt die konsequente Führung durch die Abteilungspräsidenten. Im Gegensatz zur bisherigen Regelung werden diese nicht mehr von den Abteilungen selbst, sondern vom Plenum gewählt. Damit wird deren erhöhte Verantwortung in der Gerichtsleitung im Interesse des Gesamtgerichts unterstrichen.

Als wesentliche neue Aufgabe kommt dem Verwaltungsgericht die *Aufsicht* über die Steuerrekurskommission, die Rekurskommission für Massnahmen gegenüber Fahrzeugführerinnen und Fahrzeugführern, die Enteignungsschätzungskommission sowie die Bodenverbesserungskommission zu (Art. 13 Abs. 3 GSOG). Die Ausgestaltung dieser Aufsicht und deren Umsetzung wird für das Verwaltungsgericht wohl eine der grösseren Herausforderungen werden.

7. Aufbau – Bewährung – Justierung

Der bernische Gesetzgeber hat mit der Schaffung des GSOG die institutionelle Unabhängigkeit der kantonalen Gerichte neu abgesteckt. Und dies mit

---

[179] Vgl. Vortrag GSOG (Anm. 3), S. 28.
[180] Vortrag GSOG (Anm. 3), S. 28.
[181] Zur Zweisprachigkeit des Verwaltungsgerichts siehe den Beitrag von *Bernhard Rolli,* Le Tribunal administratif et la minorité francophone du canton de Berne, in diesem Band.

gutem Grund: Denn der Selbstverwaltung der Gerichte kommt gerade dann eine erhöhte Bedeutung zu, wenn der Spardruck auf die öffentlichen Finanzhaushalte steigt, wenn die Geschäftslast zunimmt, wenn sich die Anforderungen an die Effizienz erhöhen und wenn Gerichte deshalb schwieriger zu führen sind. Die bernische Justizreform darf für sich in Anspruch nehmen, mit der Einführung der justiziellen *Selbstverwaltung* und dem damit verbundenen eigenen *Budgetantragsrecht* die institutionelle Unabhängigkeit der Gerichte nachhaltig zu stärken. Sie führt mittels eines *kohärenten Steuerungsmodells* für die Gerichtsbarkeit klare Verantwortlichkeiten und griffige Instrumente ein.

Die verschiedenen Neuerungen sind mit dem Erlass des GSOG in die Wege geleitet. Wie bei jeder Reform hängt das Erreichen der Zielsetzungen indessen massgeblich von der Art und Weise der Umsetzung ab. Dabei ist die Justizreform in besonderem Mass auf den guten Willen und den grossen Einsatz der an der dritten Gewalt *beteiligten Personen* angewiesen.[182] Von ihnen wird in der Phase der Transformation viel verlangt. Sie dürften bereit sein dies zu leisten, mit der Aussicht darauf, inskünftig in einem noch attraktiveren Umfeld tätig zu sein. Diese Motivation gilt es bestmöglich zu pflegen.

Die neuen Zuständigkeiten in der Selbstverwaltung bedingen, dass diese von besonders befähigten Personen wahrgenommen werden, worauf bereits bei der *Personalrekrutierung* zu achten ist. Nötigenfalls müssen sich die für die Verwaltungsaufgaben Zuständigen *zusätzliche Kompetenzen* in Betriebsführung, Finanzplanung und im Personalmanagement aneignen. Darin liegt denn auch eine der Gefahren, auf die im Rahmen der Reform verschiedentlich hingewiesen worden ist:[183] Die neuen Verwaltungsaufgaben können schlimmstenfalls zu einer Überforderung der bis anhin in weitaus geringerem Ausmass mit derartigen Fragen befassten Beteiligten führen.

Auch die *reglementarische Ordnung* der Selbstverwaltung und Aufsicht sowie die *Schaffung der neuen Instrumente* wie der Ressourcenvereinbarungen oder des Controlling gehören zu grösseren Herausforderungen bei der Umsetzung der Reform. Dabei wird es insbesondere auch darum gehen, auf Bestehendem aufzubauen sowie von den Erfahrungen in anderen Gerichten zu lernen.

---

[182] Eine häufige Ursache für das Scheitern von Reformen sind denn auch Widerstände der betroffenen Mitarbeitenden und Führungskräfte (*Kohler* [Anm. 90], S. 100 m.w.H.).

[183] Siehe etwa Tagblatt des Grossen Rates 2009 S. 288.

Es wird sich im Weiteren zu zeigen haben, ob das eigene *Budgetantrags-recht* die Konsistenz der kantonalen Finanzpolitik nicht gefährdet und ob das Parlament hinreichendes Verständnis für Finanzengpässe der Gerichte aufbringt. Die *Justizleitung* an der Schnittstelle zwischen Politik und Gerichtsbarkeit wird gerade auch diesbezüglich besonders gefordert sein. Aber auch in den anderen Bereichen der Selbstverwaltung wird es im Wesentlichen an diesem neuen Leitungsorgan liegen, ob das neue Modell funktionieren wird. Dies bedingt insbesondere, dass die Justizleitung mit potenziellen Interessenkonflikten mit Blick auf das Ganze umzugehen weiss. Sie wird es auch massgeblich in der Hand haben, für eine der Gerichtsbarkeit angemessene Umsetzung der NEF-Elemente zu sorgen, wie dies der Grosse Rat bestimmt hat.[184] Dazu gehört insbesondere auch, Doppelspurigkeiten zu vermeiden – einerseits zwischen der Judikative und der Zentralverwaltung, andererseits zwischen dem Obergericht, dem Verwaltungsgericht und der Staatsanwaltschaft.

Besondere Herausforderungen bestehen schliesslich in Bezug auf eine wirkungs- und zugleich massvolle parlamentarische *Oberaufsicht* der mit den erweiterten Selbstverwaltungsrechten ausgestatteten Gerichte. Aber auch innerhalb der Gerichtsbarkeit wird auf eine justizadäquate Umsetzung von Führung und *Aufsicht* zu achten sein.

Die Gerichtsbarkeit hat mit der neuen Gerichtsorganisationsgesetzgebung das Recht zur Selbstverwaltung erhalten. Nun steht sie in der Pflicht, diese Selbstverwaltung wirksam und effizient umzusetzen – zum Wohle und unter Wahrung des Rechtsstaats und mit dem *Ziel, die Rechtsprechung auf hohem Niveau nachhaltig zu gewährleisten.* Ob sich die gestärkte institutionelle Unabhängigkeit in diesem Sinn bewähren wird und welche Justierungen allenfalls notwendig sein werden, wird die in Aussicht genommene Evaluation zeigen.[185]

---

[184] Planungserklärung zum Bericht des Regierungsrates (Anm. 6), Tagblatt des Grossen Rates 2007 S. 1247 f.
[185] Vortrag GSOG (Anm. 3), S. 40.

Gerichtlicher Rechtsschutz und politische Rechte

Kurt Nuspliger

1. Einleitung

1.1 Allgemeines

Der demokratische Verfassungsstaat ist die Staatsform für eine Gesellschaft,
in welcher nicht ein Einzelner für alle verbindlich festlegen kann, was für sie

437

gut und gerecht ist. Das Gute und Gerechte ist vielmehr das Ergebnis eines politischen Prozesses, an welchem alle Bürgerinnen und Bürger beteiligt sind.[1] Die Idee der partizipativen Demokratie ist in den Institutionen der Schweiz – auf der Ebene des Bundes und in den Kantonen – besonders gut verankert. Unter pluralistischen Bedingungen müssen die Ideale des kollektiv Guten und des individuell Gerechten in Verfahren bestimmt werden, welche die Chance bieten, dass diese Ideale wenigstens annäherungsweise realisiert werden können.

Die Bundesverfassung gewährleistet die wesentlichen Prinzipien der demokratischen Teilhabe im Bund und in den Kantonen. Alle Stimmberechtigten sollen an Wahlen und Abstimmungen teilnehmen können. Der Prozess der direkten Demokratie ist Teil des politischen Diskurses. Partizipative Prozesse sind formell korrekt durchzuführen. Politische Partizipation ist deshalb auf wirksamen Rechtsschutz angewiesen.[2]

Art. 34 BV bestimmt, dass die politischen Rechte gewährleistet sind. Die Garantie der politischen Rechte schützt die freie Willensbildung und die unverfälschte Stimmabgabe.[3] Die Rechtsweggarantie nach Art. 29a BV gilt grundsätzlich auch für den Bereich der politischen Rechte: Jede Person soll bei Rechtsstreitigkeiten Anspruch auf Beurteilung durch eine richterliche Behörde haben. Bund und Kantone können durch Gesetz die richterliche Beurteilung in Ausnahmefällen ausschliessen. Nach Art. 189 Abs. 1 Bst. f BV beurteilt das Bundesgericht unter anderem Streitigkeiten wegen Verletzung von eidgenössischen und kantonalen Bestimmungen über die politischen Rechte. Allerdings können Akte der Bundesversammlung und des Bundesrates beim Bundesgericht grundsätzlich nicht angefochten werden (Art. 189 Abs. 4 BV). Bestimmte «actes de gouvernement» sollen wegen

---

[1] *Philippe Mastronardi,* Verfassungslehre. Allgemeines Staatsrecht als Lehre vom guten und gerechten Staat, Bern 2007, S. 105 ff.; vgl. dazu *Pierre Tschannen,* Stimmrecht und politische Verständigung, Basel und Frankfurt a.M. 1995, S. 14: Demokratie will politische Gerechtigkeit herstellen unter konstituierender Teilhabe der Menschen in einem diskursiven Entscheidungsprozess.

[2] *Gerold Steinmann,* Art. 82 N. 77, in: Marcel Alexander Niggli / Peter Uebersax / Hans Wiprächtiger (Hrsg.), Bundesgerichtsgesetz, Basel 2008.

[3] *Gerold Steinmann,* Art. 34 N. 21 ff., in: Bernhard Ehrenzeller et al. (Hrsg.), Die schweizerische Bundesverfassung. Kommentar, 2. Aufl. Zürich 2008; *Pascal Mahon,* art. 34 N. 2 s., in: Jean-François Aubert / Pascal Mahon, Petit commentaire de la Constitution fédérale de la Confédération suisse, Zurich 2003.

ihres politischen Charakters nicht der höchstrichterlichen Überprüfung unterliegen.[4]

1.2 Vorgaben des Bundesrechts

Der Bereich der politischen Rechte wurde während Jahrzehnten als «politische Angelegenheit» im eigentlichen Sinn betrachtet. Die Beurteilung von Beschwerden betreffend die demokratische Partizipation wurde – ohne verfassungsrechtliche Notwendigkeit – politischen Instanzen vorbehalten. Das Bundesgericht übernahm erst im Jahr 1912 die Beurteilung von Stimmrechtsbeschwerden bezüglich kantonaler politischer Rechte.[5] Seither wurden die richterlichen Zuständigkeiten zur Überprüfung von Akten, die im Zusammenhang mit Wahlen und Abstimmungen standen, sukzessive erweitert. Dabei setzte sich die Auffassung durch, dass die politischen Rechte justiziabel und demzufolge einer richterlichen Überprüfung zugänglich sind. Mit dem neuen Bundesgerichtsgesetz (BGG) wird der gerichtliche Rechtsschutz in Bezug auf kantonale Angelegenheiten gewahrt und leicht ausgebaut, in eidgenössischen Angelegenheiten wird der Schutz mit dem Einbezug der Wahl- und Abstimmungsbeschwerde wesentlich erweitert. In eidgenössischen Angelegenheiten verbleiben dennoch wichtigere Rechtsschutzlücken.[6] Diese betreffen namentlich die fehlende Anfechtbarkeit von Akten der Bundesversammlung im Zusammenhang mit der Gültigkeit von Volksinitiativen. Nicht anfechtbar sind auch die Abstimmungserläuterungen des Bundesrates. Auf kantonaler Ebene statuiert Art. 88 Abs. 2 Satz 2 BGG ebenfalls eine fakultative Ausnahme von der Rechtsweggarantie gemäss Art. 29a BV. Diese fakultative Ausnahme gilt nur für Akte der Kantonsregierungen und der Kantonsparlamente.

Art. 88 Abs. 2 Satz 1 BGG verlangt im Bereich der politischen Rechte ein kantonales Beschwerdeverfahren, das vor der Anrufung des Bundesgerichts auszuschöpfen ist. Der Bundesrat liess in der Botschaft zum Bundesgerichtsgesetz offen, ob die Rechtsmittelinstanz auch eine kantonale

---

[4] *Giovanni Biaggini,* Bundesverfassung der Schweizerischen Eidgenossenschaft, Zürich 2007, Art. 189 N. 18 ff. Biaggini weist darauf hin, dass zwischen dem Bundesgericht und den beiden obersten politischen Behörden des Bundes eine durchlässige Trennlinie besteht. Nicht alle Akte der Bundesversammlung und des Bundesrates sind immunisiert.

[5] *Steinmann* (Anm. 2), Art. 82 N. 76.

[6] *Steinmann* (Anm. 2), Art. 82 N. 77.

Regierung sein könne oder aber eine gerichtliche Instanz sein müsse.[7] Er überliess die Beantwortung dieser Frage der Rechtsprechung des Bundesgerichts. Dieses hat frühzeitig Klarheit geschaffen: Die politischen Rechte sind justiziabel und unterliegen der Rechtsweggarantie von Art. 29a BV. Art. 88 Abs. 2 Satz 1 BGG verlangt demnach ein Beschwerdeverfahren mit gerichtlichem Rechtsschutz.[8]

Zusammenfassend ist festzuhalten, dass der Rechtsschutz bei der Handhabung der politischen Rechte nicht mehr als rein «politische» Angelegenheit betrachtet wird. Im Kanton Bern setzte sich die Auffassung, dass im Bereich der politischen Rechte auch Rechtsschutz durch die Gerichte zu gewährleisten ist, allerdings nur langsam durch.

2. Rechtsentwicklung im Kanton Bern

2.1 Die Gesetzgebung in der zweiten Hälfte der 1980er Jahre

Das Gesetz vom 23. Mai 1989 über die Verwaltungsrechtspflege (VRPG; BSG 155.21) ging davon aus, dass es justizfreie Hoheitsakte gibt, die nicht oder nur einer eingeschränkten gerichtlichen Kontrolle unterliegen. Demzufolge legte das Gesetz fest, dass die Verwaltungsgerichtsbeschwerde gegen Verfügungen und Entscheide betreffend das politische Stimm- und Wahlrecht unzulässig ist.[9] Verfügungen und Entscheide betreffend Wahlen oder Wiederwahlen waren dann von der Verwaltungsgerichtsbeschwerde ausgenommen, wenn es sich um Wahlakte durch die Stimmberechtigten oder durch die Parlamente auf kantonaler oder kommunaler Ebene handelte.

Die Festlegung «justizfreier Hoheitsakte» im Bereich der Wahlen und Wiederwahlen wurde damit begründet, Wahlakte durch das Volk oder das Parlament seien letztlich das Ergebnis einer Vielzahl von Faktoren, die nicht offengelegt zu werden brauchen und deren Gewicht sich nicht ermessen lasse. Dem Begründungserfordernis sei bei Parlaments- oder Volkswahlen deshalb schon dann Genüge getan, wenn der Wahlkörper der Rechtsmittel-

---

[7] Botschaft des Bundesrates vom 28.2.2001 zur Totalrevision der Bundesrechtspflege, BBl 2001 4202 S. 4327.

[8] BGE 134 I 199 E. 1.2; BGer 1P.338/2006 und 1P.582/2006 vom 12.2.2007 E. 3.10, in ZBl 2007 S. 313. Vgl. dazu auch *Ulrich Häfelin / Walter Haller / Helen Keller,* Schweizerisches Bundesstaatsrecht, 7. Aufl. Zürich 2008, N. 591.

[9] *Thomas Merkli / Arthur Aeschlimann / Ruth Herzog,* Kommentar zum Gesetz vom 23. Mai 1989 über die Verwaltungsrechtspflege des Kantons Bern, Art. 77 N. 2 ff.; Art. 78 N. 2 ff.

behörde im Falle einer Anfechtung des Wahlaktes die Argumente bekanntgebe, die erörtert worden seien. Als sachlich hinreichende Begründung für eine Abwahl müsse letztlich wohl genügen, dass das Vertrauen der Mehrheit des Wahlkörpers in eine ihren Vorstellungen entsprechende Amtsführung gefehlt habe.[10] Einer justizmässigen Überprüfung könnten höchstens formelle Aspekte zugänglich sein, etwa die Verletzung des Anspruchs auf rechtliches Gehör.

Die Gemeindebeschwerde diente als Instrument der Staatsrechtspflege in Wahl- und Abstimmungsangelegenheiten auf kommunaler Ebene. Der Instanzenzug führte über den Regierungsstatthalter an den Regierungsrat, der kantonal letztinstanzlich über Gemeindebeschwerden entschied.

Für die Beurteilung von Abstimmungs- und Wahlbeschwerden auf kantonaler Ebene waren nach dem Gesetz vom 5. Mai 1980 über die politischen Rechte (GPR; BSG 141.1) der Regierungsrat und der Grosse Rat zuständig: Die endgültige Zuständigkeit lag beim Regierungsrat, wenn nur die Vorbereitung oder Durchführung der Abstimmung oder Wahl angefochten waren. Wurden die Ergebnisse angefochten oder bei kantonalen Wahlen Unvereinbarkeitsgründe geltend gemacht, entschied auf Antrag des Regierungsrates der Grosse Rat. Ging es um die Wahlergebnisse des bernjurassischen Rats oder Unvereinbarkeitsgründe in diesem Zusammenhang, entschied der Regierungsrat endgültig. Letztinstanzliche kantonale Entscheide unterlagen der Beschwerde ans Bundesgericht. Dieses hat die bernische Zuständigkeitsordnung nach altem Recht in mehreren Entscheiden als rechtmässig bezeichnet.[11]

2.2 Die Totalrevision der Kantonsverfassung vom 6. Juni 1993

Die Verfassung des Kantons Bern vom 6. Juni 1993 (BSG 101.1) ist die Frucht einer mehrjährigen Arbeit. Am 6. Dezember 1987 hatte das Berner Volk beschlossen, die aus dem Jahre 1893 stammende Verfassung einer Totalrevision zu unterziehen. Das Volk setzte nicht einen Verfassungsrat ein, sondern beauftragte den Grossen Rat mit den Revisionsarbeiten. Die Hauptverantwortung für das Werk lag bei der 35-köpfigen Verfassungskommission des Grossen Rates.[12] Dieser gelang es in enger Zusammenarbeit mit der Uni-

---

[10] *Merkli / Aeschlimann / Herzog* (Anm. 9), Art. 49 N. 40, Art. 78 N. 2.

[11] BGer 1P.555/1990 vom 4.9.1991, teilweise publiziert in ZBl 1992 S. 312; 1P.141/1994 vom 26.5.1995, teilweise publiziert in ZBl 1996 S. 233; 1P.555/2002 vom 3.9.2003; 1C_208/2008 vom 3.12.2008 E. 3.2; 1C_217/2008 vom 3.12.2008 E. 12.

[12] *Urs Bolz / Walter Kälin,* Die neue Verfassung des Kantons Bern, in: Walter Kälin / Urs Bolz (Hrsg.), Handbuch des bernischen Verfassungsrechts, Bern 1995, S. 8 ff.

versität Bern, ein auch aus heutiger Sicht innovatives Werk zu schaffen. Im Bereich der Volksrechte hat der Kanton Bern mit der Einführung des konstruktiven Referendums nicht nur in der Schweiz, sondern weltweit eine Pionierrolle übernommen. Im Bereich der Grundrechte wartete die Berner Kantonsverfassung mit bahnbrechenden Neuerungen auf: Die Einführung des Öffentlichkeitsprinzips und die erstmalige Verankerung des Willkürverbots als selbständiges Grundrecht haben die seitherige Verfassungsentwicklung im Bund und in den Kantonen nachhaltig geprägt.[13]

Im Rahmen der Vorarbeiten zur neuen Verfassung wurde auch die Frage diskutiert, ob der Rechtsschutz im Bereich der politischen Rechte auszubauen sei. Dazu war in einer frühen Phase ein Vorentscheid gefällt worden: Der Grosse Rat hatte am 6. November 1990 mit 70 zu 69 Stimmen eine Motion von Marc Wehrlin überwiesen, die verlangte, die Kompetenzen des Grossen Rates zum Entscheid über Wahl- und Abstimmungsbeschwerden seien an das Verwaltungsgericht zu übertragen.[14] Gestützt auf diesen Vorentscheid des Parlaments beantragte das Präsidium der Verfassungskommission, die Verfassung sei durch eine Bestimmung zu ergänzen, die ausdrücklich festhalte, dass das Verwaltungsgericht über Wahl- und Abstimmungsbeschwerden entscheide. Die Kommission folgte diesem Antrag.

Art. 96 Abs. 1 des Vernehmlassungsentwurfs der Verfassungskommission vom 9. April 1991 lautete wie folgt:

> «[1]Das Verwaltungsgericht beurteilt letztinstanzlich
> verwaltungsrechtliche Streitigkeiten, soweit das Gesetz sie nicht in die endgültige Zuständigkeit einer anderen Behörde legt;
> Beschwerden wegen Verletzungen des Stimm- und Wahlrechts in kantonalen und kommunalen Angelegenheiten.»

Gestützt auf die Resultate der Vernehmlassung wurde im späteren Prozess der Verfassungsgebung darauf verzichtet, dem Verwaltungsgericht die Zuständigkeit zur Beurteilung von Stimm- und Wahlbeschwerden zu übertragen. Grund zur Änderung der Vorlage waren insbesondere die Bedenken des Verwaltungsgerichts. Dieses hatte in seiner Stellungnahme zum Vernehmlassungsentwurf Folgendes ausgeführt:

---

[13] *Kurt Nuspliger*, Bernisches Staatsrecht und Grundzüge des Verfassungsrechts der Kantone, 3. Aufl. Bern 2008, S. 66 f. und 95 f. *Bernhard Ehrenzeller*, Gemeinsamkeiten und Unterschiede der totalrevidierten Kantonsverfassungen, ZBl 2009 S. 1 ff. Ehrenzeller bezeichnet die Berner Verfassung als «wegweisend».

[14] Tagblatt des Grossen Rates 1990 S. 698.

«Diese Vorschrift überträgt dem Verwaltungsgericht in Abweichung zum erst vor kurzer Zeit total revidierten Verwaltungsrechtspflegegesetz eine neue Zuständigkeit. Wir halten diese Zuständigkeitsvorschrift für unzweckmässig [...]:

1. Beschwerden in Stimm- und Wahlrechtsangelegenheiten ist von der Sache her jeweils ein ausgeprägter politischer Aspekt eigen. Aus diesem Grund werden solche Beschwerden nach schweizerischer (und nicht bloss bernischer) Rechtsauffassung traditionell politisch verantwortlichen Behörden zur Beurteilung vorgelegt (Grosser Rat; Regierungsrat). Wenn nun das Verwaltungsgericht als Beschwerdeinstanz eingesetzt werden soll, so führt das zu einer Verwischung der Verantwortlichkeiten im Staat (zusätzlicher Schritt auf den Richterstaat hin).

2. Der politische Gehalt dieser Wahl- und Abstimmungsangelegenheiten wirkt unweigerlich auf die mit solchen Beschwerden befasste Instanz zurück. Damit erhielte das Verwaltungsgericht aus der Sicht der Bürger nach und nach einen ‹politischen Anstrich›. Dieser Umstand würde aber das Verwaltungsgericht über kurz oder lang für seine angestammte Aufgabe (Rechtskontrolle im Verwaltungsrecht) diskreditieren.

3. Die Einführung einer justizmässigen Kontrolle kantonaler Wahl- und Abstimmungsangelegenheiten durch ein kantonales Gericht vermag – aus der staatspolitischen ‹Hierarchie-Optik› betrachtet – die Kontrolle durch das Bundesgericht nicht zu ersetzen. Gerade im staatsrechtlichen/politischen Bereich würde man sich kaum die Chance einer vermeintlich neutraleren Beurteilung durch ‹Lausanne› entgehen lassen. Viel spricht dafür, dass das Verwaltungsgericht blosse Durchlaufstation wäre, weil seine Entscheide ohnehin mit eidgenössischer Stimm- und Wahlrechtsbeschwerde (Art. 85 OG) an das Bundesgericht weitergezogen würden.

4. Die Beschwerdefreundlichkeit hat in letzter Zeit eher zu- als abgenommen. Es besteht kein Zweifel daran, dass von einer neu eingerichteten Beschwerdemöglichkeit rege Gebrauch gemacht würde, nicht zuletzt auch in den vielen kommunalen Wahl- und Abstimmungsangelegenheiten. Das Verwaltungsgericht wäre in seiner heutigen zahlenmässigen Besetzung nicht in der Lage, neben seiner jetzigen gesetzlichen Aufgabe auch noch in Wahl- und Abstimmungsangelegenheiten zeitgerecht zu urteilen. Ein personeller und infrastruktureller Ausbau des Verwaltungsgerichts wäre unumgänglich.»[15]

Im definitiven neuen Verfassungstext (Art. 100) wurde darauf verzichtet, dem Verwaltungsgericht die Zuständigkeit zur Beurteilung von Stimm- und Wahlrechtsbeschwerden zu übertragen. Der Verfassungstext wurde offen formuliert. Es wurde festgehalten, dass das Verwaltungsgericht letztinstanzlich verwaltungsrechtliche Streitigkeiten beurteilt, soweit das Gesetz diese

---

[15] Gemeinsamer Antrag von Verfassungskommission und Regierungsrat zuhanden des Grossen Rates vom 31. Januar 1992, S. 119 f. Vgl. dazu auch *Kälin / Bolz* (Anm. 12), Art. 100 N. 3.

Streitigkeiten nicht in die endgültige Zuständigkeit einer anderen Behörde legt. Dieser offene Verfassungstext schliesst nicht aus, dass dem Verwaltungsgericht durch Gesetz die Zuständigkeit zur Beurteilung von Stimm- und Wahlrechtsbeschwerden übertragen wird.

2.3 Hinweise zur Praxis

2.3.1 Allgemeines

Der Regierungsrat und der Grosse Rat hatten in den vergangenen Jahren über zahlreiche Stimm- und Wahlbeschwerden zu entscheiden. In einzelnen Fällen kam es später zu einem höchstrichterlichen Urteil. In einer Gesamtbeurteilung lässt sich festhalten, dass der Regierungsrat und der Grosse Rat ihre Aufgabe als behördliche Instanz zur Beurteilung von Stimm- und Wahlrechtsbeschwerden in korrekter Art wahrgenommen haben.[16] In einzelnen Fällen sah sich das Bundesgericht zu Korrekturen veranlasst.[17]

2.3.2 Abstimmungen im Amtsbezirk Laufen

Nachdem in den 1960er Jahren die Bestrebungen, dem jurassischen Landesteil innerhalb des Kantons Bern mehr Autonomie einzuräumen, auf keine breite Zustimmung gestossen waren, verabschiedete der Grosse Rat einstimmig einen Zusatz zur Verfassung, mit dem der jurassischen Bevölkerung das Selbstbestimmungsrecht zuerkannt wurde. In der Volksabstimmung vom 1. März 1970 wurde dieser Zusatz zur Staatsverfassung angenommen. Im Anschluss daran kam es zu einer Kaskade von Plebisziten, die dazu führten, dass die Bezirke Porrentruy, Franches-Montagnes und Delémont den neuen Kanton Jura bildeten. Dies hatte zur Folge, dass der bernische Amtsbezirk Laufen zur Exklave wurde. Art. 5 des Zusatzes vom 1. März 1970 zur Staatsverfassung hatte den folgenden Wortlaut:

> «Steht fest, dass ein Trennungsverfahren eingeleitet wird, in das der Amtsbezirk Laufen nicht einbezogen ist, so kann ein Fünftel der Stimmberechtigten des Amtsbezirkes Laufen innert zwei Jahren verlangen, dass in diesem Amtsbezirk eine Volksbefragung durchgeführt wird über die Einleitung des Verfahrens auf Anschluss an einen benachbarten Kanton.»

---

[16] Vgl. dazu die in Anm. 11 zitierten Entscheide.
[17] BGE 128 I 34; 131 I 442. Vgl. dazu *Georg Lutz / Reto Feller / Markus Müller*, Nachzählung bei knappen Wahl- und Abstimmungsergebnissen – überhöhte Erwartungen?, AJP 2006 S. 1517 ff. Vgl. dazu die Ausführungen unter Ziffer 5.3.1.

Nach der Einleitung des Trennungsverfahrens kam es zu verschiedenen Plebisziten im Laufental. Ein erstes Plebiszit vom 11. September 1983 zur Abstimmungsfrage «Wollt ihr Euch aufgrund des vereinbarten Vertrages dem Kanton Basel-Landschaft anschliessen?» ergab 3575 Ja-Stimmen und 4675 Nein-Stimmen. Die Stimmbeteiligung betrug 92,9 %. Gegen die Erwahrung des Abstimmungsergebnisses wurde Beschwerde geführt. Am 18. November 1985 entschied der Grosse Rat, auf die Beschwerde sei wegen des Fristenlaufes nicht einzutreten. Die Beschwerde hätte spätestens drei Tage nach der Veröffentlichung der Ergebnisse der Abstimmung eingereicht werden müssen. Das Bundesgericht hiess die Beschwerde gut.[18] Im anschliessenden Verfahren trat der Grosse Rat gestützt auf den Entscheid des Bundesgerichts auf die Beschwerde ein, wies diese jedoch ab. Er vertrat die Auffassung, das finanzielle Engagement des Kantons Bern im Rahmen der Abstimmung sei nicht geeignet gewesen, das Abstimmungsresultat wesentlich zu beeinflussen.

Eine gegen diesen Entscheid gerichtete staatsrechtliche Beschwerde hiess das Bundesgericht am 20. Dezember 1988 gut. Es kam zum Schluss, unter Berücksichtigung der Besonderheiten des vorliegenden Falles sei es grundsätzlich zulässig gewesen, dass der Kanton Bern in Ergänzung der Abstimmungserläuterungen der Bezirkskommission weitergehende Informa-tionsaktivitäten entfaltet habe. Die Beschwerde wurde jedoch im Wesent-lichen deshalb gutgeheissen, weil der Kanton Bern unverhältnismässig hohe Mittel eingesetzt und auch ein privates Abstimmungskomitee eingeschaltet hatte.[19] Gestützt auf diesen Bundesgerichtsentscheid kam es am 12. November 1989 zu einer weiteren Abstimmung im Laufental. Die Abstimmungsfrage «Wollt ihr Euch aufgrund des vereinbarten Vertrages vom 10. Februar 1983 und seiner Ergänzung vom 12. Mai 1989 dem Kanton Basel-Landschaft anschliessen?» wurde mit 4652 Ja-Stimmen und 4343 Nein-Stimmen beantwortet, wobei die Stimmbeteiligung 93,5 % betrug. Im Rahmen des anschliessenden Beschwerdeverfahrens wurde geltend gemacht, die Behörden des Kantons Basel-Landschaft und diesem Kanton nahestehende Private hätten das

---

18 BGE 113 Ia 146.
19 BGE 114 Ia 427. Bei unzulässiger behördlicher Information muss eine Interessen-abwägung vorgenommen werden. Dabei ist nach den gesamten Umständen – sowohl in quantitativer als auch in qualitativer Hinsicht – zu beurteilen, ob eine Beeinflussung des Abstimmungsergebnisses möglich gewesen wäre. Je grundsätzlicher der Mangel erscheint, desto weniger kann es auf den Stimmenunterschied ankommen. Vgl. dazu *Pierre Tschannen*, Staatsrecht der Schweizerischen Eidgenossenschaft, 2. Aufl. Bern 2007, S. 608 f.; *Mahon* (Anm. 3), art. 34 N. 5.

Abstimmungsergebnis mit unzulässigen Interventionen beeinflusst und verfälscht. Entgegen dem Antrag des Regierungsrates kam der Grosse Rat am 5. Februar 1990 zum Schluss, dass die gegen den Urnengang geführten Beschwerden gutzuheissen seien und dass das Abstimmungsergebnis vom 12. November 1989 aufzuheben sei. Gegen diesen Entscheid wurde wiederum das Bundesgericht angerufen.

Das Bundesgericht kam zum folgenden Schluss:

> «Mit Blick auf die gesamten Umstände, unter denen sich der Urnengang abspielte, lässt sich im vorliegenden Fall nicht sagen, die festgestellten Mängel des Abstimmungsverfahrens seien geeignet gewesen, das Abstimmungsergebnis derart zu beeinflussen und zu verfälschen, dass es durch die Mängel anders ausgefallen wäre als ohne sie. Von der Aufhebung des Urnenganges ist daher abzusehen.»[20]

Volk und Stände stimmten am 26. September 1993 dem Wechsel des Bezirks Laufen vom Kanton Bern zum Kanton Basel-Landschaft zu.[21]

Die Abfolge dieser Ereignisse und Entscheide zeigt, dass es für politische Behörden nicht immer einfach ist, in einem Kontext heftiger politischer Auseinadersetzungen die relativ offenen Kriterien des Bundesgerichts bei der Beurteilung von Stimmrechtsbeschwerden mit kühler Distanz anzuwenden. Es ist anerkannt, dass es zu den Aufgaben der Behörden gehört, die Öffentlichkeit im Kontext einer Abstimmung sachlich und ausgewogen zu informieren. Dies hat mit Zurückhaltung zu geschehen, weil die Willensbildung den gesellschaftlichen und politischen Kräften vorbehalten bleiben soll. Eine unerlaubte Beeinflussung liegt beispielsweise vor, wenn die Behörde

- ihre Pflicht zu objektiver Information verletzt und über den Zweck und die Tragweite der Vorlage falsch orientiert;
- in unzulässiger Weise in den Abstimmungskampf eingreift und dabei gesetzliche Vorschriften verletzt;
- Abstimmungskomitees in verdeckter Weise finanzielle Unterstützung zukommen lässt.

Dabei ist es bei einem knappen Abstimmungsergebnis nicht immer einfach abzuschätzen, ob ein behördlicher Fehler – falls ein solcher festgestellt wird – das Ergebnis hätte beeinflussen können.

---

[20] BGE 117 Ia 41.
[21] BB vom 18.6.1993 (SR 132.222.2); vgl. BBl 1993 I 1029, 1993 IV 262.

3. Rechtsweggarantie und politische Rechte

3.1 Grundsätze

Nach Art. 189 Abs. 1 Bst. f BV beurteilt das Bundesgericht Streitigkeiten wegen Verletzung von eidgenössischen und kantonalen Bestimmungen über die politischen Rechte. Die Forderung nach dem Rechtsschutz des höchsten Gerichtes leitet sich in materieller Hinsicht aus den Art. 29a und 34 BV ab. Jede Person soll bei Rechtsstreitigkeiten grundsätzlich Anspruch auf Beurteilung durch eine richterliche Behörde haben. Der Rechtsweg darf nur noch in Ausnahmefällen bei einer nichtrichterlichen Instanz enden.[22] Die Garantie der politischen Rechte schützt die freie Willensbildung und die unverfälschte Stimmabgabe. Gerade in einem System mit ausgebauten Volksrechten kann die Glaubwürdigkeit staatlichen Handelns in langfristiger Perspektive nur sichergestellt werden, wenn Verlass darauf ist, dass bei der demokratischen Willensbildung die Regeln eingehalten werden und die Einhaltung der Regeln auch durch eine unabhängige Instanz kontrolliert werden kann. Die Garantie der politischen Rechte ruft nach einem effektiven gerichtlichen Rechtschutz.

3.2 Rechtsschutz auf kantonaler Ebene

Auch auf kantonaler Ebene kommt dem gerichtlichen Schutz der Ausübung politischer Rechte eine hohe Bedeutung zu. Dies hält bereits die Verfassung fest. Art. 88 Abs. 2 BGG schreibt vor, dass die Kantone ein Rechtsmittel gegen behördliche Akte vorsehen, welche die politischen Rechte der Stimmberechtigten in kantonalen Angelegenheiten verletzen können. Diese Pflicht erstreckt sich nicht auf Akte des Parlaments und der Regierung. Ob die Rechtsmittelinstanz ein Gericht sein müsse, lässt das Gesetz offen. Das Bundesgericht hat die Frage geklärt und sich für ein gerichtliches Beschwerde-

---

[22] *Biaggini* (Anm. 4), Art. 29a N. 7; *Andreas Kley,* Art. 29a N. 33 in: Ehrenzeller et al. (Anm. 3); *Ruth Herzog,* Auswirkungen der Totalrevision auf den kantonalen und eidgenössischen Rechtsschutz, in: Pierre Tschannen (Hrsg.), Berner Tage für die juristische Praxis BTJP 2006. Neue Bundesrechtspflege, Bern 2007, S. 29 ff. Das Bundesgericht ist kürzlich in mehreren Fällen auf Beschwerden eingetreten, für die das Bundesrecht gar keinen Rechtsweg vorsieht. Es hat sich dabei unmittelbar auf die Rechtsweggarantie (Art. 29a BV) und auf die Garantie der politischen Rechte (Art. 34 BV) gestützt; vgl. Urteile 1C_275/2009, 1C_253/2009 und 1C_241/2009 und die Hinweise unten in Anm. 46.

verfahren entschieden.[23] Die politischen Rechte sind justiziabel. Justiziabel ist grundsätzlich die Gesamtheit der politischen Rechte. Es geht namentlich um die folgenden Sachgebiete:

- Stimmrecht
- aktives und passives Wahlrecht
- Fragen der Unvereinbarkeit
- Vorbereitung und Durchführung von Volksabstimmungen und Wahlen
- Abstimmungen an Gemeindeversammlungen
- Fragen im Zusammenhang mit Volksinitiativen und Referenden.[24]

Die Kantone sind nicht verpflichtet, gegen Akte des Parlaments und der Regierung ein Rechtsmittel vorzusehen. Solche Akte unterliegen allerdings der Beschwerde nach Art. 82 Bst. c BGG. Es handelt sich um eine spezifische Form der Beschwerde in öffentlich-rechtlichen Angelegenheiten. Dabei geht es beispielsweise um Beschlüsse des Parlaments betreffend die Gültigkeit von Initiativen und um die Unterstellung von Ausgabenbeschlüssen unter das Referendum.[25] Anfechtbar sind auch Realakte im Vorfeld von Abstimmungen. Dazu gehören im Kanton Bern die Abstimmungserläuterungen des Grossen Rates und allfällige zusätzliche Informationsmassnahmen des Regierungsrates im Vorfeld von Volksentscheiden.

4.   Das VRPG 2008

4.1   Ausgangslage

Der Kanton Bern hat das Verwaltungsrechtspflegegesetz an die Rechtsweggarantie und das seit dem 1. Januar 2007 geltende Bundesgerichtsgesetz angepasst. Der Grosse Rat stimmte dem revidierten Verwaltungsrechtspflegegesetz am 10. April 2008 in nur einer Lesung mit 136 Stimmen ohne Gegenstimmen und ohne Enthaltungen zu.[26]

---

[23] BGer 1P.338/2006 und 1P.582/2006 vom 12.2.2007 E. 3.10, in ZBl 2007 S. 313.

[24] *Steinmann* (Anm. 2), Art. 82 N. 83. *Hansjörg Seiler / Nicolas von Werdt / Andreas Güngerich,* Handkommentar zum Bundesgerichtsgesetz (BGG), Bern 2007, Art. 88 N. 54 ff.

[25] *Steinmann* (Anm. 2), Art. 82 N. 86.

[26] Tagblatt des Grossen Rates 2008 S. 463; *Ruth Herzog / Michel Daum,* Die Umsetzung der Rechtsweggarantie im bernischen Gesetz über die Verwaltungsrechtspflege, BVR 2009 S. 1 ff., S. 3. Vgl. auch *Christoph Auer,* Die Umsetzung des Bundesgerichtsgesetzes in der bernischen Verwaltungsrechtspflege, ZBJV 2009 S. 225 ff., S. 237 ff.; *Markus Müller,* Bernische Verwaltungsrechtspflege, Bern 2008, S. 151, 158, 182 f., 205.

Auf dem Gebiet der politischen Rechte ist der Rechtsschutz unterschiedlich geregelt, je nachdem, ob kommunale, kantonale oder eidgenössische Wahlen oder Abstimmungen betroffen sind:

- Im kommunalen Bereich entfällt die Gemeindebeschwerde als Mittel der Staatsrechtspflege. Der Rechtsschutz wird im Beschwerde- und Verwaltungsgerichtsbeschwerdeverfahren mit kantonal letztinstanzlicher Zuständigkeit des Verwaltungsgerichts gewährleistet.[27]
- Im Bereich der kantonalen politischen Rechte richtet sich die Rechtspflege in erster Linie nach den Art. 86 ff. GPR (vgl. dazu Ziff. 4.2).[28]
- Der Regierungsrat entscheidet kantonal letztinstanzlich über Stimmrechtsbeschwerden, wenn das Stimmrecht in eidgenössischen Angelegenheiten bestritten ist. Der Regierungsrat entscheidet innert 10 Tagen nach Eingang der Beschwerde.
- Über Abstimmungs- und Wahlbeschwerden, mit denen die Vorbereitung, Durchführung oder die Ergebnisse einer eidgenössischen Abstimmung oder einer Nationalratswahl angefochten werden, entscheidet der Regierungsrat innert 10 Tagen nach Eingang der Beschwerde. Der Entscheid ist kantonal letztinstanzlich. Mit dieser Regelung wird den Vorgaben des Bundesrechts Rechnung getragen.[29]

4.2 Kantonale politische Rechte

Um der Rechtsweggarantie Nachachtung zu verschaffen, ersetzt die Zuständigkeit des Verwaltungsgerichts jedenfalls teilweise jene des Regierungsrates und des Grossen Rates. Das Verwaltungsgericht entscheidet über Stimmrechtsbeschwerden, wenn das Stimmrecht einzig in kantonalen Angelegenheiten bestritten ist.[30]

Über Abstimmungs- und Wahlbeschwerden, mit denen die Vorbereitung, Durchführung oder die Ergebnisse einer kantonalen Abstimmung oder Wahl angefochten oder bei kantonalen Wahlen Unvereinbarkeitsgründe geltend gemacht werden, entscheidet neu das Verwaltungsgericht.[31]

---

[27] *Herzog / Daum* (Anm. 26), S. 31, *Auer* (Anm. 26), S. 239.
[28] *Herzog / Daum* (Anm. 26), S. 31 f.; *Auer* (Anm. 26), S. 238.
[29] *Herzog / Daum* (Anm. 26), S. 32. Der Regierungsrat ist von Bundesrechts wegen einzige kantonale Instanz (Art. 77 ff. des Bundesgesetzes vom 17.12.1976 über die politischen Rechte [BPR; SR 161.1] i.V.m. Art. 88 Abs. 1 Bst. b BGG).
[30] Art. 92 Abs. 1 Bst. a GPR; *Herzog / Daum* (Anm. 26), S. 31.
[31] Art. 93 Abs. 1 GPR; *Herzog / Daum* (Anm. 26), S. 31 f.; *Auer* (Anm. 26), S. 238 f.

Die Abstimmungs- und die Wahlbeschwerde ist unzulässig gegen Akte (Handlungen und Beschlüsse) des Grossen Rates und des Regierungsrates. Damit soll verhindert werden, dass sich die obersten Gewalten gegenseitig überprüfen. Diese Ausnahmebestimmung stützt sich auf Art. 88 Abs. 2 Satz 2 BGG.[32]

4.3 Praxis

Das revidierte Verwaltungsrechtspflegegesetz ist am 1. Januar 2009 in Kraft getreten. Im Zusammenhang mit der Vorbereitung einer kantonalen Abstimmung kam es bis im Herbst 2009 zu einer einzigen Beschwerde. Nach Ansicht der Beschwerdeführer enthielten die Abstimmungserläuterungen des Grossen Rates betreffend den Beitritt des Kantons Bern zum HarmoS-Konkordat falsche Tatsachen. Das Verwaltungsgericht hielt mit Urteil vom 7. September 2009 fest, dass die Abstimmungs- und Wahlbeschwerde gegen Akte des Grossen Rates nicht zur Verfügung steht. Es steht auch kein anderes kantonales Rechtsmittel zur Verfügung. Die Sache fällt vielmehr in die Zuständigkeit des Bundesgerichts, das mit Beschwerde in öffentlich-rechtlichen Angelegenheiten angerufen wurde.[33]

4.4 Ausblick

Die VRPG-Revision 2008 lässt die Vielfalt der Rechtsmittel in kantonalen Stimmrechtssachen unangetastet. Im Rahmen des Vernehmlassungsverfahrens und später bei der parlamentarischen Behandlung der Revisionsvorlage gab es allerdings auch Stimmen, die eine Vereinheitlichung der Rechtsmittel des GPR forderten.[34] Der Übergang zur Einheitsbeschwerde in diesem Bereich hätte allerdings zu unterschiedlichen Rechtsmittelverfahren in kantonalen und eidgenössischen Stimmrechtssachen geführt. Dies wäre bei Vorbereitungshandlungen zur gleichzeitigen Abstimmung über eidgenössische und kantonale Vorlagen nicht unproblematisch gewesen. Das Anliegen wurde auch deshalb nicht aufgenommen, weil man angesichts der knappen

---

[32] Art. 93 Abs. 2 GPR; *Herzog / Daum* (Anm. 26), S. 32; *Auer* (Anm. 26), S. 239.

[33] BVR 2009 S. 529. Die Akte des Parlaments und des Regierungsrates unterliegen der Beschwerde in öffentlich-rechtlichen Angelegenheiten an das Bundesgericht (Art. 82 Bst c i.V.m. Art. 88 BGG). Das Bundesgericht hat die Beschwerde abgewiesen: BGer 1C_392/209.

[34] Vgl. dazu *Auer* (Anm. 26), S. 238; Tagblatt des Grossen Rates 2008 S. 454 (Votum Ryser).

Zeitverhältnisse nicht noch eine komplexe Revision des Gesetzes über die politischen Rechte vornehmen wollte.

Die Neuregelung zu den Beschwerden in kantonalen Stimm- und Wahlrechtsangelegenheiten könnte aus zwei Elementen bestehen. Erstes Element wäre die Einheitsbeschwerde, welche die bisherigen Instrumente (Stimmrechtsbeschwerde, Abstimmungsbeschwerde, Wahlbeschwerde) zusammenfasst. Zweites Element wäre die Integration dieser Beschwerden ins Verwaltungsrechtspflegegesetz. Im Rahmen der Neukonzeption wäre auch zu prüfen, ob in anderen Punkten (Fristen, Legitimation, Kosten) Anpassungen erforderlich sind. Bei der Regelung dieser Einzelfragen wäre Kohärenz mit dem Bundesrecht anzustreben. Diese Fragen werden im Zusammenhang mit einer Totalrevision der Gesetzgebung über die politischen Rechte geprüft. Ein Normkonzept liegt bereits vor.[35]

5. Demokratische Willensbildung und richterliche Kontrolle

5.1 Allgemeines

Der Zweck demokratischer Partizipation besteht darin, all jene Personen an Entscheiden zu beteiligen, die in der jeweiligen Gesellschaft von den Folgen dieser Entscheidungen betroffen sind. Die geschichtliche Realisierung dieses Prinzips war von politischen Auseinandersetzungen verschiedener Art getragen.[36] Das Prinzip der «Inclusion»,[37] wonach allen Mitgliedern einer Gesellschaft das Recht auf demokratische Mitwirkung eingeräumt werden soll, konnte sich nur allmählich gegen die ursprüngliche Beschränkung des Wahlrechts auf wohlhabende Männer durchsetzen. Heute ist das allgemeine Erwachsenenstimmrecht unter Einschluss Besitzloser zur demokratischen Norm geworden. In Zukunft kann es zur Norm werden, dass auch niedergelassene Ausländerinnen und Ausländer[38], 16-Jährige oder jüngere Unmün-

---

[35] Der Regierungsrat hat festgelegt, es sei eine Totalrevision der Gesetzgebung über die politischen Rechte durchzuführen: RRB 1125/2009. Der Leiter des Rechtsdienstes der Staatskanzlei, Stephan C. Brunner, hat ein Normkonzept zu dieser Revision ausgearbeitet.

[36] *Wolf Linder,* Schweizerische Demokratie, 2. Aufl. Bern 2005, S. 347.

[37] *Robert A. Dahl,* Democracy and its Critics, New Haven/London 1989, S. 119 f.

[38] *Nuspliger* (Anm. 12), S. 46. Vgl. dazu auch *Yvo Hangartner,* Grundsatzfragen der Einbürgerung nach Ermessen, in ZBl 2009 S. 293 ff.; Antrag des Regierungsrates vom 19.8.2009 an den Grossen Rat zum Grossratsbeschluss betreffend die Verfassungsinitiative «Zäme läbe – zäme schtimme».

dige über die Vertretung ihrer Erziehungsberechtigten das Stimm- und Wahlrecht erhalten. Aber auch bei einer Erweiterung des Kreises der Stimmberechtigten ist der Anspruch auf unverfälschte Partizipation einzulösen. Geld und Propaganda sind ungleich verteilt und schaffen ungleich lange Spiesse im Abstimmungskampf. Solche Ungleichheiten sind bis zu einem gewissen Grad hinzunehmen. Sollten jedoch die Abstimmungsergebnisse in rechtlich relevanter Weise verfälscht werden, hat die Justiz für Recht und Fairness zu sorgen.

5.2 Der lange Reifungsprozess

Im Kanton Bern dauerte es relativ lange, bis sich die Auffassung durchsetzen konnte, dass die freie politische Willensbildung und die unverfälschte Stimmabgabe eines gerichtlichen Rechtsschutzes bedürfen. Die Beurteilung politischer Meinungsbildungsprozesse ist grundsätzlich kein «acte de gouvernement», sondern ohne weiteres gerichtlicher Beurteilung zugänglich. Grossrat Marc Wehrlin hatte den Regierungsrat deshalb mit einer Motion damit beauftragen wollen, «dem Grossen Rate eine Vorlage zu unterbreiten, die die Kompetenz der Entscheide über Wahl- und Abstimmungsbeschwerden an das Verwaltungsgericht überträgt.»[39] Der Motionär vertrat die Auffassung, der Grosse Rat habe in der Vergangenheit seine richterliche Funktion nicht immer unbefangen wahrgenommen. Diese Anspielung bezog sich auf den Laufentaler Entscheid des Grossen Rates. Dem Motionär wurde entgegenhalten, dass das Parlament als Justizbehörde solche Fragen nicht nach politischen, sondern nach rechtlichen Gesichtspunkten beurteilen müsse. Der Grosse Rat überwies die Motion mit knappem Mehr. Seither wurde relativ viel argumentative Kraft aufgewendet, um zu begründen, weshalb am bisherigen System festzuhalten sei. Die neue Verfassung, die diese Frage nicht definitiv entschied, hatte genügend Raum für zukunftsgerichtete Lösungen gelassen. Eine dieser möglichen Lösungen wurde mit der Revision des Verwaltungsrechtspflegegesetzes im Jahre 2008 realisiert.

Die Einführung eines effektiven gerichtlichen Rechtsschutzes im Bereich der politischen Rechte war ein langer Prozess, in dessen Verlauf man sich schon früher an einen berühmten Satz des amerikanischen Philosophen Richard Rorty hätte erinnern können: «Man sollte sich nicht mehr darum kümmern, ob das, was man glaubt, gut fundiert ist, sondern sich allmäh-

---

[39] Tagblatt des Grossen Rates 1990 S. 698; Vernehmlassungsentwurf der Verfassungskommission vom 9.4.1991, S. 73; *Kälin / Bolz* (Anm. 12), Art. 100 N. 3.

lich fragen, ob man genügend Fantasie aufgebracht hat, um sich interessante Alternativen zu den gegenwärtigen Überzeugungen auszudenken».[40]

5.3 Richterliche Gelassenheit bei den politischen Rechten

Die Garantie der politischen Rechte schützt die freie Willensbildung und die unverfälschte Stimmabgabe. In diesem Zusammenhang haben sich die Gerichte unter anderem mit den beiden folgenden Aspekten zu befassen:
– korrekte Ermittlung von Wahl- und Abstimmungsergebnissen
– Schutz der Stimmberechtigten vor einer übermässigen Beeinflussung durch die Behörden.

In diesen beiden Bereichen wäre eine gewisse Zurückhaltung – oder besser: Gelassenheit – der Gerichte angezeigt.

Nachfolgend werden diese beiden Punkte näher erläutert:

5.3.1 Korrekte Ermittlung von Wahl- und Abstimmungsergebnissen

Bei der Ermittlung der Wahl- und Abstimmungsergebnisse ist sicherzustellen, dass alle Phasen korrekt absolviert werden: Identifikation der Stimmberechtigten, Stimmabgabe und Auszählung der Stimmen. Ein Anspruch auf Nachzählung im Falle eines knappen Ergebnisses besteht nicht generell, sondern nur, wenn Anhaltspunkte für Unregelmässigkeiten bestehen. Am 28. November 2004 führten die Gemeinderatswahlen in der Stadt Bern zu einem sehr knappen Ergebnis.[41] Weil kleinere Fehler bei der Ausmittlung keinen Einfluss auf die Reihenfolge der Kandidaten innerhalb der betroffenen Liste haben konnten, lehnte der Regierungsrat im Rahmen des Beschwerdeverfahrens eine Nachzählung ab.[42] Eine Auswirkung dieser Fehler auf das Wahlergebnis innerhalb der betroffenen Liste war mathematisch ausgeschlossen. Das Bundesgericht ordnete trotzdem eine Nachzählung an. Für diesen Entscheid gibt es keine wirklich überzeugenden Gründe.[43] Fehler

---

[40] Zitiert bei *Jens Drolshammer,* The Global Groove of the Harvard Yard, ZSR 2009 S. 350.

[41] *Lutz / Feller / Müller* (Anm. 17), S. 1517.

[42] RRB vom 20.4.2005; vgl. dazu *Lutz / Feller / Müller* (Anm. 17), S. 1517.

[43] BGE 131 I 442. Vgl. dazu Pierre Tschannen, Die staatsrechtliche Rechtsprechung des Bundesgerichts 2005 und 2006, ZBJV 2006 S. 800 f. Tschannen äussert sich kritisch zum Urteil des Bundesgerichts. Wer einen stimmrechtlichen Anspruch auf Nachzählung allein schon bei knappem Ausgang einer Wahl oder Abstimmung fordert, öffne

beim Zählen passieren bei jeder Auszählung, aber mit sehr grosser Wahrscheinlichkeit auch bei der Nachzählung. Eine Schwierigkeit im Umgang mit knappen Resultaten liegt darin, dass niemand weiss, welches Resultat der Wahrheit am nächsten kommt. Die Unsicherheit knapper Ergebnisse kann durch Nachzählen nicht ausgeräumt werden. Sicherheit über das «richtige» Ergebnis lässt sich auf jeden Fall nicht durch einmaliges Nachzählen gewinnen. Die Legitimität des Ergebnisses einer Abstimmung oder einer Wahl wird durch Nachzählen nicht erhöht. Denn die Legitimität des demokratischen Prozesses ergibt sich mehr aus dem Vertrauen in ein korrektes Verfahren als aus dem präzisen Wissen darüber.[44] Eine Behörde hat die notwendigen organisatorischen und personellen Massnahmen zu treffen, damit die im ordentlichen Zählverfahren zustande gekommenen und anschliessend veröffentlichten Resultate eine möglichst hohe Präzision erreichen. Mehr kann nicht verlangt werden. Lässt die Behörde nachzählen, manifestiert sie dadurch Misstrauen gegenüber dem eigenen Zählverfahren. Nachgezählt werden sollte ein Wahl- oder Abstimmungsergebnis nur dann, wenn klare Indizien für ein Fehlverhalten vorliegen. Diese Umstände hat das Bundesgericht verkannt. Demgegenüber hatte die Berner Regierung im Vorentscheid eine sehr differenzierte Argumentation entwickelt, der das Bundesgericht ohne weiteres hätte folgen können. In diesem konkreten Fall hatte der Regierungsrat als politische Behörde ein besseres Beurteilungsvermögen betreffend das Ermittlungsverfahren als das Bundesgericht.[45]

Das Bundesgericht hat sich am 1. Oktober 2009 erneut mit der Frage befasst, unter welchen Voraussetzungen ein stimmrechtlicher Anspruch auf Nachzählung bei knappen Abstimmungsergebnissen besteht. Das Gericht hielt fest, bei einem «sehr knappen» Ergebnis bestehe ein Anspruch auf Nachzählung, auch wenn es keine Anzeichen für Unregelmässigkeiten bei der Ermittlung des Wahl- oder Abstimmungsergebnisses gebe. Bei einem sehr knappen Resultat liege es nahe, dass sich Zählfehler auswirken könnten, was nur mit einer Wiederholung der Auszählung nachgewiesen werden könne. Eine zweite Zählung könne ohne Zeitdruck vorgenommen werden. Das Gericht verkannte nicht, dass es auch bei einer zweiten Zählung zu Fehlern kommen könne. Die neue Praxis des Bundesgerichts vermag die bereits

---

die Büchse der Pandora. Die bisherige Rechtsprechung sei sehr klug gewesen: Erst ein knappes Ergebnis zusammen mit Unregelmässigkeiten lasse einen Anspruch auf Nachzählung entstehen. Vgl. auch *Tschannen* (Anm. 1), S. 137.

[44] *Lutz / Feller / Müller* (Anm. 17), S. 1534.

[45] Die Qualität des Regierungsentscheids hängt auch mit den Qualitäten des Verfassers des Entwurfs zusammen. Dieser wurde später als Verwaltungsrichter gewählt.

dargelegten Bedenken nicht auszuräumen. Fehler beim Zählen passieren bei jeder Auszählung. Die Unsicherheit knapper Ergebnisse kann durch Nachzählen nicht ausgeräumt werden. Sicherheit über das «richtige» Ergebnis lässt sich auch durch mehrmaliges Nachzählen nicht gewinnen. Hinzu kommt, dass das Bundesgericht mit der Unterscheidung zwischen «knappen» und «sehr knappen» Abstimmungsergebnissen neue Unsicherheiten schafft. Es fehlen hier taugliche Abgrenzungskriterien.[46]

5.3.2 Schutz der Stimmberechtigten vor der übermässigen Beeinflussung durch die Behörden

Die Gerichte befassen sich immer wieder mit der Frage, in welchem Ausmass die Stimmberechtigten vor einer Beeinflussung durch die politischen Behörden geschützt werden müssen. Heute ist anerkannt, dass es zu den Aufgaben der Behörden gehört, die Öffentlichkeit über die staatlichen Tätigkeiten zu informieren.[47] Die neuere Lehre befürwortet überwiegend ein an den Grundsätzen der Objektivität, Transparenz und Verhältnismässigkeit ausgerichtetes Recht der Behörden auf Teilnahme an der politischen Debatte. Das Bundesgericht ist dieser neueren Lehre in der jüngsten Praxis gefolgt. Es legt das Gewicht nicht mehr auf die Frage, ob es «triftige Gründe» für ein Abweichen von einem grundsätzlichen behördlichen Interventionsverbot im Vorfeld von Abstimmungen gebe. Von Bedeutung seien vielmehr die Art und Weise sowie die Wirkung der konkret zu beurteilenden behördlichen Informationen: «Zu prüfen ist, ob diese Informationen in sachlicher, transparenter und verhältnismässiger Weise zur offenen Meinungsbildung beizutragen geeignet sind oder aber in dominanter und unverhältnismässiger Art im Sinne eigentlicher Propaganda eine freie Willensbildung der Stimmberechtigten erschweren oder geradezu verunmöglichen».[48] Es ist auch zulässig, dass sich kantonale Regierungen oder die Konferenz der Kantons-

---

[46] BGer 1C_241/2009, 1C_253/2009 und 1C_275/2009; vgl. dazu Jurius, Keine Nachzählung zum biometrischen Pass, in: Jusletter 5. Oktober 2009; NZZ vom 2.10.2009, S. 12.

[47] *Kurt Nuspliger,* Das BGÖ und die aktive behördliche Kommunikation, in: Bernhard Ehrenzeller (Hrsg.), Das Öffentlichkeitsgesetz des Bundes, St. Gallen 2006, S. 35 ff., S. 40 ff.

[48] BGer 1C_412/2007 E. 6.2. Die NZZ vom 31.7.2008 spricht in diesem Zusammenhang von «lockereren Maulkörben» für die Behörden. Das höchste Gericht traut den Stimmbürgerinnen und Stimmbürgern zu, zwischen gegensätzlichen Auffassungen zu differenzieren, unterschiedliche Meinungen zu gewichten und aufgrund eigener Überzeugung vernunftgemäss zu entscheiden.

regierungen im Vorfeld föderalistisch bedeutsamer eidgenössischer Vorlagen zu Wort melden.[49] Für den Einsatz allfälliger finanzieller Mittel gelten die Grundsätze der Sachlichkeit, der Transparenz und der Verhältnismässigkeit. Wenn sich die Behörden im Vorfeld von Volksabstimmungen über Vorlagen des eigenen Gemeinwesens äussern, ist eine gewisse Grosszügigkeit der Justiz angezeigt. Es handelt sich bei Behördenvorlagen schliesslich in der Regel um Akte, die sich in einem parlamentarischen Prozess im Sinne eines Kompromisses als mehrheitsfähig erwiesen haben. Hinzu kommt, dass sich die Gerichte bisher noch zu wenig mit der Wirkung von Informationen durch Behörden oder Private befasst haben. Häufig wird vorschnell angenommen, dass solche Informationen direkte Wirkung erzielen. Sozialwissenschaftliche Untersuchungen deuten in eine andere Richtung. So weist etwa Claude Longchamp darauf hin, dass bei Sachabstimmungen keine einheitliche Regel für die Chancen einer Beeinflussung des Abstimmungsausgangs aufgestellt werden könne. Die Bedeutung und der Einfluss einer Kampagne hingen vielmehr von der Prädisposition einer Vorlage ab.[50] Diese Meinung wird von Silvano Möckli geteilt. Er hält fest, es komme immer wieder vor, dass Initiativen trotz gegnerischer Propogandadominanz angenommen würden: «Sind beim Stimmbürger festgefügte Meinungsanlagen (stabile Prädispositionen) und klare Interessen zu einem bestimmten Gegenstand vorhanden, so vermag die Abstimmungspropaganda zwar bestehende Meinungen zu aktivieren und zu verstärken, aber keine Meinungsbildung und keinen Meinungsumschwung zu bewirken.»[51]

Gegenüber behördlichen Informationen bei demokratischen Willensbildungsprozessen ist also eine gewisse Gelassenheit angezeigt. Gerichte sollten nur dann einschreiten, wenn klare Anzeichen für Missbräuche vorhanden sind.

---

[49] *Biaggini* (Anm. 4), Art. 34 N. 18.
[50] *Claude Longchamp,* Herausgeforderte demokratische Öffentlichkeit, in: Direkte Demokratie. Schweizerisches Jahrbuch für politische Wissenschaft 1991, S. 316 f.
[51] *Silvano Möckli,* Abstimmungsbudget und Abstimmungserfolg. Erfahrungen und Forschungsergebnisse aus den USA und aus der Schweiz, St. Gallen 1989, S. 7. Vgl. zur ganzen Problematik *Martina Caroni,* Geld und Politik. Die Finanzierung politischer Kampagnen im Spannungsfeld von Verfassung, Demokratie und politischem Willen, (Habil. 2006) Bern 2009, S. 38 f.

Wirtschaftliche, soziale und kulturelle Menschenrechte und ihre Umsetzung im kantonalen Verwaltungsrecht

Jörg Künzli

Inhaltsverzeichnis

1. Fragestellung

Sind wirtschaftliche, soziale und kulturelle Menschenrechte (WSK-Rechte) wie die Garantien auf einen angemessenen Lebensstandard oder auf Gesundheit, die Rechte auf Arbeit oder auf Bildung überhaupt «richtige» Menschenrechte oder handelt es sich dabei nur um programmatische Leitlinien, welche sich in schwammiger Form einzig an den Gesetzgeber richten? Insbesondere in der Schweiz ist die zweite Auffassung stark verbreitet, weigern sich doch Bundesrat und Bundesgericht trotz internationaler Kritik an dieser Haltung seit Jahren standhaft, den individualrechtlichen Charakter dieser insbesondere im Pakt über wirtschaftliche, soziale und kulturelle Rechte (Pakt I)[1] verankerten Garantien anzuerkennen.[2] Dies ist mit ein Grund, weshalb WSK-Rechte im Unterschied zu den bürgerlichen und politischen Rechten – etwa der Europäischen Menschenrechtskonvention (EMRK)[3] oder des Pakts über bürgerliche und politische Rechte (Pakt II)[4] – in der schweizerischen Rechtswirklichkeit eine vergleichsweise geringe Bedeutung einnehmen und oft gar als Fremdkörper eingestuft werden.

Da viele der WSK-Rechte, und exemplarisch die Rechte auf Gesundheit und Bildung, Rechtsmaterien in kantonaler Kompetenz beschlagen, kann die Frage, ob Verpflichtungen aus diesen Garantien tatsächlich in Folge ihrer Vagheit keine subjektiven Rechte begründen und nicht einer gerichtlichen Anwendung zugänglich sind, sachgerecht nur mit Blick auf das kantonale Verfassungs- und Verwaltungsrecht beantwortet werden. Dies soll im vorliegenden Artikel geschehen (Ziff. 4), nachdem die Verpflichtungsstruktur dieser Menschenrechte geklärt (Ziff. 2) und die skeptische Haltung der Schweiz gegenüber den aus WSK-Rechten fliessenden Verpflichtungen (Ziff. 3) dargestellt wurde.

2. Verpflichtungen aus wirtschaftlichen, sozialen und kulturellen Rechten

2.1 Die Verpflichtungsklausel des Pakts I und die Verpflichtungstrias der Menschenrechte

Die Verpflichtungsklausel von Art. 2 Abs. 1 Pakt I hält die Vertragsstaaten an, «unter Ausschöpfung aller ihrer Möglichkeiten Massnahmen zu treffen, um nach und nach mit allen geeigneten Mitteln» die volle Verwirklichung der materiellen Paktgarantien zu erreichen.[5] Diese tatsächlich nicht einfach einzuordnende Bestimmung diente lange als Beleg für die Auffassung, die

---

[1] Vom 16.12.1966 (SR 0.103.1). WSK-Rechte finden sich aber auch etwa in der Konvention über die Rechte des Kindes vom 20.11.1989 (KRK; SR 107).
[2] Siehe dazu detailliert Ziff. 3.2.
[3] Vom 4.11.1950 (SR 0.101).
[4] Vom 16.12.1966 (SR 0.103.2).
[5] In Art. 4 KRK findet sich eine ähnliche Verpflichtungsklausel.

Rechtsnatur von WSK-Rechten sei fundamental anders als diejenige der bürgerlichen und politischen Rechte.

Doktrin und Praxis[6] anerkennen heute mehrheitlich, dass menschenrechtliche Verträge die Staaten, unabhängig davon, ob sie wirtschaftliche, soziale und kulturelle oder bürgerliche und politische Rechte verankern, gleichzeitig zu einem Unterlassen und zu aktivem Vorgehen verpflichten. Dabei lassen sich drei Verpflichtungsarten unterscheiden:[7]

(1) Unterlassungspflichten: Alle Garantien können auf einer ersten Stufe wirksam durch staatliches Unterlassen geschützt werden. In dieser Hinsicht besteht eine Pflicht zur Achtung der Menschenrechte («duty to respect»). Auf Seiten der Berechtigten steht dieser Pflicht ein Abwehranspruch gegen den Staat gegenüber. Unterlassungspflichten aus Menschenrechten entstehen automatisch, d.h. ohne weitere Voraussetzungen, und können in diesem Sinn als negative Pflichten bezeichnet werden.

(2) Schutzpflichten: Auf einer zweiten Stufe werden die Staaten verpflichtet, menschenrechtlich geschützte Rechtsgüter vor Gefahren, namentlich durch Übergriffe Dritter, aber etwa auch durch Gefahren, die von der Natur oder von durch Menschen erstellten Anlagen ausgehen, zu schützen. Dabei geht es in der Praxis vor allem darum, die entsprechenden Garantien auch im Verhältnis zwischen Privaten durchzusetzen («duty to protect»).[8] Hier besitzen die Berechtigten einen Schutzanspruch gegenüber dem Staat, d.h. im Zentrum stehen die menschenrechtlichen Pflichten des Staates, nicht jene von Dritten. Schutzpflichten entstehen nur, soweit der Staat von der Beeinträchtigung weiss oder bei genügender Sorgfalt wissen könnte und faktisch und rechtlich die Möglichkeit hat, sie zu verhindern.[9]

(3) Gewährleistungspflichten: Auf einer dritten Stufe haben Staaten die Menschenrechte zu gewährleisten, d.h. sicherzustellen, dass sie für die Berechtigten in möglichst umfassender Weise zur Realität werden. Dies bedarf

---

[6] Vgl. statt vieler den Bericht des Bundesrats über die Menschenrechtsaussenpolitik (2003–2007), BBl 2006 6071 S. 6095: «In den letzten Jahren hat sich die Ansicht durchgesetzt, dass mit den Menschenrechten Verpflichtungen auf verschiedenen Ebenen (Unterlassungspflicht, Schutzpflicht, Leistungspflicht) verbunden sind».

[7] Siehe dazu m.w.H. *Walter Kälin / Jörg Künzli,* Universeller Menschenrechtsschutz, 2. Aufl. Basel/Baden-Baden 2008, S. 110 ff., und *Manisuli Ssenyonjo,* Economic, Social and Cultural Rights in International Law, Oxford 2009, S. 23 ff.

[8] Dazu Europäischer Gerichtshof für Menschenrechte (EGMR), Osman v. The United Kingdom, Reports 1998-VIII, und Budayewa and Others v. Russia, 15339/02, 11673/02, 15343/02, 20058/02, 21166/02 (2008).

[9] EGMR, Osman v. The United Kingdom, Reports 1998-VIII, insb. Ziff. 115 f.

meist umfassender gesetzgeberischer oder administrativer Massnahmen, um die rechtlichen, institutionellen und verfahrensmässigen Voraussetzungen für die volle Realisierung des Rechts sicherstellen zu können («duty to ensure»).

Diese Einstufung gilt auch für die Garantien des Pakts I. WSK-Rechte unterscheiden sich somit nicht prinzipiell, sondern nur graduell von anderen Menschenrechten, indem sie ein grösseres Gewicht auf die Gewährleistungskomponente legen.[10]

2.2 Verpflichtungen aus WSK-Rechten

Welche dieser Teilgehalte von Menschenrechten sind von den Staaten unmittelbar umzusetzen und welche «nur» progressiv? Kaum umstritten erscheint die unmittelbare Verpflichtungsstruktur für die auch aus WSK-Rechten fliessenden *Unterlassungspflichten:* Denn es ist nicht einsehbar, weshalb eine Verpflichtung, welche keine positive staatliche Leistung impliziert, nur nach und nach umgesetzt werden soll. So ist etwa das auch aus dem Recht auf Gesundheit fliessende Verbot der Vornahme medizinischer Eingriffe ohne Einwilligung der davon betroffenen Person oder das Gebot eines diskriminierungsfreien Zugangs zu bestehenden Sozialeinrichtungen zweifellos unmittelbar umzusetzen.

Obwohl *Schutzpflichten* regelmässig staatliche Leistungen implizieren, ist ebenso kaum strittig, dass staatliche Massnahmen zum Schutz menschenrechtlich geschützter Positionen vor Dritten oder natürlichen oder technischen Gefahrenquellen unmittelbar umzusetzen sind. Schutzpflichten gelten nie absolut, und ihnen ist eine gewisse Verpflichtungsflexibilität inhärent, verletzt doch ein Staat seine Schutzpflichten nur, wenn er trotz bestehendem Wissen seiner Organe um eine konkrete Gefährdung und zusätzlich bei bestehender faktischer und rechtlicher Möglichkeit, gegen diese Gefährdung vorzugehen, passiv bleibt.[11] In diesem Sinn ist etwa ein Staat bei entsprechendem Wissen und bestehender Handlungsmöglichkeiten unmittelbar verpflichtet, dafür besorgt zu sein, dass Menschen auch in privaten Gesundheitsinstitutionen nicht diskriminiert werden.

Umstrittener präsentiert sich die Frage nach der unmittelbaren Verpflichtungsdimension eigentlicher *Leistungspflichten,* zeichnen sich doch diese primär durch die Notwendigkeit des Einsatzes von knappen Ressourcen aus,

---

[10]   *Kälin / Künzli* (Anm. 7), S. 339.
[11]   Dazu detaillierter *Kälin / Künzli* (Anm. 7), S. 118 ff.

die den einzelnen Staaten in ungleichem Mass zur Verfügung stehen. Daher ist diese Verpflichtungsdimension grundsätzlich progressiv, d.h. nach Massgabe der einem Staat zur Verfügung stehenden Mittel, umzusetzen. Obwohl den Vertragsstaaten damit ein weiter Ermessensspielraum hinsichtlich der Wahl und des Umfangs der eingesetzten Mittel zur Erreichung des Ziels der vollständigen Realisierung eines Rechts zukommt, stehen die Umsetzungsmodalitäten doch nicht in ihrem freien Ermessen. Vielmehr setzt Art. 2 Abs. 1 Pakt I dafür folgende Leitplanken: Vertragsstaaten haben *unmittelbar* nach der Ratifizierung des Pakts I unter Ausschöpfung aller ihrer Möglichkeiten, d.h. unter prioritärem Einsatz aller vorhandenen Ressourcen und unter Benutzung aller geeigneten Mittel auf die volle Verwirklichung der Paktgarantien hinzuarbeiten.[12]

Der Ausschuss für wirtschaftliche, soziale und kulturelle Rechte (Ausschuss für WSK-Rechte), das Überwachungsorgan des Pakts I, hat indes auch in diesem Bereich folgende Teilgehalte der Leistungspflichten aus dem Pakt I herausgearbeitet,[13] welche vermutungsweise unmittelbare, d.h. sofort geltende Verpflichtungen begründen:

Minimalansprüche: Der Ausschuss für WSK-Rechte anerkennt, dass die Paktgarantien einen «harten Kern» im Sinne von Minimalansprüchen des Individuums besitzen, ohne deren Gewährleistung das betroffene Recht ausgehöhlt und seines Sinnes beraubt würde. Er hat festgestellt, dass jeder Vertragsstaat die grundlegende Minimalverpflichtung hat, die Verwirklichung des Kernbereichs jedes Rechtes zu gewährleisten. Ein Vertragsstaat, in welchem beispielsweise zahlreichen Personen das Wesentliche bezüglich Nahrung, gesundheitlicher Erstversorgung, Unterkunft oder Unterricht fehlt, ist auf den ersten Blick ein Staat, welcher die ihm auf Grund des Pakts I obliegenden Verpflichtungen vernachlässigt.[14] Der Ausschuss für WSK-Rechte und mittlerweile zahlreiche weitere internationale Organe[15] gehen somit davon aus, dass eine Nichterfüllung dieser Kernverpflichtungen eine nur schwer zu widerlegende Vermutung einer Verletzung der völkerrecht-

---

[12] Ausschuss für WSK-Rechte, General Comment 3 (1990), Ziff. 2 ff.
[13] Ausschuss für WSK-Rechte, General Comment 19 (2008), Ziff. 59–61, und Bericht des Hochkommissariats für Menschenrechte der UNO an den Wirtschafts- und Sozialrat zum Thema des Konzepts der progressiven Verwirklichung wirtschaftlicher, sozialer und kultureller Rechte vom 25.6.2007, UN Doc. E/2007/82, insb. S. 6 ff.
[14] Grundlegend Ausschuss für WSK-Rechte, General Comment 3 (1990), Ziff. 10. Mittlerweile gehört die Identifikation dieses «minimal core contents» zum Bestandteil aller General Comments, die sich mit einer materiellen Garantie des Pakts I befassen.
[15] Vgl. Bericht des Hochkommissariats für Menschenrechte (Anm. 13), Ziff. 20 ff.

lichen Verpflichtungen eines Staates darstellt. Für Industriestaaten dürfte dieser Nachweis kaum je möglich sein. Zumindest in solchen Staaten sind Ansprüche auf Überlebenssicherung in Notlagen deshalb unmittelbar zu erfüllende Minimalansprüche. Andere Staaten können sich jedoch bei Nicht-erfüllung dieser Pflicht dem Vorwurf einer Verletzung entziehen, indem sie nachweisen, dass sie trotz des Einsatzes aller vorhandenen eigenen Mittel und allfälliger Unterstützung der internationalen Gemeinschaft nicht in der Lage waren, die nötigen Leistungen zu erbringen. Dabei muss es sich allerdings um eine objektive Unmöglichkeit und nicht um die fehlende Bereitschaft des Vertragsstaates handeln.[16]

Leistungsansprüche in Situationen umfassender staatlicher Kontrolle über eine Person: Weitergehenden, unmittelbar verpflichtenden Ansprüchen unterliegen Staaten gegenüber Personen, die ihre Subsistenzbedürfnisse nicht mehr selbständig befriedigen können, weil sie in staatlichem Gewahrsam sind, sich sonst wie unter mehr oder weniger vollständiger staatlicher Kontrolle befinden oder weil ihnen der Staat auf andere Weise die selbständige Befriedigung ihrer Subsistenzbedürfnisse verunmöglicht. Diese Personen haben Anspruch auf sozialrechtlich gebotene Leistungen, welche über das Minimum des harten Kerns hinausgehen. So haben, wie die Praxis zahlreicher menschenrechtlicher Überwachungsorgane belegt,[17] z.B. Häftlinge oder Soldaten einen unmittelbar geltenden Anspruch auf genügende Nahrung, Unterbringung, Bekleidung und medizinische Versorgung. Das Ausmass staatlicher Leistungspflichten in derartigen Situationen bemisst sich dabei gemäss dem Grundsatz der Subsidiarität nach dem Grad der Unmöglichkeit einer Person, selbständig für ihren Unterhalt und die Befriedigung ihrer Grundbedürfnisse zu sorgen.

Wie weit der Anspruch von Individuen geht, von *Rückschritten* von einem einmal erreichten Realisierungsstand verschont zu bleiben, lässt sich kaum allgemein beantworten. So lässt zwar die progressive Implementierungspflicht des Art. 2 Abs. 1 Pakt I derartige Rückschritte problematisch erscheinen und Abs. 2 dieser Bestimmung macht deutlich, dass Abbauschritte nie diskriminierend erfolgen dürfen. Anderseits müssen aber Staaten nicht mehr als die «geeigneten Mittel» einsetzen, was die Realisierungspflichten wesentlich vom Stand der tatsächlich vorhandenen Mittel abhängig macht. Der Ausschuss für WSK-Rechte hat den Grundsatz entwickelt, dass der Ab-

---

[16] Ausschuss für WSK-Rechte, General Comment 12 (1999), Ziff. 17.
[17] Vgl. EGMR, Taïs v. France, 39922/03 (2006), Ziff. 93 ff., und Anguelova v. Bulgaria, Reports 2002-IV, Ziff. 123 ff.

bau eines einmal erreichten Verwirklichungsstandes nicht absolut verboten ist. Die Staaten müssen aber, um derartige Massnahmen paktkonform zu gestalten, entweder anderweitig für eine Kompensation der Nachteile sorgen oder nachweisen, dass trotz des Einsatzes aller verfügbaren Mittel ein Rückschritt unvermeidbar ist.[18]

Damit scheint klar, dass entgegen dem undeutlichen Wortlaut seines Art. 2 auch die Garantien des Pakts I teilweise unmittelbar zu erfüllende Verpflichtungen begründen.

2.3 Direkt anspruchsbegründende und programmatische Gehalte

Eng verknüpft, aber nicht identisch mit der Frage nach der unmittelbaren oder progressiven Verpflichtung präsentiert sich diejenige, ob eine Menschenrechtsgarantie und ihre Teilgehalte den begünstigten Individuen eigentliche Rechte zusprechen oder ob sie einzig den Staat verpflichten, ohne dass dem Individuum spiegelbildlich ein Recht eingeräumt wird. Progressiv zu erfüllende Teilgehalte der Menschenrechte begründen dabei regelmässig keine subjektiven Rechte des Individuums, sondern sprechen primär den Gesetzgeber, aber auch die Exekutive an. Demgegenüber schaffen die unmittelbaren Verpflichtungen grundsätzlich spiegelbildliche Rechtspositionen von Einzelpersonen, es sei denn, eine – auch präzise abgefasste – Verpflichtung richte sich einzig an den Gesetzgeber oder es könne nachgewiesen werden, dass eine Vertragsbestimmung mit unmittelbarer Geltung den Individuen bewusst keine Rechte einräumen will. Diese Ausnahmen erfüllen die Garantien des Pakts I trotz ursprünglichen Fehlens einer internationalen Beschwerdeberechtigung von einer Vertragsverletzung betroffener Individuen nicht. Somit begründen auch die in dieser Konvention enthaltenen Garantien individuelle Ansprüche der begünstigten Individuen, soweit es um justiziable Teilgehalte geht.

2.4 Zur Justiziabilität von WSK-Rechten

Damit ist die Frage angesprochen, ob die aus WSK-Rechten fliessenden Verpflichtungen direkt anwendbar (self-executing) sind. Auf internationaler

---

[18] Ausschuss für WSK-Rechte, General Comments 3 (1990), Ziff. 9, 13 (1999), Ziff. 45 und 15 (2002), Ziff. 19. Dazu ausführlicher *Jörg Künzli / Walter Kälin,* Die Bedeutung des UNO-Pakts über wirtschaftliche, soziale und kulturelle Rechte, in: Walter Kälin / Giorgio Malinverni / Manfred Nowak, Die Schweiz und die UNO-Menschenrechtspakte, 2. Aufl. Basel etc. 1997, S. 105 ff.

Ebene kann diese Frage als Konsequenz der Schaffung verschiedener Individualbeschwerdeverfahren mittlerweile klar bejaht werden.[19]

Ob die Justiziabilität einer völkerrechtlichen Norm innerstaatlich gegeben ist, entscheidet hingegen nicht das Völkerrecht, sondern grundsätzlich das Verfassungsrecht der Vertragsstaaten. Denn das Völkerrecht sagt nur, dass es, nicht aber, wie es auf Landesebene umzusetzen ist. Trotzdem hat der Ausschuss für WSK-Rechte im Jahr 1988 festgehalten, die Tatsache, dass in gewissen Staaten Garantien des Pakts I anders als bürgerliche und politische Rechte als nicht direkt anwendbar eingestuft werden, sei weder durch die Natur der Rechte noch durch die einschlägigen Vorschriften des Pakts selbst gerechtfertigt. Viele der Vorschriften des Pakts I ermöglichten eine direkte Umsetzung. Der Pakt I enthalte keine Garantie, die nicht «zumindest einige justiziable Elemente» enthalte. Eine starre Klassifizierung der wirtschaftlichen, sozialen und kulturellen Rechte, die sie bereits per Definition ausserhalb der Zuständigkeit von Gerichten stellt, wäre daher willkürlich und würde dem Grundsatz der Unteilbarkeit und Interdependenz der beiden Gruppen der Menschenrechte widersprechen.[20]

Mit anderen Worten betrachtet dieses Organ die direkt anspruchsbegründenden Gehalte der WSK-Rechte des Pakts I als justiziabel. Diese Überlegungen entsprechen an sich weitgehend der konstanten bundesgerichtlichen Praxis zur Einschätzung der Justiziabilität einer völkerrechtlichen Norm. Gemäss dieser Rechtsprechung kann sich eine Privatperson nämlich direkt auf eine Bestimmung des Völkerrechts berufen, wenn folgende Voraussetzungen kumulativ erfüllt sind:[21] Die Bestimmung betrifft (1) die Rechtsstellung Privater, sie ist (2) justiziabel und sie richtet sich (3) an die rechtsanwendenden Behörden.

Nicht an rechtsanwendende Behörden im Sinne des Kriteriums (3) richten sich namentlich Gesetzgebungsaufträge, dies selbst wenn sie dem Staat keinen oder nur einen geringen Ermessensspielraum bieten und unmittelbar verpflichtend sind. Nicht justiziabel im Sinne der Voraussetzung (2) sind Gehalte von Menschenrechten, die zu wenig präzise abgefasst sind, um von einer gerichtlichen Behörde auf eine Rechtssache angewendet werden zu können, oder die auf der Rechtsfolgeseite einen zu grossen Ermessensspielraum offenlassen und sich daher indirekt an den Gesetzgeber richten. Dadurch werden zweifellos die programmatisch umzusetzenden Gehalte der Menschenrechte von einer direkten Anwendbarkeit ausgeschlossen. Umgekehrt dürften aber direkt an-

---

[19] Dazu hinten Ziff. 3.2.
[20] Ausschuss für WSK-Rechte, General Comment 9 (1998), Ziff. 10.
[21] Siehe exemplarisch BGE 118 Ia 112 E. 2b S. 116 f.

spruchsbegründende Schichten der Menschenrechte, ungeachtet der Frage ihrer Zugehörigkeit zu bürgerlichen und politischen oder wirtschaftlichen, sozialen und kulturellen Rechten, diese Voraussetzung erfüllen. Da der Pakt I Rechte des Individuums begründet und damit das Kriterium (1) integral erfüllt, kann an dieser Stelle – unter Berücksichtigung der Tatsache, dass sich diese Frage nicht abschliessend in abstrakter Form, sondern einzig in Kenntnis der konkreten Fragestellung und des konkret anwendbaren Gehalts einer Norm beantworten lässt – Folgendes festgehalten werden:

Ohne weiteres direkt anwendbar erscheinen alle aus den Garantien des Pakts I fliessenden Unterlassungs- und, soweit sie kein gesetzgeberisches Aktivwerden erfordern, Schutzpflichten. Ebenfalls justiziabel sind im Bereich der Leistungsgehalte die Verpflichtung zur Erfüllung des harten Kerns aller WSK-Rechte sowie die Ansprüche auf adäquate Verwirklichung dieser Rechte gegenüber Personen in staatlichem Gewahrsam.

Zur Möglichkeit einer gerichtlichen Beurteilung einer Verletzung des Verbots retrogressiver Massnahmen lassen sich demgegenüber abstrakte Aussagen kaum machen. Die internationale Praxis dürfte im Gegensatz zu einem Teil der Lehre[22] die Justiziabilität in diesen Fällen eher verneinen; klare Aussagen liegen aber nicht vor.

3. Die Haltung der Schweiz zu WSK-Rechten

3.1 In der Menschenrechtsaussenpolitik

Es gehört zum Standardrepertoire bundesrätlicher Verlautbarungen zur schweizerischen Menschenrechtsaussenpolitik, die Unteilbarkeit aller Menschenrechte resp. das Engagement der Schweiz «für alle Menschenrechte – bürgerliche, politische, wirtschaftliche soziale und kulturelle Rechte – gleichermassen» zu betonen.[23] Trotzdem – so das Grundlagendokument der gegenwärtigen Menschenrechtsaussenpolitik – müsse die Aussenpolitik Prioritäten bei Rechten setzen, «die für den internationalen Menschenrechtsschutz von elementarer Bedeutung sind».[24] Zu diesen Kernbereichen der schweizerischen Menschenrechtsaussenpolitik zählen auch die WSK-Rech-

---

[22] Z.B. *Pius Gebert,* Das Recht auf Bildung nach Art. 13 des UNO-Paktes über wirtschaftliche, soziale und kulturelle Rechte, St. Gallen 1996, S. 464.

[23] Bericht Menschenrechtsaussenpolitik (Anm. 6), S. 6088.

[24] A.a.O.

te.[25] Denn diese Rechte gehörten zu den entwicklungsfähigsten, da sich «die Chancen der Globalisierung [...] nur verwirklichen [lassen], wenn sie stärker ins Zentrum der internationalen Diskussion rücken». Aus diesem Grund ist der Bundesrat «entschlossen, das Entwicklungspotenzial dieser Rechte bestmöglich zu erschliessen»[26].

Zentral für die Glaubwürdigkeit der auf diesen Grundlagen aufbauenden Menschenrechtsaussenpolitik der Schweiz sei – so der Bundesrat – die «Ratifikation der entsprechenden internationalen Übereinkommen und deren Anwendung im Rahmen ihrer Rechtsordnung».[27] Ein Blick auf die die Schweiz bindenden völkerrechtlichen Verträge zeigt, dass zumindest im Bereich der WSK-Rechte diesem Ansatz nur teilweise nachgelebt wird. So hat die Schweiz als Ausnahme unter den Europaratsstaaten die Europäische Sozialcharta[28] bis heute nicht ratifiziert.[29] Auf universeller Ebene ist die Schweiz zwar Mitgliedstaat des Pakts I, sie hat aber in den letzten Jahren hartnäckig, und letztlich erfolglos,[30] Widerstand gegen die Schaffung eines Beschwerdeverfahrens für dieses Abkommen geleistet.[31]

3.2 Die Haltung von Bundesrat und Bundesgericht zu Geltung und Justiziabilität der WSK-Rechte in der Schweiz

Diese gegen aussen kommunizierte Haltung kontrastiert nicht nur mit der schweizerischen Ratifikationspraxis, sondern noch auffälliger mit der Hal-

---

[25] Bericht Menschenrechtsaussenpolitik (Anm. 6), S. 6095 f.

[26] Bericht Menschenrechtsaussenpolitik (Anm. 6), S. 6096.

[27] Bericht Menschenrechtsaussenpolitik (Anm. 6), S. 6087.

[28] Europäische Sozialcharta (ESC) vom 18.10.1961, ETS Nr. 035, resp. Europäische Sozialcharta (revidiert) vom 3.5.1996, ETS Nr. 163. Damit entfällt auch die Möglichkeit einer Ratifizierung des Zusatzprotokolls zur Europäischen Sozialcharta über Kollektivbeschwerden vom 9.11.1995, ETS Nr. 158.

[29] Die Schweiz unterzeichnete diesen Vertrag am 6.5.1976. Nach jahrzehntelangen Bemühungen scheiterte die Genehmigung des ESC im Jahr 2004 durch das Parlament endgültig, als der Nationalrat die parlamentarische Initiative 91.419 abschrieb; Amtl. Bull. NR 2004 S. 2168 ff. In Beantwortung der Frage Rechsteiner (09.5473) hielt der Bundesrat am 30.11.2009 jedoch fest, er werde sich nächstens erneut mit dieser Frage beschäftigen. Die umstrittene Kompatibilität dieses Vertrages mit dem schweizerischen Recht bedinge allerdings vertiefte Abklärungen, bevor ein Entscheid getroffen werden könne.

[30] Fakultativprotokoll zum Pakt I vom 10.12.2008.

[31] Eine Ratifikation dieses Vertrages durch die Schweiz ist daher in absehbarer Zeit nicht zu erwarten; Antwort des Bundesrats vom 20.5.2009 auf die Motion Allemann (09.3279).

tung des Bundes zur Geltung von WSK-Rechten in der Schweiz: Während heute unbestritten ist, dass bürgerliche und politische Menschenrechte direkt anwendbar sind, präsentiert sich ein konträres Bild, wird ein Blick auf WSK-Rechte geworfen. Denn bis heute verneint das Bundesgericht die Möglichkeit einer direkten Berufung durch Individuen auf WSK-Rechte und damit deren subjektiv-rechtlichen Gehalt. Zur Begründung dieser Haltung wird jeweils auf die Botschaft des Bundesrats zum Pakt I[32] verwiesen. Gestützt darauf macht das Bundesgericht regelmässig geltend, die Garantien von Pakt I richteten sich abgesehen von wenigen Ausnahmen nicht an Einzelpersonen, sondern infolge ihrer rein programmatischen Natur primär an den Gesetzgeber. Folglich würden die Paktgarantien, die oft nicht als Rechte, sondern als Leitlinien bezeichnet werden,[33] keine subjektiven einklagbaren Rechte begründen. Diese Schlussfolgerung gilt gemäss bundesgerichtlicher Praxis selbst für das akzessorische Diskriminierungsverbot von Art. 2 Abs. 2 Pakt I.[34]

Diese Praxis wird von der herrschenden juristischen Doktrin nahezu unisono kritisiert[35] und auch vom Ausschuss für WSK-Rechte gegenüber der

---

[32] Botschaft betreffend den Beitritt der Schweiz zu den beiden internationalen Menschenrechtspakten von 1966 und zu einer Änderung des Bundesrechtspflegegesetzes, BBl 1991 I 1189, S. 1202: «Es ergibt sich aus dem eindeutigen Wortlaut des Paktes I [...], dass dieser in seiner Gesamtheit zur Festlegung der Ziele einer Menschenrechtspolitik im sozialen Bereich gedacht war. Er überträgt den Staaten völkerrechtliche Verpflichtungen mit programmatischem Charakter. [...] Die Staaten sind verpflichtet, diese schrittweise, unter Ausschöpfung aller ihnen zur Verfügung stehenden Möglichkeiten und Mittel, vor allem durch gesetzgeberische Massnahmen, zu verwirklichen [...]. Daraus ergibt sich eindeutig, dass sich die Vorschriften des Paktes I nicht an Individuen, sondern an die Gesetzgeber der Vertragsparteien richten». In der Botschaft betreffend den Beitritt der Schweiz zum Übereinkommen von 1989 über die Rechte des Kindes vom 29.6.1994, BBl 1994 V 1 S. 15 f. und 20 äusserte sich der Bundesrat etwas weniger pauschal zu dieser Frage.

[33] BGE 121 V 229 E. 3a S. 232: «Die Bestimmungen dieses Paktes beschränken sich darauf, den Staaten in Form von Leitlinien die in den verschiedenen erörterten Bereichen zu erreichenden Ziele vorzuschreiben».

[34] BGE 121 V E. 3a S. 232 f. und BGE 135 I 161 E. 2.2 S. 163.

[35] Siehe dazu etwa *Jakob Schneider,* Die Justiziabilität wirtschaftlicher, sozialer und kultureller Menschenrechte, Deutsches Institut für Menschenrechte, Februar 2004; *Barbara Wilson,* Le droit à un logement suffisant au sens du Pacte international relatif aux droits économiques, sociaux et culturels, Schweizerische Zeitschrift für internationales und europäisches Recht (SZIER) 2008 S. 448 ff., und bereits *Jörg Künzli,* Soziale Menschenrechte: Blosse Gesetzgebungsaufträge oder individuelle Rechtsansprüche?

Schweiz explizit als unzutreffend gerügt[36]. Trotzdem beharrt das Bundesgericht auch in seiner neueren Rechtsprechung auf dieser Einschätzung.[37] Es zeigt sich aber inzwischen bereit, den Gehalt der Paktrechte wenigstens im Rahmen der Auslegung des einschlägigen Verfassungsrechts mit zu berücksichtigen.[38] Die Justiziabilität dieser Garantien wird aber immer noch kategorisch abgelehnt.

Gestützt auf diese höchstrichterliche Praxis bestätigte der Bundesrat in seinem Bericht an das Überwachungsorgan des Pakts I aus dem Jahr 2008 seine ablehnende Haltung zur direkten Anwendbarkeit der Pakt-I-Garantien und führte aus, er sei auch als Folge der Gewaltenteilung an die bundesgerichtliche Haltung gebunden.[39] Diese Argumentation erscheint in höchstem Ausmass zirkulär, begründet doch das Bundesgericht seine restriktive Praxis regelmässig mit der Haltung des Bundesrates. Ähnlich deutlich nahm der Bundesrat zu dieser Frage ein Jahr später während der Universellen Periodischen Prüfung der Menschenrechtslage der Schweiz durch den Menschenrechtsrat Stellung: Forderungen nach einer Anerkennung der Justiziabilität gewisser Gehalte wirtschaftlicher, sozialer und kultureller Rechte wurden brüsk und ohne jegliche Differenzierung zurückgewiesen.[40]

Diese Rechtsauffassung von Bundesgericht und Bundesrat zur Justiziabilität, die ganz wesentlich auf dem Argument der fehlenden Möglichkeit der gerichtsähnlichen Durchsetzung von WSK-Rechten auf internationaler Ebene[41] beruht, dürfte für Bundesrat und Bundesgericht künftig aus zwei Gründen schwieriger zu begründen sein:

Überlegungen zur direkten Anwendbarkeit des UNO-Sozialpaktes in der Schweiz, AJP 1996 S. 527 ff.

[36] Ausschuss für WSK-Rechte, Concluding Observations Switzerland (1998), Ziff. 10: «The Committee disagrees with the position of the State party that provisions of the Covenant constitute principles and programmatic objectives rather than legal obligations».

[37] Siehe etwa BGE 130 I 113. In BGE 133 I 156 E. 3.6.4 S. 166 liess das Bundesgericht die Frage einer direkten Anwendbarkeit offen.

[38] BGE 130 I 113 E. 3.3 S. 124.

[39] Zweiter und Dritter Bericht der Schweiz über die Umsetzung des Internationalen Paktes über die wirtschaftlichen, sozialen und kulturellen Rechte (UNO-Pakt I), April 2008, Ziff. 40.

[40] Report of the Working Group on the Universal Periodic Review, Switzerland, 28 May 2008, UN Doc. A/HRC/8/41.

[41] Botschaft Menschenrechtspakte (Anm. 32), BBl 1991 I S. 1193; vgl. dazu auch Botschaft des Bundesrats betreffend das Übereinkommen von 1979 zur Beseitigung jeder Form der Diskriminierung der Frau vom 23.8.1995, BBl 1995 IV 901 S. 925.

(1) Im Jahr 2006 gelang es der UNO mit dem Abkommen über die Rechte von Menschen mit Behinderungen,[42] erstmals einen universellen Menschenrechtsvertrag[43] zu verabschieden, welcher WSK-Rechte verankert und trotzdem einen (fakultativen) Individualbeschwerdemechanismus auf internationaler Ebene schafft.[44] Zwei Jahre später kulminierte diese Entwicklung in der Annahme eines Zusatzvertrages zum Pakt I.[45] Dieser begründet das Recht von Individuen, vor dem Ausschuss für WSK-Rechte Beschwerden wegen Verletzungen von Garantien des Pakts I einzureichen. Damit wird auf universeller Ebene anerkannt, dass sich zumindest gewisse Verpflichtungsebenen aller Menschenrechte auf dem Beschwerdeweg durchsetzen lassen.

Interessant ist die Haltung der Schweiz während den Verhandlungen über dieses Protokoll im Jahr 2005: Sie lehnte damals die Möglichkeit einer «gerichtlichen» Durchsetzung der Garantien des Pakts I auf internationaler Ebene nicht integral ab, sondern argumentierte, die Beschwerdemöglichkeit sei auf die vom Ausschuss für WSK-Rechte als unmittelbar anwendbar identifizierten Verpflichtungsebenen zu beschränken.[46] Weshalb diese Einschätzung ausschliesslich auf internationaler Ebene und nicht auch bei der Beur-

---

[42] Vom 13.12.2006; bis heute (Stand 1.3.2010) von 80 Staaten ratifiziert.

[43] Noch keine Individualbeschwerdeverfahren kennt die KRK. Arbeiten an einem entsprechenden Fakultativprotokoll sind indes seit Juni 2009 im Gang.

[44] Fakultativprotokoll zum Abkommen über die Rechte von Menschen mit Behinderungen vom 13.12.2006; gegenwärtig (Stand 1.3.2010) haben 51 Staaten diesen Vertrag ratifiziert.

[45] Fakultativprotokoll Pakt I vom 10.12.2008.

[46] «The representatives of […] Switzerland called specifically for an optional protocol adopting an ‹à la carte› approach, but Switzerland found interesting the idea of an approach – be it comprehensive or ‹à la carte› – restricted to the minimal content of the rights and focusing on complaints about violations of the obligations to respect and protect»; Report of the open-ended working group to consider options regarding the elaboration of an optional protocol to the International Covenant on Economic, Social and Cultural Rights on its second session, 10 February 2005, UN Doc. E/CN.4/2005/52, S. 21, Ziff. 101. Ein Jahr später vertrat die Schweizer Delegation in den Verhandlungen gar ausdrücklich die Ansicht, die diskriminierungsfreie Gewährleistung der Garantien des Pakts I solle zwingender Bestandteil eines internationalen Beschwerdeverfahrens bilden, während Staaten berechtigt sein sollten, die Gewährleistungsdimension von der Beschwerdemöglichkeit auszuschliessen oder zumindest auf ihren harten Kern zu limitieren; Report of the open-ended working group to consider options regarding the elaboration of an optional protocol to the International Covenant on Economic, Social and Cultural Rights on its third session, 14 March 2006, UN Doc. E/CN.4.

teilung der Justiziabilität auf innerstaatlicher Ebene Geltung haben soll, lässt sich kaum mit rechtlichen Erwägungen begründen.

(2) Die Behindertenkonvention oder präziser ihr Fakultativprotokoll ist nicht nur, wie erwähnt, der erste universelle Vertrag, der Beschwerden gegen eine Verletzung von WSK-Rechten ermöglicht. Noch bedeutsamer für die Klärung der direkten Anwendbarkeit dieser Menschenrechte präsentiert sich eine auf den ersten Blick eher unscheinbare, aber heftig umstrittene[47] Bestimmung: Art. 4 Abs. 2 der Behindertenkonvention verlangt nämlich grundsätzlich die progressive Verwirklichung seiner WSK-Rechte «without prejudice to those obligations contained in the present Convention that are immediately applicable according to international law». Bei diesem Nebensatz handelt es sich um die erste Bestimmung eines menschenrechtlichen Vertrages, die in normativ verbindlicher Weise den Grundsatz festschreibt, dass auch diese Menschenrechtskategorie unmittelbar verpflichtende Gehalte begründet. Was beutet aber konkret der Verweis auf das internationale Recht? Die Entstehungsgeschichte dieser Norm belegt, dass das Verbot der Diskriminierung beim Zugang zu staatlichen Leistungen im Bereich der WSK-Rechte unmittelbar verpflichtet.[48] Darüber hinaus kann der Verweis auf die Vorgaben des Völkerrechts mangels expliziter anderer völkerrechtlicher Vorschriften zu diesem Fragenkomplex nur so ausgelegt werden, dass zur Eruierung direkter Verpflichtungsschichten die Praxis menschenrechtlicher Überwachungsorgane beizuziehen ist. Von besonderem Gewicht ist dabei die dargestellte Praxis des Ausschusses für WSK-Rechte. Ratifiziert mit anderen Worten die Schweiz, wie vom Bundesrat angestrebt,[49] diesen Vertrag, liesse sich das Zerrbild rein programmatischer, schwammiger Verpflichtungen, welches Bundesgericht und Bundesrat von WSK-Rechten zeichnen, nicht nur für die WSK-Rechte der Behindertenkonvention kaum mehr aufrechterhalten. Denn die Bedeutung dieser Klausel strahlt weit über diesen Vertrag hinaus, indem ihr Verweis auf das Völkerrecht eine eigent-

---

[47] Siehe dazu etwa Fourth Session of the Ad Hoc Committee (UN Doc. A/59/360), Annex IV, Report of the Coordinator.

[48] Fourth Session of the Ad Hoc Committee (Anm. 47); vgl. dazu *Jochen von Bernstorff,* Menschenrechte und Betroffenenrepräsentation. Entstehung und Inhalt eines UN-Antidiskriminierungsübereinkommens über die Rechte von behinderten Menschen, Zeitschrift für ausländisches öffentliches Recht und Völkerrecht (ZaöRV) 67 (2007) S. 1051 ff.

[49] Antwort des Bundesrats auf die Frage Bruderer (09.5438) vom 22.9.2009. Dieser Schritt kann nach Rechtsauffassung des Bundesrats unternommen werden, weil dieser Vertrag für die Schweiz kaum neue Verpflichtungen begründe.

liche normative Bestätigung der Praxis des Ausschusses für WSK-Rechte zur Verpflichtungskraft wirtschaftlicher, sozialer und kultureller Rechte darstellt.[50]

Der Bundesrat scheint diese Veränderungen des rechtlichen Umfelds weitgehend zu ignorieren. Denn anders kann kaum erklärt werden, dass er noch im Jahr 2009 in Beantwortung eines parlamentarischen Vorstosses ausführte, «die schweizerische Delegation [habe] [...] während der Verhandlungen über das Fakultativprotokoll zum Uno-Pakt I regelmässig und nachdrücklich darauf hingewiesen, dass der Pakt I in der Schweiz nicht direkt anwendbar sei und ihm von Bundesrat und Bundesgericht lediglich eine programmatische Natur zugebilligt werde».[51] Begründet wird diese Haltung in Verkennung der völkerrechtlichen Auslegungsmethoden[52] damit, andernfalls würde «dem Uno-Pakt I nachträglich eine Tragweite zukommen, die weit über das hinausgeht, was Bundesrat und Parlament bei dessen Ratifikation beabsichtigten».

Die Schweiz hat sich damit auch im europäischen Umfeld[53] in eine Aussenseiterposition manövriert, aus der zumindest auf Bundesebene gegenwärtig kaum Auswege ersichtlich sind. Daher soll in einem nächsten Schritt untersucht werden, ob die Rechtslage in den Kantonen tatsächlich einem moderneren Verständnis der Rechtsnatur der Garantien des Pakts I entgegensteht oder ob die diesbezüglichen Einschätzungen von Bundesrat und Bundesgericht eher ideologisch motiviert erscheinen.

---

[50] Dazu *Walter Kälin / Jörg Künzli,* The Law of International Human Rights Protection, Oxford 2009, S. 117.

[51] Antwort des Bundesrats vom 20.5.2009 auf die Motion Allemann (09.3279).

[52] Siehe Art. 31 f. Wiener Übereinkommen vom 23.5.1969 über das Recht der Verträge (VRK; SR 0.111).

[53] So haben nicht nur, wie oben in Anm. 28 erwähnt, nahezu alle Europaratsstaaten die ESC ratifiziert, sondern viele westeuropäische Staaten unterzeichneten bereits das Fakultativprotokoll zum Pakt I. Überdies ist zu berücksichtigen, dass die am 1.12.2009 in Kraft getretene und direkt anwendbare Charta der Grundrechte der Europäischen Union vom 7.12.2000 in der Fassung vom 12.12.2007 (Abl. Nr. C 303 S. 1) in ihren Art. 34–36 auch WSK-Rechte verankert.

4. Die Umsetzung der Verpflichtungen durch die Kantone

4.1 Föderalismusbedingte Schwierigkeiten der Umsetzung der WSK-Rechte?

Garantien des Pakts I wie die Rechte auf Gesundheit, auf Bildung oder soziale Sicherheit beschlagen auf nationaler Ebene ausschliesslich oder mehrheitlich Domänen des kantonalen Rechts.[54] Trotz internationaler Verantwortlichkeit des Bundes für die Umsetzung völkerrechtlicher Verträge sind es daher primär die Kantone, welche die Vorgaben des Pakts I zu implementieren haben. Das Überwachungsorgan des Pakts I wies aus diesem Grund die Schweiz an, «die Harmonisierung der kantonalen Gesetzgebungen weiterzuführen, um eine angemessene Beachtung der Bestimmungen des Paktes sicherzustellen».[55] Im Folgenden soll anhand ausgewählter Beispiele kursorisch untersucht werden, ob es – wie in diesen Passagen angetönt – tatsächlich föderalismusbedingte Schwierigkeiten sind, die in der Schweiz eine sachgerechte Umsetzung des Pakts I erschweren bzw. in gewissen Bereichen gar verunmöglichen, oder ob und in welchem Umfang, wie vom Ausschuss für WSK-Rechte gefordert,[56] die Verpflichtungen dieses Abkommens bereits Niederschlag in der kantonalen Rechtsordnung gefunden haben.

4.2 Das Recht auf Bildung

Das Völkerrecht[57] verankert an zahlreichen Stellen Rechte von Kindern und Jugendlichen auf Bildung. An erster Stelle sind dabei die Art. 13 und 14 Pakt I zu nennen, welche ein umfassendes Recht auf Bildung sowie eine unmittelbar umzusetzende Verpflichtung im Bereich des Grundschulunterrichts stipulieren. Der Ausschuss für WSK-Rechte betont dabei regelmässig,

---

[54] Schliesst der Bund in solchen Bereichen internationale Verträge ab, hat er gemäss Art. 54 Abs. 3 BV Rücksicht auf die Zuständigkeiten der Kantone zu nehmen und ihre Interessen zu wahren.

[55] Ausschuss für WSK-Rechte, Concluding Observations Switzerland (1998), Ziff. 26. In seinem Zweiten und Dritten Bericht (Anm. 39), Ziff. 34, reagiert der Bundesrat auf dieses Vorbringen mit dem Hinweis, er könne «im Rahmen der Bundesaufsicht bei Bedarf die Kantone zur zeit- und sachgerechten Durchführung völkerrechtlicher Verträge anhalten. Dabei stehen ihm als Handlungsmöglichkeiten der Erlass von Kreisschreiben sowie die Herausgabe von Hinweisen und Weisungen zur Verfügung».

[56] Ausschuss für WSK-Rechte, Concluding Observations Switzerland (1998), Ziff. 25.

[57] Siehe dazu *Sandra Wintsch*, Flüchtlingskinder und Bildung – Rechtliche Aspekte (Diss.), Zürich 2008, S. 80 ff.

die Zugänglichkeit zu Bildungseinrichtungen sei für alle in einer nichtdiskriminierenden Weise auszugestalten und insbesondere der Grundschulunterricht habe die grundlegenden Bedürfnisse aller Kinder zu berücksichtigen und müsse zum Ziel haben, die effektive Teilnahme aller Personen in einer freien Gesellschaft zu gewährleisten.[58] Um dieses Ziel zu erreichen, stelle eine gezielte vorübergehende Förderung von Angehörigen benachteiligter Gruppierungen keine Verletzung des Diskriminierungsverbots von Art. 2 Pakt I dar, solange damit keine unterschiedlichen Bildungsstandards geschaffen würden.[59] Gezielte Massnahmen etwa zur Förderung der Kenntnisse der lokalen Amtssprache für neu aus einem anderen Sprachkreis eingereiste oder generell für Kinder mit ungenügenden Kenntnissen der Schulsprache stellen damit nicht nur keine Paktverletzung dar, sondern werden im Gegenteil durch dieses Abkommen nahegelegt.

Noch deutlicher wird diese Stossrichtung durch die Kinderrechtskonvention artikuliert: So sollen die vom Recht auf Bildung gemäss Art. 28 KRK verlangten staatlichen Massnahmen darauf gerichtet sein, die Verwirklichung dieser Garantie «auf der Grundlage der Chancengleichheit» zu erreichen.[60] Zudem hat die Bildung des Kindes gemäss Art. 29 Abs. 1 Bst. a KRK darauf gerichtet zu sein, «die Persönlichkeit, die Begabung und die geistigen und körperlichen Fähigkeiten des Kindes voll zur Geltung zu bringen». Diese grundlegenden Ziele lassen sich nur erreichen, wenn migrationsbedingte sprachliche Defizite eines schulpflichtigen Kindes oder Jugendlichen möglichst rasch, d.h. bevor sie seine Bildungschancen unwiederbringlich tangiert haben, beseitigt werden.[61]

Da in der Schweiz die Geltung des Rechts auf unentgeltlichen Grundschulunterricht unbestritten ist,[62] soll nachfolgend einzig untersucht werden, ob und wie das kantonale Bildungsrecht das Postulat der Chancengleichheit

---

[58] Ausschuss für WSK-Rechte, General Comment 13 (1999), Ziff. 4, 6 und 9. Siehe auch General Comment 11 (1999), Ziff. 6.

[59] Ausschuss für WSK-Rechte, General Comment 13, Ziff. 32.

[60] Vgl. *Beatrice Früh,* Die UNO-Kinderrechtskonvention – Ihre Umsetzung im schweizerischen Schulrecht, insbesondere im Kanton Aargau (Diss. 2006), Zürich 2007, S. 54 ff., und *Wintsch* (Anm. 57), S. 161.

[61] Siehe etwa Ausschuss für die Rechte des Kindes, Concluding Observations Luxemburg (2005), Ziff. 51. So auch *Früh* (Anm. 57), S. 63.

[62] Siehe bereits Art. 19 BV. Ähnliche Bestimmungen finden sich in zahlreichen kantonalen Verfassungen.

gegenüber fremdsprachigen Kindern und Jugendlichen auf der Stufe des obligatorischen Unterrichts umsetzt.[63]

(1) Nur kurz ist dazu auf den Anspruch auf *Stützunterricht in der lokalen Unterrichtssprache* einzugehen. Denn ausnahmslos alle Kantone anerkennen zumindest während der obligatorischen Schulzeit einen Anspruch auf sprachlichen Förderunterricht bei ungenügenden Kenntnissen der Unterrichtssprache.[64]

(2) *Erleichterungen bei Beurteilungs-, Promotions- und Selektionsentscheiden:* Insbesondere bei neu aus einem fremden Sprachkreis eingereisten Kindern reicht die Ermöglichung von Stützunterricht in der Schulsprache nicht aus, um dem Postulat der Chancengleichheit Nachachtung zu verschaffen. Daher kennt die kantonale Bildungsgesetzgebung in allerdings sehr unterschiedlicher normativer Deutlichkeit auch weitere Massnahmen, die spezifisch neu eingereisten fremdsprachigen Kindern und Jugendlichen den Zugang zu vorhandener Bildungsinfrastruktur erleichtern soll. Dabei handelt es sich in aller Regel um temporär begrenzte Erleichterungen im Bereich der Bewertung der Schulleistungen, der Promotion und der schulischen Selektion. Diese sollen sicherstellen, dass Schülerinnen und Schüler trotz mangelnder Kenntnisse der Unterrichtssprache eine ihren Fähigkeiten entsprechende Schule oder Schulstufe besuchen können.

Recht unterschiedlich gestalten sich die vergleichsweise wenigen Regelungen in der kantonalen Bildungsgesetzgebung, die für Schülerinnen und Schüler mit mangelnden Kenntnissen in der Unterrichtsprache Sonderregelungen im Bereich der Leistungsbeurteilung statuieren. Verlangen etwa gewisse Kantone allgemein eine angemessene Berücksichtigung der Fremdsprachigkeit in der Schülerbeurteilung,[65] statuieren andere einen generellen[66]

---

63 Nicht behandelt wird an dieser Stelle die Vereinbarkeit der Erhöhung von Studiengebühren mit den Vorgaben des Pakts I. Dazu BGE 130 I 113 m.w.H.

64 Zweiter und Dritter Bericht der Schweiz (Anm. 39), Ziff. 558. Für eine detaillierte Übersicht siehe *Alberto Achermann / Jörg Künzli*, Sprachenrecht im Zuwanderungsstaat, Bern 2010. Vgl. auch *Regula Kägi-Diener*, Art. 19 N. 3, in: Bernhard Ehrenzeller et al. (Hrsg.), St. Galler Kommentar zur Bundesverfassung, 2. Aufl. Zürich / St. Gallen 2008; *Wintsch* (Anm. 57), S. 222, und *Markus Lanter*, Die Rolle des Rechts bei der Ausländerintegration, in: Beatrice Luginbühl et al. (Hrsg.), Diskriminierung und Integration. (Rechts-)Geschichten in einem sozialen System, Festschrift Fögen, Zürich 2006, S. 235 ff.

65 BE: Ziff. 2 Grundsätze und Richtlinien der Erziehungsdirektion für die Integration fremdsprachiger Kinder und Jugendlicher im Kanton Bern vom 5.7.1993.

66 ZG: § 4 Abs. 1 und 2 Reglement über die Promotion an den öffentlichen Schulen vom 5.6.1982 (BGS-ZG 412.113).

oder partiellen[67] Verzicht auf Leistungsnoten bei ungenügender Beherrschung der Unterrichtssprache, ermöglichen eine Beurteilung aufgrund individueller Lernziele[68] oder gewähren die Möglichkeit, statt einer Note einen schriftlichen Bericht zur Leistungsbeurteilung zu verfassen.[69] Wiederum andere Kantone gewähren derartige Erleichterungen explizit Kindern, die neu aus einem anderen Sprachgebiet zugezogen sind, und dies während einer bestimmten Frist[70] oder allgemein während der Dauer des Zusatzunterrichts in der Unterrichtssprache.[71]

Zahlreicher sind kantonale Regelungen, welche für fremdsprachige Schulpflichtige Erleichterungen bei der Promotion, d.h. beim Übertritt in die jeweils nächsthöhere Klasse, vorsehen. Sie präsentieren sich aber von äusserst unterschiedlichem Detaillierungsgrad. Gewisse Kantone statuieren einzig, die Fremdsprachigkeit sei beim Promotionsentscheid zu berücksichtigen,[72] im Sinne einer ganzheitlichen Beurteilung sei auch der Fremdsprachigkeit bei diesem Entscheid Rechnung zu tragen[73] oder die Leistungsbereitschaft und die individuellen Lernfortschritte, nicht aber die Beherrschung der Unterrichtsprache stelle das für diesen Entscheid zentrale Kriterium dar.[74] Andere Kantone verknüpfen hingegen diese Privilegierung

---

[67] GL: Art. 8 Abs. 1 Bst. b und c Verordnung über die Beurteilung, die Promotion und den Übertritt der Lernenden an der Volksschule vom 13.5.2003 (GS-GL IV B/31/4).

[68] Z.B. BS: § 10 Abs. 4 Verordnung betreffend die Beurteilung des Lernens der Orientierungsschülerinnen und -schüler sowie den Übertritt von der Orientierungsschule an die Weiterbildungsschule oder an ein Gymnasium vom 10.6.2003 (SG 413.100).

[69] Z.B. SZ: § 5 Abs. 4 Reglement über Schülerinnen- und Schülerbeurteilung, Promotion und Übertritte an der Volksschule vom 13.4.2006 (SRSZ 613.211).

[70] So z.B. NW: § 48 Abs. 2 Vollzugs-Verordnung zum Gesetz über die Volksschule vom 1.7.2003 (NG 312.11); UR: Reglement über die Beurteilung und die Promotion an der Volksschule vom 29.5.2002 (RB-UR 10.1135); SO: § 4 Abs. 3 Promotionsreglement für die Volksschule vom 13.11.2006 (BGS-SO 413.411).

[71] OW: Art. 11 Abs. 4 Ausführungsbestimmungen über das Beurteilen, die Promotion und das Übertrittsverfahren in der Volksschule vom 11.1.2005 (GDB 412.111).

[72] BE: Ziff. 2 Richtlinien Integration (Anm. 65).

[73] GR: Art. 1 Abs. 1 Verordnung über die Promotion an den Volksschulen des Kantons Graubünden vom 15.5.2001 (BR 421.180). Ähnlich SZ: Reglement über Schülerinnen- und Schülerbeurteilung, Promotion und Übertritte an der Volksschule vom 13.4.2006 (SRSZ 613.211). Vgl. auch SO: § 9 Abs. 3 Promotionsreglement für die Volksschule vom 13.11.2006 (BGS-SO 413.411), und § 2 Abs. 4 Verordnung über die Integration fremdsprachiger Kinder und Jugendlicher vom 7.5.1991 (BGS-SO 413.671).

[74] SG: Empfehlung zur Förderung von Kindern mit Migrationshintergrund in Kindergarten und Volksschule vom 15.6.2005, Schulblatt vom 15.6.2005.

fremdsprachiger Kinder im Rahmen der Promotion ausdrücklich mit einem zeitlichen Kriterium: So sieht die Bildungsgesetzgebung des Kantons Jura die Möglichkeit vor, während eines oder ausnahmsweise zweier Jahre die Promotionsregeln nicht zu beachten, wenn klar erscheint, dass eine Nichtpromotion dem Integrationsprozess zuwiderlaufe.[75] Im Kanton Luzern etwa entscheidet die Klassenlehrperson[76] über die Promotion fremdsprachiger Schüler während ihres ersten Schuljahres im deutschen Sprachgebiet, während im zweiten und dritten Jahr die Noten für das Fach Deutsch nicht zu berücksichtigen sind, wenn sie unter dem übrigen Leistungsniveau liegen.[77] Wiederum andere Kantone sehen schliesslich eine derartige Privilegierung für die Dauer des Stützunterrichts in der Amtssprache vor.[78]

Auch für das Selektionsverfahren kennt die Bildungsgesetzgebung Privilegierungen für fremdsprachige Schülerinnen und Schüler. Verschiedene Erlasse verlangen etwa eine zusätzliche Berücksichtigung der Erfolgschancen einer Schülerin oder eines Schülers,[79] der Dauer des Aufenthalts im Gebiet der Unterrichtssprache und der Fortschritte in der Unterrichtssprache[80] oder eine sorgfältige Abklärung der voraussichtlichen Entwicklungsfähigkeit und der Begabung.[81] Andere Vorgaben halten fest, «der aktuelle Sprach-

---

[75] JU: Art. 3 Abs. 3 Ordonnance portant exécution de la loi scolaire du 29.6.1993 (RSJU 410.111).

[76] Nach Anhörung der Erziehungsberechtigten und der Lehrperson für Deutsch als Zweitsprache.

[77] LU: § 21 Abs. 1 und 2 Verordnung über die Beurteilung der Lernenden in der Volksschule vom 15.5.2007 (SRL 405a). Im Kanton Basel-Landschaft schliesslich gilt eine Schülerin oder ein Schüler als fremdsprachig, wenn er oder sie beim Eintritt in die Schule noch nicht drei Jahre im deutschen Sprachgebiet wohnhaft gewesen ist oder er oder sie über wenige Deutschkenntnisse verfügt. Über die Promotion entscheidet im ersten Schuljahr der Klassenlehrer aufgrund einer Gesamtbeurteilung. In den beiden folgenden Jahren kann er entscheiden, die Note für das Fach Deutsch bei der Promotion nicht zu berücksichtigen; § 58 Abs. 1–3 Verordnung über Beurteilung, Beförderung, Zeugnis und Übertritt vom 9.11.2004 (SGS 640.21).

[78] Z.B. UR: Art. 20 Abs. 2 Reglement über die Beurteilung und die Promotion an der Volksschule vom 29.5.2002 (RB-UR 10.1135); NW: § 56 Abs. 1 und § 59 Abs. 1 Vollzugs-Verordnung (Anm. 70); GL: Art. 15 Abs. 2 Verordnung über die Beurteilung (Anm. 67).

[79] SO: § 2 Abs. 5 Verordnung Integration (Anm. 73).

[80] GR: Art. 21 Verordnung über das Übertrittsverfahren in die Volksschul-Oberstufe vom 17.6.1996 (BR 421.200).

[81] BE: Ziff. 2 Richtlinien Integration (Anm. 65). Diese Verwaltungsverordnung hält überdies fest, es sei zu «vermeiden, dass Kinder allein ihrer Fremdsprachigkeit wegen zum vornherein nicht in höhere Schulen aufgenommen werden.»

stand» sei bei Selektionsentscheiden nicht ausschlaggebend[82] oder die Benotung in der lokalen Schulsprache sei nur zu berücksichtigen, wenn sich ein Schüler oder eine Schülerin mehr als drei Jahre im Sprachgebiet aufgehalten hat.[83] Als gegenteilige Besonderheit gelangen im Kanton Basel-Landschaft die grosszügigen Erleichterungen, von welchen Fremdsprachige im Promotionsverfahren profitieren können, im Selektionsverfahren nicht zur Anwendung.[84]

Diese Übersicht illustriert, dass die Bildungsgesetzgebung vieler Kantone in unterschiedlicher Weise Massnahmen zur Gewährleistung der Chancengleichheit von Kindern und Jugendlichen mit keinen oder ungenügenden Kenntnissen der lokalen Schulsprache vorsehen. Diese sind indes häufig normativ prekär, d.h. einzig in Verwaltungsverordnungen und überdies teilweise in sehr vager Form verankert. Eine direkte Anwendung des Rechts auf Bildung des Pakts I durch rechtsanwendende Behörden böte daher die Möglichkeit, diese grundsätzlich unbestrittenen Fördermassnahmen auf eine sicherere Basis zu stellen und zu einer Harmonisierung der kantonalen Rechtslage beizutragen.

4.3 Das Recht auf Gesundheit

Die zentrale völkerrechtliche Bestimmung zum Recht auf Gesundheit findet sich in Art. 12 Pakt I, der festhält: «Die Vertragsstaaten erkennen das Recht eines jeden auf das für ihn erreichbare Höchstmass an körperlicher und geistiger Gesundheit an». Damit wird nicht – wie häufig missverstanden wird – ein Recht, gesund zu sein, verankert. Vielmehr ist dieses Recht nach der

---

[82] SG: Ziff. 5.1 Empfehlung Migration (Anm. 74). Im Kanton Jura kann fremdsprachigen Kindern überdies die Übertrittsprüfung erlassen werden; Art. 8 Abs. 2 Règlement concernant l'orientation des élèves en sixième année du 25.3.1999 (RSJU 410.111.2). Siehe ferner auch NE: Règlement concernant les conditions d'admission, d'orientation, de promotion et de passage dans l'enseignement secondaire (année d'orientation, sections de maturités, moderne et préprofessionnelle) du 24.5.2006 (RSN 410.515.1).

[83] LU: § 11 Abs. 1 und 2 Verordnung über die Übertrittsverfahren in der Volksschule vom 15.5.2007 (SRL 405b). Zusätzlich sieht z.B. der Kanton Solothurn Sonderregelungen auch nach erfolgter Selektion vor, indem in Härtefällen und namentlich wegen Fremdsprachigkeit einer Schülerin oder eines Schülers diese trotz Nichterfüllens der schulischen Leistungen während der Probezeit vorderhand weiterhin in der jeweiligen Stufe der Sekundarschule I verbleiben können. SO: § 29 Abs. 2 und § 31 Abs. 2 Reglement über die Aufnahme in die Oberstufe der Volksschule vom 21.6.1983 (BGS-SO 413.451).

[84] BL: § 58 Abs. 4 Verordnung über Beurteilung (Anm. 77).

Praxis des Ausschusses für WSK-Rechte erfüllt, wenn (1) die Verfügbarkeit qualitativ und quantitativ genügender öffentlicher Gesundheitseinrichtungen und (2) der diskriminierungsfreie Zugang zu bestehenden Gesundheitsdiensten und gesundheitsrelevanter Information für alle Menschen sichergestellt ist.[85] Ist der erste Aspekt primär progressiv zu erfüllen, begründet der zweite eine unmittelbar geltende Verpflichtung, zählt er doch gemäss Ausschuss für WSK-Rechte gar zum Kerngehalt des Rechts auf Gesundheit.[86]

Der Bund besitzt im Gesundheitsbereich nur sektoriell begrenzte Kompetenzen.[87] Insbesondere die Regelung der Patientenrechte und die Tätigkeit der Personen und Institutionen der Gesundheitsversorgung verbleiben grundsätzlich in der Kompetenz der Kantone.

Kantonale Gesundheits- und Spitalgesetze verankern nur vereinzelt explizit Rechte von Patientinnen und Patienten auf Behandlung und Pflege: So hält etwa das Gesundheitsgesetz von Appenzell Ausserrhoden[88] fest, Patientinnen und Patienten hätten einen «Anspruch auf Beratung und Untersuchung, Behandlung und Pflege nach medizinischen Grundsätzen» und ihre persönliche Freiheit und Privatsphäre sei zu respektieren. Der Kanton Genf führt in seiner Gesundheitsgesetzgebung Folgendes aus: «Toute personne a droit aux soins qu'exige son état de santé à toutes les étapes de la vie, dans le respect de sa dignité et, dans la mesure du possible, dans son cadre de vie habituel».[89] Auch der Kanton Wallis anerkennt, dass jedermann «ungeachtet seiner wirtschaftlichen und sozialen Situation, Anspruch auf die seinem Gesundheitszustand entsprechende Behandlung» hat.[90]

Im Unterschied dazu enthält die kantonale Gesetzgebung praktisch lückenlos Bestimmungen bezüglich Aufnahme- und Behandlungspflichten der öffentlichen Spitäler. So sind z.B. im Kanton Zürich die Spitäler mit kantonalem Leistungsauftrag verpflichtet, «Personen aufzunehmen, die einer sta-

---

[85]   Ausschuss für WSK-Rechte, General Comment 14 (2000), Ziff. 7 ff. Eine ähnliche Verpflichtung begründet Art. 24 Abs. 1 KRK.

[86]   Ausschuss für WSK-Rechte, General Comment 14 (2000), Ziff. 43. Vgl. dazu auch *Kälin / Künzli* (Anm. 7), S. 356. Der Zweite und Dritte Bericht der Schweiz (Anm. 39), Ziff. 405 ff., enthält zum Recht auf Gesundheit von Art. 12 Pakt I keine rechtlichen Erwägungen.

[87]   Art. 118 ff. BV. Vgl. dazu *Thomas Poledna,* Art. 118 N. 5 f., in: St. Galler Kommentar BV (Anm. 64), S. 1823, und *Pascal Coullery,* Gesundheits- und Sozialhilferecht, in: Markus Müller / Reto Feller (Hrsg.), Bernisches Verwaltungsrecht, Bern 2008, S. 630 ff.

[88]   Art. 22 Abs. 1 Gesundheitsgesetz vom 25.11.2007 (bGS 811.1).

[89]   Art. 42 Loi sur la santé du 7.4.2004 (RSG K 1 03).

[90]   Art. 16 Abs. 1 Gesundheitsgesetz vom 9.1.1996 (SGS-VS 800.1).

tionären Behandlung oder Betreuung bedürfen»,[91] und im Kanton Bern sind sie gehalten, «Personen mit Wohnsitz im Kanton Bern unabhängig von Alter, Geschlecht, Herkunft oder Versicherungsstatus aufzunehmen».[92]

Diese Übersicht zeigt, dass das kantonale Gesundheitsrecht zumindest in impliziter Weise meist ein eigentliches Recht auf Behandlung in Spitälern mit öffentlichem Leistungsauftrag garantiert.[93] Wenn auch eine gewisse Harmonisierung dieser gesetzlichen Grundlagen und namentlich eine explizitere Verankerung eines Rechts auf Behandlung unter dem Blickwinkel des internationalen Menschenrechtsschutzes wünschbar wären, scheint doch die grosse Mehrheit der Kantone diesen zentralen Aspekt des Rechts auf Gesundheit umzusetzen.[94]

4.4   Das Recht auf soziale Sicherheit

Art. 9 Pakt I verankert ein Recht auf soziale Sicherheit. Gemäss diesem anerkennen die «Vertragsstaaten [...] das Recht eines jeden auf Soziale Sicherheit [...]; diese schliesst die Sozialversicherung ein». Welche Verpflichtun-

---

[91]   § 38 Abs. 2 Gesundheitsgesetz vom 2.4.2007 (LS 810.1). Abs. 3 begründet ein Recht auf Inanspruchnahme medizinischer Leistungen nach Massgabe der Sozialversicherungsgesetzgebung.

[92]   Art. 17 Spitalversorgungsgesetz vom 5.6.2005 (BSG 812.11). Ähnlich präsentiert sich die Rechtslage etwa in Luzern: § 6 Spitalgesetz vom 11.9.2006 (SRL 800a), und § 6 Reglement über die Rechte und Pflichten der Patientinnen und Patienten des Luzerner Kantonsspitals vom 20.11.2007 (SRL 820). Das schaffhausische Recht präzisiert, jede zu behandelnde Person habe «unabhängig von ihrer wirtschaftlichen und sozialen Lage» in den Institutionen des Gesundheitswesens mit öffentlicher Trägerschaft «im Rahmen des dort verfügbaren Behandlungsangebots und der betrieblichen Möglichkeiten a) Anspruch auf jene Behandlung [...], die aufgrund ihres Gesundheitszustandes nach den anerkannten medizinischen Grundsätzen angezeigt, verhältnismässig und ethisch vertretbar ist [...]. Falls eine medizinisch indizierte Leistung mit dem verfügbaren Behandlungsangebot nicht erbracht werden kann, ist die zu behandelnde Person in eine geeignete Behandlungsinstitution zu verlegen», Art. 30a Abs. 3 Gesundheitsgesetz vom 19.10.1970 (SHR 810.100). Die kantonale Gesetzgebung kennt im Bereich der Spitalversorgung zudem detaillierte Vorschriften zum obligatorischen Angebot der Spitäler. Siehe etwa Art. 23 Spitalversorgungsverordnung des Kantons Bern vom 30.11.2005 (BSG 812.112).

[93]   So auch *Coullery* (Anm. 87), N. 35 S. 638 f.

[94]   Neulich hat der Bundesrat in seiner Antwort vom 26.11.2008 auf die Motion Recordon (08.3642) das Recht auf einen diskriminierungsfreien Zugang zur Gesundheitsinfrastruktur und einen Anspruch auf Zugang zu medizinisch indizierten Leistungen anerkannt.

gen der Vertragsstaaten lassen sich aus dieser kurzen Bestimmung ableiten? Gemäss dem Ausschuss für WSK-Rechte umfasst der Ausdruck soziale Sicherheit sowohl beitragsgestützte soziale Einrichtungen, d.h. Sozialversicherungen, als auch nicht beitragsgestützte, d.h. für die Schweiz die Sozialhilfe.[95] Auch aus diesem Recht leitet der Ausschuss für WSK-Rechte einen individuellen Anspruch auf diskriminierungsfreien Zugang zu bestehenden Einrichtungen der sozialen Sicherheit ab.[96] Ist dieser im schweizerischen Recht verwirklicht?

Vom Fehlen eines Rechtsanspruchs auf Sozialhilfeleistungen geht der Bericht des Bundesrats an den Ausschuss für WSK-Rechte aus dem Jahr 2008 aus.[97] Diese Einschätzung erscheint aus folgenden Gründen unzutreffend: Nach Art. 115 BV werden «Bedürftige [...] von ihrem Wohnkanton unterstützt». Bei dieser Norm handelt es sich primär um eine interkantonale Kollisionsregel, die keine Bundeskompetenz begründet. In der Lehre ist indes unbestritten, dass sie stillschweigend eine Verpflichtung der Kantone schafft, Bedürftige zu unterstützen.[98] Diese reicht über das durch das im Recht auf Hilfe in Notlagen von Art. 12 BV vorgegebene absolute Existenzminimum hinaus und soll sich an den Vorgaben der Sozialziele von Art. 41 BV orientieren (soziales Existenzminimum).[99] Anders als das Grundrecht auf Hilfe in Notlagen schafft die Bestimmung in Art. 115 BV indes kein subjektives, d.h. einklagbares Recht von Individuen auf Deckung des sozialen Existenzminimums.

Ein einklagbares Recht auf Sozialhilfe, welche in ihrem Ausmass über die Nothilfe hinausgeht, kennt auch keine kantonale Verfassung. Einige kantonale Grundgesetze beschränken sich darauf, die Kompetenzen in diesem Bereich zu regeln,[100] oder enthalten die Sozialhilfe in ihren Katalogen nicht einklagbarer Sozialziele.[101] Eine Verpflichtung zur Leistung von Sozialhilfe an Bedürftige wird hingegen in Verfassungsnormen deutlich, die Kanton

---

[95] Ausschuss für WSK-Rechte, General Comment 19 (2008), Ziff. 4.
[96] Ausschuss für WSK-Rechte, General Comment 19 (2008), Ziff. 23.
[97] Zweiter und Dritter Bericht (Anm. 39), N. 382.
[98] Vgl. etwa *Giovanni Biaggini,* Bundesverfassung der Schweizerischen Eidgenossenschaft, Zürich 2007, Art. 115 N. 4; *Luzius Mader,* in: St. Galler Kommentar BV (Anm. 64), Art. 115 N. 4 ff.
[99] *Biaggini* (Anm. 98), Art. 115 N. 4.
[100] So etwa Art. 44 Kantonsverfassung (KV) Uri vom 28.10.1984 (SR 131.214).
[101] Siehe etwa § 14 Bst. a KV Basel-Stadt vom 23.3.2005 (SR 131.222.1) und Art. 22 Abs. 1 Bst. a KV Schaffhausen vom 17.6.2002 (SR 131.223).

und Gemeinden anhalten, für hilfsbedürftige Personen zu sorgen oder sie zu unterstützen.[102]

Einheitlicher präsentieren sich die Vorgaben des kantonalen Sozialhilferechts: Die gesetzlichen Grundlagen des Kantons Bern[103] und weiterer Kantone enthalten Wendungen wie «Jede bedürftige Person hat Anspruch auf wirtschaftliche und persönliche Hilfe»[104], während das glarnerische Gesetz gar von einem «Rechtsanspruch auf die Gewährung der notwendigen Hilfe» spricht.[105] Von einem «Anspruch auf die Leistung von Sozialhilfe [...] sofern die Voraussetzungen gemäss der Sozialhilfegesetzgebung erfüllt sind», gehen die Sozialhilfegesetze zahlreicher weiterer Kantone aus.[106] Andere Kantone statuieren zwar keinen individuellen Anspruch auf Sozialhilfe, anerkennen aber mit Wendungen wie «Öffentliche Sozialhilfe ist einer hilfe-

---

[102] Z.B. Art. 38 KV Bern vom 6.6.1993 (SR 131.212); Art. 39 Abs. 1 KV Appenzell A. Rh. vom 30.4.1995 (SR 131.224.1); § 103 KV Basel-Landschaft vom 17.5.1984 (SR 131.222.2); § 39 Abs. 1 KV Aargau vom 25.6.1980 (SR 131.227); Art. 95 KV Solothurn vom 8.6.1986 (SR 131.221). Die weitestgehende Bestimmung findet sich in Art. 60 KV Waadt vom 14.4.2003 (SR 131.231): «Der Staat und die Gemeinden gewährleisten allen im Kanton Waadt wohnhaften Personen die Voraussetzungen für ein Leben in Würde, indem sie: [...] eine Sozialhilfe leisten, die grundsätzlich nicht rückzahlbar ist».

[103] Siehe dazu auch *Coullery* (Anm. 87), insb. N. 122 S. 664.

[104] BE: Art. 23 Sozialhilfegesetz vom 11.6.2001 (SHG; BGS 860.1); UR: Art. 27 Gesetz über die öffentliche Sozialhilfe vom 28.9.1997 (RB-UR 20.3421; ZH: Sozialhilfegesetz vom 14.6.1981 (LS 851.1); AG: § 5 Abs. 1 Gesetz über die öffentliche Sozialhilfe und die soziale Prävention vom 6.3.2001 (SAR 851.200); BL: § 4 Gesetz über die Sozial-, die Jugend- und die Behindertenhilfe vom 21.6.2001 (SGS 850); BS: § 4 Abs. 1 Sozialhilfegesetz vom 29.6.2000 (SG 890.100); GE: Art. 5 und 8 Loi sur l'aide sociale individuelle du 22.3.2007 (RSG J 4 04); LU: §§ 25 und 28 Sozialhilfegesetz vom 24.10.1989 (SRL 892).

[105] GL: Art. 3 Gesetz über die öffentliche Sozialhilfe vom 7.5.1995 (GS-GL VIII E/21/3).

[106] NW: Art. 4 Gesetz über die Sozialhilfe vom 29.1.1997 (NG 761.1); SO: § 10 Abs. 2 Sozialgesetz vom 31.1.2007 (BGS 831.1); TI: Art. 5 Abs. 1 Legge sull'assistenza sociale vom 8.3.1971 (RL 6.4.11.1); OW: Art. 13 Sozialhilfegesetz vom 23.10.1983 (GDB 870.1); so auch SG: Art. 9 Sozialhilfegesetz vom 27.9.1998 (sGS 381.1); SH: Art. 22 Gesetz über die öffentliche Sozialhilfe vom 21.11.1994 (SHR 850.100); SZ: § 15 Gesetz über die Sozialhilfe vom 18.5.1983 (SRSZ 380.100); ZG: § 19 Abs. 1 Gesetz über die Sozialhilfe im Kanton Zug vom 16.12.1982 (BGS-ZG 861.4).

suchenden Person in einer drohenden oder eingetretenen Notlage zu gewähren»[107] zumindest eine entsprechende Verpflichtung der Staates.[108]

Alle Kantone verankern somit bei Erfüllen der gesetzlichen Bedingungen[109] entweder einen Anspruch auf Sozialhilfe im gesetzlich vorgegebenen Rahmen oder eine entsprechende Verpflichtung des zuständigen Gemeinwesens. Namentlich macht kein Kanton die Gewährung der Sozialhilfe etwa von vorhandenen finanziellen Ressourcen des Gemeinwesens abhängig. Auch wenn die Leistung von Sozialhilfe teilweise nur als Pflicht des Gemeinwesens und nicht als individueller Anspruch ausgestaltet wird, gilt doch, dass das kantonale Recht diesen Minimalgehalt des Rechts auf soziale Sicherheit weitgehend erfüllt.

5. Schluss

Entgegen der bisherigen bundesgerichtlichen Praxis, völkerrechtlichen Verträgen wie dem Pakt I eine unmittelbare Anwendbarkeit pauschal abzusprechen, sind Gerichte gehalten, jede Menschenrechtsgarantie einzeln und bezogen auf die konkrete Fragestellung auf ihre Justiziabilität hin zu überprüfen. Nur so kann dem heute auf internationaler Ebene weitgehend unbestrittenen und notabene auch von der schweizerischen Menschenrechtsaussenpolitik vertretenen Verständnis Rechnung getragen werden, dass bürgerliche und politische sowie wirtschaftliche, soziale und kulturelle Menschenrechte erstens eine untrennbare Einheit darstellen und dass zweitens jedes einzelne dieser Rechte Achtungs-, Schutz- und Erfüllungspflichten be-

---

[107] AR: Art. 11 Abs. 3 Gesetz über die öffentliche Sozialhilfe vom 24.9.2007 (bGS 851.1); ähnlich NE: Art. 24 Loi sur l'action sociale vom 25. Juni 1996 (RSNE 831.1); TG: § 8 Gesetz über die öffentliche Sozialhilfe vom 29.3.1984 (RB 850.1); VS: Art. 10 Abs. 3 Gesetz über die Eingliederung und die Sozialhilfe vom 29.3.1996 (SGS 850.1); VD: Art. 34 Loi sur l'action sociale vaudoise vom 2.12.2003 (RSV 850.051).

[108] Von diesen Vorgaben weicht – zumindest vordergründig – einzig der Kanton Appenzell Innerrhoden ab, gemäss dessen Sozialhilfegesetz «[der] Hilfesuchende […] keinen Anspruch darauf [hat], dass die Hilfe in Art und Mass, wie von ihm beantragt, geleistet wird». Auch mit dieser Wendung wird indes ein Anspruch auf solche Leistungen anerkannt. Dieser bemisst sich wie in den übrigen Kantonen indes an den gesetzlichen Vorgaben und nicht an den Vorstellungen einer hilfebedürftigen Person; Art. 8 Abs. 3 Gesetz über die öffentliche Sozialhilfe vom 29.4.2001 (GAI 850.000).

[109] D.h. bei Bedürftigkeit einer sich rechtmässig in der Schweiz aufhaltenden Person und dem Fehlen sonstiger Einkommensquellen.

inhaltet, die in unterschiedlichem Masse justiziabel sind. Wünschenswert wäre, dass sich an der richterlichen Rechtsfortbildung in diesem Bereich auch kantonale Gerichte beteiligen, indem sie einzelne aus völkerrechtlichen WSK-Normen fliessende Staatenverpflichtungen unter Berücksichtigung der kantonalen Rechtslage in Einzelfällen direkt anwenden.

Damit könnte nicht nur ein Beitrag zur Klärung von Inhalt und Reichweite der insbesondere aus dem Sozialpakt fliessenden Verpflichtungen geleistet werden. Vielmehr wäre es mittels dieser pragmatischen Vorgehensweise möglich, den gordischen Knoten, den Bundesrat und Bundesgericht durch ihre defensive Sichtweise der WSK-Rechte geknüpft haben, aufzulösen und die völkerrechtlich immer schwieriger zu vermittelnde Haltung der Schweiz internationalen Vorgaben anzugleichen.

Eine solche Vorgehensweise empfiehlt sich umso mehr, weil, wie gezeigt, bereits die (kantonale) Rechtswirklichkeit nicht zuletzt als Folge der Geltung des Legalitätsprinzips auch in der Leistungsverwaltung inhaltlich zu grossen Teilen den Vorgaben des Pakts I entspricht. Insbesondere das Recht auf einen diskriminierungsfreien Zugang zu bestehenden Sozial- und Gesundheitseinrichtungen wird durch das kantonale Recht weitgehend gewährleistet. Dieser Schluss kann besonders deutlich anhand des kantonalen Sozialhilferechts und mit Einschränkungen auch des Gesundheitsrechts illustriert werden. Wenn auch die kantonalen Normen zur Gewährleistung der Chancengleichheit im Bildungswesen inhaltlich weniger einheitlich sind, machen auch diese Regelungen deutlich, dass es sich bei der Beurteilung des geforderten oder zulässigen Masses der Privilegierung fremdsprachiger Kinder und Jugendlicher um Fragestellungen handelt, die einer gerichtlichen Beurteilung durchaus offenstehen. Hier könnte aber eine direkte Anwendung des Pakts I eine sachgerechte Präzisierung und Harmonisierung bewirken.

«... aus prozessökonomischen Gründen ...» – Leerformel oder Leitlinie?

Christoph Bürki[*]

Inhaltsverzeichnis

1. Einleitung

Seit geraumer Zeit sanktioniert das Verwaltungsgericht des Kantons Bern vorinstanzliche Verletzungen des Gehörsanspruchs[1] entgegen dessen formeller Natur[2] nicht automatisch mit der Aufhebung des angefochtenen Ent-

---

[*] Der Beitrag gibt die persönliche Meinung des Verfassers wieder und basiert teils auf Überlegungen, die in einer vor dem Abschluss stehenden Dissertation zum Thema «Verwaltungsjustizbezogenes Legalitätsprinzip und Prozessökonomie» enthalten sind und dort weiter ausgeführt werden.

[1] Vgl. Art. 29 Abs. 2 BV; Art. 26 Abs. 2 KV; Art. 21 ff. VRPG.

[2] So die herrschende Lehre und Praxis: BGE 132 V 387 E. 5.1; BVR 2008 S. 97 E. 2.1 f., 2007 S. 395 E. 5.3.1; aus der Lehre statt vieler *Gerold Steinmann,* in: Bernhard Ehrenzeller et al. (Hrsg.), Die Schweizerische Bundesverfassung. Kommentar, 2. Aufl. Zürich etc. 2008, Art. 29 N. 32; *Benjamin Schindler,* Die «formelle Natur» von Verfahrensgrundrechten, ZBl 2005 S. 169 ff.; a.M. *Hansjörg Seiler,* Abschied von der formellen Natur des rechtlichen Gehörs, SJZ 2004 S. 377 ff., S. 381 f.; *Bernhard Rütsche,* Rechtsfolgen von Grundrechtsverletzungen, Bern 2002, S. 154 ff.

scheids, sondern lässt – in Anlehnung an die bundesgerichtliche Praxis[3] – ausnahmsweise eine Heilung zu. Dieses Vorgehen erfolgt hauptsächlich «en vertu du principe de l'économie de procédure»[4] bzw. wird im Wesentlichen mit dem «Gesichtspunkt der wohlverstandenen Prozessökonomie»[5] oder «prozessökonomischen Gründen»[6] gerechtfertigt. Trotz der grossmehrheitlichen Kritik der Lehre[7] hält die Praxis an der Heilungskonzeption fest.[8] – Das Jubiläum zum 100jährigen Bestehen des bernischen Verwaltungsgerichts gibt Anlass, Gedanken über Inhalt und Tragweite der Prozessökonomie im Allgemeinen anzustellen und die Prozessökonomie in einen historischen Kontext zu stellen. Im Folgenden interessiert zunächst, welches Anliegen überhaupt zur Sprache gebracht wird, wenn «pour des motifs d'économie de procédure»[9] diese oder jene Anordnung getroffen wird, eben beispielsweise Verfahrensmängel geheilt werden. Oder wenn – um weitere typische Fälle expliziter Erwähnung des Arguments anzuführen – mehrere Verfahren vereinigt und gemeinsam beurteilt werden,[10] unter gewissen Voraussetzungen Sprungrechtsmittel als zulässig erachtet werden[11] oder wenn das Verwaltungsgericht auf die Legitimationsprüfung von einzelnen Beschwerdeführenden verzichtet, weil deren Argumente auch von anderen, zweifellos legi-

---

[3]   Vgl. z.B. BGE 133 I 201 E. 2.2, 132 V 387 E. 5.1, 116 V 182 E. 3d. Soweit ersichtlich, hat das Verwaltungsgericht sich erstmals in BVR 1977 S. 370 E. 4 in einem publik gemachten Urteil zur Übernahme der bundesgerichtlichen Praxis bekannt.

[4]   Jugement du Tribunal administratif (JTA) 37588 du 22.11.1993, c. 3.1.

[5]   BVR 1991 S. 97 E. 6.

[6]   Z.B. BVR 2007 S. 177 nicht publ. E. 2.4; VGE 18633 vom 18.1.1993, E. 1b.

[7]   Stellvertretend für viele *Schindler* (Anm. 2), S. 175 f., S. 178 ff., m.w.H.; a.M. *Seiler* (Anm. 2), S. 378 ff.

[8]   Aus der neueren Praxis etwa BVR 2009 S. 458 und S. 107 je nicht publ. E. 2.1; VGE 23175 vom 19.2.2009, E. 2.2.

[9]   JTA 1231 du 1.11.2007, c. 2.3, 1104 du 28.2.2005, c. 2.2, jeweils im Zusammenhang mit der Kostenliquidation nach Art. 110 Abs. 2 VRPG.

[10] Vgl. BVR 1991 S. 299 nicht publ. E. 1 mit Verweis auf BVR 1989 S. 270 E. 1a mit Verweis auf BVR 1983 S. 396 E. 1c mit Verweis auf BVR 1979 S. 407 E. 3.

[11] Vgl. BVR 2009 S. 341 nicht publ. E. 1.2.2, 2007 S. 193 E. 3.2, 1996 S. 296 E. 1b. – Weniger der prozessökonomische Nutzen des Sprungrechtsmittels als vielmehr dessen gesetzliche Zulässigkeit ist – im Nachgang zu präsidialen Zwischenverfügungen betreffend die Bewilligung von Sonntagsverkäufen im Advent 2003 – zum Zankapfel geworden; kritisch zur Zulässigkeit *Ulrich Keusen / Kathrin Lanz,* Der Sprungrekurs im Kanton Bern, BVR 2005 S. 49 ff.; zur Kritik an der Kritik *Peter Ludwig,* Kein Sprungrekurs im Kanton Bern?, BVR 2005 S. 241 ff.; die Zulässigkeit befürworten auch *Thomas Merkli / Arthur Aeschlimann / Ruth Herzog,* Kommentar zum bernischen VRPG, Bern 1997, Art. 3 N. 15.

timierten Beschwerdeführenden vorgetragen werden[12] (hiernach Ziff. 2). Anschliessend folgen Hinweise zur Natur und Tragweite (Ziff. 3 und 4). Alsdann ist darzulegen, dass das Argument der Prozessökonomie zwar am einzelnen Verfahren ansetzt, grundsätzlich aber stets mit Blick auf den gesamten Gerichtsbetrieb (Institution) zu konkretisieren ist (Ziff. 5). Vor abschliessenden Bemerkungen zur Verwendung des Arguments in der Praxis (Ziff. 7) soll beispielhaft aufgezeigt werden, dass der Gedanke der Prozessökonomie das Verwaltungsgericht seit seiner Geburtsstunde beschäftigt (Ziff. 6).

2. Begriffsklärung

In der Verwaltungsgerichtspraxis wird kaum je näher ausgeführt, was unter Prozess- bzw. Verfahrensökonomie oder (gleichbedeutend) Verfahrenswirtschaftlichkeit im Allgemeinen oder in Bezug auf den konkreten Fall zu verstehen ist oder verstanden wird. Vielmehr erschöpft sich die Argumentation regelmässig im Hinweis auf den Begriff.[13] Immerhin wird gelegentlich präzisiert, die zu treffende Anordnung liege im Interesse der Prozessökonomie, weil dadurch «unnötiger Aufwand und Kosten im Rechtsmittelverfahren»[14] eingespart würden oder weil andere Vorgehensweisen einer «perte de temps formaliste»[15], «prozessualem Leerlauf»[16] oder «formalistischem Leerlauf» gleichkämen und «zu einer unnötigen Verfahrensverlängerung führen»[17] würden. Allein in solchen Kurzformeln scheint bereits auf, worum es im Kern geht: Die Begriffe «Leerlauf» und «unnötig» artikulieren das Anliegen

---

[12] VGE 21640–21642/21646–21650 vom 30.6.2003, in URP 2003 S. 763 nicht publ. E. 1.2.3.
[13] Eine Ausnahme bilden VGE 21924 vom 18.10.2004, E. 1.2.3, und 20791 vom 10.8.1999, E. 3a, wonach das «Prinzip der Prozessökonomie» die Behörden anhalte, Verwaltungsjustizverfahren «möglichst rasch, zielgerichtet und kostengünstig zum Abschluss zu bringen»; siehe zu dieser in gewisser Hinsicht missverständlichen Umschreibung sogleich im Text.
[14] VGE 22118 vom 16.12.2005, E. 2.2.
[15] JTA 37588 du 22.11.1993, c. 3.1.
[16] Z.B. BVR 2008 S. 261 E. 3.4.1, 2006 S. 218 nicht publ. E. 2.4; VGE 23458 vom 15.5.2009, E. 2.3, 21356 sowie 21358 vom 1.11.2004, je E. 2.5.
[17] Z.B. BVR 2009 S. 107 nicht publ. E. 2.2, 2007 S. 395 E. 5.3.1; VGE 22867 vom 20.11.2007, E. 2.2.2; aus der reichen Bundesgerichtspraxis etwa BGE 133 I 201 E. 2.2.

möglichst nützlicher, zweckmässiger Verfahrensgestaltung.[18] Dies offenbart einerseits Bezüge zum Aufwand (Ressourcen) und weist andererseits auf die Zielrichtungen oder Zwecke des Gerichts bzw. Prozesses hin. Damit sind die beiden Grössen angesprochen, an die der Gedanke der Prozessökonomie anknüpft. Prozessökonomie meint nämlich «ein vernünftiges Verhältnis von Aufwand und Ziel»[19] und steht für das Anliegen, die per se «knappen Ressourcen so einzusetzen, dass der Zweck optimal erreicht wird»[20].

Das führt zur Frage nach den verwaltungsgerichtlichen Aufgaben oder Zwecken: Grundfunktion und Hauptaufgabe der Verwaltungsgerichtsbarkeit ist die Streitbeilegung; einhergehend damit sollen Individualrechtsschutz gewährt und objektive Recht- bzw. Gesetzmässigkeitskontrolle geübt werden, wobei – im Gegensatz zur verwaltungsinternen Rechtspflege – «der Individualrechtsschutz prävaliert»[21]. Bezogen auf das Verwaltungsgericht steht demnach die Prozessökonomie für das Gebot, die soeben genannten Zwecke mit möglichst wenig Aufwand an Zeit und Geld bestmöglich zu erreichen,[22] wobei das «zentrale Anliegen»[23] in der Vermeidung jener orga-

---

[18]   Vgl. auch die in der bundesgerichtlichen Praxis häufig anzutreffende Wendung «aus prozessökonomischen oder sonstigen Zweckmässigkeitserwägungen»; z.B. BGE 134 III 16 E. 2.1.

[19]   *Fritz Gygi,* Bundesverwaltungsrechtspflege, 2. Aufl. Bern 1983, S. 68.

[20]   *Patrick Maier,* New Public Management in der Justiz, Bern etc. 1999, S. 61.

[21]   Vgl. *Fritz Gygi / Rudolf Stucki,* Handkommentar zum bernischen Gesetz über die Verwaltungsrechtspflege, Bern 1962, Vorbem. zweiter Teil N. 1 (Zitat) und N. 2a; zum Ganzen und zu weiteren Justizfunktionen statt vieler *Gygi* (Anm. 19), S. 17 ff.; *Merkli / Aeschlimann / Herzog* (Anm. 11), Einleitung N. 24; *Christoph Auer,* Streitgegenstand und Rügeprinzip im Spannungsfeld der Prozessmaximen, Bern 1997, S. 60 f. m.w.H.

[22]   So vor allem die deutsche Prozessrechtslehre, auf die hier grundsätzlich verwiesen werden darf; grundlegend *Ekkehard Schumann,* Die Prozessökonomie als rechtsethisches Prinzip, in: Gotthard Paulus et al. (Hrsg.), Festschrift für Karl Larenz zum 70. Geburtstag, München 1973, S. 271 ff., S. 277 ff.; darauf verweisend etwa *Peter Hütten,* Die Prozessökonomie als rechtserheblicher Entscheidungsgesichtspunkt, Würzburg 1975, S. 5 ff.; *Martin Schöpflin,* Die Verfahrensökonomie – eine Prozessmaxime?, Juristische Rundschau 2003 S. 485 ff., S. 485, je m.w.H. – Gewisse Teilprozesszwecke, so insbesondere der Individualrechtsschutz und die Gesetzmässigkeitskontrolle, gestalten sich *nicht* für *alle Justizbehörden gleich.* Folglich weist auch die Prozessökonomie zwar nicht im Grundsatz, so aber doch in Nuancen eine andere Schattierung auf, je nachdem, auf welche Justizbehörde sie bezogen wird.

[23]   *Marc Philip Stern,* Prozessökonomie und Prozessbeschleunigung als Ziele der zürcherischen Zivilrechtspflegegesetze, Zürich 1989, S. 3.

nisatorischen und prozessualen Schritte besteht, welche zur Erreichung der Prozesszwecke nichts beitragen, eben «unnötig» sind.[24]

Die vorangehenden Überlegungen sind weder neu noch originell;[25] sie werden auch dem Verwaltungsgericht, das sich seit jeher zumindest der Sache nach von der Prozessökonomie leiten lässt,[26] kaum Neues bringen. Wenn sie hier dennoch in Erinnerung gerufen werden, so geschieht dies aus zwei Gründen:

– Zum einen soll damit allfälligen Missverständnissen vorgebeugt werden, die entstehen könnten, wenn man auf die bisweilen anzutreffende Umschreibung abstellt, wonach die Prozessökonomie nach möglichst raschem, zielgerichtetem und kostengünstigem Abschluss der einzelnen Verfahren strebe.[27] Diese Umschreibung ist zwar «griffiger», weil sie zugleich konkretisiert, was dem Anliegen im Einzelfall oft (aber eben nicht immer) förderlich ist. Bei solcher Begriffsbestimmung droht aber in Vergessenheit zu geraten, dass der Verwaltungsprozess nicht eine auf Streiterledigung reduzierbare Einrichtung darstellt, sondern stets auch Individualrechtsschutz und objektive Rechtmässigkeitskontrolle gewährleisten soll, und dass die Prozessökonomie auch diesen Prozesszwecken untergeordnet ist. Sie als reines Erledigungsprinzip zu begreifen, stellt die Streiterledigungsfunktion zu einseitig heraus und wäre deshalb ebenso verfehlt, wie in ihr den Anstoss für das Gericht zu erblicken, in jedem Fall «kurzen Prozess» zu machen. Es ist zwar wichtig, dass die Justiz ihre

---

24 Neben dieser *Aufwandminimierung* gebietet die Prozessökonomie auch den konsequenten, möglichst wirkungsvollen Mitteleinsatz, soweit dieser zur Prozesszielerreichung geeignet ist *(Nutzenmaximierung)*; auf diesen Teilaspekt wird im Folgenden nicht weiter eingegangen; vgl. allgemein zur Wirtschaftlichkeit *Ulrich Hubler / Michael Beusch,* in: Isabelle Häner et al. (Hrsg.), Kommentar zur Zürcher Kantonsverfassung, Zürich 2007, Art. 122 N. 17 m.w.H.

25 An Originalität fehlt es schon deshalb, weil die so verstandene Prozessökonomie sich an die Allgemeinvorstellung von Wirtschaftlichkeit anlehnt. Die Mitverwendung der Begriffe «Ökonomie» und «Wirtschaftlichkeit» darf freilich nicht darüber hinwegtäuschen, dass es bei der Prozessökonomie nicht um das Verfolgen ökonomischer Ziele geht (Gewinnmaximierung) und die Prozessökonomie deshalb nicht wirtschaftswissenschaftlich, sondern prozessrechtlich zu begreifen ist; vgl. die Hinweise in Anm. 22 hiervor.

26 Vgl. hinten Ziff. 6.

27 So z.B. *Auer* (Anm. 21), S. 30; *ders.,* in: Christoph Auer et al. (Hrsg.), Kommentar zum Bundesgesetz über das Verwaltungsverfahren (VwVG), Zürich / St. Gallen 2008, Art. 12 N. 54; *Schindler* (Anm. 2), S. 188 f. m.w.H.

Aufgaben und Zwecke in wirtschaftlicher Weise erfüllt; noch wichtiger ist aber, dass sie diese überhaupt erfüllt.

– Zum andern soll mit der Begriffsklärung deutlich gemacht werden, dass das Argument der Prozessökonomie weder generelle Qualitätseinbussen der Rechtsprechung zu rechtfertigen noch Bequemlichkeit seitens des Gerichts oder der Verfahrensbeteiligten (vordergründig plausibel) zu kaschieren vermag. Mit dem Gedanken der Prozessökonomie verbindet sich grundsätzlich kein Verzicht auf die Ziele des Verwaltungsprozesses, sondern «nur das Inbezugsetzen von Prozessziel und Prozessaufwand», wobei nicht der Nutzen bloss einzelner Akteure des Prozesses massgebend ist, sondern im Sinn einer Gesamtschau «der Gewinn für sämtliche Betroffenen» zählt. Anders verstanden diente die Prozessökonomie primär der Entlastung des Gerichts zum Nachteil der Parteien und wäre so gesehen «nur ein Umverteilungsprinzip, nicht aber ein Begrenzungsgrundsatz».[28] So kann es gerade Ausdruck «wohlverstandener» Verfahrenswirtschaftlichkeit sein, durch Beiladung Dritter zum Prozess einen Mehraufwand und eine Verfahrensverlängerung in Kauf zu nehmen, damit es nicht zu weiteren Prozessen kommt.[29] Daran zeigt sich übrigens, dass Beschleunigungsgebote[30] und Normen, die – wie Art. 61 Bst. a ATSG – ein einfaches, rasches Verfahren vorschreiben, die Prozessökonomie zwar oft, aber nicht immer und erst recht nicht automatisch unterstützen. Vielmehr gebietet die Prozessökonomie bisweilen «gerade die Verlängerung oder Vertiefung des einen Prozesses, um ein zweites Verfahren zu vermeiden».[31]

---

[28]   Vgl. auch zum Folgenden *Schumann* (Anm. 22), S. 278 f. (Zitate: S. 279); siehe zur erforderlichen, auch instanzübergreifend zu verstehenden «Gesamtbetrachtung» (*Maier* [Anm. 20], S. 61 Anm. 214 mit Verweisen) hinten Ziff. 5.

[29]   Vgl. dazu hinten Ziff. 5–7.

[30]   Vgl. Art. 29 Abs. 1 BV; Art. 26 Abs. 2 KV; vgl. auch Art. 6 Ziff. 1 EMRK.

[31]   *Schumann* (Anm. 22), S. 279 Anm. 43 mit Verweisen; *Maier* (Anm. 20), S. 61 Anm. 214; für den schweizerischen Zivilprozess z.B. *Stern* (Anm. 23), S. 3; darauf verweisend *Nina Frei*, Die Interventions- und Gewährleistungsklagen im Schweizer Zivilprozess, Zürich 2004, S. 181. – Allein vor diesem Hintergrund kann der im Schrifttum bisweilen unterstellten Kongruenz der beiden Anliegen (vgl. z.B. *Alfred Kölz / Isabelle Häner*, Verwaltungsverfahren und Verwaltungsrechtspflege des Bundes, 2. Aufl., Zürich 1998, N. 155) nicht vorbehaltlos zugestimmt werden.

3. Natur und Konkretisierung

Nach einhelliger Auffassung ist die Prozessökonomie eine Prozessmaxime bzw. (synonym) ein Verfahrensgrundsatz oder -prinzip.[32] Diese Qualifikation bringt nicht nur zum Ausdruck, dass die Prozessökonomie ein Grundanliegen verkörpert, nach dem eine Prozessordnung ausgerichtet oder auszurichten ist und ein Verfahren abgewickelt werden soll.[33] Sie macht auch deutlich, dass die Prozessökonomie auf hoher Abstraktionsebene liegt, sich durch grosse Unbestimmtheit auszeichnet und für sich allein der konkreten praktischen Verhaltenssteuerung nicht fähig ist. Allein die Idee, die Verwaltungsprozesszwecke mit geringstmöglichem Aufwand bestmöglich zu erreichen, lässt das Gericht bei der Lösung konkreter organisatorischer und verfahrensrechtlicher Probleme im Stich. Das Gericht braucht vielmehr zunächst eine Grobvorstellung über Formen und Institute, in welchen das Anliegen der Prozessökonomie denn überhaupt verwirklicht werden könnte.

Typische Figuren, Institute oder Verhaltensmuster, die das Prozesswirtschaftlichkeitsprinzip konkretisieren, sind die gesetzlich vorgesehene Befugnis der Vorinstanz, im verwaltungsgerichtlichen Verfahren, statt eine Beschwerdevernehmlassung einzureichen, zugunsten der beschwerdeführenden Partei neu zu verfügen.[34] Im Interesse möglichst ressourcenschonender, aber gleichwohl prozesszweckkonformer Verfahrensstraffung stehen sodann die ebenfalls positivierten Möglichkeiten der instruierenden Behörde, getrennt eingereichte Eingaben zu vereinigen bzw. gemeinsam eingereichte Eingaben getrennt zu behandeln oder von der Durchführung eines Schriftenwechsels abzusehen, wenn die Beschwerde sich als offensichtlich unzulässig oder unbegründet erweist.[35] Die Prozesszweck-Mittel-Relation kann ferner ver-

---

[32] Statt vieler *Auer* (Anm. 21), S. 5 ff., S. 30 ff.; *Gygi / Stucki* (Anm. 21), Vorbem. zweiter Teil N. 2a; aus der Praxis beispielsweise VGE 23367 vom 16.9.2008, E. 3.1 mit Verweis auf BVR 2008 S. 569 E. 3.1, VGE 20791 vom 10.8.1999, E. 3a, sowie JTA 6263 du 22.6.2007, c. 5.3, 38544 du 1.12.1993, c. 1.2, wo jeweils vom «Prinzip der Prozessökonomie» bzw. «principe de l'économie de procédure» die Rede ist; ferner VGE 100.2009.128 vom 19.11.2009, E. 2.1 («Grundsatz der Prozessökonomie»).

[33] *Pierre Tschannen / Ulrich Zimmerli / Markus Müller,* Allgemeines Verwaltungsrecht, 3. Aufl. Bern 2009, § 30 N. 12; *Alfred Kölz,* Prozessmaximen im schweizerischen Verwaltungsprozess, Zürich 1973, S. 2; *Auer* (Anm. 21), S. 7 m.w.H.

[34] Vgl. Art. 86 i.V.m. Art. 71 Abs. 1 VRPG; *Merkli / Aeschlimann / Herzog* (Anm. 11), Einleitung N. 47, Art. 71 N. 1; z.B. VGE 23490 vom 4.6.2009, E. 3.1.

[35] Zur Vereinigung und Trennung vgl. Art. 17 VRPG und dazu *Merkli / Aeschlimann / Herzog* (Anm. 11), Art. 17 N. 1 und 8; *Gygi* (Anm. 19), S. 68; zum Verzicht auf den Schriftenwechsel siehe auch hinten Ziff. 6.

bessert werden, wenn von unverhältnismässigen Beweismassnahmen abgesehen wird,[36] wenn während des Rechtsmittelverfahrens eingetretene Änderungen im Sachverhalt oder in der Rechtslage berücksichtigt werden,[37] wenn das Verwaltungsgericht auf die Entscheidaufhebung trotz vorinstanzlicher Unzuständigkeit verzichtet[38] oder wenn es den Verfahrenseinbezug von Personen erst vor Rechtsmittelinstanzen rechtfertigt, damit die im Streit liegende Anordnung auch diesen gegenüber vollstreckbar wird.[39]

4. Tragweite

Wenngleich das Prozesswirtschaftlichkeitsprinzip als solches sich durch grosse Unbestimmtheit und Vagheit auszeichnet,[40] so wäre es doch verfehlt, es als «*Leerformel*»[41] abzutun. Zwar gibt es dem Rechtsanwender selbst bei konsequenter gesetzgeberischer Konkretisierung insofern bloss einen unvollkommenen Verhaltensmassstab an die Hand, als es sich immer erst am konkreten Einzelfall zu bewähren vermag. Mit anderen Worten erfordert seine Verwirklichung – wie Zweckmässigkeits-, Sachgerechtigkeits- und Effizienzanliegen überhaupt[42] – regelmässig Entscheidungsspielräume zugunsten des Verwaltungsgerichts.[43] Wie die verschiedenen bislang angeführten

---

[36] BVR 2007 S. 213 E. 3.5.3.

[37] BVR 1997 S. 505 E. 5b, 1992 S. 114 E. 2b mit Verweisen.

[38] BVR 2005 S. 321 E. 2.4.

[39] BVR 2008 S. 261 E. 3.4.1. Diese Beispiele können mühelos vermehrt werden, zumal auch all jene (zahlenmässig nicht zu unterschätzenden) Fälle anzuführen wären, in denen der Gedanke zwar ohne explizite Verwendung des Begriffs, so aber doch der Sache nach zum Tragen kommt; vgl. auch hinten Ziff. 6.

[40] Vgl. hiervor Ziff. 3.

[41] So aber *Carl Baudenbacher*, Rechtsverwirklichung als ökonomisches Problem?, Zürich 1985, S. 37 Anm. 37 (Hervorhebung nicht im Original).

[42] Vgl. allgemein *Georg Müller*, Elemente einer Rechtssetzungslehre, 2. Aufl. Zürich etc. 2006, N. 32 und 244.

[43] Das zeigt sich daran, dass in Bezug auf ein und dieselbe Regelungsfrage nicht gesagt werden kann, die Prozessökonomie gäbe *stets* den Ausschlag zu Gunsten *derselben Verhaltensoption*. Stattdessen entscheidet sich von Fall zu Fall immer wieder neu, welches die verfahrenswirtschaftlichere Verhaltensweise ist. So legt die Prozessökonomie die Verfahrenssistierung einmal nahe, ein anderes Mal wiederum wird sie dagegen oder jedenfalls nicht dafür sprechen (vgl. etwa *Thomas Pfisterer*, in: Christoph Auer et al. [Hrsg.], Kommentar VwVG [Anm. 27], Art. 33b N. 27; so z.B. BVR 2003 S. 257 nicht publ. E. 13a); gleich verhält es sich auch etwa mit der Verfahrensvereinigung oder -trennung oder mit der Zulassung von Änderungen der Rechtsbegehren. In diesem Sinn be-

Beispiele bestätigen, ist das Prozesswirtschaftlichkeitsprinzip aber einer Ausgestaltung durchaus zugänglich, um im Einzelfall einen rechtserheblichen, überprüfbaren Gesichtspunkt abzugeben. Deshalb ist es vom Vorwurf zu entlasten, bloss eine Leerformel (Tautologie) zu sein, d.h. nur dem Anschein nach etwas Wahres oder Richtiges zu besagen, in Tat und Wahrheit aber über keinen Inhalt zu verfügen. Diese Entlastung rechtfertigt sich umso mehr, als die Verfahrensökonomie als Prozessmaxime zusammen mit anderen Grundsätzen die «Natur eines Verfahrens»[44] beschreibt. Sie ist ein weder in der Gerichtsorganisation noch im Verfahren wegzudenkender Gesichtspunkt[45] und zählt als «Gebot praktischer Vernunft»[46] zu den *«Leitgedanken»*[47] des Verwaltungsprozesses. Dies ist nicht bloss daran zu erkennen, dass der Gedanke der Prozessökonomie das Verwaltungsgericht seit dessen Entstehung begleitet und beschäftigt,[48] sondern zeigt sich auch an seiner Bedeutung bei der Prozessrechtsetzung[49] und Omnipräsenz in der Prozessrechtsan-

---

lassen die vorwiegend im Zeichen des Prozesswirtschaftlichkeitsprinzips stehenden Figuren wie z.B. die Verfahrenstrennung und -vereinigung (Art. 17 VRPG) oder die Verfahrenseinstellung (Art. 39 VRPG) der Instruktionsbehörde durch unbestimmte Gesetzesbegriffe und Ermessensklauseln denn auch den nötigen Spielraum, um das Anliegen zu verwirklichen und zu verhindern, dass es sich in das genaue Gegenteil verkehrt.

[44] *Auer* (Anm. 21), S. 7.
[45] Für *Schumann* (Anm. 22) ist ein Prozessgesetz, das die Prozessökonomie vernachlässigt, «genauso unvorstellbar wie ein Schuldrecht ohne das Prinzip von Treu und Glauben» (S. 280).
[46] *Walter Gollwitzer,* Gerechtigkeit und Prozesswirtschaftlichkeit – einige Gedanken zum knappen Gut der Rechtsgewährung, in: Heinz Gössel / Hans Kauffmann (Hrsg.), Strafverfahren im Rechtsstaat. Festschrift für Theodor Kleinknecht zum 75. Geburtstag, München 1985, S. 147 ff., S. 153.
[47] So mit Bezug auf den deutschen Zivilprozess *Schöpflin* (Anm. 22), S. 490 (Hervorhebung nicht im Original).
[48] Vgl. hinten Ziff. 6.
[49] Exemplarisch Vortrag des Regierungsrates betreffend das VRPG (Änderung), Tagblatt des Grossen Rates 2008, Beilage 11, wo «Massnahmen zur Verbesserung der Effizienz der Justiz» (S. 8) und damit auch Anliegen der Prozessökonomie einen der «Grundzüge der Revision» (S. 3 ff.) bildeten, was sich in verschiedener Hinsicht ausgewirkt und namentlich in der in Art. 84a VRPG normierten Möglichkeit Niederschlag gefunden hat, Urteile zunächst ohne Begründung oder nur mit einer Kurzbegründung zu eröffnen; vgl. dazu auch etwa *Ruth Herzog / Michel Daum,* Die Umsetzung der Rechtsweggarantie im bernischen Gesetz über die Verwaltungsrechtspflege, BVR 2009 S. 1 ff., wonach diese Revision auch genutzt worden sei, um «das geltende Verfahrensrecht wenigstens punktuell zu überprüfen und Massnahmen vorzusehen, die das Rechtsmittelsystem vereinheitlichen und vereinfachen sowie die Effizienz der Justiz steigern sollen» (S. 6); zahlreicher Erwähnung erfreut sich das Effi-

wendung[50]. Zur Prozessökonomie als «Rechtsanwendungsgrundsatz»[51] stellt Arthur Meier-Hayoz etwa die Regel auf, dass im «Zweifel […] einer prozessualen Norm der […] die Prozessökonomie fördernde Sinn» zuzuerkennen sei.[52]

Die Prozessökonomie als unentbehrliche Leitlinie zu verstehen ist jedenfalls dann legitim, wenn sie – wie hier – als ein «Prinzip im Interesse der Prozesszwecke»[53] begriffen wird und dabei die «Perspektive nicht auf das einzelne Verfahren verengt» bleibt,[54] sondern auch die Institution miteinschliesst.[55] Ein solches Verständnis darf allerdings nicht den falschen Anschein erwecken, ihr Wirkungsbereich sei grenzenlos. So fliessen beim Entscheid über die Verfahrenssistierung nicht allein Gesichtspunkte der Prozessökonomie ein, sondern sind auch (oder primär?) das Beschleunigungsgebot und weitere Interessen der Betroffenen zu berücksichtigen.[56] Desgleichen darf bei der Beurteilung der Zulässigkeit von Sprungrechtsmitteln der Blick nicht auf das Prozesswirtschaftlichkeitsanliegen beschränkt werden; vielmehr ist auch den mit dem Überspringen einer Instanz allenfalls tangierten Anliegen der Gesetzmässigkeit des Verfahrens, des rechtlichen Gehörs und der Gleichbehandlung der Parteien gebührend Rechnung zu tragen.[57] Wie weit dabei das Anliegen prozesswirtschaftlicher Verfahrensgestaltung und effizienter Organisation gehen darf und in welchem Ausmass

---

zienz- bzw. Wirtschaftlichkeitsanliegen auch im Vortrag des Regierungsrates zur gesetzgeberischen Umsetzung der Justizreform, Tagblatt des Grossen Rates 2009, Beilage 17, wobei das dortige Effizienzverständnis allerdings oft im Zusammenhang mit – mit der Prozessökonomie kaum vergleichbaren – NEF-Vorstellungen steht; vgl. auch die Hinweise hinten in Ziff. 6.

[50] Vgl. die Hinweise hiervor, insbesondere in Anm. 4–6 und 9 ff.; vgl. im Übrigen auch die insgesamt 35 Verweisungen im Stichwortverzeichnis von *Merkli / Aeschlimann / Herzog* (Anm. 11), S. 916.

[51] *Gygi* (Anm. 19), S. 80.

[52] *Arthur Meier-Hayoz,* Berner Kommentar, Einleitungsband, Art. 1 und 4 ZGB, 3. Aufl. Bern 1962 (Nachdruck 1966), Art. 1 N. 72 mit Verweisen. Vgl. dazu sowie zur Verfahrenswirtschaftlichkeit als Lückenfeststellungs- und -beurteilungsprinzip *Schumann* (Anm. 22), S. 284 ff.; vgl. allgemein z.B. *Kölz / Häner* (Anm. 31), N. 99; *Patrick M. Müller,* Aspekte der Verwaltungsrechtspflege. Dargestellt am Beispiel von Staatssteuerrekurs und Bundessteuerbeschwerde nach Zürcher Recht, Bern 2006, S. 227, S. 275 ff.

[53] *Schumann* (Anm. 22), S. 287; vgl. vorne Ziff. 2.

[54] *Schöpflin* (Anm. 22), S. 485.

[55] Siehe dazu Ziff. 5 hiernach.

[56] Vgl. *Merkli / Aeschlimann / Herzog* (Anm. 11), Art. 38 N. 10, Art. 49 N. 66.

[57] Vgl. *Keusen / Lanz* (Anm. 11), S. 67; *Ludwig* (Anm. 11), S. 242 ff.

sich die Praxis ganz allgemein davon leiten lassen soll, bedarf freilich gesonderter Untersuchung.

5. Institutionelle Betrachtung

Neben dem Vermeiden von Doppelspurigkeiten in ein und demselben Verfahren zielt die Prozessökonomie auch auf das Verhindern weiterer Verfahren. In diesem Sinn liegt beispielsweise die reformatorische Streiterledigung regelmässig im Interesse der Prozessökonomie, fällt doch das Verhältnis zwischen Prozessaufwand und Prozesszweckförderung meist bedeutend besser aus, wenn das Verwaltungsgericht bei Gutheissung des Rechtsmittels im Rahmen seiner Kompetenz und entsprechend seiner Justizfunktion sogleich in der Sache selbst entscheidet, statt die Angelegenheit zur Neubeurteilung an die Vorinstanz zurückzuweisen mit der Folge, dass sich diese und gegebenenfalls erneut auch das Verwaltungsgericht mit der Sache befassen müssen.[58] Daraus folgt, dass das Argument der Prozesswirtschaftlichkeit zwar jeweils beim einzelnen Verfahren ansetzt, aber stets mit Blick auf den gesamten Gerichtsbetrieb, d.h. die Institution, zu konkretisieren ist.[59]

Dabei ist auch auf die Wirtschaftlichkeit der Verfahren vor unterer und oberer Instanz Rücksicht zu nehmen, denn sowenig die Prozessökonomie eine Gerichtsentlastung auf Kosten der Parteien rechtfertigt, lassen sich damit Ressourceneinsparungen zu Lasten anderer Instanzen legitimieren.[60] Als Negativbeispiel ist in diesem Zusammenhang auf das rigide bundesgerichtliche Konzept der Anfechtung von früher als Teilentscheide, nach BGG nunmehr als Vor- oder Zwischenentscheide zu qualifizierenden Rückweisungsentscheidungen hinzuweisen, in welchen über einen bedeutenden Teil des Streitgegenstands (z.B. Bejahung der Staatshaftung im Grundsatz) selbständig vorab entschieden wird:[61] Zwar liegt es einerseits gerade im Interesse der

---

[58]   *Merkli / Aeschlimann / Herzog* (Anm. 11), Art. 72 N. 2 f., Art. 84 N. 4; *Gygi* (Anm. 19), S. 232; *Kölz / Häner* (Anm. 31), N. 694.

[59]   Vgl. *Stern* (Anm. 23), S. 2 f., S. 10; vgl. auch etwa *Maier* (Anm. 20), S. 61 Anm. 214; das betont vor allem die deutsche Lehre, vgl. *Christoph von Mettenheim,* Der Grundsatz der Prozessökonomie im Zivilprozess, Berlin 1970, S. 15 ff., S. 26 f.; darauf verweisend etwa *Schumann* (Anm. 22), S. 278 ff.; *Schöpflin* (Anm. 22), S. 485.

[60]   Ähnlich betreffend die Effizienzfunktion behördlicher Entscheidbegründungspflicht *Lorenz Kneubühler,* Die Begründungspflicht. Eine Untersuchung über die Pflicht der Behörden zur Begründung ihrer Entscheide, Bern etc. 1998, S. 122, S. 163.

[61]   Vgl. Art. 91–93 BGG; grundlegend BGE 133 V 477 E. 4.

Prozessökonomie, Rechtsmittelinstanzen bloss einmal mit einer bestimmten Frage anzurufen; denn es wäre in höchstem Mass unwirtschaftlich, diese mit Fragen zu behelligen, die durch den Endentscheid möglicherweise obsolet werden oder die Abwicklung und den Abschluss des Hauptverfahrens unnötig verzögern und verteuern. Aus instanzübergreifend verstandener prozessökonomischer Warte nicht minder erstrebenswert ist es andererseits aber, dass Mängel, die das Potential haben, das weitere, vor allem vorinstanzliche Verfahren erheblich zu schädigen und Folgeverfahren unnütz werden zu lassen, frühzeitig von der Rechtsmittelbehörde behoben werden.[62] Bei dieser Sachlage erscheint in prozessökonomischer Hinsicht vorab die Regelung in Art. 93 Abs. 3 BGG fragwürdig, wonach mit der Anfechtung der Rückweisungsentscheidungen bis zum Endentscheid zugewartet werden kann.[63] Unter prozesswirtschaftlichen Gesichtspunkten nicht zu überzeugen vermag aber auch die sehr restriktive bundesgerichtliche Rechtsprechung zur Zulassung der selbständigen Anfechtung solcher Entscheidungen.[64] Diese primär auf Entlastung des Bundesgerichts abzielende Praxis vernachlässigt die Prozesswirtschaftlichkeit kantonaler Justizverfahren derart, dass das Erreichen des mit der selbständigen Eröffnung solcher Entscheide letztlich verfolgten prozessökonomischen Zwecks oftmals vereitelt wird.

Nach dem Gesagten setzt die Prozessökonomie zwar am einzelnen Verfahren an, ist aber stets auch mit Blick auf die Institution und unter gleichzeitiger Rücksichtnahme auf die anderen Instanzen zu konkretisieren. Bei dieser Sachlage wird nicht weiter erstaunen, dass es verfahrensökonomisch durchaus einmal sinnvoller sein kann, im Einzelverfahren einen Mehraufwand zu generieren, als den Prozess rasch durch die Instanz zu jagen und damit erhöhte Gefahr zu laufen, dass die Angelegenheit zunächst vom Bundesgericht und «wegen vermeidbarer Sach- oder Verfahrensmängel dann nach Jahr und Tag erneut» auch vom Verwaltungsgericht behandelt werden muss.[65] Bei so verstandener Prozessökonomie kann somit auch die Vermehrung des Prozessstoffs im Einzelverfahren angezeigt sein,[66] wenn dadurch Synergien entstehen und Folgeprozesse vermieden werden können.

---

[62]   Vgl. statt vieler *Martin Kayser,* Art. 46 N. 9 m.w.H. in: Christoph Auer et al. (Anm. 27).

[63]   Vgl. *Herzog / Daum* (Anm. 49), S. 11.

[64]   Vgl. etwa BGE 135 II 30 E. 1.3, 133 V 477 E. 5.2.

[65]   Vgl. *Gollwitzer* (Anm. 46), S. 153.

[66]   Die Vermehrung kann beispielsweise Folge der Heilung eines vorinstanzlichen Verfahrensmangels (vgl. dazu vorne Ziff. 1) oder der Änderungen der Parteianträge sein (vgl. Art. 26 VRPG i.V.m. Art. 94 ZPO; zum prozessökonomischen Nutzen *Merkli / Aeschlimann / Herzog* [Anm. 11], Art. 26 N. 8 ff.), aber auch aus einer Erweiterung

Dieses institutionelle Verständnis ist dem Verwaltungsgericht keineswegs fremd. Das zeigt sich etwa in der folgenden Urteilserwägung:[67]

«Wer um Rechtsschutz gegen (schädigende) Realakte nachsucht, dem steht [...] in erster Linie der Weg über ein Staatshaftungsverfahren offen. Gegenüber dem Staatshaftungsverfahren tritt das Feststellungsverfahren zurück, denn die Gerichtspraxis knüpft die Zulässigkeit eines Feststellungsbegehrens an die Voraussetzung, dass das schutzwürdige Interesse nicht ebenso gut mit einer Leistungs- oder Gestaltungsverfügung gewahrt werden kann. Es gilt demnach die *Subsidiarität der Feststellungsverfügung* (BGE 132 V 166 E. 7 [...]; BVR 2005 S. 97 E. 2.1, 2004 S. 264 E. 1.2, 1998 S. 308 E. 1e). Ein anderes Vorgehen wäre *unökonomisch,* weil es nach der Feststellung des Bestehens behaupteter Ansprüche zu deren Durchsetzung eines *weiteren Verfahrens* bedürfte [...].»

6. 100 Jahre Verwaltungsgericht – 100 Jahre Prozessökonomie

Wenn die Prozessökonomie eng mit den institutionellen Zielen des Verwaltungsprozesses zusammenhängt,[68] ist sie auch eng mit der Institution «Verwaltungsgericht» verbunden und müssten ihre Spuren eigentlich bis zur Schaffung des Verwaltungsgerichts zurückgehen bzw. sich bis dorthin zurückverfolgen lassen. Wie sich hiernach ergibt, bestätigt in der Tat ein Blick zurück, dass der Gedanke der Prozessökonomie nicht etwa eine Modeerscheinung darstellt oder erst im Zug von NPM-/NEF-Bestrebungen entstanden ist, sondern vielmehr seit allem Anfang an Berücksichtigung fand. Dagegen spricht nicht, dass der ursprüngliche Zuständigkeitsbereich des Verwaltungsgerichts eng gefasst war[69] und nur wenige Fälle zu bearbeiten waren.[70] Denn das Interesse an einem prozessökonomischen Gerichtsbetrieb hängt weniger von absoluten Zahlen als vielmehr vom Verhältnis zwischen der Grösse der zu bewältigenden Aufgabe und den dafür bereitstehenden

---

des Streitgegenstands auf eine ausserhalb des Anfechtungsobjekts liegende Streitfrage herrühren (vgl. dazu *Merkli / Aeschlimann / Herzog* [Anm. 11], Art. 84 N. 3, Art. 72 N. 6, 8, mit Verweisen auf die bundesgerichtliche Praxis; vgl. auch etwa VGE 22626 vom 28.8.2006, E. 2.2).

[67] BVR 2007 S. 441 E. 4.1 (Hervorhebung nur teilweise im Original); im gleichen Sinn z.B. auch BVR 2008 S. 569 E. 3.3.1.

[68] Vgl. allgemein hiervor Ziff. 5.

[69] Vgl. Art. 10 ff. des Gesetzes vom 31.10.1909 betreffend die Verwaltungsrechtspflege (GS 1901–1916 S. 372 ff.).

[70] Gemäss Geschäftsberichten überstieg die Geschäftslast bis ins Jahr 1919 die 200er-Grenze bloss 1915.

Ressourcen ab. Weil die Letzteren stets beschränkt sind, wird grundsätzlich auch in einem kleinen Gerichtsbetrieb das Bewusstsein für prozesswirtschaftliches Verhalten vorhanden sein. Freilich kann nicht von der Hand gewiesen werden, dass mit wachsenden Rechtsprechungsaufgaben tendenziell auch der Ruf nach (noch) effizienteren organisatorischen Strukturen und Fallbearbeitungen lauter wird. Es darf deshalb die Behauptung gewagt werden, dass als Folge des kontinuierlichen, in der Umsetzung der bundesverfassungsrechtlichen Rechtsweggarantie gipfelnden Ausbaus des verwaltungsgerichtlichen Zuständigkeitsbereichs[71] die Prozessökonomie aufs Ganze gesehen einen gewissen Bedeutungszuwachs erfahren hat. – Im Folgenden soll anhand einiger weniger Beispiele die These ein Stück weit verifiziert werden, dass die Idee der Prozessökonomie das Verwaltungsgericht seit dessen Beginn beschäftigt – und damit gleichsam das Jubiläum mitfeiert. Hingegen wird davon abgesehen, den behaupteten Bedeutungszuwachs zu begründen.[72]

In den Registern der MBVR und BVR sucht man zwar genauso vergeblich nach den Stichwörtern «Prozessökonomie», «Verfahrensökonomie» etc. wie beispielsweise (soweit ersichtlich) in den Materialien zum VRPG 09[73] und VRPG 61[74]. Das bedeutet aber selbstverständlich nicht, dass der Begriff nicht benutzt worden oder der Gedanke zumindest der Sache nach nicht prä-

---

[71] Vgl. den Beitrag von *Michel Daum* in diesem Band.

[72] Immerhin sei angemerkt, dass vor allem in gerichtsorganisatorischen Belangen mit dem Gedanken regelmässig immer dann besonders intensiv gearbeitet wurde, wenn die Funktionsfähigkeit des Gerichtsbetriebs oder die Qualität der Rechtsprechung unter dem erhöhten Druck anschwellender Geschäftslast bei gleichbleibenden Ressourcen in Gefahr war. Vgl. nur etwa die – jeweils durch konstant angestiegene Geschäftslast (vgl. vor allem Geschäftsbericht 1926 [teilweise publ. in MBVR 1927 S. 290 ff.] und 1923 sowie Geschäftsberichte 1969 und 1970) indizierten – Reorganisationen und Umstrukturierungen des Verwaltungsgerichts in den Jahren 1927/1928 (Ausgestaltung des Vizepräsidiums als ständige Staatsstelle; Einführung eines Zweikammersystems; siehe die Übersicht in den Geschäftsberichten 1927 und 1928) und per 1.1.1972 (Schaffung eines grundsätzlich selbständigen Versicherungsgerichts neben dem Verwaltungsgericht zwecks Vereinfachung und Vereinheitlichung des Sozialversicherungsrechtsschutzes; vgl. die Gesetzes- und Dekretsänderungen in GS 1971 S. 172 ff., S. 277 ff., und dazu Vortrag des Regierungsrates zum Gesetz betreffend die Abänderung des VRPG 1961, Tagblatt des Grossen Rates 1971, Beilage 6).

[73] VRPG 1909 (Anm. 69); Vortrag des Regierungsrates betreffend den Entwurf zu einem Gesetz über die Verwaltungsrechtspflege, Tagblatt des Grossen Rates 1909, Beilage 2.

[74] Gesetz vom 22.10.1961 über die Verwaltungsrechtspflege (GS 1961 S. 210 ff.); Vortrag der Justizdirektion und Ergänzungsbericht der Justizdirektion zum Entwurf eines

sent gewesen wäre. Dass vielmehr von Beginn weg der Sinn für prozessöko-
nomisches Verhalten gegeben war, zeigt sich in verschiedener Hinsicht:
– Die heute in Art. 14 Abs. 1 und 2 VRPG normierte Figur der *Beiladung*
war bereits in Art. 25 VRPG 09 und in Art. 29 VRPG 61 vorgesehen. Im
Vortrag zum VRPG 09 wurde dazu ausgeführt, dieses «neu eingeführte
[…] Institut» werde «sich namentlich in Streitigkeiten betreffend die
Einforderung von Staats- und Gemeindesteuern bewähren», sei doch bisher «der Bürger in einem solchen Falle Gefahr [gelaufen], den gleichen
Prozess nicht nur mit dem Staate, sondern auch mit der Gemeinde, welche ihren Anspruch auf die gleiche Grundlage basiert, beziehungsweise
mit verschiedenen beteiligten Gemeinden sukzessiv führen zu müssen»;
die Beiladung ermögliche nun «die Erledigung aller dieser Streitigkeiten
in einem Verfahren».[75] Ähnliches steht im Vortrag zum VRPG 61. Dort
wird festgehalten, dass die Beiladung die «Vermeidung weiterer gleich-
artiger Prozesse» erlaube.[76] Wenngleich also weder in den Erlassen noch
in den diesbezüglichen Vorträgen die Prozessökonomie explizit als
rechtserheblicher Gesichtspunkt angeführt wird, machen die Zitate doch
deutlich, dass die Beiladung seit jeher im Zeichen der Prozesswirtschaft-
lichkeitsförderung steht. Nicht immer nur implizit, sondern bisweilen
ausdrücklich mit der Prozessökonomie argumentiert die Lehre, so z.B.
wenn ausgeführt wird, die Beiladung liege «nicht nur im privaten, sondern auch im öffentlichen Interesse», denn schon «die Prozessökonomie
gebiete […] eine Vermeidung unnötiger neuer Streitverfahren»,[77] oder
wenn dafür gehalten wird, es handle sich dabei «um eine durch die Prozessökonomie geforderte Massnahme».[78] Ebenfalls einmal bloss der Sache nach, in anderen Fällen dagegen unter expliziter Bezugnahme auf die
Prozessökonomie wird die Beiladung in der Verwaltungsgerichtspraxis
gehandhabt und verstanden.[79]

Gesetzes über die Verwaltungsrechtspflege, Tagblatt des Grossen Rates 1961, Beilagen 5 und 6.

[75] Vortrag VRPG 09 (Anm. 73), S. 23.
[76] Vortrag VRPG 61 (Anm. 74), S. 52.
[77] *Ernst Blumenstein,* Aufgabe und Voraussetzungen der Beiladung, MBVR 1936
S. 97 ff., S. 98.
[78] *Gygi / Stucki* (Anm. 21), Art. 29 N. 5, mit Verweis auf *Blumenstein* (Anm. 77).
[79] Vgl. etwa BVR 2008 S. 261 E. 3.4.1, 1997 S. 277 E. 2, 1995 S. 424 E. 1d und e, 1993
S. 250 E. 3, 1987 S. 139 E. 5, 1978 S. 33 E. 2 m.w.H.; VGE 23458 vom 15.5.2009,
E. 2.3; ferner bereits VGE 9 vom 21.11.1910, E. 1.

– Dass Erwägungen der Prozessökonomie seit Beginn der Institution Platz greifen, zeigt sich alsdann in Vorschriften, die für Fälle mit *offensichtlichem Prozessausgang* gewisse *Verfahrensvereinfachungen* vorsehen: De lege lata braucht bei offensichtlich unzulässiger oder unbegründeter Beschwerdeführung kein Schriftenwechsel durchgeführt zu werden und kann der Entscheid – abweichend von der ordentlichen Spruchkörperbesetzung durch drei Richterinnen oder Richter – einzelrichterlich bzw. in Zweierbesetzung ergehen.[80] Es liegt auf der Hand, dass in solchen Fällen die Gewährung des rechtlichen Gehörs eine «leere Formalität»[81] bedeutete und durch «unnötige Verfahrensstadien»[82] führen würde und dass der durch die Behandlung in ordentlicher Spruchkörperbesetzung generierte Zusatzaufwand sich nicht positiv auf die Prozesszweckförderung auszuwirken vermöchte.[83] Derartige Ausformungen des Anliegens eines möglichst wirtschaftlichen Prozesses haben Tradition, waren sie doch in ähnlicher, wenn auch weniger weit gehender Weise bereits im VRPG 61 und VRPG 09 enthalten.[84]

– Erwähnenswert ist des weiteren der heute in Art. 25 VRPG niedergelegte Grundsatz, wonach der *im Urteilszeitpunkt massgebliche Sachverhalt* zu

---

[80] Vgl. Art. 83 i.V.m. Art. 69 Abs. 1, Art. 126 Abs. 1 und 3, Art. 128 Abs. 1 VRPG.

[81] *Merkli / Aeschlimann / Herzog* (Anm. 11), Art. 69 N. 8.

[82] *Gygi / Stucki* (Anm. 21), Art. 54 N. 2.

[83] Vgl. zu den Funktionen von Gerichtskollegien etwa *Regina Kiener,* Richterliche Unabhängigkeit. Verfassungsrechtliche Anforderungen an Richter und Gerichte, Bern 2001, S. 8, 338 f.; *Arnold Marti,* Einzelrichter an Obergerichten: fragwürdige Rationalisierungsmassnahmen zu Lasten der demokratischen Justizkultur, Jusletter 16.6.2008 sowie in Justice – Justiz – Giustizia 2008/3, N. 1 und 4 ff.

[84] Vgl. Art. 29 Abs. 2 VRPG 09 (Anm. 69) und Art. 55 VRPG 61 (Anm. 74) betreffend Schriftenwechsel; § 7 des ursprünglichen, undatierten und nicht in der amtlichen Gesetzessammlung enthaltenen Reglements über das Verfahren vor dem Verwaltungsgericht (archiviert in «Organisation und Verwaltung 1910–1921»); ferner § 8 des Geschäftsreglements des Verwaltungsgerichts des Kantons Bern vom 19.6.1962 (GS 1962 S. 136 ff.), wonach einfache und klare Fälle ausnahmsweise auf dem Zirkulationsweg erledigt werden können; siehe zur einzelrichterlichen Zuständigkeit Art. 11bis Abs. 1 Ziff. 3 VRPG 09 (eingeführt mit Gesetz vom 30.6.1935 über Massnahmen zur Wiederherstellung des finanziellen Gleichgewichtes im Staatshaushalt; vgl. zu dieser Vereinfachung Vortrag des Regierungsrates betreffend das Gesetz über Massnahmen zur Wiederherstellung des finanziellen Gleichgewichtes im Staatshaushalt, Tagblatt des Grossen Rates 1935, Beilage 1, B./II. Ingress und Ziff. 1c; *Ernst Blumenstein,* Die bernische Verwaltungsgesetzgebung im Jahre 1935, MBVR 1936 S. 161 ff., S. 164) sowie Art. 22 Abs. 1 VRPG 1961 in der ursprünglichen Fassung (Anm. 74) und in der erweiterten, per 1.1.1972 gültigen Fassung (GS 1971 S. 172 ff., S. 277 ff.).

Grunde zu legen ist und neue Tatsachen und Beweismittel vor der Rechtsmittelinstanz grundsätzlich zuzulassen sind. Auch dieses Verfahrensprinzip entspricht verwaltungsgerichtlicher Tradition[85] und «gründet hauptsächlich auf prozessökonomischen Überlegungen»,[86] da auf diese Weise allfällige neue Verfahren gestützt auf die geänderte Sachlage vermieden werden können.[87]

– Ebenfalls traditionsgemäss mit «prozessökonomischen Überlegungen» begründet wird schliesslich die (freilich seit jeher prozessgesetzlich nicht explizit normierte) Befugnis und Verpflichtung des Verwaltungsgerichts, über *fremdrechtliche Vorfragen* selber zu befinden, solange die zuständige Behörde darüber nicht entschieden hat.[88]

Mit Blick auf die vorgenannten Figuren darf die eingangs aufgestellte These, wonach sich das Verwaltungsgericht seit seiner Gründung vom Gedanken der Prozessökonomie leiten lässt, als verifiziert gelten. Die Aufzählung liesse sich mit unzähligen Beispielen, vor allem mit prozessökonomisch motivierten Einzelanordnungen und organisatorischen Massnahmen, erweitern; von den Letzteren seien hier bloss noch die folgenden zwei Anordnungen erwähnt: In einem Gerichtsbeschluss vom 6. Juni 1910 wurde, da die Prozessleitung nach Art. 18 VRPG 09 der «urteilenden Behörde» zugeteilt war,

---

[85] Vgl. Art. 18 und Art. 33 Abs. 3 VRPG 09 (Anm. 69); Art. 34 Abs. 2, Art. 40 und Art. 82 Abs. 2 VRPG 61 (Anm. 74).

[86] BVR 1992 S. 114 E. 2b m.w.H. insbesondere auf die Praxis.

[87] Statt vieler *Markus Müller,* Bernische Verwaltungsrechtspflege, Bern 2008, S. 65; *Merkli / Aeschlimann / Herzog* (Anm. 11), Art. 25 N. 2, Art. 81 N. 5; *Gygi* (Anm. 19), S. 258; so bereits *Gottfried Roos,* Betrachtungen zum neuen Gesetz über die Verwaltungsrechtspflege, MBVR 1963 S. 385 ff., S. 400, wonach diese Lösung der schweizerischen Tradition entspreche, welche «prozessökonomischen Interessen immer mehr Gewicht beigemessen» habe «als theoretischen Erwägungen»; aus der Praxis z.B. BVR 1991 S. 127 E. 2c. – Wenn aber die Berücksichtigung neuer Tatsachen und Beweismittel die Verfahrensbeteiligten zu Nachlässigkeiten «anstiftet» und zur Prozessverschleppung führt, so ist dies nicht mehr prozessökonomisch; siehe zur in gewisser Hinsicht ebenfalls vom Gedanken der Prozessökonomie getragenen Eventualmaxime beispielsweise *Merkli / Aeschlimann / Herzog* (Anm. 11), Art. 25 N. 12; *Müller* (Anm. 52), S. 375 ff. m.w.H.; *Hütten* (Anm. 22), S. 23 ff.; BGer 5P.340/2004 vom 27.10.2004, E. 4.

[88] *Roos* (Anm. 87), S. 400 m.w.H. auf die Praxis; vgl. *Ulrich Häfelin / Georg Müller / Felix Uhlmann,* Allgemeines Verwaltungsrecht, 5. Aufl. 2006, N. 60; *Ernst Blumenstein,* Die Beurteilung von Vorfragen im Administrativprozess, MBVR 1950 S. 49 ff., S. 50, wonach die Beurteilung fremdrechtlicher Vorfragen «den Vorteil einer Vereinfachung des Prozessverfahrens» aufweise.

durch «ein provisorisches Reglement eine teilweise Delegation der Prozessleitungsbefugnis an den Präsidenten angeordnet».[89] Diese übrigens sowohl im geltenden Recht als auch im VRPG 61 explizit vorgesehene[90] Übertragung der Prozessleitung an ein Gerichtsmitglied fusst auf der Überlegung, dass es «weder prozessökonomisch noch praktikabel wäre, wenn sich die gesamte Rechtsmittelinstanz mit jedem einzelnen Verfahrensschritt befassen würde».[91] So lautete denn auch die ursprüngliche Motivation, erfolgte die Delegation gemäss Reglement doch «in der Absicht, [...] den Prozessgang zu vereinfachen und zu beschleunigen».[92] Um in Zeiten hoher Geschäftslast zur Prozesszweckerreichung keinen unnötigen Aufwand zu generieren, sah sich das Verwaltungsgericht ferner 1969 gezwungen, in einer Plenarsitzung eine «provisorische Sofortlösung» des Inhalts zu beschliessen, «die einfacheren Fälle aus der IV und AHV einer Dreierkammer unter dem Vorsitz von Herrn Verwaltungsrichter Hofstetter zur Erledigung zu übertragen».[93] Auch diese Massnahme zeugt vom Anliegen, Synergieeffekte zu nutzen und keinen Aufwand entstehen zu lassen, der zur Prozesszweckförderung nichts beiträgt.

7. «Wohlverstandene» Prozessökonomie

Abschliessend rechtfertigen sich zwei Bemerkungen zum praktischen Umgang mit dem Argument der Prozessökonomie:

Als «Prinzip des Zweckgemässen oder der Sachgerechtigkeit»[94] bedarf die Prozessökonomie stets ein Stück weit der Konkretisierung durch das (das Prozessrecht anwendende) Verwaltungsgericht.[95] Wenn immer sie als rechtserheblicher Gesichtspunkt angerufen wird, kommen Wertungen und Einschätzungen ins Spiel. So bedingen die Beurteilung der Nützlichkeit ei-

---

[89] Geschäftsbericht 1910, S. 1.

[90] Vgl. Art. 34 Abs. 1 VRPG 61 (Anm. 74) und § 4 des Geschäftsreglements 1962 (Anm. 84); Art. 83 i.V.m. Art. 69 ff. VRPG und Art. 19 des Geschäftsreglements des Verwaltungsgerichts des Kantons Bern vom 6.11.2003 (BSG 162.621).

[91] *Merkli / Aeschlimann / Herzog* (Anm. 11), Art. 69 N. 1.

[92] Vgl. Reglement 1909 (Anm. 84), Ingress zu §§ 1 ff.

[93] Geschäftsbericht 1969, S. 3; vgl. zum per 1.1.1972 ins Leben gerufenen Versicherungsgericht die Hinweise in Anm. 72 hiervor. Zur Sozialversicherungsgerichtsbarkeit im Wandel der Zeit vgl. die Beiträge von *Nathalie Mewes-Kunz* und *Thomas Gächter* in diesem Band.

[94] *Schumann* (Anm. 22), S. 281 Anm. 49 a.E.

[95] Siehe vorne Ziff. 3 und 4.

ner konkreten Prozesshandlung und der Vergleich mit anderen Verhaltens-möglichkeiten regelmässig die Vorhersage über den weiteren Verfahrens-gang; erst recht prognosebedürftig ist das Argument im Kontext mit der Verhinderung weiterer Verfahren. Es versteht sich von selbst, dass solche Prognosen mit Unsicherheiten behaftet sind. Mutmassungen darüber, wel-che von verschiedenen Verfahrensanordnungen die effizienteste sein wird, ob sich beispielsweise die Heilung eines Verfahrensmangels «lohnt» oder nicht doch besser kassatorisch entschieden wird, können einmal vage sein, in einem anderen Fall aber genauso gut auch mit höchster Wahrscheinlich-keit ausfallen. Neben der Zuverlässigkeit der Prognose ist alsdann zu be-rücksichtigen, dass das zu erwartende Ausmass an einzusparenden Ressour-cen Schwankungen unterworfen ist. Steht das Vermeiden verschiedener weiterer Verfahren in Aussicht, so wird der prozessökonomische «Gewinn» höher ausfallen, als wenn das Sparpotential marginal (und eventuell erst noch ungewiss) ist. Aus dem Gesagten ergibt sich zwar, dass das Prozess-wirtschaftlichkeitsargument von geringem Wert sein kann. Doch folgt dar-aus nicht, dass es stets «in zweifelhaftem Licht» steht.[96] Vielmehr kommt dem Argument ein *variabler, von den konkreten Umständen abhängiger Stellenwert* zu.

Angesichts der Wertungsgebundenheit und Prognosebedürftigkeit der Prozessökonomie wird im Schrifttum mit Recht auf ihr Missbrauchspotenti-al aufmerksam gemacht.[97] Auch aufgrund ihres engen begrifflichen Zusam-menhangs zur Allgemeinvorstellung ist sie gerade für denjenigen ein will-kommener und dankbarer Begriff, dem die Argumente fehlen. Vor allem in Zeiten grosser Finanzknappheit wird manch eine Verhaltensweise allein des-halb konsensfähiger, weil dafür Gründe der Prozessökonomie angeführt werden, selbst wenn bei näherem Hinsehen das Argument gar nicht sticht. Wenn – wie hier – die Prozessökonomie als ein Prinzip im Interesse der Prozesszwecke verstanden wird, so besteht die Gefahr weniger in deren Überbetonung bei der Abwägung gegenüber anderen Prinzipien und «zulas-

---

[96] So aber beispielsweise – im Kontext mit der Heilung von Verfahrensgrundrechtsver-letzungen – *Schindler* (Anm. 2), S. 188 ff. (Zitate: S. 188 f.).

[97] Vgl. etwa die Hinweise bei *Thomas Hoeren,* Der Grundsatz der Verfahrensökonomie – Wurzeln, Inhalt, Grenzen, in: Peter Krebs et al. (Hrsg.), Summum ius, summa iniu-ria. Zivilrecht zwischen Rechtssicherheit und Einzelfallgerechtigkeit, Stuttgart 1995, S. 117 ff., S. 118 Anm. 6.

ten der Qualität des Rechtsschutzes»[98] als vielmehr darin, dass sie angerufen wird, obschon sie im fraglichen Kontext nichts hergibt.

Das führt zu einer zweiten Bemerkung: So sehr die Prozessökonomie auch einen anerkennenswerten Gedanken verkörpert, so sehr ist bei ihrer Anwendung Vorsicht am Platz und für eine *umsichtige* Handhabung des Prinzips einzutreten.[99] Dieser Appell ist nicht etwa als Kritik am verwaltungsgerichtlichen Umgang mit dem Prinzip zu verstehen. Im Gegenteil darf es gerade als Bemühen um einen sorgfältigen und sachadäquaten Umgang mit dem Argument interpretiert werden, wenn das Verwaltungsgericht sich nicht mit dem schlichten Hinweis auf die Prozessökonomie begnügt, sondern – wie so oft – «mit Rücksicht auf die wohlverstandene Prozessökonomie»[100] handelt.

---

[98] So aber *Kölz / Häner* (Anm. 31), N. 155; darauf verweisend z.B. *Müller* (Anm. 52), S. 275. – Dass für diese Befürchtung wenig Grund besteht, bestätigt folgendes Beispiel: In seinem Urteil I 193/04 vom 14.7.2006 sah das Verwaltungsgericht von einer Heilung einer im Einspracheverfahren vor der IV-Stelle Bern erfolgten Verletzung des rechtlichen Gehörs ab, hob den Einspracheentscheid auf und wies die Angelegenheit an die IV-Stelle zurücke, damit diese der versicherten Person das rechtliche Gehör gewähre und danach neu entscheide. Das Bundesgericht hiess eine von der IV-Stelle Bern gegen dieses Urteil erhobene Beschwerde gut, weil es gegen Bundesrecht verstosse, wenn eine Vorinstanz einen festgestellten leichten Verfahrensmangel zu Unrecht als unheilbar erachte (BGE 132 V 387 E. 5.2). Das zeigt, dass das Verwaltungsgericht die Prozessökonomie nicht zu stark betont hat, sondern sich im Gegenteil gerade zu wenig von der Prozessökonomie und den gleichgerichteten Interessen der versicherten Person an einer reformatorischen Entscheidung hat leiten lassen.

[99] Vgl. etwa *Gygi* (Anm. 19), S. 68; *Hoeren* (Anm. 97), S. 160 m.w.H.

[100] VGE 17354 vom 9.7.1987, E. 4; vgl. beispielsweise auch VGE 22516 vom 16.12.2005, E. 1.4.3, 21662 vom 26.11.2004, E. 2.1, wo von «wohlverstandener» Prozessökonomie die Rede ist.

Ein Pinselstrich am Richterbild: Richterliche Aufklärungs- und Fürsorgepflichten im Verwaltungsprozess

Regina Kiener
unter Mitarbeit von MLaw Beatrice Durrer und MLaw Stéphanie Fässler

Inhaltsverzeichnis

1. Ausgangslage

Das Bundesgericht hat in seiner jüngeren Rechtsprechung festgehalten, dass sich aus den verfassungsrechtlichen Verfahrensgarantien für den Richter gewisse Aufklärungs- und Fürsorgepflichten ergeben.[1] So sind die rechtsungewohnten, anwaltlich nicht vertretenen Parteien über ihre prozessualen Rechte aufzuklären[2] und eine Partei ist zu informieren, wenn sie sich anschickt,

---

[1] Die Terminologie des Bundesgerichts ist allerdings wenig einheitlich; verwendet werden unterschiedliche Begriffe, u.a. Aufklärungspflichten (BGer 2C_388/2008 vom 16.12.2008, E. 4.1), Hinweispflichten (BGE 131 I 350 E. 4.2) bzw. Fürsorgepflichten (BGE 124 I 185 E. 3b; vgl. 131 I 350 E. 4.2).

[2] Gemäss BGer 1P.780/2003 vom 17.3.2004, E. 3.1, ergibt sich aus «dem Grundsatz des fairen Verfahrens (Art. 29 Abs. 1 BV, Art. 32 Abs. 2 BV, Art. 6 EMRK) [...] für den Richter die Pflicht, einen rechtsungewohnten, anwaltlich nicht vertretenen Ver-

offensichtliche Verfahrensfehler zu begehen.[3] Entsprechende Pflichten hat
das Bundesgericht auch mit Blick auf die kantonale Verwaltungsrechtspflege
formuliert. Es beanstandete eine Verletzung des rechtlichen Gehörs (Art. 29
Abs. 2 BV), weil das Zuger Verwaltungsgericht unterlassen hatte, die betroffene Partei rechtzeitig auf eine ihr drohende reformatio in peius aufmerksam
zu machen; zudem hätte das Verwaltungsgericht der Partei Gelegenheit zu
einer Stellungnahme einräumen und sie auf die Möglichkeit des Beschwer-
derückzugs hinweisen müssen.[4]

Die bundesgerichtliche Rechtsprechung allein wäre Grund genug um danach zu fragen, ob den in der *Verwaltungsrechtspflege* tätigen Richterinnen
und Richtern *generell* besondere Fürsorgepflichten gegenüber den Parteien
zukommen, worauf sich diese abstützen und in welchem Umfang sie bestehen. Kommt dazu, dass sich die Lehre in Bezug auf das öffentliche Prozessrecht mit dieser Frage bislang – von punktuellen Ansätzen und Forderungen
abgesehen – nicht beschäftigt hat.[5] Die Frage nach den richterlichen Aufklä-
rungs- und Fürsorgepflichten rechtfertigt sich umso mehr, als die neue
Schweizerische Zivilprozessordnung[6] in Art. 56 (Überschrift: «Gerichtliche
Fragepflicht») die Pflicht des Richters formuliert, einer Partei bei unklaren,
widersprüchlichen, unbestimmten oder offensichtlich unvollständigen Vorbringen durch entsprechende Fragen Gelegenheit zur Klarstellung und Ergänzung zu geben.[7] Im Zusammenhang mit dem Beweisrecht erwähnt

---

      fahrensbeteiligten über seine Rechte aufzuklären [...]»; vgl. auch BGer 1P.694/2001
      vom 6.3.2002, E. 2.1.

[3]   Vgl. BGer 1P.703/2004 vom 7.4.2005, E. 4.4.

[4]   BGE 122 V 166 E. 3.

[5]   Vgl. zu Art. 22a Abs. 2 VwVG (betr. Ausnahme von der Geltung der Gerichtsferien)
    Urs Peter Cavelti, Art. 22a VwVG N. 13, in: Christoph Auer / Markus Müller / Ben-
    jamin Schindler (Hrsg.), Kommentar zum Bundesgesetz über das Verwaltungsverfah-
    ren, Zürich / St. Gallen 2008, der hier gestützt auf den Grundsatz von Treu und Glau-
    ben eine richterliche Aufklärungspflicht fordert.

[6]   Schweizerische Zivilprozessordnung (ZPO) vom 19.12.2008, BBl 2009 21 (Referen-
    dumsvorlage), Inkrafttreten am 1.1.2011.

[7]   Art. 56 ZPO (entspricht Art. 54 des Entwurfs [E-ZPO]), vgl. die Botschaft des Bun-
    desrates vom 28.6.2006 zur Schweizerischen Zivilprozessordnung (ZPO), BBl 2006
    7221 S. 7275; der Vorentwurf der Expertenkommission im damaligen Art. 51 ging
    noch von einem Frage*recht* des Richters aus («kann [...] durch entsprechende Fragen
    Gelegenheit zur Klarstellung geben»). Zur richterlichen Fragepflicht im Zivilprozess:
    Walter Fellmann, Gerichtliche Fragepflicht nach der Schweizerischen Zivilprozess-
    ordnung, in: Walter Fellmann / Stephan Weber (Hrsg.), Haftpflichtprozess 2009, Zü-
    rich 2009, S. 69 ff.; *Hans Ulrich Walder-Richli / Béatrice Grob-Andermacher,* Zivil-
    prozessrecht, 5. Aufl. Zürich 2009, § 17 N. 13 ff.

Art. 161 ZPO (Überschrift: «Aufklärung») zudem die Pflicht der Richterin, Parteien und Dritte über Mitwirkungspflichten, Verweigerungsrechte und entsprechende Säumnisfolgen aufzuklären.[8] Ein Blick in die *deutsche Verwaltungsgerichtsordnung*[9] zeigt zudem, dass den Verwaltungsrichterinnen und -richtern die gesetzliche Pflicht obliegt, «[...] darauf hinzuwirken, dass Formfehler beseitigt, unklare Anträge erläutert, sachdienliche Anträge gestellt, ungenügende tatsächliche Angaben ergänzt, ferner alle für die Feststellung und Beurteilung des Sachverhalts wesentlichen Erklärungen abgegeben werden.»[10]

Wer nach entsprechenden Vorschriften in den Erlassen der eidgenössischen Staats- und Verwaltungsrechtspflege sucht, findet keine der ZPO oder der deutschen VwGO entsprechende Regelung. Eine erste, kursorische Durchsicht stiftet eher Verwirrung denn Klärung, finden sich doch in buntem Nebeneinander mehr oder weniger imperativ formulierte Hilfs-, Aufklärungs-, Frage- und Fürsorgepflichten.[11] Nichts anderes ergibt sich für die kantonale Verwaltungsrechtspflege: Gleich wie die meisten anderen kantonalen Verwaltungsrechtspflegeordnungen enthält auch das Berner Verwaltungsrechtspflegegesetz (VRPG) keine Bestimmungen, welche Richterpflichten explizit formulieren.[12]

Die Frage nach Begründung, Bestand und Bedeutung richterlicher Aufklärungs- und Fürsorgepflichten lässt sich auf verschiedenen Ebenen abhan-

---

[8] Art. 161 ZPO (entspricht Art. 158 E-ZPO); vgl. dazu die Botschaft ZPO (Anm. 7), S. 7316.

[9] Verwaltungsgerichtsordnung (VwGO), in der Fassung der Bekanntmachung vom 19.3.1991, BGBl I 1991, S. 686.

[10] § 86 Abs. 3 VwGO. Zu dieser richterlichen Aufklärungspflicht siehe etwa *Ulf Domgörgen / Armin Wegner,* Das Klageverfahren in I. Instanz, in: Jürgen Brand / Michael Sachs (Hrsg.), Handbuch Verwaltungsverfahren und Verwaltungsprozess, 3. Aufl. Heidelberg 2009, N. 198 ff.; *Michael Dawin,* § 86 Abs. 3 N. 130 ff., in: Friedrich Schoch / Eberhard Schmidt-Assmann / Rainer Pietzner (Hrsg.), Verwaltungsgerichtsordnung, Kommentar, 5. Ergänzungslieferung Januar 2000.

[11] Vgl. dazu eingehender unten Ziff. 3. – Ähnlich im Übrigen der Befund bezüglich der kantonalen Zivilprozessordnungen, vgl. *Martin Sarbach,* Die richterliche Aufklärungs- und Fragepflicht im schweizerischen Zivilprozessrecht, Bern 2003, S. 1.

[12] Vgl. immerhin § 22 Abs. 2 Satz 1 KV-AG: «Unbeholfene dürfen in den Verfahren nicht benachteiligt werden» (dazu *Kurt Eichenberger,* Verfassung des Kantons Aargau vom 25. Juni 1980, Aarau etc. 1986, § 22 N. 33 ff.). Für die Verwaltungsrechtspflege erfolgt die Konkretisierung im Gesetz über die Verwaltungsrechtspflege vom 4.12.2007 (Verwaltungsrechtspflegegesetz, VRPG-AG; SAR 271.200): Gemäss § 18 (Titel: «Behördliche Betreuungspflichten») achten die Behörden darauf, dass niemandem wegen Unbeholfenheit Nachteile erwachsen dürfen.

deln. Die Diskussion kann auf der *ideologischen* Ebene geführt werden: Zur Auswahl stehen ein «liberales» Modell mit einem vorwiegend passiven und ein «soziales» Modell mit einem grundsätzlich aktiven Richter. Entsprechende Auseinandersetzungen waren in Deutschland namentlich in den 1970er Jahren aktuell.[13] Heute werden ähnliche Debatten – wenn auch mit umgekehrten Vorzeichen – in den mittel- und osteuropäischen Reformstaaten geführt.[14] So oder anders sind sie ideologisch geprägt und für die Begründung durchsetzbarer Richterpflichten kaum ergiebig. Die Thematik unter Rückgriff auf das *individuelle Gerechtigkeitsempfinden* der zuständigen Richterinnen und Richter zu lösen, stösst an die Grenzen funktionaler Legitimität: Richterliches Handeln, das allein dem subjektiven Gerechtigkeitsgefühl verpflichtet ist und sich nicht an demokratisch legitimierte Regeln binden lässt, birgt die Gefahr der Beliebigkeit, gar der Willkür; dass als Begründung für ein bestimmtes Tun oder Unterlassen die «Gerechtigkeit» oder die «richterliche Ethik»[15] angeführt werden, ändert daran nichts. Der Richter ist auch kein Sozialingenieur,[16] der mit seiner Rechtsprechung als ungerecht und unsozial empfundene gesellschaftliche Verhältnisse und die entsprechende Gesetzgebung kompensieren, seine *individuellen Überzeugungen* also auch gegen das Gesetz oder Grundprinzipien der Rechtsordnung durchsetzen dürfte.[17] Wenig Gewinn erzielt schliesslich ein Vorgehen, welches die Frage nach den richterlichen Fürsorge- und Aufklärungspflichten allein anhand der das öffentliche Prozessrecht strukturierenden *Verfahrensmaximen* zu beantworten sucht. Diese stellen funktional blosse Auslegungshilfen dar und sind deshalb ebenfalls nicht geeignet, Grundlage

---

[13] Vgl. statt vieler *Rudolf Wassermann,* Justiz im sozialen Rechtsstaat, Darmstadt 1974.

[14] *Paul Oberhammer,* Richterbild im Zivilprozess: Zwischenbilanz eines Jahrzehnts der Reformen in Mitteleuropa, Wien 2001.

[15] Zur Richterethik etwa *Stephan Gass,* Richterethik / Richterdeontologie – Überlegungen zu einer Rechtstheorie, in: Präsidium des Deutschen Richterbundes (Hrsg.), Justiz und Recht im Wandel der Zeit. Festgabe 100 Jahre Deutscher Richterbund, Köln / München 2009, S. 125 ff.

[16] Der Begriff des Richters als politikgestaltender Sozialingenieur geht zurück auf den österreichischen Juristen Franz Klein (1854–1926), vgl. *Barbara Dölemeyer,* Vom Staatsdiener zum «Sozialingenieur». Zum Richterbild in der Habsburgermonarchie, in: André Gouron et al. (Hrsg.), Europäische und amerikanische Richterbilder, Frankfurt a.M. 1996, S. 359 ff.

[17] *Hans-Ludwig Schreiber,* Wie unabhängig ist der Richter?, in: Theo Vogler (Hrsg.), Festschrift für Hans-Heinrich Jescheck zum 70. Geburtstag, Berlin 1985, S. 757 ff., S. 772 ff.; *Gerd Roellecke,* Politische Anfechtung des Richters, DRiZ 72 (1994) S. 81 ff., S. 84.

konsensfähiger Regelungen zu bilden.[18] Tragfähigere Ergebnisse verspricht ein Vorgehen, das die Frage nach den richterlichen Aufklärungs- und Fürsorgepflichten anhand der verbindlichen Regeln von Verfassung und Gesetz zu beantworten versucht.

2. Verfahrensgarantien als Mindestgarantien

Als Anknüpfungspunkt für verfassungsrechtliche Richterpflichten bieten sich die Verfahrensgrundrechte an, wie sie in Art. 29–32 der Bundesverfassung verankert und mit Art. 5 und 6 EMRK sowie Art. 9 und 14 UNO-Pakt II überdies völkerrechtlich garantiert sind.[19] Sie überdachen als Minimalgarantien die einfachgesetzlichen Verfahrensordnungen und greifen folglich auch dann, wenn das einschlägige Prozessrecht die Frage offenlässt oder enger regelt.[20]

2.1 Anspruch auf gleiche und gerechte Behandlung im Verfahren

Besondere Fürsorge- und Aufklärungspflichten sind als Teilgehalt des Fairnessprinzips bislang namentlich für das *Strafverfahren* anerkannt; demnach hat der (Straf-)Richter die Pflicht, die Parteien frühzeitig auf ihr Recht hinzuweisen, jederzeit einen Verteidiger beiziehen zu können;[21] zudem muss das Gericht einen amtlichen Rechtsvertreter ersetzen und hat bei frei gewählter

---

[18] Vgl. *Christoph Auer,* Streitgegenstand und Rügeprinzip im Spannungsfeld der verwaltungsrechtlichen Prozessmaximen, Bern 1997, S. 7 f.; *Alfred Kölz,* Prozessmaximen im schweizerischen Verwaltungsprozess, Zürich 1973, S. 3.

[19] Art. 29 BV garantiert jene grundlegenden Verfahrensrechte, die in allen Verfahren Anwendung finden; Art. 30, 31 und 32 BV beschränken ihren Anwendungsbereich auf je spezifische Verfahren (ebenso Art. 5 EMRK und Art. 9 UNO-Pakt II); Art. 6 Ziff. 1 EMRK und Art. 14 Ziff. 1 UNO-Pakt II finden nur in Verfahren über zivilrechtliche Streitigkeiten und bei strafrechtlichen Anklagen Anwendung; vgl. statt vieler *Regina Kiener / Walter Kälin,* Grundrechte, Bern 2007, S. 405 f.; *Gerold Steinmann,* Art. 29 N. 4 f., in: Bernhard Ehrenzeller et al. (Hrsg.), Die schweizerische Bundesverfassung. Kommentar, 2. Aufl. Zürich etc. 2008; *Jörg Paul Müller / Markus Schefer,* Grundrechte in der Schweiz, 4. Aufl. Bern 2008, S. 818.

[20] *Müller / Schefer* (Anm. 19), S. 819 f.

[21] Das Bundesgericht leitet diesen Anspruch aus Art. 31 und 32 BV ab, vgl. BGE 131 I 350 E. 4.2 sowie Botschaft des Bundesrates vom 20.11.1996 über eine neue Bundesverfassung, BBl 1997 I 1 S. 186 f.; *Hans Vest,* Art. 32 N. 24 f., in: Ehrenzeller et al. (Anm. 19).

Verteidigung einzuschreiten, wenn die Verteidigung ihre anwaltlichen Berufs- und Standespflichten in schwerwiegender Weise vernachlässigt.[22] Über das Strafverfahren hinaus hat das Bundesgericht das Fairnessprinzip in Richtung eines allgemeinen *prozessualen Vertrauensschutzes* konkretisiert und daraus richterliche Aufklärungs- und Fürsorgepflichten abgeleitet.[23] Normativ werden diese Pflichten teils auf den Grundsatz von Treu und Glauben,[24] teils auf das Verbot des überspitzten Formalismus gestützt;[25] vereinzelt werden beide Garantien herangezogen.[26] Hinter dieser Praxis steht wegleitend der *Grundsatz,* dass die Rechtsuchenden nicht ohne Not um die materielle Beurteilung ihrer Begehren gebracht werden sollen.[27] So ist der Richter aufgrund seiner Treuepflicht gehalten, die rechtsungewohnten, anwaltlich nicht vertretenen Parteien aufzuklären, wenn diese sich anschicken, einen *Verfahrensfehler* zu begehen, der eine Verschlechterung ihrer Rechtsstellung zur Folge haben kann; Voraussetzung ist, dass der Fehler leicht erkennbar ist und binnen Frist behoben werden kann.[28] Auch auf andere formelle Mängel ist hinzuweisen und zu deren Behebung muss eine kurze Nachfrist angesetzt werden.[29]

---

[22] BGE 131 I 350 E. 4.1; 124 I 185 E. 3; 122 V 166 E. 2b; 113 Ia 218 E. 3c; BGer 1B_67/2009 vom 14.7.2009, E. 2.1; 1B_253/2007 vom 29.11.2007, E. 3.1; 1P.195/2002 vom 2.9.2002, E. 2.1 (amtlicher Verteidiger, Beschwerde abgelehnt); sowie 1P.421/2001 vom 21.3.2002, E. 2.2; ähnlich der EGMR, vgl. EGMR *Czekalla c. Portugal*, Nr. 38830/97, Rec. 2002-VIII, Ziff. 60; *Goddi c. Italien*, 9.4.1984, Serie A Nr. 76, Ziff. 31.

[23] Zum prozessualen Vertrauensschutz *Kiener / Kälin* (Anm. 19), S. 417; vgl. Botschaft BV (Anm. 21), S. 186; *Vest* (Anm. 21), Art. 32 N. 24 f.; *Müller / Schefer* (Anm. 19), S. 823.

[24] BGE 119 Ia 13 E. 5b.

[25] BGE 111 Ia 169 E. 4. Das Verbot des überspitzten Formalismus soll den Einzelnen vor prozessualer Formenstrenge schützen, die exzessiv erscheint und sich nicht sachlich begründen lässt, vgl. BGE 112 Ia 305 E. 2a, weiterführend *Kiener / Kälin* (Anm. 19), S. 415; *Müller / Schefer* (Anm. 19), S. 833 f. Auch der EGMR leitet aus Art. 6 Abs. 1 EMRK ein Verbot des «formalisme excessif» ab, EGMR *Kadlec c. Tschechische Republik*, 25.5.2004, Nr. 49478/99, Ziff. 27.

[26] BGE 125 I 166 E. 3a; 124 II 265 E. 4a.

[27] BGE 128 II 139 E. 2a; 121 I 93 E. 1d; 118 Ia 241 E. 3c; 103 Ia 53 E. 1.

[28] BGE 124 II 265 E. 4a; 120 Ib 183 E. 3c; 120 V 413 E. 5a; 119 Ia 13 E. 5b; BGer 1P.703/2004 vom 7.4.2005 und 4P.188/2005 vom 23.12.2005. Vgl. auch *Jean-François Egli*, La protection de la bonne foi dans la jurisprudence, in: Stefan Bolla / Claude Rouiller / Rocco Bonzanigo (Hrsg.), Verfassungsrechtsprechung und Verwaltungsrechtsprechung, Zürich 1992, S. 228 f.

[29] BGE 106 Ia 299 E. 2b (betr. unzulässige Verfahrenssprache).

Die einschlägige Rechtsprechung des Bundesgerichts ist stark kasuistisch. Als leicht zu behebende Mängel[30] gelten beispielsweise die fehlende Unterschrift unter einem Rechtsmittel[31], die falsche Bezeichnung der Rechtsschrift[32] oder des angefochtenen Rechtsaktes[33], die Einreichung einer Rechtsschrift in einer nicht zugelassenen Sprache[34] oder das Fehlen von Vollmacht oder Beilagen[35]. Eine Pflicht zur Ansetzung einer Nachfrist besteht auch dann, wenn das Rechtsbegehren oder die Begründung unvollständig sind und ergänzt werden müssen,[36] und ebenso, wenn der Rechtsvertreter die gesetzlich für die Vertretung vorgesehenen beruflichen Qualifikationen nicht erfüllt.[37]

Der bundesgerichtlichen Praxis zufolge verpflichtet der Vertrauensschutz die Justizbehörden auch im Fall einer *reformatio in peius* zu gewissen Hilfestellungen; namentlich müssen sie die Parteien über die Rückzugsmöglichkeit der Beschwerde aufmerksam machen und ihnen damit Gelegenheit geben, den in Aussicht stehenden ungünstigen Entscheid abzuwenden.[38] Berechtigte Vertrauenserwartungen in das Verhalten der Justizbehörden können sich auch aus einer langjährigen und unbestrittenen Rechtspraxis ergeben; bei einer *Praxisänderung* zu einer Verfahrensfrage darf die neue Praxis deshalb nicht ohne vorgängige Ankündigung Anwendung finden.[39] Überdies begründet der Vertrauensschutz eine richterliche Hinweispflicht, wenn das Gericht im Verlauf des Verfahrens seine *Rechtsauffassung* in der Sache explizit und vorbehaltlos geäussert hat und seinen Standpunkt zu ändern gedenkt.[40]

---

[30] Weitere Hinweise bei *Egli* (Anm. 28), S. 234 f.
[31] BGE 114 Ia 20 E. 2a; 111 Ia 169 E. 4.
[32] BGE 111 Ia 72 E. 3.
[33] BGE 102 Ia 92 E. 2.
[34] BGE 106 Ia 299 E. 2b.
[35] BGE 120 V 413 E. 5c; BGer 1P.11/2002 vom 2.4.2002, E. 3.
[36] Jedenfalls insoweit aus der Beschwerde eines Laien hinreichend klar hervorgeht, dass die Aufhebung oder Änderung eines Entscheids oder einer Verfügung verlangt wird, vgl. etwa BGE 117 Ia 126 E. 5c; BGer 2C_550/2007 vom 25.2.2008, E. 5.3.
[37] Sofern diese Anforderung für den Beschwerdeführer nicht eindeutig vorhersehbar war, vgl. BGE 125 I 166 E. 3d.
[38] BGE 131 V 414 E. 1; 122 V 166 E. 2a; vgl. auch 129 II 385 E. 4.4.3.
[39] BGE 132 II 153 E. 5.2; 120 Ia 19 E. 2b/cc; 109 II 174; vgl. auch *Kiener / Kälin* (Anm. 19), S. 354; *Müller / Schefer* (Anm. 19), S. 676; *Ulrich Häfelin / Georg Müller / Felix Uhlmann*, Allgemeines Verwaltungsrecht, 5. Aufl. Zürich 2006, N. 515 ff.
[40] *Erwin Novak*, Richterliche Aufklärungspflicht und Befangenheit, Bochum 1991, S. 22 f.

Auch aus dem Grundsatz der *Waffengleichheit*[41] haben Praxis und Lehre Verhaltenspflichten abgeleitet, die sich als richterliche Aufklärungs- und Fürsorgepflichten charakterisieren lassen. Ausgangspunkt der Überlegungen bildet der Grundsatz, dass die Justizbehörden im verwaltungsgerichtlichen Verfahren zur verfahrensrechtlichen Gleichbehandlung von Verfügungsadressaten und Verwaltung verpflichtet sind.[42] Vor diesem Hintergrund stellt sich die Frage, ob das Gericht zur effektiven Sicherung der Chancengleichheit über die formale Gleichbehandlung hinaus mittels Aufklärung und anderen Hilfestellungen der schwächeren Partei auch zu *materieller Chancengleichheit* verhelfen muss.[43] Hier ist indessen Zurückhaltung am Platz und Aktivismus umso entbehrlicher, als das Ziel der materiellen Chancengleichheit im Prozess durch die Verfassung selber ein gutes Stück weit eingelöst wird: Mit dem grundrechtlichen Anspruch auf Beizug eines selbst gewählten Anwalts oder einer Anwältin (Art. 29 Abs. 1 BV)[44] und mit dem Recht auf unentgeltlichen Rechtsbeistand (Art. 29 Abs. 3 BV)[45] hält die Verfassung

---

[41] Der Grundsatz der Waffengleichheit ist primär menschenrechtlich garantiert, vgl. EGMR *Monnell & Morris c. Vereinigtes Königreich*, 2.3.1987, Serie A Nr. 115, Ziff. 62; *Mark E. Villiger*, Handbuch der Europäischen Menschenrechtskonvention, 2. Aufl. Zürich 1999, N. 480 ff.; *Jochen Abr. Frowein / Wolfgang Peukert*, Europäische Menschenrechtskonvention. EMRK-Kommentar, 3. Aufl. Kehl am Rhein 2009, Art. 6 N. 147 ff. Zur Anerkennung als Teilgehalt von Art. 29 Abs. 1 BV vgl. BGE 126 V 244 E. 4c; zudem *Kiener / Kälin* (Anm. 19), S. 417; *Steinmann* (Anm. 19), Art. 29 N. 20; *Helen Keller*, Garantien fairer Verfahren und des rechtlichen Gehörs, in: Detlef Merten / Hans-Jürgen Papier (Hrsg.), Handbuch der Grundrechte in Deutschland und Europa, Band VII/2, Zürich / St. Gallen 2007, § 225 N. 12; zur Bedeutung der Waffengleichheit im Zivilprozess *Sarbach* (Anm. 11), S. 85 ff.; betr. Geltung des Grundsatzes der Waffengleichheit in Deutschland siehe *Peter J. Tetinger*, Fairness und Waffengleichheit, München 1984.

[42] EGMR *Bulut c. Österreich*, 22.2.1996, Rec. 1996-II, Ziff. 47; *Christoph Grabenwarter*, Europäische Menschenrechtskonvention, 3. Aufl. Basel 2008, § 24 N. 61; *David Harris / Michael O'Boyle / Colin Warbrick*, Article 6: The Right of a Fair Trial, in: David Harris / Michael O'Boyle / Colin Warbrick (Hrsg.), Law of the European Convention on Human Rights, 2. Aufl. Oxford 2009, S. 251 f.; aus der bundesgerichtlichen Rechtsprechung etwa BGE 122 V 157 E. 2b. Vgl. *Kiener / Kälin* (Anm. 19), S. 416 f.; *René Wiederkehr*, Fairness als Verfassungsgrundsatz, Bern 2006, S. 25 f.

[43] So jedenfalls *Wiederkehr* (Anm. 42), S. 26 f.; *Alfred Kölz / Isabelle Häner*, Verwaltungsverfahren und Verwaltungsrechtspflege des Bundes, 2. Aufl. Zürich 1998, N. 128.

[44] Vgl. zu diesem Anspruch BGE 119 Ia 261; auch *Kiener / Kälin* (Anm. 19), S. 467; *Keller* (Anm. 41), § 225 N. 43.

[45] So etwa in BGE 123 I 145 E. 2; vgl. *Kiener / Kälin* (Anm. 19), S. 429 ff.; *Steinmann* (Anm. 19), Art. 29 N. 34 ff.; *Müller / Schefer* (Anm. 19), S. 893 ff.; *René Rhinow /*

Optionen offen, die das Machtgefälle zwischen Verwaltung und Privaten relativieren. Vor diesem Hintergrund beschränken sich die verfassungsunmittelbaren Richterpflichten zur Gewährleistung materieller Chancengleichheit darauf, die Parteien auf die Möglichkeit der unentgeltlichen Rechtspflege und den Beizug eines Rechtsbeistands aufmerksam zu machen, beziehungsweise – unter gewissen Voraussetzungen – auf die Pflicht, der hilflosen Partei eine amtliche Verbeiständung zuzuordnen.[46]

2.2   Rechtliches Gehör

Vermutungsweise kann auch der Anspruch auf rechtliches Gehör (Art. 29 Abs. 2 BV)[47] für die hier diskutierte Fragestellung fruchtbar gemacht werden, zeigen die vom Bundesgericht vorgenommenen Konkretisierungen des Gehörsanspruchs doch auf, dass der Kreis der geschützten Rechte den blossen Anspruch «gehört zu werden» bei weitem überschreitet.[48] Im Kern soll das rechtliche Gehör sicherstellen, dass niemand in seiner Rechtsstellung beeinträchtigt wird, ohne vorher angehört worden zu sein.[49] Praxis und

---

Markus Schefer, Schweizerisches Verfassungsrecht, 2. Aufl. Basel 2009, N. 3048; *Keller* (Anm. 41), § 225 N. 44 f.; *Elke Marczak,* Das Fairnessgebot im Prozess unter besonderer Berücksichtigung des Strafprozesses, Köln 2000, S. 21.

[46] Vgl. BGE 128 I 225 E. 2.5 (Strafprozess betr. Urlaubsgewährung im Massnahmenvollzug); 122 I 49 E. 2c/bb (Ausschaffungshaft); 120 Ia 43 E. 2a (Strafprozess). Die Notwendigkeit der Verbeiständung hängt davon ab, ob die Gegenpartei anwaltlich vertreten ist oder über erheblich mehr Mittel verfügt, so betr. zivilrechtliche Verfahren EGMR in *Steel & Morris c. Vereinigtes Königreich,* Nr. 68416/01, Rec. 2005-II, Ziff. 59 ff. Weiter sind auch das Alter des Gesuchstellers, seine soziale Situation, Sprachkenntnisse, die gesundheitliche und geistig-psychische Verfassung oder seine Rechtskenntnisse zu berücksichtigen, vgl. BGer 1C_45/2007 vom 30.11.2007, E. 6.2 f. (sozialversicherungsrechtliches Verfahren betr. Opferhilfe) oder 5A_491/2007 vom 15.11.2007, E. 3.2 ff., und BGE 104 Ia 72 E. 3 (beides zivilrechtliche Verfahren, die von der Offizialmaxime beherrscht werden).

[47] Vgl. zum entsprechenden Anspruch gemäss Art. 26 Abs. 2 KV *Urs Bolz,* Art. 26 N. 5a, in: Walter Kälin / Urs Bolz (Hrsg.), Handbuch des bernschen Verfassungsrechts, Bern 1995.

[48] Zu den Mitwirkungs-, Informations-, Einsichts- und Äusserungsrechten, die Teilgehalte des rechtlichen Gehörs bilden, vgl. etwa *Kiener / Kälin* (Anm. 19), S. 418; *Keller* (Anm. 41), § 225 N. 32 ff.; *Kölz / Häner* (Anm. 43), N. 129; *Müller / Schefer* (Anm. 19), S. 846 und 860 ff.; *René Rhinow / Heinrich Koller / Christina Kiss,* Öffentliches Prozessrecht und Justizverfassungsrecht des Bundes, Basel 1996, N. 287 f.; eingehend *Michele Albertini,* Der verfassungsmässige Anspruch auf rechtliches Gehör im Verwaltungsverfahren des modernen Staates, Bern 2000, S. 70 ff.

[49] BGE 127 V 491 E. 1b; 125 I 209 E. 9b.

Lehre anerkennen, dass sich der Gehörsanspruch effektiv nur verwirklichen lässt, wenn die Parteien mit ihren Anliegen nicht nur formal gehört, sondern ihre Vorbringen auch tatsächlich zur Kenntnis genommen werden.[50] Die von einem Justizverfahren Betroffenen sollen ihre Begehren und Argumente namentlich auch dann ins Verfahren einbringen können, wenn ihre Artikulationsfähigkeit beschränkt ist. Mit Blick auf das Bestehen von richterlichen Hilfs- und Fürsorgepflichten lässt sich der Gehörsanspruch in verschiedene Richtungen hin fruchtbar machen:

Die sachgerechte Ausübung des Äusserungsrechts setzt Kenntnis des Verfahrensgangs voraus; die Betroffenen haben deshalb Anspruch darauf, über alle für den Entscheid relevanten Grundlagen und Vorgänge informiert zu werden. Solche verfassungsrechtlichen *Aufklärungs- bzw. Orientierungspflichten* sind seit langem anerkannt und durch eine kohärente Rechtsprechung gefestigt.[51] Zudem hat das Bundesgericht aus dem Recht auf Akteneinsicht eine Mitteilungspflicht an die Parteien abgeleitet, wenn Akten beigezogen werden, welche die Parteien nicht kennen und auch nicht kennen können.[52] Sinngemäss Gleiches gilt, wenn der Entscheid mit einer Rechtsnorm begründet oder mit rechtlichen Argumenten gestützt werden soll, die den Parteien nicht bekannt sind und mit deren Heranziehung sie nicht rechnen mussten.[53] Eine richterliche Orientierungspflicht über die anzuwendenden Rechtsnormen hat das Bundesgericht schliesslich auch für Entscheide

---

[50] *Müller / Schefer* (Anm. 19), S. 847, S. 868 f.; *Rhinow / Koller / Kiss* (Anm. 48), N. 288; *Pascal Mahon,* Art. 29 N. 5, in: Jean-François Aubert / Pascal Mahon (Hrsg.), Petit commentaire de la Constitution fédérale de la Confédération Suisse du 18 avril 1999, Zürich etc. 2003; *Lorenz Kneubühler,* Gehörsverletzung und Heilung, ZBl 1998 S. 100.

[51] *Kiener / Kälin* (Anm. 19), S. 419 f.; *Müller / Schefer* (Anm. 19), S. 860 ff.; *Steinmann* (Anm. 19), Art. 29 N. 24; *Albertini* (Anm. 48), S. 206 ff.; *Markus Schefer,* Die Kerngehalte von Grundrechte, Bern 2001, S. 547 ff.; *Rhinow / Koller / Kiss* (Anm. 48), N. 299; *Kölz* (Anm. 18), S. 12; *Keller* (Anm. 41), § 225 N. 24; *Attilio R. Gadola,* Das verwaltungsinterne Beschwerdeverfahren, Zürich 1991, S. 71; *Sarbach* (Anm. 11), S. 72; *Klaus Reinhardt,* Das rechtliche Gehör in Verwaltungssachen, Zürich 1968, S. 161 ff.; mit Blick auf Art. 6 Ziff. 1 EMRK auch *Frowein / Peukert* (Anm. 41), Art. 6 N. 114.

[52] Vgl. BGE 115 V 302 E. 2e; 114 Ia 97 E. 2c; vgl. EMARK 1994, Nr. 29, E. 5; *Peter Saladin,* Das Verwaltungsverfahrensrecht des Bundes, Basel 1979, S. 137 f.; vgl. auch BGE 122 I 109 E. 2b betr. Pflicht zur Übermittlung der Akten an den Rechtsvertreter.

[53] BGE 131 V 9 E. 5.4.1; 129 II 497 E. 2.2; 126 I 19 E. 2d; 122 V 6 E. 1; 116 V 182; 115 Ia 94 E. 1b; BVGE 2007/41 E. 2; vgl. *Albertini* (Anm. 48), S. 221; *Auer* (Anm. 18), Fn. 56; *Sarbach* (Anm. 11), Fn. 342 m.w.H; *Reinhardt* (Anm. 51), S. 163 f.

bejaht, die für die Betroffenen von grosser Tragweite sind, wenn dabei offen und unbestimmt gehaltene Normen angewendet werden oder den rechtsanwendenden Behörden ein besonders grosser Ermessensspielraum zukommt.[54] In allgemeiner Weise ergibt sich aus dem Anspruch auf Urteilsbegründung[55] die richterliche Verpflichtung zur Offenlegung der Entscheidgründe.[56]

Auch aus dem rechtlichen Gehör hat das Bundesgericht besondere Richterpflichten in Hinblick auf eine *reformatio in peius* formuliert[57] und dabei besonderes Gewicht auf den Aspekt der Information und Aufklärung der Betroffenen gelegt: Beabsichtigt die Rechtsmittelinstanz eine Änderung der angefochtenen Verfügung zu Ungunsten der beschwerdeführenden Partei, muss sie diese informieren und ihr Gelegenheit zur Stellungnahme einräumen.[58] Punktuell ergeben sich richterliche Hilfs- und Fürsorgepflichten schliesslich auch dann, wenn einer Partei erst so zu einer wirksamen Darlegung ihrer Standpunkte verholfen werden kann.[59] Demnach erwächst der Richterin die Pflicht, den Parteien *Artikulationshilfe* zu leisten, indem sie auf mangelhafte, unzulässige oder unmögliche Rechtsbegehren aufmerksam macht oder bei unklaren Äusserungen nachfragt.[60]

Auch hier ist indessen *Zurückhaltung* am Platz, denn die Verfassung selber räumt den rechtlich unbeholfenen Verfahrensbeteiligten spezifische Rechte zur Sicherung ihrer Gehörsansprüche ein: so den Anspruch, sich ver-

---

[54] BGE 128 V 272 E. 5b/dd; 127 V 431 E. 2b/bb; *Albertini* (Anm. 48), S. 221 und S. 297 f.

[55] Vgl. zum Recht auf Entscheidbegründung Art. 26 Abs. 2 KV, für gerichtliche Verfahren zudem Art. 97 Abs. 2 KV (vorbehalten sind gesetzliche Ausnahmen).

[56] Vgl. statt vieler *Albertini* (Anm. 48), S. 400 ff.

[57] Richterpflichten im Zusammenhang mit der reformatio in peius ergeben sich auch aus dem Grundsatz der Verfahrensfairness bzw. dem Vertrauensschutz, vgl. dazu oben Ziff. 2.1.

[58] BGE 129 II 385 E. 4.4.3; 126 I 19 E. 2c/aa; *Albertini* (Anm. 48), S. 215 f.; *Reinhardt* (Anm. 51), S. 164. Zudem hat der Richter die Pflicht, die von einer Verschlechterung ihrer Rechtslage betroffene Partei ausdrücklich auf die Möglichkeit des Rückzugs hinzuweisen; diese Pflicht wird jedoch weitestgehend mit dem Grundsatz eines fairen Verfahrens und des Vertrauensschutzes begründet, vgl. oben Ziff. 2.1; BGE 122 V 166 E. 2.

[59] Vgl. BGE 117 Ia 262 E. 4b.

[60] So jedenfalls für den Zivilprozess *Max Kummer*, Grundriss des Zivilprozessrechts, 3. Aufl. Bern 1978, S. 79; vgl. Art. 56 ZPO (Anm. 6).

treten zu lassen[61] – darauf sind die Parteien durch den Richter hinzuweisen[62] –, und (jedenfalls in Strafverfahren) das Recht auf Beizug eines Dolmetschers oder einer Dolmetscherin.[63]

2.3 Richterliche Unabhängigkeit?

Art. 30 Abs. 1 BV garantiert den Verfahrensbeteiligten die Beurteilung durch ein unabhängiges und unparteiisches Gericht.[64] Die Unabhängigkeitsgarantie schliesst den Anspruch der Parteien in sich, den Ausstand einer befangenen Justizperson zu verlangen.[65] Die Geltendmachung dieses Anspruchs wiederum setzt Kenntnis der urteilenden Richterinnen und Richter voraus. Teilgehalt von Art. 30 Abs. 1 BV ist deshalb das Recht auf frühzeitige Kenntnis der personellen Zusammensetzung des urteilenden Gerichts.[66] Allerdings hat das Bundesgericht in diesem Zusammenhang bislang *keine* spezifischen richterlichen Aufklärungspflichten formuliert, sondern lässt die Bekanntgabe «in irgendeiner Form» genügen, unter anderem dann, wenn

---

[61] Vgl. BGE 132 V 443 E. 3.3; *Kiener / Kälin* (Anm. 19), S. 426; *Steinmann* (Anm. 19), Art. 29 N. 31; *Isabelle Häner,* Die Beteiligten im Verwaltungsverfahren und Verwaltungsprozess, Zürich 2000, S. 246 ff.; *Reinhardt* (Anm. 51), S. 219 f.; *Daniel Kettiger,* Parteien – Rechtsunterworfene oder Kundinnen und Kunden?, in: Benjamin Schindler / Patrick Sutter (Hrsg.), Akteure der Gerichtsbarkeit, Zürich / St. Gallen 2007, S. 265 f.

[62] Vgl. dazu oben Ziff. 2.1.

[63] Vgl. BGE 121 I 196 E. 5a; *Kiener / Kälin* (Anm. 19), S. 428; *Müller / Schefer* (Anm. 19), S. 860 f.; *Gadola* (Anm. 51), S. 66; *Albertini* (Anm. 48), S. 342 f.

[64] Zur Tragweite der Garantie grundlegend BGE 114 Ia 50; aus der Literatur statt vieler *Regina Kiener,* Richterliche Unabhängigkeit, Bern 2001, S. 25 ff. Vgl. zur entsprechenden Garantie der Berner Kantonsverfassung (Art. 26 Abs. 1 KV) *Bolz* (Anm. 47), Art. 26 N. 2a.

[65] Statt anderer BGE 128 V 82 E. 3c; vgl. auch *Kiener / Kälin* (Anm. 19), S. 445; *Rhinow / Koller / Kiss* (Anm. 48), N. 153, 466 ff.; *Müller / Schefer* (Anm. 19), S. 937 f.; *Regina Kiener,* Garantie des verfassungsmässigen Richters, in: Merten / Papier (Anm. 41), § 227 N. 38; zum Ausstandsbegehren im Verwaltungsverfahren *Benjamin Schindler,* Die Befangenheit der Verwaltung, Zürich etc. 2002, S. 203.

[66] BGE 117 Ia 322 E. 1c; *Gerold Steinmann,* Art. 30 N. 15 in: Ehrenzeller et al. (Anm. 19); *Kiener / Kälin* (Anm. 19), S. 445; *Rhinow / Koller / Kiss* (Anm. 48), N. 152; *Kiener* (Anm. 65), § 227 N. 41; *Kölz / Häner* (Anm. 43), N. 357; *Häfelin / Müller / Uhlmann* (Anm. 39), N. 1669.

sich die Namen der Richterinnen und Richter einer allgemein zugänglichen Publikation entnehmen lassen.[67]

3. Konkretisierung durch das Gesetz

Aufklärungs- und Fürsorgepflichten lassen sich auch den Verfahrensgesetzen von Bund und Kantonen entnehmen. In allen einschlägigen Erlassen finden sich Bestimmungen, welche die *Richterinnen und Richter als Normadressaten* ansprechen und ihnen ausdrückliche Handlungsanweisungen auferlegen, welche der Aufklärung und dem Schutz der Parteien dienen.[68] Ein Teil dieser Normen lässt sich als richterliche *Aufklärungspflichten* lesen. So beispielsweise, wenn das Verfahrensgesetz den Richter verpflichtet, bei der Fristansetzung gleichzeitig die Folgen der Versäumnis anzudrohen,[69] oder die Richterin die Parteien über bevorstehende Verfahrensschritte aufzuklären hat,[70] damit diese ihre verfahrensrechtlichen Äusserungs- und Mitwirkungsrechte *effektiv wahrnehmen* können. Wird das Urteil ausnahmsweise ohne Begründung eröffnet, ist der Richter verpflichtet, die Parteien auf die Möglichkeit einer vollständigen Urteilsbegründung aufmerksam zu machen.[71] In gleicher Weise verankern die Verfahrenserlasse auch Handlungs-

---

[67] BGE 117 Ia 322 E. 1c; Kritik bei *Kiener / Kälin* (Anm. 19), S. 445; *Jörg Paul Müller / Markus Schefer,* Staatsrechtliche Rechtsprechung des Bundesgerichts 1996, ZBJV 133 (1997) S. 702 f.

[68] Daneben kann das Gesetz punktuell auch weitere richterliche *Verhaltenspflichten* formulieren, wie beispielsweise das Verbot des Berichtens gemäss Art. 48 VRPG.

[69] Art. 23 VwVG. Die Lehre anerkennt, dass solche Normen dem Vertrauensschutz dienen, vgl. *Rhinow / Koller / Kiss* (Anm. 48), N. 1168; *Urs Peter Cavelti,* Art. 23 N. 6, in: Auer / Müller / Schindler (Anm. 5). Vgl. die entsprechende Hinweispflicht bei Nachfristansetzung gemäss Art. 33 Abs. 2 VRPG (betr. Rückweisung zur Verbesserung einer ungenügenden Parteieingabe); ebenso Art. 52 Abs. 2 und 3 VwVG.

[70] Betr. Aufklärung bei drohender reformatio in peius vgl. Art. 62 Abs. 3 VwVG sowie Art. 61 Bst. d ATSG und Art. 84 Abs. 3 VRPG (je für den Bereich des Sozialversicherungsrechts). Eine «erweiterte Aufklärungspflicht» betr. Rückzugsmöglichkeit hat das Bundesgericht soweit ersichtlich ausdrücklich erst für den Sozialversicherungsprozess festgestellt (vgl. BGE 122 V 166 E. 2b; seither BGE 131 V 414 E. 1; keine Differenzierung nach Verfahrensart in BVGer A-365/2008 vom 25.11.2008, E. 1.5.1); vgl. auch *Madeleine Camprubi,* Art. 62 N. 12, in: Auer / Müller / Schindler (Anm. 5); *Thomas Häberli,* Art. 62 N. 32, in: Bernhard Waldmann / Philippe Weissenberger (Hrsg.), Praxiskommentar zum VwVG, Zürich etc. 2009.

[71] Art. 84a Abs. 1 und 2 VRPG; die Parteien sind auf die Rechtsfolgen aufmerksam zu machen, vgl. *Ruth Herzog / Michel Daum,* Die Umsetzung der Rechtsweggarantie im

anweisungen, die bestimmte richterliche *Fürsorgepflichten* begründen. So kann die Richterin gehalten sein, nötigenfalls eine Übersetzung anzuordnen, wenn eine Partei keine genügenden Kenntnisse der Verfahrenssprache hat.[72] Die Sicherung der Parteirechte und der Verfahrensfairness kann in gewissen Fällen – namentlich bei fehlender Postulationsfähigkeit[73] oder wenn in schwerwiegender Weise in Rechtspositionen eingegriffen wird[74] – die richterliche Bestellung eines Anwalts oder einer Anwältin erfordern.

Richterliche Hilfs- und Fürsorgepflichten lassen sich auch aus Bestimmungen ableiten, welche die *Parteien als Normadressaten* ansprechen, aber den Richter zumindest mittelbar in die Pflicht nehmen, weil die entsprechenden Parteirechte oder -pflichten ohne vorgängige richterliche Mitteilung nicht oder jedenfalls nicht sachgerecht wahrgenommen werden können. So setzt die Inanspruchnahme des *Rechts der Parteien, an der Beweiserhebung teilzunehmen,*[75] eine instruktionsrichterliche Orientierung über diese Vorgänge voraus,[76] und die Wahrnehmung des Rechts auf Akteneinsicht[77] verlangt eine Information über Bestand und Inhalt der vorhandenen Akten und Beweismittel.[78] Auch gesetzliche *Parteipflichten* können Auslöser für eine richterliche Hilfs- oder Aufklärungspflicht sein. So sind die Parteien zur

---

bernischen Gesetz über die Verwaltungsrechtspflege, BVR 2009 S. 22 (betr. Verzicht auf Urteilsbegründung).

[72] Art. 54 Abs. 4 BGG, Art. 33a VwVG. Die Bedeutung der sprachlichen Verständlichkeit für die Wahrung des Gehörsanspruchs betont *Peter Uebersax,* Art. 54 N. 25, in: Marcel Alexander Niggli / Peter Uebersax / Hans Wiprächtiger (Hrsg.), Basler Kommentar zum Bundesgerichtsgesetz, Basel 2008.

[73] Art. 41 BGG betr. Bestellung eines Vertreters bei fehlender Postulationsfähigkeit.

[74] Vgl. auch Art. 65 Abs. 2 VwVG sowie Art. 111 Abs. 2 VRPG. Vgl. dazu *Martin Kayser,* Art. 65 N. 27 ff., in: Auer / Müller / Schindler (Anm. 5); zu Art. 111 Abs. 2 VRPG *Markus Müller,* Bernische Verwaltungsrechtspflege, Bern 2008, S. 259 ff.

[75] Art. 22 VRPG; Art. 56 Abs. 1 BGG; Art. 18 VwVG; vgl. auch Art. 46 BZP (betr. Fragerecht).

[76] Vgl. auch *Thomas Merkli / Arthur Aeschlimann / Ruth Herzog,* Kommentar zum Gesetz über die Verwaltungsrechtspflege im Kanton Bern, Bern 1997, Art. 22 N. 4; *Bernhard Waldmann / Magnus Oeschger,* Art. 18 N. 6 f., in: Waldmann / Weissenberger (Anm. 70); *Bernhard Waldmann / Jürg Bickel,* Art. 29 N. 78, in: Waldmann / Weissenberger (Anm. 70). Vgl. BGE 113 Ia 81 E. 3b (betr. Augenschein).

[77] Art. 23 Abs. 1 VRPG; Art. 26 VwVG; vgl. auch Art. 60 Abs. 1 Satz 4 BZP (betr. Gutachten von Sachverständigen).

[78] Vgl. BGE 128 V 272 E. 5b/bb und 124 II 132 E. 2b (beide zu Art. 29 Abs. 2 BV bzw. Art. 4 aBV); vgl. auch *Merkli / Aeschlimann / Herzog* (Anm. 76), Art. 23 N. 11; *Bernhard Waldmann / Magnus Oeschger,* Art. 26 N. 70 ff., in: Waldmann / Weissenberger (Anm. 70).

Mitwirkung an der Feststellung des Sachverhaltes verpflichtet;[79] gleichzeitig muss der Richter die Partei über den Inhalt der Mitwirkungspflichten und insbesondere darüber informieren, welche Beweismittel im Einzelnen beizubringen sind.[80] Haben die Eingaben der Parteien bestimmten formalen Anforderungen zu genügen,[81] erwächst der Richterin die Pflicht, unklare oder unvollständige Beschwerdeschriften zur Verbesserung zurückzuweisen und dazu eine Nachfrist anzusetzen,[82] und sie hat zugleich auf die Rechtsfolge bei Versäumnis aufmerksam zu machen.[83]

Im *Ergebnis* zeigt sich, dass die für öffentlich-rechtliche Prozesse einschlägigen Verfahrenserlasse durchaus richterliche Aufklärungs- und Fürsorgepflichten statuieren, auch wenn diese Pflichten nicht ausdrücklich als solche ausgewiesen sind. Normtextlich werden die Richterpflichten als direkte Handlungsanweisungen an den Richter formuliert, können sich aber auch indirekt aus der Gewährleistung von gesetzlich vorgesehenen Parteirechten oder zur Information über Parteipflichten ergeben. So oder anders geht es um Situationen, in denen sich gesetzliche Verfahrensregeln, die letztlich der Wahrung von Parteirechten dienen, ohne richterliche Aufklärung oder Hilfestellung nicht verwirklichen lassen. Dabei zeigt sich, dass sich die richterlichen Handlungs- oder Verhaltenspflichten nicht auf die blosse *Information* der Parteien beschränken, sondern auch *konkrete Vorkehren* und Anordnungen in sich schliessen können, wie beispielsweise die Beiordnung einer Anwältin oder eines Anwalts von Amtes wegen.

4. Grenzen der richterlichen Fürsorge im Prozess

Verfassung und Gesetz begründen richterliche Aufklärungs- und Fürsorgepflichten, setzen der richterlichen Hilfetätigkeit jedoch gleichzeitig auch

---

[79] Art. 20 VRPG; Art. 13 VwVG.

[80] Vgl. BGE 132 II 113 E. 3.2; vgl. auch *Merkli / Aeschlimann / Herzog* (Anm. 76), Art. 20 N. 4 f.; *Patrick L. Krauskopf / Katrin Emmenegger*, Art. 13 N. 47 ff., in: Waldmann / Weissenberger (Anm. 70); *Rhinow / Koller / Kiss* (Anm. 48), N. 768 ff.; *Kölz / Häner* (Anm. 43), N. 274; sowie eingehend *André Moser / Michael Beusch / Lorenz Kneubühler*, Prozessieren vor dem Bundesverwaltungsgericht, Basel 2008, N. 1.49.

[81] Art. 32 VRPG, Art. 52 Abs. 1 VwVG.

[82] Ausdrücklich: Art. 33 Abs. 1 und 2 VRPG; Art. 52 Abs. 1 VwVG.

[83] Ausdrücklich: Art. 33 Abs. 2 VRPG; Art. 52 Abs. 2 und 3 VwVG (zur Fristansetzung auch Art. 23 VwVG). Vgl. auch *Merkli / Aeschlimann / Herzog* (Anm. 76), Art. 33 N. 1 ff.; *Frank Seethaler / Fabia Bochsler*, Art. 52 N. 84 ff., in: Waldmann / Weissenberger (Anm. 70).

Grenzen.[84] Diese Grenzen liegen dort, wo entsprechende Handlungen des Richters mit entgegenstehenden Interessen – seien es Interessen der Gegenpartei, sei es das öffentliche Interesse am Vertrauen in die Justiz,[85] an einer fairen Rechtpflege überhaupt – kollidieren.

In Verfahren mit mehreren Prozessbeteiligten geraten richterliche Unterstützungspflichten fast zwangsläufig in Konflikt mit dem Anspruch der Parteien auf *Gleichbehandlung*. Würde ein Richter beispielsweise dergestalt in das Verfahren eingreifen, dass er im Mehrparteienverfahren nur eine Partei auf zusätzliche Angriffs- oder Verteidigungsmittel aufmerksam macht, wären zunächst die Grundsätze prozeduraler Rechtsgleichheit verletzt.[86] Gleichbehandlung in der Rechtsanwendung bedeutet unter anderem auch, dass Richterinnen und Richter ohne Ansehen der Person tätig werden. Gleichzeitig kann richterliche Hilfestellung zu Gunsten einer Partei den Verdacht der Befangenheit wecken und die Garantie der *richterlichen Unabhängigkeit* (Art. 30 Abs. 1 BV, Art. 26 Abs. 1 KV) beeinträchtigen.[87] Zufolge der bundesgerichtlichen Rechtsprechung ist der Anspruch auf einen unparteiischen und unbefangenen Richter verletzt, wenn Umstände vorliegen, die bei objektiver Betrachtung geeignet sind, Misstrauen in die Unparteilichkeit eines Richters oder einer Richterin hervorzurufen;[88] solche Umstände können namentlich auch in einem bestimmten Verhalten des Richters gegenüber einer Partei begründet sein,[89] insbesondere in der *einseitigen Bevorzugung* einer Verfahrenspartei. Ein Verstoss gegen den Grundsatz der richterlichen Unabhängigkeit wäre deshalb wohl dann zu bejahen, wenn die Richterin ihre Stellung als unabhängige Dritte aufgeben, sich mit den Anliegen einer Partei

---

[84] Vgl. *Müller / Schefer* (Anm. 19), S. 858 ff. zu den Schranken der Ansprüche prozessualer Kommunikation.

[85] BGE 134 I 238 E. 2.4 und E. 2.6.

[86] *Kiener* (Anm. 64), S. 108; ähnlich *Schindler* (Anm. 65), S. 221; BGE 120 V 357 E. 3a; anders *Sarbach* (Anm. 11), S. 123 f., der diese Problematik als Aspekt der richterlichen Unabhängigkeit ansieht.

[87] BGer 1P.19/1998 vom 23.2.1998, E. 2, zitiert nach *Kiener* (Anm. 64), S. 108 Fn. 214.

[88] Grundlegend BGE 114 Ia 50 E. 3b und 3c, seither ständige Praxis; jüngst etwa BGE 134 I 238 E. 2.1. Zu den Umständen, die Befangenheit begründen können, vgl. *Kiener* (Anm. 64), S. 61 ff.; vgl. zum Anspruch auf den unparteiischen, unbefangenen und unvoreingenommenen Richter auch *Müller / Schefer* (Anm. 19), S. 936 ff.; *Steinmann* (Anm. 66), Art. 30 N. 9 ff.

[89] BGE 134 I 238 E. 2.1 (betr. Kontaktaufnahme des Referenten mit dem Rechtsvertreter der Partei und Kundgabe der vorläufigen Einschätzung); 116 Ia 485 E. 3b; BGer 1P.19/1998 vom 23.2.1998, E. 2, zitiert nach *Kiener* (Anm. 64), S. 108 Fn. 214.

identifizieren und sich im Ergebnis zur Anwältin einer Prozesspartei machen würde. Unterstützende Verfahrenshinweise an eine Partei führen indessen nicht zwangsläufig zu einer materiellen Bevorzugung.[90] Von Beginn weg keine Beeinträchtigung der Unabhängigkeit liegt jedenfalls dann vor, wenn der Richter von Gesetzes wegen zur Unterstützung der Parteien verpflichtet oder doch berechtigt ist oder sich eine solche Pflicht direkt aus der Verfassung ergibt: Wer prozessrechtliche Vorschriften regelkonform anwendet, ist deswegen noch nicht befangen.

Grenzen sind allfälligen Ansprüchen der *Parteien* auf richterliche Hilfe und Aufklärung auch mit dem *Treueprinzip* gezogen: Mit Artikel 5 Absatz 3 («Staatliche Organe und Private handeln nach Treu und Glauben») verpflichtet die Bundesverfassung auch die an einem Justizverfahren beteiligten Privaten – wer Verfahrensfairness verlangt, muss sich seinerseits fair verhalten. Keinen Schutz verdient deshalb ein Benehmen, das eine prozedurale Hilfsbedürftigkeit gezielt konstruiert, um richterliche Fürsorgeleistungen zu provozieren; so etwa, wenn eine Rechtsschrift bewusst unvollständig gehalten wird, um in den Genuss einer Verbesserungsmöglichkeit zu gelangen.

5. Befund ...

Das Verwaltungsprozessrecht ist von verfassungsrechtlichen Leitsätzen geprägt und beeinflusst. Besondere Relevanz kommt dem *Fairnessprinzip* zu, aus dem Verfahrensgrundrechte wie der Anspruch auf rechtliches Gehör, auf richterliche Unabhängigkeit oder auf unentgeltliche Prozessführung im Falle der Bedürftigkeit abgeleitet sind –[91] Ansprüche, die auf der Ebene der Verfahrenserlasse konkretisiert werden. In diese normativen Bezüge sind auch die richterlichen Aufklärungs- und Fürsorgepflichten gesetzt: Die verfassungsunmittelbar bestehenden Richterpflichten sind gerichtliche Konkretisierungen der spezifischen Verfahrensgrundrechte. Dabei zeigt sich, dass die Aufklärungs- und Fürsorgepflichten vorab dazu dienen, die

---

[90] Ebenso *Regina Ogorek / Dieter Simon,* Recht und Rechtsverwirklichung, in: Dieter Grimm (Hrsg.), Einführung in das Recht, 2. Aufl. Heidelberg 1991, S. 211 ff., S. 223. Für Zurückhaltung in der Annahme von Befangenheit auch *Sarbach* (Anm. 11), S. 124 ff. Gemäss Art. 11 Ziff. 1 ZPO-BE kann «eine Gerichtsperson abgelehnt werden: [...] wenn sie in der Streitsache Rat erteilt hat».

[91] Vgl. *Peter Saladin,* Das Verfassungsprinzip der Fairness, in: Juristische Fakultät der Universität Basel et al. (Hrsg.), Erhaltung und Entfaltung des Rechts in der Rechtsprechung des Schweizerischen Bundesgerichts, Basel 1975, S. 41 ff.

effektive Anwendung und verfahrenspraktische Durchsetzung von Verfahrensgrundrechten zu gewährleisten und damit im Ergebnis den Anspruch auf ein faires Verfahren zu sichern.[92] Zum gleichen Ergebnis führt eine Analyse der gesetzlich umschriebenen Aufklärungs- und Fürsorgepflichten. Die Nähe von verfassungsrechtlichen und gesetzlichen Richterpflichten ist im Übrigen auch durch den Umstand belegt, dass die zunächst im Rahmen der Verfassung konkretisierten Richterpflichten regelmässig in die gesetzlichen Verfahrensordnungen aufgenommen und damit für Gericht und Verfahrensbeteiligte direkt handhabbar gemacht wurden. Dieser Vorgang zeigt sich beispielhaft an der Pflicht zur Übersetzung von Schriftstücken und mündlichen Äusserungen: Die durch das Bundesgericht aus Art. 4 aBV herausgeschälte Richterpflicht[93] hat der Gesetzgeber später als einfachgesetzlichen Auftrag in Art. 54 Abs. 4 BGG aufgenommen.[94]

Die richterlichen Hilfs- und Fürsorgepflichten gründen letztlich im allgemeinen *Fairnessprinzip* (Art. 29 Abs. 1 BV, vgl. Art. 26 KV).[95] Das Gleiche gilt indessen für die Grenzen solcher Richterpflichten. Es ist somit das *Gleichgewicht* zwischen dem Anliegen materieller Gleichstellung der Parteien auf der einen und Unparteilichkeit und Neutralität des Richters auf der anderen Seite zu finden.[96] Im Ergebnis geht es auch hier um die *Herstellung praktischer Konkordanz:*[97] Demnach sind die verschiedenen Fairnessgehalte so zu harmonisieren, dass alle ins Verfahren involvierten Parteien in den Genuss eines in seiner Gesamtheit fairen Verfahrens kommen.[98]

6. … und mögliche Weiterentwicklung

In der bundesgerichtlichen Praxis zur Konkretisierung von richterlichen Hilfs- und Aufklärungspflichten und in den entsprechenden Bestimmungen der Verfahrenserlasse zeigt sich – wenn auch mitunter nur implizit – das

---

[92] Vgl. weiterführend Ziff. 2; *Kälin / Künzli* (Anm. 19), S. 111.

[93] BGE 118 Ia 462 E. 2.

[94] Vgl. zur Genese auch die Botschaft des Bundesrates vom 28.2.2001 zur Totalrevision der Bundesrechtspflege, BBl 2001 4201 S. 4301, sowie *Uebersax* (Anm. 72), Art. 54 N. 41.

[95] Vgl. auch *Thomas Jung,* Der Grundsatz der Waffengleichheit im Zivilprozess, Nürnberg 1990, S. 121 f.

[96] *Marczak* (Anm. 45), S. 22.

[97] Zu diesem Grundsatz *Konrad Hesse,* Grundzüge des Verfassungsrechts der Bundesrepublik Deutschland, 20. Aufl. Heidelberg 1995, N. 72.

[98] Vgl. *Kiener* (Anm. 64), S. 86.

Bemühen um die Verwirklichung der prozeduralen Grundrechte in der Verfahrenspraxis. Die Aufgabe der Grundrechtsverwirklichung ist seit Inkraftsetzung der nachgeführten Bundesverfassung 1999 mit Art. 35 BV allen staatlichen Aufgabenträgern zur Pflicht gemacht: Grundrechte müssen in der gesamten Rechtsordnung zur Geltung kommen.[99]
Art. 35 BV bildet die Grundlage für eine Weiterentwicklung der hier diskutierten Fragestellung und lässt sich beispielsweise für die richterlichen Hilfs- und Aufklärungspflichten im Zusammenhang mit der *Rechtsmittelbelehrung* fruchtbar machen. Das Bundesgericht anerkennt zwar, dass eine unrichtige oder unzutreffende Rechtsmittelbelehrung den Parteien nicht zum Nachteil gereichen darf;[100] der bundesgerichtlichen Rechtsprechung zufolge besteht aber kein verfassungsrechtlicher Anspruch auf eine Rechtsmittelbelehrung.[101] Mit Blick auf die wirksame Durchsetzung der *Rechtsweggarantie* (Art. 29a BV) scheint die Verankerung einer entsprechenden Richterpflicht und damit die Begründung einer verfassungsunmittelbaren Verpflichtung der Entscheidbehörde zur Rechtsmittelbelehrung aber als sachgerecht – dies umso mehr, als eine solche Pflicht in der verfahrensrechtlichen Wirklichkeit von Bund und Kantonen weithin anerkannt ist.[102]
In besonderer Weise bietet sich der *Grundsatz der richterlichen Unabhängigkeit* (Art. 30 Abs. 1 BV, Art. 26 Abs. 2 KV) für eine weitere Konkretisierung von richterlichen Aufklärungs- und Fürsorgepflichten an. Verschie-

---

[99] Weiterführend *Kiener / Kälin* (Anm. 19), S. 37 f.; *Rhinow / Schefer* (Anm. 45), N. 1144 ff.; *Jörg Paul Müller,* Geschichtliche Grundlagen, Zielsetzung und Funktionen der Grundrechte, in: Merten / Papier (Anm. 41), § 202 N. 40; *Jörg Paul Müller,* Allgemeine Bemerkungen zu den Grundrechten, in: Daniel Thürer / Jean-François Aubert / Jörg Paul Müller (Hrsg.), Verfassungsrecht der Schweiz, Zürich 2001, § 39 N. 29 ff.

[100] Vgl. statt vieler BGE 117 Ia 421 E. 2a; aktuell bestätigt in BGer 1B_10/2009 vom 14.5.2009, E. 2; es handelt sich hier um einen Fall verfahrensrechtlichen *Vertrauensschutzes,* der sich aus dem Fairnessprinzip ableiten lässt, vgl. dazu vorne Ziff. 2.1.

[101] Vgl. dazu BGE 98 Ib 333 E. 2d, bestätigt in 123 II 231 E. 8a; siehe auch *Albertini* (Anm. 48), S. 437 f.; *Häfelin / Müller / Uhlmann* (Anm. 19), N. 1643.

[102] Vgl. etwa 26 Abs. 2 KV, dazu *Bolz* (Anm. 47), Art. 26 N. 5 f.; Art. 52 Abs. 1 Bst. d VRPG, vgl. *Merkli / Aeschlimann / Herzog* (Anm. 76), Art. 52 N. 16; Art. 112 Abs. 1 Bst. d BGG, siehe *Bernhard Ehrenzeller,* Art. 112 N. 10 f., in: Niggli / Uebersax / Wiprächtiger (Anm. 72); Art. 35 Abs. 1 und 2 VwVG, dazu *Lorenz Kneubühler,* Art. 35 Abs. 2 N. 22 ff., in: Auer / Müller / Schindler (Anm. 5); siehe auch Art. 61 Bst. h ATSG; Art. 81 Abs. 1 Bst. d der neuen Schweizerischen Strafprozessordnung vom 5.10.2007 (StPO), BBl 2007 6977 (Referendumsvorlage), Inkrafttreten am 1.1.2011; Art. 238 Bst. f ZPO (Anm. 6).

dene Teilgehalte stehen zur Diskussion: Zunächst könnte das allgemeine Ziel der Verwirklichung von Verfahrensgrundrechten Anlass geben, die Richterpflicht zur *Bekanntgabe der Zusammensetzung des Spruchkörpers* verfassungsrechtlich zu begründen. Dem Bundesgericht genügt die Bekanntgabe «in irgendeiner Form».[103] Indessen kann die richtige Zusammensetzung eines Gerichts und die Unabhängigkeit der am Entscheid mitwirkenden Richterinnen und Richter durch die Betroffenen nur beurteilt werden, wenn ihnen die personelle Zusammensetzung des Spruchkörpers von Beginn des Verfahrens weg bekannt ist. Die Lehre fordert deshalb auch hier eine entsprechende richterliche Aufklärungs- und Orientierungspflicht.[104]

Weiter stellt sich die Frage, ob die Gewährleistung der richterlichen Unabhängigkeit nicht eine richterliche Aufklärungspflicht bezüglich *möglicher Befangenheitsgründe* verlangt.[105] Die Lehre fordert schon lange, dass die am Verfahren beteiligten Richterinnen und Richter von sich aus alle Umstände offenlegen müssen, die bei den Parteien berechtigte Zweifel an der Unabhängigkeit und Unparteilichkeit des Gerichts nähren oder andere Beeinträchtigungen der Verfahrensfairness darstellen könnten.[106] Auch diese Richterpflicht ist weitgehend im Verfahrensrecht von Bund und Kantonen verankert: Verschiedene Prozessgesetze sehen vor, dass Richterinnen und Richter mögliche Befangenheitsgründe zumindest dem Gerichts- oder Kammervorsitzenden mitteilen[107] oder von sich aus offenlegen müssen[108]. Insgesamt ist auch in diesem Kontext belegt, dass der grundrechtliche Anspruch auf richterliche Unabhängigkeit zu seiner umfassenden Geltung in der Verfahrenspraxis bestimmte – und vergleichsweise einfach zu bewerkstelligende – richterliche Aufklärungspflichten in sich trägt.

---

[103] Vgl. dazu Ziff. 2.3.

[104] *Müller / Schefer* (Anm. 19), S. 951; *Kiener* (Anm. 64), S. 353 f. und 375 ff.; *Kiener* (Anm. 65), § 227 N. 41. Vgl. auch BGer 1P.204/1996 vom 19.4.1996, kommentiert bei *Markus Felber,* Bundesgerichtsentscheide 1996, Zürich 1997, S. 53 f.

[105] Zu diesem Anliegen schon *Kiener* (Anm. 64), S. 328 ff., insb. S. 330, ebenso *Müller / Schefer* (Anm. 19), S. 953 f.; in diese Richtung auch BGE 111 Ia 71 E. 2c (betr. Schiedsgerichtsverfahren); diese Rechtsprechung hat sich aber nicht verstetigt.

[106] Vgl. *Kiener* (Anm. 65), § 227 N. 39; vgl. auch *Kölz / Häner* (Anm. 43), N. 255; *Rhinow / Koller / Kiss* (Anm. 48)*,* N. 175; *Schindler* (Anm. 65), S. 201 ff.; *Müller / Schefer* (Anm. 19), S. 953; BGer 6P.93/2002 vom 17.12.2002, E. 1.2.3; 2C_10/2007 vom 8.10.2007, E. 2.5; BGE 124 II 265 E. 4a; *Steinmann* (Anm. 66), Art. 30 N. 16.

[107] Z.B. Art. 35 BGG, siehe dazu *Isabelle Häner,* Art. 35, in: Auer / Müller / Schindler (Anm. 5); Art. 12 ZPO-BE; Art. 32 Abs. 1 StrV-BE; Art. 57 StPO (Anm. 102).

[108] So Art. 48 ZPO (Anm. 6).

7. Zum Schluss: Richterrolle – Richterbild

Werden in die Analyse der richterlichen Aufklärungs- und Fürsorgepflichten auch die im verwaltungsgerichtlichen Verfahren geltenden *Prozessmaximen* mit einbezogen, die unter anderem auch die Rollen der Verfahrensbeteiligten definieren,[109] lassen sich gewisse Schlüsse über das im Verwaltungsprozess herrschende Richterbild ziehen.[110] Die im Verwaltungsprozess geltende Untersuchungsmaxime[111] und der in der Rechtsanwendung vorherrschende Grundsatz der Rechtsanwendung von Amtes wegen[112] zeigen gleich wie die aus Verfassung[113] und Gesetz[114] abzuleitenden Aufklärungs- und Fürsorgepflichten ein Richterbild, das den Verwaltungsrichterinnen und -richtern die wesentliche Verantwortung für den korrekten, beförderlichen Ablauf des Verfahrens und für die materielle Richtigkeit des Urteils zuschreibt. Entsprechende Hilfs- und Aufklärungspflichten sind rechtlich eingebunden, zugleich aber funktional begrenzt: Am Schutz der Verfahrensrechte der Betroffenen ausgerichtet, dienen sie letztlich der Sicherstellung eines fairen Verfahrens.[115]

---

[109] Zu den Verfahrensmaximen allgemein *Kölz* (Anm. 18), S. 3; *Fritz Gygi,* Bundesverwaltungsrechtspflege, 2. Aufl. Bern 1983, S. 201.

[110] Vgl. zu einer ähnlichen Thematik *Lutz Diwell,* Vom Richter zum fürsorglichen Schlichter?, in: Präsidium des Deutschen Richterbundes (Anm. 15), S. 15 ff.

[111] BGE 105 Ib 117, 116 V 26 E. 3c; *Gadola* (Anm. 51), S. 81; *Gygi* (Anm. 109), S. 200. *Christoph Auer,* Art. 12 N. 6 ff., in: Auer / Müller / Schindler (Anm. 5); *Patrick L. Krauskopf / Katrin Emmenegger,* Art. 12 N. 15 ff., in: Waldmann / Weissenberger (Anm. 70); *Ulrich Meyer,* Art. 99 N. 6, in: Niggli / Uebersax / Wiprächtiger (Anm. 72); *Kölz / Häner* (Anm. 43), N. 674 ff.; *Auer* (Anm. 18), S. 76 ff.; *Michael Pfeifer,* Der Untersuchungsgrundsatz und die Offizialmaxime im Verwaltungsverfahren, Basel 1980.

[112] *Häfelin / Müller / Uhlmann* (Anm. 19), N. 1632; *Auer* (Anm. 18), Art. 12 N. 12; *Rhinow / Koller / Kiss* (Anm. 48), N. 915 ff.; *Kölz / Häner* (Anm. 43), N. 122 ff.

[113] Oben Ziff. 2.

[114] Oben Ziff. 3.

[115] In diese Richtung schon *Gygi* (Anm. 109), S. 55: «Es ist nicht Sache des Richters, den Parteien Rechtsberatung zu gewähren. Die Richterpflicht erstreckt sich vor allem auf verfahrensdienliche Hinweise und wird daher auch Hinweispflicht genannt.»

Die innere Unabhängigkeit des Richters
Gedanken zu einem Diamanten

Markus Müller[*]

---

[*] Der Beitrag gibt erste Erkenntnisse einer Studie wieder, die im Jahre 2010 in der Schriftenreihe «Kleine Schriften zum Recht» unter dem Titel «Psychologie im öffentlichen Verfahren – Eine Annäherung» erscheinen wird.

1.   Einleitung

«Die Verwaltungsgerichtsbarkeit ist die Krönung des Rechtsstaats.» Die juristische Literatur ist voll von solchen und ähnlichen pathetischen Lobeshymnen. Daran soll auch nicht gemäkelt werden, zumal nicht an der *Geburtstagsfeier* eines Gerichts mit tadellosem Ruf, des Bernischen Verwaltungsgerichts.

Wenn die Kerzen auf den Banketttischen gelöscht und die Leuchter im Festsaal abgekühlt sind, mag allerdings manch einer und manch eine auch wieder für etwas prosaischere Überlegungen empfänglich sein. Als Ausgangspunkt dienen *zwei Fragen:* Weshalb gilt die Verwaltungsgerichtsbarkeit als Krönung des Rechtsstaats? Und: Was ist es, das der Krone ihre unvergleichliche Strahlkraft verleiht?

– Als *Krönung* gilt die Verwaltungsgerichtsbarkeit deshalb, weil sie dem Bürger die Möglichkeit eröffnet, Verwaltungsentscheidungen auf ihre Übereinstimmung mit Verfassung und Gesetzen überprüfen zu lassen, und dies durch eine eigens dafür geschaffene dritte Staatsgewalt: die *Justiz.*

– Ihre besondere Strahlkraft empfängt die *Krone* durch den Diamanten, der ihre Mitte ziert: die *Unabhängigkeit.*

So weit so gut. Der festlichen Stimmung tun diese Befunde noch keinerlei Abbruch. Wenn nun allerdings – und um das geht es im Folgenden – die *Echtheit* des Diamanten untersucht werden soll, mögen dies die einen oder anderen als unfestlich, ja gar als respektlos empfinden. Sie sind daher gut beraten, hier innezuhalten und die Lektüre aufzuschieben. Wer darin aber nichts Anrüchiges sieht, der sei eingeladen, auf einige, vielleicht ungewohnte, Gedankengänge mitzukommen. Gestartet wird in noch gewohnter Umgebung: Was versteht man herkömmlich unter *richterlicher Unabhängigkeit?*

2.   Die richterliche Unabhängigkeit

2.1   Zwei Facetten

Die (verwaltungs-)richterliche Unabhängigkeit ist weder Selbstzweck noch blosse rechtsstaatliche Ästhetik. Sie, d.h. genauer: die Unabhängigkeit von Richter *und* Gericht, dient vielmehr der freien, unverfälschten richterlichen Rechtsfindung sowie der Vertrauenswürdigkeit der Verwaltungsgerichtsbarkeit. Regelmässig werden zwei Facetten der richterlichen Unabhängigkeit auseinandergehalten: die *institutionelle* Unabhängigkeit und die *innere* Unabhängigkeit.

2.2 Institutionelle Unabhängigkeit

Die Unabhängigkeit der Verwaltungsgerichtsbarkeit setzt zuallererst ein Arbeitsumfeld voraus, das es Richterinnen und Richtern erlaubt, ihre justiziellen Aufgaben einzig dem Recht verpflichtet zu erfüllen. Hierzu müssen die *institutionell-organisatorischen* Rahmenbedingungen so gestaltet sein, dass die Justiz vor Einflussnahmen der anderen Staatsgewalten (Exekutive, Legislative) weitestgehend abgeschirmt ist. Dies verlangt nach entsprechenden Vorkehren hauptsächlich im Richterwahlverfahren, in der Gestaltung der Justizaufsicht sowie in der administrativ-ressourcenmässigen Justizorganisation.

Allein auf institutionell-organisatorischem Wege ist die gerichtliche bzw. die richterliche Unabhängigkeit freilich nicht zu erreichen. Sie bedarf zwingend der Ergänzung auf *individueller* Ebene. Hier entscheidet sich, ob die unverfälschte richterliche Rechtsfindung überhaupt möglich ist. Oder anders gewendet: Nur wenn die einzelne Richterpersönlichkeit den ihr institutionell-organisatorisch geschaffenen «Arbeitsraum» zweckkonform, d.h. unabhängig, nutzt, verhilft dies letztlich dem Gericht zur angestrebten Unabhängigkeit. So jedenfalls die Grundidee.

2.3 Innere Unabhängigkeit

«Conditio sine qua non» der richterlichen und gerichtlichen Unabhängigkeit ist die *innere* Unabhängigkeit des einzelnen Richters. Das Verwaltungsgericht entscheidet als Institution nur dann und nur so weit unabhängig, als die im Spruchkörper vereinten Richter frei von *inneren* Bindungen und Zwängen entscheiden. Ohne diese innere Unabhängigkeit ist die (institutionelle) Unabhängigkeit der Verwaltungsgerichtsbarkeit «hohl» – nicht mehr als eine Täuschung. Das kann und muss man so sagen. *Ernsthaft* über die Unabhängigkeit der Verwaltungsgerichtsbarkeit nachzudenken bedeutet also, die innere Unabhängigkeit genauer unter die Lupe zu nehmen. Sie macht letztlich die «Echtheit» des Diamanten aus.

Die innere Unabhängigkeit gilt als hochsensible «Gestalt», der im realen Rechts- und Richteralltag von verschiedener Seite her Gefahr droht. Aus Lehre und Rechtsprechung kennt man etwa folgende Gefährdungslagen:
– *Enge Beziehung zu einer Partei:* Steht ein Richter in einer engen negativen oder positiven Beziehung zu einer Partei (z.B. Familienbande,

Freundschaft, Feindschaft, rechtliche Bindungen aller Art), verspielt er dadurch unter Umständen seinen Status als «neutraler Mittler». Gleiches gilt für den Richter, der an der Sache selbst ein offenkundiges Eigeninteresse hat («Richter in eigener Sache»).

- *Vorbefassung im Verfahren:* Hat sich eine Richterin bereits in einem früheren Verfahrensabschnitt amtlich und rechtsverbindlich zur Sache geäussert, kann die für das Verfahren notwendige Offenheit verloren gehen.
- *Thematische Exposition:* Äussert oder engagiert sich eine Richterin in der Öffentlichkeit zu weltanschaulichen oder politischen Fragen, die einen engen Sachbezug zur konkreten Verfahrensthematik aufweisen, indiziert dies ihre Befangenheit. Zwar geniessen grundsätzlich auch Richter Meinungsäusserungsfreiheit; ihr Amt verlangt aber von ihnen, sich des «lauten» Politisierens und Missionierens zu enthalten.
- *Druck von aussen und innen:* Die innere Unabhängigkeit kann sowohl durch Einflussnahmen von aussen (Öffentlichkeit, Medien, politische Parteien, gesellschaftliche Gruppierungen, Verwaltung / Exekutive etc.) als auch durch Umstände, die im Innern der Behörde liegen (Kommunikationsstörungen verschiedenster Art), unter Druck geraten.

Diese Kategorisierung lässt leicht übersehen, dass damit nur gerade die sichtbare Spitze des Eisbergs erfasst ist. Denn Richter, Richterinnen sind daneben einer Unzahl weiterer, verdeckter Abhängigkeiten ausgesetzt, die ihren Ursprung alle im Unbewussten haben. Damit öffnet sich für die richterliche Unabhängigkeit eine beträchtliche Problemdimension, die bislang – so weit ersichtlich – kaum je vertiefte Beachtung gefunden hat. Dazu später etwas eingehender. Für den Moment muss folgende Feststellung genügen: Ob und wenn ja wie weit die innere Unabhängigkeit in relevanter Art und Weise tangiert ist, lässt sich kaum je beweisen. Als Teil des menschlichen Internums, der geistig-psychischen Sphäre, bleibt der Grad der (Un-)Abhängigkeit sowohl dem aussenstehenden Dritten als regelmässig auch dem Betroffenen selbst weitgehend verborgen. Objektive Momente vermögen höchstens eine Vermutung pro oder contra zu begründen. Mehr nicht. Die tatsächliche innere Unabhängigkeit des Verwaltungsrichters kann man daher nur wünschen; erzwingen kann und tut man sie nicht. Die Praxis geht im Allgemeinen denn auch nur sehr zurückhaltend von einer unzulässigen inneren Abhängigkeit oder Befangenheit aus. Vielmehr wird vom Richter erwartet, dass er sich mit einer gewissen Standhaftigkeit gegen «rechtsprechungsfremde» Einflüsse aller Art zu wehren weiss und nötigenfalls aktiv Anstrengungen zur Wahrung seiner inneren Unabhängigkeit unternimmt.

2.4 Zusammenfassende Überleitung

Die Unabhängigkeit der Verwaltungsgerichtsbarkeit bemisst sich letztlich nach dem Grad der inneren Unabhängigkeit der einzelnen handelnden Richter. Führt man sich aber die mannigfachen (potentiellen) Abhängigkeiten vor Augen, in denen jeder Richter und jede Richterin stecken, haftet dem Konzept der inneren Unabhängigkeit etwas Utopisches an; jedenfalls, wenn man von einem biologisch-psychologischen Begriffsverständnis ausgeht. – Dies lenkt die Aufmerksamkeit auf die Bedeutung, welche der inneren Unabhängigkeit im juristischen Sprachgebrauch zukommt: Ist mit innerer Unabhängigkeit ein psychischer Zustand gemeint, der Begriff mithin biologisch-psychologisch zu verstehen (Ziff. 3.)? Oder ist die innere Unabhängigkeit vielmehr ein rein juristischer Fachterminus (Ziff. 4.)? Um es vorwegzunehmen: Ein eindeutiges und einheitliches juristisches Begriffsverständnis lässt sich nicht ermitteln; zu unreflektiert war der bisherige Umgang mit dem Terminus. In der Lehre und Praxis scheinen beide Begriffsverständnisse auf.

3. Innere Unabhängigkeit als biologisch-psychologischer Begriff

3.1 Kraftakt oder Utopie?

Ist im juristischen Kontext von innerer Unabhängigkeit die Rede, wird im Grunde ein individualpsychologisches Faktum angesprochen. Dies lässt sich daran ablesen, dass die Verwirklichung der inneren Unabhängigkeit in erster Linie als psychischer *Kraftakt* verstanden wird. Von Richterinnen und Richtern wird nämlich erwartet, dass sie in der Lage und willens sind, ihre innere Unabhängigkeit aus eigener Kraft herzustellen und zu verteidigen.

Den Hobbypsychologen beschäftigt hier eine Frage: Lässt sich die innere Unabhängigkeit aus eigener Kraft überhaupt realisieren? Nach den jüngeren Erkenntnissen der Neurowissenschaften (insbes. der Hirnforschung) zu schliessen, erscheint ein solches Unterfangen zumindest als äusserst ambitioniert, wenn nicht gar als *utopisch*. Zwei Einsichten weisen jedenfalls in diese Richtung: Zum einen fehlt es dem Richter – wie jedem Menschen – naturgemäss an einem «freien Willen» (Ziff. 3.2), und zum anderen kann er diesen durch Selbstreflexion, selbst ernsthaft betrieben, nur in beschränktem Umfang herstellen (Ziff. 3.3).

3.2   Kein freier Wille

Innerlich unabhängig kann nur sein, wer die Fähigkeit besitzt, seine Gedanken und Handlungsimpulse zu erkennen und willentlich zu steuern, wer mit anderen Worten über *«Willensfreiheit»* verfügt. Diese Voraussetzung erfüllt ein (Verwaltungs-)Richter, wenn er seinen Willen vernunft- und verstandesangeleitet einzig zur Umsetzung des geltenden Rechts betätigt. So auch die Idee, wie sie das aktuelle Rechtsdenken prägt und dem «Diamanten» der Verwaltungsgerichtsbarkeit sein «Funkeln» verleiht. Dabei wird durchaus gesehen, dass immer auch schöpferische und subjektive Eigenleistungen des Richters – Gefühle, Emotionen und andere Impulse aus dem Unterbewussten – bei der Rechtsfindung eine Rolle spielen können. Man spricht etwa von Vorverständnis oder subjektiven Richtigkeitsauffassungen. «Theoriesprachlich» wurde diesen Aspekten in der ratiofixierten Methodenlehre kaum Rechnung getragen. Im Gegenteil: Gefühle, Emotionen und unbewusste Impulse werden als «unvernünftige» Störfaktoren von der Norminterpretation ausgeblendet. Denn sie ergänzen die für die Entscheidfindung notwendigen Sachverhalts- und Normtextinformationen um weitere, potentiell sachfremde Informationen.

> Die *Methodenlehre* hat sich bis heute nicht ernsthaft, d.h. inter- oder besser multidisziplinär, mit der psychologischen Komponente der Norminterpretation auseinandergesetzt – jedenfalls nicht so, dass irgendjemand in der Praxis davon etwas erfahren hätte. Sie begnügt sich mehrheitlich damit, die Rechtsinterpreten zur kritischen Selbstreflexion anzuhalten.

Emotionalität passt nicht in das unser Rechtssystem prägende *Menschen-* und *Richterbild der Aufklärung*. Ihm zufolge ist das autonome, selbstverantwortliche und vernunftbegabte Individuum in der Lage, seine Emotionen und andere von innen kommende «wilde» Impulse zu kontrollieren und zu zügeln, ein Richter mithin fähig, *willensfrei* und gesetzestreu zu handeln und zu entscheiden.

An der *Willensfreiheit* des Menschen bestehen allerdings seit langem berechtigte Zweifel. Arthur Schopenhauer (1788–1860) – der erste fundierte und konsequente Zweifler – hat es treffend auf folgende Kurzformel gebracht: «Der Mensch kann zwar tun, was er will, aber er kann nicht wollen, was er will.» Heute, rund 200 Jahre später, findet sich Schopenhauer durch Hirnforscher – an vorderster Front: Gerhard Roth und Wolf Singer – bestätigt. Deren Forschungsergebnisse zeigen, dass unser Denken, Fühlen, Handeln und damit auch unser Wollen tatsächlich überwiegend hirnphysiologisch vorbestimmt sind. Individuelle Entscheidungen sind folglich Produkte unseres *Gehirns* und nicht eines freischwebenden, bestenfalls vernünftigen Geistes. Und dieses Gehirn, Schaltzentrale und Produzent von Willens- und Handlungsimpulsen, ist eine zu rund 70–80% genetisch und entwicklungspsychologisch (v.a. durch vorgeburtliche und frühkindliche Faktoren) vorgeformte Grösse. Dank seiner anatomischen *Plastizität* lässt es sich zwar auch noch in späteren Lebensphasen namentlich durch erzieherische, umweltbedingte und andere stark anhaltende emotionale Einflüsse verändern, dies allerdings nur in moderatem Umfang (ca. 20–30%). – Aber immerhin: Diese Plastizität des menschlichen Gehirns bietet einige Ansatzpunkte, um – wie später zu zeigen sein wird (Ziff. 5) – aktiv etwas für eine unabhängige(re) richterliche Rechtsfindung zu tun.

Von *innerer Unabhängigkeit* des Richters zu sprechen, oder anders: von seiner auf Gesetzesvollzug programmierten bzw. konditionierten Willensfreiheit, erscheint somit aus neurowissenschaftlicher Optik zumindest als *prekär*. Vieles deutet nämlich darauf hin, dass richterliches Handeln zu einem grossen Teil «natürlich» vorbestimmt ist. Es sind mithin weniger Vernunft und Verstand, die den Richter bei seiner Entscheidung führen, als vielmehr unbewusste biologisch-psychologische Faktoren. Eine Hauptrolle spielt dabei das *limbische-emotionale System,* d.h. jene Teile des menschlichen Gehirns, die für Gefühle und emotionale Reaktionen verantwortlich sind.

Den gewissenhaft und professionell arbeitenden Richter müssen solche Gedanken irritieren. Seine Erfahrungs- und Erlebniswelt ist nämlich eine komplett andere. Täglich macht er nichts anderes, als sich gestützt auf vernunftgeleitetes Studium und Auslegen von Rechtstexten willentlich und innerlich unabhängig für eine unter mehreren möglichen Lösungsvarianten zu entscheiden. Dabei mag es ihm mitunter auch gelingen, sachfremde, «wilde» ins Bewusstsein gelangende Impulse abzuwehren. Dies vermittelt ihm das «klare» Gefühl, er verfüge über eine allein durch das Gesetz und den objektiven Sachverhalt vorgespurte Entscheidungsfreiheit. Verständlicherweise bekundet er vor diesem Erfahrungshintergrund Mühe mit der These eines naturgemäss fehlenden «freien Willens».

Sich frei fühlen heisst nun aber nicht, auch frei zu sein. Dass hier Gefühl und Erleben mit den realen inneren Abläufen nicht übereinstimmen, hat verschiedene, vor allem entwicklungspsychologische Gründe. Schenkt man Schopenhauer und den skizzierten neurowissenschaftlichen Erkenntnissen Glauben, ist es um die Willensfreiheit des Richters und damit auch um seine innere Unabhängigkeit schlecht bestellt. Der Richter besitzt zwar einen eigenen (autonomen), nicht aber einen freien, allein durch Vernunft und Verstand angeleiteten Willen – auch wenn er das meint.

Von der Vorstellung eines freien menschlichen Willens Abschied zu nehmen, bereitet Mühe. An (philosophischen, theologischen und juristischen) Versuchen mangelt es daher nicht, von der Willensfreiheit zu *retten,* was zu retten ist. Dies ist bei entsprechendem Begriffsverständnis ohne weiteres möglich, erkenntnistheoretisch jedoch wenig weiterführend. In der Jurisprudenz war es bisher vor allem die Strafrechtswissenschaft, die sich heftig gegen die neurowissenschaftlichen «Angriffe» auf den freien Willen und damit auf das Schuldstrafrecht gewehrt hat.

3.3 Schwierige Selbstreflexion

Dass Richterinnen und Richter «per naturam» weder über einen frei steuerbaren Willen noch über innere Unabhängigkeit verfügen, wäre noch zu verkraften. Dass sie diesem Umstand mehr oder weniger hilflos ausgeliefert sind, erscheint da schon schlimmer. Tatsächlich kann sich der Richter aus seiner neuronalen «Umklammerung» (gerade) nicht mit eigener Kraft befreien, auch nicht durch die vielbeschworene Selbstreflexion: «Wenn der Richter sich als Person gut kennt, kann er auch besser richten». Das liest man so oder in ähnlicher Form oft. Wie wahr! Aber wie macht er das, der Richter? Der Weg zur Selbsterkenntnis ist – das weiss man – ein schwieriger und langer. Mit selbstkritischem Betrachten und Hinterfragen des «Tageswerks» kommt man hier nicht voran. Diese Art von Selbstreflexion führt – weil überwiegend auf die Ebene des Bewusstseins beschränkt – nicht allzu weit. Mehr an Selbsterkenntnis ist nur zu gewinnen, wenn die Selbstreflexion tiefere Schichten erreicht und namentlich den eigenen *Lebensplan* miterfasst.

> Unter Lebensplan versteht die Individualpsychologie nach Alfred Adler (1870–1937) jene im Kindesalter, «im psychischen Halbdunkel» festgelegte Strategie, die sich jeder Mensch zurechtlegt, um seine diversen Minderwertigkeitsgefühle (beruhend auf den kleinkindlichen organischen, psychischen, geistigen Minderwertigkeiten) zu kompensieren. Dabei kann der Plan in verschiedene Richtungen weisen und sich mehr an Gemeinsinn oder mehr an Macht- und Geltungsstreben orientieren.

Erst die Reflexion in dieser Tiefe fördert jene unbewussten inneren Impulse zu Tage, die unser Handeln und Entscheiden im Ergebnis mindestens so stark bestimmen wie bewusste Faktoren. Eine Selbstreflexion in diesem Sinne wäre wohl ein *wirksames Mittel,* um «innere Unabhängigkeit» im engen Rahmen des hirnphysiologisch überhaupt Möglichen (begrenzte Plastizität des Gehirns) zu erreichen. In diese Tiefe vorzudringen, ist jedoch ohne «fremde Hilfe», beispielsweise durch einen Coach oder Psychotherapeuten, und ohne Einsatz von viel Zeit und ebenso viel Geduld nicht möglich. Kein

Wunder, dass sich – so jedenfalls die Vermutung – nur sehr wenige Richterinnen und Richter auf diesem Weg der Selbsterkenntnis befinden oder sich darauf zu begeben bereit sind. Es geht ja auch sonst; und die Freizeit ist eh schon knapp genug. – Vor diesem Hintergrund: Wenn die juristische Methodenlehre vom Richter Selbstanalyse und Bewusstmachung seines subjektiven Vorverständnisses einfordert und die Staats- und Verfahrensrechtslehre ihn darüber hinaus zu Selbstkontrolle und Selbstdisziplin verpflichtet, so geschieht dies doch etwas leichthin und weitgehend unbelastet von psychologischem und biologischem Sachverstand.

3.4 Zusammenfassende Überleitung

Innere Unabhängigkeit bezeichnet eigentlich einen biologisch-psychischen Zustand. Neurowissenschaftliche Erkenntnisse legen nun aber die Vermutung nahe, dass es diese Unabhängigkeit kaum gibt. Die Richterpersönlichkeit steht in mannigfachen unbewussten, biologisch-psychologisch bedingten Abhängigkeiten, die sie weder zu erkennen noch aufzulösen in der Lage ist. Das richterliche Entscheiden erweist sich insoweit nicht als ein *einzig* dem Recht verpflichteter Vernunftakt, sondern in einem beträchtlichen Umfang als «ferngesteuerter», nicht kontrollierbarer innerer Impuls. Eine *Relativierung* sei hier angebracht: Es wäre überzogen, die innere Unabhängigkeit gänzlich als Illusion abzutun und sie umfassend in das Reich des Unbewussten zu verbannen. Vielmehr ist davon auszugehen, dass auch das richterliche Internum auf einer obersten, dem Bewusstsein (ab und zu) sich öffnenden Schicht erfahrbar und damit aus eigener Kraft steuer- und beeinflussbar ist. Insbesondere mit zunehmendem *Berufs- und Lebensalter* wird die Richterpersönlichkeit bisweilen in die Lage kommen, gewisse Abhängigkeiten zu erkennen und in der Folge zu neutralisieren. Dabei dürften sich allerdings jeweils nur wenige der insgesamt zahlreichen inneren Abhängigkeiten auf diesem Wege eliminieren lassen.

Wie geht nun *das Recht* mit dieser doch einigermassen irritierenden Tatsache um? Hält es trotzdem am biologisch-psychologischen Begriffsverständnis fest? Oder kreiert es einen speziellen Fachterminus, der sich für die juristische Handhabung besser eignet?

4. Innere Unabhängigkeit als juristisch-praktischer Begriff

4.1 Von der Fiktion ...

Das Ziel richterlicher Unabhängigkeit hat das Bundesgericht in einem Leitentscheid aus dem Jahre 1988 folgendermassen umschrieben:

> «Es soll damit garantiert werden, dass keine Umstände, welche ausserhalb des Prozesses liegen, in sachwidriger Weise zugunsten oder zulasten einer Partei auf das Urteil einwirken; es soll mit anderen Worten verhindert werden, dass jemand als Richter tätig wird, der unter solchen Einflüssen steht und deshalb kein ‹rechter Mittler› [...] mehr sein kann [...]» (BGE 114 Ia 50 E. 3b S. 54).

Diese *Formel* lässt zumindest sprachlich keine Zweifel an der prinzipiellen Realisierbarkeit (auch) der inneren Unabhängigkeit erkennen. Wie gezeigt, lässt sich richterliche Arbeit realiter nicht in Unabhängigkeit denken. Vielmehr steht sie unter starkem Einfluss physiologisch-psychologischer Faktoren, die typischerweise *ausserhalb* des Prozesses liegen und von diesem trotz rechtlichem Unabhängigkeitsgebot nie vollständig ausgeschlossen werden können. Die in der bundesgerichtlichen Formel aufscheinende Idee einer richterlichen Unabhängigkeit ist insoweit etwas wirklichkeitsfremd.

Im *Ansatz* scheint die biologisch-psychologische Komponente der inneren Unabhängigkeit allerdings auch im Recht erkannt: So gilt etwa heute die Erkenntnis schon fast als trivial, dass jede Person, die Recht zu finden und zu sprechen hat, ein autonomes, den Einflüssen des realen Lebens ausgesetztes Subjekt mit eigener Physis und Psyche ist. Dementsprechend anerkennt die juristische Methodenlehre die *Subjektivität* des Rechtsfindungsprozesses ausdrücklich. Trotzdem: Immer wieder erwecken Formulierungen im Schrifttum oder in Gerichtsentscheiden den Eindruck, als würde eine reale und umfassende innere Unabhängigkeit wider besseres Wissen *fingiert*. Vielleicht sind diese Äusserungen aber auch weniger Ausdruck einer Fiktion als vielmehr einer *Resthoffnung* auf die «willentliche Beherrschbarkeit» der Subjektivität im Rechtsfindungsprozess.

4.2 ... zur Vermutung

Die innere Unabhängigkeit des Richters ist realiter, d.h. bei streng biologisch-psychologischer Betrachtung, nur in geringem Umfang vorhanden. Anspruch und Wirklichkeit klaffen hier offensichtlich auseinander. Für das Recht gäbe es grundsätzlich verschiedene Varianten, mit dieser Tatsache umzugehen. Zwei Risiken sind dabei im Auge zu behalten: Zum einen wäre es gefährlich, die innere Unabhängigkeit angesichts ihrer rechtsstaatlichen und sozialen

Funktion als Anspruch und Idee einfach aufzugeben. Zum andern erschiene es wenig ratsam, auf Fiktionen zu bauen; irgendwann drohen diese von der Realität eingeholt zu werden. Wohl deshalb hat sich in der Praxis das Konzept des «*Anscheins*» etabliert: Danach wird die richterliche Unabhängigkeit immer dann angenommen, wenn *kein Anschein* von Befangenheit vorliegt und sich somit der *Anschein* der Unbefangenheit «durchsetzt». Juristisch ist folglich nur von Interesse, ob die richterliche Unabhängigkeit aufgrund konkreter Umstände (Verhalten des Richters, organisatorische Gegebenheiten etc.) objektiv *vermutet* werden kann und muss. Mangels empirischer Studien gelangen hier überwiegend *alltagspsychologische* Pauschalregeln zur Anwendung. So wird beispielsweise davon ausgegangen, dass Richterpersönlichkeiten grundsätzlich in der Lage sind, Druck- und Beeinflussungsversuchen von aussen mit Festigkeit und Professionalität zu begegnen.

Der vom Recht eingeschlagene Weg ist somit nicht derjenige der unwiderlegbaren Fiktion, sondern derjenige der widerlegbaren Vermutung. Den blossen Anschein genügen zu lassen, bedeutet einerseits zu akzeptieren, dass innere Unabhängigkeit sich nicht ermitteln lässt, ja vielleicht gar nicht existiert. Anderseits wird damit aber auch zum Ausdruck gebracht, dass grundsätzlich am Anspruch und Ideal eines unabhängigen Verfahrens festgehalten werden soll. Das Recht stützt sich insoweit nicht auf das *biologisch-psychologische* Verständnis der inneren Unabhängigkeit, sondern es kreiert einen *eigenen,* auf praktische Handhabbarkeit ausgerichteten *juristischen Terminus.* Mit der Anknüpfung an den blossen Anschein kann zwar ein reiner und unverfälschter Rechtsschutz nicht mehr garantiert werden. Immerhin lassen sich damit aber offensichtliche Verstösse gegen das Unabhängigkeitsgebot verhindern. Gleichzeitig darf die Hoffnung bestehen bleiben, dass sich hinter dem *Schein* der Unabhängigkeit immer auch etwas *Sein* verbirgt. Vom «Mythos» der inneren Unabhängigkeit wird auf diese Weise ein Minimum gerettet; genau so viel, wie die *Vertrauenswürdigkeit* der Verwaltungsrechtspflege dringend benötigt. Diese vertrauenstiftende Funktion rechtfertigt es jedenfalls, die richterliche Unabhängigkeit – unbesehen ihrer zweifelhaften realen Existenz – zum *rechtsstaatlichen Gebot* zu erheben.

> Die *innere Unabhängigkeit* hat insoweit für das öffentliche Verfahren einen ähnlichen Stellenwert wie die *Schuld* für das Strafrecht. Ähnlich gestaltet sich auch der juristische Umgang mit diesen beiden Instituten. Auf deren biologisch-psychologische Infragestellung geben die beiden Wissenschaftszweige (Strafrecht und öffentliches Verfahrensrecht) ihre beiden Kernbegriffe und unaufgebbar scheinenden Merkmale nicht ersatzlos preis. Sie wechseln vielmehr vom biologisch-psychologischen Begriffsverständnis zu einem juristischen Fachverständnis, konkret vom persönlichen zum sozialen Schuldbegriff bzw. vom realen zum praktischen Unabhängigkeitsbegriff.

4.3 Zusammenfassende Überleitung

Die Analyse hat gezeigt: Als biologisch-psychologische Realität gerät die richterliche Unabhängigkeit unter Druck. Als *juristisches* Institut behält sie ihre Existenzberechtigung, wenn auch nur als *«Schein»*. Ihre vertrauensstiftende Wirkung, gekoppelt an die berechtigte Hoffnung, dass sich hinter dem Schein auch etwas Sein verbirgt, macht die innere Unabhängigkeit für das öffentliche Verfahren zum verbindlichen rechtsstaatlichen Gebot. Auch wenn die richterliche Unabhängigkeit realistisch *fast* nur als Schein zu haben ist: Wer die Hände deswegen «hirnergeben» in den Schoss legte, würde die Sache gründlich missverstehen. Denn sowohl auf individueller als auch auf institutioneller Ebene bleiben Anstrengungen zugunsten einer grösseren inneren Unabhängigkeit nötig und möglich. Anzusetzen ist zum einen bei den natürlichen Grundbedingungen der (relativ unabhängigen) *Richterpersönlichkeit* (Ziff. 5), zum anderen bei den *Rahmenbedingungen* (relativ unabhängiger) richterlicher Tätigkeit (Ziff. 6).

5. Grundbedingungen (relativ unabhängiger) Richterpersönlichkeiten

5.1 Ansatzpunkt: Physis und Psyche

Die richterliche Unabhängigkeit ist ein elementar biologisch-psychologischer Sachverhalt. Sie zu befördern heisst folglich, bei der «natürlichen» Grundausstattung der Richterpersönlichkeit, seiner Physis und seiner Psyche, anzusetzen. Das bedeutet nun nicht, mit neurowissenschaftlichen Analyse- und Messverfahren oder gar mit chirurgischen Instrumenten ans Werk zu gehen. Indessen sollen neurowissenschaftliche Erkenntnisse nutzbar gemacht werden dürfen. Ihnen zufolge ist nämlich davon auszugehen, dass bestimmte hirnphysiologisch begründete Persönlichkeitsmerkmale die innere Unabhängigkeit eines Richters begünstigen können. Auf sie muss daher bei der *Richterauswahl* (Ziff. 5.2), aber auch schon früher, in der juristischen *Ausbildung* (Ziff. 5.3), das Augenmerk gerichtet werden.

5.2 Kriterien und Verfahren der Richterauswahl

Für die Unabhängigkeit der Verwaltungsgerichtsbarkeit etwas tun, heisst zuallererst, *fähige* Personen ins Richteramt wählen. Gemeint sind damit Personen, die aufgrund ihrer natürlichen Grundvoraussetzungen (Hirnstruktur, Psychostruktur) hohe fachliche wie auch soziale Kompetenzen aufweisen:

– *Fachliche Kompetenz:* Die fachliche Kompetenz des Richters, der Richterin ist eine der ersten Grundvoraussetzungen für ein Mehr an realer innerer Unabhängigkeit. Wer über Methodenkompetenz sowie solides juristisches und interdisziplinäres Wissen (bzw. Verständnis) verfügt, erlangt fachliche Selbstsicherheit – ein besonders wirksamer Schutz gegen sachwidrige Einflüsse. Denn fachliche Unsicherheit oder Überforderung können in der Entscheidfindung leicht dazu verleiten, sich von vornherein an ausserrechtlichen (politischen, persönlichen, weltanschaulichen etc.) Kriterien zu orientieren und dort Halt und Sicherheit zu suchen. Die fachliche Kompetenz ist daher ins Zentrum des Auswahlverfahrens zu rücken und in geeigneter Form abzuprüfen (Fachprüfungen; Referenzen).

– *Soziale Kompetenz:* Neben der Fachkompetenz haben in der Wahl von Richterinnen und Richtern auch menschlich-charakterliche Persönlichkeitsmerkmale eine Rolle zu spielen. Gefragt sind insbesondere Kommunikationsfähigkeit, Ehrlichkeit, Charakterstärke, Mut, Empathie. Um das Vorliegen dieser Merkmale zu prüfen, bedarf es *professionell geführter Interviews* oder gar spezieller *psychodiagnostischer* Verfahren und Tests (sog. Assessments); bis heute sind solche Verfahren für Richterwahlen nicht üblich. Zusätzlich wäre auch über ein *Mindestalter* für (oberinstanzliche) Richter nachzudenken. Wie und wie stark ein Mehr an Lebenserfahrung sich auf die Bereitschaft zur inneren Unabhängigkeit eines Richters auswirkt, lässt sich zwar nur schwer generalisieren. Es ist aber zu erwarten, dass die erwünschten Charaktermerkmale (sofern im Ansatz vorhanden) sich mit zunehmendem Lebensalter tendenziell stärker ausbilden und dadurch den Richter eher befähigen, sich eine gewisse innerliche Unabhängigkeit zu bewahren. Ferner wird er mit zunehmendem Berufs- und Lebensalter auch häufiger in die Lage kommen, gewisse Abhängigkeiten zu erkennen und in der Folge zu neutralisieren.

Schliesslich verdient hier auch die *parteipolitische Zugehörigkeit* noch eine kurze Randnotiz: Schweizerische Richterwahlen sind bekanntlich stark parteipolitisch geprägt. Die daraus entstehende Abhängigkeit tangiert zwar die Unabhängigkeit des einzelnen Richters. Aufgrund ihrer Evidenz birgt sie aber auch eine Chance für die Unabhängigkeit des Gesamtgerichts. Denn die durch das Parteietikett äusserlich gemachte Abhängigkeitsvermutung erlaubt es, den Spruchkörper in grundlegenden Fällen so zusammenzusetzen, dass die verschiedenen politischen und weltanschaulichen Optiken in die Entscheidfindung einfliessen und sich auf diesem Weg gegenseitig ergänzen können. – Die Parteigebundenheit der Richterwahl erweist sich insoweit als ambivalent.

5.3 Bildung und Ausbildung

Richterliche Unabhängigkeit wird durch fachliche und soziale Kompetenzen begünstigt. Über diese Kompetenzen verfügen Richterinnen und Richter jedoch nicht ohne weiteres. Die Natur und die frühe Kindheit mögen zwar den einen oder anderen in dieser Hinsicht mit besonders vielen Talenten ausgestattet haben. Vieles wird aber auch er noch hinzulernen können und müssen. Gelingt dieser Lernprozess, so hinterlässt er – so lehrt die Hirnforschung – nachhaltige und prägende Spuren im Gehirn (Plastizität) und damit im richterlichen «Handlungszentrum».

– Was die *fachliche Bildung* angeht, ist vor allem an das *universitäre* Rechtsstudium zu denken. Es verspricht eine solide juristische Grundausbildung. Damit wäre eine Ausbildung gemeint, die nicht modular verpacktes Spezialwissen vermittelt, sondern das Grundverständnis für das Recht schafft und das Handwerk des juristischen Arbeitens lehrt. Zum obligatorischen Lernstoff gehör(t)en folglich profunde Kenntnisse der Institutionen des (öffentlichen) Rechts, der Rechtsanwendungsmethodik, Gewandtheit im mündlichen und schriftlichen Ausdruck und nicht zuletzt eine Grundsensibilität für die Notwendigkeit interdisziplinären Denkens und Arbeitens. Nicht thematische Breite, sondern Tiefe, nicht Tempo, sondern Reflexion und nicht Spezialität, sondern Ganzheitlichkeit müssten das Rechtsstudium prägen. Nur wer so ausgebildet ist, ist für anspruchsvolles juristisches, namentlich richterliches Arbeiten gerüstet.

– Die *soziale Bildung* erfolgt zuallererst im Frühkindesalter, im Elternhaus, im Kindergarten und in der Schule. Hier wird das (hirnphysiologische und psychologische) Fundament gelegt für die vielfältigen sozialen, insbesondere kommunikativen Kompetenzen, über die ein «unabhängiger» Richter verfügen sollte. Es versteht sich, dass diese Fertigkeiten permanent, mithin auch im Rechtsstudium und im späteren Berufsalltag ständig verfeinert und verbessert werden können und müssen. Dass dies nicht ohne Anstrengung geht, sollte den (angehenden) Richter nicht davon abhalten.

5.4 Zusammenfassende Überleitung

Die Unabhängigkeit der Verwaltungsgerichtsbarkeit bemisst sich unter anderem nach den fachlichen und sozialen Fähigkeiten ihrer Richter. Diese

Kompetenzen sind es, die wesentlich darüber entscheiden, wie anfällig ein Richter auf sachwidrige Einflüsse reagiert und wie wirksam er sich ihnen entgegenzustellen vermag. Richterwahl und Richterausbildung müssen diesen Aspekten Rechnung tragen. Weiter müssen *Rahmenbedingungen* geschaffen werden, welche – die institutionelle Unabhängigkeit ergänzend – die unabhängige(re) Rechtsfindung begünstigen.

6. Rahmenbedingungen (relativ unabhängiger) richterlicher Tätigkeit

6.1 Ansatzpunkt: Kanalisieren des «unfreien» Willens

Die Unabhängigkeit des Richters unterstützen heisst auch, die Rahmenbedingungen seiner Tätigkeit so zu gestalten, dass sein «unfreier» Wille kanalisiert und in die gewünschte Richtung gelenkt wird. Wie funktioniert das? Der neuronal determinierte Wille kann sich nur innerhalb konkreter Lebensumstände konstituieren. Mit anderen Worten: Er kann sich nur auf jene Alternativen richten, die sich ihm objektiv bieten. So wird beispielsweise in einem vegetarischen Restaurant der Wille eines «Fleischliebhabers» wohl oder übel auf das vegetarische Angebot hin kanalisiert: Obwohl auf Fleisch determiniert, bieten sich als Wahloptionen nur Tofugeschnetzeltes, Quornschnitzel oder Birchermüesli an.

Mit Blick auf die richterliche Unabhängigkeit bedeutet dies Folgendes: Je besser es gelingt, den richterlichen Rechtsfindungsprozess mittels klarer und robuster Leitplanken zu lenken, desto weniger wird der determinierte Wille auf sachwidrige Abwege geraten und desto besser wird es dem Richter gelingen, seinen *eigenen* Willen mit demjenigen des *Gesetzgebers* zu synchronisieren. Zu platzieren sind solche Leitplanken etwa in der Gesetzgebung (Ziff. 6.2) und im Verfahren der kollegialen Rechtsfindung (Ziff. 6.3).

6.2 Qualität der Gesetzgebung

Auch auf der Ebene der (materiellen) Gesetzgebung lässt sich indirekt etwas für eine unabhängige(re) Rechtsprechung tun. Auf eine kurze Formel gebracht: Je besser der Rechtssatz, desto unabhängiger der Entscheid. Qualität in der Rechtsetzung lässt sich mit wenigen Merkmalen umschreiben: Verständlichkeit, Präzision, Lückenlosigkeit. Normen, die diesen Anforderungen genügen, lassen dem Richter keinen grossen Entscheidungsspielraum. Sie reduzieren die Wahloptionen, die sich seinem determinierten Willen präsentieren. Damit verringert sich auch das Störpotential rechtsprechungsfremder innerer oder äusserer Einflüsse. Dem Richter bleibt fast nichts anderes übrig, als den Gesetzgeberwillen umzusetzen. Eine sorgfältige, gut reflektierte und präzise Rechtsetzung (was sich auch in entsprechend dichten und aussagekräftigen Materialien zeigt) ist somit eine der zentralen Rahmenbedingungen für eine unabhängige Verwaltungsgerichtsbarkeit.

Wo die Gesetzgebung diesen Anforderungen nicht genügt, liegt es an den Gerichten, sich selber durch eine klare und präzise *Praxisbildung* Leitlinien zu setzen.

6.3 Kollegialität und kollegiale Rechtsfindung

Richterliche Rechtsfindung findet selten im Kopf des einzelnen Richters statt. Rechtsfindung sollte wenn immer möglich im interpersonellen, kollegialen Austausch geschehen; der subjektivistische Einschlag der Rechtserkennung und die rechtsimmanente Dissensträchtigkeit legen dies nahe. Kollegialer Austausch kennt verschiedene Formen: Er ist informales Fachgespräch zwischen Tür und Angel, lockere Diskussion im Kaffeeraum, institutionalisierte Entscheidfindung im Zirkulationsverfahren und Meinungsstreit in der öffentlichen Urteilsberatung. Auf diese Weise werden die verschiedenen subjektiv gefärbten, auf unterschiedlichen inneren (Un-)Abhängigkeiten beruhenden Richtigkeitsvorstellungen innerhalb des Richterkollegiums diskursiv entwickelt und gegeneinander ins Feld geführt. Ein Prozess, der letztlich auch zu einer dichten und transparenten *Entscheidbegründung* beiträgt.

Kollegiale *Kommunikation* bedeutet in gewisser Hinsicht aber immer auch gegenseitige soziale und professionelle *Kontrolle*. Darin liegt ein erhebliches Potential, individuelle Abhängigkeiten zu Tage zu fördern und bestenfalls zu einem Ausgleich zu bringen. Insoweit ist ein politisch und weltanschaulich heterogener Spruchkörper für die Unabhängigkeit der Gesamtinstitution eher förderlich; wie erwähnt ein Argument, das eher für die Beibehaltung politischer Richterwahlen spricht. Fachlicher Austausch im Richterkollegium birgt aber bekanntlich immer auch *Gefahren*. Die Kommunikationsstörungen, die sich in verschiedener Hinsicht negativ auf die Entscheidfindung auswirken können, sind zahlreich und vielfältig. Ein fruchtbarer, die Unabhängigkeit der Rechtsprechung fördernder kollegialer Austausch setzt daher eine intakte Kommunikationskultur voraus. Eine solche zu schaffen und zu erhalten, ist aufwendig und wird mitunter fachlicher Unterstützung bedürfen.

6.4   Zusammenfassende Überleitung

Durch eine gezielte Gestaltung der Rahmenbedingungen richterlicher Arbeit kann die innere Unabhängigkeit zusätzlich begünstigt werden. Dabei geht es im Wesentlichen darum, dem «unfreien» Willen möglichst wenig Entfaltungsfreiraum zu geben. Dies gelingt durch eine entsprechende Einschränkung der sich ihm präsentierenden Wahloptionen. Diesem Anliegen dienen sowohl eine präzise und damit steuerungsfähige materielle Gesetzgebung als auch eine auf funktionierender Kollegialität basierende Rechtsfindung.

7.   Schluss

Ziel des «Gedankenspaziergangs» war es, der *Echtheit* des Diamanten in der Krone des Rechtsstaates auf den Grund zu gehen: die Frage nach der *realen Existenz* der richterlichen Unabhängigkeit. Folgt man Arthur Schopenhauer und der modernen Hirnforschung, ist die Antwort klar: Die (innere) Unabhängigkeit des Richters ist weitgehend eine Illusion; der Diamant mithin ein synthetisch hergestelltes *Kunstprodukt*. Das tönt apodiktisch und ungewohnt. Wie dem auch sei: Sich einmal aus einer nichtjuristischen Optik Gedanken über die richterliche Unabhängigkeit zu machen, kann jedenfalls nicht schaden. Mag sein, dass die Krone dadurch etwas an «Glanz» verliert. Aber sie sitzt und der Diamant funkelt unvermindert, auch wenn das Funkeln «künstlich» ist.

Verwendete Literatur

Adler Alfred, Der Sinn des Lebens (1933), in: Karl Heinz Witte (Hrsg.), Alfred Adler Studienausgabe, Band 6, Göttingen 2008; *Adler Alfred,* Menschenkenntnis (1927), Köln 2008; *Bieri Peter,* Das Handwerk der Freiheit. Über die Entdeckung des eigenen Willens, 8. Aufl. München/Wien 2007; *Eichenberger Kurt,* Die richterliche Unabhängigkeit als staatsrechtliches Problem, Bern 1960; *Hardegger Judith,* Willenssache. Die Infragestellung der Willensfreiheit durch moderne Hirnforschung als Herausforderung für Theologie und Ethik, Zürich 2009; *Kiener Regina,* Richterliche Unabhängigkeit. Verfassungsrechtliche Anforderungen an Richter und Gerichte, Bern 2001; *Kornbichler Thomas,* Die Individualpsychologie nach Alfred Adler – Eine praktische Orientierungshilfe, Stuttgart 2007; *Pauen Michael,* Illusion Freiheit? Mögliche und unmögliche Konsequenzen der Hirnforschung, 2. Aufl. Frankfurt am Main 2005; *Precht Richard David,* Wer bin ich und wenn ja, wie viele?, 23. Aufl. München 2007; *Rogers Carl R.,* Entwicklung der Persönlichkeit, 17. Aufl. Stuttgart 2009; *Roth Gerhard,* Fühlen, Denken, Handeln. Wie das Gehirn unser Verhalten steuert, 2. Aufl. Frankfurt am Main 2003; *Roth Gerhard,* Persönlichkeit, Entscheidung und Verhalten, 4. Aufl. Stuttgart 2008; *Schopenhauer Arthur,* Preisschrift über die Freiheit des Willens (1839), Hamburg 1978;

Singer Wolf, Ein neues Menschenbild. Gespräche über Hirnforschung, Frankfurt am Main 2003; *Singer Wolf,* Vom Gehirn zum Bewusstsein, Frankfurt am Main 2006; *Weimar Robert,* Psychologische Strukturen richterlicher Entscheidung, Bern 1996; *Wuketits Franz M.,* Der freie Wille. Die Evolution einer Illusion, 2. Aufl. Stuttgart 2008.

«Gute Verwaltungsgerichtsbarkeit»
Drei Wünsche aus dem Elfenbeinturm

Pierre Tschannen

Inhaltsverzeichnis

1. Einleitung

Über «gute Verwaltungsgerichtsbarkeit» lässt sich beinahe Beliebiges sagen – je nachdem, wen man befragt. Der Beschwerdeführer will Recht bekommen, und dies möglichst rasch; zur Not tut es auch ein abschlägiger Bescheid, wenn er nachvollziehbar ist und für Ruhe sorgt. Die Verwaltung hofft auf möglichst wenige Blamagen, und kommt es einmal doch dazu, auf klare Wegmarken zum weiteren Vorgehen. Die Politik wünscht sich je nach Parteisicht entschiedene, vernünftige oder zurückhaltende Richter, eine wirksame Fehlerkontrolle über die Verwaltung sowie Respekt vor dem rechtspolitischen Primat des demokratischen Gesetzgebers. Die Verwaltungsjustiz braucht funktional angemessene Kompetenzzuweisungen, handhabbare Erlasse ohne Obskuritäten sowie Achtung ihrer institutionellen Unabhängigkeit und selbstredend ausreichende Ressourcen. Die Öffentlichkeit schliesslich erwartet einen gerechten, von unabhängiger Stelle bewirkten Ausgleich zwischen privatem Einzelinteresse und staatlicher Aufgabenerfüllung. Kurz und in bekannten Worten: Eine «gute Verwaltungsgerichtsbarkeit» sorgt für Streiterledigung, Individualrechtsschutz und richtige Anwendung des objektiven Rechts.

Da wäre noch die Wissenschaft, der Elfenbeinturm eben. Erwartungen kommen auch von dort. Die akademischen Wünsche beziehen sich auf das, was man landläufig Verwaltungsrechtspflege nennt. Die Arbeit des Richters erschöpft sich ja nicht darin nachzuprüfen, ob Gesetz und Verordnung korrekt angewendet wurden. Jedes Urteil berührt zugleich den gesamten normativen Besitzstand: das Netzwerk von Rechtsetzung, Verwaltungspraxis, Rechtsprechung und Lehre. Das richterliche Erkenntnis muss sich diesem Besitzstand einfügen lassen – oder wenigstens von ihm ausgehen, wenn neue Wege eingeschlagen werden sollen. Die faktische Präjudizienbindung, die dem Hergebrachten entspringt, und der ständige Bewährungszwang, unter dem das Fortgebildete steht: Dies sind die beiden Regulative, welche dem Besitzstand die praktisch unentbehrliche Orientierungs- und Disziplinierungskraft sichern. Daran hat sich auch die Justiz zu halten. Die Wissenschaft mag sich Experimente leisten; dem Gericht verzeiht man sie nicht.

Orientierungs- und Disziplinierungskraft eines Besitzstands sind ohne Pflege des Besitzstands selbst nicht zu halten. Solche Pflege ist gewiss nicht Sache des Richters allein. Doch nur er hat die Macht, sie letztentscheidend zu betreiben. Was die Wissenschaft vertritt oder bemängelt, bleibt oft genug in den Wind gesprochen. Da wird man verstehen, dass die Lehre wenigstens auf besonnene Nutzung des richterlichen Rechtspflegeprivilegs setzt.

Wünsche, leider, gehören zu den kontingentierten Gütern. Halten wir es mit der üblichen Zahl Drei: Die Verwaltungsjustiz möge in die Weite blicken, Herr der Lage bleiben und Mass halten. Die gute Fee wird darüber hinwegsehen, dass diese Wünsche noch etwas aufgefächert werden.

2. In die Weite blicken ...

Der Einzelfall bildet Grundlage und Grenze richterlichen Wirkens. Insofern betreibt die Justiz nur Stückwerk. Auch Stückwerk aber ergibt ein Bild, und bei fehlender Wachsamkeit möglicherweise kein schönes. Daher der erste Wunsch: Die Justiz bedenke stets das Ganze mit.

2.1 Das Allgemeine kommt vor dem Besonderen

Natürlich ist es umgekehrt. Jeder Einzelfall gehorcht zuerst seinem Sachgesetz, jedes Sachgesetz folgt seiner eigenen Logik. Die Erlasse des Besonderen Verwaltungsrechts bilden kein System. Den Gesetzgeber kümmert die dogmatische Sauberkeit seiner Erfindungen kaum; er kann sich umso freier fühlen, als das Verwaltungsrecht einen verbindlichen Allgemeinen Teil nicht kennt. Warum, fragt man sich in dunklen Stunden, warum mühen wir uns im universitären Unterricht gleichwohl mit dem Phantom des Allgemeinen Verwaltungsrechts ab? Doch nur deshalb, weil ohne Beherrschung des Grundsätzlichen und Wiederkehrenden ein vernünftiger Umgang mit den sperrigen Spezialgesetzen nicht zu erreichen ist. Davon möchte man in den Urteilsgründen das eine oder andere lesen können. Gerichtsentscheide sollen Vorbild sein, auch und gerade im Begrifflichen und Theoretischen. Kurzum: Der Richter ist mitverantwortlich für den Zustand des Allgemeinen Verwaltungsrechts.

Daraus folgen mehrere Dinge. Erstens, jedes Verwaltungsgericht braucht seine Generalisten. Gegen Spezialisierungen anzutreten – Kammern nach Sachgebieten, Kollegen für komplexe Rechtsbereiche – hat mittlerweile jeden Sinn verloren, die Realitäten des Besonderen Verwaltungsrechts lassen sich nicht ändern. Aber man muss verlangen, dass der Generalistenblick gewahrt bleibt. In der oberinstanzlichen und erst recht der letztinstanzlichen Verwaltungsrechtspflege gewichtet die Kohärenz der richterlichen Rechtsprechung und Rechtsfortbildung um vieles schwerer als Sachnähe und besondere Vertrautheit mit einzelnen Rechtsgebieten. Blindes Spezialistentum verursacht Koordinationsaufwand, gefährdet die Rechtseinheit, versperrt den Blick für übergeordnete Fragen und begünstigt Erstarrungstendenzen. Gegen derlei Übel hilft innergerichtliche Kommunikation; davon später. Im Übrigen gilt: Das Problem der unsicheren Rückführung spezialrechtlicher Fragen auf die ordnende Vernunft des Allgemeinen Verwaltungsrechts muss von jedem einzelnen Richter aus eigener Anstrengung überwunden werden.

Zweitens, stehende Wendungen zu wiederkehrenden Fragen sollten behandelt werden, wie es ihr Zweck verlangt: Es sind juristische Sentenzen, Satzfolgen mit festgelegtem Wortlaut, welche durch rituelle Zitierung (und nur durch sie) Sicherheit vermitteln. Sentenzen tastet man nicht an, nur weil der Einzelfall danach zu verlangen scheint. Es gibt nichts Ärgerlicheres als unkommentierte Modifikationen an zentralen Stellen häufig verwendeter Textbausteine. Wer weiss, ob umgestellte Sätze, neue Ausdrücke oder gestrichene Passagen in der Sache etwas zu bedeuten haben oder blosse Schönheitskorrektur sein wollen? Das Publikum ist aufs Rätseln verwiesen. Wenn Formeln und Prüfprogramme geändert werden, dann nur aus besserer Einsicht und unter Angabe der Gründe. Vollends unverzeihlich sind abteilungsspezifische Textversionen zu ein und derselben Sache, noch dazu in Verfahrensfragen. Innergerichtliche Konkurrenzkämpfe um die besten Formulierungen sind im Plenum auszutragen, nicht in der publizierten Spruchpraxis.

Und schliesslich: Keine Obiter Dicta, keine Versuchsballone, keine Auszierungen! Gute Entscheidgründe zeichnen sich durch klare, auf das Urteil zulaufende Gedankenführung aus. Was man streicht, das kann nicht durchfallen – alte Theaterregel. Der Redseligkeit des Schrifttums nachzueifern darf nicht das Ziel des Gerichts sein. Durchgehen mögen Andeutungen wie: Ob an der bisherigen Praxis auch in Zukunft festzuhalten sei, müsse vorliegend nicht entschieden werden. Man weiss dann immerhin, dass sich Änderungen abzeichnen könnten. Gleichwohl: Wie steht das Gericht da, wenn es durchblicken lässt, es traue der eigenen Praxis nicht recht? Weg damit!

2.2 Rechtsschriften sind keine Urteilsvorlagen

Anwälte greifen gerne in die Tasten, oft vierhändig und unter Einsatz der ganz grossen Lettern aus der Grundrechtskiste. Das soll kein Vorwurf sein – sie können nicht anders. Oft ist schwer vorauszusehen, wie der Fall vor Gericht ausgeht. Also muss an Rügen vorgebracht werden, was die Sache hergibt. Gedankliche Ordnung und argumentative Selektion sind aus parteilicher Sicht nicht das vordringliche Anliegen. Meist wird sich bei näherem Hinsehen manches von dem, was in der Rechtsschrift steht, als bedeutungslos herausstellen. Was geschieht mit den juristischen Blindgängern vor Gericht? Oft genug dies: Das Urteil folgt der Rechtsschrift und handelt alle Vorbringen einzeln ab, seien sie noch so entlegen. Am Ende lesen sich die Erwägungen wie ein Rede-und-Antwort-Spiel unter Juristen.

Wohl müssen rechtlich zugelassene und ordentlich vorgetragene Rügen aufgegriffen werden. Aber es obliegt dem Gericht, sie zu sortieren und soweit von Belang in die Entscheidgründe einzufügen. Wenn Grundrechtsverletzungen behauptet werden, wo es um die Verweigerung einer Bewilligung geht: warum nicht prüfen, ob das an sich verfassungsmässige Sachgesetz richtig angewendet wurde? Wenn Menschenwürde, persönliche Freiheit und Schutz der Privatsphäre im Verbund aufmarschieren: Wie wäre es, vorweg die Konkurrenzfrage zu klären? Wenn der Beschwerdeführer aus Vorsicht Eventualrügen anhäuft: Könnte man nicht mit wenigen Sätzen erklären, weshalb sie am Ergebnis nichts ändern? Verwaltungsgerichte als obere Instanzen sind zur besseren Argumentation gehalten. Rechts- und Sachkenntnis allein genügen dafür nicht. Die institutionell erwartete bessere Argumentation beginnt mit der Fähigkeit, den Entscheidgründen einen schlüssigen Aufbau zu unterlegen. Mühselig, anspruchsvoll, zeitraubend? Ja, aber Autorität hat ihren Preis. Daher: Dem Bildschirm gelegentlich eine Pause gönnen! Nichts drängt stärker zur gedanklichen Ordnung als ein leeres Blatt Papier.

2.3 Kommunikation muss sein

Argumente können nur überzeugen, wenn der Empfänger sie versteht – eine Binsenwahrheit, sie gilt auch im Verhältnis des Gerichts zu den Parteien und der weiteren Öffentlichkeit. Wiederum stehen die Erwägungen im Mittelpunkt: Sie sind das hauptsächliche Mittel des Gerichts, zum Publikum zu sprechen und um Zustimmung zu werben. Die Art und Weise der Entscheidbegründung prägt das Bild der Justiz nicht weniger als die Entscheidung selbst. Je mehr Gewicht das Gericht darauf legt, sich (auch) der allgemeinen Öffentlichkeit zu erklären, desto eher kann es hoffen, seine Glaubwürdigkeit zu halten. Klare Sprache (juristische Technizitäten schliessen sie nicht aus), Verständnis für den Unterliegenden (es gibt ihn immer – ist es nicht der Bürger, dann die Verwaltung oder die private Gegenpartei): Dies sind die ersten Dinge. Es gehört aber noch mehr dazu. Treffende Argumente fallen nicht vom Himmel; sie zu finden gelingt nur – man verzeihe – im Diskurs. Richterliche Unabhängigkeit rechtfertigt weder Einzelgängertum noch Gesprächsverweigerung oder Kritikfeindlichkeit. Als Justizkonsument würde man gerne die Gewissheit haben, dass der innergerichtliche Austausch tatsächlich praktiziert wird.

Darum drei Punkte. Zunächst: Kommuniziert miteinander! Kollegen um ihre Meinung bitten und selbst Gesprächsbereitschaft zeigen, Grundprobleme abseits eines hängigen Falls besprechen und gelegentlich eine Retraite abhalten: Informeller Austausch dieser Art zählt hoffentlich auch im Gericht zu den Selbstverständlichkeiten. Kommunikation gebietet sich erst recht beim Richten. Die Handhabung einzelrichterlicher Befugnisse sollte gelegentlich im Plenum diskutiert werden. Und was die Kollegialentscheide betrifft: Spruchkörper sind als Forum für die mündliche Urteilsberatung gedacht; die mündliche Urteilsberatung wiederum soll den Spruchkörper vor Fehlern bewahren. Der verbreitet zulässige Zirkulationsweg bei Einstimmigkeit (mitunter genügt gar nur die Mehrheit) schaltet die Selbsttätigkeit dieser Sicherung aus. Der obligatorische Halt wird zum Halt auf Verlangen. Zirkularentscheide mögen arbeitsökonomisch sinnvoll, ja unentbehrlich sein. Die

549

Methode hat aber einen gewichtigen Nachteil: Sie schiebt die Traktandierungslast auf den opponierenden Richter. Die Wirkungen kann man sich denken. Wer will sich schon mit Diskussionsbegehren unbeliebt machen? Es wäre eine Überlegung wert, auch die unbestrittenen Geschäfte auf die Tagesordnung zu setzen. Sie könnten als solche gekennzeichnet werden; die Möglichkeit einer Wortmeldung sollte aber offengehalten werden. Die Widerspruchslast dürfte sich immer noch als wirksamer Damm gegen übermässige Diskussionslust erweisen.

Sodann: Kommuniziert mit dem Publikum! Die beste Gelegenheit dazu bietet sich an öffentlichen Urteilsberatungen – vorausgesetzt, das Kollegium diskutiert frei und nicht ab Blatt. Es mag sein, dass die Leute wegbleiben. Dies schadet aber nicht, solange die Presse präsent ist und berichtet. Die öffentliche Urteilsberatung erlaubt einen Blick in die Werkstatt und mag so dem Eindruck entgegenwirken, die Justiz funktioniere nach Art eines schwarzen Zauberkastens. Zudem verschafft sie dem Gericht die Möglichkeit, das Wie und Warum eines möglicherweise unerwarteten oder unpopulären Entscheids ausführlich darzulegen.

Schliesslich (nur ungern): Kommuniziert mit der Lehre! Literatur ist dazu da, benützt zu werden. Sie versteht sich als Angebot, und sie möchte wahrgenommen werden, so wie umgekehrt auch sie die Justiz wahrnimmt. Keinem Gericht fallen Steine aus der Krone, wenn Schriften zitiert werden. Zustimmung oder Kritik – völlig gleichgültig, nur ein Echo wollen wir haben! Dass das Schrifttum professionell gehandhabt werden sollte, versteht sich von selbst. Also: nicht nur das eine Standardwerk anführen, mit dem man vor Jahren an der Universität gross geworden ist; die Belege in den Fussnoten überprüfen (sie sind häufig schwach, wenn nicht falsch); tendenziöse Literaturmeinungen zurückweisen, auch bei grossen Namen; Hinweise auf eigene Arbeiten unterlassen (Selbstbelege wirken peinlich). Drittklassige Autoren, dies nur nebenbei, darf man ohne Schaden übersehen.

3. … Herr der Lage bleiben …

Herr der Lage bleiben, das klingt grimmig. Und doch verlangt das Verwaltungsprozessrecht genau dies, nur wählt es noblere Worte: Sachverhaltsermittlung und Rechtsanwendung von Amtes wegen, dabei unabhängig und nur dem Recht verpflichtet. Gewiss müssen die entsprechenden Rügen (fehlerhafte Sachverhaltsermittlung, fehlerhafte Rechtsanwendung) zunächst erhoben werden. Dann aber liegen die Zuverlässigkeit der Entscheidgrundlagen und die Richtigkeit der Rechtsfindung in der alleinigen Verantwortung des Richters. Was gewöhnlich als normative Gewährleistung zugunsten der Justiz gilt, wendet sich bei näherem Hinsehen zur normativen Erwartung an die Justiz: Der Vertrauensvorschuss des Gesetzgebers muss durch Autonomieleistungen des Richters honoriert werden.

3.1 Der Stromlinienkollege

Autonom denkt und handelt nur, wer die Folgen abweichenden Verhaltens nicht fürchtet. Dies trifft auch auf den Richter zu; er ist ja kein Übermensch.

Der grösste Feind der richterlichen Autonomie heisst Konformitätsdruck. Gerichtsfälle, die schon im Vorfeld der Entscheidung die Öffentlichkeit beschäftigen; Gesetze, deren gradlinige Handhabung das Missfallen einflussreicher Kreise erregt; der Ruf nach zügiger und kostengünstiger Erledigung von Beschwerdesachen: Immer wird sich dadurch die Neigung verstärken, Entscheidungen im abgesicherten Mittelfeld zu treffen und auf eine kritische Beleuchtung hergebrachter Rechtsauffassungen zu verzichten. Auch der Zwang, sich periodisch zur Wiederwahl zu stellen, dürfte die Autonomiebereitschaft eines Gerichts nicht gerade fördern.

Einen Teil des Konformitätsdrucks erzeugen die Gerichte allerdings auch selbst. Da sind zunächst die Konventionen des Richterberufs: Attitüden wie Ausgewogenheit der Betrachtungsweise, Mässigung im Ton, Abgeklärtheit gegenüber den Erscheinungen des gesellschaftlichen Lebens verstärken den für Juristen ohnehin schon typischen Hang zur Vorsicht. Dazu tritt die stille Disziplinierungskraft des Richterkollegiums, dessen Anerkennung in fachlicher und menschlicher Hinsicht jeder neu eintretende Richter zuerst erwerben muss und die man, einmal erlangt, nicht wieder verscherzen will. Abweichende Meinungen und Gegenanträge wird man sich darum nicht zu oft erlauben, zumal wenn damit gegen informelle Hierarchien verstossen würde.

Niemand soll glauben, alle Gerichtsmitglieder könnten sich dem Konformitätsdruck jederzeit widersetzen. Stehvermögen ist Charaktersache; Qualitätskontrollen im Richterwahlverfahren (wenn es sie denn gibt) schliessen schwache Besetzungen nicht aus. Dieser Tatsache wird man spätestens dann ins Auge sehen müssen, wenn es gilt, Dossiers zuzuteilen und den Spruchkörper zu besetzen. Wer instruiert die komplexen oder brisanten Fälle, wer wirkt am Urteil mit? Die Frage stellt sich nicht nur an Universalgerichten, sondern auch dort, wo Gerichtsabteilungen nach Sachgebieten bestehen. Verbreitet ist es der Präsident, der die eingehenden Geschäfte einem Richter zur Prozessinstruktion zuteilt und der auch die am Entscheid mitwirkenden Richter bestimmt. Eine solche Regelung birgt die Gefahr, als Disziplinierungsmittel gegenüber dem Kollegium und als Steuerungsmittel in der Sache Verwendung zu finden. Der Präsident mag sich noch so sehr um Neutralität und Ausgewogenheit bemühen – der böse Schein wird sich nicht ganz vermeiden lassen. Bestehen bessere Alternativen? Etwa die Bezeichnung fester Spruchkörper? Periodische Umbesetzungen innerhalb des Gerichts? Die Geschäftszuweisung nach einem nicht manipulierbaren System? Alles ist möglich, wie manche Gerichtsreglemente schon heute belegen. Gleichwohl bleibt ein Unbehagen zurück. Geschäftszuweisung und Spruchkörperbesetzung nach mathematischem Schema mögen zwar die Unparteilichkeitserwartungen bedienen; die genauso wichtige Sicherung bestmöglicher Urteilsqualität aber wird ausgeblendet. Da scheint ein Prozedere, das – auch – die individuellen Kompetenzen der Richter in Rechnung stellt, doch das kleinere Übel zu sein.

3.2 Die Expertenfalle

Gesetzliche Tatbestände verweisen mitunter auf technische Begriffe, deren Bedeutung der Richter allein unter Rückgriff auf seine allgemeine Lebenserfahrung nicht ausreichend zu ermessen vermag. In dieses Kapitel gehören Wendungen wie «Schädlichkeit», «Stand der Wissenschaft» oder «wirtschaftliche Tragbarkeit». Ähnlich verhält es sich, wenn Prognosen anzustellen sind, etwa bei der Beurteilung von Bauzonen («voraussichtlich innert 15 Jahren benötigt und erschlossen») oder von Deponiebewilligungen (das Gesetz verlangt einen Bedarfsnachweis). Besonders anspruchsvoll gestaltet sich die Folgenabschätzung bei Interessenabwägungen (die Behörde soll bei der Beurteilung der Interessen «die möglichen Auswirkungen berücksichtigen», so die einschlägige Verordnung).

In der Verwaltungsrechtspflege obliegt die Feststellung des rechtserheblichen Sachverhalts und später die Überprüfung der Sachverhaltsfeststellung mit gewissen Einschränkungen den Behörden (die Einschränkungen heissen Mitwirkungspflicht und später Rügeprinzip). Sie und nicht die Parteien tragen die primäre Verantwortung dafür, dass die entscheidnotwendigen Fakten richtig und vollständig vorliegen. Dafür stehen ihnen die üblichen Beweismittel zur Verfügung, unter anderem auch Gutachten von Sachverständigen. Solche sind einzuholen, wenn ein Entscheid besonderes Fachwissen erfordert – genauer: wenn die Frage, ob bestimmte Tatbestandselemente der anwendbaren Norm erfüllt sind, nicht ohne besonderes Fachwissen entschieden werden kann. Expertisen sollen Wissenslücken auf der Ebene der Tatfragen überbrücken. Sie sind Mittel zur Ermöglichung alleinverantwortlicher richterlicher Rechtsfindung, niemals aber Mittel zur Delegation der Rechtsfindung an aussergerichtliche Akteure. Der Richter muss daher dafür sorgen, dass die Expertise nur jene Funktion erfüllt, die ihr vom Prozessrecht zugedacht ist, und nicht noch Leistungen darüber hinaus erbringt.

Die praktischen Konsequenzen sind beträchtlich. Bezogen auf den Inhalt des Gutachtens (die Anforderungen an die Person des Gutachters interessieren hier nicht) sind es im Wesentlichen drei.

Die Expertise, erstens, kann nicht besser sein als der Auftrag. Der Instruktionsrichter muss das Pflichtenheft des Gutachtens einlässlich festlegen, was unter anderem heisst: die richtigen Fragen stellen, und die Fragen präzise stellen. Der Richter muss wissen, was er nicht weiss. Dies bedingt, dass er die Materie noch vor der Auftragserteilung selbständig durchdringt. Nur der Richter als Rechtskundiger kann beurteilen, welche Faktenelemente ihm fehlen, um das Normmaterial handhaben zu können. Geht es um Folgenabschätzung bei Interessenabwägungen, muss er sich ausserdem bereits ein Bild darüber gemacht haben, welche Entscheidungsalternativen ernsthaft in Betracht kommen.

Die Fragen – zweiter Punkt – dürfen nur die Fakten betreffen. Dies gilt gerade bei gemischten Fragenkomplexen, das heisst bei Fragen, die sich dadurch auszeichnen, dass Tat- und Rechtsaspekte ineinander übergehen. Wenn die Rechtsanwendung unabtretbar dem Gericht obliegt, dann gehört zu dieser Obliegenheit auch, solche Komplexe aufzutrennen und den Gutachterauftrag auf den Tataspekt zu richten. Die Abgrenzung zwischen Tat- und Rechtsfrage darf nicht dem Gutachter überlassen bleiben.

Schliesslich soll das Gutachten für Richter und Parteien nachvollziehbar sein. Der Gutachter bediene sich der Alltagssprache und erkläre soweit nötig die Fachausdrücke. Der Richter darf sich nicht scheuen, Zusatzfragen zu stellen oder eine Erläuterung des Gutachtens zu verlangen. Er (und nicht der Gutachter) trägt am Ende die Verantwortung für die juristische Verwertbarkeit der Expertise.

3.3 Das Richterliche-Zurückhaltungs-Geschwurbel

Die Kognition der Verwaltungsgerichte erstreckt sich – Einzelheiten beiseitegelassen – unter anderem auf Rechtsverletzungen einschliesslich Rechtsfehler bei der Ausübung des Ermessens, manchmal auch auf Unangemessenheit. Kognition meint jene Arten von Fehlern, auf die hin das Gericht die angefochtene Verfügung zu überprüfen befugt und verpflichtet ist. Im Verhältnis zwischen Verwaltung und Verwaltungsgericht bezeichnet die Kognition eine Kompetenzgrenze, nämlich die Grenze zwischen justizieller Beanstandungsbefugnis und administrativer Letztentscheidungsbefugnis.

Für die genaue Grenzziehung hat die Rechtsprechung passend zu den einzelnen Fehlerarten eine Reihe von Grundsätzen entwickelt. Im Zusammenhang hier sind vor allem jene Formeln von Bedeutung, die sich auf die Handhabung von Handlungsspielräumen durch die Verwaltung beziehen. Sie haben eines gemeinsam: Es sind Rückzugsformeln. Im Rahmen der Rechtskontrolle kommt es zu gewisser «Zurückhaltung», sobald fachtechnische Fragen oder örtliche Verhältnisse zu beurteilen sind (häufig anzutreffen bei der Auslegung unbestimmter Gesetzesbegriffe und bei Interessenabwägungen). Vergleichbares gilt im Umgang mit der Unangemessenheitsrüge: Die Justiz mag «nicht ohne triftigen Grund» (wahlweise «nicht ohne Not») eigene Opportunitäten an die Stelle des vorinstanzlichen Ermessens setzen.

Die Figur der «richterlichen Zurückhaltung» (eingeschlossen die «Ohne-Not-Praxis») lässt an eine Tugend denken, der sich das Gericht aus weiser Einsicht zu verschreiben scheint. Nicht zufällig begegnet man Begriffen wie «Selbstbeschränkung» oder «Selbstzucht». Doch dies sind leere Worte – siehe die Überschrift zu diesem Abschnitt. Von Tugend kann keine Rede sein. Die Aufgabe der Verwaltungsgerichtsbarkeit, im Zuge der Streitschlichtung Rechtsschutzbedürfnisse zu befriedigen und die Gesetzmässigkeit der Verwaltung sicherzustellen, bringt die Pflicht mit sich, den gesetzlichen Kontrollrahmen so weit nötig auszuschöpfen. Genau zu diesem Zweck profitiert die Gerichtsbarkeit von institutioneller Abschirmung, und genau dieser Abschirmung verdankt die Gerichtsbarkeit die Chance, Kontrollfunktionen abseits des politischen Tagesgeschäfts mit dem nötigen Nachdruck wahrzunehmen. Eine Verwaltungsgerichtsbarkeit, die sich zur eigenen Schonung zurücklehnt, begeht unzulässigen Kompetenzverzicht und materielle Rechtsverweigerung. Wenn «richterliche Zurückhaltung» ihre Berechtigung hat, dann nur als Mittel zur Justierung der funktionellrechtlichen Zuständigkeitsordnung im Einzelfall. Richtig eingesetzt, zeigt sie die Beurteilungs- und Gestaltungsautonomie von Regierung und Verwaltung an, in die einzudringen aus dem einen oder anderen Grund kein Anlass besteht.

Die Rückzugsrechtfertigungen, soweit sie überhaupt vorgetragen werden, greifen allerdings oft zu kurz. Die Verwaltungsbehörde stehe der Sache näher oder kenne die Örtlichkeiten besser, das Gericht sei keine Oberverwaltungsbehörde: Das mag zutreffen, aber aus Fakten (um mehr handelt es sich nicht) sollte man keine normativen Schlüsse ziehen. Wem – ob der Verwaltung oder der Justiz – welche Handlungsspielräume zur letztentscheidenden Konkretisierung überlassen sind, ist Rechtsfrage; sie ist in Ansehung der konkreten Streitsache zu beantworten und nicht unter Rückgriff auf pauschale Formeln. Das Gericht muss sich seine Rückzüge verdienen. Wie soll das geschehen? Etwa so: Vor unbestimmte Gesetzesbegriffe gestellt hat das Gericht Zurückhaltung nur zu üben, wenn die Auslegung Kenntnisse voraussetzt, denen es aus eigener Anschauung nichts entgegenzusetzen hat, was zu einer rechtlich zutreffenderen Lösung führen könnte. Interessenabwägungen sind vorab unter methodischen Gesichtspunkten zu überprüfen (wurden Alternativen bedacht? wurden die erheblichen und nur die erheblichen Interessen berücksichtigt, wurden sie nachvollziehbar gewichtet, trägt der angefochtene Entscheid dieser Gewichtung Rechnung?). Schliesslich die Angemessenheitskontrolle: Sie der Verwaltungsjustiz zuzumuten ist ein Fehler; darüber wurde schon oft berichtet. Aber wo sie besteht und die Rüge der Unangemessenheit erhoben wurde, möchte man mehr hören als den dürren Satz: Von den Erwägungen der Vorinstanz abzugehen bestehe kein Anlass. Gewiss soll die Justiz nicht den Oberlehrer in Opportunitätsfragen markieren. Angemessenheitskontrolle verlangt nur – dies aber wohl – die Beantwortung der Frage, ob der Verwaltungsträger die Angemessenheit seiner Anordnung plausibel begründet habe. Das richterliche Augenmerk gilt wiederum weniger dem Ergebnis als der Art seiner Herleitung. Es verhält sich insofern nicht anders als mit der gerichtlichen Überprüfung von Interessenabwägungen.

4.   ... und Mass halten

Der letzte Wunsch – Mass halten – appelliert erneut an die richterliche Zurückhaltung, jetzt aber bei dem, was am Ende herausschaut und wie viel davon veröffentlicht wird.

4.1   *«Richter sind keine Politiker»*

Gerichte, so lautet ein gängiges Wort, hätten sich aus der Politik herauszuhalten; ihr Geschäft sei allein die Rechtsprechung. Dagegen wird vorgebracht, Recht und Politik liessen sich in Wahrheit gar nicht trennen. Auch der Richter (nicht anders als der Gesetzgeber) verfüge über Entscheidungsalternativen und sei daher «wirklich politisch tätig»; das Parlament wiederum betreibe ein Stück weit Rechtsanwendung, weil an Vorgaben des höherrangigen Rechts gebunden. Dem mag man zunächst nicht widersprechen.

Tatsächlich bilden Rechtsetzung und Rechtsprechung keine scharfen Gegensätze. Im Prozess der Rechtsgewinnung vereinigt jeder einzelne Handlungsbeitrag – wenn auch zu unterschiedlichen Teilen – «unpolitische» Deduktion und «politische» Dezision. Blickt man nur starr genug auf den stets irgendwo vorhandenen Dezisionsanteil, dann erscheint auch der simpelste Richterspruch irgendwie politisch. Was folgt daraus? Doch wohl nicht, dass zwischen Rechtsetzung und Rechtsprechung mit Bezug auf den politischen Gehalt kein grundlegender Unterschied auszumachen sei – sondern höchstens die Anschlussfrage, welche Art von Politik dem Gericht zustehe.

Im Prozess der Rechtsgewinnung, der eben kurz angesprochen wurde, folgen sich mehrere Phasen. Gewöhnlich sind dies die Initiierung eines Rechtsetzungsprojekts, seine Gestaltung und verbindliche Festsetzung, schliesslich die Vollziehung und die Kontrolle. Initiierung, Gestaltung und Festsetzung sind Sache der politischen Behörden, die Vollziehung obliegt primär der Administration, um die Kontrolle kümmert sich (teilweise zumindest) die Justiz. Mit der Entwicklung dieses Ablaufs verändern sich sowohl der Dezisionsanteil der einzelnen Handlungsbeiträge als auch der Zweck und die Perspektive der jeweiligen Dezision.

Initiierung, Gestaltung und Festsetzung einer gesetzlichen Ordnung sind darum genuin politische Vorgänge, weil sich die Alternativenwahl in einem normativ nur wenig vorgezeichneten Rahmen abspielt. Auch wenn der Gesetzgeber an höherrangiges Recht gebunden ist, so stehen im politischen Diskurs doch Macht- und Verteilungsfragen im Vordergrund. Die politische Dezision soll der ins Auge gefassten Staatsaufgabe eine allgemeine Ordnung geben. Die Vollziehung durch die Administration erscheint als das reale Ins-Werk-Setzen dieser Ordnung. Der Anteil an rechtlich programmiertem Handeln (damit auch der Einfluss juristischer Argumente auf die einzelnen Entscheidungen) liegt bereits deutlich höher als im Prozedere der Rechtsetzung. Wo der Gesetzgeber durch Einsatz offener Normen von strikter Steuerung absieht, steigt die Dezisionsmacht der Verwaltung freilich wieder an; als Folge davon gewinnt die Vollziehung eines Gesetzes stückweise projektdefinierende (und nicht bloss projektexekutierende) Bedeutung. Der Sinn der administrativen Dezisionsbefugnisse liegt aber nur mehr darin, aufgabenspezifisches Zweckmässigkeitsdenken zur Entfaltung zu bringen. Grosse Politik ist damit nicht zu machen. Immerhin teilt die Administration mit den politischen Behörden den allgemeinen, über den Einzelfall hinausreichenden Blick.

Vor dem Hintergrund der politisch-administrativen Handlungskette wirkt die Verwaltungsjustiz in jeder Hinsicht abgesetzt. Wenn ihre Hauptaufgabe darin gesehen wird, verbindliche Entscheidungen über strittige Rechte und Pflichten im Einzelfall zu treffen, so handelt sie zur Erfüllung dieser Aufgabe immer nur retrospektiv (nicht prospektiv), auf äusseren Anstoss hin (nicht aus eigenem Antrieb) und im Korsett strenger Verfahrensregeln (nicht durch prinzipiell freies Aushandeln unter Akteuren des politischen Prozesses). Die Verwaltungsjustiz betreibt Fehlerkontrolle, nicht Aufgabengestaltung. Die Dezisionsanteile, über die das Verwaltungsgericht immer auch verfügt, sind diesem Kontext verpflichtet. So dient gerichtliche Dezision allein dem Vorhaben, die allgemeine politische Gerechtigkeit des Gesetzes auf den Einzelfall zu transferieren (selbständige Regelkonzepte hervorzubringen bleibt ihr versagt). Weiter steht sie unter Begründungszwang (Entscheide ohne gedankliche Rechenschaftsablage können sich allenfalls die politischen Behörden leisten). Und schliesslich muss sie den anerkannten Regeln der juristischen Methodik folgen, was vor allem heisst: sich auf den Katalog der anerkannten Argumentationsmuster beschränken (die Politik ist in der Wahl der Begründungen frei). Wer trotz dieser Abstriche noch immer von richterlicher Politik sprechen will, sollte zumindest beifügen, dass es sich um mehrfach gebrochene Politik handelt.

Dass die Justiz keine Rechtspolitik zu betreiben habe, muss man den Verwaltungsgerichten helvetischen Zuschnitts nicht beibringen. Viel wichtiger ist die Kehrseite. Die Forderung richtet sich nämlich in erster Linie an den Gesetzgeber. Er muss dafür sorgen, dass die Justiz nur justiziable Materien zugewiesen erhält; er muss die materiellrechtlichen Befugnisse und Obliegenheiten mit einer minimalen Bestimmtheit vorzeichnen. Nur so besteht Gewähr, dass die Justiz bei ihrer angestammten Rolle bleiben kann. Gewiss sind richterliche Eigenwertungen nicht zu vermeiden; aber die politischen Fremdwertungen müssen doch dem Gesetz entnommen werden können. Wo in der Sache keine normativen Massstäbe vorliegen, ist eine rechtlich gegründete Fehlerkontrolle nicht mehr möglich. Wird die Justiz dennoch zum Entscheid gedrängt, fällt der Vorwurf der politisierenden Justiz unweigerlich auf den Gesetzgeber zurück.

4.2 Die Verwaltung kann manches besser

Auf die Verwaltung einzudreschen gehört zu den Volks- und Politsportarten der verbreiteten Sorte. Man kennt die Vorurteile: träge, starrköpfig, lebensfremd. Das alles ist grundfalsch; richterliche Besserwisserei gegenüber Ämtern und Direktionen wäre schon deshalb unangebracht. Schlimmer noch, sie würde beiden Seiten schaden: der Verwaltung, weil es sich dann nicht mehr lohnte, gute Arbeit zu leisten; und dem Gericht, weil es ihm nie gelingen könnte, exekutive Verantwortung zu übernehmen. Damit stellt sich die Frage, wie mit erfolgreichen Beschwerden gegen die Verwaltung zu verfahren sei. Das Gericht hat zwei Möglichkeiten: Reformation oder Kassation. Entweder urteilt es in der Sache selbst oder weist diese mit verbindlichen Weisungen zur Neubeurteilung zurück. Reformation setzt voraus, dass bereits die Vorinstanz einen Sachentscheid gefällt hat und dass die Angelegenheit aus gerichtlicher Sicht entscheidungsreif ist. Das Problem steckt im Wort «entscheidungsreif». War für die Gutheissung der Beschwerde eine fehlerhafte Handhabung administrativer Handlungsspielräume ausschlaggebend, so beinhaltet der reformatorische Entscheid stets ein gestaltendes Einwirken des Gerichts auf die Ordnung einer Verwaltungsaufgabe. Das gleiche Potenzial hat übrigens auch der kassatorische Entscheid, falls die gerichtlichen Weisungen den neuen Sachentscheid vorwegnehmen.

Die Zulässigkeit gewaltenübergreifender Intervention ist bisher eher am Beispiel der Verfassungsgerichtsbarkeit erörtert worden. Dort ging es wesentlich um die Voraussetzungen zur Anerkennung ungeschriebener Grundrechte und zur Kompensierung legislatorischer Untätigkeit. Richterlicher Aktivismus im Bereich der Verwaltungsrechtspflege würde sich weniger gegen den Verfassungs- oder Gesetzgeber als gegen den je betroffenen Verwaltungsträger richten. Die Frage scheint bisher kaum bewegt zu haben – wohl auch darum, weil sich die Verwaltungsgerichtsbarkeit (anders als die Verfassungsjustiz) in einem normativ meist dicht strukturierten Umfeld bewegt. Man kann aber gerade in planungs-, umwelt- oder technikrechtlichen Fällen die Situation nicht ausschliessen, da ein Verwaltungsgericht vor der Wahl steht, entweder (zum Nutzen des Beschwerdeführers, aber zum Schaden des Verwaltungsträgers) die aufgabengestaltenden Entscheidungen selbst zu treffen oder im Gegenteil (zum Schaden des Beschwerdeführers, aber zum Nutzen des Verwaltungsträgers) sich auf Rückweisung der Sache zu beschränken. Richterliche Reformation trotz administrativer Handlungsspielräume mag sich rechtfertigen, wenn die Streitsache – wie etwa im Personalrecht – eine bedeutende Persönlichkeitsnähe aufweist oder wenn an der Handlungsbereitschaft des Verwaltungsträgers gezweifelt werden muss. Ansonsten aber soll es bei der Kassation bleiben; und die Weisungen sollen sich vorab auf das Vorgehen beschränken. So erhält der Verwaltungsträger Gelegenheit zur eigenen Verbesserung und das Gericht vermeidet die Gefahr ärgerlicher Fehlgriffe.

4.3 Wir wollen nicht alles wissen

Gerichtsurteile müssen von Ausnahmen abgesehen öffentlich verkündet werden. Anders verhält es sich mit der permanenten Urteilspublikation: Was sie betrifft, liegt es am Gericht zu entscheiden, welche Entscheide in welchem Umfang und in welcher Weise veröffentlicht werden. Nun besteht Juristerei, wie sie von Anwälten und Rechtslehrern betrieben wird, zu wesentlichen Teilen aus Suchen, Finden und Abschreiben. Deshalb der unausweichliche Ruf an die Gerichte: Stellt alles ins Netz, beschlagwortet die Urteile und sorgt für blitzgescheite Suchmaschinen! Das Ergebnis kennen wir, es grenzt an Informationsmüll. Wollen wir wirklich alles wissen? Vielleicht ja, vernünftiger wäre nein. Auf eine Rückkehr zur publizistischen Sparsamkeit internetloser Zeiten darf man nicht hoffen. Darum: Richter, schützt uns vor unserer ratlosen Gier! Viel braucht es dazu nicht, bloss etwas Urteilsselektion und Leserführung. In amtliche Publikationsorgane und Rechenschaftsberichte gehören allein die Leiturteile; und wo nur das Netz verwendet wird, soll den Leiturteilen eine eigene Rubrik gewidmet sein. Leiturteile: Dazu zählen die grossen Fälle und prominenten Geschichten, die periodischen Zusammenfassungen der Rechtsprechung zu wichtigen Fragen, ebenso ausdrückliche Bestätigungen oder Präzisierungen der Praxis, erst recht natürlich Praxisänderungen (man verschleiere sie nicht als Präzisierungen!). Alles Übrige, die Alltagsroutine der B-Urteile, kann getrost wegbleiben – und falls es doch veröffentlicht wird, dann bitte an abgesetzter Stelle.

5. Schluss

Das Gericht ist souverän. Es mag die vorgetragenen Wünsche qualifizieren, wie es will: als naiv, altklug oder überflüssig. Dabei sollten sie nur ausdrücken, in welchem Mass die verwaltungsrechtliche Ausbildung mit der Vorbildrolle der Justiz rechnet. Ich möchte nicht Richter sein, könnte es wohl auch nicht. Umso höher achte ich jene, die sich dieser Aufgabe stellen. Somit zusammenfassend: Auf weitere hundert Jahre guter Verwaltungsgerichtsbarkeit in Bern!

Selbstbewusste Justiz

Hans Peter Walter

«I want them aspiring to be a Supreme Court justice. I want them aspiring to be President.»

Barack Obama

I

Mit diesen Worten ermutigte der amerikanische Präsident an der Feier zum hundertsten Geburtstag einer Vereinigung zur Förderung der farbigen Bevölkerung deren Jugend, ihr Schicksal entschlossen an die Hand zu nehmen und ohne Scheu auch besonders angesehene öffentliche Ämter anzustreben.[1] Bemerkenswert ist, dass unter diesen als höchst erstrebenswert genannten Berufszielen an erster Stelle die Justiz figuriert, sogar – wenn vielleicht bloss aus vorgeschobener Bescheidenheit – vor der Regierungsspitze. Und von der selbstbewussten gesetzgebenden Gewalt ist gar nicht erst die Rede.

Für die schweizerischen Verhältnisse, welche auf Bundes- wie auf Kantonsebene von zunehmender Skepsis der rechtlichen und der faktischen Mitgewalten gegenüber der Justiz geprägt zu sein scheinen, weckt diese Anerkennung des Richteramts durch das vielleicht mächtigste Regierungsmitglied der westlichen Hemisphäre einiges Erstaunen, zumal sie sich obendrein auf eine Institution bezieht, die auch dem Präsidenten gegenüber eine umfassende Verfassungskontrolle ausübt. Beeindruckt werden sich nicht zuletzt die hiesigen Justizangehörigen zeigen, denen eine vergleichbare Achtung durch Parlament, Regierung oder Medien schmählich versagt bleibt. Die nachfolgenden Gedanken sind daher vom Bestreben geleitet, diesen *pavor despici-*

---

[1] Zitiert nach Daily Mail vom 18.7.2009, S. 8.

entiae etwas in den Gegenwind zu stellen und die schweizerischen Richter[2] zu ermuntern, ihr Selbstwertgefühl nicht bloss gegenüber der «Klientel», sondern ebenso gegenüber den staatlichen – verfassungsmässigen – wie den faktischen – publizistischen – Gewalten entschlossen und nachhaltig aufzubauen und zu pflegen.

«Des trois puissances dont nous avons parlé, celle de juger est en quelque façon nulle.»[3] Unter diesem, wenn auch beharrlich aus dem Zusammenhang gerissenen und falsch gedeuteten Zweihänderhieb Montesquieus[4] leidet die helvetische Justiz unbesehen ihrer rechtsstaatlich garantierten Existenz und Autorität ingrimmig fort. Zusätzlich schürt den Schmerz die lapidare Wahrheit von Sartre, dass *«le néant néantise»*. Wo nichts ist, ist *Nichts*. Leiden ruft nach Therapie. Die Judikative weicht jedoch verbreitet bereits der Diagnose aus und überspielt den Schmerz, ohne ihn zu behandeln, indem sie den aufgedrängten Minderwert auf einen den Rechtsuchenden unablässig und eindrücklich von der abgehobenen Richterbank herab vorgespiegelten Selbstwert sublimiert. Wer sich selbst als unverzichtbaren Pfeiler im Gefüge des Rechtsstaats wähnt, darin aber aus den Blickwinkeln der öffentlichen Politik, besonders aus denjenigen der legislativen Schwestergewalt und der das Volksempfinden für sich beanspruchenden Medien, gleichsam als unnötig und unnütz gehandelt wird, hat sich in Szene zu setzen, um seine Existenzberechtigung zu illustrieren. Der Richter erliegt dabei leicht der Versuchung, seine zu Unrecht bestrittene Kompetenz und Schuldigkeit im Rechtsalltag dadurch zu rechtfertigen, dass er sie übersteigert sichtbar werden lässt und autoritäre Überheblichkeit mimt, wo nach seinem

---

[2] Der «Richter» in der männlichen Sprachform wird hier und im Folgenden als grammatisches *(genus)* und nicht als biologisches *(sexus)* Geschlecht verwendet. Der Begriff bezieht sich umfassend auf die mit der gerichtlichen Rechtsfindung befassten Personen, auf die Zugehörigkeit zum Berufsstand der Justiz schlechthin, ohne Rücksicht auf deren Geschlechterzusammensetzung. Der Zivilist schöpft – wie so manches – auch die Legitimation zu dieser sprachlichen Leichtigkeit aus einer römischen Quelle, Dig. 50,16.1: *«Verbum hoc ‹si quis› tam masculos quam feminas complectitur»* («wenn es heisst ‹wenn einer›, sind Frauen wie Männer gemeint»).

[3] *Charles-Louis de Secondat Baron de la Brède et de Montesquieu,* De l'Esprit des lois, 1748, zitiert nach den Œuvres complètes. Présentation et notes de Daniel Oster, Paris 1964, S. 530 ff., S. 588.

[4] Dazu namentlich *Regina Ogorek,* De l'Esprit des légendes oder wie gewissermassen aus dem Nichts eine Interpretationslehre wurde (1983), in: dies., Aufklärung über Justiz, 1. Halbband, Frankfurt a.M. 2008, S. 76 ff.; aber auch etwa *Max Imboden,* Montesquieu und die Lehre von der Gewaltentrennung (1959), in: ders., Staat und Recht, Basel und Stuttgart 1971, S. 55 ff.

funktionellen Pflichtenheft autoritative Obhut und Fürsorge gefordert wäre. Die Risiken und Nebenwirkungen dieser selbst gewählten Methode zur Verdrängung des egozentrisch aggravierten Komplexes sind mühelos zu ersehen. Nicht von ungefähr heisst es, die Richter seien ein bisschen weltfremd, sässen eine Stufe höher, kleideten sich in dunkle Einheitsroben und würfen ohne Rücksicht auf Verständnis mit Paragraphen um sich, ohne im Grunde zu wissen, wie es dem «kleinen Mann in der Praxis des Lebens» zumute sei. Sie hätten den Ehrgeiz, Klassenprimus zu sein, im Berufsleben nicht abgelegt,[5] seien unnahbar und davon überzeugt, ihre Entscheidung sei die einzig richtige und jede andere abwegig, hielten sich für höhere Wesen und warteten bloss darauf, dass ihnen Flügel wüchsen, weil alles Menschliche bereits aus ihnen gewichen sei.[6]

In bemerkenswertem und vorerst erstaunlichem Gegensatz zu dieser «Monstranz der Robe» steht die verbreitet zu beobachtende Beflissenheit der Judikative, sich im Umzug der Staatsautoritäten ostentativ hinter Legislative und Exekutive einzuordnen und peinlich darauf zu achten, ihre angebliche Rolle als hierarchisch subordinierte Gewalt auch sinnfällig zu zeigen. Gleiches gilt für das konstante Bemühen der Richter, sich mit den Medien nicht anzulegen, um dem modernen, von Gutenberg initiierten Pranger der öffentlichen Verunglimpfung auszuweichen. Diese Bestreben erklären sich fassbar aus einem gestörten Verständnis der Justiz zur *ratio* der Gewaltenteilung auf der einen und aus der Furcht vor mangelnder Widerstandsfähigkeit der eigenen Urteilsfindung gegenüber der mediengeschürten öffentlichen Meinung auf der anderen Seite.

Der Versuch soll gewagt werden, den beiden Hauptursachen der latenten Schwermut etwas nachzugehen. Dabei wird eklatant, dass die Betroffenen einerseits vom Virus der parlamentarischen Aufsicht über die Justiz und dem daran gekoppelten Erfordernis einer periodischen Wiederwahl in das Richteramt infiziert sind, andererseits durch den Anblick der offenbar nicht zu übertünchenden Ikone vom Richter als gesetzeshörigem Subsumtionsautomaten verunsichert werden. In beiden Fällen verspricht Linderung am ehesten ein autogenes Training zur Bewusstseinsförderung, vorzugsweise im Rahmen einer dynamischen Gruppentherapie.

---

[5]   *Rolf Lamprecht,* Ausserrechtliche Einflüsse auf die richterliche Entscheidungsfindung, DRiZ 1989, S. 4 ff., S. 7.

[6]   *Hans Martin Schmidt / Walter Hanel,* Juristen sind gar nicht so, 7. Aufl. Köln 1994, S. 38.

II

Das Rechtsleben spielt sich unter Teilnehmern und vor Beobachtern ab. Im Kreise der Mitspieler verhält die Justiz sich traditionell funktionsgerecht, beachtet die Bindungswirkungen eigener präjudizieller Vorgaben oder solcher der höheren Instanzen und befolgt insoweit mehr oder weniger freiwillig das Prinzip des *stare decisis*.[7] In der vorliegenden Skizze interessieren nicht diese Interna, sondern die Rolle der Judikative im Blickpunkt ihrer einflussreichsten externen Beobachter: der Legislative und der Medien.

Hierzulande ist regelmässig das Parlament berufen, die administrative Justizaufsicht auszuüben, jedenfalls über die oberen Gerichte.[8] Erfahrungsgemäss drängen sich dabei vorneweg die als Anwälte praktizierenden Parlamentarier mit spitz angewinkelten Ellbogen in die Aufsichtskommissionen im Bestreben, im Gewand des Wächters über die Rechtsprechung ihren zwar weitgehend sibyllinischen und nebulösen Nimbus als «Organ»[9] oder «Mitarbeiter»[10] der Rechtspflege nachhaltig in Erinnerung zu rufen, um sich von den «Dienern des Rechts»[11] zu den «Herren über das Recht» emporzuschwingen. Sie legitimieren sich dazu allerdings nicht aus ihrer Stellung als Prozessbeteiligte, sondern aus ihrer Mitgliedschaft im gesetzgebenden Konvent, welchem nach ihrem Selbstverständnis augenfällig die alleinige Herrschaft über das Recht gebührt. Und die Justiz zieht unterwürfig nach, bemüht all ihren Diensteifer, den Parlamentariern zu gefallen, gibt sich gegenüber der Aufsichtsbehörde willfährig und duldet mit schmerzhaft erzwungenem Lächeln, dass die Aufsicht sich nicht auf die Kontrolle der äusseren Grundlagen und Voraussetzungen des justizmässigen Handelns beschränkt, wie es ihre Aufgabe wäre,[12] sondern hemmungslos danach lechzt,

---

[7] Wiewohl vor allem im angloamerikanischen Rechtskreis (case law) verehrt und entsprechend beharrlich falsch ausgesprochen, gründet auch dieser Grundsatz auf einer lateinischen Sentenz: *stare decisis et quieta non movere.* Zum Prinzip im Fallrecht statt aller *Wolfgang Fikentscher,* Methoden des Rechts, Tübingen 1975–1977, Band II, S. 83 ff.

[8] Für den Bund Art. 169 BV, für den Kanton Bern Art. 78 KV.

[9] So § 1 der deutschen Bundesrechtsanwaltsordnung (BRAO): «Der Rechtsanwalt ist ein unabhängiges Organ der Rechtspflege.» Dazu *Benjamin Lahusen,* 125 Jahre Dienst am Rechtskörper, myops 3 (2008) S. 31 ff.

[10] So das Bundesgericht in BGE 106 Ia 100 E. 6b.

[11] So wiederum das Bundesgericht in BGE 106 Ia 100 E. 6b.

[12] *Regina Kiener,* Richterliche Unabhängigkeit, Bern 2001, S. 299; *dies.,* Aspekte der parlamentarischen Justizaufsicht im Kanton Bern, BVR 1997 S. 385 ff. und (zu den Schranken der Justizaufsicht) S. 396 ff.; zu den Formen und Ausweitungstendenzen

auf die Rechtsprechung überzuschwappen, um subjektiv missliebiger Rechtsfindung den Mahnfinger der übergeordneten Gewalt zu zeigen. Dies unbekümmert darum, dass damit ein verfassungsmässiges Einwirkungsverbot geritzt, wenn nicht verletzt wird.

Der Grund für das Janusgesicht der schweizerischen Justiz im Selbstporträt liegt diagnostisch nahe: Die Prozessbeteiligten als solche haben keinen Einfluss auf die Richterstellung, das Parlament dagegen steht am Hebel, welcher das Fallbeil der Nichtwiederwahl freizusetzen vermag. Bekanntlich werden die Richter in der Schweiz, im Gegensatz zu den meisten westlichen Systemen, nicht unbefristet, auf Lebenszeit oder bis zu einer bestimmten Altersgrenze gewählt, sondern auf eine Amtsdauer von in der Regel vier bis sechs Jahren, nach deren Ablauf sie sich der Wiederwahl zu stellen haben.[13] Zwar hat das System durchaus rechtsstaatliche Wurzeln: Es soll die fortdauernde Legitimation der Justiz sichern und gewährleisten, dass nur solche Personen als Richter amten, welche fachlich und persönlich dazu in der Lage sind.[14] Entsprechend wurde das Prinzip des periodisch befristeten Richteramts während langer Zeit kaum in Frage gestellt, weil ebenfalls die Wahlorgane der richterlichen Unabhängigkeit Respekt zollten, die Eigenständigkeit der Justiz respektierten und im Regelfall die periodischen Wiederwahlen innerhalb der altersbegrenzten Aktivitätsdauer als reine Formalität und nicht als Billigung der Rechtsprechung betrachteten, deren Missbilligung anders gewendet mit der aufsichtsrechtlichen Sanktion der Nichtwiederwahl zu ahnden wäre. Nach dem berühmten Diktum von Noll ist die Schweiz allerdings kein Rechtsstaat, sondern eine Demokratie.[15] Zwar ist diese Antinomie

---

der Justizaufsicht instruktiv auch das Gutachten des Bundesamtes für Justiz vom 13. Dezember 2004, auszugsweise publiziert in VPB 2005 Nr. 48.

[13] Nicht unter diesem Damoklesschwert sitzen – soweit ersichtlich – einzig die Freiburger Richter, die zur Wahrung ihrer Unabhängigkeit auf unbestimmte Zeit gewählt werden und ausschliesslich in den gesetzlich vorgesehenen Fällen von der Wahlbehörde abberufen werden können (Art. 121 KV-FR vom 16. Mai 2004). Disziplinarisch können sie dabei nur wegen schuldhafter Verletzung der Dienstpflichten oder wegen eines mit der Würde des Amtes unvereinbaren Verhaltens ihres Amtes enthoben werden (Art. 11 des Freiburger Gesetzes vom 11. Mai 2007 über die Wahl der Richterinnen und Richter und die Aufsicht über sie). Politisch oder anderweitig missliebige Rechtsprechung fällt klarerweise nicht unter den Tatbestand.

[14] *Regina Kiener* et al., Gutachten im Auftrag der Gerichtskommission der Vereinigten Bundesversammlung zum «Verfahren der Erneuerungswahl von Richterinnen und Richtern des Bundes», VPB 2008 Nr. 26.

[15] Dazu *Eike Jung*, Richter heute, in: Marianne Heer (Hrsg.), Der Richter und sein Bild, Bern 2008, S. 11 ff., S. 13.

verfassungsrechtlich unhaltbar, des ungeachtet aber auf der politischen Ebene gelebte Wirklichkeit.

Dazu zwei Beispiele:

(1) Als die damalige Bundeskanzlerin im September 2005 in einer ständerätlichen Debatte die beherzte Auffassung vertrat, auch das Volk könne falsch entscheiden und sei nicht immer im Recht, löste sie mit dieser angeblich dreisten Verhöhnung der wahren eidgenössischen Souveränität selbst in der sonst für ihre rechtsstaatliche Besonnenheit gerühmten *chambre de réflexion* einen Proteststurm aus. Was Recht ist, bestimmt in der Demokratie die Mehrheit, sei es des Volks oder dessen parlamentarischer Vertreter, und die Justiz hat sich diesem demokratisch erwirkten Verständnis des richtigen Rechts unterzuordnen.[16] Das Volk darf nicht hinter der Rechtsprechung verschwinden, denn «[a]lle Staatsgewalt geht vom Volke aus»,[17] selbst wenn niemand weiss wohin.

(2) Als das Bundesgericht am 26. September 1990 erkannte, ein kantonales Verwaltungsgericht, welches einem Lehrer entgegen der Weisung der Gemeinde zugebilligt hatte, das Kruzifix aus seinem Schulzimmer zu entfernen, habe die Gemeindeautonomie (und bloss sie war bundesgerichtlicher Streitgegenstand) nicht verletzt,[18] liess der Denkzettel an die Adresse der für dieses Sakrileg verantwortliche Richtermehrheit nicht auf sich warten, gezeigt in der Form von deren auffallend schlechten Stimmenzahlen in der Wiederwahl vom Dezember desselben Jahres.[19] Ebenso wenig war im Nachgang zu den viel beachteten Einbürgerungsentscheiden, in welchen das Bundesgericht der verfahrensmässigen Willkür der Stimmbürger, an der anonymen Urne individuell-konkrete Entscheide zu fällen, rechtsstaatliche Schranken gesetzt hatte,[20] die empörte *vox populi* aus einem idolatrischen Demokratieverständnis zu überhören, solchen justiziellen Überzeichnungen des Rechtsstaats sei in den nächsten Wiederwahlen mit personellen Konsequenzen entgegenzutreten. Erfreulicherweise hielt das Höchstgericht dem

---

[16] Amtl. Bull. SR 2005 S. 796 ff., S. 803 f. (Voten Annemarie Huber-Hotz, Carlo Schmid und Christoffel Brändli sowie – immerhin vermittelnd – Ernst Leuenberger).

[17] Art. 20 Abs. 2 des deutschen Grundgesetzes.

[18] BGE 116 Ia 252.

[19] Amtl. Bull. NR 1990 S. 2520 f.

[20] BGE 129 I 217 und 232; dazu namentlich *David Dürr,* Das Urteil des Richters über den Gesetzgeber, in: Peter Forstmoser et al. (Hrsg.), Richterliche Rechtsfortbildung in Theorie und Praxis, FS Walter, Bern 2005, S. 59 ff.; *Daniel Thürer / Michael Frei,* Einbürgerung im Spannungsfeld zwischen direkter Demokratie und Rechtsstaatlichkeit, ZSR 2004 I S. 205 ff.

politischen Druck stand,[21] und die beteiligten Richter schafften die Wiederwahl, soweit sie sich ihr stellten, ohne Probleme, unbesehen des Gebells rund um das Wahllokal.[22] Der gestaute Dampf des Druckpotenzials, welches sich daraus aufbauen lässt, dass die Wiederwahl zu einem Referendum über die Rechtsprechung missbraucht werden kann,[23] war im Zeitablauf sukzessive entwichen. Das Wiederwahlrisiko kann zwar durchaus geeignet sein, richterliches Bemühen zu wecken, gesellschaftlich nicht aufzufallen und das Urteil im Zweifelsfall mehr in die Gunst der Wähler als in den Dienst des Rechts zu stellen, doch neigen dazu nur noch Richter, welche auch juristisch nicht standfest sind, und sie sind zum Glück im Spruchkörper kaum je mehrheitsbildend. Das System der periodischen Wiederwahl sollte daher trotz seiner rechtsstaatlichen Schwächen kein Anlass für die Richter sein, ihre Autorität bloss gesenkten Hauptes ein- und umzusetzen. Nur eine selbstbewusste Justiz erwirbt sich letztlich das Vertrauen und die Achtung der rechtsuchenden Bürger und schafft damit das für die gesunde Demokratie werthaltigste Markenzeichen.

Die Justiz hat die vornehme und konstante Aufgabe, dem wachsenden Kontrast von Recht und Faktizität mit engagiertem Einsatz entgegenzutreten und das allgemeine Staatsverständnis in rechtlich fundierte Denkrichtungen zu leiten. Sie hat daher keinen Anlass, ihr Licht im Verbund der Staatsgewalten unter den Scheffel zu stellen. Zwar ist sie nach verbreiteter Auffassung keine beliebte Staatsgewalt. Von den Menschen, die in den Gerichtssaal hineingehen, kommt mindestens die Hälfte verärgert wieder hinaus, weil der Prozess für sie verloren ging oder ihr gutes Recht hoheitlich zu spät anerkannt wurde.[24] Des ungeachtet geniesst sie nach den Umfragen zur öffentlichen Meinung von allen Staatsgewalten regelmässig das höchste Vertrauen, weil die Richter gleichsam die Mensch gewordene soziale Ordnung verkörpern und berufen sind, den abstrakten Normen durch ihr Urteil konkrete Gestalt zu geben, darin keiner Partei und keiner Ideologie verhaftet, sondern unabhängig und allein dem Recht verpflichtet.[25] Dies hat auch die Legislative zu beachten, selbst wenn sie als Wahlbehörde amtet. Der Justiz ihrerseits

---

[21] BGE 131 I 18, 132 I 196, 135 I 265.

[22] Amtl. Bull. NR 2008, S. 1589.

[23] *Regina Kiener,* Sind Richter trotz Wiederwahl unabhängig?, Plädoyer 5/2001 S. 36 ff., S. 40; *Hans Peter Walter,* Gedanken zum Richteramt, ZBJV 1991 S. 611 ff., S. 623 ff.

[24] *Hans-Jürgen Wipfelder,* Der Richter – ein Bürger wie jeder andere?, DRiZ 1987 S. 117 ff., S. 128.

[25] Art. 191c BV.

steht durchaus an, ihre Eigenständigkeit, Autorität und institutionelle Unabhängigkeit zu zeigen und sich erhobenen Hauptes neben und nicht geduckt hinter den Gesetzgeber zu stellen. An solch öffentlich gezeigtem Selbstbewusstsein aber mangelt es ihr verbreitet und alltäglich. Ihre Emanzipation ist daher zielstrebig voranzutreiben, stets eingedenk der Tatsache, dass es Richter gab, ehe es Gesetze und damit Gesetzgeber gab.[26] *Prior tempore potior iure.*

Die Medien haben in den letzten Jahren die Justiz als publikumswirksames Objekt kritischer Berichterstattung entdeckt und wittern aus einer effekthascherischen Vermarktung dieser Entdeckung eine Erhöhung von Auflagen und Einschaltquoten. Die gerichtlichen Verfahren und die darin ergehenden Urteile werden nicht mehr bloss referiert, sondern reisserisch ausgewalzt und nach dem Geschmack des Publikums einseitig hinterfragt. Gefragt ist nicht Zustimmung, sondern Widerspruch als Ausdruck der öffentlichen Justizkontrolle. Und mangels eines präventiv wirksamen Gegendrucks in der Art des anglo-amerikanischen *contempt of court* erschöpft die Kritik sich nicht in der Schelte des ergangenen Urteils, sondern setzt bereits während des laufenden Verfahrens ein, stets auf eine Entscheidung ausgelegt, die dem breiten Publikum als rechtlich einzig mögliche vorgekaut wird. Die Dogmatik, welche seit jeher Mühe hat, sich damit abzufinden, dass sie höchstens über die Autorität der Argumente, nicht aber über die Macht der Entscheidung und damit der verbindlichen Rechtsgestaltung verfügt,[27] lässt sich ihrerseits mit Vorliebe vor die Kutsche spannen, um den Lesern, Hörern und Sehern den vorgeblich allein gangbaren Weg zum richtigen Urteil aufzuzeigen. Den juristisch interessierten Betrachter beschleicht bei diesen Medienauftritten immer öfters der Eindruck, einzelne Rechtsfakultäten gönnten sich einen verkappten Lehrstuhl für mediale Justizeinwirkung im Bestreben, das geneidete Ansehen der hermeneutischen Konkurrentin in der öffentlichen Meinung vorzeitig zu verlästern.

Der zwiespältige Erfolg dieser Strategie der Prozessführung durch die Medien oder mit deren Hilfe bleibt nicht aus. Die Öffentlichkeit wird motiviert, sich in laufende oder abgeschlossene Verfahren einzumischen. Sie wird provokativ aufgerüttelt und sensibilisiert. Die Justiz wird dadurch in den zunehmend rauen Wind des populistisch aufgereizten Rechtsverständ-

---

[26] *Jean Etienne Marie Portalis* in einer Rede vom 23. Februar 1804, zitiert nach *Rolf Wank,* Grenzen richterlicher Rechtsfortbildung, Berlin 1978, S. 15.

[27] *Marcel Planiol / Georges Ripert / Jean Boulanger,* Traité de droit civil, Paris 1965, tome I, p. 154.

nisses einer objektiv unkritischen Publikumsmehrheit gestellt. Ihre Urteile werden immer weniger als ehrfurchtsvoll zu beachtende Autoritätszeichen verstanden, vielmehr als Fussmatten, die mit angeblich demokratisch genagelten Schuhen zu zerstampfen sind. Die auch anstandsnackt durchgängig sakrosankten Meinungs-, Informations- und Medienfreiheiten[28] schliessen die Justiz von präventiver oder repressiver Abhilfe gegen diese Entwicklung wirkungsvoll aus. Die Richter haben sich damit abzufinden, dass alle Umstehenden, wenn auch nicht aus eigener Erkenntnis, eine Meinung zum richtigen Recht und zum richtigen Mass haben und haben dürfen, von welcher sie sich durch einen Gerichtsentscheid allein nicht abbringen lassen. In Sachen Gerechtigkeit sind alle sachverständig und in der Äusserung ihrer Expertise frei. Darauf hat die Justiz sich auszurichten, will sie sich sturmsicher halten.

In der Realität fehlt jedoch verbreitet noch das geziemende Gegengewicht. Die Richter geben sich der Medienkritik gegenüber vornehm bedeckt und verschanzen sich hinter dem Argument, sie hätten ihre Urteile zwar zu fällen und getreu dem grundrechtlichen Gehörsanspruch mit mehr oder weniger pauschalen Verweisen auf die normativen Vorgaben zu begründen, weder aber zu rechtfertigen noch marktschreierisch zu verkaufen. Mit dieser Haltung aber hat die Justiz Mühe, sich ihrer Umgebung verständlich zu machen, Missverständnisse auszuräumen und ihre Entscheide wirklichkeitsnah zu rechtfertigen. Sie übersieht weithin, dass sie in besonderem Masse auch an ihrem Marketing-Auftreten gemessen wird. Gefordert ist daher, dass sie sich der Erwartungshaltung der Öffentlichkeit stellt, sich auch zeigt und mit gebührendem Gewicht im öffentlichen Gefüge auftritt. Der Richter muss nicht nur im Justizparkett, sondern auch in der Öffentlichkeit vom scheuen Springbock zum erhabenen, jedoch nicht überheblichen Löwen mutieren. Nur so erhält er sich langfristig das erforderliche Vertrauen des Publikums und schafft er sich durchgängige Autorität.

Moderne Justizgesetze verpflichten die Gerichte, die Öffentlichkeit über ihre Rechtsprechung zu informieren.[29] Diese Aufgabe aber wird richtig be-

---

[28] Art. 16 und 17 BV.
[29] Für die Gerichte des Bundes Art. 27 BGG, Art. 29 VGG, Art. 25 SGG. Dazu Art. 57 ff. des Reglements über das Bundesgericht (BGerR), die Richtlinien betreffend die Gerichtsberichterstattung am Bundesgericht, das Informationsreglement für das Bundesverwaltungsgericht sowie das Reglement über die Grundsätze der Information und die Akkreditierung für die Gerichtsberichterstattung am Bundesstrafgericht. Für die bernischen Gerichte vorab Art. 22 ff. des Gesetzes über die Information der Bevölkerung (Informationsgesetz, IG) sowie im Speziellen das Reglement über die Information der

sehen nicht allein dadurch erfüllt, dass ausgewählte Leitentscheide amtlich publiziert und weitere Urteile «ins Netz gestellt» werden oder dass alle Urteilsdispositive für eine bestimmte Dauer in nur versteckt zugänglicher Kammer «öffentlich» aufgelegt werden.[30] Die Justiz ist vielmehr gefordert, aktiv etwas für ihr Bild im Publikum zu tun, die breite Öffentlichkeit darüber aufzuklären, was genau sie eigentlich bewirkt. Denn das Bild, das sich die Öffentlichkeit von den Richtern macht, ist das Spiegelbild der Erwartungen dieser Öffentlichkeit an die Justiz.[31] Die Erwartungen aber lassen sich nicht mit dem juristischen Zirkelschluss befriedigen, die Urteile und ihre Begründungen seien aus sich selbst verständlich und bedürften keines Kommentars.[32] Juristische Stringenz und allgemeine Transparenz sind nicht eineiige Zwillinge. Gefragt ist namentlich in weltanschaulich brisanten Fällen eine verständliche Erklärung des Urteils ausserhalb des juristischen Fachjargons, und hierfür bieten sich, trotz allen Vorbehalten, wohl in erster Linie die Medien als Mittler zwischen Justiz und Öffentlichkeit an.[33] Den Vorbehalten der «vierten Gewalt» gegenüber lässt sich dadurch Rechnung tragen, dass die Medien umfassend, d.h. in aller politischen Breite und unter Wahrung des Gleichbehandlungsgebots, informiert werden, sei es durch spezielle Medienmitteilungen, sei es durch Pressekonferenzen. Zurückhaltung ist dagegen geboten gegenüber richterlichen Interviews mit bloss einzelnen Medienvertretern. Sie schüren die Gefahr einer einseitigen, auf den gesuchten Empfängerhorizont ausgelegten Berichterstattung.[34] Ebenso wenig sind nach der hier vertretenen Auffassung Leserbriefe oder publizistische Gegendarstellungen[35] geeignete Mittel, die Öffentlichkeit über die Tätigkeit der Justiz zu informieren. Eine Kommunikation der Rechtsprechung auf diesem Wege kompromittiert die Würde des Gerichts und ist der richterlichen Autorität abträglich.[36]

Öffentlichkeit durch die Zivil- und Strafgerichte und Art. 15 des Geschäftsreglements des Verwaltungsgerichts.

[30] Vgl. etwa Art. 59 Abs. 3 BGG oder Art. 42 VGG.

[31] *Thomas Hasler,* Das Bild des Richters in der Öffentlichkeit: Ein Spiegelbild der Erwartungen dieser Öffentlichkeit, in: Heer (Anm. 15), S. 67 ff.

[32] *Hasler* (Anm. 31), S. 77.

[33] *Hasler* (Anm. 31), S. 78; *Hans Wiprächtiger,* Der Richter in der Öffentlichkeit, in: Heer (Anm. 15), S. 177 ff., S. 180 f.

[34] Zum Gesamten *Bertil Cottier,* Les nouveaux défis de la communication judiciaire, Justice – Justiz – Giustizia 3/2009.

[35] Art. 28g ff. ZGB direkt oder analog; vgl. BGE 112 Ia 398.

[36] A.M. wohl *Cottier* (Anm. 34), Ziff. 3.3.

Unabhängig von den verfolgten Zielen und gegebenen Strukturen gehörte jedenfalls eine Funktionen von jeher zu den grundlegenden Aufgaben der staatlichen Gemeinschaft: die Sicherung des inneren Friedens, garantiert durch die Justiz und die ihr angegliederte Polizei. Die Justiz ist damit eine der elementaren Einrichtungen aller Staatlichkeit.[37] Sie erscheint im Staat als Nabe des Rechts. Der Jurist, welcher Rechtsfragen zu beantworten hat, kommt nicht darum herum, sie auch aus dem Standpunkt der Gerichte zu beantworten, denn die Gerichte stehen im Mittelpunkt der Rechtsanwendung und ihre Perspektive ist daher zwangsläufig die eigentliche Perspektive des Rechts. Es kommt nicht von ungefähr, dass auch die juristische Ausbildung sich schwergewichtig, wenn nicht gar ausschliesslich, auf die Blickrichtung der Justiz fokussiert, selbst wenn die Mehrzahl der Studierenden kaum eine Richterkarriere anstreben wird. Indessen kommt kein Jurist ohne diese Perspektive aus, sei er als Anwalt, Verwaltungsbeamter oder Unternehmensjurist tätig,[38] weil die Gerichte in der Rechtsverwirklichung unausweichlich das letzte Wort haben. Dies wiederum führt zu der wichtigen Erkenntnis, dass als Recht letztlich diejenigen Normen zu bezeichnen sind, «die die Gerichte anerkennen oder vermutlich anzuerkennen bereit sind.»[39] Daraus muss das Selbstbewusstsein der Richter von selbst wachsen und verbietet sich jedes Vegetieren als verschüchtertes Mauerblümchen in der Sozietät der Staatsgewalten.

Kummer hat die Justiz das allereinzige ungeschälte Ei in der Demokratie genannt und in einer Promotionsansprache angehenden Anwälten zugerufen:[40]

> «Wo immer Sie hinkommen, kämpfen Sie für das Ansehen der Justiz. Schlagen Sie vor den Kulissen schroff zurück, wenn ein Laie dem Richter ein Härchen zu krümmen wagt; und kämpfen Sie hinter den Kulissen für die Wahl des Tüchtigsten und für jede Verbesserung der Justiz. [...] Ziehen Sie daher vor jedem Richter demonstrativ den Hut bis zum Boden. Was sich sonst noch in der Demokratie herumtreibt, da genügt flüchtiges Kopfnicken.»

Die Autorität des grossen Berner Juristen ist unangetastet. Die Achtung vor dem Richter aber ziemt sich nicht nur in den Reihen der Betrachter. Gefor-

---

[37] *Gerd-Klaus Kaltenbrunner,* Die Stunde des Richters, in: ders. (Hrsg.), Auf dem Weg zum Richterstaat, München 1979, S. 1.

[38] *Klaus F. Röhl / Hans Christian Röhl,* Allgemeine Rechtslehre, 3. Aufl. Köln und München 2008, S. 8.

[39] *Röhl / Röhl* (Anm. 38), S. 77.

[40] *Max Kummer,* ZBJV 1977 S. 556 ff., S. 564 f.

dert ist vorab und in besonderem Masse die Selbstachtung der Teilnehmer an der Rechtsprechung. Dafür allerdings tragen die Richter selbst die Verantwortung. Das Recht kann nicht vor dem Fall, sondern nur im Fall, und zwar durch den Richter, gesetzt werden. Gefragt sind daher Selbstbefreiung und selbstbewusste Pflege des Richterbildes. Der Richterkönig, eine weiterhin zu Unrecht verkannte Rechtsfigur,[41] darf sich nötigenfalls selber küren und krönen. Richter sind ein Archetyp von Autorität.[42] Daraus schöpfen und rechtfertigen sie letztlich ihre Legitimität und Legitimation.

III

Wenn Recht das ist, was vom Gericht in seiner Rechtsprechung als solches anerkannt wird,[43] kommt der Justiz unbestreitbar kreative Kompetenz zu, aber auch Verantwortung in der Umsetzung des Rechts als einziger machtverbrämter sozialer Ordnungsmacht. Rechtsfindung wird in all ihren Spielarten zu einer schöpferischen Tätigkeit. Der Richter hat als Begriffsmelker und Subsumtionsautomat ausgedient. Mit oder ohne gesetzliche Vorgaben hat er nach seinem eigenen Gewissen zu entscheiden, was unter den Streitenden Recht ist. Er ist in der Rechtsverwirklichung der Gewissenhafte schlechthin.[44] Seine Verantwortung zeigt sich dabei im Wesentlichen in den beiden Pfeilern der konkreten Rechtsumsetzung, im Gebot nach wiederholbarer und damit rechtssicherer, künftig voraussehbarer Gestaltung der richterlichen Erkenntnisse auf der einen und im Sachverhaltsbezug seines Entscheids auf der anderen Seite.[45] Die seinen Leiturteilen, namentlich den höchstrichterlichen, vorangestellten Leitsätze sind für spätere Entscheidungen zwar hierzulande nicht bindend und schaffen unmittelbares Recht nur zwischen den betroffenen Parteien, wirken in der Praxis aber kaum anders

---

[41] *Regina Ogorek,* Richterkönig oder Subsumtionsautomat, in: Aufklärung über Justiz (Anm. 4), 2. Halbband, S. 1 ff.; *Hans Peter Walter,* Der Richterkönig. Eine landläufig verkannte Rechtsfigur, in: Peter Gauch / Pascal Pichonnaz (Hrsg.), Rechtsfiguren. FS Tercier, Zürich 2003, S. 15 ff. Zu Unrecht wird ein anhaltendes Einstehen des Autors für den verdienten Anspruch der Justiz auf diese Ehrenplakette bezweifelt (*Peter Gauch,* Ein «regelrechter» Schluss, ZSR 2009 I S. 215 ff., S. 223).
[42] *Jung* (Anm. 15), S. 13.
[43] Vorne bei Anm. 39.
[44] *Peter Jäggi,* Privatrecht und Staat (1945), in: Peter Gauch / Bernhard Schnyder (Hrsg.), Privatrecht und Staat, Zürich 1976, S. 3 ff., S. 26.
[45] Exemplarisch zur Rechtssicherheit Art. 1 Abs. 2 ZGB; zum Sachverhaltsbezug BGE 134 III 16 E. 3.

als Gesetze.[46] Praxisänderungen sodann unterstehen vergleichbaren Voraussetzungen wie Gesetzesänderungen.[47] Der Prädikator «Recht» umfasst damit augenfällig auch die Urteilsregesten, jedenfalls im Verständnis des juristischen Laien.[48]

Demgegenüber liegen die Rechtstheoretiker mit ungebrochener Verve im Streit darüber, ob das Richterrecht als eigenständige Rechtsquelle Geltung beanspruchen könne oder nicht.[49] Während etwa für Burckhardt richterliches Recht ein «logischer Widerspruch» war, weil nur vom Staat gesetztes Recht diesen Namen verdiene,[50] lässt sich die Rechtswirklichkeit ohne Richterrecht gar nicht erklären, und bliebe der königliche Paragraph von Art. 1 Abs. 2 ZGB mangels praktischer Anschauungen leer.[51] Theoretisch ist die Frage nach der Rechtsquellenqualität des Richterrechts im Übrigen weder einheitlich noch schlüssig zu beantworten, weil bereits im Ausgangs- und Angelpunkt der Fragestellung verschiedene Rechts- und Rechtsquellenbegriffe verwendet werden. Jedenfalls aber entspringt der Interpretationsherrschaft des Richters unbestreitbar eine Rechtsinhaltsquelle,[52] und das heute kaum mehr bestrittene Postulat der objektiven Gesetzesauslegung als hermeneutisches Erkenntnisziel eignet sich hervorragend zum Deckmantel eines materiell wirksamen, wenn vordergründig auch verheimlichten Richterrechts.[53] Erst in der richterlichen Auslegung konkretisiert sich das abstrakte Normgefüge zum Recht in der Wirklichkeit und es «ist nur im Richter, der es denkt, und zwar in seiner

---

[46] Zur Präjudizienwirkung bereits vorne bei Anm. 7.

[47] BGE 135 I 79 E. 3.

[48] *Röhl / Röhl* (Anm. 38), S. 26 ff.

[49] Aus der jüngeren Literatur statt aller *Peter Forstmoser / Hans-Ueli Vogt,* Einführung in das Recht, 4. Aufl. Bern 2008, S. 405 ff.; *Ernst A. Kramer,* Juristische Methodenlehre, 3. Aufl. Bern / München / Wien 2010, S. 230 ff.; rechtsvergleichend *Franz Bydlinski,* Juristische Methodenlehre und Rechtsbegriff, 2. Aufl. Wien / New York 1991, S. 501 ff.; *Bernd Rüthers,* Rechtstheorie, 4. Aufl. München 2008, S. 159 ff.

[50] *Walther Burckhardt,* Die Organisation der Rechtsgemeinschaft (Nachdruck der 2. Aufl.), Zürich 1971, S. 223 f.; dagegen *Jäggi* (Anm. 44), S. 26.

[51] Bereits *Eugen Huber* hat das Richterrecht als (selbständige) Rechtsquelle anerkannt und das Vollständigkeitsdogma der Kodifikation in den Bereich «älterer Theorien» verbannt (Erläuterungen [1914], BK-Materialienband II, N. 84).

[52] *Röhl / Röhl* (Anm. 38), S. 571.

[53] *Klaus A. Vallender,* Objektive Auslegung und Erkenntnis, in: St. Galler Festgabe zum Schweizerischen Juristentag 1981, Bern / Stuttgart 1981, S. 83; *Walter R. Schluep,* Einladung zur Rechtstheorie, Bern / Baden-Baden 2006, S. 610.

Objektivität denkt, objektiv».[54] Das Urteil ist die Sache, es gilt kein Recht dahinter oder daneben.[55] Gerichtliche Entscheidungen, namentlich des Höchstgerichts, dienen als Leitentscheidungen für eine ungemessene Vielzahl ähnlicher Fälle und haben gleichsam eine Normenfunktion. Der Niederländer Scholten und der Deutsche Gamillscheg lassen denn auch keine Zweifel zur Massgeblichkeit des Richterrechts offen, wenn sie meinen, letzten Endes sei alles Juristenwerk Richterwerk und das Richterrecht bleibe unser Schicksal.[56]

Zwar mag anschaulich zu begründen sein, dass die Existenz eines Richterrechts den Vorstellungen, welche historisch dem Kampf um die Unabhängigkeit der Justiz Pate standen, zuwiderläuft und dass die «Herrschaft des Gesetzes» zur Metapher wird, wenn Legislative und Judikative sich in der Person des Richters treffen, die «Gewaltenbalance» sich in einer Personalunion aufhebt.[57] Indessen hat der deutsche Bundesgerichtshof bereits in seinem Jahresbericht von 1966 axiomatisch klargestellt:[58]

> «Darüber ist jedenfalls unter Juristen kein Zweifel möglich, dass in allen übersehbaren Zeiträumen das verwirklichte Recht eine Mischung von Gesetzesrecht und Richterrecht gewesen ist. […] Zur Erörterung steht immer nur das Mass, nicht das Ob eines Richterrechts.»

Schon gegen Ende des 19. Jahrhunderts setzte sich jedenfalls im deutschen Rechtskreis das Bekenntnis zum «schöpferischen Richterrecht» mit der grundlegenden Erkenntnis durch, selbst Richterrecht *intra legem* schaffe Normgehalte.[59] Das schweizerische Rechtsdenken wurde davon unverkennbar beeinflusst, wenngleich die kantonalen Rechtsordnungen, bedingt durch die helvetische Mehrsprachigkeit, sich nicht allein an den deutschen Rechtskreis anlehnten.[60] Kaum mehr streitig ist denn auch hierzulande, dass rich-

---

[54] *Walther Schönfeld,* AcP 135 S. 42 f., zitiert nach Fikentscher (Anm. 7), Band III, 1976, S. 299.

[55] *Benjamin Nathan Cardozo,* zitiert nach Fikentscher, Band II (Anm. 7), S. 249.

[56] *Paul Scholten,* De struktuur der rechtwetenschappen, Amsterdam 1945, S. 32; *Franz Gamillscheg,* Die Grundrechte im Arbeitsrecht, AcP 194 S. 385 ff., S. 445.

[57] *Dieter Simon,* Die Unabhängigkeit des Richters, Darmstadt 1975, S. 9.

[58] Teilabdruck in NJW 1967, S. 816; im gleichen Sinne *Arthur Meier-Hayoz,* Strategische und taktische Aspekte der Fortbildung des Rechts, JZ 1981 S. 417.

[59] Nachweise bei *Fikentscher* (Anm. 7), Band III, S. 732 ff.

[60] Vgl. zu diesen Einflüssen auf das schweizerische Privatrecht etwa BK-*Liver,* 1966, N. 76 ff. der Einleitung vor Art. 1 ZGB; *Konrad Zweigert / Hein Kötz,* Einführung in die Rechtsvergleichung, 3. Aufl. Tübingen 1996, S. 130 ff., S. 165 ff.; auf das Strafrecht *Ernst Hafter,* Lehrbuch des schweizerischen Strafrechts, Berlin 1926, S. 26 ff.;

terliche Rechtsfortbildung sich nicht in der Lückenfüllung erschöpft, sondern sich auch aufdrängt, wo die Umsetzung des statischen Gesetzesrechts mit der dynamischen Entwicklung der Lebensvielfalt in Einklang zu bringen ist. Vorsichtig evolutionäre Rechtsfortbildung ist selbst unter dem Gesetzesbindungsdogma vielfach unausweichlich und jedenfalls bei der Lösung von in weiten Teilen der Bevölkerung konsensfähigen Problemen nicht zu beanstanden.[61] Richterliche Komplementärgesetzgebung[62] zeigt sich bereits in der Auslegung des gesetzten Rechts.

«Entscheidungen haben etwas Merkwürdiges an sich. Sie sind nur nötig, wo und wenn man nicht mit Gewissheit feststellen, nicht logisch ableiten, nicht ‹erkennen› kann, was ist».[63] Jede Entscheidung setzt begrifflich Wahlmöglichkeiten voraus, andernfalls nichts zu entscheiden ist. Für eine juristische Entscheidung müssen mithin verschiedene Varianten zur Auswahl stehen, wobei der Richter die richtige Entscheidung nicht bloss kognitiv und rein mechanisch treffen kann, sondern dezisiv und damit letztlich «aus sich selbst» schöpfen muss. Richten ist stets auch volitives Werten, nicht bloss rationales Deduzieren.[64] Die richterliche Entscheidung ist keine reine Rechtserkenntnis, sondern kreative Rechtsgestaltung. Wäre die Lösung bereits vorgezeichnet und nur zu erkennen, bliebe der Begriff der richterlichen Entscheidung paradox.[65] Gerichtsentscheide aber sind echte Entscheidungen und ergehen als solche auf der ganzen Bandbreite der fallweisen Rechtsumsetzung und Rechtsfindung.

IV

Sein wohl weitestes Feld bestellt das kreative Richterrecht auf Verfassungsstufe.[66] Die moderne Verfassung enthält in aller Regel nur eine stichwortar-

---

auf das Verwaltungsrecht *Markus Müller,* Verwaltungsrecht – Eigenheit und Herkunft, Bern 2006, S. 75 ff.

[61] *Meier-Hayoz* (Anm. 58), S. 422; *Kramer* (Anm. 49), S. 262; *Hans Peter Walter,* Zeitgemässe richterliche Rechtsfortbildung, recht 2003 S. 2 ff., S. 10.

[62] Zu diesem – von ihm aber wohl in einem engeren Sinn verstandenen – Begriff *Kramer* (Anm. 49), S. 228.

[63] *Marie Theres Fögen,* Die Tragödie des Entscheidens, in: dies., Opuscula, Zürich / St. Gallen 2009, S. 82 ff., S. 85.

[64] *Dürr* (Anm. 20), S. 65.

[65] *Röhl / Röhl* (Anm. 38), S. 106.

[66] Grundlegend *Elisabeth Chiariello,* Richterrecht auf Verfassungsstufe, Justice – Justiz – Giustizia vom 26.8.2009.

tige Enumeration der wichtigsten Positionen des Grundrechtsschutzes und überlässt die Fortbildung bewusst der Gesetzgebung oder – in besonders ausgeprägtem Masse – der Rechtsprechung.[67] Die Verfassungsbestimmungen, welche das materiellrechtliche Verhältnis des Staates zu seinen Bürgern ordnen, zeichnen sich durchwegs durch eine besondere Weite und Elastizität aus und bedürfen daher naturgemäss mehr der Konkretisierung als der Auslegung, einer Konkretisierung, welche ebenfalls sich wandelnden geschichtlichen Bedingungen und gesellschaftlichen Vorstellungen Rechnung zu tragen vermag.[68] Dass die Justiz im Bereiche der gelebten Verfassung Bahnbrechendes und Beachtenswertes geleistet hat, ist unstreitig. Ergänzende Rechtsfortbildung ist auf Verfassungsstufe namentlich in einem nicht aktualisierten Rechtszustand gefragt, etwa wenn der ebenso mutigen wie verantwortungsbewussten These Giacomettis weiterhin nachgelebt wird, dass die Verfassung nicht nur die in ihr ausdrücklich aufgestellten Grundrechtspositionen schützt, sondern jede individuelle Freiheit, welche rechtlich relevant wird.[69] Zu erinnern ist im Anwendungsbereich der Bundesverfassung von 1874 etwa an die Königsetappen der Rechtsprechung zu der weiten Palette von Verfahrensgarantien aus dem Gleichheitsgebot nach Art. 4 aBV oder zu der Punktualität des Grundrechtsschutzes, welche bewusst als Lückenproblem verstanden und kontinuierlich mit ungeschriebenem Verfassungsrecht ergänzt wurde.[70] In prätorischer Rechtsschöpfung hat die Rechtsprechung wesentlichen Grundrechten zum Durchbruch verholfen, etwa der Eigentumsgarantie, der persönlichen Freiheit, der Sprachenfreiheit und schliesslich dem über ein blosses Abwehrrecht hinausreichenden Recht auf Existenzsicherung.[71] Die geltende, ausdrücklich als Nachführung verstandene Bundesverfassung von 1999 hat diese Rechtsprechung kodifiziert und damit die richterliche Rechtsfortbildung ausdrücklich anerkannt. *Le pouvoir constitué* der Justiz hat zum *pouvoir constituant institué* mutiert.[72]

---

[67] *Jörg Paul Müller*, Verfassung und Gesetz. Zur Aktualität von Art. 1 Abs. 2 ZGB, recht 2000 S. 119 ff., S. 120.
[68] *Hans Huber*, Der Formenreichtum der Verfassung und seine Bedeutung für ihre Auslegung, ZBJV 1971 S. 172 ff.; BGE 112 Ia 208 E. 2a.
[69] *Zaccaria Giacometti*, Die Freiheitsrechtskataloge als Kodifikation der Freiheit, ZSR 1955 I S. 149 ff.
[70] *Müller* (Anm. 67), S. 121; *Peter Alexander Müller*, Gedanken zur (künftigen) Rolle des Bundesgerichts in der schweizerischen Gerichtsbarkeit, in: Justizreform. Internationales Symposium vom 13. Juni 1998 am Bundesgericht, Lausanne 1998, S. 413 ff., S. 420 f.
[71] Nachweise bei *Chiariello* (Anm. 66), S. 3.
[72] *Chiariello* (Anm. 66), S. 12.

Die Kraft des Richterrechts zeigt sich allerdings nicht nur im Verfassungsbezug, sondern ebenso bei der Auslegung des nachgehenden einfachen Rechts. Sobald der Gesetzgeber sein Gesetz in Kraft setzt, gibt er es aus der Hand und beherrscht er es nicht weiter. Er hat keinen postnatalen Zugriff auf sein Produkt mehr; das in die Welt gesetzte Gesetz erfreut sich der exklusiven Pflege und Obhut der Justiz im sozialen Kräftefeld und erfährt dort seine inhaltliche Weiterbildung.[73] Und die Justiz sagt nicht bloss, was das Gesetz des Gesetzgebers sagt, sondern darüber hinaus, wie das richtig verstandene Gesetz auf den konkreten Sachverhalt anzuwenden ist.[74] Dafür steht ihr der ständig erweiterte Kanon von Auslegungselementen als Entscheidungshilfe zur Verfügung, und mit dem selbst gewählten, nach der hier vertretenen Auffassung aber unausweichlichen Methodenpluralismus entscheidet sie nach pflichtgemässem, auf Richtigkeit zielendem Ermessen über die Prävalenz des einen oder anderen Elements.[75] Die juristische Auslegung denkt Vorgedachtes nicht bloss nach, sondern zu Ende.[76] Ob in einer bestimmten Rechtsauffassung eine Abweichung vom Gesetz liegt oder nicht, entscheidet das Gericht, und wenn es, insbesondere das Höchstgericht, über die Regelungsabsicht des Gesetzgebers irrt, so irrt es rechtskräftig.[77] Abhilfe durch eine sich düpiert fühlende Legislative ist höchstens für künftige Fälle zu bewirken. Die gerühmte Macht des Gesetzgebers, mit drei berichtigenden Worten ganze Bibliotheken zu Makulatur zu degradieren,[78] kann sich auf die beanstandete richterliche Rechtsfindung stets nur prospektiv, nicht aber rückwärts korrigierend auswirken. Ob sich daraus für die entschiedenen Fälle eine Souveränität des Richters über den Gesetzgeber ergibt, ist richtig besehen eine müssige Frage. Entscheidend ist, dass im «Verstehen und Nachvollziehen der gesamtgesellschaftlichen Zirkularität» bereits auf der Auslegungs-

---

[73] *Marie Theres Fögen,* Das Lied vom Gesetz, München 2007, S. 35; *Edmund Mezger,* Zur Entwicklung der sog. Ersatzhehlerei, ZStW 1940 S. 539 ff., S. 572 f. Anm. 36.

[74] *Gauch* (Anm. 41), S. 224.

[75] Zur Kontroverse um diesen Pluralismus *Hans Peter Walter,* Der Methodenpluralismus des Bundesgerichts bei der Gesetzesauslegung, recht 1999 S. 157 ff.; *ders.,* Die Rechtsprechung des Bundesgerichts zum Einleitungstitel des ZGB in den Jahren 2000–2006, ZBJV 2007 S. 727 ff., je mit Hinweisen; einlässlich und grundlegend *Schluep* (Anm. 53), S. 913 ff.

[76] *Gustav Radbruch,* Rechtsphilosophie, Studienausgabe hrsg. von Ralf Dreier et al., 2. Aufl. Heidelberg 2003, S. 108.

[77] *Rüthers* (Anm. 49), S. 168.

[78] *Julius Hermann von Kirchmann,* Die Wertlosigkeit der Jurisprudenz als Wissenschaft, Berlin 1848 (Nachdruck 1990), S. 23.

ebene die Schlüsselrolle dem Richter und nicht dem Gesetzgeber zusteht.[79] Der Richter ist in der Anwendung Herr über das Gesetz. Er wertet eigenständig und prüft die Wertungen des Normgebers kritisch auf ihren Richtigkeitsgehalt. Er kann in der Rechtsumsetzung das Gesetz besser verstehen als der Gesetzgeber, und das Gesetz kann und muss im richterlichen Gewand klüger sein als seine Verfasser.[80] Mit dieser Formel aber wird richtig besehen bloss vertuscht, dass «der Richter klüger sein muss als der Gesetzgeber und Fragen beantworten muss, auf die dieser keine Antworten gegeben hat».[81] Der geltungszeitlich klügere Interpret sucht sich vom historischen Gesetzgeber zu lösen.[82]

Diese Zuständigkeit steht dem Richter selbst im Eingriffsrecht zu, in welchem ihm das verwaltungsrechtliche und das strafrechtliche Legalitätsprinzip, namentlich die *magna charta* des Verbrechers in Art. 1 StGB, Schranken einer schöpferischen Rechtsfindung zu setzen scheinen. Der Normsinn – an Stelle des Wortsinns – hat sich als Auslegungsgrenze ebenfalls in diesen Rechtsgebieten durchgesetzt,[83] und ihn zu ermitteln steht in der straf- oder verwaltungsrichterlichen Wertungskompetenz. Bereits interpretatives Richterrecht aber ist kreatives Richterrecht, konkretisierende Rechtsfortbildung. Besonders bedeutsam ist sie namentlich bei der Umsetzung einer offenen Gesetzgebung, wenn allgemeine Rechtsgrundsätze, nicht ausdefinierte Rechtsbegriffe oder Verweisungen auf richterliches Ermessen einzelfallgerecht zu konkretisieren sind. Hier wird dem Richter ein Handlungsspielraum eröffnet, den er selbstverantwortlich, sachverhaltsgerecht und dennoch systemimmanent zu konkretisieren hat und in welchem ihm ganz ausgeprägt eine gesetzlich zugestandene Letztentscheidungsbefugnis verliehen ist.[84] Allgemeine Rechtsgrundsätze wie das Gebot des Handelns nach Treu und Glauben oder das Verbot des Rechtsmissbrauchs sind normative Maximen im Sinne der *principles* nach Dworkin, die positiv oder überpositiv vage gehalten und weder einer tatbeständlichen Bestimmtheit noch

---

[79] *Dürr* (Anm. 20), S. 70.
[80] *Radbruch* (Anm. 76), S. 107.
[81] MünchKomm/*Säcker*, 2001, N. 65 der Einleitung vor § 1 BGB.
[82] *Röhl / Röhl* (Anm. 38), S. 619.
[83] Zum Verwaltungsrecht etwa die Bundesgerichtsentscheide 1P.586 und 588/2004 vom 28. Juni 2005 sowie *Pierre Tschannen / Ulrich Zimmerli / Markus Müller*, Allgemeines Verwaltungsrecht, 3. Aufl. Bern 2009, § 25 S. 196 ff.; zum Steuerrecht im Besonderen etwa BGE 131 II 562 E. 3.4 sowie *Peter Locher*, Degressive Tarife bei den direkten Steuern natürlicher Personen, recht 2006 S. 117 ff., S. 119; zum Strafrecht 134 IV 297 E. 4.3.1 sowie BSK-*Popp / Levante*, 2007, N. 25 und 29 zu Art. 1 StGB.
[84] *Tschannen / Zimmerli / Müller* (Anm. 83), § 26 N. 2 S. 201.

einer eindeutigen Rechtsfolgeordnung zu unterstellen sind. Sie zeichnen sich durch einen so hohen Abstraktionsgehalt und eine so hohe Generalitäts-stufe aus, dass sie ohne zusätzliche Wertungsprämissen gar nicht umgesetzt werden können.[85] Nicht ausdefinierte oder unbestimmte Rechtsbegriffe, etwa diejenigen des wichtigen Grundes oder des ersatzfähigen Schadens, sind vom Wortsinn her inhaltslos und mehrdeutig, sind Leerformeln im Tat-bestand.[86] Der Richter hat sie daher, getreu der Maxime Kants, wonach Be-griffe ohne Anschauungen leer sind, hermeneutisch zu veranschaulichen. Verweise auf richterliches Ermessen schliesslich sind gesetzgeberisch be-wusste Ausnahmen von der Normbestimmtheit, deren Bandbreite im Rah-men der Einzelfallgerechtigkeit auch eine Entscheidung aus verantwor-tungsbewusster Opportunität zulässt.[87]

Auf Gesetzesstufe wird die konkretisierende zur ergänzenden Rechts-fortbildung, wenn eine phänomenologische Regelungslücke aus dem Ent-scheidungszwang des Richters zu füllen und nach dem Legalitätsprinzip ei-ner Richternorm zugänglich ist.[88] Hier wird nach dem Ergebnis der Auslegung ein Sachverhalt weder positiv noch negativ (durch qualifiziertes Schweigen) von einer Norm erfasst und damit keiner gesetzlichen Rechtsfolge unter-stellt, obgleich dafür ein normatives Bedürfnis besteht.[89] Alsdann betritt der Richter die Bühne als Gesetzgeber, indem er im konkreten Fall eine eigene Norm zur Anwendung bringt, die jedoch ihrerseits verallgemeinerungsfähig sein muss.[90]

---

[85]   *Ernst A. Kramer,* Funktionen allgemeiner Rechtsgrundsätze – Versuch einer Struktu-rierung, in: Helmut Koziol / Peter Rummel (Hrsg.), Im Dienste der Gerechtigkeit. FS Bydlinski, Wien / New York 2002, S. 197 ff.

[86]   *Tschannen / Zimmerli / Müller* (Anm. 83), § 26 N. 25 S. 208.

[87]   ZK-*Dürr,* 1998, N. 75 zu Art. 4 ZGB; BK-*Meier-Hayoz,* 1966, N. 12 zu Art. 4 ZGB; BSK-*Honsell,* 2006, N. 1 zu Art. 4 ZGB; *Heinz Hausheer / Manuel Jaun,* Die Einlei-tungsartikel des ZGB, Bern 2003, N. 1 zu Art. 4 ZGB; *Tschannen / Zimmerli / Müller* (Anm. 83), § 26 N. 28 S. 209.

[88]   Grundlegend Art. 1 Abs. 2 ZGB; zur Unzulässigkeit belastender Lückenfüllung im Steuerrecht Locher (Anm. 83), S. 119; im Strafrecht BSK-*Popp / Levante,* 2007, N. 16 und 21 zu Art. 1 StGB.

[89]   Zu denken ist im Privatrecht etwa an das Rechtsinstitut der culpa in contrahendo oder allgemeiner der Vertrauenshaftung (dazu namentlich Peter Loser, Die Vertrauenshaftung im schweizerischen Schuldrecht, Bern 2006, passim), im Verwaltungsrecht etwa an un-vollständig geregelte Leistungspflichten in der Sozialversicherung (vgl. BGE 125 V 8).

[90]   Zur generalisierenden Lückenfüllung im Privatrecht bereits *Eugen Huber* (Anm. 51), N. 38; zur Lückenfüllung im Verwaltungsrecht *Tschannen / Zimmerli / Müller* (Anm. 83), § 25 N. 7 ff. S. 199 f.

Heikelste Facette des Richterrechts ist aus dem Blickwinkel der Gewaltenteilung die gesetzesderogierende oder korrigierende Rechtsfortbildung.[91] Sie ist rechtsstaatlich an sich verpönt, des ungeachtet aber existent, selbst wenn – wie in der Schweiz – die Missachtung des Wortsinns einer Norm zugunsten deren Rechtssinns nicht bereits als Gesetzeskorrektur, sondern immer noch als Auslegung verstanden wird. Das Bundesgericht leitet diese weite Auslegungskompetenz bekanntlich aus einem auf die Hermeneutik projizierten Willensprinzip ab, wonach eine in der kommunizierten Form ungewollte Erklärung des Gesetzgebers inhaltlich nicht gelten soll.[92] Erstaunen mag allerdings, dass dieser gesetzgeberische Wille nicht empirisch hinterfragt, sondern eigenständig gerichtlich substituiert wird, und mindestens «auf den ersten Blick muss es verwundern, warum der Gesetzgeber so häufig etwas ganz anderes gesagt hat, als er eigentlich sagen wollte.»[93] Normkorrekturen im eigentlichen Sinne werden dagegen bewirkt, wenn Inkohärenzen im horizontalen oder im vertikalen Normgefüge des positiven Rechts richterlich geglättet werden.

Horizontale Inkohärenzen ergeben sich, wenn der Gesetzgeber das *argumtentum e simile* missachtet, d.h. verschiedene Tatbestände unterschiedlichen Rechtsfolgen unterstellt und dabei übersieht, dass das Postulat der inneren Widerspruchsfreiheit[94] nach gleichgerichteter Behandlung riefe. Umgekehrt ergibt sich die gleiche Situation, wenn der Gesetzgeber das *argumentum e contrario* verkennt, d.h. verschiedene Tatbestände der gleichen Rechtsfolge unterstellt, obgleich im gegliederten System eine unterschiedli-

---

[91] Nicht erörtert werden hier die rechtsstaatlich «unproblematischen Normkorrekturen» durch generell-abstrakte Bereinigung eines Redaktionsversehens (dazu etwa BK-*Meier-Hayoz,* 1966, N. 116 ff. zu Art. 1 ZGB) oder durch individuell-konkrete, d.h. einzelfallbezogene Schliessung unechter Gesetzeslücken zufolge offenbaren Rechtsmissbrauchs (dazu etwa BK-*Merz,* 1966, N. 25 zu Art. 2 ZGB; ZK-*Baumann,* 1998, N. 21 zu Art. 2 ZGB; BSK-*Honsell,* 2006, N. 28 zu Art. 2 ZGB; *Hausheer / Jaun* [Anm. 87], N. 12 zu Art. 2 ZGB). Im öffentlichen Recht kann blindes Beharren auf einer nicht oder nicht mehr befriedigenden Norm einen amtlichen Rechtsmissbrauch darstellen, den es zu korrigieren gilt (BGE 131 II 562 E. 3.5; 128 I 34 E. 3b; *Tschannen / Zimmerli / Müller* [Anm. 83], § 26 N. 10 S. 200).

[92] BGE 134 III 273 E. 4.

[93] *Regina Ogorek,* Der Wortlaut des Gesetzes – Auslegungsgrenze oder Freibrief?, in: Aufklärung über Justiz (Anm. 4), 1. Halbband, S. 121 ff., S. 127.

[94] Die innere Widerspruchsfreiheit ist das Hauptpostulat der prinzipiell-systematischen Rechtsfindung (BGE 123 III 292 E. 2e/aa); grundlegend *Franz Bydklinski,* Über prinzipiell-systematische Rechtsfindung im Privatrecht, Berlin / New York 1995, passim.

che Einordnung sachgerecht erschiene.[95] Aus dem schweizerischen Privatrecht ist beispielhaft die Inkohärenz zwischen den Art. 402 Abs. 2 und Art. 422 Abs. 1 OR zu nennen: Nach Art. 422 Abs. 1 OR hat der Geschäftsherr in der Geschäftsführung ohne Auftrag einen allfälligen Schaden des Geschäftsführers nach Billigkeit, d.h. selbst ohne Verschulden zu ersetzen, wogegen die Haftung des Auftraggebers für einen Schaden des Beauftragten nach Art. 402 Abs. 2 OR auch im unentgeltlichen Auftrag verschuldensabhängig ist. Damit ergibt sich aus dem Gesetz trotz identischer Interessenlage eine störende Ungleichbehandlung des (unentgeltlich) vertraglichen gegenüber dem vertragslosen Geschäftsführer. Diesen Wertungswiderspruch hat das Bundesgericht bereits im Jahre 1922 dadurch behoben, dass es mit einem korrigierenden Analogieschluss die Regelung von Art. 402 OR im unentgeltlichen Auftrag durch diejenige von Art. 422 OR ersetzte.[96]

Vertikale Inkohärenzen stellen sich ein, wenn im hierarchischen Gefüge eine Gesetzesvorschrift einer höherrangigen Norm widerspricht. Sie sind unproblematisch zu beheben, wenn die höherrangige Norm der unteren derogiert und deren weitere Anwendung ausschliesst,[97] schwieriger dort, wo der Richter gehalten ist, auch höherrangigem Recht widersprechende Normen anzuwenden[98] oder die prävalierenden höherrangigen Normen ihrerseits im Verfahren der Rechtsfindung auszumachen sind, was namentlich für das Völkerrecht von Bedeutung ist.[99] Den erstgenannten Konflikt löst die Justiz verbreitet dadurch, dass sie die als verfassungswidrig erkannte Norm der unteren Stufe weiterzig *contra verbis legem* in dem von ihr befürworte-

---

[95] Zu den gesetzlichen Inkohärenzen und deren Behebung *Hans Peter Walter*, Gesetzliche Inkohärenzen und richterliche Rechtsfortbildung, in: Privatrecht im Spannungsfeld zwischen gesellschaftlichem Wandel und ethischer Verantwortung. FS Hausheer, Bern 2002, S. 19 ff.

[96] BGE 48 II 487; vgl. auch BGE 129 III 181, in welchem Entscheid diese Wertung für die Haftung im Gefälligkeitsverhältnis übernommen wurde. Aus ähnlichen Überlegungen rechtfertigt sich nach BGE 124 III 423 eine schadensunabhängige Honorarkürzung im Auftragsrecht bei Schlechterfüllung durch den Beauftragten. Obgleich das Gesetz in Art. 398 OR als Sanktion nur eine Schadenersatzpflicht vorsieht, rechtfertigt sich eine «Minderung» bei fehlendem Schaden aus der insoweit gebotenen Gleichstellung von Auftrag und Werkvertrag (Art. 368 OR).

[97] Etwa im Anwendungsbereich von Art. 49 Abs. 1 BV oder einer auf sekundäres Recht beschränkten Vollziehungsverordnung (dazu *Tschannen / Zimmerli / Müller* [Anm. 83], § 14 N. 23 S. 100).

[98] Etwa die Verbindlichkeit verfassungswidriger Bundesgesetze nach Art. 190 BV.

[99] Art. 5 Abs. 4 und Art. 190 BV.

ten Sinn verfassungskonform auslegt.[100] Das Vorgehen ist bei beschränkter richterlicher Verfassungskontrolle nicht unproblematisch, führt in aller Regel aber zu einem befriedigenden Ergebnis. Geht es um das Primat des Völkerrechts, ist einmal zu beachten, dass kein allgemeiner Grundsatz gilt, wonach jedwelches Völkerrecht Landesrecht bricht,[101] vielmehr das derogierende Völkerrecht vorerst im Verfahren der Rechtsfindung zu bestimmen ist,[102] und dass das Völkerrecht seinerseits keine gefestigte Normenhierarchie kennt.[103] Das Bundesgericht hat bekanntlich vorerst vom Gesetzgeber bewusst missachtetes Völkerrecht dem entgegenstehenden Landesrecht weichen lassen,[104] ist in jüngeren Entscheiden jedoch von dieser Praxis mindestens im Bereich der Menschenrechte wiederum abgerückt.[105] Das Problem der Normenkompetenz löst es in der Bandbreite der offenen Verfassungsnormen offensichtlich eigenständig, stets aber eigenverantwortlich und verantwortungsbewusst.

Dem Richterrecht steht für alle diese Kreativitäten ein weiter Verantwortungsbereich offen, und die erwartete Bereicherung des Rechts gründet stets auf richterlicher Kompetenz. Indessen führt Autorität nur dann zu Prestigegewinn und erhöhtem Selbstbewusstsein, wenn sie nicht bloss innerlich wahrgenommen, sondern auch äusserlich gezeigt wird. Unter Verschluss gehaltene Autorität verhärmt. Hier ist unverändert ein beachtliches Defizit der Justiz auszumachen. Beherzte induktive Rechtsfortbildung wird nach Möglichkeit unter Verschluss gehalten und als angeblich methodenstringente deduktive Rechtsfindung ausgegeben. Gefordert sind indessen Methodenehrlichkeit und ein Begründungsstil, welcher den Entscheidungsvorgang nicht hinter vorgeschobener Methodentreue versteckt, sondern offen ausbreitet, um das Ergebnis der Rechtsfindung nachvollziehbar, kontrollierbar und kri-

---

[100] Vgl. etwa BGE 131 II 562 E. 3.5; einlässlich *Müller* (Anm. 67), S. 122 ff.

[101] Vgl. etwa *Pierre Tschannen*, Staatsrecht der Schweizerischen Eidgenossenschaft, 2. Aufl., Bern 2007, § 9 N. 16 ff. S. 167 ff.; *Jörg Künzli*, Demokratische Partizipationsrechte bei neuen Formen der Begründung und bei der Auflösung völkerrechtlicher Verpflichtungen, ZSR 2009 I S. 47 ff.

[102] Vgl. etwa *Anne Peters*, «Völkerrecht oder Landesrecht?» – das ist die falsche Frage, Schweizer Monatshefte, Ausgabe Nr. 970, Juli 2009, S. 16 ff., und *dies.*, Wie legitim ist das Völkerrecht?, Schweizer Monatshefte, Ausgabe Nr. 971, August/September 2009, S. 13 ff.

[103] Dazu *Anne Benoit*, Vers une hiérarchie des normes internationales en droit interne suisse?, ZSR 2009 I 453 ff.

[104] So genannte Schubert-Praxis gemäss BGE 99 Ib 39 E. 4; in diesem Sinne bereits BGE 94 I 669 E. 6a.

[105] BGE 125 II 417 E. 4d, bestätigt in BGE 131 II 352 E. 1.3.1; BGE 133 V 367 E. 11.

tisierbar zu machen.[106] Hintergründe müssen methodisch in den Vordergrund gerückt werden. Dabei hat das Urteil nicht nur die Prozessbeteiligten,[107] sondern auch das allgemeine Publikum zu überzeugen, und allseitig ist zu erhellen, wie es zustande kam. Die Herstellung allein genügt nicht, ebenso wichtig ist die Darstellung. «Justice should not only be done, but should manifestly and undoubtedly be seen to be done.»[108] Bereits im Rahmen der einfachen Auslegung ist daher die Wertung aus dem breiten Fächer der Elemente transparent zu machen, insbesondere zu erläutern, weshalb gegebenenfalls das historische dem teleologischen oder systematischen Auslegungselement nachzugehen hat und warum der zeitgemäss richtige Normsinn von den Intentionen des Gesetzgebers abweicht. Stützt das Ergebnis sich auf geänderte Realien, ist die Änderung nachzuzeichnen. Ist offen formuliertes Gesetzesrecht zu konkretisieren, sind auch die gebotenen Interessen- und Güterabwägungen offenzulegen und sind im Rahmen der Einzelfallgerechtigkeit Skalen und Massstäbe zur Gewichtung dieser relativen Werte im beweglichen Prinzipiensystem[109] zu entwickeln,[110] soweit möglich ebenfalls *modo legislatoris,* d.h. verallgemeinerungsfähig.[111] Der Richterphobie des *horror vacui* als Entscheidungsaversion[112] ist mit dem Mut zur Lücke zu begegnen. Die Feststellung einer Lücke blamiert den Gesetzgeber nicht, sondern bestätigt das lapidare Prinzip, dass keine Kodifikation lückenlos sein kann, jede Rechtsordnung es dagegen sein muss.[113] Einzelfallbezogene Billigkeitskorrekturen des gesetzten Rechts werden dem Richter durch das Rechtsmissbrauchsverbot ausdrücklich zugestanden, weiterer Korrekturbedarf ergibt sich vorab aus den Postulaten einer zeitgemässen Rechtsprechung und der widerspruchsfreien Umsetzung des inneren Systems. Namentlich unter diesen Voraussetzungen bedürfen die Anpassungen der fallbezogenen Erklärung im Urteil, der selbstbewussten Auseinandersetzung der Justiz mit

---

[106] *Ogorek* (Anm. 93), S. 29.

[107] Dazu *Katharina Gräfin von Schlieffen,* Wie überzeugt der Richter sein Auditorium?, Justice – Justiz – Giustizia vom 18.9.2009.

[108] *Lord Chief Justice Hewart* in R. v. Sussex Justices ex p. Mc Carthy (1924), zitiert nach *Harold Percy Romberg,* Die Richter Ihrer Majestät, 2. Aufl., Stuttgart etc. 1966, S. 88.

[109] *Franz Bydlinski,* Grundzüge der juristischen Methodenlehre, Wien 2005, S. 72.

[110] *Hansjörg Seiler,* Praktische Rechtsanwendung, Bern 2009, S. 93 ff.

[111] BK-*Meier-Hayoz,* 1966, N. 19 ff. zu Art. 4 ZGB; ZK-*Dürr,* 1998, N. 12 ff. zu Art. 4 ZGB; BSK-*Honsell,* 2006, N. 10 zu Art. 4 ZGB; *Hausheer / Jaun* (Anm. 87), N. 4 zu Art. 4 ZGB.

[112] *Revital Ludewig,* Der Umgang mit dem richterlichen Ich-Ideal: Der Mensch hinter dem Richter, in: Heer (Anm. 15), S. 25 ff., S. 32 f.

[113] *Eugen Huber,* Erläuterungen (1914), BK-Materialienband II N. 84.

dem Gesetzgeber, der schlüssigen Logik des verweigerten blinden Gehorsams.[114]

Die Justiz ist, richtig besehen, ein staatlicher Dienstleistungsbetrieb. Sie kommt daher auf die Dauer nicht darum herum, ihre professionellen Standards auch auf den medial aufbereiteten Horizont der Kommunikationsempfänger auszurichten, ihre Entscheidungen als eigene, subjektiv zurechenbare Stellungnahmen auszugeben, die in das politische System von Entscheidung und Verantwortung zu integrieren sind. Damit könnte sie deutlich machen, «dass das objektivistisch-mechanistische Richterleitbild eine Schimäre ist und mit der Wirklichkeit der Rechtsfindung nur wenig zu tun hat».[115]

V

Der Übergang zwischen Rechtsetzung und Rechtsanwendung ist unausweichlich fliessend, die judikative Tätigkeit nie völlig gesetzesdeterminiert. Das theoretische Modell der Gewaltentrennung ist zwangsläufig relativiert und die Forderung nach einer strikten oder absoluten Gewaltenteilung scheint verfehlt.[116] Das Prinzip schützt die Einhaltung der verfassungsmässigen Zuständigkeitsordnung, verbietet den einzelnen Staatsorganen Übergriffe in die Kompetenzbereiche der anderen[117] und hat als Grundrecht seine praktische Hauptbedeutung in der Kontrolle von Rechtsetzungsdelegationen.[118] Es geht jedoch nicht bloss darum, dass die drei Gewalten im Staat sich gegenseitig abschotten und jede als Folge ihres Handelns das Handeln der beiden anderen kontrolliert,[119] sondern ebenso darum, dass alle drei Gewalten einvernehmlich und koordiniert darauf hinwirken, richtiges Recht zu schaffen, zu finden und anzuwenden. An die Stelle einer untauglichen Hierarchie tritt die Kollegialität mit ihrem Grundprinzip der «Wahrnehmung des einen in dem

---

[114] Selbstverständlich darf aber die Missachtung des legislativen Willens nicht zur Regel werden. Dafür besteht denn rechtstatsächlich auch keine Gefahr (vgl. BGE 135 III 349 E. 2.1).

[115] *Regina Ogorek,* Recht, Moral, Politik: Zum Richterbild in der Mediengesellschaft, in: Aufklärung über Justiz (Anm. 4), 1. Halbband, S. 343 ff., S. 356.

[116] *Seiler* (Anm. 110), S. 115 mit Hinweisen.

[117] BGE 134 I 322 E. 2.2.

[118] BGE 133 I 178 E. 2.2

[119] *Max Frenkel,* Das Trugbild der vierten Gewalt, Schweizer Monatshefte, Sonderthema 6, 2009, S. 17 ff.

und durch den anderen».[120] Und die selbst ernannte vierte Gewalt, verkörpert durch die Medien, ist auf dasselbe Ziel zu verpflichten. Sie kann sich nicht hinter einer angeblich apolitischen Haltung verstecken und sich so ihrer Verantwortung entziehen.[121] Im Interesse einer demokratischen Kontrolle mag Aufgabe der Medien sein, die Rechtsprechung aufmerksam und kritisch zu beobachten, niemals aber, sie zu behindern oder in mediale Abhängigkeit zu locken. Darauf dürfen die Medien seitens der Justiz durchaus nachdrücklich hingewiesen werden, insbesondere im Rahmen der hier befürworteten medialen oder anderweitigen öffentlichen Urteilskommunikationen. Verfehlt ist dagegen, den Kopf nach versuchter Behinderung gleich dem Vogel Strauss in den Sand zu stecken, um einer Reaktion enthoben zu sein. Der Richter und der Mensch dahinter müssen und dürfen jedermann gegenüber sichtbar werden.[122] Die richterliche Tätigkeit bliebe von geringstem allgemeinem Interesse, wenn sie nur darin bestünde, klares Gesetzesrecht fallweise umzusetzen. Sie findet dagegen in dem Masse zunehmende Beachtung, als sie sich der Rechtsschöpfung zuwendet.[123]

Heck, der Begründer der Interessenjurisprudenz, hat als Leitbild der richterlichen Tätigkeit die Formel vom «denkenden Gehorsam» geprägt. Denkender Gehorsam aber ist vor dem bedingungslosen, dem dienenden Gehorsam gegenüber dem Gesetz in Stellung zu bringen. Das Verhältnis vom Gesetzgeber zum Richter ist nicht das vom Herrn zum Diener, sondern vergleichbar dem des Komponisten zum Pianisten[124] oder des Dichters zum Regisseur. In diesem Verständnis aber ist von der Justiz auch rechtspolitisches Denken gefordert, eine Abkehr von der Methodenstrenge des Positivismus mit ihrem «blinden Gehorsam». Die Realität, in der wir leben, ist nicht der seelenlos-irreale Rechtsstaat, sondern der reale Rechtsstaat als Richterstaat.[125] Die Demokratie braucht keine vorgeblich unpolitischen Positivisten, sondern Demokraten auf dem Richterstuhl,[126] Demokraten, die

---

[120] Zu diesem Prinzip der Kollegialität *Marie Theres Fögen,* Männergeschichten, in: Opuscula (Anm. 63), S. 48 ff., 49.

[121] *Frenkel* (Anm. 119), S. 18.

[122] *Ludewig* (Anm. 112), S. 43 f.

[123] *Richard A. Posner,* How Judges Think, Harvard 2008, S. 5.

[124] So der Kernsatz des «Zwischentitels» von *Günter Hirsch,* dem Präsidenten des deutschen Bundesgerichtshofes, Zeitschrift für Rechtspolitik 2006 S. 161; dazu *Dieter Simon,* Pianisten, myops 1 (2007) S. 21 ff.

[125] *Simon* (Anm. 124), S. 24.

[126] Georg August Zinn (hessischer Justizminister 1946–1949 und Ministerpräsident 1951–1969), zitiert nach *Regina Ogorek,* Science Fiction, myops 7 (2009) S. 50 ff.,

ihre rechtliche und politische Verantwortung für die Umsetzung des vorerst in einer astralen Welt ruhenden Rechts in die juristische Wirklichkeit wahrnehmen, tragen und zeigen. Ohne gestärktes Selbstbewusstsein wird dies allerdings erfolgreich nicht zu bewirken sein.

Das bestimmungsgemäss gereifte Selbstbewusstsein darf allerdings nicht in selbstherrlichen Dünkel umschlagen, ist gegenteils dessen erklärter Feind. Der Richter bleibt selbst in seiner kreativen Tätigkeit auf die Leitplanken der gesetzlichen Vorgaben verpflichtet, in gleicher Weise wie der improvisierende Pianist auf die Partitur, und das Regietheater ist auf der juristischen Bühne ebenso verpönt wie im Schauspiel- und Opernraum. Das justizielle Selbstbewusstsein ist denn auch der Drillingsbruder der beiden vornehmen Richtertugenden «Bescheidenheit» und «Redlichkeit», und diese funktionalen Schranken erfordern eine verantwortungsbewusste Zurückhaltung bei der Ausübung richterlicher Macht. Denn «wer Recht schaffen soll, muss rechtschaffen sein.»[127]

Dem wäre bloss Marginales hinzuzufügen.

S. 64; *dies.,* Vom «Stillstand der Rechtspflege» zum Rechtspflegestaat, in: Aufklärung über Justiz (Anm. 4), 1. Halbband, S. 311 ff., S. 317 f.; vgl. auch *Posner* (Anm. 123), S. 9 f.

[127] *Gustav Radbruch,* Einführung in die Rechtswissenschaft, hrsg. v. Konrad Zweigert, 13. Aufl. Stuttgart 1980, S. 179.

Ds Verwautigsgricht

Heinz Däpp

Ds Verwautigsgricht isch kreativ. Ds Verwautigsgricht würkt präventiv. Bim Verwautigsgricht steit gäng dr Mönsch im Mittupunkt, u trotzdäm urteilt ds Verwautigsgricht ohne Ansehen der Person. Ds bärnische Verwautigsgricht setzt Massstäb für d Rächtssprächig ir ganze Schwyz.

Wi kreativ ds Verwautigsgricht isch, wett i are Gschicht illustriere, won i nid würd gloube, we se nid säuber im *Blick* gläse hätt. E Bürger, wo uf dr Chrützbodechlapfhöchi es Chalet het, gseht itz nume no dr Eiger u dr Mönch, d Jungfrou aber nümm, wiu d Beizere vom Söibluemebedli vor däm Chalet, aber natürlech no uf ihrem Bode, es Silo het la boue. D Boubewiuigung het si aastandslos übercho, wiu dr Gmeindspresidänt von Allmen u dr Statthauter Feuz jewylen am Samschtig im Söibluemebedli gäge d Grossrät Kaderli u Chlütterli jasse. Dä Bürger, wo wäg däm Silo itz d Jungfrou nümm gseht, het bim Verwautigsgricht gklagt, u das het gfunge, da mües me zersch mau en Ougeschyn ga näh. Am ene schöne Spätsummertag hei di füf Verwautigsrichter de ihri Ruckseckli packt, d Wanderschue aagleit, sy uf Oberchlapf gfahre u vo dört uf d Chrützbodechlapfhöchi gloffe. Ungerwägs hei si *Im Frühtau zu Berge* u *Das Wandern ist des Müllers Lust* gsungen u gluegt, öb si Steipiuz oder Eierschwümm fingi, aber si hei keni gfunge, es isch dä Summer eifach z troche gsi.

Uf dr Chrützbodechlapfhöchi hei si d Frieda Freiburghaus, das isch d Beizere im Söibluemebedli, zersch gfragt, für was si das Silo überhoupt bruuchi. U d Frieda Freiburghaus het gseit, das bruuch si für di gschwungni Nidle. Warum si de sövu gschwungni Nidle bruuchi, het dr Verwautigsrichter Häberli wöue wüsse. He, dänk für d Meringue, het d Frieda Freiburghaus gantwortet. Itz het d Verwautigsrichtere Steinmann dr Aatrag gsteut, bi dene Meringue mau en Ougeschyn z näh. Dä Aatrag isch guetgheisse worde, u ds Gricht het d Frieda Freiburghaus aagwise, füf so Meringue ufztische. Das het die de o gmacht, wiu si ke Ornigsbuess het wöue riskiere. U wo di Meringue uf em Tisch gstange sy, isch de Richterinnen u Richter ds Ougewasser cho. Settegi Meringue, het d Verwautigrichtere Steinmann gseit, settegi Meringue heig si no nie gseh, di syge ja gross wi Chindsfüdle. U wo nach angerhaub Stung di Meringue sy ggässe gsi, het dr Verwautigsrichter Müller gmeint, settegi Meringue mües men unger Heimatschutz steue, u het di Meinig de o grad zum Aatrag erhobe. Di vier angere hei gnickt, u wiu ds Verwautigsgricht im Fau vo Meringue vo siich uus cha tätig wärde, isch däm Aatrag eistimmig stattgää worde.

Ds Gricht het de no beschlosse, wäg däm Silo düre Wirteverbandspresidänt Kümmerli en Expertise la z mache. Das Byspiu, dünkt mi, zeig uf ydrücklechi Wys, wi kreativ üses Verwautigsgricht isch.

* * *

Di präventivi Würkig vom Verwautigsgricht, das heisst d Würkig, wo daderdür entsteit, dass das Verwautigsgricht überhoupt exischtiert, die Würkig wett i im Fau vo de Grossrät Kaderli, Bölsterli, Chlütterli u Zigerli ufzeige. Bir letschte Stüürgsetzrevision isch Kaderli mit dr Idee cho, dass me nid nume für d Ching, sondern o für d Hüng en Abzug sött chönne mache. Dadermit hätt me ne Bytrag gleischtet zur Stüürgrächtigkeit u drüberuus o no grad en Aareiz gschaffe, für dass d Hundebsitzer us dr ganze Schwyz u sogar us em Ussland i Kanton Bärn chiemte cho Stüüre zale.

E Hundeabzug, het Kaderli argumäntiert, syg nüüt aus grächt, wiu e Hung – ihre Bäri zum Byspiu – wiu e Hung mindischtens sövu frässi wi nes Ching. U we men i däm brutalen interkantonale Stüürwettbewerb nid dr Chürzer wöu zieh, de mües me sech öppis la yfaue, u mit dr Tierliebi chönn me hüttzutags fasch aus erreiche. Bölsterli, Chlütterli u Zigerli hei zersch gfunge, mou, das mües me sech überlege. Je lenger dass si sech's de aber überlegt hei, umso skeptischer sy si worde. Bölsterli het gmeint, dass es bi den Usfüehrigsbestimmige Problem chönnt gää. Es Ching syg es Ching, e Hung aber syg nid eifach e Hung. Es gäb grossi u chlyni Hüng, Baschter u reinrassigi, roti u anger, u de gäb's no di zwöibeinige, Souhüng u Schnuderhüng. Da müesst me differänziere, für würklech grächt z sy, u das syg fasch nid müglech. Zigerli het de o no d Rächtsglychheit i ds Spiu bbracht. Was für d Hüng gäuti, mües o für d Chatze gäute, un es würd ne nid verwungere, we ds Verwautigsgricht Stüürabzüg o no für Wäuesitteche u Meersöili würd bewiuige. Dä Wink mit em Zuunpfau, beziehigswys mit em Verwautigsgricht, het de Kaderli derzue bewoge, di Aaglägeheit nid wyter z verfouge.

* * *

Ire ganz angeren Aaglägeheit wott Kaderli itz säuber bim Verwautigsgricht chlage. Es geit um di Video-Überwachig. Wo si im Rat dadrüber diskutiert hei, sy di vier Grossrät entschide dergäge gsi, hei aber nüüt gseit. Bim Fyrabe-Bier im Commerce hingäge hei si ihre Protescht lutstarch deponiert. Är heig ghört, seit Bölsterli, d Presidäntekonferänz wöu i aune Beize um ds Rathuus ume so Videokameras la installiere u dene Grossrät, wo währet de Sitzige bim Apéro hocki, ds Taggäud chürze. Das göng doch eifach nid. Für di Kameras z finanziere, het Chlütterli gwüsst, wöu d Polizeidiräkzion di beschten Ufnahmen us dene Videos zum ene Fium zämechläbe u dä de i de Chino zeige. Är frag sech, öb das erloubt syg. Zigerli het beobachtet, dass si sogar Japaner ysetze, für so Ufnahme z mache, u Kaderli het di Überwachig scho am eigete Lyb erläbt. Letscht Wuche, het er verzeut, syg er mit em Velo vo Blüemliswyu uf Oberchlapf gfahre, mit einenachzig statt nume mit den erloubten achzig, u da heig ne so ne Kamera knipst, u itz mües er tuusig Franke Buess zale. Überau wärd men überwacht, niene syg me meh sicher vor dene Videokameras. Är wöu di Aaglägeheit itz vom Verwautigsgricht la überprüefe.

Am Aabe, wo Hans-Ueli hei cho isch, seit Rösi, d Standesweibelin heig ere dä Vormittag aaglütten u gfragt, öb si em Herr Grossrat Kaderli nid mau chönn bybringe, dass er söu abhocke bim Bisle.

∗ ∗ ∗

No iren angeren Aaglägeheit wott Hans-Ueli ds Verwautigsgricht aarüefe. «Das Harmos», seit er, u Rösi schüttlet scho itz dr Chopf, «das Harmos widerspricht am Wiukürverbot. Di cheibe Glychmacherei isch eifach wiukürlech, was di einte bruuche, bruuche di angere nid, u was di angere bruuche, bruuche di einte nid. Es Zürcher Ching bruucht meh Rächne, wiu's nume Zahlen im Gring het, we's mau erwachsen isch. Es Walliser un es Fryburger Ching bruucht meh Französisch, wiu di beide Kantön zwöisprachig sy. Es Bärner Ching bruucht meh Pouse, wiu bi üüs aus chli gmüetlecher isch.» «Es dünkt mi mängisch», murmlet Rösi, «du heigsch ir Schueu nume Pouse gha. Im übrigen isch o dr Kanton Bärn zwöisprachig.» «Ja», seit Hans-Ueli, «aber numen im Jura hinger.» «Überleg dr mau», seit itz wider Rösi, «überleg dr mau, wi schwärs hütt die Ching hei, wo vom einte Kanton in en angere müesse zügle.» «Es wird niemer zwunge, z zügle», entgägnet Hans-Ueli, «miir wär's ämu no nie im Troum ygfaue, us em Kanton Bärn wäggzzügle.»

Wiu Rösi nüüt seit u wider nume dr Chopf schüttlet, bringt Hans-Ueli es wyters Argumänt gäge das Harmos: «Es Ching darf me doch nid scho mit vieri i Chindergarte schicke. Das ghört mindischtens bis es sächsi isch unger d Fitteche vor Mueter.» «U de die Müetere, wo eifach müesse ga schaffe, für dass es längt?», fragt Rösi. «Da wird wou no ne Grossmueter ume sy, wo ds Ching cha näh», meint Hans-Ueli, «oder zmingscht e Nachbare, da hiuft men enang doch uus. We miir es ungrads mau uf Domodossola göh, chöi mer üse Bäri ämu unschiniert Chlütterli Vreni übere gä.» Rösi isch fasch sicher, dass Hans-Ueli i Sache Harmos bim Verwautigsgricht nid düre chunnt.

* * *

Obschon bi däm Gricht dr Mönsch gäng im Mittupunkt steit. Das gseh mer sehr schön am enen Urteil vor Soziauversicherigsrächtlechen Abteilig i Sache Chrankekasse Schutztrutz. Wär sech bi der Kasse versicheret, isch outomatisch o Mitglied vo Halleluja, are chlynen, aber effiziänte Stärbehiuforganisazion. U wenn itz öpper dr Kassen e Chrankheit mäudet, de chunnt innert vierezwänzg Stung e Mitarbeiter vo Halleluja mit eme Gütterli bi nem verby u gly drufaben isch er im sibete Himu. Ds Verwautigsgricht het itz entschide, dass füren Inhaut vo däm Gütterli ke Leischtigspflicht besteit. Dank däm Urteil cha d Chrankekasse Schutztrutz d Prämie no wyter sänke.

* * *

Apropos Chrankeversicherig. Ds Verwautigsgricht isch entschide gägen Entwurf für das nöie Chrankeversicherigsgsetz, wo dr Couchepin aus letschti Amtshandlig i d Vernähmlassig gä het. Är wott zwo Versicherigs-Kategorie mache. I di erschti wott er di junge gsunge Ryche, di ryche junge Gsunge u di gsunge ryche Junge tue. I di zwöiti Kategorie chöme di aute chranken Arme, di armen aute Chranke u di chranken armen Aute. Di erschti Kategorie, das isch d Grundversicherig, u di isch obligatorisch. Di zwöiti, das isch d Zuesatzversicherig, u di isch freiwiuig, aber natürlech nid ganz biuig. Für d Solidarität unger de Versicherete z fördere, söu en Usglychsfonds gschaffe wärde. I dä Fonds wird au Jahr e Milliarde us dr Zuesatzversicherig yzaut, u us däm Fonds wird au Jahr e Milliarde a d Grundversicherig uuszaut. Dadermit wott dr Couchepin dr finanziell Aareiz schaffe, rych, jung u gsung z blybe.

* * *

Ds Verwautigsgricht urteilt ohne Ansehen der Person. Chürzlech hei si e Fau gha vo eim, wo – no bevor er abghocket isch – erklärt het, wenn er nid rächt überchömm, de zieji er wyter a ds Bundesgricht u wenn er o dört nid rächt überchömm, de göng er nach Strassburg, u we o die nem nid rächt gäbi, de rüef er ds Chriegsverbrächertribunal z Den Haag aa, u we die o ke Verständnis zeigi, de appellier er a ds Jüngschte Gricht u dört überchömm er de ganz sicher rächt, wiu dört kenn er dr Grichtspresidänt. Är syg nämlech bi de Zeugen Jehovas. Ds Verwautigsgricht het sech chli gergeret, het em aber de rächt gä.

* * *

No hängig isch dr Fau vo däm, wo wäge Rächtsunglychheit im Strassevercher gklagt het. Wenn e Rote bi grün düre göng, argumentiert dä Chleger, de syg das nid verbote. We hingägen e Grüene bi rot düre göng, de syg das verbote. Da wärdi di Grüene massiv diskriminiert.

* * *

Ds bärnische Verwautigsgricht setzt Massstäb für d Rächtssprächig ir ganze Schwyz. O daderfür wider numen eis Byspiu. Dr früecher Verwautigsrichter Lorenz Meyer, wo ja itz Bundesgrichtspresidänt isch – für ds Präsidium vom Bundesgricht sy nume di Beschte guet gnue, u Beschti fingt men am beschte unger de Guete am bärnische Verwautigsgricht –, dr Lorenz Meyer het dür Präsidialverfüegig ds bärnische Verfahrensrächt am Bundesgricht ygfüehrt. Artiku eis: Nid wi ne Muni i ne Chrishuufe. Artiku zwöi: Nid mit em Chopf dür d Wang. Artiku drü: Nume nid gschprängt, aber gäng chli hüscht u hott. Vor auem d Bundesrichter us dr Nordweschtschwyz hei noch chli Müeh mit däm nöjie Verfahrensrächt, gseh aber y, dass es Fortschritte bringt. Früecher het me nid gwüsst, we men i Palais Monrepos ynecho isch, öb me nid plötzlech e Chöderlig uf dr schwarze Schale oder uf em wysse Hemmli het. Im bärnische Verfahrensrächt, wo itz äben o am Bundesgricht giut, darf nid gschpöit wärde, höchschtens gsöiferet.

* * *

Dr Lorenz Meyer isch nid öppe d Usnahm, är isch d Regu: Bärnischi Verwautigsrichter u -richterinne sy zu no Höcherem beruefe u wärde nid säuten o userwääut. Mi Redezyt laat's nid zue, dass i da meh aus eis Byspiu bringe, u das einte Byspiu isch dr Zimmerli – zäme mit Kaderli, Bölsterli, Chlütterli u Zigerli eine vo de bekanntischte Bärner. Dr Ueli Zimmerli isch, wi mer wüsse, Profässer worde u het i der Eigeschaft d Staatsräson vo de Gnädige Heren im aute Bärn wyterentwicklet zur hüttige demokratische Voukomme-

591

heit. Gäng we d Regierig wi dr Esu am Bärg gstangen isch – es Gremium vo Verzwyflete – het dr Presidänt d Arme über dr Bruscht gkrützt, dr Blick gäge Himu grichtet u gseit: Nicht verzagen, Zimmerli fragen. U so hei si's de o gäng wider gmacht, u schwubediwubs isch dä Bärg verschwunde, u d Esle hei wider freji Sicht gha, vom Oberhasli obe bis uf Pruntrut abe. U o speter, wo dr Ueli Zimmerli Politiker worden isch, het me gäng wider gmerkt, dass er am Verwautigsgricht suber het glehrt dänke, u drum het er am Blocher nid us dr Hang gfrässe, u o daderfür wei mer nem dankbar sy.

* * *

Ds Verwautigsgricht het dr Kanton Bärn veränderet. Dä Regierigsrat, wo mer vor viune Jahr mau gseit het, ds Schönschten am Regiere syg d Willkür, dä hätt's hütt nümm so liecht wi denn, wo si mit de schwarze Kässeli Politik gmacht hei, uf Staatschöschte sy ga reise u dr Jaguar hei la flicke. Denn hei si sech gseit: Mir chöi, wi mer wei. Hütt müesse si sech säge: Mir dörfe nümm, wi mer wette, mir müesse, wi mer sötte. U das nid zletzscht wäg em Verwautigsgricht.

* * *

Letscht Wuche het ds Gricht übrigens dr Fau Kaderli gäge Staatskanzlei behandlet – dir erinneret nech: d Videokamera ir Herre-Toilette vom Rathuus. I ha Kaderli gschter troffe u ne gfragt, was er so für nen Ydruck vo däm Verwautigsgricht übercho heig. U itz het Kaderli afe schwärme vo der Presidäntin vo däm Gricht. Di Ruth Herzog, das syg e juristischen Elefant, es organisatorisches Rhinozeross, es kommunikativs Dromedar. Analytisch scharf wi nes Fleischmässer, strategisch klar wi ne Putzfrou ire Grossbank, rhetorisch brillant wi ne Haschischhändler im ene orientalische Basar. E Feus ir Brandig, e Lüchtturm im Sturm, e Komet ir fischtere Nacht. E Kompass ir Wüeschti, e Wägwyser im Näbu, en Alphütten im Gwitter. Ziiusicher wi ne Flädermuus, beharrlech wi ne Lawineverbouig im ene stränge Winter, unbeugsam wi nen auti Rheumatikere. U wenn er nid Rösi deheime hätt, würd er der Ruth Herzog grad e Hüratsaatrag mache. Im übrige dörf er itz wider ständlige bisle.

* * *

So u itz sött i langsam d Kurve vürwütsche, für zum Schluss z cho. U Schluss mache wott i mit eme Zitat, we me zitiert, isch me nid säuber tschoud, das wüssen o d Verwautigsrichterinnen u -richter. We si i ihrnen Urteil ds Bundesgricht zitiere, sy si putzt u gschträut. Was aber söu i zitiere? Zersch han i ddänkt, öppis us dr Bibu, wäg de salomonischen Urteil vom Verwautigsgricht, zum Byspiu dä Spruch us de Sprüch vom Salomo, wo im Kapitu 5, Värs 21 steit: «We me's nimmt, wi's chunnt, de chunnt's, wi's wott. Drum nähmet's nid wi's chunnt, de cha's o nid cho, wi's wott. Amen.» Aber de han i gfunge, dr Kanton Bärn syg laizistisch u mües es o blybe, nid dass plötzlech öpper no uf d Idee chömm, mi mües am Verwautigsgricht e scharia-rächtlechi Abteilig yrichte, für we's nach dr Aanahm vor Iniziativen um Boubewiuigunge für Minarett göng.

Was auso söu i zum Schluss zitiere? Nid schlächt eigne würd sech vilech öppis vom Gotthäuf: Ds Verwautigsgricht syg «eingehüllt in dichten Dunstkreis von Amt und Würde und man weiss nie, wann es aus dieser Wolke blitzen und donnern wird». U de zerglideri das Gricht d Strythähn «so gleichgültig wie ein Metzger eine Sau». U d Urteil vom Verwautigsgricht syge «eine Art geistigen Stuhlganges, der es ordentlich erleichtert und ihm wieder Appetit macht nach etwas von Mehl und Fleisch». Aber i ha de gfunge, das chönn i so nid bringe, das chönnt missverstande wärde, es mües öppis Ufbouends, Zukunftswysends sy.

* * *

Drum itz zum Schluss es Gedicht, wo ds Verwautigsgricht i di nächschte hundert Jahr söu begleite, es Gedicht, wo d Liebi zur Heimat, zu üsem Kanton Bärn, ire berührenden Art zum Usdruck bringt. Es isch es Gedicht vom bekannte Mundartlyriker Hermann Weyeneth u heisst «Zytgeischt u Bärnergeischt». Gfunge han i das Gedicht im Bändli «Bärner Müntschi», erschinen im Verlag Ackersäge z Jegisdorf: «Mi sött luege, dass dr Bärnergeischt erhalte blybt. Mi sött dr Zytgeischt nid z naach a Bärnergeischt härela. Mi sött lose, was dr Bärnergeischt seit. Bevor's z spät isch. Bevor nume no dr Zytgeischt umegeischteret.»

Epilog

Ruth Herzog

1. 1909: Vorsichtige Anfänge – oder: Von einem Markstein in der schweizerischen Justizgeschichte

Die Stellung der Verwaltungsrechtspflege im Staatswesen wurde in den Verfassungsdiskussionen des 19. Jahrhunderts kontrovers beurteilt. Mit der Gewaltenteilung nicht vereinbar schien, dass Gerichte die Verwaltungstätigkeit kontrollieren. Vorab der allgemeinen Unzufriedenheit mit der Steuerjustizpraxis des Regierungsrates ist es zuzuschreiben, dass es durch Annahme des ersten bernischen Verwaltungsrechtspflegegesetzes am 31. Oktober 1909 zur Schaffung des Verwaltungsgerichts kam. Der Kanton Bern installierte damit schweizweit das erste organisatorisch selbständige Verwaltungsgericht – in einem Zeitpunkt, in dem für die Bundesebene die Einführung einer Verwaltungsgerichtsbarkeit erst diskutiert wurde. Ein in der Tat bemerkenswerter Schritt, der im Rückblick breit gewürdigt wurde: als «Markstein in der Entwicklung bernischen Rechts» oder «in der schweizerischen Rechtsgeschichte» überhaupt (Paul Flückiger, 1959, S. 369 bzw. Gottfried Roos, 1960, S. 3) und als Ereignis, mit dem der Kanton Bern «eine Bresche [...] schlug» (Gottfried Roos, a.a.O.) und «bahnbrechend auf dem Gebiete der Verwaltungsjustiz» wirkte (Grosser Rat des Kantons Bern, 1961, S. 22).

Aus heutiger Sicht waren die Anfänge bescheiden. Zwei Fragestellungen dominierten die Diskussionen um die verfassungsrechtliche Fundierung und gesetzliche Ausgestaltung der unabhängigen Verwaltungskontrolle: Was erträgt die Gewaltenteilung an Entscheidkompetenz eines unabhängigen Gerichts? Was muss der Bürger, die Bürgerin an Verwaltungsstreitigkeiten zwingend vor das Gericht tragen können? Zum Ersten: Es galt, jegliche Unterordnung des Regierungsrates unter das Verwaltungsgericht zu vermeiden. Entsprechend bezeichnete die Staatsverfassung 1893 (Art. 40) den Regierungsrat als allgemeine obere Verwaltungsjustizbehörde. Zum Zweiten: Einhellig hielt man vermögensrechtlich-fiskalische Interessen Einzelner und von Gemeinwesen als gerichtsschutzwürdig. Die Schaffung des Verwaltungsgerichts bildete für Ernst Blumenstein, Redaktor des Verwaltungsrechtspflegegesetzes 1909, «gewissermassen einen formellen Abschluss unserer Verwaltungsorganisation». Er teilte damit das damalige allgemeine Verständnis, wonach Verwaltungsgerichtsbarkeit eher der Verwaltung denn der Justiz zugehört. Dabei widersprach Ernst Blumenstein dem «Postulat der modernen Staats- und Verwaltungsrechtswissenschaft, welche auch für das Gebiet des öffentlichen Rechts eine möglichst scharfe Trennung von vollziehender und richterlicher Gewalt fordert», im Grundsatz nicht – «Freilich machen hier die äusseren Umstände eine vollständige Durchführung des Prinzipes bis zur letzten Konsequenz unmöglich. Man darf eben nicht die praktischen Bedürfnisse des Lebens dem theoretischen Gesichtspunkte und seiner Durchführung blindlings unterordnen [...]». Die dem Gericht zugewiesenen Zuständigkeiten entsprachen nach Ernst Blumenstein «dem, was die historische Entwicklung und die öffentliche Meinung in dieser Hinsicht von jeher gefordert haben» (1910, S. 280). Diesem «Sinn für das Mögliche», verbunden mit einem «wachen Verständnis für die Formstrenge eines gerichtlichen Verfahrens und für den Zweck des Verfahrens, das richtige Recht zu finden», wurde später die Entstehung des Verwaltungsrechtspflegegesetzes 1909 mit der Schaffung des Verwaltungsgerichts wesentlich zugeschrieben (Paul Flückiger, 1959, S. 372).

2. 1910–2009: Konsolidierung und Ausbau – oder: Von erfüllten Erwartungen bis zu einer jüngsten «Pflichtrevision»

Von der «Erfüllung dieser seiner [sc. des neuen Gerichtshofes] Aufgabe» versprach sich Ernst Blumenstein «nicht nur einen tiefgreifenden, sondern auch einen äusserst nützlichen Einfluss auf die Verwaltung als solche» (1910, S. 280). Er begleitete in den ersten Jahrzehnten des Bestehens des Verwaltungsgerichts dessen Rechtsprechung sowohl als Schriftleiter der Monatsschrift für Bernisches Verwaltungsrecht und Notariatswesen (MBVR) als auch als Lehrer für Verwaltungsrecht an der Universität Bern und gab der Rechtsprechung durch deren Publikation, Urteilsbesprechungen und eine Vielzahl von Abhandlungen namentlich zu Verfahrensfragen wertvolle Impulse. Am 25. Jahrestag des Gerichts sah Ernst Blumenstein seine Erwartungen erfüllt. Seine Bilanz: Einführung und Art und Weise der Ausübung der Verwaltungsgerichtsbarkeit erwiesen sich als Fortschritt in der Verwaltungsrechtspflege; die gerichtliche Überprüfung der wichtigsten Verwaltungsstreitigkeiten in einer zielbewussten und konsequenten Entscheidungspraxis

– sichtbar etwa in den aufgestellten Auslegungsregeln – strahlten auf die Verwaltungstätigkeit insgesamt aus; die Rechtssicherheit in der Verwaltung werde befördert (1935, S. 7).

Die Zuständigkeit des Verwaltungsgerichts war schon früh schrittweise sachgesetzlich erweitert worden (z.b. Streitigkeiten aus dem Gebiet des Erbschafts- und Schenkungssteuerrechts, des Baus und Unterhalts von Strassen, der Beamten- und Angestelltenbesoldung, der Alters- und Hinterlassenenversicherung). Rund 50 Jahre nach seiner Entstehung hielt man einen grundsätzlichen Ausbau der Sachzuständigkeiten für nötig. Dies ging einher mit einem erweiterten Verständnis der Funktion einer unabhängigen Verwaltungskontrolle. Stand zunächst der Individualrechtsschutz im Vordergrund – Schutz des Einzelnen vor «Über- und Missgriffen der Verwaltung» –, trat nun «neben diese historische Aufgabe […] im modernen Rechts- und Wohlfahrtsstaat immer mehr der Gesichtspunkt einer Weiterentwicklung des materiellen Verwaltungsrechts unter der Richtschnur von Recht und Gerechtigkeit» (Justizdirektion des Kantons Bern, 1960, S. 49). Überwunden war damit die Anschauung, dass «Fragen der innern Verwaltung […] am zweckmässigsten durch die ausübenden Verwaltungsbehörden selber entschieden werden», zumal die gegenteilige Betrachtungsweise auf «eine eigentliche Kontrolle» des Verwaltungsgerichts «über die Tätigkeit der Verwaltungsbehörden» hinauslaufe (Ernst Blumenstein, 1908, S. 353 f.). Niederschlag fanden diese Einsichten im Verwaltungsrechtspflegegesetz 1961. Die Frage, wie weit der Kreis der Verwaltungsrechtsstreitigkeiten zu ziehen sei, welche vor das Gericht getragen werden können, beschäftigte die Politik erneut. Argumente der Gewaltenteilung, bestehender Rechtsschutz durch das Bundesgericht und Vorbehalte gegen die allfällige Notwendigkeit, ein Berufsgericht einzusetzen, liessen den Berner Gesetzgeber den Mittelweg der Enumerationsmethode mit Teilgeneralklauseln einschlagen. Den Schritt zur Umschreibung der Gerichtszuständigkeit über eine Generalklausel (und zu einem Berufsgericht) machte der Kanton Bern mit dem Verwaltungsrechtspflegegesetz 1989, bemerkenswerterweise auf der Grundlage des nach wie vor gültigen Art. 40 der Staatsverfassung 1893. Erst Art. 100 der Kantonsverfassung 1993 wies in Umkehr des bisherigen Grundsatzes dem Verwaltungsgericht die Rolle der allgemeinen oberinstanzlichen Verwaltungsjustizbehörde in verwaltungsrechtlichen Streitigkeiten zu. Die Generalklausel des Verwaltungsrechtspflegesetzes 1989 war freilich ergänzt mit einem stattlichen Ausnahmekatalog: Für die gerichtliche Beurteilung ungeeignet erscheinende öffentlich-rechtliche Streitigkeiten sollten in der kantonal letztinstanzlichen Entscheidkompetenz von Regierung, Verwaltung oder Parlament verbleiben. Hiervon waren insbesondere auch staatsrechtliche Angelegenheiten wie Wahlen und Abstimmungen oder die abstrakte Kontrolle kommunaler Erlasse erfasst.

Den weiteren Ausbau der bernischen Verwaltungsgerichtsbarkeit gaben die Rechtsweggarantien der Europäischen Menschenrechtskonvention und des Bundesrechtspflegegesetzes vor. Den vorläufigen Schlusspunkt setzte die jüngste Justizreform auf Bundesebene (Art. 29a und 191b der Bundesverfassung) und ihre Konkretisierung durch das Bundesgerichtsgesetz mit seiner «weitgehend uneingeschränkten, bundesrechtlich garantierten Generalklausel zugunsten der Verwaltungsgerichtsbarkeit» (Arnold Marti, 2006, S. 522). Das Schweizer Stimmvolk bzw. der Bundesgesetzgeber haben damit dem die Verwaltungsrechtspflege bis ins 21. Jahrhundert prägenden Modell des «administrateur-juge» den Boden entzogen. Der Berner Grosse Rat segnete die zur Umsetzung der Bundesvorgaben initiierte «Pflichtrevision» (Kommissionspräsident Kneubühler, 2008, S. 452) des Verwaltungsrechtspflegegesetzes in bloss einer Lesung ab. Die letzten grossen Bastionen regierungsrätlicher Administrativjustiz, eingeschlossen die bislang oberinstanzlich durch den Regierungsrat ausgeübte Staatsrechtspflege, fielen ohne erkennbares Bedauern. Von der bundesgesetzlichen Ermächtigung, Akte wegen ihres vorwiegend politischen Inhalts oder des unter Gewaltenteilungsaspekten sensiblen Umfelds von der verwaltungsgerichtlichen Kontrolle auszunehmen, hat der bernische Gesetzgeber freilich Gebrauch gemacht. Insbesondere hat er keine abstrakte Kontrolle kantonaler Erlasse installiert, auf ein Rechtsmittel an das Verwaltungsgericht gegen Akte des Regierungsrates oder des Grossen Rates in kantonalen Wahl- und Abstimmungsangelegenheiten verzichtet, die Verwaltungsgerichtsbeschwerde gegen Beschlüsse des Grossen Rates weitgehend ausgeschlossen und in Sachgesetzen dort, wo er einen Entscheid für vorwiegend politisch hielt, das Letztentscheidungsrecht der Exekutive vorbehalten.

Wenn diese Ausführungen vorab von Einführung und Entwicklung gerichtlicher Verwaltungskontrolle handeln, liegt dies am Anlass der Herausgabe des vorliegenden Bandes. Aber auch daran, dass die weiteren zentralen Aspekte effizienter und effektiver Verwaltungsrechtspflege – Verfahren sowie Ausgestaltung eines sachgerechten und kohärenten Verwaltungsrechtspflegesystems als Ganzes – erst einige Jahrzehnte nach der Schaffung des bernischen Verwaltungsgerichts grössere Beachtung und Ausbildung fanden. «Verwaltungsrechtspflege» bedeutete 1909 streitige Rechtspflege vor Klage-, Rekurs- oder Beschwerdeinstanzen. Gewachsenes Bewusstsein um die Wichtigkeit von Verfahren und der Auseinandersetzung mit der unter-

schiedlichen Rolle und Aufgabe von Verwaltung und Verwaltungsgericht
bringen Schriften damaliger Verwaltungsgerichtspräsidenten aus den 1940er-
und 1960er-Jahren zum Ausdruck, welche insbesondere auch Fragen der
Kognition, des Umgangs mit Ermessenssachverhalten oder den zwei Prozessarten – Klage- bzw. Beschwerdeverfahren – diskutieren (Charles Halbeisen 1946, Gottfried Roos 1960 und 1963). Solche Themen ging denn
auch das Verwaltungsrechtspflegegesetz 1961 teilweise an. Die mit Nachdruck erhobene Forderung, es seien als unerlässliche Begleitmassnahme und
notwendiger Unterbau der justizmässigen Administrativkontrolle allgemeine Verfahrensgesetze zu schaffen (Max Imboden, 1957, S. 52), gelangte im
Kanton Bern (wie auch im Bund) erst später zum Durchbruch. Das Verwaltungsrechtspflegegesetz 1989 ordnete die Verwaltungsrechtspflege im umfassenden Sinn. Es regelte sowohl die Pflege des Rechts durch die verfügenden Verwaltungsbehörden als auch die rechtsmittelmässige Pflege des Rechts
durch die verschiedenen Verwaltungsjustizbehörden (interne, besondere
verwaltungsunabhängige, Verwaltungsgericht) und war dem Grundsatz
zweistufiger Anfechtbarkeit von Verwaltungsakten verpflichtet. Der Kanton
Bern verfügte damit über einen integralen Verfahrens- und Rechtspflegeer-
lass für das gesamte Verwaltungsrecht und schuf ein transparentes System
sachlicher und funktioneller Zuständigkeiten der vielgestaltigen Trägerschaft der Verwaltungsrechtspflege. Dieses System hat sich in den vergangenen 20 Jahren überaus gut bewährt. Bei der Umsetzung der bundesrechtlichen Rechtsweggarantie liess sich zwanglos daran anknüpfen. Erweiterung
fand das System per 2009 vor allem in einer Hinsicht: Es wurden, massgeblich bedingt durch den gebotenen Ausbau der Gerichtszuständigkeit, grosse
Teile der Staatsrechtspflege in das Verwaltungsrechtspflegegesetz integriert;
dies verband sich mit der Öffnung dieses bislang auf die Verfügung fokus-
sierten Erlasses auf andersartige Akte, nämlich kommunale Erlasse und Beschlüsse sowie vielgestaltige Akte im Zusammenhang mit kommunalen und
kantonalen Wahlen und Abstimmungen. Das Verwaltungsgericht wurde damit ein Stück weit auch Verfassungsgericht.

3. 2009 ff.: Vorläufiger Schlusspunkt – oder: Von Themen in den nächsten 100 Jahren

Wenn heute und künftig über die Weiterentwicklung der kantonalen Ver-
waltungs- und Staatsrechtspflege nachgedacht wird, dann muss auch die
eidgenössische Ebene in den Blick genommen werden. Das Verwaltungs-

prozessrecht der Kantone ist in den letzten Jahrzehnten durch übergeordnete Vorgaben, zuletzt des Bundesgerichtsgesetzes, zunehmend harmonisiert worden. In Zukunft wird sich die Frage stellen, ob nicht auch das öffentliche Verwaltungsverfahrens- und -prozessrecht vereinheitlicht werden könnte oder sollte. Divergierende Traditionen und Vorstellungen der Kantone lassen sich zu gegebener Zeit allenfalls überwinden. Schwieriger erscheint angesichts der sachbereichsspezifisch gewachsenen Vielfalt eigentlicher eidgenössischer Sonderverfahrensordnungen (z.B. Asylrecht, Sozialversicherungsrecht) und der ungezählten punktuellen Verfahrensvorschriften in Sachgesetzen des Bundes die Vorstellung eines allgemeinen Verwaltungsverfahrens- und -prozessrechts, das die eidgenössische Ebene miterfasst. Umfassende Verwaltungsgerichtsbarkeit ist heute, wenn auch nicht höchstrichterlich, so doch durch die kantonalen Verwaltungsgerichte (bzw. Kantonsgerichte, Sozialversicherungsgerichte oder Rekurskommissionen) und das Verwaltungsgericht des Bundes weitgehend verwirklicht. Verfassungsgerichtsbarkeit sichert mit Bezug auf kantonale Akte und Erlasse in jedem Fall das Bundesgericht. Die Diskussion um die Erweiterung der Verfassungsgerichtsbarkeit auf eidgenössischer Ebene ist nach Scheitern im Rahmen der letzten Justizreform bereits wieder im Gang. Das Thema dürfte noch lange beschäftigen, und es wird sich sachgerechterweise kaum trennen lassen von erneuten und grundsätzlichen Überlegungen zu Aufgabe und Ausgestaltung des Schweizer Höchstgerichts.

Für die bernisch-kantonale Ebene mögen künftig insbesondere folgende Aspekte von Interesse sein. Zunächst: Das Rechtsstaats-Haus ist fertig gemauert. Es ist der Moment, sich verstärkt seiner Innenausstattung zuzuwenden, d.h. Elementen wie namentlich (1) die funktionsgerechte Verfahrensführung durch die verschiedenen mit der Verwaltungsrechtspflege betrauten Behörden, (2) die funktionalrechtlich richtige Handhabung der gerichtlichen Überprüfung oder (3) die weichen Faktoren unabhängiger und professioneller Ausübung der Verwaltungsgerichtsbarkeit. Zum ersten Punkt kann man sich des Eindrucks nicht erwehren, dass das Potential des Verwaltungsverfahrens noch keineswegs ausgeschöpft ist. Gezielte Verfahrensführung scheint nicht selten grosse Mühe zu bereiten und die Beobachtung «einer gelegentlich ins Ungeheuerliche geführten Gläubigkeit der Schriftform» (Max Imboden, 1957, S. 53) hat noch heute ihre Gültigkeit. Dies mag teilweise durch die Menge der Verfahren zu erklären sein, aber auch durch die Scheu vor mündlicher Beweiserhebung. Mitursächlich ist schliesslich wohl auch, dass in der jüngeren Rechtsentwicklung vorab seitens der Lehre der Ruf nach umfassendem Gerichtsschutz im Bereich der öffentlich-rechtlichen

Rechtspflege dominierte und Betrachtungen zu den Verfahrensgarantien nahezu ausschliesslich auf das gerichtliche Verfahren fokussiert waren und sind. Dass Recht ganz vorrangig durch die Verwaltungsbehörden in den Verwaltungsverfahren verwirklicht wird, findet dabei nicht die nötige Beachtung. Hier, auf dem «Boden» der Verwaltungsrechtspflege, ist freilich die Sachverhaltsermittlung zentral und müssen die Garantien verfahrensrechtlicher Kommunikation primär zur Entfaltung kommen. Es ist daher zu hoffen, dass Lehre und Praxis inskünftig diesem Verfahrensabschnitt die gebührende Aufmerksamkeit schenken. Der zweite Punkt hat durch die dem Verwaltungsgericht neu zur Beurteilung zugewiesenen Streitsachen besondere Aktualität. Das Gericht wird danach streben müssen, eine transparente Praxis in den ihm neu zur Rechtskontrolle zugewiesenen Ermessensangelegenheiten zu bilden unter Beachtung der funktionellen Grenzen seiner Urteilszuständigkeit einerseits und des Umstands andererseits, dass es in vielen dieser Angelegenheiten zufolge Ausschlusses der Beschwerde in öffentlich-rechtlichen Angelegenheiten in der Sache letztinstanzlich entscheidet. Zum dritten Punkt darf auf jene Beiträge dieses Bandes verwiesen werden, welche verschiedene dieser Faktoren beleuchten.

Weiter: Dem Verwaltungsgericht ist zu wünschen, dass die heutigen organisatorischen Rahmenbedingungen der bernischen Verwaltungsjustiz, welche Inhalt und Gestalt «guter» Verwaltungsgerichtsbarkeit massgeblich bestimmen, bewahrt und soweit nötig adäquat weiterentwickelt werden. Der Grundsatz kollegialer Urteilsfindung und eine Arbeitsorganisation, welche bei allem Bemühen um Effizienz einen weitgespannten Überblick über die diversen Materien und damit ein Verständnis für die breiteren Zusammenhänge des öffentlichen Rechts sichert, sind nur als wichtigste Elemente zu nennen. Zu solchen gerichtsinternen Faktoren kommt als wesentliches externes Element die Zweistufigkeit des Beschwerdeverfahrens hinzu. Der dem Verwaltungsgericht im Grundsatz vorgeschaltete «Verwaltungsweg» bleibt auch und gerade im Zeitalter einer umfassenden kantonalen Verwaltungsgerichtsbarkeit, um in den Worten eines vor rund 50 Jahren wirkenden Verwaltungsgerichtspräsidenten zu sprechen, «von grösster praktischer Bedeutung» (Gottfried Roos, 1963, S. 386) – sei es aus Gründen des Individualrechtsschutzes, sei es zwecks Schaffung oder Erhalts der rechtlichen Kompetenz der Verwaltung, oder sei es mit Blick auf die Befähigung des Verwaltungsgerichts, die ihm zukommende Rolle als oberes Gericht so zu erfüllen, wie es von ihm erwartet werden kann und muss. An den Bundesgesetzgeber ist zu appellieren, auf weitere grössere Eingriffe in die Organisation der kantonalen Verwaltungsrechtspflege zu verzichten. Was für die Bundesebene als

geeignetes Verwaltungsrechtspflegemodell erscheinen mag (direkte Anfechtbarkeit von Verwaltungsakten beim Bundesverwaltungsgericht), lässt
sich nicht unbesehen auf die Kantone mit ihren zwei staatsrechtlichen Ebenen übertragen, zumal nicht auf den Kanton Bern mit seinen mehreren hundert Gemeinden. Der Wunsch nach adäquatem Umgang mit der Organisation kantonaler Verwaltungsrechtspflege richtet sich auch an das Bundesgericht.
Dieses wird die eine oder andere unbestimmte Vorschrift des Bundesgerichtsgesetzes noch verbindlich auszulegen haben mit entsprechenden Im-
plikationen für die Kantone. So wäre im Licht der verfassungsmässigen kantonalen Organisationsautonomie etwa nur schwer verständlich, wenn eine
kantonsintern einziginstanzlich zuständige Beschwerdeinstanz (z.B. spezialisierte Rekurskommission) allein deshalb nicht als richterliche Vorinstanz
des Bundesgerichts gelten könnte, weil ihre Geschäftsführung nach der kantonalen Gerichtsorganisation der Aufsicht des Verwaltungsgerichts untersteht.

Und zuletzt: Verwaltungsgerichtsbarkeit ist Fehlerkontrolle, Kontroll-
massstab bilden die Rechtsnormen und die dort niedergelegten politisch-
gesellschaftlichen Wertungen. Das Verwaltungsrechtspflegegesetz 1909
schrieb ausdrücklich fest, dass das Gericht in seinem jährlichen Tätigkeits-
bericht «auf beobachtete Mängel in der Gesetzgebung hinzuweisen» habe
(Art. 44). Das könnte auch heute ein Weg sein, einen aktiveren Austausch
zwischen Gericht und Politik zu betreiben. Ausser Frage steht dabei, dass die
bernische Politik die Unabhängigkeit der verwaltungsgerichtlichen Rechtsprechung in den letzten 100 Jahren auch in jenen (selteneren) Fällen res-
pektiert hat, in denen Unschärfen oder Widersprüche im Gesetz notgedrun-
gen zu «kreativer» richterlicher Intervention führen mussten.

Verwendete Literatur

Blumenstein Ernst, Die Grundlagen einer Neugestaltung der bernischen Verwaltungsrechtspflege, Gutachten der Justizdirektion des Kantons Bern erstattet,
MBVR 1908 S. 289 ff. (Teil 1), 337 ff. (Teil 2); *ders.*, Vorbemerkung aus Anlass
der Veröffentlichung der beiden ersten vom Verwaltungsgericht gefällten Urteile
1910, MBVR 1910 S. 280 f.; *ders.*, Fünfundzwanzig Jahre bernischer Verwaltungsgerichtsbarkeit, MBVR 1935 S. 1 ff.; *Flückiger Paul*, Fünfzig Jahre Verwaltungsgerichtsbarkeit, MBVR 1959 S. 369 ff.; *Grosser Rat des Kantons Bern*,
Botschaft an das Bernervolk zur kantonalen Volksabstimmung vom 22. Okto-

ber 1961 betreffend das Gesetz über die Verwaltungsrechtspflege, 1961, S. 9 ff.; *Halbeisen Charles,* Die Zuständigkeit des bernischen Verwaltungsgerichts, MBVR 1946 S. 417 ff.; *Imboden Max,* Ideal und Wirklichkeit der schweizerischen Administrativjustiz, SJZ 1957 S. 49 ff.; *Justizdirektion des Kantons Bern,* Vortrag an den Regierungsrat zuhanden des Grossen Rates zum Entwurf eines Gesetzes über die Verwaltungsrechtspflege, 1960, in: Tagblatt des Grossen Rates 1961, Beilage 5, S. 49 ff.; *Kneubühler Adrian,* Präsident der Kommission, Eintretensvotum zur ersten (und einzigen) Lesung der Änderung des Gesetzes über die Verwaltungsrechtspflege, in: Tagblatt des Grossen Rates 2008, S. 452 ff.; *Marti Arnold,* Die aktuelle Justizreform – Abschluss einer über hundertjährigen Entwicklung hin zur umfassenden Verwaltungsgerichtsbarkeit in der Schweiz, in: Roger Zäch et al. (Hrsg.), Individuum und Verband. Festgabe zum Schweizerischen Juristentag 2006, Zürich 2006, S. 505 ff.; *Roos Gottfried,* Ansprache an einer Plenarsitzung zum Anlass des 50jährigen Bestehens des Verwaltungsgerichts, MBVR 1960 S. 3 ff.; *ders.,* Betrachtungen zum neuen Gesetz über die Verwaltungsrechtspflege, MBVR 1963 S. 385 ff.